U0216182

吉林人民出版社

吉林人民出版社

魏书

卷四二——卷八九

（二）

［北齐］魏 收 撰

仲伟民等 标点

魏书卷四二
列传第三〇

薛辩 寇赞 郦范 韩秀 尧暄

薛辩,字允白,其先自蜀徙于河东之汾阴,因家焉。祖陶,与薛祖、薛落等分统部众,故世号三薛。父强,复代领部落,而祖、落子孙微劣,强遂总摄三营。善绥抚,为民所归,历石虎、苻坚,常凭河自固。仕姚兴为镇东将军,入为尚书。强卒,辩复袭统其营。为兴尚书郎、建威将军、河北太守。辩稍骄傲,颇失民心。刘裕平姚泓,辩举营降裕,司马德宗拜为宁朔将军、平阳太守,及裕失长安,辩来归国,仍立功于河际,太宗授平西将军、雍州刺史,赐爵汾限侯。泰常七年卒于位,年四十四。

子谨,字法顺。容貌魁伟,颇览史传。刘裕擒泓,辟相府行参军,随裕渡江。寻转记室参军。辩将归国,密使报谨,遂自彭城来奔。朝廷嘉之,授河东太守。后袭爵平西将军、汾阴侯。谨所治与屈丐连接,结士抗敌,甚有威惠。始光中,世祖诏奚斤讨赫连昌,敕谨领偏师前锋乡导。既克蒲坂,世祖以新旧之民并为一郡,谨仍为太守,迁秦州刺史,将军如故。山胡白龙凭险作逆,世祖诏镇南将军奚眷与谨自太平北入,讨平之。除安西将军、涪陵公,刺史如故。太延初,征吐没骨,平之。谨自郡迁州,威惠兼备,风化大行。时兵荒之后。儒雅道息。谨命立庠,教以诗书,三农之暇,悉令受业,躬巡邑里,亲加考试。于是河汾之地,儒道兴焉。真君元年,征还京师,除内都坐大官。五年，为都将，从驾北讨。以后期，与中山王辰等斩于都南，时年四十四。寻赠镇西将军、秦雍二州刺史，谥曰元公。

长子初古拔，一曰车辂拔，本名洪祚，世祖赐名。沉毅有器识，年始弱冠，司徒崔浩见而奇之。真君中，盖吴扰动关右，薛永宗屯据河侧，世祖南亲讨之。乃诏拔纠合宗乡，壁于河际二寇往来之路。事平，除中散，赐爵永康侯。世祖南讨，以拔为都将，从驾临江而还。又共陆真讨反氐仇俨檀、强免生，平之。皇兴三年，除散骑常侍。尚西河长公主，拜驸马都尉。其年，拔族叔刘彧徐州刺史安都据城归顺，敕拔诣彭城劳迎。除冠军将军、南豫州刺史。延兴二年，除镇西大将军、开府，进爵平阳公。三年，拔与南兖州刺史游明根、南阳平太守许含等，以治民著称，征诣京师。显祖亲自劳勉，复令还州。太和六年，改爵为河东公。八年三月，诏拔入朝，暴病卒，年五十八，赠左光禄大夫，谥曰康。

长子胤，字宁宗。少有父风。弱冠，拜中散，袭爵镇西大将军、河东公，除悬瓠镇将。萧赜遣将寇边，诏胤为都将，与穆亮等拒于淮上。寻授持节义阳道都将。十四年，文明太后公除，高祖诏诸刺史、镇将曾经近侍者，皆听赴阙，胤随例入朝。属开革五等，降公为侯。十七年，高祖南讨，诏赵郡王干、司空穆亮为西道都将。时干年少，未涉军旅。高祖乃除胤假节，假平南将军，为干副军。行达襄父，以萧赜死，班师。又为都将，共讨秦州反，败支酉，^疑生擒斩之。除立忠将军、河北太守。郡带山河，路多盗贼。有韩马两姓，各二千余家，恃强凭险，最为狡害，劫掠道路，侵暴乡闾。胤至郡之日，即收其奸魁二十余人，一时戮之。于是群盗慑气，郡中清肃。二十三年秋，遇疾，卒于郡，时年四十四，谥曰敬。

子裔，字豫孙，袭爵。性豪爽，盛营园宅，宾客声伎，以姿嬉游。历尚书左外兵郎，左军将军。迁征虏将军、中散大夫。出为洛州刺史。卒，赠平西将军、岐州刺史。

子孝绅，袭爵。稍迁前将军、太中大夫。孝绅立行险薄，坐事为河南尹元世俊所劾，死。后赠征西将军、华州刺史。

胤弟□，字崇业。广平王怀□□令、汝阴太守。

子修仁，司空行参军。

修仁弟玄景，陈留太守。

拔弟洪隆，字菩提。解褐阳平王国常侍，稍迁河东太守。

长子骥驹，好读书。举秀才，除中书博士。太和九年，萧赜使至，乃诏骥驹兼主客郎以接之。十年秋，遇疾卒，时年三十五。赠宁朔将军、河东太守，谥曰宣。

长子庆之，字庆集。颇以学业闻。解褐奉朝请。领侍御史，迁廷尉丞。廷尉寺邻接北城，曾复日于寺傍执得一狐。庆之与廷尉正博陵崔纂，或以城狐狡害，宜速杀之；或以长育之月，宜待秋分。二卿裴延俊、袁翻互有同异。虽曰戏谑，词义可观，事传于世。转尚书郎、兼尚书左丞。为并、肆行台，赐爵龙丘子，行并州事。迁征虏将军、沧州刺史，为葛荣攻围，城陷，寻患卒。后赠右将军、华州刺史。

庆之弟英集，性通率。随舅李崇在扬州积年，以军功历司徒铠曹参军，稍迁治书侍御史、通直散骑常侍。卒。

骥驹弟凤子。自徙都洛邑，凤子兄弟移属华州河西郡焉。太和二年，为太子詹事丞、本州中正。世宗登阼，转太尉府铠曹参军，稍迁治书侍御史。正始初，为持节、征义阳军司，还京，其年秋卒，时年四十九。赠陵江将军、光城太守。

凤子弟骥奴，州主簿。

洪隆弟破胡，州治中别驾。稍迁河东太守、征仇池都将。有六子。

长子聪，字延智。有世誉。累迁治书侍御史、直阁将军，为高祖所知。世宗践阼，除辅国将军、齐州刺史。卒于州。赠征虏将军、华州刺史。

长子景茂，司州记室从事、猗氏令。早卒。

景茂弟孝通，颇有文学。永安中，中尉高道穆引为御史。历中书舍人、中书侍郎、常山太守。遇恶疾而卒。

聪弟道智，尚书郎。卒。

子长瑜，天平中，为征东将军、洛州刺史，击贼潼关，没于陈。赠都督冀定太三州诸军事、车骑将军、冀州刺史。

道智弟仙智，郡功曹。

仙智弟昙贤，卒于国子博士。

小子景渊，尚书左民郎。

昙贤弟和，字导穆。解褐大将军刘昶府行参军。转司空长流参军，除太尉府主簿，迁谏议大夫。永平四年正月，山贼刘龙驹扰乱夏州。诏和发汾、华、东秦、夏四州之众讨龙驹，平之。和因表立东夏州，世宗从之。又行正平、颍川二郡事，除通直散骑常侍。萧衍遣将张齐寇晋寿，诏和兼尚书左丞，为西道行台，节度都督傅竖眼诸军，大破齐军。正光初，除左将军、南青州刺史。卒于州，年五十五。赠安北将军、瀛州刺史。

长子元信，武定末，中军将军、仪同开府长史。

和弟季令，奉朝请。

破胡弟破氏，为本州别驾，早卒。四子。

长子敬贤，为巨鹿太守。

破氏弟积善，为中书博士、临淮王提友。

子隆宗，太原太守。

寇赞，字奉国。上谷人，因难徙冯翊万年。父修之，字延期，苻坚东莱太守。赞弟谦之，有道术，世祖敬重之，故追赠修之安西将军、秦州刺史、冯翊公，赐命服，谥曰哀公，诏秦雍二州为立碑于墓。又赠修之母为冯翊夫人。及宗从追赠太守、县令、侯、子、男者十六人，其临民者七郡五县。

赞少以清素知名，身长八尺，姿容严嶷，非礼不动。苻坚仆射韦华，州里高达，虽年时有异，恒以风味相待。华为冯翊太守，召为功曹，后除襄邑令。姚泓灭，秦雍人千有余家推赞为主，归顺。拜绥远将军、魏郡太守。其后，秦雍之民来奔河南、荥阳、河内者户至万数，拜赞安远将军、南雍州刺史、轵县侯，治于洛阳，立雍州之郡县以抚之。由是流民襁负自远而至，叁倍于前。赐赞爵河南公，加安南将军，领护南蛮校尉，仍刺史，分洛豫二州之侨郡以益之。

虽位高爵重，而接待不倦。初，赞之未贵也，尝从相者唐文相，文曰："君额上黑子入帻，位当至方伯封公。"及贵也，文以民礼拜谒，仍曰："明公忆民畴昔之言乎？尔日但知公当贵，然不能自知得为州民也。"赞曰："往时卿言杜琼不得官长，人咸谓不然。及琼被选为周盩令，卿犹言相中不见，而琼果以暴疾，未拜而终。昔魏舒见主人儿死，自知己必至公，吾常以卿言琼之验，亦复不息此望也。"乃赐文衣服、良马。

赞在州十七年，甚获公私之誉，年老，表求致仕。真君九年卒，年八十六。遗令薄葬，敛以时服。世祖悼惜之，谥曰宣穆。

长子元宝，袭爵。为豫州别驾，兴安元年卒，赠安南将军，豫州刺史。

子祖，袭爵。高祖时，为安南将军、东徐州刺史。卒。

子灵孙，袭。赭阳太守。

元宝弟虎皮，有才器。本县令。

虎皮弟臻，字仙胜。年十二，遭父忧，居丧以孝称。轻财好士，显祖末，为中川太守。时冯熙为洛州刺史，政号贪虐。仙胜微能附之，甚得其意。转弘农太守。后以母老，屡求解任，久乃从之。高祖初，母忧未阕，以恒农大盗张烦等贼害良善，征为都将，与荆州刺史公孙初头等追揃之。拜振武将军、比阳镇将，有威惠之称。迁建威将军、郢州刺史。及高祖南迁，郢州地为王畿，除弘农太守。坐受纳，为御史所弹，遂废。卒于家。

长子祖训，顺阳太守。

祖训弟治，字祖礼。自洛阳令稍迁镇远将军、东荆州刺史。代下之后，蛮民以刺史郦道元峻刻，请治为刺史。朝议以边民宜悦，乃以治代道元，进号征虏将军。坐遣戍兵送道元，免官。治兄弟并孝友敦穆，白首同居。父亡虽久，而犹于平生所处堂宇。备设帏帐几杖，以时节开堂列拜，垂泪陈荐，若宗庙然，吉凶之事必先启告，远出行反亦如之。治,世宗末,迁前将军、河州刺史。在任数年,遇却铁匆反,又为城民诣都列其贪状十六条。会赦免。久之,兼廷尉卿,又兼尚书。畏避势家,承颜候色,不能有所执据。寻迁金紫光禄大夫。是时,蛮反于三鸦,治为都督追讨,战没。赠持节、都督雍华岐三州诸军事、卫大将军、七兵尚书、雍州刺史、昌平男。

治弟弥,兼尚书郎。为城阳王征所亲待。永安末,徽避尔朱兆脱身南走,归命于弥。弥不纳,遣人加害,时论深责之。后没关西。

治长子朏之,字长明。自直后、奉朝请,再迁镇远将军、谏议大夫,仍直后。建义中,出除冠军将军、东荆州刺史,兼尚书,为荆郢行台。代迁,除征虏将军。普泰中,袭爵,又为东荆州刺史。永熙中,镇东将军、金紫光禄大夫。武定四年卒,年五十八。

郦范,字世则,小名记祖,范阳涿鹿人。祖绍,慕容宝濮阳太守。太祖定中山,以郡迎降,授兖州监军。父嵩,天水太守。范世祖时,给事东宫。高宗践祚,追录先朝旧勋,赐爵永宁男,加宁远将军。以治礼郎奉迁世祖、恭宗神主于太庙,进爵为子。

征南大将军慕容白曜南征,范为左司马。师次无盐,刘彧戍主申纂凭城拒守。识者金以攻具未周,不宜便进。范曰:“今轻军远袭,深入敌境,无宜淹留,久稽机侯。且纂必以我军来速,不去攻守,谓方城可凭,弱卒可恃,此天亡之时也。今若外潜威形,内整戎旅,密厉将士,出其非意,可一攻而克之。”白曜曰:“一日纵敌,数世之患。今若舒迟,民心固矣。司马之策是也。”遂潜军伪退,示以不攻。纂果不设备,于是即夜部分,旦便腾城,崇朝而克。白曜将尽以其人为军实。范曰:“齐四履之地,世号‘东秦’,不远为经略,恐末可定也。今皇威始被,民未沾泽,连城有怀贰之将,比邑有拒守之夫。宜先信义,示之轨物,然后民心可怀,二州可定。”白曜曰:“此良策也。”乃免之。进次肥城,白曜将攻之。范曰:“肥城虽小,攻则淹日,得之无益军声,失之有损威势,且见无盐之卒,死者涂炭,成败之机,足为鉴矣。若飞书告喻,可不攻自伏,纵其不降,亦当逃散。”白曜乃以书晓之,肥城果溃。白曜目范于众曰:"此行也,得卿,三齐不足定矣。"

军达升城,刘彧太原太守房崇吉弃母妻东走。彧青州刺史沈文秀遣其宁朔将军张元孙奉笺归款,请军接援。白曜将遣偏师赴之。范曰:"桑梓之恋,有怀同德。文秀家在江南,青土无坟柏之累。拥众数万,劲甲坚城,强则拒战,势屈则走。师未逼之,朝夕无患,竟何所畏,已求援军?且观其使,词烦而颜愧,视下而志怯,币厚言甘,诱我也。若不远图,惧亏军势。既进无所取,退逼强敌,羝羊触蕃,羸角之谓。未若先守历城,平盘阳,下梁邹,克乐陵,然后方轨连镳,扬旌直进,何患不壶浆路左以迎明公者哉!"白曜曰:"卿前后纳策,皆不失衷。今日之算,吾所不取。何者?道固孤城,裁能自守;盘阳诸戍,势不野战;文秀必克殄,意在先诚。天与不取,后悔何及。"范曰:短见犹谓不虚。历城足食足兵,非一朝可拔。文秀既据东阳为诸城根本,多遣军则历城之固不立,少遣众则无以惧敌心。脱文秀还叛,闭门拒守,偏师在前为其所挫,梁邹诸城追击其后,文秀身率大军,必相乘迫。腹背受敌,进退无途,虽有韩、白,恐无全理。愿更思审。勿入贼计中。"白曜乃止。遂表范为青州刺史以抚新民。后进爵为侯,加冠军将军,迁尚书右丞。后除平东将军、青州刺史,假范阳公。

范前解州还京也。夜梦阴毛拂踝。他日说之。时齐人有占梦者曰史武,进云:"豪盛于齐下矣。使君临抚东秦,道光海岱,必当重牧全齐,再禄营丘矣。"范笑而答曰:"吾将为卿必验此梦。"果如其言。是时,镇将元伊利表范与外贼交通。高祖诏范曰:"卿身非功旧,位无重班,所以超迁显爵,任居方夏者,正以勤能致远。虽外无殊效,亦未有负时之愆;而镇将伊利妄生奸挠,表卿造船市玉,与外贼交通。规陷卿罪,窥觎州任。有司推验,虚实自显,有罪者今伏其辜矣。卿其明为算略,勿复怀疑。待卿别犯,处刑及鞭,今恕刑罢鞭,止罚五十。卿宜克循,绥辑边服,称朕意也。"还朝,年六十二,卒于京师。谥曰穆。范五子,道元在《酷吏传》。

道元第四弟道慎,字善季。涉历史传,有干略。自奉朝请,迁尚书二千石郎中,加威远将军,为汉川行台,迎接降款。以功除员外常侍,领郎中。转辅国将军、骁骑将军。出为正平太守,治有能名。迁长乐相。正光五年卒,年三十八。赠后将军、平州刺史。

子中,字伯伟。武定初,司徒刑狱参军。

道慎弟约,字善礼。起家奉朝请,再迁冠军将军、司徒咨议参军。朴质迟钝,颇爱琴书,性多造请,好以荣利干谒,乞丐不已,多为人所笑弄,坎壈于世,不免饥寒。晚历东莱、鲁郡二郡太守,为政清静,吏民安之。年六十三,武定七年卒。

范弟神虎,尚书左民郎中。

神虎弟夔。子恽,字幼和,好学,有文才,尤长吏干。正光中,刺史裴延俊用为主簿,令其修起学校。举秀才,射策高第,为奉朝请。后延俊为讨胡行台尚书,引为行台郎。以招抚有称,除尚书外兵郎,仍行台郎。及延俊解还,行台长孙稚又引为行台郎,加征虏将军。恽颇兼武用,常以功名自许,每进计于稚,多见纳用。以功赏魏昌县开国子,邑三百户。恽在军,启求减身官爵为父请赠,诏赠夔征虏将军、安州刺史。恽后与唐州刺史崔元珍固守平阳。武泰中,尔朱荣称兵赴洛,恽与元珍不从其命,为荣行台郎中,樊高鹄所攻,城陷,被害,时年三十六,世咸痛惜之。所作文章,颇行于世。撰慕容氏书,不成。

子怀则,武定末,司空长流参军。

夔弟神期,中书博士。

神期弟显度,司州秀才、尚书库部郎。

韩秀,字白虎,昌黎人也。祖宰,慕容俊谒者仆射,父昞,皇始初归国,拜宣威将军、骑都尉。秀历吏任,稍迁尚书郎,赐爵遂昌子,拜广武将军。高宗称秀聪敏清辨,才任喉舌,遂命出纳王言,并掌机密。行幸游猎,随侍左右,

显祖践阼,转给事中,参征南赠慕容白曜军事。延兴中,尚书奏以敦煌一镇,介远西北,寇贼路冲,虑或不固,欲移就凉州。群官会议,佥以为然。秀独谓非便,曰:"此蹙国之事,非辟土之宜。愚谓敦

之立,其来已久。虽土邻强寇,而兵人素习,纵有奸窃,不能为害。循常置戍,足以自全。进断北狄之觇途,退塞西夷之窥路。若徙就姑臧,虑人怀异意。或贪留重迁,情不愿徙,脱引寇内侵,深为国患。且敦煌去凉州及千余里,舍远就近,遥防有阙。一旦废罢,是启戎心,则夷狄交构,互相来往。恐丑徒协契,侵窃凉土及近诸戍,则关右荒扰,烽警不息,边役烦兴,艰难方甚。"乃从秀议。太和初,迁内侍长。后为平东将军、青州刺史,假渔阳公。在州数年,卒。子务,袭爵。

务,字道世。性端谨,有治干。初为中散,稍迁太子翊军校尉。时高祖南征,行梁州刺史杨灵珍谋叛。以务为统军,受都督李崇节度以讨灵珍。有战功,授后军长史,征赴行在所。还,迁长水校尉。景明初,假节行肆州事,转左中郎将、宁朔将军,试守常山郡。又为征蛮都督李崇司马。崇揃荡群蛮,除近畿之患,务有力焉。后除镇北府司马。初,试守常山。府解,复为平北长史。务颇有受纳,为御史中尉李平所劾,付廷尉。会赦免。后除龙骧将军、郢州刺史。务献七宝床、象牙席。诏曰:"晋武帝焚雉头裘,朕常嘉之。今务所献,亦此之流也。奇丽之物,有乖风素,可付其家人。"边人李旵、马道进等许杀萧衍黄坂戍主,率户来降。务信之,遣兵千余人迎接。户既不至,而诈表破贼,坐以免官。久之,拜冠军将军、太中大夫,进号左将军。神龟初卒。

尧暄,字辟邪,上党长子人也。本名钟葵,后赐为暄。祖僧赖,太祖平中山,与赵郡吕舍首来归国。

暄聪了,美容貌,为千人军将、东宫吏。高宗以其恭谨,擢为中散。奉使齐州,检平原镇将及长史贪暴事,推情诊理,皆得其实。除太尉中给事、兼北部曹事,后转南部,

太和中,迁南部尚书。于时始立三长,暄为东道十三州使,更比户籍。赐独车一乘,厩马四匹。时萧赜遣其将陈显达寇边,以暄为使持节、假中护军、都督南征诸军事、平阳公。军次许昌,会陈显达遁走,暄乃班师。暄前后从征及出使检察三十余许度,皆有克己奉

公之称。赏赐衣服二十具、采绢十匹、细绢千余段、奴婢十口,赐爵平阳伯。

及改置百官,授太仆卿。车驾南征,加安南将军,转大司农卿。太和十九年,卒于平城。高祖为之举哀,赠安北将军、相州刺史,赙帛七百匹。

初,暄使徐州,见州城楼观,嫌其华盛,乃令往往毁撤,由是后更损落。及高祖幸彭城,闻之曰:“暄犹可追斩。”

暄长子洪,袭爵。镇北府录事参军。

子桀,字永寿。元象中,开府仪同三司、乐城县开国公。

洪弟遵,伏波将军、河州冠军府长史、临逃太守。卒,赠龙骧将军,谥曰思。

遵弟荣,员外散骑侍郎。

子雄,字休武。元象中,仪同三司、豫州刺史、城平县开国公。

雄弟奋,字彦举。兴和中,骠骑将军、颖州刺史。

奋弟难宗,武定中,征西将军、南岐州刺史、征羌县开国伯。

吕舍既归国,从至京师,给赐田宅。

子方生,机识明辩,卒于主书郎。赠建武将军、定州刺史、高邑子,谥曰敬。

子受恩,为侍御中散,典宜官曹,累迁外都曹令,转北部给事、秦州刺史,卒于官。

史臣曰:薛辩、寇赞归身有道,并以款效见嘉。议敦煌得驭远之算。务武夫鄙诈,贡床饰宝,弃而不御,期乃人主之盛德。尧暄聪察奉公,以致名位,礼加存殁,有余荣矣。

魏书卷四三
列传第三一

严稜　毛脩之　唐和
刘休宾　房法寿

严稜,冯翊临晋人。遇乱,避地河南,刘裕以为广威将军、陈留太守,戍仓垣。泰常中,山阳公奚斤南讨,军至颍川,稜率文武五百人诣斤降,驿送稜朝太宗于冀州。嘉其诚款,拜平远将军,赐爵郃阳侯,假荆州刺史。随驾南讨,还为上客。及世祖践阼,以稜归化之功,除中山太守,有清廉之称,年九十,卒于家。

子雅玉,袭爵。真君中,诏雅玉副长安镇将元兰率众一万,迎汉川附化之民,入自斜谷,至甘亭。刘义隆梁州刺史王玄载遣将拒崄,路不得通,班师。太和二年,太仓令。五年,出为平南将军、东兖州刺史,假冯翊公。卒。

子昙,袭爵。

毛脩之,字敬文,荥阳阳武人也。父瑾,司马德宗梁秦二州刺史。刘裕之擒姚泓,留子义真镇长安,以脩之为司马。及赫连屈丐破义真于青泥,脩之被俘,遂没统万。世祖平赫连昌,获脩之,神麚中,以脩之领吴兵讨蠕蠕大檀,以功拜吴兵将军,领步兵校尉。

后从世祖征平凉有功,迁散骑常侍、前将军、光禄大夫。脩之能为南人饮食,手自煎调,多所适意。世祖亲待之,进太官尚书,赐爵南郡公,加冠军将军,常在太官,主进御膳。

从讨和龙,别破三堡,赐奴婢、牛羊。是时,诸军攻城,宿卫之士多在战陈,行宫人少。云中镇将朱修之,刘义隆故将也,时从在军,欲率吴兵谋为大逆,因入和龙,冀浮海南归。以告修之,修之不听,乃止。是日无修之,大变机作。朱修之遂亡奔冯文通。又以修之收三堡功多,迁特进、抚军大将军、金紫光禄大夫,位次崔浩之下。

浩以其中国旧门,虽学不博洽,而犹涉猎书传,每推重之,与共论说。言次,遂及陈寿《三国志》有古良史之风,其所著述,文义典正,皆扬于王廷之言,微而显,婉而成章,班史以来,无及寿者。修之曰:"昔在蜀中,闻长老言,寿曾为诸葛亮门下书佐,被挞百下,故其论武侯云'应变将略,非其所长'。浩乃与论曰:"承祚之评亮,乃有故义过美之誉,案其迹也,不为负之,非挟恨之矣。何以云然?夫亮之相刘备,当九州鼎沸之会,英雄奋发之时,君臣相得,鱼水为喻,而不能与曹氏争天下,委弃荆州,退入巴蜀,诱夺刘璋,伪连孙氏,守穷崎岖之地,僭号边夷之间,此策之下者。可与赵他为偶,而以为管萧之亚匹,不亦过乎?谓寿贬亮,非为失实。且亮既据蜀,恃山崄之固,不达时宜,弗量势力。严威切法,控勒蜀人;矜才负能,高自矫举。欲以边夷之众,抗衡上国。出兵陇右,再攻祁山,一攻陈仓,疏迟失会,摧衄而反;后入秦川,不复攻城,更求野战。魏人知其意,闭垒坚守,以不战屈之。知穷势尽,愤结攻中,发病而死。由是言之,岂合古之善将,见可而进,知难而退者乎?"修之谓浩言为然。

太延二年,为外都大官。卒,谥曰恭。

公修之在南有四子,唯子法仁入国。高宗初,为金部尚书,袭爵。后转殿中尚书,加散骑常侍。法仁言声壮大,至于军旅田狩,唱呼处分,振于山谷。和平六年卒。赠征东大将军、南郡王,谥曰威。

长子猛虎,太安中,为东宫主书,转中舍人,又迁中散大夫。初袭爵,为散骑常侍。皇兴中,蠕蠕犯塞,从显祖讨之,有勇决之称。太和初卒,赠豫州刺史,谥曰康公。

子泰宝,袭爵。征虏长史。例降为侯。卒,

子乾佑,袭。

　　朱修之者，刘义隆司徒从事中郎。守滑台，安颉围之。其母在家，乳汁忽出。母号恸告家人曰："我年老，非复有乳汁之时。今忽如此，儿必没矣。"果以其日，为颉所擒。世祖善其固守，授以内职，以宗室女妻之。而佞巧轻薄，为人士所贱。为云中镇将。及入冯文通，文通送之江南。

　　唐和，字稚起，晋昌宜安人也。父繇，以凉土丧乱，民无所归，推陇西李皓于敦煌，以宁一州。李氏为沮渠蒙逊所灭，和与兄契携外甥李宝避难伊吾，招集民众二千余家，臣于蠕蠕。蠕蠕以契为伊吾王。

　　经二十年，和与契遣使来降，为蠕蠕所逼，遂拥部落至于高昌。蠕蠕遣部帅阿若率骑讨和。至白力城，和率骑五百先攻高昌，契与阿若战殁。和收余众，奔前部王国。时沮渠安周屯横截城，和攻拔之，斩安周兄子树，又克高宁、白力二城，斩其戍主。遣使表状，世祖嘉其诚款，屡赐和。

　　和后与前部王车伊洛击破安周，斩首三百。世祖遣成周公万度归讨焉耆，诏和与伊洛率所领赴度归。和奉诏，会度归喻下柳驴以东六城，因共击波居罗城，拔之。后同征龟兹，度归令和镇焉耆。时柳驴戍主乙真伽率诸胡将据城而叛，和领轻骑一百匹入其城，擒乙真伽，斩之，由是诸胡款附。西域克平，和有力也。

　　正平元年，和诣阙。世祖优宠之，待以上客。高宗以和归诚先朝，拜镇南将军、酒泉公。太安中，出为济州刺史，甚有称绩。征为内都大官，评决狱讼，不加捶楚，察疑获实者甚多，世以是称之。皇兴中卒，年六十七。赠征西大将军、太常卿、酒泉王，谥曰宣。

　　子钦，字孟直。中书学生，袭爵。太和中，拜镇南将军、长安镇副将。转陕州刺史，将军如故。后降爵为侯。二十年卒。

　　子景宣，袭爵。历并州城阳王微后军府长史，加中坚将军，迁东郡太守。普泰中卒。赠抚军将军、秦州刺史。

　　景宣弟季弼，武定中，沧州别驾。

契子玄达,性果毅,有父风。与叔父和归阙,具为上客。拜安西将军、晋昌公。显祖时,出为华州刺史,将军如故。杏城民盖平定聚众为逆,显祖遣给事杨钟葵击平定,不克而还,诏玄达讨平之。杏城民成赤李又聚党,自号为王,逼掠郡县,殁害百姓。玄达率骑二百,邀其狭路,击破之。叛民曹平原复聚为乱,玄达追击,悉平之。延兴三年,有罪免官。太和十六年,降爵为侯。卒。

子崇,字继祖,袭爵。盛乐太守。

崇弟兴业,定阳、阐熙二郡太守。

刘休宾,字处干,本平原人。祖昶,从慕容德度河,家于北海之都昌县。父奉伯,刘裕时北海太守。休宾少好学,有文才,兄弟六人,乘民、延和等皆有时誉。

休宾为刘彧虎贲中郎将,稍迁幽州刺史,镇梁邹。及慕容白曜军至升城,遣人说之,令降,休宾不从。刘彧龙骧将军崔灵延、行勃海郡房灵建等数十家皆入梁邹,兴举休宾为征房、兖州。会刘彧遣使授休宾辅国将军、兖州刺史。

休宾妻,崔邪利女也,生一男,字文晔。崔氏先归宁在鲁郡,邪利之降也,文晔母子遂与俱入国。至是,白曜表请崔与文晔。既至,白曜以报休宾,又于北海执延和妻子,送至梁邹,巡视城下。休宾答白曜,许历城降,当即归顺,密遣兼主簿尹文达向历城,观国军形势。

文达诣白曜,诈言闻王临境,故来祗候。私谓白曜曰:"刘休宾父子儿弟,累郡连州,今若识运知机,束手归化,不审明王加何赏叙?"白曜曰:"休宾仕南,爵宠如此,今若不劳兵甲,望风自降者,非直处卿富贵,兼还其妇儿。休宾纵令不畏攻围,岂不怜其妻子也!今升城,卿自往见。"文达乃至升城,见休宾妻子。

文晔攀援文达,哭泣号咷,以爪发为信。文达回还,复经白曜,誓约而去。白曜曰:"卿是休宾耳目腹心,亲见其妻子,又知我众旅少多,善共量议,自求多福。"文达还见休宾,出其妻儿爪发,兼宣白曜所言及国军形势,谓休宾曰:"升城已败,历城非朝则夕,公可早图之"。休宾抚爪发,泣涕曰:"妻子幽隔,谁不愍乎?吾荷南朝厚恩,受寄边任。今顾妻子而降,于臣节足乎?"然而密与其兄子闻慰议为降计。闻慰曰:"此故当文达诳诈耳。年常抄掠,岂有多军也?但可抚强兵,勤肃卫,方城狭崄,何为便生忧怯,示人以弱也。"

休宾又谓文达曰:"卿勿惮危苦,更为吾作一返,善观形势。"

于是遣文达偷道而出,令与白曜为期,剋日许送降款。文达既至,白曜喜曰:"非直休宾父子荷荣,城内贤豪,亦随人补授。卿便为梁邹城主。"以酒灌地,启告山河,曰:"若负休宾,使我三军覆没!"初,白曜之表取休宾妻子也,显祖以道固既叛,诏授休宾持节、平南将军、冀州刺史、平原公。至是,付文达诏策。文达还,谓休宾曰:"白曜信誓如此,公可早为决计。恐攻逼之后,降悔无由。"休宾于是告兄子闻慰曰:"事势可知,汝早作降书。"闻慰沉疑,固执不作,遂差本契。

白曜寻遣著作佐郎许赤虎夜至梁邹南门下,告城上人曰:"汝语刘休宾,可由遣文达频造仆射,许关降文,归诚大化,何得无信,违期不来?"于是门人唱告,城内悉知,遂相维持,欲降不得。皆云:"刘休宾父子,欲以我城内人易荣位也。"寻被攻逼,经冬至春。历城降,白曜遣道固子景业与文晔至城下,休宾知道固降,乃出请命。白曜送休宾及宿有名望者十余人,俱入代都为客,及立平齐郡,乃以梁邹民为怀宁县,休宾为县令。延兴二年卒。

文晔,有志尚,综览群书,轻财重义,太和中,坐从兄闻慰南叛,与二弟文颢、季友被徙北边。高祖特听还代。

高祖曾幸方山,文晔大言于路侧曰:"求见圣明,申宣久屈,"高祖遣尚书李冲宣诏问曰:"卿欲何言?听卿面自申尽。"于是引见。文晔对曰:"臣之陋族,出自平原,往因燕乱,流离河表,居齐以来,八九十载。真君十一年,世祖太武皇帝巡江之日,时年二岁,随外祖鲁郡太守崔邪利于邹山归国。邪利蒙赐四品,除广宁太守。以臣年小,不及齿录。至天安之初，皇威远被。臣亡父休宾，刘氏持节、兖州刺史，戍梁邹。时慕容白曜以臣父居全齐之要，水陆道冲，青冀二城，往来要路，三城岳峙，并拒王师。白曜知臣母子先在代京，表请臣母子慰劳。臣即被先帝诏，遣乘传诣军，又赐亡父官爵。白曜遣右司马卢河内等，送臣母子至邹。臣既见亡父，备申皇泽。云：'吾蒙本朝宠遇，捍御藩屏，尊卑百口，并在二城。吾若先降，百口必被诛灭，既不固诚于本朝，又令尊卑涂炭，岂堪为人臣以奉大魏乎？汝且申吾意白仆射，降意已判，平历城，即率士众送款军前。'既克历城，白曜遣赤虎送臣并崔道固子景业等向梁邹。亡父既见赤虎之信，仰感圣朝远遣妻子，又知天命有归，拥众一万，以城降款。乘驿赴台，蒙为客例。臣私衅深重，亡父以延兴二年孤背明世，血诚微心，末获申展。如臣等比，并蒙荣爵，为在事孤抑，以人废勋。"高祖曰："卿诉父赏，而卿父无勋。历城齐之西关，归命请顺。梁邹小戍，岂能获全？何足以为功也。"

文晔对曰："诚如圣旨，愚臣所见，犹有末申，何者？昔乐毅破齐七十余城，唯有即墨独在，此岂非根亡而条立？且夫降顺之人，验之古今，未有不由危逼者。故黄权无路归款，列地封侯。且薛安都、毕众敬危急投命，并受茅土之爵。论古则如彼，语今则如此，明明之世，不及比流。窃惟梁邹严固，地据中齐，粟支十载，控弦数千万，方之升城，不可同日而语。升城犹能抗兵累旬，伤杀甚众，若臣亡父固守孤城，则非一朝可克。"高祖曰："历城既陷，梁邹便是掌中，何烦兵力？"对曰："若如圣旨，白曜便应穷兵极意，取胜俯仰。何为上假赤虎之信，下衔知变之民？"高祖曰："卿父此勋，本自至少，以卿才地，岂假殷勤。"对曰："臣尪愚六蔽，文武无施，响绝九皋，闻天无日，遭逢圣运，万死犹生。但臣窃见徐兖是贼藩要，徐兖既降，诸戍皆应国有。而东徐州刺史张谠所戍团城，领二郡而已。徐兖降后，犹闭门拒命，授以方岳，始乃归降。父子二人，并蒙侯爵。论功比勤，不先臣父。"高祖曰："卿引张谠，谠事小异。"

对曰："臣未识异状。"高祖曰："张谠始来送款，终不差信。卿父进非先觉,退又拒守,何得不异?"对曰"张谠父子,始有归顺之名,后有闭门之罪,以功补过。免罪为幸。臣又见崔僧佑母弟,随其叔父道固在历城。僧佑遥闻王威远及,恐母弟之沦亡,督率乡闾来欲救援。既至郁洲,历城已没,束手归诚,救母弟之命。圣朝嘉其附化,赏以三品。亡父之诚,岂后僧佑?"高祖曰:"僧佑身居东海,去留任意,来则有位,去则他人,是故赏之。卿父被围孤城,已是已物,所以不赏。"对曰:"亡父据城归国,至公也,僧佑意计而来,为私也。为私蒙赏,至公不酬,臣未见其可。"高祖笑而不言。

比部尚书陆睿叱文晔曰:"假令先朝谬赏僧佑,岂可谬相赏也!"文晔曰:"先帝中代圣主,与日月等曜,比隆尧舜,宰相则十乱五臣,今言谬赏,岂不仰诬先朝乎?"尚书高闾曰:"卿谓母弟与妻子,何者为重?"文晔曰:"母弟为重。"闾曰:"卿知母弟为重,朝廷赏僧佑是也。卿父为妻子而来,事何相反?"对曰:"僧佑若无母弟,来归以不?"闾曰:"不来。"文晔曰:"若僧佑赴母弟之难,此是其私。而亡父本为大丈夫,立身处世,岂可顾妻子而亏高节也!昔乐羊食子,有顾以不?亡父本心,实不垂顾,所以归化者,自知商周不敌,天命有所归。"高祖谓文晔曰:"卿之所许,颇亦有途。赏从重,罚从轻,寻敕酬叙。"文晔泣曰:"臣愚顿理极,再见无期,陛下既垂慈泽,愿敕有司,特赐矜理。"高祖曰:"王者无戏,何待勤勤。"既而赐文晔爵都昌子,深见待遇。拜协律中郎,改授羽林监。世宗世,除高阳太守。延昌中卒。赠平远将军、光州刺史,谥曰贞。

子元,袭。拜员外郎、襄威将军、青州别驾。卒。

文颢,性仁孝笃厚。徐州安丰五府骑兵参军。

季友,南青州左军府录事参军。

闻慰,博识有才思。至延兴中,南叛。

休宾叔父旋之,其妻许氏,二子法凤、法武。而旋之早亡。东阳平,许氏携二子入国,孤贫不自立,并疏薄不伦,为时人所弃。母子皆出家为尼,既而反俗。太和中,高祖选尽物望,河南人士,才学之徒,咸见申擢。法凤兄弟无可收用,不蒙选授。后俱奔南。法武后改名孝标云。

房法寿,小名乌头,清河绎幕人也。幼孤,少好射猎,轻率勇果,结群小而为劫盗。从叔元庆、范镇等坐法寿被州郡切责,时月相继,宗族甚患之。

弱冠,州迎主簿。后以母老,不复应州郡之命。常盗杀猪牛,以共其母。招集壮士,常有百数。

母亡岁余,遇沈文秀、崔道固起兵应刘子勋。明僧皓、刘乘民起兵应刘彧,攻讨文秀。法寿亦与清河太守五玄邈起兵西屯,合讨道固。玄邈以法寿为司马,累破道固军,甚为历城所惮。加法寿绥边将军、魏郡太守。子勋死,道固、文秀悉复归彧,乃罢兵。道固虑其扇乱百姓,遂切遣之。而法寿外托装办而内不欲行。

会从弟崇吉在升城,为慕容白曜所破,母妻没于白曜军。崇吉奔还旧宅。法寿与崇吉年志粗相谐协,而亲则从祖兄弟也。崇吉以母妻见获,托法寿为计。法寿既不欲南行,恨道固逼切,又矜崇吉情理。时道固以兼治中房灵宾督清河、广川郡事,戍盘阳。法寿遂与崇吉潜谋袭灵宾,克之。仍归款于白曜,以赎母妻。白曜遣将军长孙观等,自大山南入马耳关以赴盘阳,还崇吉母妻。

初,道固遣军围盘阳,法寿等拒守二十余日。观军至,贼乃散走。观军入城,诏以法寿为平远将军,与韩骐驎对为冀州刺史,督上租粮。以法寿从父弟灵民为清河太守,思顺为济南太守,灵悦为平原太守,伯怜为广川太守,叔玉为高阳太守,叔玉兄伯玉为河间太守,伯玉从父弟思安为乐陵太守,思安弟幼安为高密太守,以安初附。

及历城、梁邹降,法寿、崇吉等与崔道固、刘休宾俱至京师。以法寿为上客。崇吉为次客,崔、刘为下客。法寿供给,亚于安都等。以功赐爵壮武侯,加平远将军,给以田宅、奴婢。性好酒,爱施,亲旧宾客率同饥饱,坎壈常不丰足。毕众敬等皆尚其通爱。太和中卒。赠平东将军、青州刺史,谥敬侯。

子伯祖，袭，例降为伯。历齐郡内史。伯祖暗弱，委事于功曹张僧皓。僧皓大有受纳，伯祖衣食不充。后广陵王羽为青州，伯祖为从事中郎、平原相。转幽州辅国长史。坐公事免官。卒。

子翼，袭。宣威将军、大城戍主。永安中，青州太傅开府从事中郎。

伯祖弟叔祖，别以功赐爵魏昌子。历广陵王国郎中令、长广、东莱二郡太守。龙骧将军、中散大夫。永安中，安东将军、郢州刺史。

叔祖弟幼愍，安丰、新蔡二郡太守，坐事夺官。居家，忽闻有客声，出无所见。还至庭中，为家群犬所噬，遂卒。

初，长孙观之将至盘阳也，城中稍以震惧。时刘彧给事中崔平仲欲归江南，自历下至围城军中，与十余骑遥共法寿语，灵宾密遣人捕执之。始法寿克盘阳之后，常禁灵宾于别齐。既得平仲，引与同室，致酒食，叙国军明将入意。夜中，北城上缒出平仲、灵宾等十余人。厥明，官军至城，灵宾遂归梁邹。

灵宾，文藻不如兄灵建，而辩悟过之。灵建在南，官至州治中、勃海太守，以才名见称。兄弟俱入国，为平齐民。虽流漂屯圮，操尚卓然。并卒于平齐。

灵建子宣明，亦文学著称，雅有父风。高祖擢为中书博士。迁洛，转议郎，试守东清河郡。正始中，京兆王愉出除征东、冀州，以宣明为记室参军。愉反，逼宣明为太守。

灵宾从父弟坚，字千秋，少有才名。亦内徙为平齐民。太和初，高祖擢为秘书郎。迁司空咨议、齐州大中正。高祖临朝，令诸州中正各举所知，千秋与幽州中正阳尼各举其子。高祖曰："昔有一祁，名垂往史；今有二奚，当闻来谍。"出为濮阳太守。世宗时，复为司空咨议，加立将军。卒，赠南青州刺史，谥曰懿。

长子祖渊，羽林监。从章武王融讨葛荣，没于陈。赠安东将军、济州刺史。

祖渊弟祖皓，长水校尉。后讨萧衍将于九山，战殁。赠抚军将军、兖州刺史。

崔平仲自东阳南奔,妻子于历城人国。太和中,高祖听其还南。

思安,有勇力;伯玉果敢有将略。思安赐爵西安子、建威将军、北平太守,迁大司马司马、齐州武昌王府司马。高祖南伐,征为步兵校尉、直阁将军、中统军。善抚士众,高祖嘉之。汉阳既平,复为武昌王司马,带东魏郡太守。加宁朔将军,改爵清河子。卒官。子敬宝,袭爵。

敬宝,亦壮健。奉朝请、征北中兵参军、北征统军、宁远将军,每有战功。早卒。

子去病,袭。

伯玉,坐弟叔玉南奔,徙于北边。后亦南叛,为萧鸾南阳太守。高祖南伐,克宛外城,命舍人公孙延景宣诏于伯玉曰:“天无二日,土无两王,是以躬总六师,荡一四海。宛城小戍,岂足以御抗王威?深可三思,封侯胙土,事在俯仰。”伯玉对曰:“外臣荷国厚恩,奉任疆境,为臣之道,末敢听命。伏惟游銮远涉,愿不损神。”高祖又遣谓曰:“朕亲率麾斾,远清江沔,此之小戍,岂足徘徊王师。但戎辂所经,纤介须珍,宜量力三思,自求多福。且卿早蒙萧赜殊常之眷,曾不怀恩,报以尘露。萧鸾妄言入继道成,赜子无子遗。卿不能建忠于前君,方立节于逆竖,卿之罪一;又顷年伤我偏师,卿之罪二;今銮斾亲戎,清一南服,不先面缚,待罪麾下,卿之罪三。卿之此戍,多则一年,中则百日,少则三旬,克珍岂远。宜善思之,后悔无及。”伯玉对曰:“昔蒙武帝恺悌之恩,忝侍左右,此之厚遇,无忘夙夜。但继主失德,民望有归。主上龙飞践极,光绍大宗,非直副亿兆之深望,实兼武皇之遗敕。是以勤勤恳恳,不敢失坠。往者,北师深入,寇扰边民,辄厉将士,以救苍生。此乃边戍常事,陛下不得垂责。”

及克宛,伯玉面缚而降。高祖引见伯玉并其参佐二百人,诏伯玉曰:“朕承天驭宇,方欲清一寰域,卿蕞尔小戍,敢拒六师。卿之愆罪,理在不赦。”伯玉对曰:“臣既小人,备荷驱使,缘百口在南,致拒皇略,罪合万死。”高祖曰:“凡立忠抱节,皆应有所至。若奉逆君,守迷节,古人所不为。卿何得事逆贼萧鸾,自贻伊谴!"伯玉对曰:"臣愚痴晚悟,罪合万斩,今遭陛下,愿乞生命。"高祖曰:"凡人惟有两途:知机获福,背机受祸。劳我王师,弥历岁月,如此为降,何人有罪!且朕前遣舍人公孙延景城西共卿语云:'天无二日,土无二王。'卿答云:'在此不在彼。'天道攸远,变化无方,卿宁知今日在此不在彼乎?!"伯玉乞命而已,更无所言。高祖以思安频为伯玉泣请,故特宥之。

伯玉在南之日,放妾杨氏为尼,入国,遂令还俗,复爱幸焉。为有司所奏,高祖听之。世宗即位,拜长史,兼游击将军。出为冯翊相,卒官。

崇吉,少骁勇。为沈文秀中兵参军。及太原戍守傅灵越率众弃郡南赴子勋,文秀以崇吉督郡事。既而背文秀,同于刘彧。母叔在历城,为崔道固所拘系,又将致刑于市以恐之,而崇吉卒无所顾。会道固归彧,乃出其母。彧以崇吉为龙骧将军、并州刺史。领太原太守,戍升城。崇吉以其从兄灵献为长史,姨兄贾延年为司马。

末几,而白曜军至。白曜遣人招之,崇吉不降,遂闭门固守。升城至小,人力水多,胜仗者不过七百人,而白曜侮之,乃遣众陵城。崇吉设土蕫方梁,下相舂击,不时克殄。白曜遂筑长城,围三重,更造攻具,日夜攻击。自二月至四月,粮矢俱尽,崇吉突围出走,遁藏民舍,母妻见获。道固遣治中房灵宾慰引之,崇崇吉不肯见道固,遂东归旧村,阴募壮士,欲以偷母,还奔河南。白曜虑其如此,守备严固。后与法寿取盘阳,俱降。

及立平齐郡,以历城民为归安县,崇吉为县令。颇怀昔憾,与道固接事,意甚不平。后委县出台,讼道固罪状数条。会赦不问。崇吉乞解县,许之。停京师半岁,乃南奔。崇吉夫妇异路,剃发为沙门,改名僧达,投其族叔法延。住岁余。清河张略之亦豪侠士也,崇吉遗其金帛,得以自遣。妻从幽州南出,亦得相会。崇吉至江东,寻病死。

崇吉从父弟三益,字敬安,于南阳内附。高祖与语,善之曰:"三益了了,殊不恶。"拜员外散骑侍郎。寻出为太山太守。转兖州左军府司马。所在以清和著称。还,除左将军。正光中卒,年六十三。九子。

长子士隆,兴和中,东清河太守,带盘阳镇将。

士隆弟士达,少有才气。其族兄景先,有鉴识,每曰:"此儿俶傥,终当大其门户。"起家济州左将军府仓曹参军。时京兆王继为大将军,出镇关右,闻其名,征补骑兵参军,领帐内统军。孝昌中,其乡人刘苍生、刘钧、房须等作乱,攻陷郡县,频败州军。时士达父忧在家,刺史元欣欲逼其为将,士达以礼固辞。欣乃命其友人冯元兴谓之曰:"今合境从逆,贼徒转炽,若万一陷州,君家岂得独全?既急病如此,安得顾名教也?"士达不得已而起,率州郭之人二千余人,东西讨击,悉破平之。武泰初,就家拜平原太守,抑挫豪强,境内肃然。时邢杲寇乱,惮其威名,越郡城西度,不敢攻逼。永安末,转济南太守。士达不入京师,而频为本州郡,时人荣之。永安末,尔朱兆入洛,刺史萧赞为城民赵洛周所逐,城内无主。洛周等以士达乡情所归,乃就郡请之,命摄州事。永熙二年卒,年三十八,时人伤惜之。赠平东将军、齐州刺史,谥曰武。

士达弟士素,武定末,太尉咨议参军。

士素弟士章,尚书郎。

法寿族子景伯,字长晖。高祖谌,避地渡河,居于齐州之东清河绎幕焉。祖元庆,仕刘骏,历七郡太守,后为沈文秀青州建威府司马。刘彧之杀子业自立也,子业弟子勋起兵攻之,文秀遣其将刘珍之率兵助彧。后背彧归于子勋,元庆不同,为文秀所害。父爱亲,率勒乡部攻文秀。刘彧嘉之,起家授龙骧将军。寻会文秀降彧,乃止。显祖时,三齐平,随例内徙,为平齐民。以父非命,疏服终身。

景伯生于桑乾,少丧父,以孝闻。家贫,佣书自给,养母甚谨。尚书卢渊称之于李冲,冲时典选,拔为奉朝请、司空祭酒、给事中、尚书仪曹郎。除齐州辅国长史，值刺史死，敕行州事。政存宽简，百姓安之。后值清河太守杜昶外叛，郡居山险，盗贼群起，除清河太守。郡民刘简虎曾失礼于景伯，闻其临郡，阖家逃亡。景伯督切属县捕擒之，即署其子为西曹掾，命喻山贼。贼以景伯不念旧恶，一时俱下，论者称之。旧守令六年为限，限满将代。郡民韩灵和等三百余人表诉乞留，复加二载。后迁太尉中郎、司徒咨议参军、辅国将军、司空长史。以母疾去官。

　　景伯性淳和，涉猎经史，诸弟宗之，如事严亲。及弟妓亡，蔬食终丧，期不内御，忧毁之容，有如居重。其次弟景先亡，其幼弟景远期年哭临，亦不内寝。乡里为之语曰："有义有礼，房家兄弟。"延尉卿崔先韶好标榜人物，无所推尚，每云景佰有士大夫之行业。及母亡，景伯居丧，不食盐菜，因此遂为水病，积年不愈。孝昌三年，卒于家，时年五十。赠左将军、齐州刺史。

　　子文烈，武定中，尚书三公郎中。

　　景先，字光胄。幼孤贫，无资从师，其母自授《毛诗》、《曲礼》。年十二，请其母曰："岂可使兄佣赁以供景先也？请自求衣，然后就学，"母哀衣其小，不许，苦请，从之。遂得一羊裘，欣然自足。昼则樵苏，夜育经史，自是精勤，遂大通赡。

　　太和中，例得还乡，郡辟功曹。州举秀才，值州将卒，不得对策。解褐太学博士。时太常刘芳、侍中崔光当世儒宗，叹其精博，光遂奏兼著作佐郎，修国史。寻除司徒祭酒、员外郎。侍中穆绍又启景先撰《世宗起居注》。累迁步兵校尉，领尚书郎，齐州中正，所历皆有当官之称。

　　景先沉敏方正，事兄恭谨，出告反面，晨昏参省，侧立移时，兄亦危坐，相敬如对宾客。兄曾寝疾，景先侍汤药，衣冠不解，形容毁瘁。亲友见者莫不哀之。

　　神龟元年，萧衍龙骧将军田申能据东义阳城内属，敕景先为行台，发二荆兵以援之，在军遇疾而还。其年，卒于家，时年四十三。赠

持节、冠军将军、洛州刺史,谥曰文

景先作《五经疑问》百余篇,其言该典,今行于时,文多。略举其切于世教者:

问王者受命,木火相生曰:五精代感,禀灵者兴。金德方隆,祯发华渚,水运告昌,瑶光启祚。人道承天,天理应实,受谢既彰,玄命若契。相生之义,有允不违。至如汤武革命,杀伐是用,水火为次,遵而不改。既事乖代终,而数同纳麓。逆顺且殊,祯运宜异,而兆征不差,有疑符应。

问禹以鲧配天,舜不尊父曰:明明上天,下土是冒。道高者负扆四方,神积者郊原斯主。是以则天,不能私其子;绍尧,不敢尊其父。鲧既罪彰于山川,受殛于羽裔,化质与鳞甲为群,铭精不能上乘箕尾。而厚尊配于国阳,当升烟之大礼。苟存及躬,以乱祀典。降上帝为罪鬼之宾,奏夹钟为介虫之乐,奉天之道,不乃有沦乎?

问汤尊稷废柱曰:神积道存,异世同尊,列山见享,绵纪前代。成汤革命,承天当惩阳之运,不思理数之有时,黜元功于百世。且毕、箕感应,风雨异征,尊播殖之灵,而邀滂澍之润。升废之道,无乃谬与?若柱不合荐,虞夏应失之于前;如以岁久,宜迁百神可计日而代。求之二三,未究往旨。

问汤克桀,欲迁夏社为不可;武王灭纣,以亳社为亡国之诫曰:神无定方,唯人为主;道协无为,天地是依,弃德弗崇,百灵更祀。周武承天,礼存咸秩。升后稷当四圭之尊,贬土只隔牲币之享。就如方之,稷禀灵威,诚允聿追之宜,社非商祖,孝乎乃考之咎,殷鉴致诚,何独在斯?

问《易》著革命之爻,而无揖让之象曰:玄黄剖别,人道为尊;含灵一伥化,故义始元首。是以飞龙启征,大人载就。及理运相推,帝图异序。虞宾以为善终顺守,有惭末尽,不显揖让之象,而著已日之美。岂可兆巨衅为贻厥之谋,训万世而开安忍之?阙求之反衷,未识理恕。

问《周礼·秋官》司烜氏,邦若屋诛,为明竁焉曰:王道贵产,法理尚恩。旧德见食,八象载其美;五宥三刺,礼经宝其仁。是以禄父巨衅,殷礼不辍;三监乱德,蔡胤犹存。罪莫极于无上,逆莫甚于违天。行大辟,祸不及族;理正刑,愆止于身。何恶当参夷之祸?何戾受沦殄之辜?

问《仪礼》,继母出嫁,从为之服,《传》云"贵终其恩"曰:继母配父,本非天属;与尊合德,名义以兴。兼鞠育有加,礼服是重。既体违义尽,弃节毁慈,作嫔异门,为鬼他族,神道不全,何终恩之有?方齐服是追,哭于野次,苟存降重,无乃过犹不及乎?

问《礼记》,生不及祖父母,父母税丧,已则否曰:服以恩制,礼由义立。慈母三年,孙无缌葛者,以戚非天属,报养止身。祖虽异域,恩不及已,但正体于下,可无服乎?且缟冠玄武,子姓之服。缞练之后,纕绖已除,犹怀惨素,未忍从吉,况斩焉。初之创巨方始,复吊之宾,尚改缁袭,奉哀苦次,而无追变,孝子孝孙,岂天理是与?

问《左氏传》,齐人杀哀姜,君子以为不可曰:受醮从天,人伦所重。保育异宗,承奉郊奠。而乃肆极昏淫,祸倾合卺之尊;怙乱无终,殄灭诞鞠之爱。齐桓匡翼四方,正存刑矩。割不忍之恩,行至公之法。方生贬违,以杀为甚。而神道幽默,祸降末期。虽穷劾履朝,臣不宜纠。既事反人灵,咎将有所,施之取衷,孰为优允?

问《公羊传》,王者之后郊天曰:神不谬享,帝无妄尊。介丘偏祀,犹不歆季氏之旅;昊天至重,岂可纳废飨之虔?唐虞已往,事无斯典;三后已降,始见其文。揖让之胄,礼不上通,昏愈后烬,四圭是主。此便至道相承,乾无二统。纯风既诐,玄牡肆尊;礼不虚革,庶昭异闻。

问《谷梁传》,鲁僖三十一年夏四月,"卜郊不从,乃免牲",《传》曰"乃者,亡乎人之辞也"曰:乐以观风,礼为教本,其细已

甚,民不堪命。齐不加兵,屈于周典。僖公鲁之盛君,告诫虔祀,
穆卜迎吉,而休征不至。若推咎于天,则神不弃鉴;归愆于人,
则颂声宜替。既命龟失辰,灵威弗眷,郊享不从,配天斯缺。即
《传》所言,殆非虚美,何承而制?

问《尚书·胤征》,羲和诘其罪,乃季秋月,朔辰弗合于房
曰:衡纪不移,日月有度;炎凉启辰,次舍无代;履端屡臻,归余
成闰。是以爰命羲和,升准徂节,使晷数应时,火流协运。致望
舒后律,耀灵爽次。即官缺永,容可为愆。玄象一差,末成巨戾。
且杪秋岂回星之辰,授衣非合璧之月。叙食弗当,积失加诛;律
度暂差,便遭殄绝。仁者之兵,义不妄兴;王赫斯举,将有异说。

问《毛诗》,“十月之交,朔日辛卯,日有食之,亦孔之丑”
曰:日月次周,行舍有常,分至之候,不为愆咎。今同之辰而为
深戾者,专以金木相残,指日成衅。推步不一,容可如之;若谪
见正阳,日维戊午,生育相因,犹子归母,但以阴阳得无深忌
乎?若为忌也,朔亦应为灾;如不忌世,辛卯岂独成丑?且举凡
之始,以属月时,系之在日,有爽明例。义不妄构,理用何依?

问《论语》,河不出图,泣麟自伤曰:圣人禀灵天地,资识未
形,齐生死于一同,等荣辱于彼我。孔子自生不辰,从心告齿,
乐正既修,素王斯著。方兴吾已之叹,结反袂之悲;进涉无上之
心,退深负杖之惧。圣达之理,无乃缺如?

符玺郎王神贵答之,名为《辩疑》,合成十卷,亦有可观。前废帝
时奏上之。帝亲自执卷,与神贵往复,嘉其用心,特除神贵子鸿彦为
奉朝请。

景先子延祐,武定末,太子家令。

景远,字叔遐。重然诺,好施与。频岁凶俭,分赡宗亲,又于通
衢以食饿者,存济甚众。平原刘郁行经齐兖之境,忽遇劫贼,已杀十
余人。次至郁,郁呼曰:“与君乡近,何忍见杀!”贼曰:“若言郎里,亲
亲是谁?”郁曰:“齐州主簿房阳是我姨兄。”阳是景远小字。贼曰:

"我食其粥得活,何得杀其亲!"遂还衣服,蒙活者二十余人。

景远好史传,不为章句。天性小急,不类家风,然事二兄至谨,抚养兄孤恩训其笃。益州刺史傅竖眼慕其名义,启为昭武府功曹参军,以母老不应,竖眼颇恨之。卒于家。

子敬道,永熙中,开府参军事。

史臣曰:严稜凤款可嘉。修之晚有诚效。唐和万里慕义,归身著绩。休宾穷而委质。法寿、伯玉末能投命。景伯兄弟儒风雅业,良可称焉。

魏书卷四四
列传第三二

罗结　伊馛　乙瓌　和其奴
苟颓　薛野䐗　宇文福
费于　孟威

　　罗结，代人也。其先世领部落，为国附臣。刘显之谋逆也，太祖去之。结翼卫銮舆，从幸贺兰部。后以功赐爵屈蛇侯。太宗时，除持节、散骑常侍、宁南将军、河内镇将。世祖初，迁侍中、外都大官，总三十六曹事，年一百七岁，精爽不衰。世祖以其忠悫，甚见信待，监典后宫，出入卧内，因除长信卿。年一百一十，诏听归老，赐大宁东川以为居业，并为筑城，即号曰罗侯城，至今犹存。朝廷每有大事驿马询访焉。年一百二十岁，卒。赠宁东将军、幽州刺史，谥曰贞。

　　子斤，太宗时，为侍御中散。后从世祖讨赫连昌，世祖追奔入城，昌邀击，左右多死，斤力战有功。世祖嘉之。后录勋，除散骑常侍、侍中、四部尚书，又加平西将军。后平凉州，攻城野战，多有克捷。以功赐爵带方公，除长安镇都大将。会蠕蠕侵境，驰驿征还，除柔玄镇都大将。后以斤机辩，敕与王俊使蠕蠕，迎女备后宫。又以本将军开府，为长安镇都大将。卒，赠本将军、雍州刺史，谥曰静。陪葬金陵。

　　子敦，袭爵。有姿貌，善举止。自太子洗马，稍迁散骑常侍、库部尚书。卒，赠安东将军、幽州刺史，谥曰恭。

子伊利。高宗时,袭爵。除内行长。以沉密小心、恭勤不怠,领御食、羽猎诸曹事。伊利会病,显祖幸其宅,自视医药,其见待如此。稍迁散骑常侍、仪曹尚书。出为安东将军、兖州刺史。善抚导,在州数年,边民归之五千余户。高祖时,蠕蠕来寇。诏伊利追击之,不及而反。后依例降为侯。除司农卿、光禄大夫。卒。世宗初,赠征北将军、燕州刺史,谥曰静。

子阿奴,亦忠实寡言,有智度。以勋臣之子,除侍御中散,袭爵。稍迁中散大夫。卒。

子杀鬼,袭爵。武泰中,骠骑将军、南青州刺史。

敦弟拔,历殿中尚书,赐爵济南公。高祖时,进爵为王。除征西将军、吏部尚书,改封赵郡王。后例降为公。卒,赠宁东将军、定州刺史,谥曰康,陪葬金陵。

子道生,肆州安北府外兵参军。卒。

子延,天兴中,骠骑将军、左光禄大夫。

结从子渥,渥子提,并历通显。提从世祖讨赫连昌,有功,赐昌女为妻。

子云,早有名位。显祖时,给事中,西征敕勒,为贼所袭杀。

子盖,世宗时右将军、直阁将军。转龙骧将军、济州刺史。卒,赠本将军、兖州刺史。

长子鉴,累迁冠军将军、岐州刺史。入除散骑常侍、金紫光禄大夫、主衣都统。卒,赠侍中、都督冀定瀛三州诸军事、尚书右仆射、司空公、卫将军、冀州刺史,以孝静外戚故也。

鉴弟衡,累迁天水、乐陵二郡太守,辅国将军,光州刺史。

结宗人弥,善射,有膂力。世祖时,为军将,数从征伐有功,官至范阳太守。卒,赠幽州刺史。

弥孙念,字子怀。武定中,骠骑将军、胶州刺史。

伊馛,代人也。少而勇健,走及奔马,善射,多力,曳牛却行。神麚初,擢为侍郎,转三郎,赐爵汾阳子,加振威将军。

世祖之将讨凉州也,议者咸谏,唯司徒崔浩劝世祖决行。群臣出后,麛言于世祖曰:"若凉州无水草,何得为国?议者不可用也,宜从浩言。"世祖善之。既克凉州,世祖大会于姑臧,谓群臣曰:"崔公智计有余,吾亦不复奇之。吾正奇麛,弓马之士,而所见能与崔同,此深自可奇。"顾谓浩曰:"麛智力如此,终至公相。"浩曰:、何必读书,然后为学。卫青、霍去病亦不读书,而能大建勋名,致位公辅。"世祖笑曰:"诚如公言。"

麛性忠谨,世祖爱之,亲待日殊,赏赐优厚。真君初。世祖欲拜麛为尚书,封郡公。麛辞曰:"尚书务殷,公爵至重,非臣年少愚近所宜荷任,请收过恩。"世祖问其欲,麛曰:"中、秘二省多诸文士,若恩矜不已,请参其次。"世祖贤之,遂拜为中护将军、秘书监。以功赐爵魏安侯,加冠军将军。

后出为东雍州刺史,恩化大行,百姓思之。转殿中尚书,常典宿卫。世祖亲任之。从幸瓜步,频有战功,进号镇军将军。兴安二年,迁征北大将军、都曹尚书,加侍中,进爵河南公。兴光元年拜司空。及为三公,清约自守。为政举大纲而已,不为苛碎。太安二年,领太子太保。三年,与司徒陆丽等并平尚书事。五年薨。

子兰,袭。散骑常侍、库部尚书。卒。

子盆生,骁勇有胆气。初为统军,累有战功,遂为名将。以勋赐爵平城子。神龟二年,自骁骑将军、直阁将军,为持节、右将军、洛州刺史。与荆州刺史、淮南王世遵,鲁阳太守崔模,俱讨襄阳,不克而还,坐免官。后除安西将军、光禄大夫。又为抚军将军、太仆卿、假镇西将军、西道别将,每战频捷。自崔延伯之后。盆生为次焉。进号征西将军、行岐州刺史。复为西道都督,战殁。赠车骑将军、雍州刺史。永熙中,重赠骠骑大将军、仪同三司,定州刺史。

子武平,司徒祭酒。

武平弟武荣,直阁将军。

翭族孙豹子,武卫将军。

豹子从子琳,亦武卫将军。

乙瓌,代人也。其先世统部落。世祖时,瓌父匹知,慕国威化,遣瓌入贡,世祖因留之。瓌便弓马,善射,手格猛兽,膂力过人。数从征伐,甚见信待。尚上谷公主,世祖之女也。除镇南将军、驸马都尉,赐爵西平公。从驾南征,除使持节、都督前锋诸军事。每战,身先士卒,勇冠三军。后除侍中、征东将军、仪同三司、定州刺史。进爵为西道都将。和平中薨,时年二十九。赠太尉公,谥曰恭。

子乾归,袭爵。年十二,为侍御中散。及长,身长八尺,有气干,颇习书疏,尤好兵法。复尚恭宗女安乐公主,除驸马都尉、侍中。显祖初,除征西将军、秦州刺史,有惠政。高祖初,即位为征西道都将,又为中道都将。延兴五年卒,时年三十一。赠左光禄大夫、开府仪同,谥曰康。

子海,字怀仁。少历侍御中散、散骑侍郎,卒时,年四十一。赠散骑常侍、卫将军、济州刺史,谥曰孝。

子瑗,字雅珍。尚淮阳公主,高祖之女也。除驸马都尉,汝南王友,固辞不拜。历济南太守。时为逆贼刘桃攻郡,瑗逾城获免。后都督李叔仁讨桃平之,瑗乃还郡。后除司农少卿、银青、金紫、左、右光禄大夫,中军将军,西兖州刺史。天平元年,举兵应樊子鹄,与行台左丞宗显战,败死,时年四十六。

瑗弟谐,字遵和。武定中,司马。

谐弟琛,字仲珍。解褐司空参军事。稍迁东平、济阴二郡太守,散骑常侍。卒时,年四十九。

和其奴,代人也。少有操行,善射御。初为三郎,转羽林中郎,以恭勤致称。赐爵东阳子,除奋武将军。高宗初,迁尚书,加散骑常侍,进爵平昌公,拜安南将军,迁尚书左仆射。太安元年,诏群臣议立皇太子名。其奴与司徒丽等以为宜以德命名,帝从之。又与河东王闾毗、太宰常英等,并平尚书事。在官慎法,不受私请。时以西征吐谷浑诸将淹停不进,久囚未决。其奴与尚书毛法仁等穷问其状,连日，具伏。

　　和平六年，迁司空，加侍中。高宗崩，乙浑与林金闾擅杀尚书杨保平等。殿中尚书元郁率殿中宿卫士欲加兵于浑。浑惧，归咎于金闾，执金闾以付郁。时其奴以金闾罪恶未分，乃出之为定州刺史。皇兴元年，长安镇将，东平王道符反，诏其奴领征西大将军，率殿中精甲万骑以讨之。未至而道符败，军还。三年薨，内外咸叹惜之。赠平昌王，谥曰宣。

　　子天受，袭爵。初为内行令。太和六年，迁弩库曹下大夫。卒。

　　苟颓，代人也。曾祖乌提，登国初，有勋于太祖，赐吴宁子。父洛跋，内行长。颓性厚重少言，严毅清直，武力过人。擢为中散，小心谨敬。世祖南讨，以颓为前锋都将，每临敌对战，常先登陷陈。世祖至江，赐爵建德男，加宁远将军。还，迁奏事中散，典凉州作曹。迁内行令，转给事中，迁司卫监。以本将军拜洛州刺史。为政刚严，抑强扶弱，山蛮畏威，不敢为寇。

　　承明元年，文明太后令百官举才堪干事、人足委此者，于是公卿咸以颓应选。征拜散骑常侍、殿中尚书，进爵成德侯，加后将军。太和元年，加散骑常侍，寻迁侍中、安东将军、都曹尚书，进爵河南公。

　　颓方正好直言，虽文明太后生杀不允，颓亦言至恳切，末曾阿谀。李欣、李敷之诛也，颓并致谏，太后不从。三年，迁征北大将军、司空公，进爵河东王。以旧老，听乘步挽，杖于朝。

　　大驾行幸三川，颓留守京师，沙门法秀谋反，颓率禁卫收掩毕获，内外晏然。驾还饮至，文明太后曰："当尔之日，卿若持疑不即收捕，处分失所，则事成不测矣。今京畿不扰，宗社获安者，实卿之功也。"七年，诏曰："颓为台鼎，论道是寄，历奉四朝，庸绩弥远。宜加崇异，以彰厥功。自兹已后，可永受复除。"十三年冬薨，高祖痛悼者久之。赠赗有加，谥僖王。

　　长子恺，累迁冠军将军，柔玄、怀荒、武川镇大将，袭爵河东王，例降为公。正光二年卒。赠平北将军、恒州刺史。

子宝,武定中,北梁太守。

恺弟养,步兵校尉。早卒。

养弟资,武骑侍郎、河间太守、太仆少卿、汲郡太守。迁龙骧将军、肆州刺史。还,除武卫将军,加后将军。延昌末卒。赠平北将军、并州刺史,并给帛二百匹,布一百匹,谥曰愍。

子景蛮,庄帝时,抚军将军、金紫光禄大夫。

颓弟若周,散骑常侍、尚书。太和中,安南将军、豫州刺史、颍川侯。卒,赠光禄大夫。

若周弟寿乐,太和中,北部尚书、安南将军、怀州刺史,假山阳公,未拜。寻除散骑常侍、殿中尚书、晋安侯。卒,赠安东将军、冀州刺史。

颓从叔孤,少以忠直称。太宗即位,以定策功,拜车骑将军。后除镇军大将军、并州刺史、博陵公。不治产业,死之日,家无余财,百姓追思之。

薛野䐗,代人也,父达头,自姚苌率部落归国。太祖嘉其忠款,赐爵聊城侯,散员大夫,待以上客之礼,赐妻郑氏。达头闲雅恭慎,太祖深器之。卒,赠平南将军、冀州刺史,谥曰悼。

野䐗少失父母,养于宗人利家。及长,好学善射。高宗初,召补羽林。迁给事中,典民籍事,校计户口,号为称职。赐爵顺阳子。野䐗少孤,父侯不袭,至是锡爵。和平中,除平南将军、并州刺史,进爵河东公。转太州刺史,在治有声。卒,年六十一。赠散骑常侍、大将军、并州刺史,谥曰简。

子虎子,姿貌壮伟,明断有父风。年十三,入侍高宗。太安中,迁内行长,内奏诸曹事。当官正直,内外惮之。及文明太后临朝,出虎子为枋头镇将。

虎子素刚简,为近臣所疾,因小过黜为镇门士。

及显祖南巡，次于山阳，虎子拜诉于路，曰："臣昔事先帝，过沾重恩。陛下在谅暗之日，臣横罹非罪，自按黜此蕃，已经多载，不悟今日得奉圣颜。"遂流涕呜咽。显祖曰："卿先帝旧臣，久屈非所，良用忧然。"诏虎子侍行，访以政事，数十里中，占对不绝。时山东饥馑，盗贼竞起。相州民孙海等五百余人，称虎子在镇之日，土境清晏，诉乞虎子。乃复除枋头镇将，即日之任。至镇，数州之地，奸徒屏迹。显祖玺书慰喻。后除平南将军、相州刺史。显祖崩，不行。太和二年，袭爵。三年，诏虎子督三将出寿春，与刘昶南讨。四年，徐州民桓和等叛逆，屯于五固。诏虎子为南征都副将，与尉元等讨平之。以本将军为彭城镇将。至镇，雅得民和。除开府、徐州刺史。

时州镇戍兵，资绢自随，不入公库，任其私用，常苦饥寒。虎子上表曰：

> 臣闻金汤之固，非粟不守；韩、白之勇，非粮不战。故自用兵以来，莫不先积聚，然后图兼并者也。今江左未宾，鲸鲵待戮，自不委粟彭城，以强丰、沛，将何以拓定江关，扫一衡、霍？窃惟在镇之兵，不减数万，资粮之绢，人十二匹，即自随身，用度无准，末及代下，不免饥寒。论之于公，无毫厘之润；语其利私，则横费不足。非所谓纳民轨度，公私相益也。徐州左右，水陆壤沃，清、汴通流，足盈激灌，其中良田十万余顷。若以兵绢市牛，分减戍卒，计其牛数，足得万头。兴力公田，必当大获粟稻。一岁之中，且给官食。半兵耘植，余兵尚众，且耕且守，不妨捍边。一年之收，过于十倍之绢；暂时之耕，足充数载之食。于后兵资，唯须内库，五稔之后，谷帛俱溢。匪直戍士有丰饱之资，于国有吞敌之势。昔杜预田宛叶以平吴，充国耕西零以强汉。臣虽识谢古人，任当边守，庶竭尘露，有增山海。

高祖纳之。

又上疏曰：

> 臣闻先王建不易之轨，万代承之；圣主垂不刊之制，千载共仰。伏惟陛下，道洽群生，恩齐造化，仁德所覃，迹超前哲。远

崇古典，留意治方，革前王之弊法，申当今之宜用。定贡赋之轻重，均品秩之厚薄，庶令百辟足以代耕，编户享其余畜。巍乎焕焉，不可量也。臣窃寻居边之民，蒙化日浅，戎马之所，资计素微。小户者一丁而已，计其征调之费，终岁乃有七缣。去年征责不备，或有货易田宅，质妻卖子，呻吟道路，不可忍闻。今淮南之人，思慕圣化，延颈企足，十室而九。恐闻赋重，更怀进退。非惟损皇风之盛，虑伤慕义之心。且臣所居，与南连接，民情去就，实所谙知。特宜宽省，以招未至。其小郡太守，数户而已。一请止六尺绢，岁不满匹。既委边捍，取其必死，邀之士重，何吝君轻。今班制已行，布之天下，不宜忤冒，以乱朝章。但猥藉恩私，备位蕃岳，忧责之地，敢不尽言。

书奏，文明太皇太后令曰：“俸制已行，不可以小有不平，便亏通式。”

在州戍兵，每岁交代，虎子必亲自劳送。丧者给其敛帛。州内遭水，二麦不收，上表请贷民粟，民有车牛者，求诣东兖给之。并如所奏，民得安堵。高祖曾从容问秘书丞李彪曰：“卿频使江南，徐州刺史政绩何如？”彪曰：“绥边布化，甚得其和。”高祖曰：“朕亦知之。”沛郡太守邵安、下邳太守张攀咸以赃污，虎子案之于法。安等遣子弟上书，诬虎子南通贼虏。高祖曰：“此其妄矣，朕度虎子必不然也。”推案果虚，乃下诏曰：“夫君臣体合，则功业可兴；上下猜惧，则治道替矣。沛郡太守邵安、下邳太守张攀咸以贪婪获罪，各遣子弟诣阙，告刺史虎子纵民通贼，妄称无端。安宜赐死，攀及子僧保鞭一百。配敦煌。安息他生鞭一百，可集州官兵民等，宣告行决。塞彼轻狡之源，开此陈力之效。”在州十一载，太和十五年卒，年五十一。赠散常侍、镇南将军、相州刺史，谥曰文。有六子。

长子世遵，袭爵，例降为侯。景明中，为秦州刺史，稍迁左将军。卒，年四十二。

长子忱，字安民。正光中，袭爵。稍迁镇南将军、巨鹿太守、定州仪同开府咨议参军、齐献武王大行台左丞、中外府司马，出为殷州骠骑府长史。武定五年，除镇北将军、北广平太守。为治暴虐。曾因公事，一家之内并杀数人，为民所讼。将致之罪，遇患，卒于郡。赠征西将军、西兖州刺史。

忱弟安颢，武定末，东豫州征西府长史。

世遵弟昙庆，少有度量。永平中，员外散骑常侍，迁尚书郎。年五十一，卒。

子衍，字元孙，轻财慕义。熙平中，为侍御史、奉朝请。永安中，尚书驾部郎中，行河阴县事。卒于正平太守。赠征东将军、徐州刺史。

昙庆弟云宝，初补散骑。高祖诏昙宝采遗书于天下。历侍御中散、直阁将军、太子步兵校尉。世宗时，遣使巡行四方，以昙宝持节、兼散骑常侍、龙骧将军、南道大使。昙宝达豫州，卒，年二十九。

昙宝弟昙尚，有容貌，性宽和。初辟御史，加奉朝请。熙平二年，除徐州谷阳戍主，行南阳平郡事。母忧去职。正光中，诏以阳平邻接萧衍，绥捍须人，仰尚书举才而遣。左仆射萧宝夤举昙尚应选，驰驱之郡。孝昌初，徐州刺史元法僧叛入萧衍，昙尚斩其使人，送首于都督、安乐王鉴。鉴不能援，遂为萧衍将王希聘所陷，拘昙尚送萧衍。衍以礼遇之，昙尚乞归，衍乃听还。肃宗复其本秩。武泰初，尔朱荣擅强并肆，朝廷欲揣其情，除昙尚员外常侍，使于荣，托以慰喻，密以观之。建义初，除司徒左长史、兼吏部尚书，授太原王尔朱荣官。还，赐爵永安侯。寻除后将军、定州刺史。尔朱荣之死，授持节、兼尚书北道行台，代魏兰根。后为镇东将军、金紫光禄大夫。太昌初，加征东将军，行兖州事。天平中，除骠骑大将军、齐州刺史。昙尚凡历三州，俱称贪虐。还，除将作大匠。卒于官，年六十一。赠都督瀛沧二州诸军事、本将军仪同三司、瀛州刺史。

子仲芬，武定中，齐文襄王中外府中兵参军。

昙尚弟琡，字昙珍。武定末，仪同三司、尚书右仆射。

宇文福，河南洛阳人。其先南单于之远属，世为拥部大人。祖活拨,仕慕容垂,为唐郡内史、辽东公。太祖之平慕容宝,活拨入国,为第一客。

福少骁果,有膂力。太和初,拜羽林郎将,迁建节将军,赐爵新昌侯、南征都将。击萧赜有功,授显武将军。寻除恢武将军、北征都将,特赐戎服。破蠕蠕别部,获万余。还,除都牧给事。十七年,车驾南讨,假冠军将军、后军将军。时仍迁洛,敕福检行牧马之所。福规石济以西、河内以东,拒黄河南北千里为牧地。事寻施行,今之马场是也。及从代移杂畜于牧所,福善于将养,并无损耗,高祖嘉之。寻补司卫监。从驾豫州,加冠军将军、西道都将、假节、征虏将军。领精骑一千,专殿驾后。末几,转骁骑将军,仍领太仆、典牧令。

从驾征南阳,兼武卫将军。

二十二年,车驾南讨,遣福与右卫将军杨播为前军。至邓城,福选兵简将,为攻围之势。高祖望福军法齐整,将士闲习,大被褒叹。萧鸾遣其尚书崔慧景、黄门郎萧衍率众十万来救。高祖指麾将士,敕福领高车羽林五百骑出贼南面,夺其桥道,遏绝归路。贼众大恐,六道来战。福据鞍誓众,身先士卒,贼不得前,遂大奔溃。赐爵昌黎伯,正武卫,加征虏将军。寻以高车叛,命加征北将军、北征都将,追讨之。军败被黜。

景明初,乃起拜平远将军、南征统军。进计于都督彭城王勰曰:"建安是淮南重镇,彼此要冲。得之,则义阳易图;不获,则寿春难保。"勰然之。及勰为州,遂令福攻建安。建安降,以勋封襄乐县开国男,邑二百户。除太仆少卿。寻以衍将寇边,假节、征虏将军,领兵出三关讨之。又诏福行豫州事,与东豫州刺史田益宗共相影援,绥遏蛮楚。还,为光禄大夫,转太仆卿。

延昌中,以本官领左卫将军,除散骑常侍、都官尚书,加安东将军、营州大中正。

熙平初,除镇北将军、瀛州刺史。福性忠清,在公严毅,以信御民,甚得声誉。解任,复除太仆卿,又为金紫光禄大夫。出除散骑常侍、都督怀朔、沃野、武川三镇诸军事,征北将军,怀朔镇将。至镇,遇病卒。诏遣主书乐安嘉赴吊。赠车骑大将军、定州刺史,开国如故,谥曰贞惠。

长子善,字庆孙,袭爵。自司空掾,稍迁平南将军、光禄大夫。孝昌末,北征战殁。赠车骑将军、冀州刺史。

善弟延,字庆寿,体貌魁岸,眉目疏朗。永平中,释褐奉朝请,直后、员外散骑常侍。以父老,诏听随侍在瀛州。属大乘妖党突入州城,延率奴客战,死者数人,身被重疮,贼乃小退,而纵火烧斋阁。福时在内,延突火而入,抱福出外,支体灼烂,发尽为烬。于是勒众与贼苦战,贼乃散走,以此见称。孝昌中,授假节、建威将军、西道别将,赴援关陇,有战功。除员外散骑常侍,转直寝,与万俟丑奴战没。赠冠军将军、豫州刺史。

子仲鸾,武定末,齐王丞相府长流参军。

庆寿弟庆安,历给事中、尚书殿中郎中。后加平北将军、武卫将军。河阴遇害,赠征东将军、兖州刺史。

长子仲融。

融弟仲衍。

费于,代人也。祖峻,仕赫连昌,为宁东将军。泰常末,率众来降,拜龙骧将军,赐爵犍为公。后迁征南将军、广阿镇大将,徙爵下邳公。父郁,以随父归诚勋,赐五等男,除燕郡太守。卒,赠幽州刺史。

于少有节操,起家内三郎。世祖南伐,从驾至江。以宿卫之勤,除宁远将军,赐爵松杨男。迁商贾部二曹令,除平南将军、怀州刺史。卒。

子万,袭。太和初,除平南将军、梁国镇将。后高祖南伐,万从驾渡淮,战殁。赠镇东将军、冀州刺史。

子穆,字朗兴,性刚烈,有壮气,颇涉书史,好尚功名。世宗初,袭男爵。后除夏州别驾,寻加宁远将军,转泾州平西府长史。时刺史皇甫集,灵太后之元舅,恃外戚之亲,多为非法。穆正色匡谏,集亦惮之。转安定太守,仍为长史。还朝,拜左军将军,转河阴令,有严明之称。

时蠕蠕主婆罗门自凉州归降,其部众因饥侵掠边邑,诏穆衔命宣慰,便皆款附。明年复叛,入寇凉州。除穆辅国将军、假征虏将军、兼尚书左丞、西北道行台,仍为别将,往讨之。穆至凉州,蠕蠕遁走。穆谓其所部曰:"夷狄兽心,唯利是视,见敌便走,乘虚复出。今王师来讨,虽畏威逃迹,然军还之后,必来侵暴。今欲赢师诱致,冀获一战,若不令其破胆,终恐疲于奔命。"众咸然之。穆乃简练精骑,伏于山谷,使赢步之众为外营以诱之。贼骑觇见,谓为信弱,俄而竞至。穆伏兵奔击,大破之,斩其帅郁厥乌尔、俟斤十代等,获生口杂畜甚众。

及六镇反叛,诏穆为别将,隶都督李崇北伐。都督崔暹失利,崇将班师,会诸将议曰:"朔州是白道之冲,贼之咽喉,若此处不全,则并肆危矣。今欲选诸将一人,留以镇捍。不知谁堪上任?"佥曰:"无过穆者。"崇乃请为朔州刺史,仍本将军,寻改除云州刺史。穆招离聚散,颇得人心。时北境州镇,悉皆沦没,唯穆独据一城,四面抗拒。久之,援军不至,兼行路阻塞,粮仗俱尽。穆知势穷,乃弃城南走,投尔朱荣于秀容。既而诣阙请罪,诏原之。

孝昌中,二绛蜀反,以穆为都督,计平之。拜前将军、散骑常侍,迁平南将军、光禄大夫。

妖贼李洪于阳城起逆,连结蛮左,诏穆兼武卫将军,率众讨击,破于关口之南。迁金紫光禄大夫,正武卫将军。

尔朱荣向洛,灵太后征穆,令屯小平。及荣推奉庄帝,河梁不守,穆遂弃众先降。穆素为荣所知,见之甚悦。穆潜说荣曰:"公士马不出万人,今长驱向洛,前无横陈者,正以推奉主上,顺民心故耳。既无战胜之威,群情素不厌伏。今以京师之众,百官之盛,一知公之虚实,必有轻侮之心。若不大行诛罚,更树亲党,公还北之日,恐得度太行而内难作矣。"荣心然之。于是遂有河阴之事。天下闻之,莫不切齿。荣入洛,穆迁中军将军、吏部尚书,鲁县开国侯,食邑八百户，又领夏州大中正。

萧衍遣将军曹义宗逼荆州，诏穆为使持节、南征将军、都督南征诸军事、大都督以援之。穆潜军径进，出其不意，至即大破之，生擒义宗送阙。以功迁卫将军，进封赵平郡开国公，增邑一千户。迁使持节，加侍中、车骑将军、假仪同三司、前锋大都督。与大将军元天穆东讨邢杲，破平之。时元颢内逼，庄帝北幸，颢入京师。穆与天穆既平齐地，回师将击颢。穆先驱围虎牢，尽锐攻之。将拔，属天穆北渡，既无后继，人情离沮，穆遂降颢。以河阴酷滥事起于穆，引入诘让，出而杀之，时年五十三。庄帝还宫，追赠侍中、司徒公，谥曰武宣。

长子庆远，永安中，龙骧将军、青州开府司马。

第二子孝远，袭。天平中，叛入关西。

孟威，字能重，河南洛阳人。颇有气尚，尤晓北土风俗。历东宫齐帅、羽林监。时四镇高车叛投蠕蠕，高祖诏威晓喻祸福，追还逃散，分配为民。后以明解北人之语，敕在著作，以备推访。永平中，自镇远将军、前军将军、左右直长，加龙骧将军，出使高昌。还，迁城门校尉、直阁将军、沃野镇将。正光初，蠕蠕主阿那瓌归国，诏遣前郢州刺史陆希道兼侍中为使主，以威兼散骑常侍为副，远畿迎接。阿那瓌之还国也，复以威为平北将军、光禄大夫，假员外常侍，为使主护送之。前后频使远蕃，粗皆称旨。复加抚军将军。普泰中，除大鸿胪卿，寻加骠骑大将军、左光禄大夫。天平三年卒。赠使持节、侍中、本将军、都督冀瀛沧三州诸军事、司空公、冀州刺史。子恂嗣。

威弟季，稍迁镇远将军、左中郎将、廷尉监。以本将军除广州刺史。预尔朱荣义举，封巨鹿县开国公，食邑一千户。除抚军将军、廷尉卿，转司农卿。出为平西将军、华州刺史。卒，赠车骑大将军、雍州刺史。

史臣曰：罗结枝附叶从，当旧之眷，子孙显禄，俱至公王。伊馛以勇力见擢，而能赞伐姑臧之策，请参中秘之官，世祖嘉之于前，良有以也。乙瑰之骁猛，和奴之贞正，苟颓之刚直，虎子之威强，宇文之气干，咸亦有用之士。费穆出身致力，遂有功名，而末路一言，祸被箠带。校之文和，异世同咎。其死也幸哉！孟威致力荒裔，其勤可录矣。

　　罗结孙拔，高祖时，进爵济南王。拔孙延，天兴中，骠骑将军。案太祖初即位，年号天兴，技仕高祖，其孙必非太祖时，盖年号误也。

魏书卷四五
列传第三三

韦阆　杜铨　裴骏　辛绍先 柳崇

　　韦阆,字友观,京兆杜陵人。世为三辅冠族。祖楷,晋建威将军、长乐、清河二郡太守。父逸,慕容垂吏部郎、大长秋卿。阆少有器望,值慕容氏政乱,避地于苏城。世祖征拜咸阳太守,转武都太守。属杏城镇将郝温及盖吴反,关中扰乱,阆尽心抚纳,所部独全。在郡十六年,卒。

　　子范,历镇西大将军府司马,试守华山郡。高宗时,赐爵兴平男。卒。

　　子俊,字颖超,早有学识。少孤,事祖母以孝闻。性温和廉让,为州里所称。太和中,袭爵。除荆州治中,转梁州宁逆府长史。还,为太尉外兵参军、本州中正,迁都水使者,所在有声。世宗崩,领军于忠矫擅威刑,与左仆射郭祚、尚书裴植同时遇害,语在《植传》。时年五十七。俊与祚婚家,为忠所恶,故及于难。临终,俊诉枉于尚书元钦,钦知而不敢申理。俊叹曰:“吾一生为善,未蒙善报;常不为恶,今为恶终。悠悠苍天,抱直无诉!”时人咸怨伤焉。熙平元年,追赠中垒将军、洛州刺史,谥曰贞。有子十三人。

　　长子荣绪,字子光,颇涉文史。袭爵,除员外散骑侍郎、齐王萧宝夤仪同开府属,因战败殁。

　　荣绪弟荣茂,字子晔,以干局知名。历侍御史、尚书考功郎中。

出为征虏将军、东秦州刺史。永熙末,兄弟并殁关西。

荣茂弟子粲,为宝炬南汾州刺史。

子粲少弟道谐,为南汾州镇城都督。齐献武王命将出讨,陷城克之。武定末,子粲官至南兖州刺史。

阆兄子真喜,起家中书博士,迁中书侍郎、冯翊太守。

子祉,卒于太府少卿。

祉子义远,出帝时,为岐州刺史,没关西。

祉弟祯,有识干。起家奉朝请。尚书郎中、司徒主簿、太子中舍人、廷尉少卿、给事黄门侍郎、光禄大夫。卒,赠安西将军、秦州刺史。

子文殊,员外散骑侍郎,早卒。

阆从叔道福。父黑,为苻坚丞相王猛所器重,以女妻焉,为坚东海太守。坚灭,奔江左,仁刘裕为辅国将军、秦州刺史。道福有志略,历刘骏盱眙、南沛二郡太守,领镇北府录事参军。时徐州刺史薛安都谋欲拥州内附,道福参赞其事。以功除安远将军。赐爵高密侯,因此仍家于彭城。卒,赠征虏将军、兖州刺史,谥曰简。

子欣宗,以归国勋,别赐爵杜县侯。高祖初,拜彭城内史,迁大将军、宋王刘昶咨议参军。广陵侯元衍为徐州刺史,又请为长史,带彭城内史。抚绥内外,甚得民和。世宗初,除通直散骑常侍,出为河北太守,不行。寻转太中大夫、行幽州事。卒,赠龙骧将军、南兖州刺史,谥曰简。

子元睿,武定中,颍州骠骑府长史。

欣宗从父弟合宗,卒于东海太守。

子元恢,有气干。孝昌初,值刺史元法僧据州外叛,元恢招聚同志,潜克史复,事泄,为法僧所害,时人伤惜之。

阆从子崇,字洪基。父肃,字道寿。刘义真镇关中,辟为主簿,仍随义真度江,历魏郡弋阳二郡太守、豫州刺史。崇年十岁,父卒,母郑氏以入国,因寓居河洛。少为舅兖州刺史郑义所器赏。解褐中书博士,转司徒从事中郎。高祖纳其女为充华嫔。除南颍川太守,不好发擿细事,常云:"何用小察,以伤大道。"吏民感之,郡中大治。高祖闻而嘉赏,赐帛二百匹。迁洛,以崇为司州中正,寻除右将军、咸阳王禧开府从事中郎,复为河南邑中正。崇频居衡品,以平直见称。出为乡郡太守,更满应代,吏民诣阙乞留,复延三年。在郡九年,转司徒咨议。久之,除华山太守,卒。

子猷之,释褐奉朝请,转给事中、步兵校尉。稍迁前将军、太中大夫。卒。

猷之弟休之,起家安州左将军府城局参军,转给事中、河南邑中正,稍迁安西将军、光禄大夫。休之贞和自守,未尝以言行忤物。卒。

子道建,武定末,定州仪同开府长史,带中山太守。

道建弟道儒,齐文襄王大将军府东阁祭酒。

阆族弟珍,字灵智,高祖赐名焉。父尚,字文叔,乐安王良安西府从事中郎。卒,赠安远将军、雍州刺史。珍少有志操。解褐京兆王子推常侍,转尚书南郎部。

高祖初,蛮首桓诞归款,朝廷思安边之略,以诞为东荆州刺史。令珍为使,与诞招慰蛮左。珍自悬瓠西入三百余里,至桐柏山,穷淮源,宣扬恩泽,莫不降附。淮源旧有祠堂,蛮俗恒用人祭之。珍乃晓告曰:"天地明灵,即是民之父母,岂有父母甘子肉味!自今已后,悉宜以酒脯代用。"群蛮从约,至今行之。凡所招降七万余户,置郡县而还。以奉使称旨,除左将军、乐陵镇将,赐爵霸城子。

萧道成司州民谢天盖自署司州刺史,规欲以州内附。事泄,为道成将崔慧景攻围。诏珍率在镇士马渡淮援接。时道成闻珍将至,遣将苟元宾据淮逆拒。珍乃分遣铁马,于上流潜渡,亲率步士与贼对接。旗鼓始交,甲骑奄至,腹背奋击,破之。天盖寻为左右所杀,降于慧景。珍乘胜驰进，又破慧景，拥降民七千余户内徙，表置城阳、刚陵、义阳三郡以处之。高祖诏珍移镇北阳，萧赜遣其雍州刺史陈显达率众来寇，城中将士咸欲出战，珍曰："彼初至气锐，未可便挫，且共坚守，待其攻我疲弊，击之未晚。"于是凭城拒战，杀伤甚众。相持旬有二日，夜开城门掩击之，贼遂奔溃。以功进爵为侯。

车驾南讨，珍上便宜，并自陈在边岁久，悉其要害，愿为前驱。诏珍为陇西公源怀卫大将军府长史，转太保、齐郡王长史。迁显武将军、郢州刺史，在州有声绩，朝庭嘉之。迁龙骧将军，赐骅骝二匹、帛五十匹、谷三百斛。珍乃召集州内孤贫者，谓曰："天子以我能绥抚卿等，故赐以谷帛，吾何敢独当。"遂以所赐悉分与之。寻加平南将军、荆州刺史，与尚书卢渊征赭阳，为萧鸾将垣历生、蔡道贵所败，免归乡里。临别，谓渊曰："主上圣明，志吞吴会，用兵机要，在于上流。若有事荆楚，恐老夫复不得停耳。"后车驾征樊郢，复起珍为中军大将军、彭城王勰长史。沔北既平，以珍为建威将军，试守鲁阳郡。

高祖复南伐，路经珍郡，加中垒将军，正太守。珍从至济水，高祖曰："朕顷戎车再驾，卿常翼务中军，今日之举，亦欲与卿同行。但三鸦险恶，非卿无以守也。"因敕珍辞还。及高祖崩于行宫，秘匿而还，至珍郡始发大讳。还，除中散大夫，寻加镇远将军、太尉咨议参军。永平元年卒，时年七十四。赠本将军、南青州刺史，谥曰懿。

长子缵，字遵彦。年十三，补中书学生，聪敏明辩，为博士李彪所称。除秘书中散，迁侍御中散。高祖每与名德沙门淡论往复，缵掌缀录，无所遗漏，颇见知赏。转散骑侍郎，徙太子中舍人，仍兼黄门，又兼司徒右长史，寻转长兼尚书左丞。寿春内附，尚书令王肃出镇扬州，请缵为长史，加平远将军，带梁郡太守。肃薨，敕缵行州事。任城王澄代肃为州，复启缵为长史。澄出征之后，萧衍将姜庆真乘虚攻袭，遂据外郭，虽寻克复，缵坐免官。永平三年卒，年四十五。

缵弟或，字遵庆，亦有学识。解褐奉朝请，迁太尉骑兵参军。出为雍州治中，转别驾。入为司徒掾，寻转散骑侍郎。稍迁平远将军、东豫州刺史。或绥怀蛮左,颇得其心。蛮首田益宗子鲁生、鲁贤先叛父南入,数为寇掠。自或至州,鲁生等咸笺启修敬,不复为害。或以蛮俗荒梗,不识礼仪,乃表立太学,选诸郡生徒于州总教。又于城北置宗武馆以习武焉,境内清肃。还,遇大将军、京兆王继西征,请为长史,拜通直散骑常侍。寻以本官兼尚书,为豳夏行台。以功封阴盘县开国男,邑二百户。孝昌元年秋,卒于长安。赠抚军将军、雍州刺史,谥曰文。

子彪,袭。历本州治中、转别驾。孝庄末,蓝田太守。没于关西。

彪弟融,解褐员外散骑侍郎。以军功,赐爵长安伯。稍迁大司马开府司马。融娶司农卿赵郡李瑾女,天平中,疑其妻与章武王景哲奸通,乃刺杀之。惧不免,仍亦自害。

或弟朏,字遵显,少有志业。年十八,辟州主簿。时属赠俭,朏以家粟造粥,以饲饥人,所活甚众。解褐太学博士,迁秘书郎中,稍迁左军将军,为荆郢和籴大使。南郢州刺史田夷启称朏父珍任荆州,恩洽夷夏,乞朏充南道别将,领荆州骁勇,共为腹背。诏从之。未几,行南荆州事。萧宗末,除征虏将军、东徐州刺史,寻迁安东将军,加散骑常侍。萧衍遣其郢州刺史田粗憘率众来寇,朏于石羊岗破斩之,以功封杜县开国子,邑二百户。永安三年,卒于州。赠侍中、车骑将军、雍州刺史,谥曰宣。

长子鸿,字道衍,颇有干用。解褐奉朝请,迁尚书令史吏部郎中、中书舍人。天平三年,坐漏泄,赐死于家,时年三十二。

鸿弟道植,武定末,仪同开府中兵参军。

太祖时,有安定梁颖,先仕慕容宝,历黄门郎。入国,拜建德太守,赐爵朝那男。

孙景俊,起家赵郡王干行参军。稍迁治书侍御史、司徒中兵参军。卒。

子师礼,早卒。

师礼族弟嵩遵,少有气侠。起家有奉朝请,历司空外兵参军。后萧宝夤为雍州刺史,引为中兵参军,深见信任。宝夤反,令嵩遵率众出征。嵩遵伪受其署,既行之后,遂与侯终德等还来袭城。以功封乌氏县开国伯,邑五百户。后除夏州平东府长史,转荆州骠骑府司马。卒官,年四十四。

嵩遵弟嵩景,武定中,燕郡太守。

又有武功苏湛,字景俊,魏侍中则之后也。晋乱,避地河右,世祖平凉州,还乡里。父拥;字天佑,秦州抚军府司马。湛少有器行,颇涉群书。年二十余,举秀才。除奉朝请,领侍御史,转员外散骑侍郎。

萧宝夤之讨关西,以湛为行台郎中,深见委任。孝昌中,宝夤大败东还,朝廷以为雍州刺史。后自猜惧,害中尉丽道元,乃称兵反。

时湛卧疾于家,宝夤令姜俭报湛云:"元略受萧衍意旨,乃欲见除。丽道元之来,事不可测。吾不能坐受死亡,今便为身计,不复作魏臣也。与卿契阔,故以相报,死生荣辱,与君共之。"湛闻之,举声大哭。俭遽止之曰:"何得便尔?"湛曰:"百口居家,即时屠灭,云何不哭!"哭数十声,徐谓俭曰:"为我白齐王,王本以穷鸟投人,赖朝廷假王羽翼,荣宠至此。属国步多虞,不能竭忠报德,乃欲乘人间隙,有不臧之心。信感行路无识之语,欲以赢败之兵,守关问鼎。今魏德虽衰,天命未改。且王之恩义,未洽于民,但见其败,未见有成。苏湛不能以百口居家,为王族灭。"宝夤复报曰:"此自救命之计,不得不尔。所以不先相白者,恐沮吾计故尔。"湛复曰:"凡为大事,当得天下奇士。今但共长安博徒小儿辈计校,办有成理不?湛恐荆棘必生庭阁。愿乞骸骨还乡里,脱得因此病死,可以下见先人。"宝夤素重之,以湛病,且知不为已用,听还武功。

宝夤败,庄帝即位,征补尚书郎。既至,庄帝曰:"前闻卿答萧宝夤,甚有美辞,为我说也。"湛顿首谢曰:"臣虽言辞不如伍被,始终不易,自谓过之。然臣与宝夤周游契阔,言得尽心,而不能令其不反,臣之罪也。"庄帝悦,拜散骑都尉,仍领郎。寻迁中书侍郎。出帝初,病还乡里,终于家。赠散骑常侍、镇西将军、雍州刺史。

　　湛从母弟天水姜俭,字文简。父昭,自平宪司直,出为兖州安东长史,带高平太守,卒于营构都将。俭少有干用,勤济过人。起家徐州车骑府田曹参军,转太尉外兵参军。萧宝夤出讨关西,引为开府属,军机谋略,多所参预。俭亦自谓遭逢知已,遂竭诚委托。宝夤为雍州,仍请为开府从事中郎,带长安令。及宝夤反,以为左丞,尤见信任,为群下所仇疾。宝夤败,城人杀之,时年三十九。苏湛每谓人曰:"姜俭才志,堪致富贵。惜其不遇,命也如何!"

　　俭弟素,武定末,中散大夫。

　　杜铨,字士衡,京兆人。晋征南将军预五世孙也。祖胄,苻坚太尉长史。父嶷,慕容垂秘书监,仍侨居赵郡。铨学涉有长者风,与卢玄、高允等同被征为中书博士。初。密太后父豹丧在濮阳,世祖欲命迎葬于邺,谓司徒崔浩曰:"天下诸杜,何处望高?"浩对京兆为美。世祖曰:"朕今方改葬外祖,意欲取京兆中长老一人,以为宗正,命营护凶事。"浩曰:"中书博士杜铨,其家今在赵郡,是杜预之后,于今为诸杜之最,即可取之。"诏召见。铨器貌瑰雅,世祖感悦,谓浩曰"此真吾所欲也。"以为宗正,令与杜超子道生迎豹丧柩,致葬邺南。铨遂与超如亲。超谓铨曰:"既是宗近,何缘复侨居赵郡?"乃迎引同属魏郡焉。迁散骑侍郎,转中书侍郎,赐爵新丰侯。卒,赠平南将军、相州刺史、魏县侯,谥曰宣。

　　子振,字季元。太和初,举秀才,卒于中书博士。

　　子遇,字庆期。起家奉朝请。转员外散骑侍郎、尚书起部郎中,窃官材瓦起立私宅,清论鄙之。迁龙骧将军、中散大夫。出为河东太守。卒,赠中军将军、都官尚书、豫州刺史,谥曰惠。

　　子鸿,永熙中,司徒仓曹参军。

　　铨族子洪太,字道廓。延兴中,为中书博士。后使高丽,除安远将军、下邳太守,转梁郡太守。太和中,除鹰扬将军、绛城镇将,带新昌、阳平二郡太守。卒，年五十二。

子祖悦，字士豁，颇有识尚。大将军刘昶参军事，稍迁天水、仇池二郡太守，行南秦州事。正光中，入为太尉、汝南王悦咨议参军。出除高阳太守，卒于郡。

子长文，字子儒。肃宗挽郎、员外散骑侍郎，稍迁尚书郎。以随叔颙守岐州勋，赐爵始平伯，加平东将军。天平末，卒于安西将军、光禄大夫。赠中军将军、度支尚书、雍州刺史。

长文第四弟子达，武定中，齐文襄王大都督府户曹参军。

祖悦弟颙，字思颜，颇有干用。解褐北中府录事参军。正光中，稍迁厉威将军、盱眙太守，带大徐成主。元法僧之叛也，颙逃窜获免。后为谏议大夫。孝昌二年，为西征军司，行岐州事。萧宝夤起逆，颙据州不从。还，除征虏将军、东荆州刺史。以守岐州勋，封平阳县开国伯，邑五百户。武泰中，转授岐州刺史。永安中，除泾州刺史。时万俟丑奴充斥关右，不行。乃为都督，防守岐州。丑奴攻之，不克。事宁，除镇西将军、光禄大夫。以勋又赏安平县开国伯。食邑五百户。以平阳伯转授弟二子景仲。后为征西将军、金紫光禄大夫，没于关西。

裴骏，字神驹，小名皮，河东闻喜人。父双硕，本县令，假建威将军、恒农太守，安邑子。卒，赠平南将军、东雍州刺史、闻喜侯。骏幼而聪慧，亲表异之，称为“神驹”，因以为字。弱冠，通涉经史，好属文，性方检，有礼度，乡里宗敬焉。

盖吴作乱于关中，汾阴人薛永宗众应之，屡残破诸县，来袭闻。县中先无兵杖，人情骇动，县令忧惶，计无所出。骏在家闻之，便率厉乡豪曰：“在礼，君父有危，臣子致命。府县今为贼所逼，是吾等徇节之秋。诸君可不勉乎！”诸豪皆奋激请行，骏乃简骑骁勇数百人奔赴。贼闻救至，引兵退走。刺史嘉之，以状表闻。会世祖亲讨盖吴，引见骏，骏陈叙事宜，甚会机理。世祖大悦，顾谓崔浩曰：“裴骏有当世才具，且忠义可嘉。”补中书博士。浩亦深器骏，目为三河领袖。转中书侍郎。刘骏遣使明僧皓朝贡，以骏有才学，乃假给事中、散骑常侍，于境上劳接。皇兴二年卒。赠平南将军、秦州刺史、闻喜侯，谥曰康。

子修，字元寄，清辩好学。年十三，补中书学生，迁秘书中散，转主客令。以妇父李欣事，出为张掖子都大将。张拟境接胡夷，前后数致寇掠，修明设烽侯，以方略御之。在边六年，关塞清静。高祖嘉之，征为中部令。转中大夫，兼祠部曹事，职主礼乐。每有疑议，修斟酌故实，咸有条贯。太和十六年卒，时年五十一。高祖悼惜之，赙帛一百匹，谥曰恭伯。世宗时，追赠辅国将军、东秦州刺史。修早孤，居丧以孝闻。二弟三妹并在幼弱，抚养训诲，甚有义方。次弟务早丧，修哀伤之，感于行路。爱育孤侄，同于已子。及将异居，奴婢田宅悉推与之，时人以此称焉。

子询，字敬叔。美仪貌，多艺能，音律博弈，咸所开解。起家奉朝请、太尉集曹参军，转长流尚书起部郎中、平昌太守。时太原长公主寡居，与询私奸，肃宗仍诏询尚焉。寻以主婿，特除散骑常侍。时本邑中正阙，司徒召询为之。询族叔昞自陈情愿此官，询遂让焉，时论善之。寻监起居事，迁秘书监。出为平南将军、郢州刺史。

询以凡司戍土蛮酋田朴特地居要险，众逾数万，足为边捍，遂表朴特为西郢州刺史。朝议许之。萧衍遣将李国兴寇边，时四方多事，朝廷末遑外略，缘境城戍，多为国兴所陷。贼既乘胜，遂向州城。询率历固守，垂将百日，援军既至，贼乃退走。加散骑常侍、安南将军。朴特自国兴来寇，便与询掎角，为表里声援，郢州获全，朴特颇有力焉。

征为七兵尚书。至都未几，除豫州刺史。寻进号抚军将军，加散骑常侍。未之州，还为七兵尚书，常侍如故。武泰初，诏询以本官兼侍中，为关右大使，赏擢慕义之徒。末及发，会尔朱荣入洛，于河阴遇害，年五十一。赠侍中、车骑大将军、司空公、雍州刺史，谥曰贞烈。无子。

修弟务，字阳仁，少而聪慧。举秀才，州辟主簿。早卒。

子美，字师伯，少有美名。举秀才，州主簿。太尉、咸阳王雅相赏爱，欲以女妻之，美拒而不纳。除奉朝请，亦早卒。无子。

务弟宣，字叔令，通辩博物，早有声誉。少孤，事母兄以孝友称。举秀才，至都，见司空代李欣，与言自旦及夕，欣嗟善不已。司空李冲有人伦鉴识，见而重之。

高祖初，征为尚书主客郎，与萧赜使颜幼明、刘思效、萧琛、范云等对接。转都官郎，迁员外散骑侍郎。旧令与吏部郎同班。阙高祖曾集沙门讲佛经，因命宣论难，甚有理诣，高祖称善。迁都洛阳，以宣为采材副将。奉使称旨，遥除司空咨议参军。府解，转司州治中，兼司徒右长史，又转别驾，仍长史。宣明敏有器干，总摄州府，事无凝滞，远近称之。

世宗初，除太中大夫，领本郡中正，仍别驾。又为司州都督，迁太尉长史。宣上言曰："自迁都已来，凡战陈之处，及军罢兵还之道，所有骸骼无人覆藏者，请悉令州郡戍逻检行埋掩。并符出兵之乡，其家有死于戎役者，使皆招魂复魄，祔祭先灵，复其年租调，身被伤痍者，免其兵役。"朝廷从之。

出为征虏将军、益州刺史。宣善于绥抚，甚得羌戎之心。复晋寿，更置益州，改宣所莅为南秦州。先是，有阴平氐酋杨孟孙，拥户数万，自立为王，通引萧衍，数为边患。宣乃遣使招喻，晓以逆顺。孟孙感恩，即遣子诣阙。武兴氐姜谟等千余人，上书乞延更限。世宗嘉焉。

宣家世以儒学为业，常慕廉退。每叹曰："以贾谊之才，仕汉文之世，不历公卿，将非运也！"乃谓亲宾曰："吾本闾阎之士，素无当世之志，直随谍推移，遂至于此。禄后养亲，道不光国，瞻言往哲，可以言归矣。"因表求解，世宗不许。乃作《怀田赋》以叙心焉。

永平四年，患笃。世宗遣太医令驰驲就视，并赐御药。宣素明阴阳之书，自始患，便知不起，因自刻亡日，果如其言。时年五十八。

世宗悼惜之。赠左将军、豫州刺史,谥曰定。寻改为穆。

子敬宪、庄伯,并在《文苑传》。

第四子献伯,武定末,廷尉卿。

骏从弟安祖,少而聪慧。年八九岁,就师讲《诗》,至《鹿鸣篇》,语诸兄云:"鹿虽禽兽,得食相呼,而况人也?"自此之后,未曾独食,弱冠,州辟主簿。民有兄弟争财,诣州相讼。安祖召其兄弟,以礼义责让之。此人兄弟,明日相率谢罪。内外钦服之。复有人劝其入仕,安祖曰:"高尚之事,非敢庶几。且京师辽远,实惮于栖屑耳。"于是闲居养志,不出城邑。

安祖曾行值天热,舍于树下。鸷鸟逐雉,雉急投之,遂触树而死。安祖愍之,乃取置阴地,徐徐护视,良久得苏。安祖喜而放之。后夜忽梦一丈夫,衣冠甚伟,著绣衣曲领,向安祖再拜。安祖怪而问之。此人云:"感君前日见放,故来谢德。"闻者异焉。后高祖幸长安,至河东,存访故老。安祖朝于蒲坂,高祖与语,甚悦,仍拜安邑令。安祖以老病固辞,诏给一时俸,以供汤药焉。年八十三,卒于家。

子思济,亦有志操,早卒。

子宗贤。

思济弟幼俊,卒于猗氏令。

辛绍先,陇西狄道人。五世祖怡,晋幽州刺史。父渊,私署凉王李皓骁骑将军。皓子歆亦厚遇之。歆与沮渠蒙逊战于蓼泉,军败失马,渊以所乘马援歆,而身死于难,以义烈见称西土。世祖之平凉州,绍先内徙,家于晋阳。明敏有识量,与广平游明根、范阳卢度世、同郡李承等甚相友善。有至性,丁父忧。三年口不甘味。头不栉沐,发遂落尽,故常著垂裙皂帽。自中书博士,转神部令。

皇兴中,薛安都以彭城归国,时朝廷欲绥安初附,以绍先为下邳太守,加宁朔将军。为政不苟激察,举其大纲而已,唯教民治产御贼之备。及刘彧将陈显达、萧道成、萧顺之来寇，道成谓顺之曰："辛绍先未易侵也，宜共慎之"于是不历郡境，遂径屯吕梁。太和十三年卒。赠冠军将军，并州刺史，普阳公，谥曰惠。

子凤达，耽道乐古，有长者之名。卒于京兆王子推国常侍。

凤达子祥，字万福。举司州秀才，司空行参军，迁主簿。太傅元丕为并州刺史，祥为丕府属，敕行建兴郡。咸阳王禧妃即祥妻妹，及禧构逆，亲知多罹尘谤，祥独萧然不预。转并州平北府司马。会刺史丧，朝廷以其公清，遂越长史，敕行州事。祥初在司马，有白壁还兵药道显被诬为贼，官属推处，咸以为然。祥曰："道显面有悲色，察狱以色，其此之谓乎？"苦执申之。月余，别获真贼。

后除郢州龙骧府长史，带义阳太守。

白早生之反也，萧衍遣众来援，因此缘淮镇戍相继降没，唯祥坚城独守。萧衍遣将胡武城、陶平虏于州南金山之上连营侵逼，众情大惧。祥从容晓喻，人心遂安。时出挑战，伪退以骄贼。贼果日来攻逼，不复自备，乃夜出袭其营。将晓，矢刃交下，贼大崩散溃，擒平虏，斩武城，以送京师，州境获全。论功方有赏授，而刺史娄悦耻勋出其下，闻之执政，事竟不行。

胡贼刘龙驹作逆华州，敕除祥华州安定王爕征虏府长史，仍为别将，与讨胡使薛和讨灭之。神龟元年卒，时年五十五。永安二年，赠冠军将军、南青州刺史。

长子琨，字怀玉，少聪敏。解褐相州仓曹参军。稍迁陈郡太守、轻车将军、济州征虏府长史。卒，年四十六。

琨弟怀仁，武定末，长乐太守。

怀仁弟贲，字叔文。少有文学，识度沉雅。起家北中府中兵参军、员外散骑侍郎。建义初，修起居注。除济州抚军府长史。出帝时，转胶州车骑府长史，迁平东将军，太师、咸阳王坦开府长史。武定中，中尉崔暹表荐贲，除□太守。吏民怀其恩惠。还，卒于邺。时年五十八。

贲弟烈,字季武。历太傅东阁祭酒。卒梁州镇南府长史。

烈弟匡,字季政,颇有文学。永安初,释褐封丘令,加威烈将军。时经河阴之役,朝士多求出外,故匡为之。后除平远将军、符玺郎中。卒于龙骧将军、通直散骑侍郎,时年三十五。赠散骑常侍、前将军、雍州刺史。

祥弟少雍,字季仲。少聪颖,有孝行,尤为祖父绍先所爱。绍先性嗜羊肝,常呼少雍共食。及绍先卒,少雍终身不食肝。性仁厚,有礼义,门内之法,为时所重。释褐奉朝请,太学博士、员外散骑侍郎。司空、高阳王雍引为田曹参军。少雍性清正,不惮强御,积年久讼,造次决之,请托路绝,时称贤明。正始中,诏百官各举所知,高阳王雍及吏部郎中李宪俱以少雍为举首。迁事中,侍中游肇后亦荐之,会卒,年四十二。少雍妻王氏,有德义,与其从子怀仁兄弟同居,怀仁等事之甚谨,闺门礼让,人无比焉。士大夫以此称美。

子元植,武定中,仪同府司马。

元植弟士逊,太师开府功曹参军。

凤达弟穆,字叔宗。举茂才,东雍州别驾。初随父在下邳,与彭城陈敬文友善。敬文弟敬武,少为沙门,从师远学,经久不反。敬文病,临卒,以杂绫二十匹,托穆与敬武。穆久访不得。经二十余年,始于洛阳见敬,以物还之,封题如故,世称其廉信。历东荆州司马,转长史,带义阳太守,领戍。雅有恤民之称。转汝阳太守,值水涝民饥,上表请轻租赋。帝从之,遂敕汝阳一郡,听以小绢为调。迁中散大夫,加龙骧将军。正光四年,以老启求致仕。诏引见,谓穆志力尚可,除平原相。穆善抚导,民吏怀之。孝昌二年,征为征虏将军、太中大夫,末发,卒于郡,年七十七。赠后将军、幽州刺史,谥曰贞。

长子子馥,字元颖,早有学行。孝昌初,释褐南司州龙骧府录事参军。丁父艰,居丧有礼。后除给事中、南冀州防城都督。素为庄帝所知识,及即位,除宣威将军、尚书右主客郎中,持节为南济、冀、济、青四州尉劳使。寻除宁朔将军、员外散骑常侍,仍领郎中。太宰元天穆征邢杲,引为行台郎中。寻除平原相。子馥父子并为此郡,吏民怀安之。元颢入洛,子馥不受其赦。刺史元仲景附颢,拘子馥,并禁家口。庄帝反政,诏封三门县开国男,食邑二百户。天平中,为东南道行台左丞、徐州开府长史。入除太尉府司马。长白山连接三齐,瑕丘数州之界,多有盗贼。子馥受使检覆,因辨山谷分害,宜立镇戍之所。又诸州豪右在山鼓铸,奸党多依之;又得密造兵仗,亦请破罢诸冶。朝廷善而从之。还,除尚书右丞,出为清河太守。武定八年卒于郡。子馥以三《传》经同说异,遂总为一部,《传》注并出,校比短长,会亡未就。

子德维,武定末,司徒行参军。

子馥弟子华,字仲夷。天平中,右光禄大夫。

柳崇,字僧生,河东解人也。七世祖轨,晋廷尉卿。崇方雅有器量,身长八尺,美须明目,兼有学行。举秀才,射策高第。解褐太尉主簿、尚书右外兵郎中。于时河东、河北二郡争境,其间有盐池之饶,虞坂之便,守宰及民皆恐外割。公私朋竞,纷纭台府。高祖乃遣崇检绝,民官息讼。属荆郢新附,南寇窥扰,又诏崇持节与州郡经略,兼加慰喻。还,迁太子洗马、本郡邑中正。转中垒将军、散骑侍郎。迁司空司马、兼卫尉少卿,又领邑中正。出为河北太守。崇初届郡,郡民张明失马,疑十余人。崇见之,不问贼事,人人别借以温颜,更问其亲老存不,农桑多少,而微察其辞色。即获真贼吕穆等二人,余皆放遣。郡中畏服,境内帖然。卒于官,年五十六。赠辅国将军、岐州刺史。谥曰穆。崇所制文章,寇乱遗失。

长子庆和,性沉静,不竞于时。起家奉朝请,稍迁轻车将军、给事中、本郡邑中正。卒。

子德逸,武定末,齐王丞相府主簿。

庆和弟楷,字孝则。身长八尺,善草书,颇涉文史。解褐员外散骑侍郎。萧阙西征,引为车骑主簿,仍为行台郎中。征还,以员外郎领殿中侍御史。转太尉记室参军,迁宁远将军、通直散骑侍郎、本郡邑中正。普泰初,简定集书省官,出除征虏将军司徒从事、中书郎,转仪同开府长史。天平中,为肆州骠骑府长史,颇有声誉。又加中军将军。兴和中,抚军司马,遇病卒。

崇从父弟元章,姿貌魁伟,历太尉中兵参军、司空录事、司徒从事中郎,迁相州平东府长史。属刺史元熙起兵,欲除元叉。元章与魏郡太守李孝怡等执熙。赐爵猗氏伯,除正平太守。后灵太后反政,削除官爵,卒于家。

崇族弟敬起,字华之。起家中书博士,转城阳王文学。除宁远将军、尚书仪曹郎中、龙骧将军、平阳太守。卒。有五子。

长子永,字神护,性粗率。解褐奉朝请,转员外散骑侍郎。除太尉记室参军,迁谏议大夫,又转征虏将军、太中大夫、本郡邑中正。以母老解官归养,卒于家。赠征西将军、秦州刺史。

永弟畅,字叔智。自奉朝请,三迁伏波将军、岐州征虏府长史。迁征虏将军、鲁阳太守。还,除左将军、太中大夫。转安东将军、光禄大夫。卒,赠卫大将军、雍州刺史。谥曰穆。

畅弟范,字洪礼。卒于前将军、给事中、本州大中正。

范弟粹,字季义,出后叔仲起。武定末,平东后军,迁辽西太守。

敬起弟仲起,字绍隆。举秀才,咸阳王禧为牧,辟西曹书佐。无子,兄子粹继之。

崇族子俊起,少有志尚。解褐奉朝请,转太尉默曹参军、伏波将军、司徒仓曹参军。卒。

长子达摩,武定末,阳城太守。

俊起从父弟援,字乾护,身长八尺,仪望甚伟。解褐太尉铠曹参军,转护军司马。稍迁冠军将军、司空长史。转廷尉少卿。出除安西将军、南秦州刺史。寻为散骑常侍、镇军将军。转征西将军、金紫光禄大夫。迁车骑将军、右光禄大夫。卒,赠本将军、秦州刺史。

子长粲,武定末,青州骠骑府中兵参军。

援从父弟仲景,汝南王悦常侍。

史臣曰:韦杜旧族门风,名亦不殒。裴、辛、柳氏,素业有资,器行仍世。所以布于列位，不替其美。

魏书卷四六
列传第三四

窦瑾　许彦　李䜣

　　窦瑾，字道瑜，顿丘卫国人也。自云汉司空融之后。高祖成为顿丘太守，因家焉。瑾少以文学知名。自中书博士，为中书侍郎，赐爵繁阳子，加宁远将军。参与军国之谋，屡有军功。迁秘书监，进爵卫国侯，加冠军将军，转西部尚书。初定三秦，人犹去就，拜使持节、散骑常侍、都督秦雍二州诸军事、宁西将军、长安镇将、毗陵公。在镇八年，甚著威惠。徵为殿中、都官尚书，仍散骑常侍。世祖亲待之，赏赐甚厚。

　　从征盖吴，先驱慰谕，因平巴西氐、羌酋领，降下数千家，不下者诛之。又降蛮酋仇天尔等三千家于五将山。盖吴平，瑾留镇长安。还京，复为殿中、都官，曲左右执法。世祖叹曰：“古者右贤左戚，国之良翰，毗陵公之谓矣。”恭宗薨于东宫，瑾兼司徒，奉诏册谥。出为镇南将军、冀州刺史。清约冲素，忧勤王事，著称当时。还为内都大官。兴光初，瑾女婿郁林公司马弥陀以选尚临泾公主，瑾教弥陀辞托，有诽谤咒诅之言，与弥陀兴诛。瑾有四子，秉、持、依、并，为中书学生，与父同时伏法。唯少子遵，逃匿得免。

　　遵善楷篆，北京诸碑及台殿楼观、宫门题署，多遵书也。官至尚书郎、濮阳太守，多所受纳。其子僧演，奸通民妇，为民贾邈所告，免官。后以善书，拜库部令，卒官。

许彦,字道谟,小字嘉屯,高阳新城人也。祖茂,慕容氏高阳太守。彦少孤贫,好读书,后从沙门法睿受《易》。世祖初,被徵,以卜筮频验,遂在左右,参与谋议。拜散骑常侍,赐爵博陵侯。彦质厚慎密,与人言不及内事。世祖以此益亲待之。进爵武昌公,拜安东将军、相州刺史。在州受纳,多违法度,诏书切让之。然以彦腹心近臣,弗之罪也。真君二年,卒。谥曰宣公。

子宗之,初入为中散,领内秘书。世祖临江,赐爵高乡侯。高宗践阼,迁殿中尚书。出为镇东将军、定州刺史,颍川公。受敕讨丁零,丁零既平,宗之因循郡县,求取不节。深泽人马超毁谤宗之,宗之怒,遂殴杀超。惧超家人告状,上超谤讪朝政。高宗闻之,曰:"此必妄也。朕为天下主,何恶于超,而超有此言。必是宗之惧罪诬超。"按验果然。事下有司,司空伊馛等以宗之腹心近臣,出居方伯,不能宣扬本朝,尽心绥导,而侵损齐民,枉杀良善,妄列无辜,上尘朝廷,诬诈不道,理合极刑。太安二年冬,遂斩于都南。

宗之孙亮,字元规。正光中,汤寇将军,稍迁冀州骠骑长史、司徒谘议参军。年五十二,卒。

宗之长兄熙,字德融,袭爵武昌公。中书郎,早卒。

子安仁,袭。除中书郎。卒,赠安东将军、冀州刺史,谥曰简。

子元康,袭爵,后降为侯。拜冠军将军、长安镇副将。迁监河州军事、河州刺史,将军如故。入为廷尉少卿。除魏郡太守,固辞不拜。寻卒,赠征虏将军、营州刺史,谥曰肃。

子廓,字崇远,袭爵。除奉朝请,累迁顿丘、东太原二郡太守。卒,年二十八。子子躬,袭。

子躬,武定末,中外府水曹参军。齐受禅,爵例降。

子躬弟子宪,太尉中,兵参军。

元康弟护,州主簿。

子瑞,字徵□,亦州主簿。卒。

瑞弟绚,字伯礼,颇有业尚。闺门雍睦,三世兴居。吏部尚书李神俊常称其家风。自侍御史,累迁尚书左民郎、司徒谘议参军,修起居注。后拜太中大夫。兴和初卒,年四十七。赠使持节、都督冀瀛二州诸军事、征东将军、吏部尚书、冀州刺史。

绚弟逊,武定末,东阴平太守。

逊弟晔,字叔明,性开率。州治中、别驾、西高阳太守、太中大夫。兴初三年卒,年四十一。赠镇东将军、瀛州刺史。

晔弟惇,字季良,武定末,兼大司农卿。

熙弟龙,官至赵郡太守。

孙琰,字长琳,有干用。初除太学博士,累迁尚书南主客郎、瀛州中正。孝昌中卒,年四十七。赠平东将军、沧州刺史。永熙中,重赠散骑常侍、卫将军、尚书右仆射、瀛州刺史。

琰弟玑,字仲衡,有识尚。广平王常侍、员外散骑侍郎、谏议大夫。迁通直散骑常侍、瀛州大中正、散骑常侍、荥阳太守、行南青州事。卒,年五十五。琰儿弟并通率,多与胜流交游。

又有博陵许赤虎,涉猎经史,善嘲谑。延兴中,著作佐郎,与慕容白曜南讨。后使江南,应对敏捷,虽言不典故,而南人颇称机辩滑稽焉。使还,为东郡太守,卒官。

子陀,定州长史。

李䜣,字元盛,小名真奴,范阳人也。曾祖产,产子绩,二世知名于慕容氏。父崇,冯跋吏部尚书、石城太守。延和初,车驾至和龙,崇率十余郡归降。世祖甚礼之,呼曰:“李公”,以崇为平西将军、北幽州刺史、固安侯,卒,年八十一,谥曰襄侯。

䜣母贱,为诸兄所轻。崇曰:“此子之生,相者言贵。吾每观察,或未可知。”遂使入都,为中书学生。世祖幸中书学,见而异之,指谓从者曰:“此小儿终效用于朕之子孙矣。”因识眄之。世祖舅平王杜超有女,将许贵戚。世祖闻之,谓超曰:“李䜣后必宦达,益人门户,可以女妻之,勿许他贵也。”遂劝成婚。南人李哲尝言,䜣必当贵达。杜超之死也,世祖亲哭三日。䜣以超婿,得在丧位出入,帝目而指之,谓左右曰:"观此人举动,岂不有异于众？必为朕家干事之臣。"

䜣聪敏机辩,强记明察。初,李灵为高宗博士、谘议,诏崔浩选中书学生器业优者为助教。浩举其弟子箱子与卢度世、李敷三人应之。给事高谠子祐、尚书段霸儿侄等以为浩阿其亲戚,言于恭宗。恭宗以浩为不平,闻之于世祖。世祖意在于䜣,曰:"云何不取幽州刺史李崇老翁儿也？"浩对曰:"前亦言䜣合选,但以其先行在外,故不取之。"世祖曰:"可待䜣还,箱子等罢之。"䜣为世祖所识如此。遂除中书助教博士,稍见任用,入授高宗经。

高宗即位,䜣以旧恩亲宠,迁仪曹尚书,领中秘书,赐爵扶风公,加安东将军,赠其母孙氏为容城君。高宗顾谓群臣曰:"朕始学之岁,情未能专,既总万机,温习靡暇,是故儒道实有阙焉。岂惟予咎,抑亦师傅之不勤。所以爵赏仍隆者,盖不遗旧也。"䜣免冠拜谢。出为使持节、安南将军、相州刺史。为政清简,明于折狱,奸盗止息,百姓称之。䜣上疏求立学校,曰:

> 臣闻至治之隆,非文德无以经纶王道;太平之美,非良才无以光赞皇化。是以昔之明主,建庠序于京畿,立学官于郡邑,教国子弟,习其道艺。然后选其俊异,以为造士。今圣治钦明,道隆三五,九服之民,咸仰德化,而所在州士,学校未立。臣虽不敏,诚愿备之,使后生闻雅颂之音,童幼睹经教之本。臣昔蒙恩宠,长管中秘,时课修学有成立之人,髦俊之士,已蒙进用。臣今重荷荣遇,显任方岳,思阐帝猷,光宣于外。自到以来,访诸文学,旧德已老,后生未进。岁首所贡,虽依制遣,对问之日,惧不克堪。臣愚欲仰依先典,于州郡治所各立学官。使士望之流、冠冕之胄,就而受业,庶必有成。其经艺通明者,贡之王府。则郁郁之文,于是不坠。

书奏,显祖从之。

以䜣治为诸州之最,加赐衣服。自是遂有骄矜自得之志,乃受纳民财及商胡珍宝。兵民告言,尚书李敷与䜣少长相好,每左右之。或有劝以奏闻,敷不许。显祖闻䜣罪状,槛车征䜣,拷劾抵罪。时敷兄弟将见疏斥，有司讽䜣以中旨嫌敷兄弟之意，令䜣告列敷等隐罪，可得自全。䜣深所不欲，且弗之知也。乃谓其女婿裴攸曰："吾宗与李敷族世虽远，情如一家。在事既有此劝，竟如何也？昨来每欲为此取死，引簪自刺，以带自绞，而不能致绝。且亦不知其事。"攸曰："何为为他死也？敷兄弟事衅可知。有冯阐者，先为敷所败，其家切恨之，但呼阐弟问之，足知委曲。"䜣从其言。又赵郡范摽具条列敷兄弟事状，有司以闻。敷坐得罪。诏列䜣贪冒，罪应死。以纠李敷兄弟，故得降免，百鞭肆刑，配为厮役。

䜣之废也，平寿侯张谠见䜣，与语奇之，谓人曰："此佳士也，终不久屈。"未几，而复为太仓尚书，摄南部事。用范摽、陈端等计，令千里之外，户别转运，诣仓输之。所在委滞，停延岁月，百姓竟以货赂各求在前，于是远近大为困弊。并路群议曰："畜聚敛之臣，未若盗臣。"䜣弟左将军璞谓䜣曰："范摽善能降人以色，假人以辞。未闻德义之言，但有势利之说。听其言也甘，察其行也贼，所谓谄谀、谗慝、贪冒、奸佞，不早绝之，后悔无及。"䜣不从，弥信之，腹心之事，皆以告摽。

䜣既宠于显祖，参决军国大义，兼典选举，权倾内外，百僚莫不曲节以事之。摽以无功，起家拜卢奴令。延兴末。诏曰："尚书李䜣著勋先朝，弼谐皇极，谠言嘉谋，旬日屡进，实国家之桢干，当今之老成也。是以擢授南部，综理烦务。自在厥位，夙夜惧贪，乃心匪懈，克己复礼，退食自公，利上之事，知无不为，赏罚所加，不避疏戚。虽孝子之思慈母，鹰鹯之逐鸟雀，何以方之？若郑之子产，鲁之季文，亦未加也。然恶直丑正，盗憎主人。自往年以来，群奸不息，劫䜣宗人李英等四家，焚烧舍宅，伤害良善。此而可忍，孰不可恕！有司可明加购募，必令擒殄。"

六月，显祖崩。䜣迁司空，进爵范阳公。七月，以䜣为侍中、镇南大将军、开府仪同三司、徐州刺史。范摽知文明太后忿䜣也，又知内外疾之。太和元年二月，希旨告䜣外叛。文明太后征䜣至京师，言其叛状，䜣曰无之。引摽证䜣，䜣言："尔妄云知我，吾又何言！虽然,尔不顾余之厚德而忍为此,不仁甚矣。"撅曰:"公德于撅,何若李敷之德于公?公昔忍于敷撅,今敢不忍于公乎?"䜣慨然曰:"吾不用璞言,自贻伊戚,万悔于心,何嗟及矣!"遂见诛。䜣有三子。

长子邃,起家拜侍御中散、东宫门大夫。迁散骑常侍,加平东将军。先䜣卒。

子晴,字海明,逃窜,遇赦免。

晴子衡,字伯琳。武定中,中坚将军、齐献武王相府水曹参军。

邃弟令和、令度,与䜣兴时死。

䜣长儿恭,字元顺。成周太守。卒,赠幽州刺史、容成侯,谥曰简侯。

恭弟瑾,字元衡。营丘太守,袭父爵固安侯,平西将军。卒,赠兖州刺史,谥曰康侯。

子长生,袭。长生卒。子元宗袭。广平郡丞,陈郡太守。

璞,字季真。性惇厚,多识人物。历中书博士、侍郎、渔阳王尉眷传、左将军、长安副将,赐爵宜阳侯,太常卿。承明元年,年五十一,先䜣卒。赠安西将军、雍州刺史,谥曰穆。

子晖,中书议郎。

晖弟固,太学博士、高密太守。

固弟钦,州主簿。

钦子奭,字元炽。武定末,镇西将军、南营州别驾。

奭弟盛,字仲炎。安东将军、开府谘议参军。

盛弟叔樊,平西将军、太中大夫。

钦弟蕴,字宗令,有器干。中书学生、秘书中散、侍御中散。出为燕郡、范阳二郡太守。入为员外散骑常侍、尚书右丞、中坚将军,迁左丞。延昌三年卒。赠平远将军、南青州刺史,谥曰敬。

初,崇之归魏也,与州里北平田彪俱降,而彪子孙遂微劣焉。

史臣曰:魏氏之有天下,百余年中,任刑为治,蹉跌之间,便至夷灭。窦瑾、李䜣器识既美,时曰良干。瑾以片言疑似,䜣以凤故猜嫌,而婴合门之戮,悲夫! 宗之不全,自贻伊戚矣。

魏书卷四七
列传第三五

卢　玄

　　卢玄,字子真,范阳涿人也。曾祖谌,晋司空刘琨从事中郎。祖偃,父邈,并仕慕容氏,为郡太守,皆以儒雅称。神䴥四年,辟召儒俊,以玄为首,授中书博士。司徒崔浩,玄之外兄,每与玄言,辄叹曰:“对子真,使我怀古之情更深。”浩大欲齐整人伦,分明姓族。玄劝之曰:“夫创制立事,各有其时,乐为此者,讵几人也?宜其三思。”浩当时虽无异言,竟不纳,浩败颇亦由此。后转宁朔将军,兼散骑常侍,使刘义隆义。隆见之,与语良久,叹曰:“中郎,卿曾祖也。”既还,病卒。

　　子度世,字子迁。幼而聪达,有计数。为中书学生,应选东宫。弱冠,与从兄遘俱以学行为时流所重。度世后以崔浩事,弃官逃于高阳郑罴家,罴匿之。使者囚罴长子,将加捶楚。罴戒之曰:“君子杀身以成仁,汝虽死勿言。”子奉父命,遂被考掠,至乃火爇其体,因以物故,卒无所言。度世后令弟娶罴妹,以报其恩。世祖临江,刘义隆使其殿中将军黄延年朝贡。世祖问延年曰:“范阳卢度世坐与崔浩亲通,逃命江表,应已至彼?”延对曰:“都下无闻,当必不至。”世祖诏东宫赦度世宗族逃亡及籍没者。度世乃出。赴京,拜中书侍郎,袭爵。

　　兴安中,兼太常卿。立保太后父辽西献王庙,加镇远将军,进爵为侯。后除散骑侍郎，使刘骏。遣其侍中柳元景与度世对接，度世应对失衷。还，被禁劾，经年乃释。除假节、镇远将军、齐州刺史。州接边境，将士数相侵掠。度世乃禁勒所统，还其俘虏，二境以宁。后坐事囚系，久之，还乡里。寻徵赴京，除平东将军、青州刺史。未拜，遇患。延兴元年卒，年五十三。谥曰惠侯。四子，渊、敏、昶、尚。

初，玄有五子，嫡唯度世，余偕别生。崔浩事难，其庶兄弟常欲危害之，度世常深忿恨。及度世有子，每诚约令绝妾孽，不得使长，以防后患。至渊兄弟，婢贱生子，虽形貌相类，皆不举接。为识者所非。

渊，字伯源，小名阳乌。性温雅寡欲，有祖父之风，敦尚学业，闺门和睦。袭侯爵，拜主客令，典属国。迁秘书令、始平王师。以例降爵为伯。给事黄门侍郎，迁兼散骑常侍、秘书监、本州大中正。是时，高祖将立冯后，方集朝臣议之。高祖先谓渊曰："卿意以为何如？"对曰："此自古所慎，如臣愚意，宜更简卜。"高祖曰："以先后之侄，朕意已定。"渊曰："虽奉敕如此，然于臣心实有未尽。"及朝臣集议，执意如前。冯诞有盛宠，深以为恨，渊不以介怀。

及高祖议伐萧赜，渊表曰：

臣诚识不周览，颇寻篇籍。自魏晋以前，承平之世，未有皇舆亲御六军，决胜行陈之间者。胜不足为武，弗胜有亏威德。明千钧之弩，不为鼷鼠发机故也。昔魏武以弊卒一万而袁绍土崩，谢玄以步兵三千而苻坚瓦解。胜负不由众寡，成败在于须臾，若用田丰之谋，则坐制孟德矣。魏既并蜀，迄于晋世，吴介有江水，居其上流，大小势殊，德政理绝。然犹君臣协谋，垂数十载。逮孙皓暴戾，上下携爽，水陆俱进，一举始克。今萧氏以篡杀之烬，政虐役繁，又支属相屠，人神同弃。吴会之民，延踵皇泽，正是齐轨之期，一同之会。若大驾南巡，必左衽革面，闽越倒戈，其犹运山压卵，有征无战。然愚谓万乘亲戎，转漕难继，千里馈粮，士有饥色，大军之后，必有凶年。不若命将简锐，荡涤江右,然后鸣鸾巡省,告成东岳,则天下幸甚,率土戴赖。

臣又闻流言,关右之民,自比年以来,竞设斋会,假称豪贵,以相扇惑。显然于众坐之中,以谤朝廷。无上之心,莫此之甚。愚谓宜速惩绝,戮其魁帅。不尔惧成黄巾、赤眉之祸。育其微萌,不芟之毫末,斧斤一加,恐踏害者众。臣世奉皇家,义均休戚,诚知干忤之愆实深,然不忠之罪莫大。

诏曰:

至德虽一,树功多途。三圣殊文,五帝异律。或张或弛,岂必相因。远惧承平之主,所以不亲施五戎者,盖有由矣。英明之主,或以同轨无征;守庸之君,或缘志劣寝伐。今若喻之英皇,时非昔类;比之庸后,意有恧焉。脱元极之尊,本不宜驾,二公之徙,革辂之戎,宁非谬欤?寻夫昔人,若必须已而济世,岂不克广先业也。定火之雄,未闻不武,世祖之行,匪皆疑慑。且曹操胜袁,盖由德义内举;苻坚瓦解,当缘立政未至。定非弊卒之力强,十万之众寡也。今则驱驰先天之术,驾用仁义之师,审观成败,庶免斯咎。长江之阻,未足可惮;逾纪之略,何必可师。洞庭、彭蠡,竟非殷固,奋臂一呼,或成汉业。经略之义,当付之临机;足食之筹,望寄之萧相。将希混一,岂好轻动?利见之事,何得委人也! 又水旱之运,未必由兵,尧汤之难,讵因兴旅? 颇丰之后,虽静有之,关左小纷,已敕禁勒。流言之细,曷足以纾天功。深录诚心,勿恨不相遂耳。

及车驾南伐,赵郡王干督关右诸军事,诏加渊使持节、安南将军为副,勒众七万将出子午。寻以萧颐死,停师。是时,泾州羌叛,残破城邑,渊以步骑六千众,号三万,徐行而进。未经三旬,贼众逃散,降者数万口,唯枭首恶,余悉不问。诏兼侍中。

初,渊年十四,尝诣长安。将还,诸相饯送者五十余人,别于渭北。有相者扶风人王伯达曰:"诸君皆不如此卢郎,虽位不副实,然德声甚盛,望逾公辅。后二十余年,当制命关右。愿不相忘。"此行也,相者年过八十,诣军门请见,言叙平生。未几,拜仪曹尚书。高祖考课在位,降渊以王师守常侍、尚书,夺常侍禄一周。寻除豫州刺史,以母老固辞。

会萧昭业雍州刺史曹虎遣使请降,乃以渊为使持节、安南将军,督前锋诸军径赴樊邺。渊面辞曰:"臣本儒生,颇闻俎豆,军旅之事,未之学也。惟陛下裁之。"军期已逼,高祖不许。渊曰:"但恐曹虎为周鲂耳,陛下宜审之。"虎果伪降。渊至叶,具曹虎谲诈之问,兼陈其利害。诏渊进取南阳。渊以兵少粮乏,表求先攻赭阳,以近叶仓故也。高祖许焉,乃进攻赭阳。萧鸾遣将垣历生来救,渊素无将略,为贼所败,坐免官爵为民。寻遭母忧,高祖遣谒者诣宅宣慰。服阕,兼太尉长史。

高祖南讨,又兼彭城王中军府长史。寻为徐州京兆王愉兼长史,赐绢百匹。愉既年少,事无巨细,多决于渊。渊以诚信御物,甚得东南民和。南徐州刺史沈陵密谋外叛,渊觉其萌渐,潜敕诸戍,微为之备。屡有表闻,朝廷不纳。陵果杀将佐,勒宿豫之众逃叛。滨淮诸戍,由备得全。陵在边历年,阴结既广,二州人情,咸相扇惑。陵之余党,颇见执送,渊皆抚而赦之,惟归罪于陵,由是众心乃安。景明初,除秘书监。二年卒官,年四十八。赠安北将军、幽州刺史,复本爵固安伯,谥曰懿。

初,谌父志法钟繇书,传业累世,世有能名。至邈以上,兼善草迹,渊习家法,代京宫殿多渊所题。白马公崔玄伯亦善书,世传卫瓘体。魏初工书者,崔卢二门。渊与仆射李冲特相友善。冲重渊门风,而渊祗冲才官,故结为婚姻,往来亲密。至于渊荷高祖意遇,颇亦由冲。渊有八子。

长子道将,字祖业,应袭父爵,而让其第八弟道舒。有司奏闻,诏曰:"长嫡承重,礼之大经,何得辄授也。"而道将引清河国王常侍韩子熙让弟仲穆鲁阳男之例,尚书李平重申奏,诏乃听许。道将涉猎经史,风气謇谔,颇有文才,为一家后来之冠,诸父并敬惮之。彭城王勰、任城王澄,皆虚襟相待。勰为中军大将军,辟行参军。迁司徒东阁祭酒、尚书左外兵郎中,转秘书丞。出为燕郡太守。道将下车，表乐毅、霍原之墓，而为之立祠。优礼儒生，励劝学业，敦课农桑，垦田岁倍。入为司徒司马。卒，赠龙骧将军、太常少卿，谥曰献。所为文笔数十篇。

子怀祖，太学博士、员外散骑侍郎。卒。

怀祖弟怀仁，武定中，太尉铠曹参军。

道将弟亮，字仁业。不仕而终。

子思道。

亮弟道裕，字宁祖。少以学尚知名，风仪兼美。尚显祖女乐浪长公主，拜驸马都尉、太子舍人，寻转洗马。迁散骑侍郎，转安远将军、中书侍郎，兼秘书丞。寻以母忧去官。服终，复拜中书侍郎，迁龙骧将军、太子中庶子、幽州大中正。转长兼散骑侍郎，加左将军。神龟二年，除左将军、泾州刺史。其年七月，卒官，年四十四。赠抚军将军、青州刺史，赐帛三百匹，谥曰文侯。

子景绪，武定中，仪同开府隶事参军。

道裕弟道虔，字庆祖。粗闲经史，兼通算术。尚高祖女济南长公主。公主骄淫，声秽遐迩，先无疹患，仓卒暴薨。时云道虔所害。世宗秘其丑恶，不苦穷治。尚书尝奏道虔为国子博士。灵太后追主薨事，乃黜道虔为民，终身不仕。孝昌末，临淮王彧因将出征，启除道虔奉车都尉。道虔外生李彧尚庄帝姊丰亭公主，因相籍托。永安中，除辅国将军、通直常侍，寻加征虏将军。以议历勋，赐爵临淄伯，迁散骑常侍。天平初，征南将军，转都官尚书、本州大中正。出除骠骑将军、幽州刺史。寻加卫大军，卒于官。赠都督幽瀛二州诸军事、骠骑大将军、尚书右仆射、司空公、瀛州刺史，谥曰恭文公。主二子，昌宇、昌仁。昌宇不慧，昌仁早卒。道虔又娶司马氏，有子昌裕，及司马见出之后，更娉元氏，生二子昌期、昌衡。兄弟竞父爵，至今未袭。

道虔弟道侃，字希祖。州主簿，沉雅有学尚。孝昌末卒。二子早矢，以弟道约子正达为后。武定中，征虏将军、太尉记室参军。

道侃弟道和，字叔维。兄弟之中，人望最下。冀州中军府中兵参军。卒。

子景瑑。

景瑑弟景熙，武定中，仪兴开府谘议。

道和弟道约，字季恭。起家员外郎，累迁司空录事参军、司徒属、幽州大中正、辅国将军、光禄大夫。转司徒右长史。太傅李延实出除青州。延实先被病，道约，延实之妻弟，诏以道约为延实长史，加散骑常侍，寄以匡维也。永熙中，车骑将军、左光禄大夫、领广平王赞仪同开府长史。天平中，开府仪同高岳请为长史。岳转除青冀二州，道约仍为长史，随岳两藩，有毗佐之称。兴和末，除卫大将军、兖州刺史，在州颇得民和。武定元年卒，年五十八。赠使持节、骠骑大将军、仪同三司、幽州刺史。

子正通，开府谘议。少有令誉，徵赴晋阳。愚患卒。妻郑氏，与正通弟正思淫乱，武定中，为御史所劾，人士疾之。

道约弟道舒，字幼安，袭父爵。自尚书左主客郎中为冠军将军、中书侍郎。卒。

渊弟敏，字仲通，小字红崖，少有大量。太和初，拜议郎，早卒。赠威远将军、范阳太守，谥曰靖。高祖纳其妇为嫔。敏五子。

义僖，字远庆。早有学尚，识度沉雅。年九岁，丧父，便有至性。少为仆射李冲所叹美。起家秘书郎，历太子舍人、司徒中郎。神龟初，任城王澄奏举义僖，除散骑侍郎，转冠军将军、中散大夫。以母忧去职。幽州刺史五诵与义僖交款，每与旧故李神俊等书曰："卢冠军在此，时复惠好，辄留连数日，得谘询政道。"其见重若此，齐王萧宝夤启为开府谘议参军，辞疾不赴。寻兼司空长史，拜征虏将军、太中大夫。散秩多年，澹然自得。李神俊劝其干谒当途。义僖曰："学先王之道，贵行先王之志，何能苟求富贵也。"

孝昌中，除散骑常侍。时灵太后临朝，黄门侍郎李神轨势倾朝野，求结婚姻。义僖虑其必败，拒而不许。王诵谓义僖曰："昔人不以一女易五男，卿岂易之也？"义僖曰："所以不从，正为此耳。从之恐祸大而速。"诵乃坚握义僖之手曰："我闻有命，不敢以告人。"遂适他族。临婚之夕，灵太后遣中常侍服景就家敕停。内外惶怖，义僖夷然自若。建义初，兼都官尚书。寻除安东将军、卫尉卿。普泰中，除都官尚书，加骠骑大将军、左光禄大夫。

　　义僖少时，幽州频遭水旱，先有谷数万石贷民，义僖以年谷不熟，乃爇其契。州闾悦其恩德。性宽和畏慎，不妄交款，与魏子建情好尤笃，言无所隐。义僖性清俭，不营财利，虽居显位，每至困乏，麦饭蔬食，忻然甘之。永熙中，风疾顿发，兴和中卒，年六十四。赠本将军、仪同三司、瀛州刺史，谥孝简。

　　子逊之，武定中，太尉记室参军。

　　逊之弟世猷，齐王开府集曹参军。

　　义僖弟义惊，字叔预。司空行参军、本州治中、散骑侍郎、司徒谘议参军。

　　子孝章，仪同开府行参军，早亡。

　　义惊弟义敦，字季和。征北府默曹参军。

　　子景开，字子达。武定中，仪同开府属。

　　义敦弟义安，字幼仁，不仕。义僖诸弟并远不逮兄也。

　　敏弟昶，字叔达，小字师颜。学涉经史，早有时誉。太和初，为太子中舍人、兼员外散骑常侍，使于萧昭业。高祖诏昶曰："卿便至彼，勿存彼我。密迩江扬，不早当晚，会是朕物。卿等欲言，便无相疑难。"又敕副使王清石曰："卿莫以本是南人，言语致虑。若彼先有所知卿等欲，言便无相疑难。"又敕副使王清石曰："卿莫以本是南人，言语致虑。若彼先有所知所识，欲见便见，须论即论。卢昶正是宽柔君子，无多文才，或主客命卿作诗，可率卿所知，莫以昶不作，便复罢也。凡使人之体，以和为贵，勿递相矜夸，见于色貌，失将命之体。卿等各率所知，以相规诲。"

　　及昶至彼，值萧鸾僭立，于是高祖南讨之。昶兄渊为别道将。而萧鸾以朝廷加兵，遂酷遇昶等。昶本非骨鲠，闻南人云兄既作将，弟为使者。乃大恐怖,泪汗交横。鸾以腐米臭鱼堇豆供之。而谒者张思宁辞气謇谔,曾不屈挠,遂以壮烈死于馆中。昶还,高祖责之曰:"衔命之礼,有死无辱,虽流放海隅,犹宜抱节致殒。卿不能长缨羁首,已是可恨;何乃俯眉饮啄,自同犬马! 有生必死,修短几何? 卿若杀身成名,贻之竹素,何如甘彼刍菽,以辱君父乎? 纵不远惭苏武,宁不近愧思宁!"昶对曰:"臣器乏陆、随,忝使闽越。属萧鸾昏狂,诛谬无道。恐不得仰奉明时,归养老母,苟存尺蠖,屈以求伸。负辱朝命,罪宜万死。乞归司寇,伏听斧钺。"遂见罢黜。

久之,复除彭城王友,转秘书丞。景明初,除中书侍郎,迁给事黄门侍郎、本州大中正。昶请外禄,世宗不许。迁散骑常侍,兼尚书。时洛阳县获白鼠。昶奏曰:

谨案《瑞典》,外镇刺史、二千石、令长不祗上命,刻暴百姓,人民怨嗟,则白鼠至。臣闻祯不虚见,德合必符;妖不妄出,咎彰则至。是以古之人君,或急瑞以失德,或祗变而立功,斯乃万古之殷鉴,千龄之炯诫。比者,灾气作沴,恒阳亏度,陛下流如伤之慈,降纳隍之旨,哀百姓之无辜,引在予之深责。举贤黜佞之诏,道映于尧先;进思纳谏之言,事光于舜右。伏读明旨,俯观徵谴,敢布庸瞽,以陈万一。

窃惟一夫之耕,食裁充口;一妇之织,衣止蔽形。年租岁调,则惧常理;此外徵求,于何取足? 然自比年以来,兵革屡动;荆、扬二州,屯戍不息;钟离、义阳,师旅相继。兼荆蛮凶狡,王师薄伐,暴露原野,经秋淹夏,汝颍之地,率户从戎;河冀之境,连丁转运。又战不必胜,加之退负,死丧离旷,十室而九。细役烦徭,日月滋甚;苛兵酷吏,因逞威福。至使通原遥畛,田芜罕耘;连村接闬,蚕饥莫食。而监司因公以贪求,豪强恃私而逼掠。遂令鬻短褐以益千金之资,制口腹而充一朝之急。此皆由牧守令长多失其人,郡阙黄霸之君,县无鲁恭之宰,不思所以安民,正思所以润屋。故士女呼嗟,相望于道路;守宰暴贪,风闻于魏阙。往岁法官案验,多挂刑网,谓必显戮,以明劝诫。然后遣使覆讯,公违宪典。或承风侠请,轻树私恩;或容情受贿,辄施己惠。御史所劾,皆言诬枉;申雪罪人,更云清白。长侮上之源,滋陵下之路。忠清之人,见之而自怠;犯暴之夫,闻之以益快。白鼠之至。信而有徵矣。

伏愿陛下垂睿哲之鉴,察妖灾之起。延对公卿,广询庶政;引见枢纳,博求民隐。存问孤寡,去其苛碎;轻徭省赋,与民休息。贞良忠说,置之于朝;奸回贪佞,弃之于市。则九官勿戒而恒敬,百县不严而自肃,士女欣欣,人有望矣。

诏曰:"朕纂承鸿绪,伏膺宝历,思靖八方,惠康四海。当必世之期,麟凤不降;属胜残之会,白鼠告咎。万邦有罪,实唯朕躬。尚书敷纳机猷,献替是寄,说言有闻,朕实嘉美。"转侍中,又兼吏部尚书。寻即正,仍侍中。

昶守职而已,无所激扬也。与侍中元晖等更相朋附,为世宗所宠,时论鄙之。出除镇东将军、徐州刺史。永平四年夏,昶表曰:"萧衍琅邪郡民王万寿等款诚内结,潜来诣臣,云朐山戍今将交换,有可图之机。臣即许以旌赏,遣其还入。至三月二十四夜,万寿等等奖率同盟,攻掩朐城,斩衍辅国将军,琅邪、东莞二郡太守,带朐山戍主刘晰并将士四十余人,传首至州。臣即遣兼郯城戍副张天惠率骁勇二百,径往赴之。琅邪诸戍络绎继援,而衍郁渊已遣二军以拒天惠。天惠与万寿等内外齐击,俘斩数百,便即据城。"诏昶曰:"彭、宋地接边疆,势连淮海,威御之术,功在不易。朐山险塞,寇之要防,水陆交凑,扬、郁路冲,畜聚凶徒,虔刘边鄙,青、光、齐、兖每罹其患。卿妙算既敷,克城殄众,展疆辟土,何善如之。庸勋之懋,朕用嘉止。故遣左右直长阎遵业具宣往怀。此戍郁洲之本,存亡所系。今既失守,有不存之心;彼见扼喉,将图救援之计。今水雨盛行,宜须防守。卿可深思拟捍之规,攘敌之略,使还具闻。"

昶又表:"萧衍将张稷、马仙琕、阴虔和等各领精兵,分屯诸堰;昌义之、张惠绍、王神念、王茂光承彼传信,续发建邺。自存之计,并归于此。量力准寇,事恐不轻。何者?此兵九千,贼众四万,名将健士，远近毕集，邀凭两热，决死来战，藉众乘凶，希固巢穴。所以倾国而举，非为朐山，将恐王师固六里，据湖冲，南截淮浦，势崩难测，海利监物，交阙常贡。所虑在大，有必争之心。若皇家经略，方有所讨，必须简将增兵，加益粮仗，与之亢拟。相持至秋，天麾一动，开拓为易。图南之计，事本在今，请增兵六千、米十万石，如其不也，伏听朝议。"

昶又表："贼徒大集，众旅强盛，置栅朐山，屯守门井，并围固城，昼夜连战。恐狡势既强，后难除揃。辄欲令征虏将军赵遐率勒见兵，与之决胜。遐虑众少不敌，若一举失利，则众心挫怯，求待大众俱至，奋锐击之。窃谓此谋，非为孟浪。且臣本奉朝规，令相拒守，以待凉月。今岁已云秋，高风渐举，经算大图，时事既至。且鲍口以东，陆运无阂；朐固之间，本无停潦。宜时掩击边陲。而贼自夏以来，贯甲不歇，从六里以北，城栅相连，役使兵人，便已疲殆。若大众临之，必可禽捷。一城退溃，众垒土崩，乘胜图之，易于振朽。脱兵不速至，长彼炽心，军士忧惶，自生异议。请速简配，以及事机。"

诏曰："克获朐山，计本于昶；乘胜之规，终宜有奇。是以起兵之始，即委处分，前机经略，一以任之。今既请兵，理宜速遂。可遣冀、定、瀛、相四州中品羽林、虎贲四千人赴之。"

又诏昶曰："朐山之克，实由于卿；开疆拓土，实为长策。然经讨未服，非卿而谁？而蚁徒送死，规侵王略，天亡小贼，数在无远。故前者命卿亲临指授，寻以卿疾未廖，且待消息。今既痊复，宜遵前旨，秉戈挥锐，殄寇为怀。已发虎旅五万，应机电赴，指辰而至，遂卿本请。截彼东南，亮委高算。"

又诏昶曰："取朐置戍，并是卿计；始终成败，悉归于卿。卿以兵少请益，今已遂卿本意。如闻东唐陆道甚狭，一轨之外，皆是大水。彼必据之，以继军路。若已如此，更设何策？其军奇兵变，遽以表闻。又闻衍军将帅，每有流言，云魏博淮阳、宿豫，乃是两宜。若实有此，卿可量朐山薪水得支几时。脱事容往返，驰驿速闻。如薪水少急，即可量计。若理不可尔，亦将军裁决。"

　　昶既儒生，本少将略，又羊祉子㣭为昶司马，专任戎事，掩昶耳目，将士怨之。朐山戍主傅文骥粮樵俱罄，以城降衍。昶见城降，于是先走退。诸军相寻奔遁，遇大寒雪，军人冻死及落手足者三分而二。自国家经略江左，唯有中山王英败于钟离，昶于朐山失利，最为甚焉。世宗遣黄门甄琛驰驲锁昶，穷其败状。诏曰：“朐山之败，伤损实深，推始究末，罪钟元帅。虽经大宥，轻重宜别，昶一人可以免官论坐，自余将统以下悉听依赦复任。”

　　未几，拜太常卿，仍除安西将军，雍州刺史。又进号镇西将军，加散骑常侍。熙平元年，卒于官。赠征北将军、冀州刺史，谥曰穆。

　　昶宽和矜恕，善于绥抚。其在徐州，戍兵疾，亲自检恤。至番兵年满不归，容充后役，终昶一政，然后始还。人庶称之。

　　子元聿，字仲训，无他才能。尚高祖女义阳长公主，拜驸马都尉。位太尉司马、光禄大夫。卒，赠中书监。

　　子士晟，仆同开府掾。

　　元聿第五弟元明，字幼章。涉历群书，兼有文义，风彩间润，进退可观。永安初，长兼尚书令、临淮王彧钦爱之。及彧开府，引为兼属，仍领部曲。出帝登阼，以郎任行礼，封城阳县子，迁中书侍郎。永熙末，居洛东缑山，乃作《幽居赋》焉。于时元明友人王由居颍川，忽梦由携酒就之言别，赋诗为赠。及明，忆其诗十字云：“自兹一去后，市朝不复游。”元明叹曰：“由性不狎俗，旅寄人间，乃今有梦，又复如此，必有他故。”经三日，果闻由为乱兵所害。寻其亡日，乃是得梦之夜。天平中，兼吏部郎中，副李谐使萧衍，南人称之。还，拜尚书右丞，转散骑常侍，监起居。积年在史馆，了不厝意。又兼黄门郎、本州大中正。元明善自标置，不妄交游，饮酒赋诗，遇兴忘返。性好玄理，作史子新论数十篇，文笔别有集录。少时常从乡还洛，途遇相州刺史、中山王熙。熙博识之士，见而叹曰：“卢郎有如此风神，唯须诵《离骚》，饮美酒，自为佳器。”遂留之数日，赠帛及马而别。元明凡三娶，次妻郑氏与元明兄子士启淫污，元明不能离绝。又好以世地自矜，时论以此贬之。

元明弟元缉,字幼绪。凶率好酒,曾于妇氏饮宴,小有不平,手刃其客。起家秘书郎,转司徒祭酒。稍迁辅国将军、司徒司马。卒于官。赠散骑常侍、都督幽瀛二州诸军事、骠骑大将军、吏部尚书、幽州刺史,谥曰宣。

子士深,开府行参军。

昶弟尚之,字季儒,小字羡夏。亦以儒素见重。太和中,拜议郎,转赵郡王征东谘议参军。母忧去官。后为太尉主簿、司徒属、范阳太守、章武内史、兼司徒右长史,加冠军将军,转左长史。出为前将军、济州刺史。入除光禄大夫。正光五年卒,年六十二。赠散骑常侍、安东将军、青州刺史。

长子文甫,字元佑。少有器尚,涉历文史,有誉于时。位司空参军。年四十九卒。

子敬舒,有文学,早亡。

文甫弟文翼,字仲祐。少甚轻躁,晚颇改节。为员外郎,因归乡里。永安中,为都督,守范阳三城,拒贼帅韩娄有功,赐爵范阳子。永熙中,除右将军、太中大夫。栖迟桑井而卒,年六十。

子士伟,兴和中,中散大夫。

子翼弟文符,字叔儁,性通率。位员外郎、羽林监、尚书主客郎中,迁通直散骑侍郎。永安中卒,年四十。

子子潜,武定中,齐文襄王中外府中兵参军。

度世,李氏之甥。其为济州也,国家初平升城。无盐房崇吉母傅氏,度世继外祖母兄之子妇也。兖州刺史申纂妻贾氏,崇吉之姑女也,皆亡破军途,老病憔悴。而度世推计中表,致其恭恤。每觐见傅氏,跪问起居,随时奉送衣被食物,亦存赈贾氏,供其服膳。青州既陷,诸崔坠落,多所收赎。及渊昶等并循父风,远亲疏属,叙为尊行,长者莫不毕拜致敬。闺门之礼,为世所推。谦退简约,不与世竞。父母亡,然同居共财,自祖至孙,家内百口。在洛时,有饥年,无以自赡,然尊卑怡穆,丰俭同之。亲从昆弟,常旦省谒诸父,出坐别室,至暮乃入。朝府之外,不妄交游。其相助以礼如此。又一门三主,当世以为荣。渊兄弟亡,及道将卒后,家风衰损,子孙多非法,帷薄混秽,为论者所鄙。

度世从祖弟神宝,中书博士。太和中,高祖为高阳王雍纳其女为妃。

初,玄从祖兄溥,慕容宝之末,总摄乡部,屯于海滨,遂杀其乡姻诸祖十余人,称征北大将军、幽州刺史,攻掠郡县。天兴中,讨禽之,事在《帝纪》。

溥玄孙洪,字曾孙。太和中,历中书博士,稍迁高阳王雍镇北府谘议参军、幽州中正、乐陵阳平二郡太守。洪三子。

长子崇,字元礼。少立美名,有识者许之以远大。景明中,骠骑府法曹参军。早卒。

子子刚,司空行参军、荆州骠骑府主簿。没于关中。

崇弟仲义,小名黑,知名于世。高阳王雍司空行参军、员外散骑侍郎、幽州别驾。

弟三子叔矩,字子规。武定中,尚书郎。

子规弟子正,司徒法曹参军。崇兄弟官虽不达,至于婚姻,常与玄家齐等。

仲义弟干,字幼祯。州主簿。

子让,仪同开府参军。

洪弟光宗,子观,观弟仲宣,事在《文苑传》。

仲宣弟叔虔,武定初,司徒谘议参军。

洪从弟附伯,附伯弟侍伯,并有学识。附伯位至沧州平东府长史。侍伯,永熙中,卫大将军、南岐州刺史。

侍伯从弟文伟,兴和中,骠骑大将军、青州刺史、大夏县开国男。

史臣曰:卢玄绪业著闻,首应旌命,子孙继迹,为世盛门。其文武功烈，殆无足纪，而见重于时，声高冠带，盖德业儒素有过人者，渊之兄弟亦有二方之风流。雅道家声，诸子不逮，余烈所被，弗及盈乎？

魏书卷四八
列传第三六

高　允

　　高允,字伯恭,勃海人也。祖泰,在叔父《湖传》。父韬,少以英朗知名,同郡封懿雅相敬慕,为慕容垂太尉从事中郎。太祖平中山,以韬为丞相参军。早卒。允少孤夙成,有奇度,清河崔玄伯见而异之,叹曰:“高子黄中内润,文明外照,必为一代伟器,但恐吾不见耳。”年十余,奉祖父丧还本郡,推财与二弟,而为沙门,名法净。未久而罢。性好文学,担笈负书,千里就业,博通经史、天文、术数,尤好《春秋公羊》。郡召功曹。

　　神䴥三年,世祖舅、阳平王杜超行征南大将军,镇邺,以允为从事中郎,年四十余矣。超以方春,而诸州囚多不决,乃表允与中郎吕熙等分诣诸州,共评狱事。熙等皆以贪秽得罪,唯允以清平获赏。府解,还家教授,受业者千余人。四年,与卢玄等俱被征,拜中书博士。迁侍郎,与太原张伟并以本官领卫大将军、乐安王范从事中郎。范,世祖之宠弟,西镇长安,允甚有匡益,秦人称之。寻被征还。允曾作《塞上翁》诗,有混欣戚,遗得丧之致。骠骑大将军、乐平王丕西讨上邽复以本官参丕军事。语在《丕传》。凉州平,以参谋之勋,赐爵汶阳子,加建武将军。

　　后诏允与司徒崔浩述成《国记》,以本官领著作郎。时浩集诸术士,考校汉元以来,日月薄蚀、五星行度,并识前史之失,别为魏历,以示允。允曰:“天文历数,不可空论。夫善言远者,必先验于近。且汉元年冬十月，五星聚于东井，此乃历术之浅。今讥汉史，而不觉此谬，恐后人讥今犹今之讥古。"浩曰："所谬云何？"允曰："案《星传》，金水二星常附日而行。冬十月，日在尾箕，昏没于申南，而东井方出于寅北。二星何因背日而行？是史官欲神其事，不复推之于理，"浩曰："欲为变者，何所不可，君独不疑三星之聚，而怪二星之来？"允曰："此不可以空言争，宜更审之。"时坐者咸怪，唯东宫少傅游雅曰："高君长于历数，当不虚也。"后岁余，浩谓允曰："先所论者，本不注心，乃更考究，果如君语。以前三月聚于东井，非十月也。"又谓雅曰："高允之术，阳元之射也。"众乃叹服。允虽明于历数，初不推步，有所论说。唯游雅数以灾异问允。允曰："昔人有言，知之甚难。既知复恐漏泄，不如不知也。天下妙理至多，何遽问此。"雅乃止。寻以本官为秦王翰传。

后敕以经授恭宗，甚见礼待。又诏允与侍郎公孙质、李虚、胡方回共定律令。世祖引允与论刑政，言甚称旨，因问允曰："万机之务，何者为先？"是时多禁封良田，又京师游食者众。允因言曰："臣少也贱，所知唯田，请言农事。古人云：方一里则为田三顷七十亩，百里则田三万七千顷。若勤之，则亩益三升；不勤，则亩损三升。方百里损益之率，为粟二百二十二万斛。况以天下之广乎？若公私有储，虽遇饥年，复何忧哉？"世祖善之。遂除田禁，悉以授民。

初，崔浩荐冀、定、相、幽、并五州之士数十人，各起家郡守。恭宗谓浩曰："先召之人，亦州郡选也，在职已久，勤劳未答。今可先补前召外任郡县，以新召者代为郎史。又守令宰民，宜使更事者。"浩固争而遣之。允闻之，谓东宫博士管恬曰："崔公其不免乎！苟逞其非，而校胜于上，何以胜济。"

辽东公翟黑子有宠于世祖，奉使并州，受布千匹，事寻发觉。黑子请计于允曰："主上问我，为首为讳乎？"允曰："公帷幄宠臣，答诏宜实。又自告忠诚。罪必无虑。"中书侍郎崔览、公孙质等咸言首实罪不可测，宜讳之。黑子以览等为亲己，而反怒允曰："如君言，诱我死，何其不直！"遂与允绝。黑子以不实对，竟为世祖所疏，终获罪戮。

是时，著作令史闵湛、郗标性巧佞，为浩信待。见浩所《诗》、《论语》、《尚书》、《易》，遂上疏，言马、郑、王、贾虽注述《六经》，并多疏谬，不如浩之精微。乞收境内诸书，藏之秘府。班浩所注，命天下习业。并求敕浩注《礼传》，令后生得观正义。浩亦表荐湛有著述之才。既而劝浩刊所撰国史于石，用垂不朽，欲以彰浩直笔之迹。允闻之，谓著作郎宗钦曰："闵湛所营，分寸之间，恐为崔门万世之祸。吾徒无类矣。"未几而难作。

初，浩之被收也，允直中书省。恭宗使东宫侍郎吴延召允，仍留宿宫内。翌日，恭宗入奏世祖，命允骖乘。至宫门，谓曰："入当见至尊，吾自导卿。脱至尊有问，但依吾语。"允请曰："为何等事也？"恭宗曰："入自知之。"既入见帝，恭宗曰："中书侍郎高允自在臣宫，同处累年，小心密慎，臣所委悉。虽与浩同事，然允微贱，制出于浩。请赦其命。"世祖召允，谓曰："《国书》皆崔浩作不？"允对曰："《太祖记》，前著作郎邓渊所撰。《先帝记》及《今记》，臣与浩同作。然浩综务处多，总裁而已。至于注疏，臣多于浩。"世祖大怒曰："此甚于浩，安有生路！"恭宗曰："天威严重，允是小臣，迷乱失次耳。臣向备问，皆云浩作。"世祖问："如东宫言不？"允曰："臣以下才，谬参著作，犯逆天威，罪应灭族。今已分死，不敢虚妄。殿下以臣侍讲日久，哀臣乞命耳。实不问臣，臣无此言。臣以实对，不敢迷乱。"世祖谓恭宗曰："直哉！此亦人情所难，而能临死不移，不亦难乎！且对君以实，贞臣也。如此言，宁失一有罪，宜宥之。"允竟得免。

于是召浩前，使人诘浩。浩惶惑不能对。允事事申明，皆有条理。时世祖怒甚，敕允为诏。自浩已下、僮吏已上百二十八人，皆夷五族。允持疑不为，频诏催切。允乞更一见，然后为诏。诏引前，允曰："浩之所坐，若更有余衅，非臣敢知。直以犯触，罪不至死。"世祖怒，命介士执允。恭宗拜请。世祖曰："无此人忿朕，当有数千口死矣。"浩竟族灭，余皆身死。宗钦临刑，叹曰："高允其殆圣乎！"

恭宗后让允曰："人当知机，不知机，学复何益？当尔之时，吾导卿端绪,何故不从人言,怒帝如此。每一念之,使人心悸,”允曰:“臣东野凡生,本无宦意。属休延之会,应旌弓之举,释褐凤池,仍参麟阁,尸素官荣,妨贤已久。夫史籍者,帝王之实录,将来之烔戒;今之所以观往,后之所以知今。是以言行举动,莫不备载,故人君慎焉,然浩世受殊遇,荣曜当时,孤负圣恩,自贻灰灭。即浩之迹,时有可论。浩以蓬蒿之才,荷栋梁之重,在朝无謇谔之节,退私无委蛇之称,私欲没其公廉,爱憎蔽其直理,此浩之责也。至于书朝廷起居之迹,言国家得失之事,此亦为史之大体,未为多违。然臣与浩实同其事,死生荣辱,义无独殊。诚荷殿下大造之慈,违心苟免,非臣之意。”恭宗动容称叹。允后与人言:我不奉东宫导旨者,恐负翟黑子。

恭宗季年,颇亲近左右,营立田图,以取其利。允谏曰:“天地无私,故能覆载;王者无私,故能包养。昔之明王,以至公宰物,故藏金于山,藏珠于渊,示天下以无私,训天下以至俭。故美声盈溢,千载不衰。今殿下国之储贰,四海属心,言行举动,万方所则。而营立私田,畜养鸡犬,乃至贩酤市廛,与民争利。议声流布,不可追掩。夫天下者,殿下之天下,富有四海,何求而不获,何欲而弗从,而与贩夫贩妇竞此尺寸?昔虢之将亡,神乃下降,赐之土田,卒丧其国。汉之灵帝,不修人君之重,好与宫人列肆贩卖,私立府藏,以营小利,卒有颠覆倾乱之祸。前鉴若此,甚可畏惧。夫为人君者,必审于择人。故称知人则哲,惟帝难之。《商书》云‘无迩小人’,孔父有云,‘小人近之则不逊,远之则怨’矣。武王爱周、邵、齐、毕,所以王天下。殷纣爱飞廉、恶来,所以丧其国。历观古今存亡之际,莫不由之。今东宫诚曰乏人,俊乂不少。顷来侍御左右者,恐非在朝之选。故愿殿下少察愚言,斥出佞邪,亲近忠良,所在田园,分给贫下,畜产贩卖,以时收散。如此,则休声日至,谤议可除。”恭宗不纳。

恭宗之崩也,允久不进见。后世祖召,允升阶歔欷,悲不能止。世祖流泪,命允使出。左右莫知其故,相谓曰:“高允无何悲泣,令至尊哀伤,何也?”世祖闻之,召而谓曰:“汝不知高允悲乎?”左右曰:“臣等见允无言而泣,陛下为之悲伤,是以窃言耳。”世祖曰:“崔浩诛时，允亦应死，东宫苦谏，是以得免。今无东宫，允见朕因悲耳。”

允表曰：“往年被敕，令臣集天文灾异，使事类相从，约而可观。臣闻箕子陈谟而《洪范》作，宣尼述史而《春秋》著，皆所以章明列辟，景测皇天者也。故先其善恶而验以灾异，随其失得而效以祸福，天人诚远，而报速如响，甚可惧也。自古帝王莫不尊崇其道，而稽其法数，以自修饬。厥后史官并载其事，以为鉴诫。汉成帝时，光禄大夫刘向见汉祚将危，权归外戚，屡陈妖眚而不见纳。遂因《洪范》、《春秋》灾异报应者而为其传，觊以感悟人主，而终不听察，卒以危亡，岂不哀哉！伏惟陛下神武则天，睿鉴自远，钦若稽古，率由旧章，前言往行，靡不究鉴，前皇所不逮也。臣学不洽闻，识见寡薄，惧无以裨广圣听，仰酬明旨。今谨依《洪范传》、《天文志》撮其事要，略其文辞，凡为八篇。”世祖览而善之，曰：“高允之明灾异，亦岂减崔浩乎？”

及高宗即位，允颇有谋焉。司徒陆丽等皆受重赏，允既不蒙褒异，又终身不言。其忠而不伐，皆此类也。给事中郭善明性多机巧，欲逞其能，劝高宗大起宫室。允谏曰：“臣闻太祖道武皇帝既定天下，始建都邑。其所营立，非因农隙，不有所兴，今建国已久，宫室已备，永安前殿足以朝会万国，西堂温室足以安御圣躬，紫楼临望可以观望远近。若广修壮丽为异观者，宜渐致之，不可仓卒。计斫材运土诸杂役须二万人，丁夫充作，老小供饷，合四万人，半年可讫，古人有言：‘一夫不耕，或受其饥；一妇不织，或受其寒’。况数万之众，其所损废，亦以多矣。推之于古，验之于今，必然之效也。诚圣主所宜思量。”高宗纳之。

允以高宗纂承平之业，而风俗仍旧，婚娶丧葬，不依古式，允乃谏曰：

　　前朝之世，屡发明诏，禁诸婚娶不得作乐，及葬送之日，歌谣、鼓舞、杀牲、烧葬，一切禁断。虽条旨久颁，而俗不革变。将由居上者未能俊改，为下者习以成俗，教化陵迟，一至于斯。昔周文以百里之地，修德布政，先于寡妻，及于兄弟，以至家邦，三分天下而有其二。明为政者,先自近始。《诗》云:"尔之教矣,民胥效矣。"人君举动,不可不慎。《礼》云:嫁女之家,三日不息烛;娶妇之家,三日不举乐。今诸王纳室,皆乐部伎以为嬉戏,而独禁细民,不得作乐。此一异也。

古之婚者,皆拣择德义之门,妙选贞闲之女,先之以媒娉,继之以礼物,集僚友以重其别,亲御轮以崇其敬,婚姻之际,如此之难。今诸王十五,便赐妻别居。然所配者,或长少差舛,或罪入掖庭,而作合宗王,妃嫔藩懿。失礼之甚,无复此过。往年及今,频有检劾。诚是诸王过酒致责,迹其元起,亦由色衰相弃,致此纷纭。今皇子娶妻,多出宫掖,令天下小民,必依礼限,此二异也。

万物之生,靡不有死,古先哲王,作为礼制,所以养生送死,折诸人情。若毁生以奉死,则圣人所禁也。然葬者藏也,死者不可再见,故深藏之。昔尧葬谷林,农不易亩;舜葬苍梧,市不改肆。秦始皇作为地市,下固三泉,金玉宝货,不可计数,死不旋踵,尸焚墓掘。由此推之,尧舜之俭,始皇之奢,是非可见。今国家营葬,费损巨亿,一旦焚之,以为灰烬。苟靡费有益于亡者,古之臣奚独不然。今上为之不辍,而禁下民之必止,此三异也。

古者祭必立尸,序其昭穆,使亡者有凭,致食飨之礼。今已葬之魂,人直求貌类者,事之如父母,燕好如夫妻,损败风化,渎乱情礼,莫此之甚。上未禁之,下不改绝,此四异也。

夫飨者,所以定礼仪,训万国,故圣王重之。至乃爵盈而不饮,肴乾而不食,乐非雅声则不奏,物非正色则不列。今之大会,内外相混,酒醉喧诮,罔有仪式。又俳优鄙艺,污辱视听。朝庭积习以为美,而责风俗之清纯,此五异也。

今陛下当百王之末,踵晋乱之弊,而不矫然厘改,以后颓俗,臣恐天下苍生,永不闻见礼教矣。

允言如此非一,高宗从容听之。或有触迕,帝所不忍闻者,命左右扶出。事有不便，允辄求见，高宗知允意，逆屏左右以待之。礼敬甚重，晨入暮出，或积日居中，朝臣莫知所论。

或有上事陈得失者，高宗省而谓群臣曰："君父一也，父有是非，子何为不作书于人中谏之，使人知恶，而于家内隐处也？岂不以父亲，恐恶彰于外也。今国家善恶，不能面陈，而上表显谏，此岂不彰君之短，明己之美。至如高允者，真忠臣矣。朕有是非，常正言方面论，至朕所不乐闻者，皆侃侃言说，无所避就。朕闻其过，而天下不知其谏，岂不忠乎！汝等在左右，曾不闻一正言，但伺朕喜时求官乞职。汝等把弓刀侍朕左右，徒立劳耳，皆至公王。此人把笔匡我国家，不过作郎。汝等不自愧乎？"于是拜允中书令，著作如故。

司徒陆丽曰："高允虽蒙宠待，而家贫布衣，妻子不立。"高宗怒曰："何不先言！今见朕用之，方言其贫。"是日幸允第，惟草屋数间，布被缊袍，厨中盐菜而已。高宗叹息曰："古人之清贫岂有此乎！"即赐帛五百匹、粟千斛，拜长子悦为绥远将军、长乐太守。允频表固让，高宗不许。初与允同徵游雅等多至通官封侯，及允部下吏百数十人亦至刺史二千石，而允为郎二十七年不徙官。时百官无禄，允常使诸子樵采自给。

初，尚书实瑾坐事诛，瑾子遵亡在山泽，遵母焦没入县官。后焦以老得免，瑾之亲故，莫有恤者。允愍焦年老，保护在家。积六年，遵始蒙赦。其笃行如此。转太常卿，本官如故。允上《代都赋》，因以规讽，亦《二京》之流也。文多不载。时中书博士索敬与侍郎傅默、梁祚论名字贵贱，著议纷纭。允遂著《名字论》以释其惑，甚有典证。复以本官领秘书监，解太常卿，进爵梁城侯，加左将军。

初，允与游雅及太原张伟同业相友，雅当论允曰："夫喜怒者，有生所不能无也。而前史载卓公宽中，文饶洪量，褊心者或之弗信。余与高子游处四十年矣，未尝见其是非愠喜之色，不亦信哉！高子内文明而外柔弱，其言呐呐不能出口，余常呼为'文子'。崔公谓余云：'高生半才博学，一代佳士，所乏者矫矫风节耳。'余亦然之。司徒之谴，起于纤微，及于诏责崔公声嘶股战不能言，宗钦已下伏地

流汗，都无人色。高子敷陈事理，申释是非，辞义清辩，音韵高亮。明
主为之动容，听者无不称善。仁及僚友，保兹元吉，向之所谓矫矫
者，更在斯乎？宗爱之任势也，威振四海。当召百司于都坐，王公以
下，望庭毕拜，高子独升阶长揖。由此观之，汲长孺可卧见卫青，何
抗礼之有！向之所谓风节者，得不谓此乎？知人固不易，人亦不易
知。吾既失之于心内，崔亦漏之于形外。锺期上听于伯牙，夷吾见
明于鲍叔，良有以也。"其为人物所推如此。

高宗重允，常不名之，恒呼为"令公"。"令公"之号，播于四远
矣。高宗崩，显祖居谅闇，乙浑专擅朝命，谋危社稷。文明太后诛之，
引允禁中，参决大政。又诏允曰："自顷以来，庠序不建，为日久矣。
道肆陵迟，学业遂废，子衿之叹，复见于今。朕既纂统大业，八表晏
宁，稽之旧典，欲置学官于郡国，使进修之业，有所津寄。卿儒宗元
老，朝望旧德，宜与中、秘二省参议以闻。"允表曰：

　　臣闻经纶大业，必以教养为先；咸秩九畴，亦由文德成务。
故辟雍光于周诗，泮宫显于《鲁颂》。自永嘉以来，旧章殄灭，乡
闾芜没《雅颂》之声，京邑杜绝释奠之礼。道业陵夷，百五十载。
仰惟先朝每欲宪章昔典，经阐素风，方事尚殷，弗遑克复。陛下
钦明文思，纂成洪列，万国咸宁，百揆时叙。申祖宗之遗志，兴
周礼之绝业，爰发德音，惟新文教。搢绅黎献，莫不幸甚。臣承
旨敕，并集二省，披览史籍，备究典纪，靡不敦儒以劝其业，贵
学以笃其道。伏思明诏，玄同古义。宜如圣旨，崇建学校以厉
风俗。使先王之道，光演于明时；郁郁之音，流闻于四海。请制
大郡立博士二人、助教二人、学生八十人、中郡立博士一人、助
教二人、学生六十人，下郡立博士一人、助教一人、学生四十
人。其博士取博关经典、世履忠清、堪为人师者，年限四十以
上。助教亦与博士同，年限三十以上。若道业夙成，才任教授，
不拘年齿。学生取郡中清望，人行修谨、堪循名教者，先尽高
门，次及中第。

显祖从之。郡国立学，自此始也。

后允以老疾,频上表乞骸骨,诏不许。于是乃著《告老诗》。又以昔岁同徵,零落将尽,感逝怀人,作《徵士颂》,盖止于应命者,其有命而不至,则阙焉。贤之行,举其梗概矣。今著之于左:

中书侍郎、固安范阳伯卢玄子真

郡功曹史博陵崔绰茂祖

河内太守、下乐侯广宁燕崇玄略

上党太守、高邑侯广宁常陟公山

征南大将军从事中郎勃海高毗子翼

征南大将军从事中郎勃海李钦道赐

河西太守、饶阳子博陵许堪祖根

中书郎、新丰侯京兆杜铨士衡

征西大将军从事中郎京兆韦阆友规

京兆太守赵郡李诜令孙

太常博士、钜鹿公赵郡李灵虎符

中书郎中、即丘子赵郡李遐仲熙

营州刺史、建安公太原张伟仲业

辅国大将军从事中郎范阳祖迈

征东大将军从事中郎范阳祖侃士伦

东郡太守、蒲县子中山刘策

濮阳太守、真定子常山许琛

行司隶校尉、中都侯西河宋宣道茂

中书郎燕郡刘遐彦鉴

中书郎、武恒子河间颖宗敬

沧水太守、浮阳侯勃海高济叔民

太平太守、平原子雁门李熙士元

秘书监、梁郡公广平游雅伯度

廷尉正、安平子博陵崔建兴祖

广平太守、列人侯西河宋愔

州主簿长乐潘天符

郡功曹长乐杜熙

征东大将军从事中郎中山张纲

中书郎上谷张诞叔术

秘书郎雁王道雅

秘书郎雁门闵弼

卫大将军从事中郎中山郎苗

大司马从事中郎上谷侯辩

陈留郡太守、高邑子赵郡吕季才

夫百王之御士也,莫不资伏群才,以隆治道。故周文以多士克宁,汉武以得贤为盛。此载籍之所记,由来之常义。魏自神麚已后,宇内平定,诛赫连积世之僭,扫穷发不羁之寇,南摧江楚,西荡凉域,殊方之外,慕义而至。于是偃兵息甲,修立文学,登延俊造,酬谘政事。梦想贤哲,思遇其人,访诸有司,以求名士。咸称范阳卢玄等四十二人,皆冠冕之胄,箸问州邦,有羽仪之用。亲发明诏,以徵玄等。乃旷官以待之,悬爵以縻之。其就命三十五人,自余依例州郡所遣者不可称记。尔乃髦士盈朝,而济济之美兴焉。

昔与之俱蒙斯举,或从容廓庙,或游集私门,上谈公务,下尽忻娱,以为千载一时,始于此矣。日月推移,吉凶代谢,同徵之人,凋歼殆尽。在者数子,然复分张。往昔之忻,变为悲戚。张仲业东临营州,迟其还返,一叙于怀,齐衿于垂殁之年,写情于桑榆之末。其人不幸,复至殒殁。在朝者皆后进之士,居里者非畴昔之人。进涉无寄心之所,出入无解颜之地。顾省形骸,所以永叹而不已。夫颂者美盛德之形容,亦可以长言寄意。不为文二十年矣,然事切于心,岂可默乎?遂为之颂,词曰:

紫气干霄,群雄乱夏,王龚徂征,戎车屡驾。扫荡游氛,克剪妖霸,四海从风,八埏渐化。政教无外,既宁且一,偃武囊兵,唯文是恤。帝乃旁求,搜贤举逸,岩隐投竿,异人并出。

亹亹卢生，量远思纯，钻道据德，游艺依仁。旌弓既招，释褐投巾，摄齐升堂，嘉谋日陈。自东徂南，跃马驰轮，儹凭影附，刘以和亲。

茂祖茕单，凤离不造，克己勉躬，聿隆家道。敦心《六经》，游思文藻，终辞宠命，以之自保。

燕、常笃信，百行靡遗，位不苟进，任理栖迟，居冲守约，好让善推，思贤乐古，如渴如饥。

子翼致远，道赐悟深，相期以义，相和若琴。并参慕府，俱发德音，优游卒岁，聊以寄心。祖根运会，克光厥猷，仰缘朝恩，俯因德友。功虽后建，禄实先受，班兴旧臣，位并群后。

士衡孤立，内省靡疚，言不崇华，交不遗旧。以产则贫，论道则富，所谓伊人，实邦之秀。

卓矣友规，禀滋淑亮，存彼大方，摈此细让。神与理冥，形随流浪，虽屈王侯，莫废其尚。

赵实名区，世多奇士，山岳所钟，挺生三李。矫矫清风，抑抑容止，初九而潜，望云而起。诜尹西都，灵惟作传，垂训皇宫，载理云雾。熙虽中夭，迹阶郎署，余丽可挹，终亦显著。仲业渊长，雅性清到，宪间古式，绸缪典诰。时值险难，常一其操。纳众以仁，训下以孝，化被龙川，民归其教。

迈则英贤，侃亦称选，闻达邦家，名行素显。志在兼济，岂伊独善，绳匠弗顾，功不获展。

刘、许履忠，竭力致躬，出能骋说，人献其功。轺轩一举，挠燕下崇，名彰魏世，享业亦隆。

干道茂凤成，弱冠播名，与朋以信。行物以诚。怡怡昆弟，穆穆家庭，发响九皋，翰飞紫冥。频在省闼，亦司于京，刑以之中，政以之平。

猗欤彦鉴，思参文雅，率性任真，器成非假。靡矜于高,莫耻于下,乃谢朱门,归迹林野。

宗敬延誉,号为四俊,华藻云飞,金声凤振。中遇沈
疴,赋诗以讯,忠显于辞,理出于韵。

高沧朗达,默识渊通,领新悟异,发自心胸。质侔和
璧,文炳雕龙,快姿天邑,衣锦旧邦。

士元先觉,介焉不惑,振袂来庭,始宾王国。蹈方履
正,好是绳墨,淑人君子,其仪不忒。

孔称游夏,汉美渊云,越哉伯度,出类逾群,司言秘
阁,作牧河汾,移风易俗,理乱解纷。融彼滞义,涣此潜文,
儒道以析,九流以分。

崔、宋二贤,诞性英伟,擢颖闾阎,闻名象魏。謇謇仪
形,邈邈风气,达而不矜,素而能贲。

潘符摽尚,杜熙好和,清不洁流,浑不兴波。绝希龙
津,止分常科,幽而逾显,损而逾多。

张纲柔谦,叔术正直,道雅洽闻,弼为兼识。拔萃衡
门,俱渐鸿翼,发愤忘餐,岂要斗食。率礼从仁,罔愆于式,
失不系心,得不形色。

郎苗始举,用均已试,智足周身,言足为治。性协于
时,情敏于事,与今而同,与古曷异。

物以利移,人以酒昏,侯生洁已,唯义是敦。日纵醇
醪,逾敬逾温,其在私室,如涉公门。

季才之性,柔而执竞,屈彼南秦,申威致命。诱之以
权,矫之以政,帝道用光,边土纳庆。

群贤遭世,显名有代,志竭其忠,才尽其概。体袭朱
裳,腰纽双佩,荣曜当时,风高千载。君相臣遇,理实难偕,
昔因朝命,举之克谐。披衿散想,解带舒怀,此忻如昨,存
亡奄乖。静言思之,中心九摧,挥毫颂德,潸尔增哀。

皇兴中,诏允兼太常,至兖州祭孔子庙,谓允曰:"此简德而行,
勿有辞也。"后允从显祖北伐,大捷而还,至武川镇,上《北伐颂》,其

词曰:

　　皇矣上天,降鉴惟德,眷命有魏,照临万国。礼化丕融,王猷允塞,静乱以威,穆民以则。北虏旧隶,禀政在蕃,往因时□,逃命北辕。世袭凶轨,背忠食言,招亡聚盗,丑类实繁。敢率犬羊,图纵猖厥,乃诏训师,兴戈北伐。跃马裹粮,星驰电发,扑讨虔刘,肆陈斧钺。斧钺暂陈,翦厥旅,积骸填谷,流血成浦。元凶狐奔,假息穷墅,爪牙既摧,腹心亦阻。周之忠厚,存及行苇,翼翼圣明,有兼斯美。泽被京观,垂此仁旨,封尸野获,惠加生死。生死蒙惠,人欣覆育,理贯幽冥,泽渐殊域。物归其诚,神献其福,迩斯怀,无思不服。古称善兵,历时始捷,今也用师,辰不及浃。六军克合,万邦以协,义著春秋,功铭玉牒,载兴颂声,播之来叶。

显祖览而善之。

　　又显祖时有不豫,以高祖冲幼,欲立京兆王子推,集诸大臣以次召问。允进跪上前,涕泣曰:“臣不敢多言,以劳神听,愿陛下上思宗庙托付之重,追念周公抱成王之事。”显祖于是传位于高祖,赐帛千匹,以标忠亮。又迁中书监,加散骑常侍。虽久典史事,然而不能专勤属述,时与校书郎刘模有所缉缀,大较续崔浩故事,准《春秋》之体,而时有刊正。自高宗迄于显祖,军国书檄,多允文也。末年,乃荐高闾以自代。

　　以定议之勋,进爵咸阳公,加镇东将军。寻授使持节、散骑常侍、征西将军、怀州刺史。允秋月巡境,问民疾苦。至邵县,见邵公庙废毁不立,乃曰:“邵公之德,阙而不礼,为善者何望。”乃表闻修葺之。允于时年将九十矣,劝民学业,风化颇行。然儒者优游,不以断决为事。后正光中,中散大夫、中书舍人河内常景追思允,帅郡中故老,为允立祠于野王之南,树碑纪德焉。

　　太和二年,又以老乞还乡里,十余章,上卒不听许,遂以疾告归。其年,诏以安车徵允,敕州郡发遣。至都,拜镇军大将军,领中书监。固辞,不许。又扶引就内,改定《皇诰》。允上《酒训》曰:

臣被敕论集往世酒之败德，以为《酒训》。臣以朽迈，人伦
所弃，而殊恩过隆，录臣于将殁之年，勖臣于已坠之地。奉命惊
惶，喜惧兼甚，不知何事，可以上答。伏惟陛下以睿哲之姿，抚
临万国；太皇太后以圣德之广，济育群生。普天之下，罔不称
赖。然日昃忧勤，虚求不已，思监往事，以为警戒。此之至诚，
悟通百灵，而况于百官士民。不胜踊跃，谨竭其所见，作《酒
训》一篇。但臣愚短，加以荒废，辞义鄙拙，不足观采。伏愿圣
慈，体臣悾悾之情，恕臣狂瞽之意。其词曰：

自古圣王，其为飨也，玄酒在堂而醴酒在下，所以崇本重
原，降于滋味。虽泛爵旅行，不及于乱。故能礼章而敬不亏，事
毕而仪不忒。非由斯致，是失其道。将何以范时轨物，垂之于
世？历观往代成败之效，吉凶由人，不在数也。商辛耽酒，殷道
以之亡；公旦陈诰，周德以之昌。子反昏酣而致毙，穆生不饮而
身光。或长世而为戒，或百代而流芳。酒之为状，变惑情性，虽
曰哲人，孰能自竞？在官者殆于政也，为下者慢于令也，聪达之
士荒于听也，柔顺之伦兴于诤也，久而不悛，致于病也。岂止于
病，乃损其命。谚亦有云：其益如毫，其损如刀。言所益者，止
于一味之益，不亦寡乎？言所损者，矢年乱志，夭乱之损，不亦
夥乎？无以酒荒而陷其身，无以酒狂而丧其伦。迷邦失道，流
浪漂津。不师不遵，反将何因。《诗》不言乎，"如切如瑳，如琢
如磨"，朋友之义也。作官以箴之，申谟以禁之，君臣之道也。其
言也善，则三覆而佩之；言之不善，则哀矜而贷之。此实先王纳
规之意。往者有晋，士多失度，肆散诞以为不羁，纵长酣以为高
达，调酒之颂，以相眩曜。称尧舜有千钟百觚之饮，著非法之
言，引大圣为譬，以则天之明，岂其然乎？且子思有云：夫子之
饮，不能一升。以此推之，千钟百觚皆为妄也。

今大魏应图，重明御世，化之所暨，无思不服，仁风敦洽于
四海。太皇太后以至德之隆·海而不倦，忧勤备于皇情，诰训行
于无外。故能道协两仪，功同覆载。仁恩下逮，罔有不遵，普天

率土，靡不蒙赖。在朝之士，有志之人，宜克己从善，履正存贞。节酒以为度，顺德以为经。悟昏饮致美疾，审敬慎之弥荣。遵孝道以致养，显父母而扬名。蹈闵曾之前轨，遗仁风于后生。仰以答所授，俯以保其成。可不勉欤！可不勉欤！

高祖悦之，常置左右。诏允乘车入殿，朝贺不拜。

明年，诏允义定律令。虽年渐期颐，而志识无损，犹心存旧职，披考史书。又诏曰："允年涉危境，而家贫养薄。可令乐部丝竹十人，五日一诣允，以娱其志。"特赐允蜀牛一头，四望蜀车一乘，素几杖各一，蜀刀一口。又赐珍味，每春秋常致之。寻诏朝晡给膳，朔望致牛酒，衣服绵绢，每月送给。允皆分之亲故。是时，贵臣之门皆罗列显官，而允子弟皆无官爵。其廉退若此。迁尚书、散骑常侍。时延入，备几杖，问以政治。十年，加光禄大夫、金章紫绶。朝之大议，皆咨访焉。

魏初法严，朝士多见杖罚。允历事五帝，出入三省，五十余年，初无谴咎。初，真君中，以狱讼留滞，始令中书以经义断诸疑事。允据律评刑，三十余载，内外称平。允以狱者，民之命也。常叹曰："皋陶至德也，其后英蓼先亡，刘项之际，英布黥而王。经世虽久，犹有刑之余衅。况凡人能无咎乎？"

其年四月，有事西郊，诏以御马车迎允就郊所板殿观瞩。马忽惊奔，车覆，伤眉三处。高祖、文明太后遣医药护治，存问相望。司驾将处重坐，允启陈无恙，乞免其罪。先是，命中黄门苏兴寿扶持允，曾雪中遇犬惊倒，扶者大惧。允慰勉之，不令闻彻。兴寿称共允接事三年，未尝见其忿色。恂恂善诱，诲人不倦。昼夜手常执书，吟咏寻览。笃亲念故，虚己存纳。虽处贵重，志同贫素。性好音乐，每至伶人弦歌鼓舞，常击节称善。又雅信佛道，时设斋讲，好生恶杀。性又简至，不妄交游。显祖平青、齐，徙其族望于代。时诸士人流移远至，率皆饥寒。徙人之中，多允姻媾，皆徒步造门。允散财竭产，以相赡赈，慰问周至，无不感其仁厚。收其才能，表奏申用。时议者皆以新附致异，允谓取材任能，无宜抑屈。先是，允被召在方山作颂,志气犹不多损,谈说旧事,了无所遗。十一年正月卒,年九十八。

初,允每谓人曰:"吾在中书时有阴德,济救民命。若阳报不差,吾寿应享百年矣。"先卒旬外,微有不适。犹不寝卧,呼医请药,出入行止,吟咏如常。高祖、文明太后闻而遣医李修往脉视之,告以无恙。修入,密陈允荣卫有异,惧其不名。于是遣使备赐御膳珍羞,自酒米至于监醢百有余品,皆尽时味,及床帐、衣服、茵被、几杖,罗列于庭。王官往还,慰问相属。允喜形于色。语人曰:"天恩以我笃老,大有所赉,得以赡客矣。"表谢而已,不有他虑。如是数日,夜中卒,家人莫觉。诏给绢一千匹、布二千匹、绵五百斤、锦五十匹、杂彩百匹、谷千斛,以周丧用。魏初以来,存亡蒙赉者莫及焉,朝庭荣之。将葬,赠侍中、司空公、冀州刺史,将军、公如故,谥曰文,赐命服一袭。允所制诗赋诔颂箴论表赞,《左氏公羊释》、《毛诗拾遗》、《论杂解》、《议何郑膏肓事》,凡百余篇,别有集行于世,允明算法,为算术三卷。子忱袭。

忱,字士和。以父任除绥远将军、长乐太守。为政宽惠,民庶安之。后例降爵为侯。寻卒。

孙贵宾,袭。除州治中,卒官。

忱弟怀,字士仁。任城王云郎中令、大将军从事中郎,授中散。恬淡退静,不竞世利,在散辈十八年不易官。太和中,除太尉东阳王谘议参军而卒。

子绰,字僧裕。少孤,恭敏自立。身长八尺,腰带十围。沉雅有度量,博涉经史。太和十五年拜奉朝请、太尉法曹行参军。寻兼尚书祠部郎。以母忧去职。久之,除治书侍御史,转洛阳令。绰为政强直,不避豪贵,邑人惮之。又诏参议律令。迁长兼国子博士,行颍川郡事。诏假节,行泾州刺史。延昌初,迁尚书右丞,参议《壬子历》。肃宗初,司徒、清河王怿司马、冠军,又随怿迁太尉司马。其年秋,大乘贼起于冀州,都督元遥率众讨之。诏绰兼散骑常侍,持节,以白虎幡军前招慰。绰信著州里,降者相寻。军还,除汲郡太守,固辞不拜。御史中尉元匡奏高聪及绰等朋附高肇,诏并原罪。俄行荥阳郡事,以本将军出除豫州刺史。为政清平,抑强扶弱,百姓爱之,流民归附者二千余户。迁后将军、并州刺史。正光三年冬,暴疾卒,年四十八。四年九月,诏赠安东将军、冀州刺史,谥曰简。

子炳,字仲彰。太尉行参军,稍迁征虏将军、开府掾。早卒。

允弟推,字仲让,小名檀越,早有名誉。太延中,以前后南使不称,妙简行人。游雅荐推应选。诏兼散骑常侍使刘义隆,南人称其才辩。遇疾,卒于建业。朝廷悼惜之。丧还,赠辅国将军、临邑子,谥曰恭,赐命服衣冠。允为之作诔。

推弟燮,字季和,小字淳于,有文才。世祖每诏徵,辞疾不应。恒讥笑允屈折久官,栖泊京邑。常从容于家。州辟主簿。卒。

孙市宾,奉朝请、冀州京兆王愉城局参军。愉构逆,市宾逃归京。后除青州安南府司马。永熙中,冠军将军、开府从事中郎。

始,神麚中,允与从叔济、族兄毗及兴郡李金俱被徵。

济,字叔民。初补中书博士,又为楚王傅。真君中,假员外常侍,赐爵浮阳子,使于刘义隆。世祖临江,于行所除盱眙太守,后超授游击将军。寻出除沧水太守。卒,年六十七。赠镇还将军、冀州刺史,谥曰宣。

子矫,袭。卒,子师袭。

师,字孝则,有学识。历詹事丞、太子舍人、尚书主客郎。转通直散骑侍郎、从事正员郎。累迁光禄少卿,行泾州事。卒,赠龙骧将军、河州刺史。

子和仁,字德舒,袭。释褐员外散骑侍郎,领殿中御史。少清简,有文才,曾为五言诗,赠太尉属卢仲宣,仲宣甚叹重之。常有高尚之志。后为洛州录事参军,不赴。服饵于汲郡白丽山。未几卒,时人悼惜之。

和仁弟德伟,武定末,东官斋帅。

矫弟遵,自有《传》。

毗,字子翼,乡邑称为长者。官至从事中郎。

孙当,尚书郎。卒,赠乐陵太守,谥曰恭。

初,允所引刘模者,长乐信都人也。少时窃游河表,遂至河南。寻复潜归,颇涉经籍,微有注疏之用。允领秘书、典著作,选为校书郎。允修撰《国记》,与俱缉著。常令模持管龠,每日同入史阁,接膝对筵,属述时事。允年已九十,目手稍衰,多遣模执笔而指授裁断之。如此者五六岁。允所成篇卷,著论上下,模预有功焉。太和初,模迁中书博士,与李彪为僚友,并相爱好。至于训导国胄,甄明风范,远不及彪也。出除颍州刺史。王肃之归阙,路经悬瓠,羁旅穷悴,时人莫识。模独给所须,吊待以礼。肃深感其意。及肃临豫州,模犹在郡,微报复之。由是为新蔡太守。在二郡积十年,宽猛相济,颇有治称。正始元年,复出为陈留太守。时年七十余矣,而饰老隐年,昧禁自效。遂家于南颍川,不复归其旧乡矣。

子怀恕,聪率多□。甚收颍川情和。至襄威将军、本州冠军府功曹参军。

怀恕弟怀逊。颇解医术,历位给事中。卒于左军将、镇远将军。

史臣曰:依仁游艺,执义守诘,其司空高允乎? 蹈危祸之机,抗雷电之气,处死夷然,忘身济物,卒悟明主,保己全身。自非体邻知命,鉴照穷达,亦何能以若此?宜其光宠四世,终享百龄,有魏以来,斯人而已。僧裕学治有闻,聿修之义也。

魏书卷四九
列传第三七

李灵　崔鉴

　　李灵，字虎符，赵郡人，高平公顺从父兄也。父勰，字小同，恬静好学，有声赵魏。太祖平中原，闻勰已亡，哀惜之，赠宣威将军、兰陵太守。神𪩘中，世祖徵天下才俊，灵至。拜中书博士，转侍郎。从驾临江，除淮阳太守。灵以学优温谨，选授高宗经。后加建威将军、中散、内博士，赐爵高邑子。高宗践受，除平南将军、洛州刺史，而卒时年六十三。帝追悼之，赠散骑常侍、平东将军、定州刺史，钜鹿公，谥曰简。

　　子恢，袭子爵。高宗以恢师傅之子，拜员外散骑常侍、安西将军、长安镇副将，进爵为侯，假钜鹿公。皇兴元年，镇军大将军、东平王道符谋反，杀恢及雍州刺史鱼玄明、雍州别驾李允等。恢时年四十八。显祖愍之。追赠恢散骑常侍、镇西将军，定州刺史、钜鹿公，谥曰贞。

　　恢长子悦祖，袭爵高邑侯，例降为伯。卒。

　　子瑾，字伯琼。太和中，拜奉朝请，后袭爵。转司徒、广阳王嘉集曹参军，太尉、高阳王雍长流参军，太尉、清河王怿记室参军。后除中坚将军、步兵校尉。葛荣反于河北，所在残害，诏瑾持节兼吏部郎中、东北道吊慰大使。至冀州，值葛荣围逼，敕授瑾防城都督。时瑾以二子自随，次子战死，瑾恐动人情，忍哀辍哭。城陷没贼，既而走免。永安初，拜左将军、太中大夫、殷州大中正。累迁卫将军、右光禄大夫、太尉谘议参军。天平初,除车骑将军、大司农卿,中正如故。瑾淳谨好学,老而不倦。元象元年秋卒,年六十五。赠使持节、都督定瀛殷三州诸军事、骠骑大将军、司徒公、定州刺史。

子景威,袭。武定末,西汝阴太守。齐受禅,爵例降。

悦祖弟显甫,本州别驾,迁步兵校尉。从驾南讨,以功赐爵平棘子,行并州事。寻除河北太守。卒,赠显武将军、安州刺史,谥曰威。

子元忠,武定中,骠骑大将军、仪同三司、晋阳县开国伯。

子搔,武定末,河内太守。

显甫次弟华,字宁夏。初为羽林中郎、武骑侍郎、步兵校尉,转直阁将军、武卫将军。华膂力过人,颇有将略,每从征伐,频著军功。赐爵栾城子,定州骠骑长史,辅国将军、中山太守。卒,赠前将军、幽州刺史。有八子。

长子构,袭爵。至通直散骑常侍。卒,赠殷州刺史。

次敬义,司徒长流参军、兼光禄少卿、平北将军、光禄大夫。卒,赠本将军、殷州刺史。

次叔向,为徐州铠曹参军,带郭浦戍主。值刺史元法僧叛,逼入萧衍。

次幼绪,早亡。

次季修,博陵、常山二郡太守。

次世干,次稚明,兄弟并不修名行,险暴无礼,为时所贱。

华弟凭,字青龙。秘书主文中散,累迁冀州征东长史、太子中舍人,阿附赵修,超迁司空长史、给事黄门侍郎、武卫将军、定州大中正。坐修党免官。后除赵郡太守。卒。

子道嘉,字同吉。豫州外兵参军、汝阳太守。

同吉弟文衡,开府行参军。

恢弟综,行河间郡,早卒。

综子道,字良轨,有业尚。初,拜奉朝请、尚书度支郎。迁洛,为营构将。高祖南伐,为行台郎。车驾还,拜太子步兵校尉。世宗初,转步兵校尉,兼散骑侍郎副卢昶东北道使。拜司空谘议,加中垒将军。京兆王愉以征东将军为冀州刺史，遵为愉府司马。愉反，召集州府以告之，遵不从，为愉所害。时年四十四。事平，诏赐帛二百匹，赠征虏将军、幽州刺史，谥曰简，拜子浑给事中。

浑，字季初。武定末，大司农卿。

浑弟绘，字敬文。齐王丞相府司马。

绘弟系，字乾经。少聪惠，有才学，与舅子河间邢昕少相伦辈，晚不逮之。初为征东法曹参军，后除奉车都尉，加宁远将军。寻拜大司马广陵王录事参军。府解，还乡里。微拜冠军将军、中散大夫。齐献武王从子永乐为济州刺史，闻而请与相见，待以宾交之礼。及永乐薨，系送葬还都。萧衍遣使朝贡，侍中李神㒞举系为尚书南主客郎。系前后接对凡十八人，颇为称职。齐文襄王摄选，以系为司徒谘议参军，因谓之曰："自郎署至此，所谓不次，以卿人才，故有此举耳。"寻加征虏将军。武定五年，兼散骑常侍，使萧衍。与其二兄前后将命，时人称之。太尉高岳出讨，以系为大都督司马。师还，拜太子家令。七年八月卒，时年四十六，时人伤惜之。齐初，赠平东将军、北徐州刺史，谥曰文。

灵弟均，赵郡太守。

均子璨，字世显。身长八尺五寸，衣貌魁伟。受学于梁祚。兴安中，为秘书中散、本州别驾，转赵郡、常山二郡太守。迁中书郎，雅为高允所知。天安初，刘彧徐州刺史薛安都举彭城降，诏镇南大将军、博陵公尉元，镇东将军、阳城公孔伯恭等率众迎之。显祖复以璨参二府军事。军达九里山，安都率文武出迎，元不加礼接。安都还城，使遂不至。时刘彧将张永、沈攸之等率众先屯下磳，元令璨与中书郎高闾入彭城说安都，安都即与俱载赴များ。元等入城，收管龠。其夜，永攻南门不克，退还。时永辎重在武原，璨劝元乘永之失据，攻永米船，大破之，斩首数千级。时大雪寒，永军冻死者万计，于是遂定淮北。加璨宁朔将军，与张说对为兖州刺史，绥安初附。以参定徐州之功，赐爵始丰侯，加建武将军。延兴元年，年四十卒，谥曰懿。

子元茂，太和八年袭爵。加建武将军，以宽雅著称。阙又例降。拜司徒司马，寻除振威将军、南征别将、彭城镇副将，民吏安之。赏帛百匹、谷二百斛。太和二十年，年四十四卒，赠显武将军、徐州刺史，谥曰顺。

子季之，字凤起。初除京兆王参军，转员外散骑侍郎。袭爵，拜尚书都官郎。

秀之弟子云，字凤昇。司空参军，转外兵参军、本州治中。

子云弟子羽，字凤降。征南法曹参军。

子羽弟子岳，字凤踌。员外郎、大司马祭酒。季之等早孤，事母孝谨，兄弟并容貌魁伟，风度审正，而皆早卒。

凤升子道宗，武定末，直阁将军。

道宗弟道林，司徒中兵参军。

元茂弟宣茂，太和初，拜中书博士。稍迁司空谘议，转司马，监营构事。出除宁朔将军，试守正平郡，不拜。兼定州大中正。坐受乡人财货，为御史所劾，除名为民。从驾征新野，又从讨樊邓。持节、兼散骑常侍、东南二道使。景明中，除平阳太守，以罪左迁步兵校尉。正始初，除太中大夫，迁光禄大夫。宣茂议明堂之制，以五室为长，与游肇往复，肇善之。迁平东将军、幽州刺史。延昌二年卒，年五十九。遗言薄葬。赠本将军、齐州刺史。谥曰齐。

子藉之，字修远。性谨正，粗涉书史。历员外郎、给事中、司徒谘议参军、前将军、太中大夫。著《忠诰》一篇，文多不载。永熙初卒，年五十四。赠中军将军、定州刺史。

子彻，字伯伦。武定末，司空主簿。

藉之弟志，字敬远，有气尚。州主簿。

子长瑜，郡功曹。

敬远弟幼远，性粗暴，每为劫盗，刺史录杀之。

宣茂弟叔胤，举秀才，著作佐郎。历广陵王谘议、南赵郡太守。在位九载，有政绩。景明三年卒，年三十六。谥曰惠。

子弼，字延轨。位至相州录事参军。

弼弟翼,字景业。初为荡寇将军、斋帅。又除员外郎,迁尚书郎,仍斋帅。建义初,遇害河阴。赠平北将军、定州刺史。

叔胤弟仲胤,自中书学生,历公府主簿、从事中郎、谏议大夫、尚书左丞。卒,赐帛一百匹、布五十匹、绵五十斤,赠镇远将军、光州刺史,谥曰恭。

少子子仁,尚书主客郎。

崔鉴,字神具,博陵安平人。父绰,少孤,学行修明,有名于世。与卢玄、高允、李灵等俱被徵,语在《允传》。寻以母老固辞,后为郡功曹而卒。鉴颇有文学,自中书博士,转侍郎。延兴中,受诏使齐州,观省风俗,行兖州事。以功赐爵桐庐县子。出为奋威将军、东徐州刺史。鉴欲安悦新附,民有年老者,表求假以守、令,诏从之。又于州内治铜以为农具,兵民获利。卒,赠冠军将军、青州刺史、安平侯,谥曰康。

子合,字贵和,少有时誉。袭爵桐庐子,为中书学生、主文中散、太尉谘议参军、本州大中正。出为常山太守,卒于郡,时年二十七。

长子修义,有风望,袭爵。自司徒默曹参军,再迁宁远将军、新野太守。还,除太尉掾,出为冀州征东府长史,卒,年四十五。

长子放宽,袭爵。齐受禅,例降。

合弟秉,少有志气。太和中,为中书学生,拜奉朝请,转徐州安东府录事参军。阳平王显之为定州,秉复为卫军府录事参军,带母极令。时甄琛为长史,因公事言竞之间,秉以拳击琛,坠于床下。琛以本县长,笑而不论。其豪率若此。

彭城王勰征寿春,秉从行,招致壮侠,以为部卒。勰目之,谓左右曰:"吾当寄胆气于此人。"后为司空主簿,转掾、城门校尉、长兼司空司马,迁长史,加辅国将军、出除左将军、广平内史,大纳财货,为清论所鄙。入为司徒左长史,未几,除平东将军、光禄大夫。寻加安西将军,出除燕州刺史。时天下多事,遂为杜洛周攻围。秉坚守历年,朝庭遣都督元谭与秉第二子仲哲赴救。谭败,仲哲死之。秉遂率城民奔定州,坐免官。

寻除抚军将军,行相州事。转征东将军、金紫光禄大夫。孝昌末,冀州流民聚于河外,因立东冀州,除秉为棘史,加征东将军。不之任。永安二年,迁卫将军、右光禄大夫。秉年老被疾,上表辞事,诏不许。元颢入洛,秉避居阳武。二年,除散骑常侍、车骑将军、左光禄大夫。太昌中,除骁骑大将军、仪同三司,常侍、左光禄如故。频以老病乞解。永熙三年去职。天平四年薨,年七十八。赠使持节、侍中、都督定瀛沧三州诸军事、本将军、尚书令、司徒公、定州刺史,谥曰靖穆。

长子忻,字伯悦,有世干。为荆州平南府外兵参军。北道行台常景引为行台郎,又启除员外郎,复为安远将军、尚书左中兵郎中。以郑俨之甥,兼尚书左丞。庄帝初,遇害于河阴,年四十二。赠镇军将军、殿中尚书、冀州刺史。

忻弟仲哲。生为祖母宋氏所养,早有知识,六岁宋亡,啼慕不止,见者悲之。性恢达,常以将略自许。辟司徒行参军。假宁朔将军、统军,从广阳王渊北讨,击柔玄贼,破之,赐爵安平县男。及父秉于燕州被围,泣诉朝庭,遂除别将,与都督元谭赴援。到下口,遇贼,仲哲战殁,时年三十五。

长子长瑜,武定中,仪同开府中兵参军。

长瑜弟叔瓒,司徒田曹参军。

仲哲弟叔彦,抚军将军。

叔彦弟季通,武定中,兼司农少卿。

季通小弟季良,风望闲雅。自太学博士,从都督李神轨征讨有功,赐爵蒲阴县男。寻除著作佐郎、通直散骑侍郎,转征虏将军、员外散骑常侍、太尉长史。及秉还乡,季良亦去职归养。后除中军将军、光禄大夫。先秉卒于家,时年三十六。赠车骑将军、尚书右仆射、定州刺史,谥曰简。

秉弟习,字贵礼,有世誉。历司徒主簿、彭城王勰开府属。迁幽州长史、博陵太守,吏民爱敬之。在郡九年,转河东太守。卒于郡,年五十一。赠中山太守。孝昌三年，重赠后将军、并州刺史。

长子世儒，字希业。卒于大司马从事中郎。

世儒第三弟叔业，武定中，南兖州别驾。

秉从父弟广，字仲庆，有议干。初为中书学生。高祖时，殿中郎中，历通直散骑侍郎、太子步兵校尉。诏守尚书左丞，父忧去职。后任城王澄为扬州，引广为镇南府长史，以母老辞。景明末，卒于家。赠安远将军、光州刺史。

子元献，字世俊，颇有学识。举秀才，不行。后卒于乡里。

广弟文业，为中书博士，转司徒主簿。城阳王鸾为定州刺史，引为治中。年四十九卒。子伯谦，武定末，司空谘议参军。

史臣曰：李以儒俊之风，当旌帛之举；崔以文雅之烈，应利用之科。世家有业，余庆不已，人位继轨，亦为盛哉。

魏书卷五〇
列传第三八

尉元　慕容白曜

　　尉元,字苟仁,代人也。世为豪宗。父目斤,勇略闻于当时。泰常中,为前将军,从平虎牢,颇有军功,拜中山太守。元年十九,以善射称。神䴥中,为虎贲中郎将,转羽林中郎。小心恭肃,以匪懈见知。世祖嘉其宽雅有风貌,稍迁驾部给事中。从幸海隅,赐爵富城男,加宁远将军。和平中,迁北部尚书,加散骑常侍,进爵太昌侯,拜冠军将军。

　　天安元年,薛安都以徐州内附,请师救援。显祖以元为使持节、都督东道诸军事、镇南大将军、博陵公,与城阳公孔伯恭赴之。刘彧东平太守、无盐戍主申纂诈降。元知非诚款,外示容纳,而密备焉。刘彧兖州刺史毕众敬,遣东平太守章仇䶄诣军归款,元并纳之。遂长驱而进,贼将周凯望声遁走。彧遣将张永、沈攸之等率众讨安都,屯于下磕。永乃分遣羽林监王穆之领卒五千,守辎重于武原;龙骧将军谢善居领卒二千,据吕梁;散骑侍郎张引领卒二千,守茱萸,督上租粮,供其军实。安都出城见元,元依朝旨,授其徐州刺史。遣中书侍郎高闾、李璨等与安都俱还入城,别令孔伯恭精甲二千,抚安内外,然后元入彭城。

　　元以张永仍据险要,攻守势倍,惧伤士卒。乃命安都与璨等固,身率精锐,扬兵于外,分击吕梁,绝其粮运。善居遁奔茱萸,仍与张引东走武原。驰骑追击,斩首八百余级。武原穷寇八千余人,拒战不下。元亲擐甲胄，四面攻之，破穆之外营，杀伤太半，获其辎重五百余乘，以给彭城诸军。然后收师缓战，开其走路。穆之率余烬奔于永军。

永势挫力屈，元乘胜围之，攻其南门，永遂捐城夜遁。伯恭、安都乘势追击，时大雨雪，泗水冰合，永弃船而走。元豫测永必将奔亡，身率众军邀其走路，南北奋击，大破于吕梁之东。斩首数万级，追北六十余里，死者相枕，手足冻断者十八九。生擒刘彧使持节、都督梁南北秦三州诸军事、梁秦二州刺史、宁朔将军、益阳县开国侯垣恭祖，龙骧将军、羽林监沈承伯等。永、攸之轻骑走免。收其船车军资器械不可胜数。刘彧东徐州刺史张谠据团城，徐州刺史王玄载守下邳，辅国将军、兖州刺史、樊昌侯王整，龙骧将军、兰陵太守桓忻驱掠近民，保险自固。元遣慰喻，张谠及青州刺史沈文秀等皆遣使通诚，王整、桓忻相与归命。

元表曰："彭城仓禀虚罄，人有饥色，求运冀、相、济、兖四州粟，取张永所弃船九百艘，沿清运致，可以济救新民。"显祖从之。又表分兵置戍，进定青、冀。复表曰："彭城贼之要蕃，不有积粟强守，不可以固。若储粮广戍，虽刘彧师徒悉动，不敢窥窬淮北之地。此自然之势也。"诏曰："待后军到，量宜守防。其青、冀已遣军援，须待克定，更运军粮。"

元又表曰：

臣受命出疆，再离寒暑，进无邓艾一举之功，退无羊祜保境之略，虽淮贷获振，而民情未安。臣以愚智，属当偏任，苟事宜宣彻，敢不以闻。臣前表以下邳水陆所凑，先规殄灭，遣兵屡讨，犹末擒定。然彭城、下邳信命未断，而此城之人，元居贼界，心尚恋土。辄相诳惑，希幸非望，南来息耗，壅塞不达，虽至穷躬迫，仍不肯降。彭城民任玄朗从淮南到镇，称刘彧将任农夫、陈显达领兵三千，来循宿豫。臣即以其日，密遣觇使，验其虚实，如朗所言。臣欲自出击之，以运粮末接，又恐新民生变，遣子都将于沓干、刘龙驹等步骑五千，将往赴击。但征人淹久，逃亡者多,迭相扇动,莫有固志,器仗败毁,无一可用。

臣闻伐国事重,古人所难,功虽可立,必须经略而举。若贼向彭城,必由清泗,过宿豫,历下邳,趋青州,路亦由下邳人沂水,经东安,即为贼用师之要。今若先定下邳,平宿豫,镇淮阳,戍东安,则青、冀诸镇,可不攻而克。若四处不服,青、冀虽拔,百姓狼顾,犹怀侥幸之心。臣愚以为,宜释青、冀之师,先定东南之地,断刘彧北顾之意,绝愚民南望之心。夏水虽盛,无津途可因;冬路虽通,无高城可固。如此,则淮北自举,暂劳永逸。今虽向热,犹可行师,兵尚神速,久则生变。若天雨既降,或因水通,运粮益众,规为进取。恐近淮民庶,翻然改图;青、冀二州,卒末可拔。臣辄与僚佐共议,咸谓可然。若隐而不陈,惧有损败之责;陈而无验,恐成诬罔之罪。惧天鉴悬量,照臣愚款。

或复遣沈攸之、吴憘公领卒数万,从沂清而进,欲援下邳。元遣孔恭率步骑一万以拒之。并以攸之前败军人残手足、瘃瓦膝行者,尽送令还,以沮其众。又表求济师。诏遣征南大将军慕容白曜赴之。白曜到瑕丘,遇患。会泗水暴竭,贼军不得前进,白曜遂不行。伯恭大破贼军。攸之、憘公等轻骑遁走。元书与刘彧徐州刺史王玄载示其祸福。玄载狼狈夜走,宿豫、淮阳皆弃城而遁。于是遣南中郎将、中书侍郎高闾领骑一千,与张说对为东徐州刺史;中书侍郎李璨与毕众敬对为东兖州刺史。以安初附。拜元都督徐、南、北兖州诸军事,镇东大将军,开府,徐州刺史,淮阳公,持节、散骑常侍、尚书如故。诏元曰"贼将沈攸之、吴憘公等驱率蚁众,进寇下邳,卿戎昭果毅,智勇奋发,水陆邀绝,应时摧殄,自淮以北,荡然清定。皆是元帅经略,将士效力之所致也,朕用嘉焉。所获诸城要害之处,分兵置戍,以帖民情。今方欲清荡吴会,悬旌秣陵,至于用兵所宜,形势进止,善加量度,动静以闻。"

是时,徐州妖人假姓司马,字休符,自称晋王,扇惑百姓。元遣将追斩之。

四年,诏徵元还京,赴西郊,寻还所镇。延兴元年五月,假元淮阳王。三年，刘昱将萧顺之、王敕勤等领众三万，入寇淮北诸城。元分遣诸将，逆击走之。元表："淮阳郡上党令韩念祖始临之初，旧民南叛，全无一人。令抚绥招集，爱民如子，南来民费系先等前后归附，户至二百有余。南济阴郡睢陵县人赵怜等，辞称念祖善于绥抚，清身洁已，请乞念祖为睢陵令。若得其人，必能招集离叛，成立一县。"显祖诏曰："树君为民，民情如此，可听如请。"元好申下人之善，皆此类也。太和初，徵为内都大官。既而出为使持节、镇西大将军、开府、统万镇都将，甚得夷民之心。三年进爵淮阳王，以旧老见礼，听乘步挽，杖于朝。

萧道成既自立，多遣间谍，扇动新民，不逞之徒，所在蜂起。以元威名夙振，徵为使持节、侍中、都督南征诸军事、征西大将军、大都将，余官如故，总率诸军以讨之。元讨五固贼桓和等，皆平之。东南清晏，远近帖然。入为侍中、都曹尚书，迁尚书令。十三年，进位司徒。十六年，例降庶姓王爵，封山阳郡开国公。食邑六百户。

元表曰："臣以天安之初，奉律总戎，廓宁淮右，海内既平，仍忝徐岳。素餐尸禄，积有年岁，彼土安危，窃所具悉。每惟彭城水陆之要，江南用兵，莫不因之威陵诸夏。夫国之大计，豫备为先。且臣初克徐方，青齐未定，从河以南，犹怀彼此。时刘彧遣张永、沈攸之、陈显达、萧顺之等前后数度，规取彭城，势连青兖。唯以彭城既固，而永等摧屈。今计彼戍兵，多是胡人，臣前镇徐州之日，胡人子都将呼延笼达因于负罪，便尔叛乱，鸠引胡类，一时扇动。赖威灵遐被，罪人斯戮。又团城子都将胡人王敕勤负衅南叛，每惧奸图，狡诱同党。愚诚所见，宜以彭城胡军，换取南豫州徙民之兵，转戍彭城，又以中州鲜卑增实兵数。于事为宜。"诏曰："公之所陈，甚合事机。"

其年，频表以老乞身。八月，诏曰："元年尊识远，屡表告退。朕以公秉德清抱，体怀平隐，仁雅渊广，谋猷是仗。方委之民政，用康亿兆。故频文累札，仍违冲志。而谦光逾固，三请弥切，若不屈从高谟，复何以成其美德也。已许其致仕，主者可出表付外，如礼申遂。"元诣阙谢老，引见于庭，命升殿劳宴，赐玄冠素服。又诏曰："夫大道凝虚,至德冲挹,故尹王法玄猷以御世,圣人崇谦光而降美。是以天子父事三老,兄事五更,所以明孝悌于万国,垂教本于天下。自非道高识博,孰能处之?是故五帝宪德,三王乞言,若求备一人,同之古哲。叔世之老,孰能克堪?师上圣,则难为其举;傅中庸,则易为其选。朕既虚寡,德谢曩哲,更、老之选,差可有之。前司从、山阳郡开国公尉元,前大鸿胪卿、新泰伯游明根,并元享利贞,明允诚素,少著英风,老敷雅迹,位显台宿,归终私第。可谓知始知卒,希世之贤也。公以八十之年,宜处三老之重;卿以七十之龄,可充五更之选"。于是养三老五更于明堂,国老庶老于阶下。高祖再拜三老,亲祖割牲,执爵而馈;于五更行肃拜之礼,赐国老、庶老衣服有差。

既而元言曰:"自天地分判,五行施则,人之所崇,莫重于孝顺。然五孝六顺,天下之所先,愿陛下重之,以化四方。臣既衰老,不究远趣,心耳所及敢不尽诚。"高祖曰:"孝顺之道,天地之经。今承三老明言,铭之于怀。"明根方曰:"夫至孝通灵,至顺感幽。故《诗》云:孝悌之至,通于神明,光于四海。如此则孝顺之道,无所不格。愿陛下念之,以济黎庶。臣年志朽弊,识见昧然,在于心虑,不敢不尽。"高祖曰:"五更助三老以言至范,敷展德音,当克己复礼,以行来授。"礼毕,乃赐步挽一乘。诏曰:"夫尊老尚更,列圣同致;钦年敬德,绵哲齐轨。朕虽道谢玄风,识昧昧睿则,仰禀先海,企遵猷旨。故推老以德,立更以元,父焉斯彰,兄焉斯显矣。前司徒公元、前鸿胪卿明根,并以冲德悬车,懿量归老,故尊公以三,事更以五。虽更、老非官,毫耋罔禄,然况事既高,宜加殊养。三老可给上公之禄,五更可食元卿之俸。供食之味,亦兴其例。"

十七年七月,元疾笃,高祖亲幸省疾。八月,元薨,时年八十一。诏曰:"元至行宽纯,仁风美富,内秉越群之武,外挺温懿之容。自少暨长,勋勤备至,历奉五朝,美隆四叶。南曜河淮之功,北光燕然之效,鲁宋怀仁,中铉载德。所谓立身备于本末,行道著于终始,勋书玉牒,惠结民志者也。爰及五福攸集,悬车归老。谦损既彰,远近流咏,陟兹父事,仪我万方。谓极眉寿,弥赞王业。天不遗老,奄尔薨逝。念功惟善，抽怛于怀。但戎事致夺，恨不尽礼耳。可赐布帛彩物二千匹、温明秘器、朝衣一袭，并为营造坟域。"谥曰景桓公。葬以殊礼，给羽葆鼓吹、假黄钺、班剑四十人，赐帛一千匹。

子羽，名犯肃宗庙讳，颇有器望。起家秘书中散，驾部令，转主客给事，加通直散骑常侍，守殿中尚书，兼侍中。以父忧去职。又起复本官，诏袭爵，加平南将军。高祖亲考百司，以羽怠堕，降常侍为长兼，仍守尚书，夺禄一周。迁洛，以山阳在畿内，改为博陵郡开国公。后为征虏将军、恒州刺史。卒，仍以为赠，谥曰顺。

子景兴，袭。正始元年卒，赠兖州刺史。无子。

景兴弟景俊，袭爵。员外散骑常侍。延昌中，坐杖国史死，降封深泽县开国公。

子伯永，袭。无子，爵除。

羽弟静，宽雅有才识。世宗时，为尚书左民郎中。卒，赠博陵太守，重赠镇军将军、洛州刺史，谥曰敬。

子祐之，通直散骑常侍、护军长史。卒。

慕容白曜，慕容元真之玄孙。父琚，历官以廉清著称，赐爵高都侯，卒于冠军将军、尚书左丞，赠安南将军、并州刺史、高都公，谥曰简。白曜少为中书吏，以敦直，给事东宫。高宗即位，拜北部下大夫。袭爵，迁北部尚书。在职，执法无所阿纵，高宗厚待之。高宗崩，与乙浑共秉朝政，迁尚书右仆射，进爵南乡公，加安南将军。

刘彧徐州刺史薛安都、兖州刺史毕众敬并以城内附，诏镇南大将军尉元、镇东将军孔伯恭率师赴之。而彧东平太守申纂屯无盐，并州刺史房崇吉屯升城，遏绝王使持。皇兴初，加白曜使持节、都督诸军事、征南大将军，上党公，屯于碻磝，以为诸军后继。白曜攻纂于无盐城，拔其东郭。其夜纂遁，遣兵追执之，获其男女数千口。

先是，刘彧青州刺史沈文秀、冀州刺史崔道固并遣使内附，既而彧遣招慰，复归于彧。白曜既拔无盐，固攻升城。肥城戍主闻军至，弃城遁走，获粟三十万斛。既至升城，垣苗、麋沟二戍拒守不下。

白曜以千余骑袭麋沟,麋沟溃,自投济水死者千余人。击垣苗,又破之,得粟十余万斛,由是军粮充足。先是,淮阳公皮豹子等再征垣苗不克,白曜以一旬之内,频拔四城,威震齐士。显祖嘉焉,诏曰:"卿总率戎旅,讨除不宾,霜戈所向,无不摧靡。旬日之内,克拔四城,韩白之功,何以加此?虽升城戍将房崇吉守远不顺,危亡已形,溃在旦夕。宜勉崇威略,务存长箠,不必穷兵极武,以为劳顿。且伐罪吊民,国之令典,当招怀以德,使来苏之泽,加于百姓。"升城不降,白曜忿之,纵兵陵城,杀数百人,崇吉夜遁。白曜抚尉其民,无所杀戮,百姓怀之。获崇吉母妻,待之以礼。

刘彧遣其将吴憘公率众数万,欲寇彭城。镇南大将军尉元表请济师。显祖诏白曜赴之。白曜到瑕丘,遇患。时泗水暴竭,船不得进。憘公退,白曜因停瑕丘。会崇吉与从弟法寿盗彧盘阳城以赎母妻。白曜自瑕丘遣将军长孙观等率骑入自马耳关赴之。观至盘阳,诸县悉降。

平东将军长孙陵、宁东将军尉眷东讨青州,白曜自瑕丘进攻历城。白曜乃为书以喻之曰:

天弃刘彧,祸难滋兴;骨肉兄弟,自相诛戮;君臣上下,靡复纪纲。徐州刺史薛安都、豫州刺史常珍奇、兖州刺史毕众敬等,深睹存亡,翻然归义。故朝廷纳其诚款,委以南蕃。皆目前之见事,东西所备闻也。彼无盐戍主申纂敢纵奸慝,劫夺行人,官军始临,一时授首。房崇吉固守升城,寻即溃散。自襄阳以东,至于淮海,莫不风靡,服从正化。谓东阳、历城有识之士,上思安都之荣显,下念申纂之死亡,追悔前惑,改图后悟。然执守愚迷,不能自革。猥总戎旅,扫定北方。济黄河知十二之虚说,临齐境想一变之清风,踟蹰周览,依然何极。故先驰书,以喻成败。夫见机而动,《周易》所称;去危就安,人事常理。若以一介为高,不悛为美,则微子负嫌于时,纪季受讥于世,我皇魏重光累叶,德怀无外,军威所拂,无不披靡,固非三吴弱卒所能拟抗。况于今者,势已土崩。刘彧威不制秣陵,政不出阃外,岂复能浮江越海,赴危救急。恃此为援,何异于蹄涔之鱼,冀拯江海。夫蝮蛇螫手则断手,螫足则断足,诚忍肌体以救性命。若推义而行之,无割身之痛也,而可以保家宁宗,长守安乐。此智士所宜深思重虑,自救多福。

道固固守不降,白曜筑长围以攻之。

长孙陵等既至青州,沈文秀遣使请降。军人入其西郛,颇有采掠,文秀悔之,遂婴城拒守。二年,崔道固及兖州刺史梁邹守将刘休宾并面缚而降,白曜皆释而礼之,送道固、休宾及其僚属于京师。后乃徙二城民望于下馆,朝廷置平齐郡,怀宁、归安二县以居之。自余悉为奴婢,分赐百官。白曜虽在军旅,而接待人物,宽和有礼。获崇吉母妻、申纂妇女,皆别营安置,不令士卒喧杂。

乃进讨东阳。冬,入其西郛。三年春,克东阳,擒沈文秀。凡获仓粟八十五万斛,米三千斛,弓九千张,箭十八万八千,刀二万二千四百,甲胄各三千三百,铜五千斤,钱十五万,城内户八千六百,口四万一千,吴蛮户三百余。始末三年,筑围攻击,日日交兵,虽士卒死伤,无多怨叛。督上土人租绢,以为军资,不至侵苦。三齐欣然,安堵乐业。克城之日,以沈文秀抗倨不为之拜,忿而棰挞,唯以此见讥。以功拜使持节、都督青齐东徐州诸军事、开府仪同三司、青州刺史、济南王,将军如故。

四年冬见诛,初乙浑专权,白曜颇所侠附,缘此追以为责。及将诛也,云谋反叛,时论冤之。

白曜少子真安,年十一,闻父被执,将自杀。家人止之,曰:"轻重未可知。"真安曰:"王位高功重。若有小罪,终不至此。我何忍见父之死。"遂自缢焉。

白曜弟如意,亦从白曜平历下,与白曜同诛。

太和中,著作佐郎成淹上表理白曜曰:

臣闻经疆启宇,实良将之功;褒德酬庸,乃圣王之务。昔姜公杖钺,开隆周之基;韩生秉旄,兴鸿汉之业。故能赏超当时,名垂前史。若阃外功成,而流言内作,人主猜疑,良将怀惧,乐毅所以背燕，章邯所以奔楚。至如邓艾怀忠，矫命宁国，赤心皎然，幽显同见，而横受屠戮，良可悲哀。及士治伐吴，奋不顾命，万里浮江，应机直指，使孙皓君臣，舆榇入洛。大功亦举，谮书骤至，内外唱和，贝锦将成，微晋武之鉴，亦几于颠沛矣。每览其事，常为痛心。圣主明王，固宜深察。

臣伏见故征南大将军、开府仪同三司、青州刺史、济南王慕容白曜，祖父相资，世酋东裔，值皇运郭被，委节臣妾。白曜生长王国，饮服道教，爵列上阶，位登帝伯。去天安初，江阴夷楚，敢拒王命，三方阴兵，连城岳峙。海岱苍生，翘首拯援。圣朝乃眷南顾，思救荒黎，大议庙堂，显举元将，百僚兴音，佥曰惟允。遂推毂委诚，授以专征之任，握兵十万，杖钺一方。威陵河济，则淮徐震惧；师出无盐，而申纂授首。济北、太原，同时消溃；麋沟、垣苗，相寻奔走。及回麾东扫，道固衔璧，盘阳、梁邹，肉袒请命。于时东阳未平，人怀去就。沈文静、高崇仁拥众不朝，扇扰边服。崔僧右、盖次阳、陈显达连兵淮海，水陆锋起，扬旌而至，规援青齐。士民汹汹，莫不南顾。

时兵役既久，咸有归心，而白曜外宣皇风，内尽方略，身擐甲胄，与士卒同，安抚初附，示以恩厚。三军怀挟纩之温，新民欣来苏之泽。遂使僧祐拥徒弭斾，效顺军门，文静、崇仁弃城窜海，次阳显达望尘南奔。声震江吴，风偃荆汉。及青州克平，文秀面缚，海波清静，三齐克定，遂彼东南，永为国有。使天府纳六州之贡，济泗息烽警之虞，开岱宗封禅之略，辟山川望秩之序。斯诚宗庙之灵，神算所授，然抑亦白曜与有力矣。

及气翳既静，爵命亦隆，荣烛当时，声誉日远。而民恶其上，妄生尤隙，因其功高，流言惑听。巧伪乱真，朱紫难辩，伤夷未瘳，合门屠戮。鸿勋盛德，蔑尔天闻。有识之徒，能不凄怆！

臣谓白曜策名王庭，累荷荣授，历司出内，世载忠美。秉钺启蕃，折冲敌国，开疆千里，拔城十二。辛勤于戎旅之间，契阔于矢石之间，登锋履危，志存静乱。及方难既夷，身应高赏，受胙河山，与国升降，六十之年，宠灵已极。观其立功，足明机运，岂容侥幸，更邀非望者乎？且于时国家士马，屯积京南，跨州连镇，势侔云岳。主将骁雄，按钲在所，莫不殉忠死难，效节奉时。此之不可生心，白曜足知之矣。况潜逆阻兵，营岱厌乱，加以王师仍举，州郡屠裂，齐民劳止，神胆俱丧。亡烬之众不可与图存，离败之民不可与语勇哉！白曜果毅习戎，体闲兵势，宁不知士民之不可籍，将士之不同已，据强兵之势，因涂炭之民，而欲立非常之事，此愚夫之所弗为也。料此推之，事可知矣。

伏惟陛下圣鉴自天，仁孝宰世，风冠宇宙，道超百王。开国以来，诸有罪犯极刑，不得骸骨者，悉听收葬。大造之恩，振古未有。而白曜人旧功高，婴祸沦覆，名灭国除，爵命无绍。天下众庶，咸共哀怜，方之余流，应有差异。愿陛下扬日月之光，明勋臣之绩，垂天地之施，慰僵死之魂。使合棺定谥，殁有余称。选其宗近，才堪驱策，锡以微爵，继其绝世。进可以奖劝将来，退可以显国恩汉泽。使存者荷莫大之恩，死者受骨肉之惠，岂不美哉！仰惟圣明，霈然昭览，狂瞽之言，伏待刑宪。

高祖览表，嘉愍之。

白曜弟子契，轻薄无检。太和初，以名家子，擢为中散，迁宰官。南安王桢有贪暴之响，遣中散间文祖诣长安察之。文祖受桢金宝之赂，为桢隐而不言。事发，坐之。文明太后引见群臣，谓之曰："前论贪清，皆云克修。文祖时亦在中，后竟犯法。以此言之，人心信不可知。"高祖曰："古有待放之臣，亦有离俗之士。卿等自审不胜贪心者，听辞位归第。"契进曰："臣卑微小人，闻识不远，过蒙曲照，虚忝令职。小人之心无定，帝王之法有常。以无恒之心，奉有常之法，非所克堪。乞垂退免。"高祖曰："昔郑相嗜鱼，人有献鱼者，相曰'若取此鱼，恐削名禄'遂不肯受。契若知心不可常，即知贪之恶矣，何为求退？"迁宰官令，微好碎事，颇晓工作，主司厨宰，稍以见知。及营洛阳基构，征新野、南阳起诸攻具，契皆参典。太和末，以功迁太中大夫、光禄少卿、营州大中正，赐爵定陶男。正始初，除征虏将军、营州刺史,徙都督沃野、薄骨律二镇诸军事,沃野镇将,转都督御夷、怀荒二镇诸军事,平城镇将,将军并如故。转都督朔州、沃野、怀朔、武川三镇三道诸军事,后将军,朔州刺史。熙平元年卒,赠镇北将军、并州刺史,谥曰克。

初,慕容破后,种族仍繁。天赐末,颇忌而诛之。时有遗免,不敢复姓,皆以“舆'为氏。延昌末,诏复旧姓,而其子女先人掖庭者,犹号慕容特多于他族。

契长子升,字僧度。建兴太守,迁镇远将军、沃野镇将,进号征虏将军。甚得边民情。

和第二子僧济,自奉朝请稍转至五校。耽淫酒色,不事名行。

契弟晖,历泾州长史、新平太守,有惠政。景明中,大使于忠赏粟二百石。卒,赠幽州刺史。

孙善,仪同开府主簿。

史臣曰:魏之诸将,罕立方面之功。尉元以宽雅之风,受将帅之任,取瑕丘如覆掌,克彭城犹拾遗,擒将馘丑,威名远被。位极公老,圣主乞言。无乃近世之一人欤?白曜有敦正之风,出当薄伐,席卷三齐,如风靡草,接物有礼,海垂欣慰。其劳固不细矣。功名难处,追猜婴戮,宥贤议勤,未闻于斯日也。

魏书卷五一
列传第三九

韩茂　皮豹子　封敕文
吕罗汉　孔伯恭

韩茂,字元兴,安定武安人也。父耆,字黄老,永兴中,自赫连屈丐来降,拜绥远将军,迁龙骧将军、常山太守,假安武侯。仍居常山之九门。卒,赠泾州刺史,谥曰成侯。

茂年十七,膂力过人,尤善骑射。

太宗曾亲征丁零翟猛,茂为中军执幢。时有风,诸军旌旗皆偃仆,茂于马上持幢,初不倾倒。太宗异而问之。徵茂所属,具以状对。太宗谓左右曰:"记之"。寻徵诣行在所,试以骑射。太宗深奇之,以茂为虎贲中郎将。

后从世祖讨赫连昌,大破之。世祖谓诸将曰:"今若穷兵极武,非吊民之道,明年当共卿等取之。"徙其民而还。以军功赐茂爵蒲阴子,加强弩将军,还侍辇郎。又从征统万,大破之。从平平凉,当茂所冲,莫不应弦而殪。由是世祖壮之,拜内侍长,进爵九门侯,加冠军将军。后从征蠕蠕,频战大捷,与乐平王丕等伐和龙,徙其居民。从平凉州,茂为前锋都将,战功居多,迁司卫监。

录前后功,拜散骑常侍、殿中尚书,进爵安定公,加平南将军。从破薛永宗,伐盖吴。转都官尚书。从征悬瓠,频破贼军。车驾南征,分为六道,茂与高凉王那出青州。诸军渡淮,降者相继,拜茂徐州刺史以抚之。车驾还,以茂为侍中、尚书左仆射,加征南将军。世祖崩,刘义隆遣将檀和之寇济州,南安王余令茂讨之。至济州,和之遁走。

高宗践阼,拜尚书令,加侍中、征南大将军。茂沉毅笃实,虽无文学,每论议合理。为将,善于抚众,勇寇当世,为朝廷所称。太安二年夏,领太子少师,冬卒。赠泾州刺史、安定王,谥曰桓王。

长子备,字延德。初为中散,赐爵江阳男,加扬烈将军。又进爵行唐侯,拜冠军将军、太子庶子。迁宁西将军,典游猎曹,加散骑常侍。袭爵安定公、征南大将军。卒,赠雍州刺史,谥曰简公。

备弟均,字天德。少而善射,有将略。初为中散,赐爵范阳子,加宁朔将军。迁金部尚书,加散骑常侍。兄备卒,无子,均袭爵安定公、征南大将军。出为使持节、散骑常侍、本将军、定州刺史,转青冀二州刺史,余如故。恤民廉谨,甚有治称。广阿泽在定、冀、相三州之界,土广民稀,多有寇盗,乃置镇以静之。以均在冀州,劫盗止息,除本将军、广阿镇大将,加都督三州诸军事。均清身率下,明为耳目,广设方略,禁断奸邪。于是赵郡屠各、西山丁零聚党山泽以劫害为业者,均皆诱慰追捕,远近震局。先是,河外未宾,民多去就,故权立东青州为招怀之本,新附之民咸受优复。然旧人奸逃者,多往投焉。均表陈非便,朝议罢之。后均所统,劫盗颇起,显祖诏书诮让之。又以五州民户殷多,编籍不实,以均忠直不阿,诏均检括,出十余万户,复授定州刺史,轻徭宽赋,百姓安之。延兴五年卒,谥曰康公。

子宝石,袭爵。

均弟天生,为内厩令,后典龙牧曹。出为持节、平北将军、沃野镇将。

皮豹子,渔阳人。少有武略。泰常中,为中散,稍迁内侍左右。世祖时,为散骑常侍,赐爵新安侯,加冠军将军。又拜选部尚书,余如故。出除使持节、侍中,都督秦雍荆梁四州诸军事、安西将军、开府仪同三司,进爵淮阳公,镇长安。寻加征西将军。后坐盗官财,徙于统万。

真君三年，刘义隆遣将裴方明等侵南秦王杨难当，遂陷仇池。世祖徵豹子，复其爵位。寻拜使持节、仇池镇将、督关中诸军，与建兴公古弼等分命诸将，十道并进。四年正月，豹子进击乐乡，大破之，擒义隆将王奂之、王长卿等六人，斩首三千余级，俘获二千人。豹子进军下辨，义隆将强玄明、辛伯奋弃城遁走，追斩之，悉获其众。义隆使其秦州刺史，胡崇之镇仇池，至汉中，闻官军已西，惧不敢进，方明益其兵而遣之。豹子与司马楚之至浊水，击擒崇之，尽虏其众。进至高平，义隆将姜道祖降，仇池平。

未几，诸氐复反，推杨文德为主以围仇池，古弼率诸军讨平之。时豹子次于下辨，闻围解，欲还。弼遣使谓豹子曰：“贼耻其负败，必求报复，后举为难，不如陈兵以待之。”豹子以为然。寻除都督，秦、雍、荆、梁、益五州诸军事，进号征西大将军，开府、仇池镇将，持节、公如故。十一月，义隆复遣杨文德、姜道盛率众二万人寇浊水，别遣将青阳显伯守斧山以拒豹子。浊水城兵射杀道盛，豹子至斧山，斩显伯，悉俘其众。豹子又与河间公元齐俱会于浊水，贼众震恐，弃其兵甲夜遁。

初，南秦王杨难当归命，诏送杨氏子弟诣京师，文德以行赂得留，亡奔汉中。义隆以文德为武都王，给兵二千人守葭芦城，抬诱氐羌。于是武都、阴平五部氐民叛应文德。诏豹子率诸军讨之。文德阻兵固险拒豹子。文德将杨高来降，引诸军向其城，文德弃城南走，收其妻子、僚属、军资及故武都王保宗妻公主送京师。义隆白水太守敦启玄率众救文德，豹子分军逆击，大破之，启玄、文德走还汉中。

兴安二年正月，义隆遣其将萧道成、王虬、马光等入汉中，别令杨文德、杨头等率诸氐羌围武都，城中拒之，杀贼二百余人。豹子分兵将救之，至女磊，闻贼停军，豹子遣人于祁山取马，欲往赴援，文德谓豹子欲断其粮运，回军还入覆津，据险自固。义隆恐其辄回，又增兵益将，令晋寿、白水送粮覆津，汉川，武兴运粟甘泉，皆置仓储。豹子表曰：“义隆增兵运粮，克必送死。臣所领之众，本自不多，唯仰民兵，专恃防固。其统万、安定二镇之众，从戎以来，经三四岁，长安之兵，役过期月，未有代期。衣粮俱尽，形颜枯悴，窘切恋家，逃亡不已，既临寇难，不任攻战。士民奸通，知臣兵弱，南引文德，共为唇齿。计文德去年八月与义隆梁州刺史刘秀之同征长安，闻台遣大军，势援云集。长安地平，用马为便，畏国骑军，不敢北出。但承池仇当局本或作句或作句皆疑，人称台军不多，戍兵鲜少，诸州杂人，各有还思。军势若及，必自奔逃，进军取城，有易返掌。承信其语，回趣长安之兵，遣文德、萧道成、王虬等将领，来攻武都、仇池，望连秦陇。进围武都，已经积日，畏臣截后，断其粮路，关镇少兵，未有大损。今外寇兵强，臣力寡弱，拒贼备敌，非兵不拟。乞选壮兵，增戍武都，牢城自守，可以无患。今事已切急，若不弛闻，损失城镇，恐招深责，愿遣高平突骑二千，赍粮一月，速赴仇池。且可抑折逆民，支对贼虏。须长阙、上邽、安定戍兵至，可得自全。粮者，民之命也。虽有金城汤池，无粮不守。仇池本无储积，今岁不收，苦高平骑至，不知云何以得供援。请遣秦州之民，送军祁山，臣随迎致。"诏高平镇将苟莫于率突骑二千以赴之，道成等乃退。徵豹子为尚书，出为内都大官。

刘骏遣其将殷孝祖修两当城，于清东以逼南境。天水公封敕文击之，不克。诏豹子与给事中周丘等助击之。豹子以南寇城守，攻围费日，遂略地至高平。刘骏瑕丘镇遣步卒五千助戍两当，去城八里，与豹子前锋候骑相遇，即便交战，豹子军继至，大破之。纵骑追击杀之，至于城下，其免者十余人而已。城内恐惧，不敢出救。既而班师。

先是，河西诸胡，亡匿避命。豹子及前泾州刺史封阿君督河西诸军南趣石楼，与卫大将军、乐安王良以讨群胡。豹子等与贼相对，不觉胡走，无捷而还，又坐免官。寻以前后战功，复擢为内都大官。和平五年六月卒。高宗追惜之，赠淮阳王，谥曰襄，赐命服一袭。

子道明，袭爵。

道明第八弟喜，高宗以其名臣子，擢为侍御史散，迁侍御长。高祖初，吐谷浑拾寅部落饥窘，侵掠浇（一为洮）河，大为民患，诏假喜平西将军、广川公，领凉州、枹罕、高平诸军，与上党王长孙观讨拾寅。又拜为使持节、侍中、都督秦雍荆梁益五州诸军事、本将军、开府、仇池镇将，假公如故，以其父豹子昔镇仇池有威信故也。喜至，申恩布惠，夷民大悦，酋帅强奴子等各率户归附，于是置广业、固道二郡以居之。徵为南部尚书，赐南康侯，加左将军。

太和元年，刘准葭芦戍主杨文度遣弟鼠窃据仇池，诏喜率众四万讨鼠。军至建安，鼠弃城南走。进次浊水，遣平西将军杨灵珍击文度所置仇池太守杨真，真众溃，仅而得免。喜遂军于覆津。文度将强大黑固守津道，悬崖险绝，偏阁单行。喜部分将士，攀崖涉水，冲击大黑，大黑溃走，追奔西入。攻葭芦城，拔之，斩文度，传首京师，杀一千余人。

诏曰："夫忠臣生于德义之门，智勇出于将相之族。往年氐羌羌放命，侵窃边戍，都将皮喜、梁丑奴等，或资父旧勋，或身建殊效，威名著于庸汉，公义列于天府，故授以节钺，委阃外之任。并罄力尽锐，克荷所司，霜戈始动，蚁贼奔散，仇池旋复，民夷晏安。及讨葭芦，又枭凶丑。元恶俱歼，窥窬永息，朕甚嘉之。其所陈计略，商校利害，料其应否，宁边益国，专之可也。今军威既振，群愚慑服，革弊崇新，有易因之势，宽猛之宜，任其量处，应立郡县者，亦听铨置。其杨文度、杨鼠亲属家累，部送赴台。仇池，南秦之根本，守御资储，特须丰积，险阻之要，尤宜守防，令奸觊之徒，绝其侥幸，勉勤戎务，缓静新俗，怀民安土，称朕意焉。"

又诏喜等曰："卿受命专征，薄伐边寇，军威所及，即皆平荡。复仇池之旧镇，破葭芦之新邦，枭擒首逆，克剪凶党，劲庸之美，朕无间然。仇池国之要蕃，防守事宜，尤须完实。从前以来，骆谷置镇，是以奸贼息窥窬之心，边城无危败之祸。近由徙就建安，致有往年之役。前敕卿等，部率兵将，骆谷筑城，虽有一时之勤，终致永延之固。而卿等不祗诏命，至于今日，徒使兵人稽顿，无事闲停，方复曲辞,情求罢下,岂是良将忘身、忧国尽忠之谓也？诸州之兵,已复一岁,宜暂戮力,成此要功。卿等表求来年筑城,岂不更劳兵将？孰若因今兵势,即令就之,一劳永逸。事不再举也。今更给军粮一月,速于骆谷筑城,使四月尽,必令成就。讫若不时营筑,乃筑而不成,成而不固,以军法从事。”

南天水郡民柳旃据险不顺,喜率众讨灭之。转散骑常侍,安南将军、豫州刺史。诏让其在州宽怠,以饮酒废事,威不禁下,遣使者就州决以杖罚。七年卒,赠以本官,谥曰恭公。

子承宗,袭爵。

喜弟双仁,冠军将军、仇池镇将。

封敕文,代人也。祖豆,皇始初,领众三万东征幽州,平定三郡,拜幽州刺史。后为使持节、都督冀青二州诸军事、前将军、开府、冀青二州刺史、关内侯。父涅,太宗时,为侍御长。卒,赠龙骧将军、定州刺史、章武侯,谥曰隐。

敕文,始光初,为中散,稍迁西部尚书。出为使持节、散骑常侍、镇西将军、开府、领护西夷校尉、秦益二州刺史,赐爵天水公,镇上邽。诏敕文率步骑七千,征吐谷浑慕利延兄子拾归于枹罕,众少不能制。诏遣安远将军、广川公乙乌头等二军与敕文会陇右。军次武始,拾归夜遁。敕文引军入枹罕,虏拾归妻子乃其民户,分徙千家于上邽,留乌头守枹罕。

金城边冏、天水梁会谋反,扇动秦益二州杂人万余户,据上邽东城,攻逼西城。敕文先已设备,杀贼百余人,被伤者众,贼乃引退。冏、会复率众四千攻城。氐羌一万屯于南岭,休官、屠各及诸杂户二万余人屯于北岭,为冏等形援。敕文遣二将领骑二百设备门内,别令骑出击之。既而伪退,冏率众腾逐。敕文轻骑横冲,大破之,斩冏。而北岭之贼,从高射敕文军人,飞矢如雨,梁会得奔北岭,骑乃引还。复推会为主。敕文分兵二百人突入南城,烧其门楼,贼见火起,众皆惊乱。又遣步卒攻门,克之,便率骑士驰入,贼余众开门出走,奔入东城,乘背追击,杀千余人。安丰公阊根率军助敕文。

敕文表曰:"安定逆贼帅路那罗遣使赍书与逆帅梁会,会以那罗书射于城中,那罗称纂集众旅,克期助会。又仇池城民李洪,自称应王,天授玉玺,擅作符书,诳惑百姓。梁会遣使招引杨文德,而文德遣权寿胡将兵二十人来到会间,扇动州土,云李洪自称应王,两雄不并,若欲须我,先杀李洪,我当自往。梁会欲致文德,诱说李洪来入东城,即斩洪首,送与文德。仇池镇将、淮阳公臣豹子遣使潜行,以今月二十四日来达臣镇,称杨文德受刘义隆职爵,领兵聚众,在仇池境中沮动民人,规窃城镇。且梁会反逆以来,南勾文德,援势相连,武都氐羌尽相唇齿,为文德起军,所在屯结,兵众已集,克来不远。臣备边镇,与贼相持,贼在东城,隔墙而已。但以腹背有敌,攻城有疑,讨度文德,克来助会。若文德既到,百姓乡应,贼党遂甚,用功益难。今文德未到,麦复未熟,事宜速击,于时为便。伏愿天鉴,时遣大军,助臣诛翦。"表未及报,梁会谋欲逃遁。

先是,敕文掘重堑于东城之外,断贼走路。夜中,会乃车陈飞梯,腾堑而走。敕文先严兵于堑外拒斗,从夜至旦。敕文谋于众曰:"困兽犹斗,而况于人。贼众知无生路,人自致死,必伤士众,未易可平。若开其生路,贼必上下离心,克之易矣。"众咸以为然。初,敕文以白虎幡宣告贼众曰:"若能归降,原其生命。"应时降者六百余人。会知人心沮坏,于是分遁,敕文纵骑蹑之,死者太半,俘获四千五百余口。

略阳王元达因梁会之乱,聚众攻城,招引休官、屠各之众,推天水休官王官兴为秦地王。敕文与临淮公莫真讨之,军次略阳,敕文遣使慰喻,而元达等三千余人屯于松多川。乃部公诸军,三道并攻。贼出营拒战,大破之。俘三千人。

高宗时,与新平公周盆击刘骏将殷孝祖于清东,不克。天安无年五月卒。

长子万护,让爵于弟翰。于时,让者惟万护及元氏侯赵辟恶子元伯让其弟次兴,朝廷义而许之。

翰族孙静,世宗时,历位征虏将军、武卫将军、太子左卫率,以干用称。延昌中,迁平北将军、恒州刺史,临朐子。后坐事免,卒。

子熙,奉朝请。迁员外散骑侍郎、给事中。与薛县尚迎蠕蠕主婆罗门于凉州。又除镇远将军、河阴令。卒,赠辅国将军、朔州刺史。

子缵,武定末,颍川太守。

吕罗汉,本东平寿张人。其先,石勒时徙居幽州。祖显,字子明,少好学,性廉直。乡人有分争者,皆就而质焉。慕容垂以为河间太守。皇始初,以郡来降。太祖嘉之,赐爵魏昌男,拜钜鹿太守。清身奉公,务存赡恤,妻子不免饥寒。民颂之曰:“时惟府君,克己清明。缉我荒土,民胥乐生。愿寿无疆,以享长龄。”卒官。父温,字晞阳。善书,好施,有文武才略。世祖伐赫连昌,以温为幢将。先登陷陈,每战必捷。以功拜宣威将军、奉车都尉。出为秦州同马,迁上党太守。善劝课,有治名。卒,赠平远将军、豫州刺史、野王侯,谥曰敬。

罗汉仁笃慎密,弱冠,以武干知名。父温之佐秦州,罗汉随侍。陇右氐杨难当率众数万寇上邽,秦民多应之。镇将元意头知罗汉善射,共登西城楼,令罗汉射难当队将及兵二十三人,应弦而殪。贼众转盛,罗汉进计曰:“今若不出战,示敌以弱,众情携二,大事去矣。”意头善之,即简千余骑令罗汉出战,罗汉与诸骑策马大呼,直冲难当军,众皆披靡。杀难当左右队骑八人,难当大惊。会世祖赐难当玺书,责其跋扈,难当乃引还仇池。意头具以状闻,世祖嘉之,徵为羽林中郎。

上邽休官吕丰、屠各王飞廉等八千余家据险为逆,诏罗汉率骑一千讨擒之。从征悬瓠,罗汉与琅邪王司马楚之驾前招慰,降者九千余户。比至盱眙,频破贼军,擒其将顾伋、李观之等,以功迁羽林中郎、幢将,赐爵乌程子,加建威将军。

及南安王余立,罗汉犹典宿卫。高宗之立,罗汉有力焉。迁少卿,仍幢将,进爵野王侯,加龙骧将军。拜司卫监,迁散骑常侍、殿中尚书,进爵山阳公,加镇西将军。及蠕蠕犯塞,显祖讨之。罗汉与右仆射南平公元目振都督中外军事。出为镇西将军,秦、益二州刺史。

时仇池氐羌反,攻逼骆谷,镇将吴保元走登百顷,请援于罗汉。罗汉帅步骑随长孙观掩击氐羌,大破之,斩其渠帅,贼众退散。诏罗汉曰:"卿以劳勤获叙,才能致用,内总禁旅,外临方岳,褒宠之隆,可谓备矣。自非尽节竭诚,将何以垂名竹帛?仇池接近边境,兵革屡兴,既劳士卒,亦动民庶,皆由镇将不明,绥禁不理之所致也。卿应机赴击,殄此凶丑。陇右土险,民亦刚悍,若不导之以德,齐之以刑,寇贼莫由可息,百姓无以得静。朕垂心治道,欲使远近清穆,卿可召集豪右,择其事宜,以利民为先,益国为本,随其风俗,以施威惠。其有安土乐业,奉公勤私者,善加劝督,无夺时利。明相宣告,称朕意焉。"

泾州民张羌郎扇惑陇东,聚众千余人,州军讨之。不能制。罗汉率步骑一千击羌郎,擒之。仇池氐羌叛逆遂甚,所在蜂起,道路断绝。其贼帅蚩廉、符祈等皆受刘昱官爵、铁券。略阳公伏阿奴为都将,与罗汉赴讨,所在破之,生擒廉、祈等,秦益阻远,南连仇池,西接赤水,诸羌恃险,数为叛逆。自罗汉莅州,抚以威惠,西戎怀德,土境帖然。高祖诏罗汉曰:"朕总摄万几,统临四海,思隆古道,光显风教。故内委群司,外任方牧,正是志士建节之秋,忠臣立功之会。然赤水羌民,远居边土,非卿善诱,何以招辑?卿所得口马,表求贡奉,朕嘉乃诚,便敕领纳。其马印付都牧,口以赐卿。"

徵拜内都大官,听讼察狱,多得其情。太和六年,卒于官。高祖深悼惜之,赐命服一袭,赠以本官,谥曰庄公。

长子兴祖,袭爵山阳公,后例降为侯。景明元年卒。

兴祖弟伯庆,为中散、咸阳王禧郎中令。

伯庆弟世兴,校书郎。

罗汉弟大檀,为中散,恒农太守。

大檀弟豹子,东莱镇将。后改镇为州,行光州事。

豹子弟七宝,侍御中散。迁少卿,出为假节、龙骧将军、东雍州刺史。

孔伯恭，魏郡邺人也。父昭，始光初，以密皇后亲，赐爵汝阴侯，加安东将军、徙爵魏县侯，迁安南将军。昭性柔旷，有才用。出为赵郡太守，治有能名。徵拜光禄大夫，转中都大官。善察狱讼，明于政刑。迁侍中、镇东将军、幽州刺史，进爵鲁郡公。和平二年卒，谥曰康公。长子罗汉，东宫洗马。次伯恭，以父任拜给事中。后赐爵济阳男，加鹰扬将军。出为安南将军、济州刺史，进爵城阳公。入为散骑常侍。

显祖初，刘彧徐州刺史薛安都以彭城内附，彧遣将张永、沈攸之等击安都，安都上表请援。显祖进伯恭号镇东将军，副尚书尉元救之。军次于秺，贼将周凯闻伯恭等军至，弃众遁走。张永仍屯下磕，永辎重在武原，伯恭等攻而克之。永计无所出，引师而退。

时皇兴元年正月，天大寒雪，泗水冰合。永与攸之弃船而走，伯恭等进击，首虏及冻死甚众。八月，伯恭以书喻下邳、宿豫城内曰："刘彧肆逆滔天，弗鉴灵命，犹谓绝而复兴，长江可恃，敢遣张永、周凯等率此蚁众，送死彭城。大军未临，逆首奔溃。今乘机电举，当屠此城，遂平吴会，吊民伐罪。幸时归款，自求多福。"时攸之、吴憘公等率众数万来援下邳，屯军焦墟曲，去下邳五十余里。伯恭遣子都将侯汾等，率骑五百在水南，奚升等五百余骑在水北，南北邀之。伯恭密造火车攻具，欲水陆俱进。攸之等既闻，将战，引军退保樊阶城。伯恭又令子都将孙天庆等步骑六千向零中峡，斫木断清水路。刘彧宁朔将军陈显达领众二千溯清而上，以迎攸之，屯于睢清合口。伯恭率众渡水，大破显达军，俘斩十九。攸之闻显达军败，顺流退下。

伯恭部分诸将，侠清南北寻攸之军后。伯恭从睢陵城东向零中峡，分军为二道，遣司马范师子等在清南，伯恭从清西，与攸之合战，遂大破之，斩其将姜产之、高遵世及丘幼弼、丘隆先、沈荣宗、陆道景等首，攸之、憘公等轻骑遁走。乘腾追奔八十余里，军资器械，虏获万计。进攻宿豫，刘彧戍将鲁僧遵弃城夜遁。又遣将孔太恒等领募骑一千南讨淮阳,彧太守崔武仲焚城南走,遂据淮阳。

二年,以伯恭为散骑常侍、都督徐南兖州诸军事、镇东将军、彭城镇将、东海公。三年十月卒,赠镇东大将军、东海王,谥曰桓。

伯恭弟伯孙,为中书□士,袭父爵鲁郡公。拜镇东将军、东莱镇将,转本将军、东徐州刺史。坐事免官,卒于家。

史臣曰:韩茂、皮豹子、封敕文、吕罗汉、孔伯恭之为将也,皆以沉勇笃实,仁厚抚众。功成事立,不徒然矣。与夫苟要一战之利,侥幸暂胜之名,岂同年而语也。

魏书卷五二
列传第四○

赵逸　胡方回　胡叟　宋繇
张湛　宋钦　段承根　阚骃
刘昞　赵柔　索敞　阴仲达

　　赵逸，字思群，天水人也。十世祖融，汉光禄大夫。父昌，石勒黄门郎。逸好学凤成，仕姚兴，历中书侍郎。为兴将齐难军司，征赫连屈丐。难败，为屈丐所虏，拜著作郎。世祖平统万，见逸所著，曰："此竖无道，安得为此言乎！作者谁也？其速推之。"司徒崔浩进曰："彼之谬述，亦犹子云之美新，皇王之道，固宜容之。"世祖乃止，拜中书侍郎。神䴥三年三月上巳，帝幸白虎殿，命百僚赋诗。逸制诗序，时称为善。久之，拜宁朔将军、赤城镇将。绥和荒服，十有余年，百姓安之。频表乞免，久乃见许。性好坟素，白首弥勤，年逾七十，手不释卷。凡所著述，诗、赋、铭、颂五十余篇。

　　逸兄温，字思恭，博学有高名。姚泓天水太守。刘裕灭泓，遂没于氐。氐王杨盛，盛子难当，既有汉中，以温为辅国将军、秦梁二州刺史。及难当称蕃，世祖以温为难当府司马，卒于仇池。

　　长子广夏，中书博士。

　　第三子琰，语在《孝感传》。

　　初，姚苌以逸伯父迁为尚书左仆射，卒于长安。刘裕灭姚泓，徙迁子孙于建业。迁玄孙翼、翼从子超宗、令胜、遐、叔隆、穆等,太和、景明中,相寻归降。

翼,粗涉书传,通率有器艺。初为平昌太守,甚有治称。入历军校,加镇远将军长史,深为领军元乂所知侍。迁光禄大夫。卒,赠左将军、齐州刺史。

超宗,身长八尺,颇有将略。太和末,为豫州平南府长史,带汝南太守,加建威将军,赐爵寻阳伯。入为骁骑将军。超宗在汝南,多所受纳,货赂太傅北海王详。详言之于世宗,除持节、征虏将军、岐州刺史。徙河东太守,卒官。超宗在河东,更自修厉,清靖爱民。百姓追思之。赠本将军、华州刺史,谥曰成伯。

子懿,袭爵。历员外常侍,尚书郎。

超宗弟令胜,亦长八尺,疏狂有膂力。历河北、恒农二郡太守,并坐贪暴,为御史所弹,遇赦免。神龟末,自后将军、太中大夫,出为恒农太守,卒官。令胜宠惑妾潘,离弃其妻羊氏,夫妻相讼,迭发阴私,丑秽之事,彰于朝野。

遐,初为军主,从高祖征南阳。景明初,为梁城戍主,被萧衍将攻围。以固守及战功,封牟平县开国子,食邑二百户。后以左军将军、假征虏将军、督巴东诸军事,镇南郑。时萧衍冠军将军、军主姜修众二万屯羊口,辅国将军姜白龙据南城,龙骧将军泉建率土民北入桑坯,姜修又分军据兴势,龙骧将军谭思文据夹石,司州刺史王僧炳顿南安,并扇动夷獠,规翻南郑。遐率甲士九千,所在冲击,数百里中,莫不摧靡,前后斩首五千余级。还,以辅国将军出为荥阳太守。

时萧衍将马仙琕率众攻围朐城,戍主傅文骥婴城固守。以遐持节、假平东将军为别将,与刘思祖等救之。次于鲍口,去朐城五十里。夏雨频降,厉涉长驱,将至朐城,仙琕见遐营垒未就,径来逆战。思祖率彭沛之众,望陈奔退。遐孤军奋击,独破仙琕,斩其直阁将军、军主李鲁生,直后军主葛景羽等。仙琕先分军于朐城之西,阻水列栅,以围固城。遐身自潜行,观水深浅,结草为筏,衔枚夜进,破其六栅,遂解固城之围。进救朐城,都督卢昶率大军继之。未几,而文骥力竭,以城降贼,众军大崩。昶弃其节传,轻骑而走,惟遐独握节而还。

时仲冬寒盛,兵士冻死者,朐山至于郯城二百里间,僵尸相属。昶仪卫失尽,于郯城借假节以为军威。遐坐失利,免官。延昌中,起为光禄大夫、使持节、假前将军,为别将,防捍西荆。又为别将隶萧宝夤,东征淮堰。熙平初,出为平西将军、汾州刺史。在州贪浊,闻于远近。卒,赠安南将军、豫州刺史,谥曰襄。

子子献,袭爵。

子献第四弟子素,司空长流参军。

叔隆,步兵校尉。永平初,同悬瓠城民白早生之逆。镇南邢峦平豫州,获而宥之。后以货自通,得为秦州阙西府长史,加镇远将军。秦州殷富,去京悬远,叔隆与敕使元修义同心聚敛,纳货巨万。拜冠军将军、中散大夫。寻迁左军将军、太中大夫,赂司空刘腾,出为中山内史,在郡无德政,专以货贿为事。叔隆奸诈无行,忘背恩义。悬瓠之免,是其族人前车将军赵文相之力,后无报德之意,更与文相断绝。文相长者,不以为恨。及文相为汝南内史,犹经纪其家。后文相卒,叔隆了不恤其子弟,时论贱薄之。

穆,善书记,有刀笔之用。为汾州平西府司马。翼临亡,以穆托领军元叉,以穆为汝南内史。

胡方回,安定临泾人。父义周,姚泓黄门侍郎。方回,赫连屈丐中书侍郎。涉猎史籍,辞彩可观。为屈丐《统万城铭》、《蛇祠碑》诸文,颇行于世。世祖破赫连昌,方回入国。雅有才尚,未为时所知也。后为北镇司马,为镇修表,有所称庆。世祖览之,嗟美,问谁所作。既知方回,召为中书博士,赐爵临泾子。迁侍郎。与太子少傅游雅等改定律制。司徒崔浩及当时朝贤,并爱重之。清贫守道,以寿终。

子始昌，亦长者，有父风。历位至南部主书。

子丑孙，中书学生、秘书郎、中散。世不治产业，家甚贫约，兄弟并早亡。

胡叟，字伦许，安定临泾人也。世有冠冕，为西夏著姓。叟少聪敏，年十三，辨疑释理，知名乡国。其意之所悟，与成人交论，鲜有屈焉。学不师受，友人劝之，叟曰："先圣之言，精义入神者，其唯《易》乎？犹谓可思而过半。末世腐儒，粗别刚柔之位，宁有探赜未兆者哉？就道之义，非在今矣。"及披读群籍，再阅于目，皆诵于口。好属文，既善为典雅之词，又工为鄙俗之句。

以姚政将衰，遂入长安，观风化。隐匿名行，惧人见知。时京兆韦祖思，少阅典坟，多蔑时辈，知叟至，召而见之。祖思习常，待叟不足，叟聊与叙温凉，拂衣而出。祖思固留之，曰："当与君论天人之际，何遽而反乎？"叟对曰："论天人者，其亡久矣。与君相知，何夸言若是也。"遂不坐而去。至主人家，赋韦、杜二族，一宿而成，时年十有八矣。其述前载，无违旧美，叙中世有协时事，而末及鄙黩。人皆奇其才，畏其笔。世犹传诵之，以为笑狎。

叟孤飘坎壈，未有仕路，遂入汉中。刘义隆梁秦二州刺史冯翊吉翰，以叟才士，颇相礼接。授叟末佐，不称其怀。未几，翰迁益州，叟随入蜀，多为豪俊所尚。时蜀沙门法成鸠率僧旅，几于千人，铸丈六金像。刘义隆恶其聚众，将加大辟。叟闻之，即赴丹阳，启申其美，遂得免焉。复还于蜀。法成感之，遣其珍物，价直千余匹。叟谓法成曰："纬萧何人，能弃明珠？吾为德请，财何为也？"一无所受。

在益土五六载，北至杨难当，乃西入沮渠牧犍，遇之不重。叟亦本无附之之诚，乃为诗示所知广平程伯达。其略曰："群犬吠新客，佞暗排疏宾。直途既以塞，曲路非所遵。望卫惋祝鮀，眄楚悼灵均。何用宣忧怀，托翰寄辅仁。"伯达见诗，谓叟曰："凉州虽地居戎域，然自张氏以来，号有华风。今则宪章无亏，曷祝鮀之有也？"叟曰："古人有言：君子闻鞞鼓之声，则思战争之士。贵主奉正朔而弗淳，慕仁义而未允,地陋僻而僭徽号。居小事大,宁若兹乎?徐偃之辙,故不旋踵矣。吾之择木,凤在大魏,与子暂违,非久阔也。"岁余,牧犍破降。

叟既先归国,朝廷以其识机,拜虎威将军,赐爵始复男,家于密云。蓬室草筵,惟以酒自适。谓友人金城宗舒曰:"我此生活,似胜焦先,志意所栖,谢其高矣。"后叟被徵至,谢恩,并献诗一篇。高宗时召叟及舒,并使作檄刘骏、蠕蠕文。舒文劣于叟,叙寻归家。

叟不治产业,常苦饥贫,然不以为耻。养子字暝蛉,以自给养。每至贵胜之门,恒乘一牸牛,弊韦裤褶而已。作布囊,容三四斗,饮啖醉饱。便盛余肉饼以付暝蛉。见车马荣华者,视之蔑如也。尚书李敷尝遗之以财,都无所取。初,叟一见高允,曰:"吴郑之交,以纻缟为美谈,吾之于子,以弦韦为幽贽。以此言之,彼可无愧也。"于允馆见中书侍郎赵郡李璨,璨被服华靡,叟贫老衣褐,璨颇忽之。叟谓之曰:"老子今若相许,脱体上袴褶衣帽,君欲作何计也?"讥其惟假盛服。璨惕然失色。

叟少孤,每言及父母,则泪下,若孺子之号。春秋当祭之前,则先求旨酒美膳,将其所知广宁常顺阳、冯翊田文宗、上谷侯法俊,携壶执榼,至郭外空静处,设坐奠拜,尽孝思之敬。时敦煌汜潜,家善酿酒,每节,送一壶与叟。著作佐郎博陵许赤虎、河东裴定宗等谓潜曰:"再三之惠,以为过厚,子惠于叟,何其恒也?"潜曰:"我恒给祭者,以其恒于孝思也。"论者以潜为君子矣。顺阳等数子,禀叟奖示,颇涉文流。

高闾曾造其家,值叟短褐曳柴,从田归舍,为闾设浊酒蔬食,皆手自辩集。其馆宇卑陋,园畴褊局,而饭菜精洁,醢酱调美。见其二妾,并年衰跛眇,衣布穿弊。闾见其贫约,以物直十余匹赠之,亦无辞愧。闾作《宣命赋》,叟为之序。密云左右,皆祇仰其德。岁时奉以麻布谷麦,叟随分散之,家无余财。年八十而卒。

叟元妻敦煌宋氏,先亡,无子。后庶养者,亦皆早夭,竟以绝后。叟死,无有家人营主凶事,胡始昌迎而殡之于家,葬于墓次,即令一弟继之,袭其爵始复男、虎威将军。叟与始昌虽为宗室,而性气殊诡,不相好附,于其存也,往来乃简。及亡而收恤至厚,议者以为非必敦哀疏宗,或缘求利品秩也。

宋繇,字体业,敦煌人也。曾祖配,祖悌,世仕张轨子孙。父僚,张玄靓龙骧将军、武兴太守。繇生,而僚为张邕所诛。五岁丧母,事伯母张氏以孝闻。八岁,而张氏卒,居丧过礼。

繇少而有志,尚喟然谓妹夫张彦曰:"门户倾覆,负荷在繇,不衔胆自厉,何以继承先业!"遂随彦至酒泉,追师就学,闭室诵书,昼夜不倦。博通经史,诸子群言,靡不览综。吕光时,举秀才,除郎中。后奔段业,业拜繇中散、常侍。繇以业无经济远略,西奔李皓,历位通显。家无余财,雅好儒学。虽在兵难之间,讲诵不废。每闻儒士在门,常倒屣出迎。停寝政事,引谈经籍。尤明断决,时事亦无滞也。

沮渠蒙逊平酒泉,于繇室得书数千卷,盐米数十斛而已。蒙逊叹曰:"孤不喜克李歆,欣得宋繇耳。"拜尚书吏部郎中,委以铨衡之任。蒙逊之将死也,以子牧犍委托之。牧犍以繇为左丞,送其妹兴平公主于京师。世祖拜繇为河西王右丞相,赐爵清水公,加安远将军。世祖并凉州,从牧犍至京师。卒,谥曰恭。

长子岩,袭爵,改为西平侯。

岩子荫,中书议郎、乐安王范从事中郎。卒,赠辅国将军、咸阳太守。

子超,尚书度支郎。

超弟稚,字季预。师事安邑李绍伯,受诸经传。降性清严,治家如官府。太和中,拜司徒属。又以例降,除西中府户曹参军。转并州城阳王鸾城局参军。景明二年,拜白水县令。在县十一年,颇得民和。迁青州勃海太守。正光三年,卒。

子游道,武定末,太尉长史。

张湛,字子然,一字仲玄,敦煌人,魏执金吾恭九世孙也。湛弱冠知名凉土,好学能属文,冲素有大志。仕沮渠蒙逊,黄门侍郎、兵部尚书。凉州平,入国,年五十余矣。赐爵南浦男,加宁远将军。司徒崔浩识而礼之。浩注《易》,叙曰:"国家西平河右,敦煌张湛、金城宋钦、武威段承根三人,皆儒者,并有俊才,见称于西州。每与余论《易》,余以《左氏传》卦解之,遂相劝为注。故因退朝之余暇,而为之解焉。"其见称如此。湛至京师,家贫不粒,操尚无亏,浩常给其衣食。每岁赠浩诗颂,浩常报答。及浩被诛,湛惧,悉烧之。

兄怀义,闲粹有才干。遭母忧,哀毁过人,服制虽除,而蔬粝弗改。卒于征西参军。

长子广平,高平令。

宋钦,字景若,金城人也。父燮,字文友,吕光太常卿。钦少而好学,有儒者之风,博综群言,声著河右。仕沮渠蒙逊,为中书郎、世子洗马。钦上《东宫侍臣箴》曰:

恢恢玄古,悠悠生民。五才迭用,经叙彝伦。匡父维子,弼君伊臣。颠而能扶,屈而能申。昔在上圣,妙鉴厥趣。不曰我明,而乖其度。不曰我新,而忽其故。如彼在泉,临深是惧。如彼覆车,望途改步。是以令问宣流,英风远布。及于三委,道丧纯迁。桀起瑶台,纣醢糟山。周灭妖姒,羿丧以田。险诐蔽其耳目,郑卫陈于其前。怙才肆虐,异端是缠。岂伊害身,厥胤歼焉。茫茫禹迹,画为九区。昆虫鸟兽,各有巢居。云歌唐后,垂横美虞。疏网改祝,殷道攸敷。龙盘应德,随蛇衔珠。勿谓无心,识命不殊。勿谓理绝,千载同符。爰在子桓,灵数攸臻。仪形徐、阮,左右刘、陈。披文采友,叩典问津。用能重离袭曜,魏鼎维新。于昭储后,运应玄篆。夕惕乾乾,虚矜远属。外抚幽荒,内怀茕独。犹惧思不逮远,明不逮烛。君有净臣,庭立谤木。本枝克昌,永符天禄。微臣作箴,敢告在仆。

世祖平凉州,入国,赐爵卧树男,加鹰扬将军,拜著作郎。钦与高允书曰:"昔皇纲未振,华裔殊风,九服分隔,金兰莫遂,希怀寄契,延想积久。天遂其愿,爰遘京师。才非季札,而眷深孙乔;德乖程子,而义均倾盖。旷龄罕遇,会之一朝。比公私理异,洲诸路塞,端拱蓬宇,叹慨如何?不量鄙拙,贡诗数韵。若夫泉江相忘之谈,遗言存意之美,虽庄生之所尚,非浅识所宜。循爱敬既深,情期往返,思迟德意,以祛鄙吝。若能纡凤彩以耀榛荟,迥连城以映瓦砾者,是所望也。"诗曰:

嵬峨恒岭,滉漾沧溟。山挺其和,水耀其精。启兹令族,应期诞生。华冠众彦,伟迈群英。其一 于穆吾子,含贞藉茂。如彼松竹,陵霜擢秀。味老思冲,玩易体复。戢翼九皋,声溢宇宙。其二 我皇龙兴,重离叠映。刚德外彰,柔明内镜。乾象奄气,坤厚山竟,风无殊音,俗无异径。其三 经纬曰文,著述曰史。斟酌九流,错综幽旨。帝用酬谘,明发虚拟。广癖四门,彼延髦士。其四 尔应其求,翰飞东观。口吐琼音,手挥霄翰。弹毫珠零,落纸锦粲。坟无疑割,典无滞泮。其五 山降则谦,含柔为信。林崇日渐,明升期进。有邈夫子,兼兹四慎。弱而难胜,通而不峻。其六 南董邈矣,史功不申。固倾佞窦,雄秽美新。迁以陵腐,邑由卓泯。时无逸勒,路盈摧轮。其七 尹佚谟周,孔明述鲁。抑扬群致,宪章三五。昂昂高生,篡我返武。勿谓古今,建规易矩。其八 自昔索居,沉沦西藩。风马既殊,标榜莫缘。开通有运,暗遇当年。披衿暂面,定交一言。其九 谘疑秘省,访滞京都。水镜叔度,洗吝田苏。望仪神婉,即象心虚。悟言礼乐,采研诗书。其十 履霜悼迁,抚节感变。嗟我年迈,迅逾激电。进乏由赐,退非回宪。素发掩玄,枯颜落蒨,其十一 文以会友,友由知己。诗以明言,言以通理。旸坎迷流,觌良暗止。伊尔虬光,四鳞曲水。其十二"

允答书曰:"顷因行李,承足下高问,延伫之劳,为日久矣。王途一启,得叙其怀,欣于相遇,情无有已。足下兼爱为心,每能存顾,养之以风味,惠之以德音。执玩反覆,铭于心抱。吾少乏寻常之操,长无老成之致,凭赖贤胜,以自克勉,而来喻褒饰,有过其分。既承雅赠,即应有答。但唱高则难和,理深则难洲酬,所以留连日月,以至于今。今往诗一篇,诚不足标明来旨,且表以心。幸恕其鄙滞,领其至意。"诗曰:

汤汤流汉,蔼蔼南都。载称多士,载擢灵珠。邈矣高族,世记丹图。启基郢城,振彩凉区。其一　吾生朗到,诞发英风。绍熙前绪,奕世克隆。方圆备体,淑德斯融。望倾群俊,乡骇华戎。其二　乡骇伊何?金声允著。匡赞西藩,拯厥时务。肃志琴书,恬心初素。潜思渊渟,秀藻云布。其三　上天降命,祚钟有伐。协耀紫宸,与乾作配。仁迈春阳,功隆覆载。招延隐叟,永贻大赉。其四　伊余栌散,才至廉微。遭缘幸会,忝与枢机。窃名华省,厕足丹墀。愧无萤烛,少益天晖。其五　明升非谕,信渐难兼。体卑处下,岂曰能谦。进不弘道,退失渊潜。既惭朱阙,亦愧闾阎。其六　史班称达,杨蔡致深。负荷典策,载蹈于心。四辙同轨,覆车相寻。敬承嘉诲,永佩明箴,其七　远思古贤,内寻诸已。仰射丘明,长揖南史。遐武虽存,高踪难拟。夙兴夕惕,岂获恬止。其八　世之圮矣,灵运未通。风马殊隔,区域异封。有怀西望,路险莫从。王泽远洒,九服来同。其九　在昔平吴,二陆称宝。今也克凉,吾生独矫。道映儒林,义为群表。我思与之,均于纻缟。其十　仁乏田苏,量非叔度。韩生属降,林宗仍顾。千载旷游,构兹一遇。藻咏风流,鄙心已悟。其十一　年时迅迈,物我俱逝。任之斯通,拥之则滞。结驷贻尘,屡空亦弊。两间可守,安有回、赐。其十二　诗以言志,志以表丹。慨哉刎颈,义已中残。虽曰不敏,请事金兰。尔其励之,无忘岁寒。

崔浩之诛也,钦亦赐死。钦在河西,撰《蒙逊记》十卷,无足可称。

弟舒,字景太。蒙逊库部郎中。与兄同归国,赐爵句町男,加威远将军。名亚于兄。子孙皆衰替。

段承根,武威姑臧人,自云汉太尉颎九世孙也。父晖,字长祚,身长八尺余。师事欧阳汤,汤甚器爱之。有一童子,与晖同志。后二年,童子辞归,从晖请马。晖戏作木马与之,童子甚悦,谢晖曰:"吾太山府君子,奉敕游学,今将俗归。烦子厚赠,无以报德。子后位至常伯,封侯。非报也,且以为好。"言终,乘木马腾空而去。晖乃自知必将贵也。乞伏炽磐以晖为辅国大将军、凉州刺史、御史大夫、西海侯。磐子暮末袭位。国政衰乱,晖父子奔吐谷浑暮瑰,暮瑰内附,晖与承根紧归国。世祖素闻其名,颇重之,以为上客。后晖从世祖至长安,有人告晖欲南奔,世祖问曰:"何以知之?"告者曰:"晖置金于马鞍中,不欲逃走,何由尔也?"世祖密遣视之,果如告者之言。斩之于市,暴尸数日。时有儒生京兆林白奴钦晖德音,夜窃其尸,置之枯井。女为敦煌张氏妇,久而闻之,乃向长安收葬。

承根好学,机辩有文思,而生行疏薄,有始无终,司徒崔浩见而奇之,以为才堪注述,言之世祖,请为著作郎,引与同事。世咸重其文,而薄其行。甚为敦煌公李宝所敬待,承根赠宝诗曰:"世道衰陵,淳风殆缅,衢交问鼎,路盈访玺。徇竞争驰,天机莫践。不有真宰,榛棘谁揃。其一 于皇我后,重明袭焕。文以息烦,武以静乱。剖蚌求珍,搜岩采干。野无投纶,朝盈逸翰。其二 自昔凉季,林焚渊涸。矫矫公子,鳞羽靡托。灵慧虽奋,妖氛未廓。凤戢昆丘,龙潜玄漠。其三 数不常扰,艰极则夷。奋翼幽裔,翰飞京师。珥蝉紫闼,杖节方畿。弼我王度,庶绩缉熙。其四 自余幽沦,眷参旧契。庶庇余光,优游卒岁。忻路未淹,离卺已际。顾难分歧,载张载继。其五 闻诸交旧,累圣叠耀。淳源虽漓,民怀余劭。思乐哲人,静以镇躁。蔼彼繁音,和此清调。其六 询下曰文,辨评曰明。化由礼洽,政以宽成。勉崇仁教,播德简刑。倾首景风,迟闻休声。其七"

浩诛,承根与宋钦等俱死。承根外孙长水校尉南阳张令言,美须髯,言谈举止,有异武人。李琰之、李神俊,一时名士,并称美之。

阚骃,字玄阴,敦煌人也。祖倞,有名于西土。父玟,为一时秀士,官至会稽令。骃博经传,聪敏过人,三史群言,经目则诵,时人谓之宿读。注王朗《易传》,学者藉以通经。撰《十三州志》,行于世。蒙逊甚重之,常侍左右,访以政治损益。拜秘书考课郎中,给文吏三十人,典校经籍,刊定诸子三千余卷。加奉车都尉。牧键待之弥重,拜大行,迁尚书。姑臧平,乐平王丕镇凉州,引为从事中郎。王薨之后,还京师,家甚贫弊,不免饥寒。性能多食,一饭至三升乃饱。卒,无后。

刘昞,字延明,敦煌人也。父宝,字子玉,以儒学称。昞年十四,就博士郭瑀学。时瑀弟子五百余人,通经业者八十余人。瑀有女,始摩,妙选良偶,有心于昞。遂别设一席于坐前,谓诸弟子曰:"吾有一女,年向成长,欲觅一快女婿。谁坐此席者,吾当婚焉。"瑀遂奋衣来坐,神志肃然,曰:"向闻先生欲求快女婿,瑀其人也。"瑀遂以女妻之。昞后隐居酒泉,不应州郡之命,弟子受业者五百余人。

李皓私署,徵为儒林祭酒、从事中郎。皓好尚文典,书史穿落者亲自补治,昞时侍侧,前请代皓。皓曰:"躬自执者,欲人重此典籍。吾与卿相值,何异孔明之会玄德。"迁抚夷护军,虽有政务,手不释卷。皓曰:"卿注记篇籍,以烛继昼。白日且然,夜可休息。"昞曰:"朝闻道,夕死可矣,不知老之将至,孔圣称焉。昞何人斯,敢不如此。"昞以三史文繁,著《略记》百三十篇、八十四卷,《凉书》十卷,《敦煌实录》二十卷,《方言》三卷,《靖恭堂铭》一卷,注《周易》、《韩子》、《人物志》、《黄石化三略》,并行于世。

蒙逊平酒泉,拜秘书郎,专管注记。筑陆沉观于西苑,躬往礼焉,号"玄处先生"。学徒数百,月致羊酒。牧键尊为国师,亲自致拜,命官属以下皆北面受业焉。时同郡索敞、阴兴为助教,并以文学见举,每巾衣而入。

世祖平凉州,士民东迁,凤闻其名,拜乐平王从事中郎。世祖诏诸年七十以上听留本乡,一子扶养。昞时老矣,在姑臧,岁余,思乡而返,至凉州西四百里菲_{本或作悲亦作匪}谷窟,遇疾而卒。昞六子。

长子僧衍,早亡。

次仲礼,留乡里。

次字仲,次二归,少归仁,并迁代京。后分属诸州,为城民。归仁有二子,长买奴,次显宗。

太和十四年,尚书李冲奏:"昞,河右硕儒,今子孙沉屈,未有禄润。贤者子孙,宜蒙显异。"于是除其一子为郢州云阳令。正光三年,太保崔光奏曰:"臣闻太上立德,其次立功、立言。死而不朽,前哲所尚;思人爱树,自古称美。故乐平王从事中郎敦煌刘昞,著业凉城,遗文兹在,篇籍之美,颇足可观。如或衍衅,当蒙数世之宥,况乃维祖逮孙,相去未远,而令久沦皂隶,不获收异,儒学之士,所为窃叹。臣忝职史教,冒以闻奏。乞敕尚书,推检所属,甄免碎役,用广圣朝旌善继绝。敦化厉俗,于是乎在。"四年六月,诏曰:"昞德冠前世,蔚为儒宗,太保启陈,深合劝善。其孙等三家,特可听免"。河西人以为荣。

赵柔,字元顺,金城人也。少以德行才学知名河右。沮渠牧犍时,为金部郎。世祖平凉州,内徙京师。高宗践阼,拜为著作郎。后以历效有绩,出为河内太守,甚著仁惠。柔尝在路得人所遗金珠一贯,价直数百缣,柔呼主还之。后有人与柔铧数百枚者,柔与子善明鬻之于市。有从柔买,索绢二十匹。有商人知其贱,与柔三十匹,善明欲取之。柔曰:"与人交易,一言便定,岂可以利动心也。"遂与之。缙绅之流,闻而敬服焉。其推诚秉信,皆此类也。陇西王源贺采佛经幽旨,作《祇洹精舍图偈》六卷,柔为之注解,咸得理衷,为当时俊僧所钦味焉。又凭立铭赞,颇行于世。

子默,字冲明。武威太守。

索敞,字巨振,敦煌人。为刘昞助教,专心经籍,尽能传昞之业。凉州平,入国,以儒学见拔,为中书博士。笃勤训授,肃而有礼。京师大族贵游之子,皆敬惮威严,多所成益,前后显达,位至尚书、牧守者数十人,皆受业于敞。敞遂讲授十余年。敞以丧服散在众篇,遂撰比为《丧服要记》，其《名字论》文多不载。后出补扶风太守，在位清贫，未几卒官。时旧平南学生等为请，诏赠平南将军、凉州刺史，谥曰献。

敞子僧养，中书议郎、京兆太守。

僧养子演贵，征东府参军。

演贵子怀真，字公道。武定末，侍御史。

初，敞在州之日，与乡人阴世隆文才相友。世隆至京师，被罪徙和龙，届上谷，困不前达，土人阴能抑掠为奴。五年，敞因行至上谷，遇见世隆，语其由状，对泣而别。敞为诉理，得免。世隆子孟贵，性至孝，每向田耘耨，早朝拜父，来亦如之。乡人钦其笃于事亲。

阴仲达，武威姑臧人。祖训，字处道，仕李皓为武威太守。父华，字委文，姑臧令。仲达少以文学知名。世祖平凉州，内徙代都。司徒崔浩启仲达与段承根云，二人俱凉土才华，同修国史。除秘书著作郎。卒。

华次子周达，徐州平南司马、太山太守。

周达子遵和，小名虎头。好音律，尚武事。初为高祖挽郎，拜奉朝请，后广平王怀取为国常侍。遵和便辟善事人，深为怀所亲爱。转司空法曹、太尉中兵参军。又为汝南王悦郎中令，复被爱信。稍迁龙骧将军、骁骑将军、豫州都督，镇悬瓠。孝庄末，除左将军，行豫州刺史。时前行州事元崇礼被徵将还，既闻尔朱兆入洛，遂矫杀遵和，擅摄州任，后追赠平南将军、凉州刺史。

遵和兄子道方，性和雅，颇涉书传，深为李神俊所知赏。神俊为前将军、荆州刺史，请道方为其府长流参军。神俊曾使道方诣萧衍雍州刺史萧纲论边事，道方风神沉正，为纲所称。正光末，萧纲遣其军主曹义宗等扰动边蛮，神俊令道方驰传向新野，处分军事。于路为土因村蛮所掠，送于义宗，义宗又传致襄阳，仍送于萧衍，囚之尚方。孝昌中，始得还国。既至，拜奉朝请，转员外散骑侍郎。孝庄初，迁尚书左民郎中，修起居注。永安二年，诏道方与仪曹郎中王元旭使于萧衍。至南兖州，有诏追还。转安东将军、光禄大夫，领右民郎中。太昌初卒，年四十二。人士咸嗟惜之。赠抚军将军、荆州刺史。

　　史臣曰：赵逸等皆通涉经史，才志不群，价重西州，有闻东国，故于流播之中，拔泥滓之上。人之不可以无能，信也。胡叟显晦之间，优游无闷，亦一世之异人乎？

魏书卷五三
列传第四一

李孝伯　李冲

　　李孝伯，赵郡人也，高平公顺从父弟。父曾，少治《郑氏礼》、《左氏春秋》，以教授为业。郡三辟功曹，不就。门人劝之，曾曰："功曹之职，虽曰乡选高第，犹是郡吏耳。北面事人，亦何容易。"州辟主簿。到官月余，乃叹曰："梁叔敬有云：州郡之职，徒劳人耳。道之不行，身之忧也。"遂还家讲授。太祖时，徵拜博士，出为赵郡太守，令行禁止，劫资奔窜。太宗嘉之。并州丁零，为山东之害，知曾能得百姓死力，惮不入境，贼于常山界得一死鹿，谓赵郡地也，贼长责之，还令送鹿故处。邻郡为之谣曰："诈作赵郡鹿，犹胜常山粟。"其见惮如此。卒，赠平南将军、荆州刺史、柏仁子，谥曰懿。

　　孝伯少传父业，博综群言。美风仪，动有法度。从兄顺言之于世祖，徵不中散，世祖见而异之，谓顺曰："真卿家千里驹也。"迁秘书奏事中散，转侍郎、光禄大夫，赐爵南昌子，加建威将军，委以军国机密，甚见亲宠。谋谟节秘，时人莫能知也。迁比部尚书，以频从征伐规略之功，进爵寿光侯，加建义将军。

　　真君末，车驾南伐，将出彭城。刘义隆子安北将军、徐州刺史、武陵王骏，遣将马文恭率步骑万余至萧城，前军击破之，文恭走免，执其队主蒯应。义隆闻大驾南巡，又遣其弟太尉、江夏王义恭率众赴彭城。世祖至彭城，登亚父冢以望城内，遣送蒯应至小市门，宣世祖诏，劳问义恭率，并遣自陈萧城之败。义恭等问应："魏帝自来以不?"应曰:"自来。"又问:"今在何处?"应曰:"在城西南。"又问:"士马多少?"应曰:"中军四十余万。"骏遣人献酒二器、甘蔗百梃,并请骆驼。

世祖明旦复登亚父冢,遣孝伯至小市,骏亦遣其长史张畅对孝伯。孝伯遥问畅姓,畅曰:"姓张。"孝伯曰:"是张长史也。"畅曰:"君何得见识?"孝伯曰:"既涉此境,何容不悉。"畅问孝伯曰:"君复何姓?居何官也?"孝伯曰:"我戎行一夫,何足致问。然足与君相敌。"孝伯曰:"主上有诏:'太尉、安北可暂出门,欲与相见,朕亦不攻彭城,何为劳苦将士,城上严备?'今遣赐骆驼及貂裘杂物"。畅曰:"有诏之言,政可施于彼国,何得称之于此?"孝伯曰:"卿家太尉、安北,是人臣不?"畅曰:"是也。"孝伯曰:"我朝廷奄有万国,率土之滨,莫敢不臣。纵为邻国之君,何为不称诏于邻国之臣?"

孝伯又问畅曰:"何至忽遽杜门绝桥?"畅曰:"二王以魏帝壁垒未立,将士疲劳,此精甲十万,人思致命,恐轻相凌践,故且闭城耳。待休息士马,然后共治战场,克日交戏。"孝伯曰:"令行禁止,主将常事。宜当以法裁物,何用发桥杜门?穷城之中,复何以十万夸大?我亦有良马百万,复可以此相矜。"畅曰:"王侯设险,何但法令而已也。我若夸君,当言百万,所以言十万者,正是二王左右素所畜养者耳。此城内有数州士庶,工徒营伍犹所未论。我本斗人,不斗马足。且冀之北土,马之所生,君复何以逸足见夸也?"孝伯曰:"王侯设险,诚如来言,开闭有常,何为杜塞?绝桥之意,义在何也?此城守君之所习,野战我之所长,我之恃马,犹如君之恃城耳。"

城内有贝思者,尝至京师,义恭遣视之,思识是孝伯。思前问孝伯曰:"李尚书行途有劳。"孝伯曰"此事应相与共知。"思答曰:"缘共知,所以仰劳。"孝伯曰:"感君至意。"

既开门,畅屏人却仗,出受赐物。孝伯曰:"诏以貂裘赐太尉,骆驼、骡、马赐安北,蒲萄酒及诸食味当相与同进。"畅曰:"二王敬白魏帝,知欲垂见,常愿面接,但受命本朝,忝居藩任,人臣无境外之交,故无容私觌。"义恭献皮裤褶一具,骏奉酒二器、甘蔗百挺,孝伯曰:"又有诏:'太尉、安北久绝南信,殊当忧悒。若欲遣信者,当为护送,脱须骑者,亦当以马送之。'"畅曰:"此方间路甚多,使命日夕往复,不复以此劳魏帝也。"孝伯曰:"亦知有水路,似为白贼所断。"畅曰:"君著白衣,称白贼也。"孝伯大笑曰:"今之白贼,似异黄巾、赤眉。"畅曰:"黄巾、赤眉,不在江南。"孝伯曰:"虽不在江南,亦不离徐方也。"孝伯曰:"向与安北相闻,何以久而不报?"畅曰:"二王贵远,启闻为难。"孝伯曰:"周公握发吐哺,二王何独贵远?"畅曰:"握发吐餐,不谓邻国之人也。"孝伯曰:"本邦尚尔,邻国弥应尽恭,且宾至有礼,主人宜以礼接。"畅曰:"昨见众宾至门,未为有礼。"孝伯曰:"非是宾至无礼,直是主人匆匆,无待宾调度耳。"孝伯又言:"有诏:'程天祚一介常人,诚知非江南之选,近于汝阳,身被九枪,落在溵水,我使牵而出之。凡人骨肉分张,并思集聚。闻其弟在此,如何不遣暂出? 寻自令反,岂复苟留一人。'"畅曰:"知欲程天祚兄弟集聚,已勒遣之,但其固辞不往。"孝伯曰:"岂有子弟闻其父兄而反不肯相见,此便禽兽之不若。贵土风俗,何至如此!"

世祖又遣赐义恭、骏等毡各一领,盐各九种,拜胡豉。孝伯曰:"有后诏:'凡此诸盐,各有所宜。白盐食盐,主上自食;黑盐治腹张气满,末之六铢,以酒而服;胡盐治目痛;戎盐治诸疮;赤盐,驳盐,臭盐、马齿盐四种,并非食盐。太尉、安北何不遣人来至朕闻?彼此之情,虽不可尽,要复见朕小大,知朕老少,观朕为人。'"畅曰:"魏帝久为往来所具,李尚书亲自衔命,不患彼此不尽,故复遣信。"义恭献蜡烛十挺,骏献锦一匹。

孝伯曰:"君南土士人,何为著屐?君而著此,将士云何?"畅曰:"士人之言,诚为多愧。但以不武,受命统军,戎陈之间,不容缓服。"孝伯曰:"永昌王自顷恒镇长安,今领精骑八万直造淮南,寿春亦闭门自固,不敢相御。向送刘康祖首,彼之所见。王玄谟甚是所悉,亦是常才耳。何意作如此任使,以致奔败。自入境七百余里,主人竟不能一相拒抗。邹山之险,彼之所凭,前锋始得接手,崔邪利便尔入穴,将士倒曳出之。主上丐其生命,今从在此。复何以轻脱,遣马文恭至萧县,使望风退挠也。彼之民人,甚相忿怨,言清平之时,赋我租帛,至有急难,不能相拯。"

畅曰:"知永昌已过淮南,康祖为其所破,比有信使,无此消息。王玄谟南土偏将,不谓为才,但以其北人,故为前驱引导耳。大军未至,而河冰向合,玄谟量宜反旆,未为失算,但因夜回归,致戎马惊乱耳。我家悬瓠小城,陈宪小将,魏帝倾国攻围,累旬不克。胡盛之偏裨小帅,众无三旅,始济翻水,魏国君臣奔散,仅得免脱。滑台之师,无所多愧。邹山小戍,虽有微险,河畔之民,多是新附。始慕政化,奸盗未息,示使崔邪利抚之而已。今虽陷没,何损于国?魏帝自以十万之师而制一崔邪利,乃复足言也?近闻萧县百姓并依山险,聊遣马文恭以十队迎之耳。文恭前以三队出,还走彼大营。稽玄敬以百舸至留城,魏军奔败。轻敌致此,亦非所恤。王境人民,列居河畔,二国交兵,当互加抚养。而魏师入境,事生意外,官不负民,民亦何怨?知入境七百里,无相捍拒。此自上由太尉神算,次在武陵圣略,军国之要,虽不预闻,然用兵有机间,亦不容相语。"

孝伯曰:"君藉此虚谈,支离相对,可谓遁辞知其所穷。且主上当不围此城,自率众军直造瓜步。南事若办,城故不待攻围;南行不捷,彭城亦非所欲也。我今当南,欲饮马江湖耳。"畅曰:"去留之事,自适彼怀。若魏帝遂得饮马长江,便为无复天道。"孝伯曰:"自北而南,实惟人化,饮马长江,岂独天道?"畅将还城,谓孝伯曰:"冀荡定有期,相见无远。君若得还宋朝,今为相识之始。"孝伯曰:"今当先至建业以待君耳。恐尔日君与二王面缚请罪,不暇为容。"

孝伯风容闲雅,应答如流,畅及左右甚相嗟叹。世祖大喜,进爵宣城公。兴安二年,出为使持节、散骑常侍、平西将军、秦州刺史。太安五年卒,高宗甚悼惜之。赠镇南大将军、定州刺史,谥曰文昭公。

孝伯体度恢雅,明达政事,朝野贵贱,咸推重之。恭宗曾启世祖广徵俊秀,世祖曰:"朕有一孝伯,足治天下,何用多为?假复求访,此人辈亦何可得。"其见赏如此。性方慎忠厚,每明廷大事有不足,必手自书表,切言陈谏,或不从者,至于再三。削灭稿草,家人不见。

公庭论议,常引纲纪,或有言事者,孝伯恣其所陈,假有是非,终不抑折。及见世祖,言其所长,初不隐人姓名以为己善,故衣冠之士,服其雅正。自崔浩诛后,军国之谋,咸出孝伯。世祖宠眷有亚于浩,亦以宰遇之。献替补阙,其迹不见,时人莫得而知也。卒之日,远近哀伤焉。孝伯美名,闻于遐迩,李彪使于江南,萧赜谓之曰:"孝伯于卿远近?"其为远人所知若此。

孝伯妻崔赜女,高明妇人,生一子元显。崔氏卒后,纳翟氏,不以为妻也,憎忌元显。后遇劫,元显见害,世云崔氏所为也。元显志气甚高,为时人所伤惜。翟氏二子,安民、安上,并有风度。

安民,袭爵寿光侯,司徒司马。卒,赠郢州刺史,无子,爵除。

安上,钜鹿太守,亦早卒。

安民弟豹子。正光三年上书曰:

> 窃惟庸勋赏劳,有国恒典;兴灭继绝,哲后所先,是以积德累忠,《春秋》许宥十世;立功著节,河山誓其永久。伏惟世祖太武皇帝英睿自天,笼罩日域,东清辽海,西定玉门,凌灭漠北,饮马江水。臣亡父故尚书、宣城公先臣孝伯,冥基感会,邀幸昌辰,绸缪帏幄,缱绻侍从,庙算嘉谋、每蒙顾采。于时储后监国,奏请徵贤。诏报曰:"朕有一孝伯,足以治天下,何用多为?"其见委遇,乃至于此。是用宠以元、凯,爵以公侯,诏册曰:"江阳之巡,奇谋屡进,六师大捷,亦有勋焉。"出内勤王,宠遇隆厚,方开大赏,而世祖登遐。梓宫始迁,外任名岳。高宗冲年篡运,未及追叙。

> 臣行舛百灵,先臣弃世,微绩未甄,诚志长夺,缙绅金伤早世,朝野咸哀不永。臣亡兄袭,无子封除。永惟宗构,五情崩坷。先臣荣宠前朝,勋书王府,同之常伦,爵封埋坠,准古量今,实深荼苦。窃惟朝例:广川王遵、太原公元大曹等,并以勋重先朝,世绝继祀,或以傍亲,或听弟袭,皆传河山之功,垂不世之赏。况先臣在蒙委任,运筹帏帝,勋著于中,声传于外。事等功均,今古无易。是以汉赏信布,裁重良平;魏酬张、徐,不弃荀、

郭。今数族追赏于先朝之世,先臣绝封于圣明之时,瞻流顾侣,存亡永恨。窃见正始中,爰发存亡之诏,褒贤报功之旨。熙平元年,故任城王澄所请十事,复新前泽,成一时之盛事,垂旷代之茂典。凡在缨绂,谁不感庆?盖以奖劝来今,垂范万古。且刘氏伪书,翻流上国,寻其讪谤,百无一实,前后使人,不书姓字,亦无名爵。至于《张畅传》中,略叙先臣对问,虽改脱略尽,自欲矜高,然逸韵难亏,犹见称载,非直存益于时,没亦有彰国美,乞览此书,昭然可见。则微微衰构,重起一朝,先臣潜魂,结草于千载矣。

卒不得袭。

孝伯兄祥,字元善。学传家业,乡党宗之。世祖诏州郡举贤良,祥应贡,对策合旨,除中书博士。时南土未宾,世祖亲驾,遣尚书韩元兴率众出青州,以祥为军司,略地至于陈汝,淮北之民诣军降者七千余户,迁之于兖豫之南,置淮阳郡以抚之。拜祥为太守,加绥远将军。流民归之者万余家,劝课农桑,百姓安业。世祖嘉之,赐以衣马。迁河间太守,有威恩之称。太安中,徵拜中书侍郎。民有千余,上书乞留数年,高宗不许。卒官,追赠定州刺史、平棘子,谥曰宪。

子安世,幼而聪悟。兴安二年,高宗引见侍郎、博士之子,简其秀俊者欲为中书学生。安世年十一,高宗见其尚小,引问之。安世陈说父祖,甚有次第,即以为学生。高宗每幸国学,恒独被引问。诏曰:"汝但守此至大,不虑不富贵。"居父忧,以孝闻。

天安初,拜中散,以温敏敬慎,显祖亲爱之。累迁主客令。萧赜使刘缵朝贡,安世美容貌,善举止,缵等自相谓曰:"不有君子,其能国乎?"缵等呼世安为典客,安世曰:"三代不共礼,五帝各异乐,安足以亡秦之官,称于上国。"缵曰:"世异之号,凡有几也?"安世曰:"周谓掌客,秦改典客,汉名鸿胪,今曰主客。君等不欲影响文武,而殷勤亡秦。"缵又指方山曰:"此山去燕然远近?"安世曰:"亦由石头之于番禺耳。"国家有江南使至,多出藏内珍物,令都下富室好容服者货之,令使任情义易。使至金玉肆问价,缵曰:"北方金玉大贱,当是山川所出?"安世曰:"圣朝不贵金玉,所以贱同瓦砾。又皇上德通神明,山不爱宝,故无川无金,无山无玉。"缵初将大市,得安世言,惭而罢。

迁主客给事中。时民困饥流散,豪右多有占夺,安世乃上疏曰:

> 臣闻量地画野,经国大式;邑地相参,致治之本。井税之兴,其来日久;田莱之数,制之以限。盖欲使土不旷功,民罔游力。雄擅之家,不独膏腴之美;单陋之夫,亦有顷亩之分。所以恤彼贫微,抑兹贪欲,同富约之不均,一齐民于编户。窃见州郡之民,或因年俭流移,弃卖田宅,漂居异乡,事涉数世。三长既立,始返旧墟,庐井荒毁,桑榆改植。事已历远,易生假冒。强宗豪族,肆其侵凌,远认魏晋之家,近引亲旧之验。又年载稍久,乡老所惑,郡证虽多,莫可取据。各附亲知,互有长短,两证徒具,听者犹疑,争讼迁延,连纪不判。良畴委而不开,柔桑枯而不采,饶伴之徒兴,繁多之狱作。欲令家丰岁储,人给资用,其可得平!愚谓今虽桑井难复,宜更均量,审其径术,令分艺有准,力业相称,细民获资生之利,豪右靡余地之盈。则无私之泽,乃播均于兆庶,如阜如山,可有积于比户矣。又所争之田,宜限年断,事久难明,悉属今主。然后虚妄之民,绝望于觊觎;守分之士,永免于凌夺矣。

高祖深纳之,后匀田之制起于此矣。

出为安平将军、相州刺史、假节、赵郡公,敦劝农桑,禁断淫祀,西门豹、史起,有功于民者,为之修饰庙堂。表荐广平宋翻、阳平路恃庆,皆为朝廷善士。初,广平人李波,宗族强盛,残掠生民。前刺史薛道攲亲往讨之,波率其宗族拒战,大破攲军。遂为逋逃之薮,公私成患。百姓为之语曰:"李波小妹字雍容,褰裙逐马如卷蓬,左射右射必叠双。妇女尚如此,男子那可逢!"安世设方略诱波及诸子侄三十余人,斩于邺市,境内肃然。以病免。太和十七年,卒于家。安世妻博陵崔氏,生一子玚。崔氏以妒悍见出,又尚沧水公主,生二子,谧、郁。

场,字琚罗。涉历史传,颇有文才,气尚豪爽,公强当世。延昌末,司徒行参军,迁司徒长兼主簿。太师、高阳王雍表荐场为其友,正主簿。

于时,民多绝户而为沙门,场上言:"礼以教世,法导将来,迹用既殊,区流亦别。故三千之罪,莫大不孝;不孝之大,无过于绝祀。然则绝祀之罪,重莫甚焉。安得轻纵背礼之情,而肆其向法之意也?正使佛道,亦不应然;假令听然,犹须裁之以礼。一身亲老,弃家绝养,既非人理,尤乖礼情,埋灭大伦,且阙王贯。交缺当世之礼,而求将来之益。孔子云'未知生,焉知死'斯言之至,亦为备矣。安有弃堂堂之政,而从鬼教乎!又今南服未静,众役仍烦,百姓之情,方多避役。若复听之,恐捐弃孝慈,比屋而是。"

沙门都统僧暹等忿场鬼教之言,以场为谤毁佛法,泣诉灵太后,太后责之,场自理曰:"窃欲清明佛法,使道俗兼通,非敢排弃真学,妄为訾毁。且鬼神之名,皆通灵达称,自百代正典,叙三皇五帝,皆号为鬼。天地曰神祇,人死曰鬼。《易》曰'知鬼神之情状',周公自美,亦云'能事鬼神';《礼》曰'明则有礼乐,幽则有鬼神'。是以明者为堂堂,幽都为鬼教。佛非天非地,本出于人,应世导俗,其道幽隐,名之为鬼,愚谓非谤。且心无不善,以佛道为教者,正可未达众妙之门耳。"灵太后虽知场言为允,然不免暹等之意,独罚场金一两。

转尚书郎,加伏波将军。随萧宝夤西征,以场为统军,假宁远将军。场德洽乡间,招募雄勇,其乐从者数百骑,场倾家赈恤,率之西讨,宝夤见场至,乃拊场肩曰:"子远来,吾事办矣。"故其下每有战功,军中号曰"李公骑"。宝夤又启场为左丞,仍为别将,军机戎政,皆与参决。宝夤又启为中书侍郎。还朝,除镇远将军、岐州刺史,坐辞不赴任免官。

建义初,于河阴遇害。时年四十五。初赠镇东将军、尚书右仆射、殷州刺史。太昌中,重赠散骑常侍、骠骑大将军、仪同三司、冀州刺史。

玚叔侃有大志，好饮酒，笃于亲知。每谓弟郁曰："士大夫学问，稽博古今而罢，何用专经为老博士也？"与弟谧特相友爱，谧在乡物故，玚恸哭绝气，久而方苏，不食数日，暮年之中，形骸毁悴。人伦哀叹之。玚三子。

长子义盛，武定中，司徒仓曹参军。

玚弟谧，字永和，在《逸士传》。

谧弟郁，字永穆。好学沉静，博通经史。自著作佐郎为广平王怀友，怀深相礼遇。时学士徐遵明教授山东，生徒甚盛，怀徵遵明在馆，令郁问其《五经》义例十余条，遵明所答数条而已。稍迁国子博士。自国学之建，诸博士率不讲说，朝夕教授，惟郁而已。谦虚雅宽，甚有儒者之风。迁廷尉少卿，加冠军将军，转通直散骑常侍。建义中，以兄玚卒，遂抚育孤侄，归于乡里。永熙初，除散骑常侍、大将军、左光禄大夫、兼都官尚书，寻领给事黄门侍郎。三年春，于显阳殿讲《礼》，诏郁执经，解说不穷，群难锋起，无废谈笑。出帝及诸王公凡预听者，莫不嗟善。寻病卒，赠散骑常侍、都督定冀相沧殷五州军事、骠骑大将军、尚书左仆射、仪同三同、定州刺史。

子士谦，仪同开府参军事。

李冲，字思顺，陇西人，敦煌公宝少子也。少孤，为长兄荥阳太守承所携训。承常言："此儿器量非恒，方为门户所寄。"冲沉雅有大量，随兄至官。是时，牧守子弟多侵乱民庶，轻有乞夺。冲与承长子韶独清简皎然，无所求取，时人美焉。显祖末，为中书学生，冲善交游，不妄戏杂，流辈重之。高祖初，以例迁秘书中散，典禁中文事，以修整敏惠，渐见宠待。迁内秘书令、南部给事中。

旧无三长，惟立宗主督护，所以民多隐冒，五十、三十家方为一户。冲以三正治民，所由来远，于是创三长之制而上之。文明太后览称善，引见公卿议之。中书令郑羲、秘书令高祐等曰："冲求立三长者，乃欲混天下一法。言似可用，事实难行。"羲又曰："不信臣言，但试行之。事败之后，当知愚言之不谬。"太尉元丕曰："臣谓此法若行，于公私有益。"咸称方今有事之月，校比民户，新旧未分，民必劳怨，请过今秋，至冬闲月，徐乃遣使，于事为宜。冲曰："民者，冥也，可使由之，不可使知之。若不因调时，百姓徒知立长校户之勤，未见均徭省赋之益，心必生怨。宜及课调之月，令知赋税之均。既识其事，又得其利，因民之欲，为之易行。"著作郎傅思益进曰："民俗既异，险易不同，九品差调，为日已久。一旦改法，恐成扰乱。"太后曰："立三长，则课有常准，赋有恒分，苞荫之户可出，侥幸之人可止，何为而不可？"群议虽有乖异，然惟以变法为难，更无异义。遂立三长，公私便之。

迁中书令，加散骑常侍，给事中如故。寻转南部尚书，赐爵顺阳侯。冲为文明太后所幸，恩宠日盛，赏赐月至数千万，进爵陇西公，密致珍宝御物以充其第，外人莫得而知焉。冲家素清贫，于是始为富室。而谦以自牧，积而能散，近自姻族，逮于乡闾，莫不分及。虚己接物，垂念羁寒，衰旧沦屈由之跻叙者，亦以多矣。时以此称之。

初，冲兄佐与河南太守来崇同自凉州入国，素有微嫌。佐因缘成崇罪，饿死狱中。后崇子护又纠佐赃罪，佐及冲等悉坐幽系，会赦乃免，佐甚衔之。至冲宠贵，综摄内外，护为南部郎，深虑为冲所陷，常求退避，而冲每慰抚之。护后坐赃罪，惧必不济。冲乃具奏与护本末嫌隙，乞原恕之，遂得不坐。冲从甥阴始孙孤贫，往来冲家，至如子侄。有人求官，因其纳以于冲，始孙辄受而不为言。后假方使，借冲乘此马，马主见冲乘马而不得官，后乃自陈始末。冲闻之，大惊，执始孙以状款奏，始孙坐死。其处要自厉，不念爱恶，皆此类也。

是时循旧，王公重臣皆呼其名，高祖常谓冲为中书而不名之，文明太后崩后，高祖居丧，引见待接有加。及议礼仪律令，润饰辞旨，刊定轻重，高祖虽自下笔，无不访决焉。冲谒忠奉上，知无不尽，出入忧勤，形于颜色，虽旧臣戚辅，莫能逮之，无不服其明断慎密而归心焉。于是天下翕然，及殊方听望，咸宗奇之。高祖亦深相杖信，亲敬弥甚，君臣之间，情义莫二。及改置百司，开建五等，以冲参定典式,封荥阳郡开国侯,食邑八百户,拜廷尉卿。寻迁侍中、吏部尚书、咸阳王师。东宫既建,拜太子少傅。

高祖初依《周礼》,置夫、嫔之列,以冲女为夫人。

诏曰:

昔轩皇诞御,垂栋宇之构,爰历三代,兴宫观之式。然茅茨土阶,昭德于上代;层台广厦,崇威于中叶。良由文质异宜,华朴殊礼故也。是以周成继业,营明堂于东都;汉祖聿兴,建未央于咸镐。盖所以尊严皇威,崇重帝德,岂好奢恶俭,苟弊民力者哉?我皇运统天,协纂乾历,锐意四方,未遑建制,宫室之度,颇为未允。太祖初基,虽粗有经式,自兹厥后,复多营改。至于三元庆飨万国充庭,观光之使,具瞻有阙。朕以寡德,猥承洪绪,运属休期,事钟昌运,宜遵远度,式兹宫宇。指训规模,事昭于平日;明堂,太庙,已成于昔年。又因往岁之丰资,藉民情之安逸,将以今春营改正殿。违犯时令,行之惕然。但朔土多寒,事殊南夏,自非裁度当春,兴役徂暑,则广制崇基,莫由克就。成功立事,非委贤莫可;改制规模,非任能莫济。尚书冲器怀渊博,经度明远,可领将作大匠;司空、长乐公亮,可与大匠共监兴缮。其去故崇新之宜,修复太极之制,朕当别加指授。

车驾南伐,加冲辅国大将军,统众翼从。自发都至于洛阳,霖雨不霁,仍诏六军发轸。高祖戎服执鞭,御马而出,群臣启颡于马首之前。高祖曰:"长驱之谋,庙算已定,今大军将进,公等更欲何云?"冲进曰:"臣等不能折冲帷幄,坐制四海,而令南有窃号之渠,实臣等之咎。陛下以文轨未一,亲劳圣驾,臣等诚思亡躯尽命,效死戎行。然自离都淫雨,士马困弊,前路尚遥,水潦方甚。且伊洛境内,小水犹尚致难,况长江浩汗,越在南境。若营舟楫,必须傍滞,师老粮乏,进退为难,矜丧反斾,于义为允。"高祖曰:"一同之意,前已具论。卿等正以水雨为难,然天时颇亦可知。何者?夏既炎旱,秋故雨多,玄冬之初,必当开爽。比后月十间,若雨犹不已,此乃天也,脱于此而晴,行则无害。古不伐丧,谓诸侯同轨之国,非王者统一之文。已至于此，何容停驾。"冲又进曰："今者之举，天下所不愿，唯陛下欲之。汉文言，吾独乘千里马，竟何至也？臣有意而无其辞，敢以死请。"高祖大怒曰："方欲经营宇宙，一同区域，而卿等儒生屡疑大计，斧钺有常，卿勿复言！"策马将出。于是大司马、安定王休，兼左仆射、任城王澄等并殷勤泣谏。

高祖乃谕群臣曰："今者兴动不小，动而无成，何以示后？苟欲班师，无以垂之千载。朕仰惟远祖，世居幽漠，违众南迁，以享无穷之美，岂其无心，轻遗陵壤。今之君子，宁独有怀？当由天工人代、王业须成故也。若不南銮，即当移都于此，光宅土中，机亦时矣。王公等以为何如？议之所决，不得旋踵，欲迁者左，不欲者右。"安定王休等相率如右。前南安王桢进曰："夫愚者暗于成事，智者见于未萌。行至德者不议于俗，成大功者不谋于众，非常之人乃能非常之事。廓神都以延王业，度土中以制帝京，周公启之于前，陛下行之于后，故其宜也。且天下至重，莫若皇居，人之所贵，宁如遗体？请上安圣躬，下慰民望，光宅中原，辍彼南伐。此臣等愿言，苍生幸甚。"群臣咸唱"万岁"。

高祖初谋南迁，恐众心恋旧，乃示为大举，因以胁定群情，外名南伐，其实迁也。旧人怀土，多所不愿，内惮南征，无敢言者，于是定都洛阳。冲言于高祖曰："陛下方周公之制，定鼎成周。然营建六寝，不可游驾待就，兴筑城郭，难以马上营讫。愿暂还北都，令臣下经造，功成事讫，然后备文物之章，和玉銮之响，巡时南徙，轨仪土中。"高祖曰："朕将巡省方岳，至邺小停，春始便还，未宜遂不归北。"寻以冲为镇南将军，侍中、少傅如故，委以营构之任。改封阳平郡开国侯，邑户如先。

车驾南伐，以冲兼左仆射，留守洛阳。车驾渡淮，别诏安南大将军元英、平南将军刘藻讨汉中，召雍、泾、岐三州兵六千人拟戍南郑，克城则遣，冲表谏曰：

秦州险厄，地接羌夷。自西师出后，饷援连续，加氐胡叛逆，所在奔命，运粮擐甲，迄兹未已。今复豫差戍卒，悬拟山外，虽加优复,恐犹惊骇。脱终攻不克,徒动民情,连胡结夷,事或难测。辄依旨密下刺史,待军克郑城,然后差遣,如臣愚见,犹谓未足。何者?西道险厄,单径千里,今欲深戍绝界之外,孤据群贼之中,敌攻不可卒援,食尽不可运粮。古人有言,'虽鞭之长,不及马腹'。南郑于国,实为马腹也。且昔人攻伐,或城降而不取;仁君用师,或抚民而遗地。且王者之举,情在拯民;夷寇所守,意在惜地。校之二义,德有浅深。惠声已远,何遂于一城哉?且魏境所掩,九州过八;民人所臣,十分而九。所未民者,惟漠北之与江外耳。羁之在近,岂急急于今日也?宜待大开疆宇,广拔城聚,多积资粮,食足支敌,然后置邦树将,为吞并之举。今钟离、寿阳密迩未拔,诸城、新野跬步弗降。所克者舍之而不取,所降者抚之而旋戮。东道既未可以近力守,西蕃宁可以远兵固?若果欲置者,臣恐终以资敌也。又今建都土中,地接寇壤,方须大收死士,平荡江会。轻遣单寡,弃令陷没,恐后举之日,众以留守致惧,求其死效,未易可获。推此而论,不戍为上。

高祖从之。

车驾还都,引见冲等,谓之曰:"本所以多置官者,虑有令仆暗弱,百事稽壅,若明独聪专,则权势大并。今朕虽不得为聪明,又不为劣暗。卿等不为大贤,亦不为大恶。且可一两年许,少置官司。"

高祖自邺还京,凡舟洪池,乃从容谓冲曰:"朕欲从此通渠于洛,南伐之日,何容不从此入洛,从洛入河,从河入汴,从汴入清,以至于淮?下船而战,犹出户而斗,此乃军国之大计。今沟渠若须二万人以下、六十日有成者,宜以渐修之。"冲对曰:"若尔,便是士无远涉之劳,战有兼人之力。"进尚书仆射,仍领少傅。改封清渊县开国侯,邑户如前。及太子恂废,冲罢少傅。

高祖引见公卿于清徽堂,高祖曰:"圣人之大宝,惟位与功。是以功成作乐,治定制礼。今徙机中天,创居嵩洛,虽大构未成,要自条纪略举。但南有未宾之竖,兼凶蛮密迩,朕夙夜怅恍,良在于兹。

取南之计决矣。朕行之谋必矣。若依近代也，则天子下帷深宫之内；准上古也，则有亲行，祚延七百。魏晋不征，旋踵而殒，祚之修短，在德不在征。今但以行期，未知早晚。知几其神乎？朕既非神，焉能知也。而顷来阴阳卜术之士，咸劝朕今征必克。此既家国大事，宜共君臣各尽所见，不得以朕先言，便致依违，退有同异。"冲对曰："夫征战之法，先之人事，然后卜筮，今卜筮虽吉，犹恐人事未备。今年秋稔，有损常实，又京师始迁，众业未定，加之征战，以为未可。宜至来秋，"高祖曰："仆射之言，非为不合。朕意之所虑，乃有社稷之忧。然咫尺寇戎，无宜自安，理须如此。仆射言人事未从，亦不必如此。朕去十七年，拥二十万众，行不出畿甸，此人事之盛，而非天时。往年乘机，天时乃可，而阙人事，又致不捷。若待人事备，复非天时，若之何？如仆射之言，便终无征理。朕若秋行无克捷，三君子并付司寇，不可不人尽其心。"罢议而出。

后世宗为太子，高祖宴于清徽堂。高祖曰："皇储所以篡历三才，光昭七祖，斯乃亿兆咸悦，天人同泰，故延卿就此一宴，以畅忻情。"，高祖又曰："天地之道，一盈一虚，岂有常泰。天道犹尔，况人事乎？故有升有黜，自古而然。悼往欣今，良用深叹"。冲对曰："东晖承储，苍生咸幸。但臣前忝师傅，弗能弼谐，仰惭天日，慈造宽含，得预此宴，庆愧交深。"高祖曰："朕尚弗能革其昏，师傅何劳愧谢也。"

后尚书疑元拔、穆泰罪事，冲奏曰：

前彭城镇将元拔与穆泰同逆，养子降寿宜从拔罪。而太尉、咸阳王禧等，以为律文养子而为罪，父及兄弟不知情者不坐。谨审律意，以养子于父非天性、于兄弟非同气，敦薄既差，故刑典有降，是以养子虽为罪，而父兄不预。然父兄为罪，养子不知谋，易地均情，岂独从戮乎？理固不然。臣以为，依据律文，追戮于所生，则从坐于所养，明矣。又律惟言父不从，称子不从父，当是优尊厉卑之义。臣禧等以为：'律虽不正见，互文起制，于乞也举父之罪，于养也见子坐，是为互起。互起两明，无罪必矣。若以嫡继养与生同，则父子宜均，祗明不坐，且继养之注云：若有别制，不同此律。又令文云：诸有封爵，若无亲子，乃其身卒，虽有养继，国除不袭。是为有福不及己，有罪便预坐。均事等情，律令之意，便相矛盾。伏度律旨，必不然也。'臣冲以为，指例条寻，罪在无疑，准令语情，颇亦同式。

诏曰："仆射之议，据律明矣；太尉等论，于典矫也。养所以从戮者，缘其已免所生，故不得复甄于所养。此独何福，长处吞舟？于国所以不袭者，重列爵，特立制，因天之所绝，推而除之耳，岂复报对刑赏？于斯则应死，可特原之。"

冲机敏有巧思，北京明堂、圆丘、太庙，及洛都初基，安处郊兆，新起堂寝，皆资于冲。勤志强力，孜孜无怠，旦理文薄，兼营匠制，几案盈积，剖剧在手，终不劳厌也。然显贵门族，务益六姻，兄弟子侄，皆有爵官，一家岁禄，万匹有余。是其亲者，虽复痴聋，无不超越官次。时论亦以此少之。年才四十，而鬓发班白，资貌丰美，未有衰状。

李彪之入京也，孤微寡援，而自立不群，以冲好士，倾心宗附。冲亦重其器学，礼而纳焉。每言之于高祖，公私共相援益。及彪为中尉、兼尚书，为高祖知待，便谓非复藉冲，而更相轻背，惟公坐敛袵而已，无复宗敬之意也。冲颇衔之。后高祖南征，冲与吏部尚书、任城王澄并以彪倨傲无礼，遂禁止之。奏其罪状，冲手自作，家人不知，辞甚激切，因以自劾。高祖览其表，叹怅者久之，既而曰："道固可谓溢也，仆射亦为满矣。"冲时震怒，数数责彪前后衍悖，瞋目大呼，投折几案。尽收御史，皆尼首面缚，詈辱肆口。冲素性温柔，而一旦暴恚，遂发病荒悸，言语乱错，犹扼腕叫詈，称李彪小人。医药所不能疗，或谓肝藏伤裂。旬有余日而卒，时年四十九。

高祖为举哀于悬瓠，发声悲泣，不能自胜。诏曰："冲贞和资性，德义树身，训业自家，道素形国。太和之始，朕在弱龄，早委机密，实康时务。鸿渐瀍洛，朝选开清，升冠端右，惟允出纳。忠肃柔明，足敷睿范，仁恭信惠，有结民心。可谓国之贤也，朝之望也。方升宠秩，以旌功旧，奄致丧逝，悲痛于怀。既留勤应陟，兼良宿宜褒，可赠司空公,给东园秘器、朝服一具、衣一袭,赠钱三十万,布五百匹、蜡二百斤。"有司奏谥曰文穆。葬于覆舟山,近杜预家,高祖之意也。

后车驾自邺还洛,路经冲墓,左右以闻,高祖卧疾望坟,掩泣久之。诏曰:"司空文穆公,德为时宗,勋简朕心。不幸徂逝,托坟邙岭,旋銮覆舟,躬睇茔域,悲仁恻旧,有恸朕哀。可遣太牢之祭,以申吾怀,"及与留京百官相见,皆叙冲亡没之故,言及流泪。高祖得留台启,知冲患状.谓右卫宋弁曰:"仆射执我枢衡,总厘朝务,清俭居躬,知宠已久。朕以仁明忠雅,委以台司之寄,使我出境,无后顾之忧,一朝忽有此患,朕甚怀怆慨。"其相痛惜如此。

冲兄弟六人,四母所出,颇相忿阋。及冲之贵,封禄恩赐,皆以共之,内外辑睦。父亡后,同居二十余年,至洛乃别第宅,更相友爱,久无间然,皆冲之德也。始冲之见私宠也,兄子韶恒有忧色,虑致倾败。后荣名日显,稍乃自安。而冲明目当官,图为己任,自始乞终,无所避屈。其体时推运,皆此类也。

子延实等,语在《外戚传》。

史臣曰:燕赵信多奇士。李孝伯风范鉴略,盖亦过人远其。世祖雄猜严断,崔浩已见诛夷。而入参心膂,出干政事,献可替否,无际可寻。故能从容任遇,以功名始卒。其智器固以优乎?安世识具通雅,时干之良。场以豪俊达,郁则儒博显。李冲早延宠眷,入干腹心,风流识业,固乃一时之秀。终协契圣主,佐命太和,位当端揆,身任梁栋,德洽家门,功著王室。盖有魏之乱臣也。

《高氏小史》、《魏书》列传第四十五高祐、崔挺、李安世三人。其《传》云:"李安世,赵郡人也。宣城公孝伯之兄子。父祥,中书博士。"今《魏书》诸本,祥及安世事皆附此卷《孝伯传》后。按李肇《经史释题》、杨九龄《经史目录》,第四十五卷高祐、崔挺、李安世三人。宗谏《史目》、殷藏用《十三代史目》,惟高祐、崔挺,而无李安世。此卷史臣论安世及场、郁与《北史》同。疑李延寿用魏收旧语,或后人移《安世传》附孝伯,因取《北史》论安世父子事于此篇,亦不可考证。故载诸目录同异，以备传疑。

魏书卷五四
列传第四二

游雅　高闾

　　游雅，字伯度，小名黄头，广平任人也。少好学，有高才。世祖时，与勃海高允等俱知名，徵拜中书博士、东宫内侍长，迁著作郎。使刘义隆，授散骑侍郎，赐爵广平子，加建威将军。稍迁太子少傅，领禁兵，进爵为侯，加建义将军。受诏与中书侍郎胡方回等改定律制。出为散骑常侍、平南将军、东雍州刺史，假梁郡公。在任廉白，甚有惠政。徵为秘书监，委以国史之任。不勤著述，竟无所成。诏雅为《太华殿赋》，文多不载。

　　雅性刚愎，好自矜诞，陵猎人物。高允重雅文学，而雅轻薄允才。允性柔宽，不以为恨。允将婚于邢氏，雅劝允娶于其族，允不从。雅曰："人贵河间邢，不胜广平游。人自弃伯度，我自敬黄头。"贵己贱人，皆此类也。允著《徵士颂》，殊为重雅，事在《允传》。雅因论议长短，忿儒者陈奇，遂陷其至族，议者深责之。和平二年卒。赠相州刺史，谥曰宣侯。

　　子僧奴，袭爵，卒。

　　子双凤，袭。

　　雅弟恒，子昙护。太和中，为中散，迁典寺令。后尉劳仇池，为贼所害。赠肆州刺史。

　　高闾，字阎士，渔阳雍奴人。五世祖原，晋安北军司、上谷太守、关中侯,有碑在蓟中。祖雅,少有令名,州别驾。父洪,字季愿,陈留王从事中郎。闻贵,乃赠宁朔将军、幽州刺史、固安贞子。

闻早孤,少好学,博综经史,文才俊伟,下笔成章。本名驴,司徒崔浩见而奇之,乃改为闻而字焉。

真君九年,徵拜中书目博士。和平末,迁中书侍郎。高宗崩,乙浑擅权,内外危惧。文明太后临朝,诛浑,引闻与中书令高允入于禁内,参决大政,赐爵安乐子。加南中郎将,与镇南大将军尉元南赴徐州,闻先入彭城,收管龠,元表闻以本官领东徐州刺史,与张说对镇团城。后还京城,以功进爵为侯,加昭武将军。

显祖传位,徙御崇光宫,闻上表颂曰:

臣闻刑制改物者,应天之圣君;龌龊顺学者,守文之庸主。故五帝异规而化兴,三王殊礼而致治,用能宪章万祀,垂范百王,历叶所以挹其遗风,后君所以酌其轨度。伏惟太上皇帝,道光二仪,明齐日月,至德潜通,武功四畅。霜威南被,则淮徐来同;齐斧北断,则猃狁覆毙。西撮三危之酋,东引肃慎之贡。荒遐款塞,九有宅心。于是从容闲览,希习玄奥,尚鼎湖之奇风,崇巢由之高洁,畴咨熙载,亮采群后,爰揔大位,传祚圣人。开古之高范,爰萃于一朝;旷叶之希事,载见于今日。昔唐尧禅舜,前典大其成功;太伯让季,孔子称其至德。苟位以圣传,臣子一也,谨上《至德颂》一篇,其词曰:

茫茫太机,悠悠遐古。三皇刑制,五帝垂祜。仰察璇玑,俯鉴后土。雍容端拱,惟德是与。夏殷世传,周汉篡烈。道风虽邈,仍诞明哲。爰暨三季,下凌上替。九服三公,礼乐四缺。上灵降鉴,思皇反正。乃眷有魏,配天承命。功冠前王,德侔往圣。移风革俗,天保载定。于穆太皇,克广圣度。玄化外畅,惠鉴内悟。遗此崇高,揔彼冲素。道映当今,庆流后祚。明明我皇,承乾绍焕。比诵熙周,方文隆汉。重光丽天,晨晖叠旦。六府孔修,三辰贞观。功均乾造,云覆雨润。养之以仁,敦之以信。绥之斯和,动之斯震。自东祖西,无思不顺。祯侯并应,福禄来格。

嘉谷秀町，素文表石。玄鸟呈皓，醴泉流液。黄龙蜿蜿，游鳞奕奕。冲训既布，率土咸宁。穆穆四门，灼灼典刑。胜残岂远，期月有成。翘翘东岳，庶见翠旌。先民有言，千载一泰。昔难其运，今易其会。沐浴淳泽，被服冠带。饮和陶润，载欣载赖。文以写意，功由颂宣。吉甫作歌，式昭永年。唐政缉熙，康哉垂篇。仰述徽烈，被之管弦。

高允以闾文章富逸，举以自代，遂为显祖所知，数见引接，参论政治。命造《鹿苑颂》、《北伐碑》，显祖善之。承明初，为中书令，加给事中，委以机密。文明太后甚重闾，诏令书檄碑铭赞颂，皆其文也。

太和三年，出师讨淮北，闾表曰：

伏见庙算有事淮海，虽成事不说，犹可思量。臣以愚劣，本非武用；至于军旅，尤所不学。直以无讳之朝，敢肆狂瞽，区区短见，窃有所疑。臣闻兵者凶器，不得已而用之。今天下开泰，四方无虞。岂宜盛世，干戈妄动。疑一也。淮北之城，凡有五处，难易相兼，皆须攻击。然攻守难图，力悬百倍，反覆思量，未见其利。疑二也。纵使如心，于国无用，发兵远入，费损转多，若不置城，是谓空争。疑三也。脱不如意，当延日月，屯众聚费，于何不有。疑四也。伏愿思此四疑，时速返旆。

文明太后令曰："六军电发，有若摧朽，何虑四难也。"

迁尚书、中书监。淮南王他奏求依旧断禄，文明太后令召群臣议之。闾表曰：

天生烝民，树之以君；明君不能独理，心须臣以作辅。君使臣以礼，臣事君以忠。故车服有等差，爵命有分秩；德高者则位尊，任广者则禄重；下者禄足以代耕，上者俸足以行义。庶民均其赋，以展奉上之心；君王聚其材，以供事业之用。君班其俸，垂惠则厚；臣受其禄，感恩则深。于是贪残之心止，竭效之诚笃；兆庶无侵削之烦，百辟备礼容之美。斯则经世之明典，为治之至术。自尧舜以来，逮于三季，虽优劣不同，而斯道弗改。自中原崩否，天下幅裂，海内未一，民户耗减，国用不充，俸禄遂废。此则事出临时之宜，良非长久之道。

大魏应期绍祚，照临万方，九服既和，八表咸谧。二圣钦明文思，道冠百代，动遵礼式，稽考旧章。准百王不易之胜法，述前圣利世之高轨。置立邻党，班宣俸禄，事设令行，于今已久。苟匿不生，上下无怨，奸巧革虑，窥觎绝心，利润之厚，同于天地。以斯观之，如何可改？

又洪波奔激，则堤防宜厚；奸悖充斥，则禁纲须严。且饥寒切身，慈母不保其子；家给人足，礼让可得而生。但廉清之人，不必皆富；丰财之士，未必悉贤。今给其俸，则清者足以息其滥窃，贪者足以感而劝善；若不班禄，则贪者肆其奸情，清者不能自保。难易之验，灼然可知，如何一朝便欲去俸？淮南之议，不亦谬乎？

诏从闾议。

高祖又引见王公已下于皇信堂，高祖曰："政虽多途，治归一体。朕每蒙慈训，犹自昧然。诚知忠佞有损益，而未识其异，同恒惧忠贞见毁，妄人便进。瘝瘝思此，如有隐忧。国彦朝贤，休戚所共，宜辨斯真伪，以释朕怀。"尚书游明根对曰："忠佞之士，实亦难知。依古爵人，先试之以官，官定然后禄之；三载考绩，然后忠佞可明。"闾曰："窃谓袁盎彻慎夫人席，是其忠；潜杀晁错，是其佞。若以异人言之，望之为忠，石显是佞。"高祖曰："自非圣人，忠佞之行，时或互有。但忠功显即谓之忠，佞迹成斯谓之妄。史官据成事而书，于今观之，有别明矣。朕所问者，未然之前；卿之所对，已然之后。"闾曰："佞者，饰智以行事；忠者，发心以附道。譬如玉石，暾然可知。"高祖曰："玉石同体而异名，忠佞异名而同理。求之于同，则得其所以异；寻之于异，则失其所以同。出处同异之间，交换忠佞之境，岂是暾然易明哉？或有托佞以成忠，或有假忠以饰佞。如楚子綦后事显忠，初非佞也。"闾曰："子綦谏楚，初虽随述，终致忠言，此适欲讥谏，非为佞也。子綦若不设初权，后忠无由得显。"高祖善闾对。

闾后上表曰：

臣闻为国之道，其要有五：一曰文德，二曰武功，三曰法度，四曰防固，五曰刑赏。故远人不服，则修文德以来之；荒狡放命，则播武功以威之；民未知战，则制法度以齐之；暴敌轻侵，则设防固以御之；临事制胜，则明刑赏以劝之。用能辟国宁方，征伐四克。北狄悍愚，同于禽兽，所长者野战，所短者攻城。若以狄之所短，夺其所长，则虽众不能成患，虽来不能内逼。又狄散居野泽，随逐水草，战则与家产并至，奔则与畜牧俱逃，不赍资粮而饮食足。是以古人伐北方，攘其侵掠而已。历代为边患者，良以倏忽无常故也。六镇势分，倍众不斗，互相围逼，难以制之。

昔周命南仲，城北朔方；赵灵、秦始，长城是筑；汉之孝武，踵其前事。此四代之君，皆帝王之雄杰，所以同此役者，非智术之不长，兵众之不足，乃防狄之要事，其理宜然故。《易》称：天险不升，地险山川丘陵，王公设险以守其国。长城之谓欤？今宜依故于六镇之北筑长城，以御北虏。虽有暂劳之勤，乃有永逸之益，如其一成，惠及百世。即于要害，往往开门，造小城于其侧。因地却敌，多有弓弩。狄来有城可守，其兵可捍。既不攻城，野掠无获，草尽则走，终必惩艾。

宜发近州武勇四万人及京师二万人，合六万人为武士，于苑内立征北大将军府，选忠勇有志干者以充其选。下置宫属，分为三军：二万人专习弓射，二万人专心戈盾，二万人专心骑稍。修立战场，十日一习。采诸葛亮八阵之法，为平地御寇之方，使其解兵革之宜，识旌旗之节，器械精坚，必堪御寇。使将有定兵，兵有常主，上下相信，昼夜如一。七月发六部兵六万人，各备戎作之具，敕台北诸屯仓库，随近作米，俱送北镇。至八月，征北部率所领与六镇之兵，直至碛南，扬威漠北。狄若来拒，与之决战；若其不来，然后散分其地，以筑长城。计六镇东西不过千里，若一夫一月之功，当三步之地，三百人三里，三千人三十里,三万人三百里,则千里之地,强弱相兼,计十万人一月必就,运粮一月不足为多。人怀永逸,劳而无怨。

计筑长城,其利有五:罢游防之苦,其利一也;北部放牧,无抄掠之患,其利二也;登城观敌,以逸待劳,其利三也;省境防之虞,息无时之备,其利四也;岁常游运,永得不匮,其利五也。

又任将之道,特须委信,遣之以礼,恕之以情;阃外之事,有利辄决。赦其小过,要其大功;足其兵力,资其给用;君臣相体,若身之使臂,然后忠勇可立,制胜可果;是以忠臣尽其心,征将竭其力,虽三败而逾荣,虽三背而弥宠。

诏曰:"览表,具卿安边之策,比当与卿面论一二。"

高祖又引见群臣,议伐蠕蠕。帝曰:"蠕蠕前后再扰朔边,近有投化人云,敕勒渠帅兴兵叛之,蠕蠕主身率徒众,追至西漠。今为应乘弊致讨,为应休兵息民?"左仆射穆亮对曰:"自古以来,有国有家,莫不以戎事为首。蠕蠕子孙,袭其凶业,频为寇扰,为恶不悛,自相违叛。如臣愚见,宜兴军讨之,虽不顿除巢穴,且以挫其丑势。"闾曰:"昔汉时天下一统,故得穷追北狄。今南有吴寇,不宜悬军深入。"高祖曰:"先朝屡兴征伐者,以有未宾之虏。朕承太平之基,何为摇动兵革?夫兵者凶器,圣王不得已而用之。便可停也。"

高祖又曰:"今欲遣蠕蠕使还,应有书问以不?"群臣以为宜有,乃诏闾为书。于时蠕蠕国有丧,而书不叙凶事。高祖曰:"卿为中书监,职典文词,所造旨书,不论彼之凶事。若知而不作,罪在灼然;若情思不至,应谢所任。"闾对曰:"昔蠕蠕主敦崇和亲,其子不遵父志,屡犯边境。如臣愚见,谓不宜吊。"高祖曰:"敬其父则子悦,敬其君则臣悦。卿云不合吊慰,是何言欤?"闾遂引愆,免免冠谢罪。高祖谓闾曰:"蠕蠕使牟提小心恭慎,甚有使人之礼,同行疾其敦厚,每至陵辱,恐其还北,必被谤诬。昔刘准使殷灵诞每禁下人不为非礼之事,及其还国,果被谮朔,以致极刑。今为旨书,可明牟提忠于其国,使蠕蠕主知之。"

是年冬至，高祖、文明太后大飨群官，高祖亲舞于太后前，群臣皆舞。高祖乃歌，仍率群臣再拜上寿。闾进曰："臣闻大夫行孝，行合一家；诸侯行孝，声著一国；天子行孝，德被四海。今陛下圣性自天，敦行孝道，称觞上寿，灵应无差。臣等不胜庆踊，谨上千万岁寿。"高祖大悦，赐群臣帛，人三十匹。

又议政于皇信堂，高祖曰："百揆多途，万机事猥，未周之阙，卿等宜有所陈，"闾对曰："臣伏思太皇太后十八条之令，及仰寻圣朝所行，事周于百揆，理兼于庶务。孔子至圣，三年有成；子产治郑，历载乃就。今圣化方宣，风政骤改，行之积久，自然致治，理之必明，不患事阙。又为政之道，终始若一，民可使由之，不可使知之。政令既宣，若有不合于民者，因民之心而改之。愿终成其事，使至教必行。臣反覆三思，理毕于此，不知其他。但使今之法度，必理、必明、必行、必久，胜残去杀，可不远而致。"高祖曰："刑法者，王道之所用。何者为法？何者为刑？施行之日，何先何后？"闾对曰"臣闻刑制立会，轨物齐众，谓之法；犯违制约，致之于宪，谓之刑。然则法必先施，刑必后著。自鞭杖已上，至于死罪，皆谓之刑。刑者，成也，成而不可改。"高祖曰："《论语》称：'冉子退朝，孔子问曰：何晏也？对曰：有政。子曰：其事也。如有政，虽不吾以，吾其与闻之。'何者是政？何者为事？"闾对曰："臣闻：政者，君上之所施行，合于法度，经国治民之属，皆谓之政；臣下奉教承旨，作而行之，谓之事。然则天下大同，风轨齐一，则政出于天子；王道衰，则政出于诸侯；君道缺，则政出于大夫。故《诗叙》曰：'王道衰，政教失，则国异政，家殊俗。'政者，上之所行；事者，下之所奉。"高祖曰："若君命为政，子夏为莒父宰，问政，此应奉命而已，可得称政？"尚书游明根曰："子夏宰民，故得称政。"帝善之。

十四年秋，闾上表曰：

奉癸未诏书，以春夏少雨，忧饥馑之方臻，愍黎元之伤瘁。同禹汤罪己之诚，齐尧舜引咎之德，虞灾致惧，询及卿士，令各上书，机陈损益。深恩被于苍生，厚惠流于后土。伏惟陛下天启圣姿,利见纂极,钦若昊天,光格宇宙。太皇太后以睿哲赞世,稽合三才,高明柔克。道被无外。七政昭宣于上,九功咸序于下。君人之量逾高,谦光之旨弥笃。修复祭仪,宗庙所以致敬;饰正器服,礼乐所以宣和。增儒官以重文德,简勇士以昭武功。虑狱讼之未息,定刑书以理之;惧蒸民之奸宄,置邻党以穆之;究庶官之勤剧,班俸禄以优之;知劳逸之难均,分民土以齐之。甄忠明孝,矜贫恤独,开纳谠言,抑绝谗佞,明训以礼,率土移风。虽未胜残去杀,成无为之化,足以仰答三灵者矣。

臣闻皇天无私,降鉴在下,休咎之徵,咸由人召。故帝道昌,则九畴叙;君德衰,而彝伦敖。休瑞并应,享以五福,则康于其邦;咎徵屡臻,罚以六极,则害于其国。斯乃《洪范》之实徵,神只之明验。及其厄运所缠,世钟阳九,数乖于天理,事违于人谋,时则有之矣。故尧汤逢历年之灾,周汉遭水旱之患,然立功修行,终能弭息。今考治则有如此之风,计运未有如彼之害,而陛下殷勤引过,事迈前王。从星澍雨之徵,指辰可必;消灾灭祸之符,灼然自见。虽王畿之内,颇为少雨,关外诸方,禾稼仍茂,苟动之以礼,绥之以和,一岁不收未,为大损。但豫备不虞,古之善政,安不忘危,有国常典。窃以北镇新徙,家业未就,思亲恋本,人有愁心,一朝有事,难以御敌。可宽其往来,颇使欣慰,开云中马城之食以赈恤之,足以感德,致力边境矣。明察畿甸之民,饥甚者,出灵丘下馆之粟以救其乏,可以安慰孤贫,乐业保土。使幽、定、安、并四州之租,随运以溢其处。开关弛禁,薄赋贱籴,以消其费。清道路,恣其东西,随丰逐食,贫富相赡。可以免度凶年,不为患苦。

又闻常士困则滥窃生,匹妇馁则慈心薄。凶俭之年,民轻违犯,可缓其使役,急其禁令。宜于未然之前,申敕外牧。又一夫幽枉,王道为亏,京师之狱,或恐未尽。可集见囚于都曹,使明折庶狱者,重加究察。轻者即可决遣,重者定状以闻。罢非急之作,放无用之兽。此乃救凶之常法,且以见忧于百姓。《论语》曰:"不患贫而患不安。"苟安而乐生,虽遭凶年,何伤于民庶也。愚臣所见,如此而已。

诏曰:"省表闻之,当敕有司依此施行。"

后诏闾与太常采雅乐以营金石,又领广陵王师。出除镇南将军、相州刺史。以参定律令之勤,赐布帛千匹、粟一千斛、牛马各三。闾上疏陈伐吴之策,高祖纳之。迁都洛阳,闾表谏言迁有十损,必不获已,请迁于邺,高祖颇嫌之。

萧鸾雍州刺史曹虎据襄阳请降,诏刘昶、薛真度等四道南伐,车驾亲幸悬瓠,闾表谏曰:"洛阳草创,虎既不遣质任,必非诚心,无宜轻举。"高祖不纳。虎果虚诈,诸将皆无功而还。高祖攻钟离未克,将于淮南修故城而置镇戍,以抚新附之民,赐闾玺书,具论其状。闾表曰:

南土乱亡,僭主屡易,陛下命将亲征,威陵江左,望风慕化,克拔数城,施恩布德,携民襁负,可谓泽流边方,威惠普著矣。然元非大举,军兴后时;本为迎降,戎卒实少。兵法:十则围之,倍则攻之,所率既寡,东西悬阔,难以并称。伏承欲留戍淮南,招抚新附。昔世祖以回山倒海之威,步骑数十万,南临瓜步,诸郡尽降,而盱眙小城,攻而弗克。班师之日,兵不戍一郡,土不辟一廛。夫岂无人,以大镇未平,不可守小故也。堰水先塞其源,伐木必拔其本;源不塞,本不拔,虽翦枝竭流,终不可绝矣。寿阳、盱眙淮阴,淮南之源本也。三镇不克其一,而留兵守郡,不可全明矣。既逼敌之大镇,隔深淮之险,少置兵不足以自固,多留众粮运难可充。又欲修渠通漕,路必由于泗口;溯淮而上,须经角城。淮阴大镇,舟船素畜,敌因先积之资,以拒始行之路。若元戎旋旆,兵士挫怯,夏雨水长,救援实难。忠勇虽奋,事不可济。淮阴东接山阳,南通江表,兼近江都、海西之资,西有盱眙、寿阳之镇。且安土乐本,人之常情,若必留戍,军还之后,恐为敌擒,何者?镇戍新立,悬在异境,以劳御逸,以新击旧,而能自固者,未之有也。昔彭城之役,既克其城,戍镇已定,而思叛外,向者犹过数方。角城蕞尔,处在淮北,去淮阳十八里,五固之役,攻围历时,卒不能克。以今比昔,事兼数倍。今以向热,水雨历降,兵刃既交,难以恩恤。降附之民及诸守令,亦可徙置淮北。如其不然,进兵临淮,速渡士卒,班师还京。蹑太武之成规,营皇居于伊洛。畜力以俟敌衅,布德以怀远人,使中国清穆,化被遐裔。淮南之镇,自效可期;天安之捷,指辰不远。

车驾还幸石济,间朝于行宫。高祖谓间曰:"朕往年之意,不欲决征,但兵士已集,恐为幽王之失,不容中止。发洛之日,正欲至于悬瓠,以观形势。然机不可失,遂至淮南。而彼诸将,并列州镇,至无所获,定由晚一月日故也。"间对曰:"人皆是其所事,而非其所不事,犹犬之吠非其主。且古者攻战之法,倍则攻之,十则围之。圣驾亲戎,诚应大捷,所以无大获者,良由兵少故也。且徙都者,天下之大事。今京邑甫尔,庶事造创,臣闻《诗》云:'惠此中国,以绥四方。'臣愿陛下从容伊瀍,优游京洛,使德被四海,中国绥宁,然后向化之徒,自然乐附。"高祖曰:"愿从容伊瀍,实亦不少,但未获耳。"间曰:"司马相如临终,恨不见封禅。今虽江介不宾,小贼未殄,然中州之地,略亦尽平,岂可于圣明之辰,而阙盛礼。齐桓公霸诸侯,犹欲封禅,而况万乘。"高祖曰:"由此,桓公屈于管仲。荆扬未一,岂得如卿言也。"间曰:"汉之名臣,皆不以江南为中国。且三代之境,亦不能远。"高祖曰:"淮海惟扬州,荆及衡阳惟荆州,此非近中国乎?"

及车驾至邺,高祖频幸其州馆。诏曰:"间昔在中禁,有定礼正乐之勋;作蕃于州,有廉清公干之美。自大军停轸,庶事咸丰,可谓国之老成,善始令终者也。每惟厥德,朕甚嘉焉。可赐帛五百西、粟一千斛、马一匹、衣一袭,以褒厥勤。"

间每请本州以自效,诏曰:"间以悬车之年,方求衣锦,知进忘退,有尘谦德,可降号平北将军。朝之老成,宜遂情愿,徙授幽州刺史,令存劝两修,恩法并举。"间以诸州罢从事,依府置参军,于治体不便,表宜复旧。高祖不悦,岁余,表求致仕,优答不许。微为太常卿。频表陈逊，不听。又车驾南讨汉阳，闾上表谏求回师，高祖不纳。汉阳平，赐闾玺书，闾上表陈谢。

世宗践祚，闾累表逊位。诏曰：“闾贞干早闻，儒雅素著，出内清华，朝之俊老，以年及致仕，固求辞任，宜听解宗伯，遂安车之礼，特加优授，崇老成之秩，可光禄大夫、金印、紫绶。”使散骑常侍、兼吏部尚书邢峦就家拜授。及辞，引见于东堂，赐以肴羞，访之大政。以其先朝儒旧，告先永归。世宗为之流涕，诏曰：“闾历官六朝，著勋五纪，年礼致辞，义光进退，归轩首路，感怅兼怀。安驷簸金，汉世荣贶。可赐安车、凡杖、舆马、缯采、衣服，布帛，事从丰厚，百僚饯之，犹昔群公之祖二疏也。”闾进陟北邙，上望阙表，以示恋慕之诚。景明三年十月，卒于家。世宗遣使吊慰，赗帛四百匹。四年三月，赠镇北将军、幽州刺史，谥曰文侯。

闾好为文章，军国书檄诏令碑颂铭赞百有余篇，集为三十卷。其文亦高允之流，后称二高，为当时所服。闾强果，敢直谏，其在私室，言裁闻耳；及于朝廷广众之中，则谈论锋起，人莫难敌。高祖以其文雅之美，每优礼之。然贪褊矜慢，初在中书，好詈辱诸博士。博士、学生百有余人，有所干求者，无不受其财货。及老，为二州，乃更廉俭自谨，有良牧之誉。有三子。

长子元昌，袭爵。位至辽西、博陵二郡太守。

子钦，字希叔，颇有文学。莫折念生之反也，钦随元志西讨，志败，为贼所擒，念生以为黄门郎。死于秦州。

子穆宗，袭祖爵。兴和中，定州开府祭酒。

钦弟石头、小石，皆早卒。

元昌弟定殷，中垒将军、渔阳太守。卒，赠征虏将军、安州刺史。

子洪景，少有名誉。早卒。

次子宣景，武定中，开府司马。

定殷弟幼成，员外郎。颇有文才，性清狂，为奴所害。

闾弟悦，笃志好学，有美干闾，早卒。

史臣曰：游雅才业，亦高允之亚欤？至于陷族陈奇，斯所以绝世而莫祀也。高闾发言有章句，下笔富文彩，亦一代之伟人。故能受逮累朝，见重高祖。挂冠谢事，礼备悬舆，美矣。

魏书卷五五
列传第四三

游明根　刘芳

游明根，字志远，广平任人也。祖鳝，慕容熙乐浪太守。父幼，冯跋假广平太守。和龙平，明根乃得归乡里。游雅称荐之，世祖擢为中书学生，性贞慎寡欲，综习经典。及恭宗监国，与公孙睿俱为主书。

高宗践阼，迁都曹主书，赐爵安乐男、宁远将军。高祖以其小心敬慎，每嗟美之。假员外散骑常侍、冠军将军、安乐侯，使于刘骏，直使明僧皓相对。前后三返，骏称其长者，迎送之礼，有加常使。

显祖初，以本将军出为东青州刺史，加员外常侍。迁散骑常侍、平东将军、都督兖州诸军事、瑕丘镇将，寻就拜东兖州刺史，改爵新泰侯。为政清平，新民乐附。

高祖初，入为给事中，迁仪曹长，加散骑常侍。清约恭谨，号为称职。后王师南讨，诏假安南将军、仪曹尚书、广平公，与梁郡王嘉参谋军计。后兖州民叛，诏明根尉喻。敕南征沔西、仇城、连口三道诸军，禀明根节度。还都，正尚书，仍加散骑常侍。

诏以与萧赜绝使多年，今宜通否，群臣会议。尚书陆睿曰："先以三吴不靖，荆梁有难，故权停之，将观衅而动。今彼方既靖，宜还通使。"明根曰："中绝行人，是朝廷之事，深筑醴阳，侵彼境土，二三之理，直在萧赜。我今遣使，于理为长。"高祖从之，文明太后崩，群臣固请公除，高祖与明根往复。事在《礼》志。迁大鸿鸿卿、河南王干师,尚书如故。随例降侯为伯。又参定律令,屡进谠言。

明根以年逾七十,表求致仕。诏不许,频表固请。乃诏曰:"明根风度清干,志尚贞敏,温恭静密,乞言是寄,故抑其高蹈之操,至于再三。表请殷勤,不容违夺,便已许其告辨。可出前后表付外,依礼施行。"引明根入见,高祖曰:"卿年耆德茂,服勤累朝,历职内外,并著显绩,逮于耆老,履道不渝,是以晨革之始,委以礼任,迟能迁德,匡赞于朕。然高尚悠邈,便尔言归,君臣之礼,于斯而毕,眷德思仁,情何可已。夫七十致仕,典礼所称;位隆固辞,贤者达节。但季俗陵迟,斯道弗继。卿独秉冲操,居今行古,有魏以来,首振颓俗。进可以光我朝化,退以荣慰私门。"明根对曰:"臣桑榆之年,钟鸣漏尽,蒙陛下之泽,首领获全,待尽私庭,奉先帝陛下大恩,臣之愿也。但犬马之恋,不胜悲塞。"因泣不自胜。

高祖命之令进,言别殷勤,仍为流涕。赐青纱单衣、委貌冠、被褥、锦袍等物。其年,以司徒尉元为三老,明根为五更,行礼辟雍,语在《元传》。赐步挽一乘,给上卿之禄,供食之味,太官就第月送之。以定律令之勤,赐布帛一千匹、谷一千斛。后明根归广平,赐绢五百匹、安车一乘、马二匹、幄帐被褥。车驾幸邺,明根朝于行宫。诏曰:"游五更光素蓬檐,归终衡里,可谓朝之旧德,国之老成。可赐帛五百匹,谷五百斛。"敕太官备送珍羞。后车驾幸邺,又朝行宫,赐谷帛如前,为造甲第。国有大事,恒玺书访之。旧疹发动,手诏问疾,太医送药。太和二十三年,卒于家,年八十一。世宗遣使吊祭,赙钱一十万、绢三百匹、布二百匹,赠光禄大夫,加金章紫绶,谥靖侯。

明根历官内外五十余年,处身以仁和,接物以礼让,时论贵之。高祖初,明根与高闾以儒老学业,特被礼遇,公私出入,每相追随,而闾以才笔时侮明根,世号高、游焉。子肇袭爵。

肇,字伯始,高祖赐名焉。幼为中书学生,博通经史及《苍》、《雅》、《林》说。高祖初,为内秘书侍御史散。司州初建,为都官从事,转通直郎、秘阁令,迁散骑侍郎、典命中大夫。车驾南伐,肇上表谏止。高祖不纳。寻迁太子中庶子。

肇谦素敦重，文雅见任。以父老，求解官扶侍。

高祖欲令遂禄养，乃出为本州南安王桢镇北府长史，带魏郡太守。王薨，复为高阳王雍镇北府长史，太守如故。为政清简，加以匡赞，历佐二王，甚有声迹。数年，以父忧解任。景明末，徵为廷尉少卿，固辞，乃授黄门侍郎。迁散骑常侍，黄门如故。兼侍中，为畿内大使，黜陟善恶，赏罚分明。转太府卿，徙廷尉卿，兼御史中尉，黄门如故。

肇，儒者，动存名教，直绳所举，莫非伤风败俗。持法仁平，断狱务于矜恕。尚书令高肇，世宗之舅，为百僚慑惮，以肇名与己同，欲令改易。肇以高祖所赐，秉志不许，高肇甚衔之。世宗嘉其刚梗。

卢昶之在朐山也，肇谏曰：“朐山蕞尔，僻在海滨，山湖下垫，民无居者，于我非急，于贼为利。为利，故必致死而净之；非急，故不得已而战。以不得已之众，击必死之师，恐稽延岁月，所费遂甚。假令心得朐山，徒致交争，终难全守，所谓无益之田也。知贼将屡以宿豫求易朐山，臣愚谓此言可许。朐山久捍危弊，宜速审之。若必如此，宿豫不征而自伏。持此无用之地，复彼旧有之疆，兵役时解，其利为大。”世宗将从之，寻而昶败。迁侍中。

萧衍军主徐玄明斩其青冀二州刺史张稷首，以郁洲内附，朝议遣兵赴援。肇表曰：“玄明之款，虽奔救是当，然事有损益，或惮举而功多，或因小而生患，不可必也。今六里、朐山，地实接海，陂湖下湿，人不可居。郁洲又在海中，所谓虽获石田，终无所用。若不得连口，六里虽克，尚不可守，况方事连兵，而争非要也。且六里于贼逾要，去此闲远。若以闲远之兵，攻逼近之众，其势既殊，不可敌也。灾俭之年，百姓饥弊，饿死者亦复不少。何以得宜静之辰，兴干戈之役？军粮资运，取济无所。唯见其损，未睹其益。且新附之民，服化犹近，特须安帖，不宜劳之；劳则怨生，怨生则思叛，思叛则不自安，不安则扰动。脱尔，则连兵难解。事不可轻，宜损兹小利，不使大损。”世宗并不纳。

大将军高肇伐蜀，肇谏曰“臣闻远人不服，则修文德以来之。兵者凶器，不得已而后用。当今治虽太平，论征未可。何者？山东、关右残伤未复，频年水旱，百姓空虚，宜在安静，不宜劳役。然往昔开拓，皆因城主归款，故有征无战。今之据者，虽假官号，真伪难分，或有怨于彼，不可全信。且蜀地险隘，称之自古，镇戍晏然，更无异趣，岂得虚承浮说，而动大军。举不慎始，悔将何及！讨蜀之略，愿俟后图，”世宗又不纳。

肃宗即位，迁中书令、光禄大夫，加金章紫绶，相州大中正。出为使持节，加散骑常侍、镇东将军、相州刺史，有惠政。徵为太常卿，迁尚书右仆射，固辞，诏不许。肇于吏事，断决不速。主者谘呈，反覆论叙，有时不晓，至于再三，必穷其理，然后下笔，虽宠势干请，终无回挠。方正之操，时人服之。

及领军元叉之废灵太后，将害太傅、清河王怿，及集公卿会议其事。于时群官莫不失色顺旨，肇独抗言，以为不可，终不下署。正光元年八月卒，年六十九。诏给东园秘器，朝服一袭，赠帛七百匹。肃宗举哀于朝堂。赠使持节、散骑常侍、骠骑大将军、仪同三司、冀州刺史，谥文贞公。

肇外宽柔，内刚直，耽好经传，手不释书。治《周易》、《毛诗》，尤精《三礼》。为《易集解》，撰《冠婚仪》、《白圭论》，诗赋表启凡七十五篇，皆传于世。谦廉不竞，曾撰《儒棋》，以表其志焉。清贫寡欲，资仰俸禄而已。肇之为廷尉也，世宗尝私敕肇，有所降恕，肇执而不从，曰：“陛下自能恕之，岂足令臣曲笔也！”其执意如此。及肃宗初，近侍群官豫在奉迎者，自侍中崔光已下，并加封邑。时封肇文安县开国侯，邑八百户。肇独曰：“子袭父位，今古之常，因此获封，何以自处？”固辞不应，论者高之。

子祥，字宗良，颇有学。历秘书郎，袭爵新泰伯。迁通直郎、国子博士，领尚书郎中。肃宗以肇昔辞文安之封，复欲封祥，祥守其父意，卒亦不受。又追论肇前议清河，守正不屈，乃封祥高邑县开国侯，邑七百户。孝昌元年卒，年三十六。赠征虏将军、给事黄门侍郎、幽州刺史，谥曰文。

子皓,字宾多,袭。侍御史。早卒。

皓弟字居,袭爵新泰伯。武定中,司空墨曹参军。齐受禅,爵例降。

明根叔父矫,中书博士,濮阳、钜鹿二郡太守。卒,赠冠军将军、相州刺史。

矫孙馥,国子博士。

馥弟思进,尚书郎中。

刘芳,字伯文,彭城人也,汉楚王之后也。六世祖讷,晋司棣校尉。祖该,刘义隆征虏将军、青徐二州刺史。父邕,刘骏兖州长史。芳出后伯父逊之。逊之,刘骏东平太守也。邕同刘义宣之事,身死彭城,芳随伯母房逃窜青州,会赦免。舅元庆,为刘子业青州刺史沈文秀建威府为马,为文秀所杀。芳母子入梁邹城。慕容白曜南讨青州,梁邹降,芳北徙为平齐民,时年十六。

南部尚书李青敷妻,司徒崔浩之弟女;芳祖母,浩之姑也。芳至京师,诣敷门,崔耻芳流播,拒不见之。芳虽处穷窘之中,而业尚贞固,聪敏过人,笃志坟典。昼则佣书,以自资给,夜则读诵,终夕不寝。至有易衣并日之弊,而澹然自守,不汲汲于荣利,不戚戚于贱贫,乃著《穷通论》以自慰焉。

芳常为诸僧佣写经论,笔迹称善,卷直以一缣,岁中能入百余匹,如此数十年,赖以颇振。由是与德学大僧多有还往,时有南方沙门惠度以事被责,未几暴亡,芳因缘开知,文明太后召入禁中,鞭之一百。时中官李丰主其始末,知芒笃学有志行,言之于太后,太后微愧于心。会萧赜使刘缵至,芳之族兄也,擢芳兼主客郎,与缵相接,寻拜中书博士。后与崔光、宋弁、邢产等俱为中书侍郎,俄而诏芳与产入授皇太子经,迁太子庶子、兼员外散骑常侍。从驾洛阳,自在路及旋京师,恒侍坐讲读。芳才思深敏,特精经义,博闻强记,兼览《苍》、《雅》。尤长音训,辨析无疑。于是礼遇日隆,赏赉丰渥,正除员外散骑常侍。俄兼通直常侍,从驾南巡,撰述行事,寻而除正。

　　王肃之来奔也，高祖雅相器重，朝野属目。芳未及相见。高祖宴群臣于华林，肃语次云"古者唯妇人有笄，男子则无。"芳曰："推经《礼》正文，古者男子妇人俱有笄。"肃曰："《丧服》称男子免而妇人髽，男子冠而妇人笄。如此，则男子不应有笄。"芳曰："此专谓凶事也。《礼》：初遭丧，男子免，时则妇人髽；男子冠，时则妇人拜，言俱则变，而男子妇人免髽、冠笄之不同也。又冠尊，故夺其笄称。且互言也，非谓男子无笄。又《礼》《内则》称：'子事父母，难初鸣，栉縰笄总。'以兹而言，男子有笄明矣。"高祖称善者久之。肃亦以芳言为然，曰："此非刘石经邪？"昔汉世造三字石经于太学，学者文字不正，多往质焉。芳音义明辨，疑者皆往询访，故时人号为刘石经。酒阑，芳与肃俱出，肃执芳手曰："吾少来留意《三礼》，在南诸儒，亟共讨论，皆谓此义如吾向言，今闻往释，顿袪平生之惑。"芳理义精通，类皆如是。

　　高祖迁洛，路由朝歌，见殷比干墓，怆然悼怀，为文吊之。芳为注解，表上之。诏曰"览卿注，殊为富博。但文非屈、宋，理惭张、贾，既有雅致，便可付之集书。"诏以芳经学精洽，超迁国子祭酒。以母忧去官。高祖南征宛、邓，起为辅国将军、太尉长史，从太尉、咸阳王禧攻南阳。萧鸾将裴叔业入寇徐州，疆场之民颇怀去就，高祖忧之，以芳为散骑常侍、国子祭酒、徐州大中正，行徐州事。徙兼侍中，从征马圈。高祖崩于行宫。及世宗即位，芳手加衮冕。高祖自袭敛暨于启祖、山陵、练除，始末丧事，皆芳撰定。咸阳王禧等奉申遗旨，令芳入授世宗经。及南徐州刺史沈陵外叛，徐州大水，遣芳抚慰赈恤之。

　　寻正侍中，祭酒、中正并如故。

　　芳表曰：

　　　　夫为国家者，罔不崇儒尊道，学斯为先，诚复政有质文，兹范不易，谅由万端资始，众务禀法故也。唐虞已往，典籍无据；隆周以降，任居虎门。《周礼·大司乐》云："师氏，掌以微诏王。居虎门之左，司王朝，掌国中之事，以教国子弟。"蔡氏《劝学篇》云：“周之师氏，居虎门左，敷陈六艺，以教国子。”今之祭酒，即周师氏。《洛阳记》：国子学官与天子对，太学在开阳门外。案《学记》云：“古之王者，建国亲民，教学为先。”郑氏注云：“内则设师保以教，使国子学焉，外则有太学、痒序之官。”由斯而言，国学在内，太学在外，明矣。案如《洛阳记》有仿像。臣愚谓：今既徙县松瀍，皇居伊洛，宫阙府寺，金复故趾，至于国学，岂可舛替？校量旧事，应在宫门之左。至如太学，基所炳在，仍旧营构。又云：太和二十年，发敕立四门博士，于四门置学。

臣案：自周已上，学惟以二，或尚西，或尚东，或贵在国，或贵在郊。爰暨周室，学盖有六。师氏居内，太学在国，四在小郊。《礼记》云：周人“养庶老于虞庠，虞详在国西郊”，《礼》又云：“天子设四学，当入学而太子齿。”注云：“四学，周四郊之虞庠也。”案《大戴·保傅篇》云：帝入东学，尚亲而贵仕；帝入南学，尚齿而贵信；帝入西学，尚贤而贵德；帝入北学，尚贵而尊爵；帝入太学，承师而问道。周之五学，于此弥彰。案郑注《学记》，周则六学。所以然者，注云：“内则设师保以教，使国子学焉，外则有太学、庠序之官。”此其证也。汉魏已降，无复四郊。谨寻先旨，宜在四门。案王肃注云：“天子四郊有学，去王都五十里。”考之郑氏，不云远近。今太学故坊，基趾宽旷，四郊别置，相去辽阔，检督难周。计太学坊并作四门，犹为太广。以臣愚量，同处无嫌。且今时制置，多循中代，未审四学应从古不？求集名儒礼官，议其定所。

从之。迁中书令，祭酒如故。

出除安东将军、青州刺史。为政儒缓，不能禁止奸盗，廉清寡欲，无犯公私。还朝，议定律令。芳斟酌古今，为大仪之主，其中损益，多芳意也。世宗以朝仪多阙，其一切诸议，悉委芳修正。于是朝廷吉凶大事，皆就谘访焉。转太常卿。芳以所置五郊及日月之位，去城里数于礼有违，又灵星、周公之祀，不应隶太常，乃上疏曰：

臣闻国之大事，莫先郊祀；郊祀之本，实在审位。是以列圣格言,彪炳绵籍;先儒正论,昭革经史。臣学谢全经,业乖通古,岂可轻荐瞽言,妄陈管说。窃见所置坛祠远近之宜,考之典制,或未允衷,或既曰职司,请陈肤浅。

孟春令云"其数八",又云"迎春于东郊。"卢植云:"东郊,八里之郊也。"贾逵云:"东郊,木帝太昊,八里。"许慎云:"东郊,八里郊也。"郑玄《孟春令》注云:"王居明堂。《礼》曰:王出十五里迎岁,盖殷礼也。周礼,近郊五十里。"郑玄别注去:"东郊,去都城八里。"高诱云:"迎春气于东方,八里郊也。"王肃云:"东郊,八里,因木数也,"此皆春郊八里之明据也。《孟夏令》云:"其数七",又云:"迎夏于南郊。"卢植云:"南郊,七里郊也。"贾逵云:"南郊,火帝炎帝七里。"许慎云:"南郊七里郊也。"郑玄云:"南郊,去都城七里,"高诱云:"南郊,七里之郊也。"王肃云:"南郊,七里,因火数也。"此又南郊七里之审据也。《中央令》云:"其数五。"卢植云:"中郊,五里之郊也。"贾逵云:"中兆,黄帝之位,并南之季,故云兆五帝于四郊也。"郑玄云:"中郊,西南未地,去都城五里。"此又中郊郊五里之审据也。《孟秋令》云:"其数九",又曰:"迎秋于西郊。"卢植云:"西郊,九里郊。"贾逵云:"西郊,金帝少皞,九里。"许慎云:"西郊,九里郊也。"郑玄云:"西郊,去都城九里。"高诱云:"西郊,九里之郊也。"王肃云:"西郊,九里,因金数也。"此又西郊九里之审据也。《孟冬令》云:"其数六"又云"迎冬于北郊。"卢植云:"北郊,六里郊也。"贾逵云:"北郊,水帝颛顼,六里。"许慎云:"北郊,六里郊也。"郑玄云:"北郊,去都城六里。"高诱云:"北郊,六里之郊也。"王肃云:"北郊,六里,因水数也。"此又北郊六里之审据也。宋氏《含文嘉》注云:"《周礼》,王畿千里,二十分其一,以内近郊。近郊五十里,倍之为远郊。迎王气盖于近郊。汉不设王畿,则以其方数为郊处,故东郊八里,南郊七里,西郊九里,北郊六里,中郊在西南未地,五里。"《祭祀志》云:"建武二年正月,初制郊兆于雒阳城南七里。依采元始中故事,北郊在雒阳城北四里。"此又汉世南北郊之明据也。今地祇准此。至如三十里之郊，进乖郑玄所引殷周二代之据，退违汉魏所行故事。凡邑外曰郊，今计四郊，各以郭门为限，里数依上。

《礼》，朝拜日月，皆于东西门外。今日月之位，去城东西路各三十，窃又未审。《礼》又云："祭日于坛，祭月于坎。"今计造如上。《礼仪志》云"立高禖祠于城南"，不云里数。故今仍旧。灵星本非礼事，兆自汉初，专为祈田，恒棣郡县。《郊祀志》云："高祖五年，制诏御史，其令天下立灵星祠，牲用太牢，县邑令长得祠。"晋祠令云："郡、县、国祠稷、社、先农，县又祠录星。"此灵星在天下诸县之明据也。周公庙所以别在洛阳者，盖姬旦创成洛邑，故传世洛阳，崇祠不绝，以彰厥庸。夷齐庙者，亦世为洛阳界内神祠。今并移太常，恐乖其本。天下此类甚众，皆当部郡县修理，公私于之祷请。窃惟太常所司郊庙神祇，自有常限，无宜临时斟酌以意，若遂尔妄营，则不免淫祀。二祠在太常，之在洛阳，于国一也。然贵在审本。

　臣以庸蔽，谬忝今职，考括坟籍，博采群议，既无异端，谓粗可依据。今玄冬务隙，野馨人闲，迁易郊坛，二三为便。
诏曰："所上乃有明据，但先置立已久，且可从旧。"
先是，高祖于代都诏中书监高闾、太常少卿陆琇并公孙崇等十余人，修理金石及八音之器。后崇为太乐令，乃上请尚书仆射高肇，更共营理。世宗诏芳共主之。芳表以礼乐事大，不容辄决，自非博延公卿，广集儒彦，讨论得失，研究是非，则无以垂之万叶，为不朽之式。被报听许，数旬之间，频烦三议。于时，朝士颇以崇专综既久，不应乖谬，各默然无发论者。芳乃探引经诰，搜括旧文，共相难质，皆有明据，以为盈缩有差，不合典式。崇虽示相酬答，而不会问意，卒无以自通。尚书述奏，仍诏委芳别更考制，于是学者弥归宗焉。
芳以社稷无树。又上疏曰：
　依《合朔仪注》：日有变，以朱丝为绳，以绕系社树三匝，而今无树。又《周礼·司徒职》云："设其社稷之壝，而树之田主，各以其社之所宜木。"郑玄注云:"所宜木,谓若松柏栗也。"此其一证也。又《小司徒·封人职》云:"掌设王之社壝,为畿封而树之。"郑玄注云:"不言稷者,王主于社;稷,社之细也。"此其二证也。又《论语》曰:"哀公问社于宰我,宰我对曰:夏后氏以松,殷人以柏,周人以栗。"是乃土地之所宜也。此其三证也。又《白虎通》云:"社稷所以有树,何也? 尊而识之也,使民望即见敬之,又所以表功也。"案此正解所以有树之义,了不论有之与无也。此其四证也。此云"社稷所以有树何",然则稷亦有树明矣也。又《五经通义》云:"天子太社、王社,诸侯国社、侯社。制度奈何?曰:社皆有垣无屋,树其中以木,有木者土,主生万物,万物莫善于木,故树木也。"此其五证也。此最其丁宁备解有树之意也。又《五经要义》云:"社必树之以木。《周礼·司徒职》曰:班社而树之,各以土地所生。《尚书·逸篇》曰:太社惟松,东社惟柏,南社惟梓,西社惟栗,北社惟槐。"此其六证也。此又太社四方皆有树别之明据也。又见诸家《礼图》,社稷图皆画为树。唯诫社、诫稷无树,此其七证也。

　　虽辨有树之据,犹未正所植之木。案《论语》称"夏后氏以松,殷人以柏,周人以栗"。便是世代不同。而《尚书·逸篇》则云"太社惟柏,东社惟柏,南社惟梓,西社惟栗,北社惟槐"。如此,便以一代之中,而五社各异也。愚以为宜植以松。何以言之?《逸书》云"太社惟松"。今者植松,不虑失礼。惟稷无成证,乃社之细,盖亦不离松也。

世宗从之。

芳沉雅方正,概尚甚高,经传多通,高祖尤器敬之,动相顾访。太子恂之在东宫,高祖欲为纳芳女。芳辞以年貌非宜。高祖叹其谦慎,更敕芳举其宗女,芳乃称其族子长文之女,高祖乃为恂娉之,与郑懿女对为左右孺子焉。崔光于芳有中表之敬,每事询仰。芳撰郑玄所注《周官·仪礼音》、干宝所注《周官音》、王肃所注《尚书音》、何休所注《公羊音》、范宁所注《谷梁音》、韦昭所注《国语音》、范晔

《后汉书音》各一卷,《辨类》三卷,《徐州人地录》四十卷,《急就篇续注音义证》三卷,《毛诗笺音义证》十卷,《礼记义证》十卷,《周官》、《仪礼义证》各五卷。崔光表求以中书监让芳,世宗不许。延昌二年卒,年六十一。诏赐帛四百匹,赠镇东将军、徐州刺史,谥文贞。

长子怿,字祖欣,雅有父风,颇好文翰。历徐州别驾、兖州左军府长史、司空谘议参军。屡为行台出使,所历皆有当官之称。转通直散骑常侍、徐州大中正、行郢州事,寻迁安南将军、大司农卿。卒,赠镇东将军、徐州刺史,谥曰简。无子,弟廞以第三子琰为后。

琰,天平中,走江南。武定末,归国,赐爵临颍县子。

怿弟廞,字景兴。好学强立,善事当世。高肇之盛及清河王怿为宰辅,廞皆与其子侄交游往来。灵太后临朝,又与太后兄弟往还相好,太后令廞以诗赋授弟元吉。历尚书郎、太尉属、中书侍郎、冠军将军、行南青州事。寻徵安南将军、光禄大夫。孝庄初,除国子祭酒,复以本官行徐州事。前废帝时,除骠骑将军、左光禄大夫。出帝初,除散骑常侍,迁骠骑大将军、复领国子祭酒。出帝于显阳殿讲《孝经》,廞为执经,虽酬答论难未能精尽,而风彩音制足有可观。寻兼都官尚书,又兼殿中尚书。及出帝入关,齐献武王至洛,责廞而诛之,时年五十二。

子鸷,字子升。少有风气,颇涉文史。弱冠,州辟主簿,奉使诣阙,见庄帝于显阳殿,问以边事。鸷应对闲敏,帝善之,遂敕除员外散骑侍郎。出补徐州开府从事中郎。父廞之死,鸷率勒乡部赴兖州,与刺史樊子鹄抗御王师,每战流涕突陈。城陷擒送晋阳,齐献武王矜而赦之。文襄王之为仪同开府,以鸷为属。本州大中正。武定初,转中书舍人,加安东将军。于时与萧衍和,鸷前后受敕,接对其伎十六人。出为司徒右长史。未几迁左长史。六年,受使兖州,行达东郡,暴疾卒,时人嗟惜之。追赠本将军、南青州刺史。

廞弟悦,永安中,开府记室。

悦弟彧,武定中,镇南将军、金紫光禄大夫。

彧弟粹,徐州别驾、朱衣直阁,粹少尚气侠,兄廞死,粹招合部曲，就兖州刺史樊子鹄，谋应关西。大将军攻讨，城陷杀之。

芳叔抚之，孙思祖，勇健有将略。高祖末入朝，历羽林监，梁、沛二郡太守，员外常侍。屡为统军南征，累著功捷，任城王之围钟离也，萧衍遣其冠军将军张惠绍及彭瓮、张豹子等，率众一万送粮钟离。时思祖为平远将军，领兵数千，邀衍饷军于邵阳，遣其长史元龟少骑一千，于钟离之北遏其前锋，录事参军缪琰掩其后。思祖身率精锐横冲其陈，三军合击，大破之。擒惠绍及衍骁骑将军、祁阳县开国男赵景悦、悦弟宁远将军景修、宁远将军梅世和、屯骑校尉任景攸、长水校尉边欣、越骑校尉贾庆真、龙骧将军徐敞等，俘斩数千人。尚书论功，拟封千户侯。思祖有二婢，美姿容，善歌舞，侍中元晖求之不得，事遂停寝。后除扬烈将军、辽西太守。思祖于路叛奔萧衍，衍以思祖为辅国将军、北徐州刺史，频寇淮北，数年而死。

缵子晰，历萧衍琅邪、东莞二郡太守，戍朐山。朐山人王万寿斩晰，送首，以朐山内附，拜晰子猴于京师。数年后，以猴为给事中、汝阳太守。正光初，自郡南叛。

芳从子懋，字仲华。祖泰之，父承伯，仕于刘彧，并有名位。懋聪敏好学，博综经史，善草棣书，多识奇字。世宗初入朝，拜员外郎。迁尚书外兵郎中，加轻车将军。芳甚重之，凡所撰制朝廷轨仪，皆与参量。尚书博议，懋与殿中郎袁翻常为议主。达于从政，台中疑事，咸所访决。受诏参议新令。

性沉雅厚重，善与人交，器宇渊旷，风流甚美，时论高之。尚书李平与之结莫逆之友。迁步兵校尉，领郎中，兼东宫中舍人。转员外常侍、镇远将军，领考功郎中。立考课之科郎，明黜陟之法，甚有条贯。

肃宗初，大军攻硖石，懋为李平行台郎中。城拔，懋颇有功。太傅、清河王怿爱其风雅，常目而送之曰："刘生堂堂，缙绅领袖。若天假之年，必为魏朝宰辅。"诏懋与诸才学之士，撰成仪令。怿为宰相积年，礼懃尤重，令诸子师之。迁太尉司马。熙平二年冬，暴病卒。家甚清贫，亡之日，徒四壁而已。太傅怿及当时才俊莫不痛惜之。赠持节、前将军、南秦州刺史，谥曰宣简。懃诗诔赋颂及诸文笔，见称于时，又撰诸器物造作之始十五卷，名曰物祖。

子筍，字士贞。自员外散骑侍郎，历河南郡丞、中散大夫、徐州大中正、秘书丞。天平初卒。赠前将军、徐州刺史，

子规，早卒。

筍弟筌字士文。少而聪惠。年十二，诣尚书王衍，衍与语，大奇之。遂与太傅李延实、秘书李凯上疏荐之，拜秘书郎。筌亦善士。兴和元年卒，年二十八。无子，兄子矩继。

懃从叔元孙，养志丘园，不求闻达。高祖幸彭城，起家拜兰陵太守。治以清静为名。卒官。

子长文，高祖擢为南兖州冠军府长史，带谯郡太守。被围粮竭，固节全城，以功赐爵下邑子，迁鲁郡太守。高祖为太子恂纳其女为孺子。卒。

子敬先，袭爵、

敬先弟徽，奉朝请、徐州治中。

长文弟永，字履南。颇等将略，累著征战之勤。历位中散大夫、龙骧将军。神龟中，兼大鸿胪卿，持策拜高丽王安。还除范阳太守。

芳族兄僧利，轻财通侠，甚得乡情。高祖幸徐州，引见，善之，拜徐州别驾。迁沛郡太守。后遂从容乡里，不乐台官。积十余年，朝议虑其有二志，徵拜轻车将军、羽林监。卒官。

长子世雄，至太山太守。

世雄弟世明，字伯楚。颇涉书传。自奉朝请，稍迁兰陵太守、彭城内史。属刺史元法僧以城外叛，遂送萧衍。衍欲加封爵，世明固辞不受。频请衍乞还，衍听之。肃宗时，徵为谏议大夫。孝庄末，除征房将军、南兖州刺史。时尒朱世隆等威权自己，四方怨叛，城民王乞得逼劫世明，据州归萧衍。衍封世明开国县侯，食邑千户，征西大

将军、郢州刺史,又加仪同三司。世明复辞不受,固请北归。衍不夺其意,乃躬饯之于乐游苑。世明既还,奉送所持节,身归乡里。自是不复入朝,常以射猎为适。兴和三年,卒于家。赠骠骑大将军、仪同三司、徐州刺史。

子祎,字彦英。武定末,冠军将军、中散大夫。

初,兰陵谬俨灵奇,与彭城刘氏才望略等。及彭城内附,灵奇弟子承先随萨安都至京师,赐爵襄贲子,寻还徐州,数十年间,了无从官者。世宗末,承先子彦植袭爵,见叙,稍迁伏波将军、羽林监。彦植恭慎长厚,为时所称。

时荥阳郑演,仕刘彧为琅邪太守。属徐州刺史萨安都将谋内附,演赞成其事。显祖初入朝,以功除冠军将军、彭城太守、洛阳侯。后拜太中大夫,改爵云阳伯。卒,赠幽州刺史,谥曰懿。其子孙因此遂家彭、泗。

子长猷,以父勋起家,拜宁远将军、东平太守,寻转沛郡。入为南主客郎中、太尉属,袭爵云阳伯。车驾南伐,既克宛城,拜长猷南阳太守。及銮舆将反,诏长猷曰:“昔曹公克荆州,留满宠于后。朕今委卿此郡,兼统戎马,非直绥初附,以捍城相托。”特赐缣二百匹。高祖崩于南阳,敛于其郡。寻徵护军长史。世宗初,寿春归款,兼给事黄门侍郎,持节宣慰。及任城王为扬州刺史,诏长猷为咨议参军,带安丰太守。转徐州武昌王府长史。带彭城内史。徵拜谏议大夫,转司徒咨议。迁通直散骑常侍。永平五年卒。谥曰贞侯。

子郭,袭,卒。

子元休,袭。兴和中,睢州刺史。齐受禅,爵例降。

元休弟凭,字元祐。武定中,司徒从事中郎。

史臣曰:游明根雅道儒风,终受非常之遇;以太和之盛,当乞言之重,抑亦旷世一时。肇既聿修,克隆堂构,正情梗气,颠沛不渝,辞爵主幼之年,亢节臣权之日,顾视群公,其风固以达矣。高芳矫然特立，沉深好古，博通洽识，为世儒宗，亦当年之师表也。懋才流识学，有名士之风。见重于世，不虚然矣。

魏书卷五六
列传第四四

郑羲　崔辩

　　郑羲,字幼骥,荥阳开封人,魏将作大匠浑之八世孙也。曾祖豁,慕容垂太常卿。父晔,不仕,娶于长乐潘氏,生六子,粗有志气,而羲第六,文学为优。弱冠,举秀才。尚书李孝伯以女妻之,高宗末,拜中书博士。

　　天安初,刘彧司州刺史常珍奇据汝南来降,显祖诏殿中尚书元石为都将赴之,并招慰淮汝,遣羲参石军事。到上蔡,珍奇率文武三百人来迎,既相见,羲欲顿军于汝北,未即入城。羲谓石曰:“机事尚速,今珍奇虽来,意未可量。不如直入其城,夺其管龠,据有府库,虽出其非意,要以全制为胜,”石从羲言,遂策马径入其城。城中尚有珍奇亲兵数百人,在珍奇宅内。石既克城,意益骄怠,置酒嬉戏,无警防之虞,羲谓石曰:“观珍奇甚有不平之色,可严兵设备,以待非常。”其夜,珍奇果使人烧府厢屋,欲因救火作难,以石有备,乃止。明旦,羲赍白虎幡慰郭邑,众必乃定。

　　明年春,又引军东讨汝阴,刘彧汝阴太守张超城守不下,石率精锐攻之,不克。遂退至陈项,议欲还军长社,待秋击之。诸将心乐早还,咸称善计。羲曰:“今张超驱市人,负檐右,蚁聚穷城,命不延月,宜安心守之。超食已尽,不降当走,可翘足而待,成擒物也。而欲弃还长社,道途悬远,超必修城深堑,多积薪谷,将来恐难图矣。”石不纳,遂旋师长社。至冬,复往攻超。超果设备,无功而还。历年,超死，杨文长代戍，食尽城溃，乃克之，竟如羲策。淮北平，迁中书侍郎。

延兴初，阳武人田智度，年十五，妖惑动众，据乱京索，以羲河南民望，为州郡所信，遣羲乘传慰谕。羲到，宣示祸福，重加募赏，旬日之间，众皆归散。智度奔颍川，寻见擒斩。以功赐爵平昌男，加鹰扬将军。

高祖初，兼员外散骑常侍，加宁朔将军、阳武子，使于刘准，中山王睿，宠幸当世，并置王官，羲为其傅。是后历年不转，资产亦乏，因请假归，遂磐桓不返。及李冲贵宠，与羲姻好，乃就家征为中书令。文明太后为父燕宣王立庙于长安，初成，以羲兼太常卿，假荥阳侯，具官属，诣长安拜庙，刊石建于初庙门。还，以使功，仍赐侯爵，加给事中。出为安东将军、西兖州刺史，假南阳公，

羲多所受纳，政以贿成，性又啬吝，民有礼饷者，皆不与杯酒脔肉。西门受羊酒，东门酤卖之。以李冲之亲，法官不之纠也。酸枣令郑伯孙、鄄城令童腾、别驾贾德、治中申灵度并在任廉贞，勤恤百姓，羲皆申表称荐，时论多之。文明太后为高祖纳其女为嫔，征为秘书监。

太和十六年卒，赠帛五百匹，尚书奏谥曰宣，诏曰："盖棺定谥，先典成式，激扬清浊，治道明范。故何曾幼孝，良史不改'缪丑'之名；贾充宠晋，直士犹立'荒公'之称。羲虽宿有文业，而治阙廉清，稽古之效，未光于朝策；昧货之谈，已形于民听。谥以善问，殊乖其衷。又前岁之选，匪由备行充举，自荷后任，勋绩未昭。尚书何乃情遣至公，衍违明典！依谥法：博闻多见曰'文'，不勤成名曰'灵'，可赠以本官，加谥文灵。"

长子懿，字景伯。涉历经史，善当世事，解褐中散，尚书郎，稍迁骠骑长史、尚书吏部郎、太子中庶子，袭爵荥阳伯。懿闲雅有治才，为高祖所器遇。拜长兼给事黄门侍郎、司徒左长史。世宗初，以从弟思和同咸阳王禧之逆，与弟通直常侍道昭俱坐缌亲出禁，拜太常少卿，加冠军将军。出为征虏将军、齐州刺史，寻进号平东将军。懿

好劝课,善断决,虽不洁清,义然后取,百姓犹思之。永平三年卒,赠本将军﹑兖州刺史,谥曰穆。

子恭业,袭爵,武定三年,坐与房子远谋逆,伏诛。

懿弟道昭,字僖伯。少而好学,综览群言。初为中书学生,迁秘书即,拜主文中散,徙员外散骑侍郎﹑秘书丞﹑兼中书侍郎。

从征沔汉,高祖飨侍臣于悬瓠方丈竹堂,道昭与兄懿俱侍坐焉。乐作酒酣,高祖乃歌曰:"白日光天无不耀,江左一隅独未照。"彭城王勰续歌曰:"愿从圣明兮登衡会,万国驰诚混江外,"郑懿歌曰:"云雷大振兮天门辟,率土来宾一正历,"邢峦歌曰:"舜舞干戚兮天下归,文德远被莫不思。"道昭歌曰:"皇风一鼓兮九地匝,戴日依天清六合。"高祖又歌曰:"遵彼汝坟兮昔化贞,未若今日道风明。"宋弁歌曰:"文王政教兮晕江沼,宁如大化光四表,"高祖谓道昭曰:"自比迁务虽猥,与诸才俊不废咏缀,遂命邢峦总集叙记。当尔之年,卿频丁艰祸,每眷文席,常用慨然。"

寻正除中书郎,转通直散骑常侍。北海王详为司徒,以道昭与琅邪王秉为谘议参军。迁国子祭酒,道昭表曰:"臣窃以为,崇治之道,必也须才;养才之要,莫先于学。今国子学堂房粗置,弦诵阙尔。城南太学,汉魏《石经》,丘墟残毁,蔡藿芜秽,游儿牧竖,为之叹息。有情之辈,实亦悼心,况臣亲司,而不言露。伏愿天慈回神纡盼,赐垂鉴察。若臣微意,万一合允,求重敕尚书﹑门下,考论营制之模,则五雍可翘立而兴,毁铭可不日而就。树旧经于帝京,播茂范于不朽。斯有天下者之美业也。"不从。

广平王怀为司州牧,以道昭与宗正卿元匡为州都,道昭又表曰:

> 臣闻唐虞启运,以文德为本,殷周致治,以道艺为先。然则,礼乐者为国之基,不可斯须废也。是故周敷文教,四海宅心;鲁秉周礼,强齐归义。及至战国纷纭,干戈递用,五籍灰焚,群儒坑殄,贼仁义之经,贵战争之术,遂使天下分崩,黔黎荼

炭，数十年间，民无聊生者，斯之由矣。爰暨汉祖，于行阵之中，尚优引叔孙通等。光武中兴于拨乱之际，乃使郑众、范升校书东观。降逮魏晋，何尝不殷勤于篇籍，笃学于戎伍？

伏惟大魏之兴也，虽群凶未殄，戎马在郊，然犹招集英儒，广开学校，用能阐道义于八荒，布盛德于万国，教靡不怀，风无不偃。今者乘休平之基，开无疆之祚，定鼎伊瀍，惟新宝历，九服感至德之和，四垠怀击壤之庆。而蠢尔闽吴，阻化江湫，先帝爰震武怒，戎车不息。而停銮伫跸，留心典坟，命故御史中尉臣李彪与吏部尚书、任城王澄等妙选英儒，以崇文教。澄等依旨，置四门博士四十人，其国子博士、太学博士及国子助教，宿已简置。伏寻先旨，意在速就，但军国多事，未遑营立。自尔迄今，垂将一纪，学官凋落，四术寝废。遂使硕儒耆德，卷经而不谈；俗学后生，遗本而逐末。进竞之风，实由于此矣。

伏惟陛下钦明文思，玄鉴洞远。越会未款，务修道以来之，遐方后服，敷文教以怀之。垂心经素，优柔坟籍。将使化越轩唐，德隆虞夏。是故屡发中旨，敦营学馆，房宇既修，生徒未立。臣学陋全经，识蔽篆素，然往年删定律令，谬预议筵。谨依准前修，寻访旧事，参定学令，事讫封呈。自尔迄今，未蒙报判。但废学历年，经术淹滞。请学令并制，早敕施行，使选授有依，生徒可准。

诏曰："具卿崇儒敦学之意，良不可言。新令寻班，施行无远。可谓职思其忧，无旷官矣。"

道昭又表曰："窃惟鼎迁中县，年将一纪，缙绅褫业，俎豆阙闻，遂使济济明朝，无观风之美，非所以光国宣风，纲民轨义。臣自往年以来，频请学令，并置生员，前后累上，未蒙一报。故当以臣识浅滥官，无能有所感悟者也。馆宇既修，生房粗构，博士见员，足可讲习。虽新令未班，请依旧权置国子学生，渐开训业，使播教有章，儒风不坠，后生睹徙义之机，学徒崇知新之益。至若孔庙既成，释奠告始，揖让之容，请俟令出。"不报。

迁秘书监、荥阳邑中正。出为平东将军、光州刺史。转青州刺史，将军如故。复入为秘书监，加平南将军。熙平元年卒，赠镇北将军、相州刺史，谥曰文恭。

道昭好为诗赋，凡数十篇。其在二州，政务宽厚，不任威刑，为吏民所爱。

子严祖，颇有风仪，粗观文史。历通直郎、通直常侍。轻躁薄行，不修士业，倾侧势家，干没荣利，闺门秽乱，声满天下。出帝时，御史中尉綦俊劾严祖与宗氏从姊奸通。人士咸耻言之，而严祖聊无愧色。孝静初，除骠骑将军、左光禄大夫、鸿胪卿。出为北豫州刺史，仍本将军。罢州还，除鸿胪卿。卒，赠都督豫兖颍三州诸军事□□将军、司空公、豫州刺史。

严祖弟敬祖，性亦粗疏。起家著作佐郎。郑俨之败也，为乡人所害。

敬祖弟述祖武定中，尚书。

述祖弟遵祖秘书郎。卒，赠辅国将军、光州刺史。

遵祖弟顺，卒于太常丞。

自灵太后预政，淫风稍行，及元叉擅权，公为奸秽。自此素族名家，遂多乱杂，法官不加纠治，婚宦无贬于世，有识咸以叹息矣。

羲五兄：长白骢，次小白，次洞林，次叔夜，次连山。并恃豪门，多行无礼，乡党之内，疾之若仇。

白骢孙道標，随郡太守，

小白，中书博士。

子胤伯，有当世器干。自中书博士迁侍郎，转司空长史。高祖纳其女为嫔。出为建威将军、东徐州刺史，转广陵王征东府长史。带齐郡内史。卒于鸿胪少卿，谥曰简。

子希俊，未官则亡。

子道育，武定中，开封太守。

希俊弟幼儒，好学修谨，时望甚优。丞相、高阳王雍以女妻之。

历尚书郎、通直郎、司州别驾,有当官之称。卒,赠散骑常侍、安东将军、兖州刺史,谥景。幼儒亡后,妻淫荡凶悖,肆行无礼。子敬道、敬德并亦不才,俱走于关右。幼儒从兄伯猷每谓所亲曰:"从弟人才,足为令德,不幸得如此妇,今死复重死,可为悲叹。"

胤伯弟平城,太尉谘议。广陵王羽纳其女为妃。出为东平原太守。性清狂使酒,为政贪残。卒,赠征虏将军、南青州刺史。

长子伯猷,博学有文才,早知名。举司州秀才,以射策高第,除幽州平北府外兵参军,转太学博士,领殿中御史。与当时名胜,咸申游款。肃宗释奠,诏伯猷录义。安丰王延明之征徐州也,引为行台郎中。事宁还都,迁尚书外兵郎中,典起居注,以军功赐爵阳武子。稍迁散骑常侍、平东将军。前废帝初,以舅氏超授征东将军、金紫光禄大夫,领国子祭酒。久之,为车骑将军、右光禄大夫,转护军将军。元象初,以本官兼散骑常侍,使于萧衍。前后使人,萧衍令其侯王于马射之日宴对申礼。伯猷之行,衍令其领军将军臧盾与之相接。议者以此贬之。使还,除骠骑将军、南青州刺史。在州贪婪,妻安丰王元延明女,专为聚敛,货贿公行,润及亲戚,户口逃散,邑落空虚。乃诬良民,云欲反叛。籍其资财,尽以入己;诛其丈夫,妇女配没。百姓怨苦,声闻四方。为御史纠劾,死罪数十条。遇赦免,因以顿废。齐文襄王作相,每诫厉朝士,常以伯猷及崔叔仁为谕。武定七年,除太常卿,其年卒,年六十四。赠骠骑大将军、中书监、兖州刺史。

伯猷弟仲衡,武定中,仪同开府中郎。

仲衡弟辑之,解褐奉朝请,领侍御史,以军功赐爵城皋男,稍迁黎阳太守。属元颢入洛,令其舅范遵镇守滑台,与辑之隔岸相对。遵潜军夜渡,规欲掩袭,辑之率厉城民,拒河击之,遵遂遁走。朝廷嘉之,除司州别驾。寻转司空长史,迁镇南将军、金紫光禄大夫。孝静初,除征南将军、东济北太守,带肥城戍主,男如故。天平四年卒,时年四十九,赠都督北豫梁二州诸军事,骠骑将军、度支尚书、北豫州刺史。

辑之弟怀孝,武定中,司徒谘议。

洞林字敬叔,司州都官从事、荥阳邑中正、濮阳太守,坐贪秽,除名。

子籍,字承宗。徐州平东府长史。

籍弟琼,字祖珍,有强干之称。自太尉谘议为范阳太守,治颇有声。卒,赠太常少卿。孝昌中,弟俨宠要,重赠安东将军、青州刺史。琼兄弟雍睦,其诸娣姒亦咸相亲爱,闺门之内,有无相通,为时人所称美。

子道邕,殁关西。俨事在《恩幸传》。

敬叔弟士恭,燕郡太守。孝昌中,因俨之势,除卫尉少卿,寻迁左将军、瀛州刺史。时葛荣寇窃河北,州城沦陷,不获之镇。寻除征北将军、金紫光禄大夫。又迁卫将军、右光禄大夫。永熙中卒。赠骠骑将军,冀州刺史,重赠尚书左仆射,谥曰贞。

长子二贞,司空掾。迁从事中郎、南兖州开府司马。

子贞弟子湛,齐济二州长史,光禄大夫。

子湛弟昭伯,武定中,东平太守。

昭伯弟子嘉,早卒。

子大护,武定中,司空户曹参军。

叔夜子伯夏,司徒咨议、东莱太守。卒,赠冠军将军、太常少卿,青州刺史。

子忠,字周子。右军将军、镇远将军。卒,赠平东将军、徐州刺史。

弟豪,长水校尉、东平原太守。

伯夏弟谨,字仲恭,琅邪太守。

子嵩宾,历尚书郎、员外常侍,稍迁至左光禄大夫。卒。

连山,性严暴,挝挞僮仆,酷过人理。父子一时为奴所害,断首投马槽下,乘马北逝。其弟二子思明,骁勇善骑射,披发率村义,驰骑追之,及于河。奴乘马投水,思明止将从不听放矢,乃自射之,一以而中,落马随流,众人擒执至家,脔而杀之。思明及弟思和,并以武功自效。思明至骁骑将军、直阁将军,坐弟思和同元禧逆徙边,会赦,卒于家。后赠冠军将军、济州刺史。

子先护,少有武干。解褐员外郎,转通直郎。庄帝之居藩也,先护深自结托。及尔朱荣称兵向洛,灵太后令先护与郑季明等固守河梁,先护闻庄帝即位于河北,遂开门纳荣。以功封平昌县开国侯,邑七百户。转通常侍,加镇北将军。寻除前将军、广州刺史、假平南将军、当州都督。时妖贼刘举于濮阳起逆,诏先护以本官,为东道都督讨举平之,还镇。后元颢入洛,庄帝北巡,先护据州起义兵,不受颢命。颢遣尚书令、临淮王彧率众讨之,先护出城拒战。庄帝还京,嘉其诚节,除使持节,散骑常侍、都督襄广二州诸军事、镇南将军,刺史如故,进爵郡公,增邑一千三百户。寻转征西将军、东雍州刺史、假车骑将军、当州都督,常侍如故。未之任,又转都督二豫、东雍三州诸军事、征东将军、豫州刺史,余官如故。又兼尚书右仆射、二豫郢颍四州行台。寻除车骑将军、左卫将军,及尔朱荣死,徐州刺史尔朱仲远拥兵向洛,前至东郡。诸军出讨,不能制之。乃诏先护,以本官假骠骑将军,大都督,领所部与行台杨昱同讨之。庄帝又遣都督驾拔胜讨仲远,胜于阵降贼,战士离心。寻闻京师不守,先护部众逃散,遂窜伏于南境。前废帝初,仲远遣人招诱之,既出而害焉。出帝时,赠持节、都督青齐济兖四州诸军事、骠骑大将军、仪同三司、青州刺史,开国如故。

思和,历太尉中兵参军。同元禧之逆,伏法。

子康业,通直郎,出帝时,坐事赐死。

子彬,武定末,齐王相国中兵参军。

思和弟季长,太学博士,卒。

子乔,历司州治中、骠骑将军,左光禄大夫。

羲叔父简,简孙尚,壮健有将略。屡为统军,东西征讨,以军功赐汝阳男。历位尚书郎、步兵校尉、骁骑将军,迁辅国将军、太尉司马。出为济州刺史,将军如故。为政宽简,百姓安之。卒,赠本将军、豫州刺史,谥曰惠。

　　子贵宾,袭。解褐北海王国常侍。员外散骑侍郎,稍迁尚书金部郎。以公坐免官。久之,兼太尉属,卒,赠征虏将军、荆州刺史。

　　子景裕,袭。武定末,仪同开府行参军。

　　贵宾弟次珍,卒于员外常侍。赠安东将军、光州刺史。

　　贵宾异母弟大倪、小倪,皆粗险簿行,好为劫盗,侵暴乡里,百姓毒患之。普泰中,并为尔朱仲远所杀。

　　尚从父兄云,字道汉。历雁门、濮阳二郡,贪秽狼籍。肃宗时,纳贿刘腾,得为龙骧将军、安州刺史。坐选举受财,为御史所纠,因暴病卒。

　　云从父兄子敬宾,自秘书郎稍迁辅国将军、中散大夫、魏郡太守、金紫光禄大夫。

　　子士渊,司空行参军。

　　羲从父兄德玄。显祖初,自淮南内附,拜荥阳太守,

　　子颖考,太和中,复为荥阳太守。卒,赠冠军将军、豫州刺史、开封侯,谥曰惠。

　　子洪建,太尉祭酒。同元禧之逆,与弟祖育同伏法。永安中,特追赠平东将军、齐州刺史。

　　子士机,性识不周,多有短失。历散骑侍郎、司空从事中郎、中书郎。卒。

　　子道荫,武定末,开府行参军。

　　祖育,太宗祭酒。亦特赠平东将军、豫州刺史。

　　祖育弟仲明,奉朝请。稍迁太尉属。以公强当世,为从弟俨所昵,除荥阳太守。俨虑世难,欲以东道托之。建义初,仲明弟季明遇害可阴。俨后归之,欲与起兵,寻为城民所杀。

　　仲明兄洪建,李冲女婿。建义初,庄帝以仲明舅氏之亲,其弟与谋扶戴。仲明之死也,且有奉国之意,乃追封安平县开国侯、邑七百户,赠侍中、车骑大将军、仪同三司、尚书左仆射、雍州刺史。

　　长子道门。仲明初谋起义,令道门说大都督李叔仁于大梁。叔仁始欲同举,后闻庄帝已立,叔仁子拔江乃斩道门。建义中,特赠立

节将军、瓜州刺史。

道门弟孝邕，袭。天保初，爵随例降。

仲明弟季亮，司徒城局参军、员外常侍。卒，赠散骑常侍、抚军将军、青州刺史。

季亮弟季明，释褐太学博士。正光中，谯郡太守，带涡阳戍主。频为萧衍遣将攻围，兵粮寡少，外援不接。季明孤城自守，卒得保全。朝廷嘉之，封安德县开国伯，邑七百户。累迁平东将军、光禄少卿。武泰中，潜通尔朱荣，谋奉庄帝。及在河阳，遂为乱兵所害。事宁追封南颍川郡开国公，食邑千五百户，赠骠骑大将军、尚书左仆射、司空公、定州刺史。

子昌，袭。武定末，司徒城局参军。天保初，爵随例降。

崔辩，字神通，博陵安平人。学涉经史，风仪整峻，显祖徵拜中书博士。散骑侍郎、平远将军、武邑太守。政事之余，专以劝学为务。年六十二，卒。赠安南将军、定州刺史，谥曰恭。

长子景俊，梗正有高风，好古博涉。以经明行修，徵拜中书博士。历侍御史、主文中散。受敕接萧赜使萧琛、范云，高祖赐名为逸。后为员外散骑侍郎，与著作郎韩兴宗参定朝仪，雅为高祖所知重，迁国子博士，每有公事，逸常被诏独进。博士特命，自逸始。转通直散骑常侍、廷尉少卿。卒，朝廷悼惜之，赠以本官。

子巨伦，字孝宗。幼孤，及长，历涉经史，有文学武艺。以世宗挽郎，除冀州镇北府墨曹参军、太尉记室参军。

叔楷为殷州，巨伦仍为长史、北道别将。在州陷贼，敛恤亡存，为贼所义。

葛荣闻其才名，欲用为黄门侍郎。巨伦心恶之。至五月五日，会集官僚，令巨伦赋诗，巨伦乃曰："五月五日时，天气已大热。狗便呀欲死，牛复吐出舌。"以此自晦，获免。未几，潜结死士数人，夜中南走。逢贼游骑数百，俱恐不济。巨伦曰："宁南死一寸，岂北生一尺也！”便欺贼曰：“吾受敕而行。”贼不信，共艺火观敕，火未然，巨伦手刃贼帅，余人因与奋击，杀伤数十人，贼乃四溃，得马数匹而去。夜阴失道，惟看佛塔户而行。到洛，朝延嘉之，授持节、别将北讨。初，楷丧之始，巨伦收殡仓卒，事不周固，至是遂偷路改殡，并窃家口以归。寻授国子博士。

庄帝即位，假节、中坚将军、东汉阳太守、假征虏将军、别将。时河北纷梗，人士避贼，多住郡界，岁俭饥乏。巨伦倾资赡恤，务相全济，时类高之。元颢入洛，据郡不从。庄帝还宫，行西兖州事，封洛阳县开国男，邑二百户。寻除光禄大夫，三年卒，时年四十四。

子武，袭。武定中，怀州卫军府录事参军。齐受禅，爵例降。

初，巨伦有姊，明惠有才行，因患眇一目，内外亲类莫有求者，其家议欲下嫁之。巨伦姑赵国李叔胤之妻，高明慈笃，闻而悲感曰：“吾兄盛德，不幸早世，岂令此女屈事卑族！”乃为子翼纳之，时人叹其义。崔氏与翼书诗数十首，辞理可观。

逸弟模，字叔轨。身长八尺，围亦如之。出后其叔，雅有志度。起家奉朝请，历太尉祭酒、尚书金部郎中、太尉主簿。转中郎，迁太子家令，以公事免。神龟中，诏复本资，除冠军将军、中散大夫。出除鲁阳太守。正光二年，襄阳民密求款附，诏模为别将，隶淮南王世遵。率众赴之。事觉，模焚襄阳邑郭而还。坐不克，免官。及萧宝寅讨关陇，引模为西征别将，屡有战功，除持节、光禄大夫、都督别道诸军事，加安东将军。万俟丑奴遣将郝虎南侵，模攻破其营，擒虎。以功封槐里县开国伯，邑五百户。于时将督败殁者多，模挫敌持重，号为名将。后假征东将军、行岐州事。未几，击贼入深，没于阵。赠抚军将军、相州刺史。永熙中，追录前勋，又赠都督定相冀三州诸军事、骠骑大将军、仪同三司、相州刺史。子士护。

模弟楷，字季则。美风望，性刚梗，有当世干具。释褐奉朝请，员外散骑侍郎、广平王怀文学。正始中，以王国官非其人，多被刑戮，惟楷与杨昱以数谏获免。后为尚书左主客郎中、伏波将军、太子中舍人、左中郎将。以党附高肇，为中尉所劾，事在《高聪传》。楷性严烈，能摧挫豪强，故时人语曰："莫儵都买反儶孤楷反，付崔楷。"

于时冀定数州，频遭水害，楷上疏曰：

臣闻有国有家者，莫不以万姓为心，故矜伤轸干造次，求瘼结于寝兴。黎民阻饥，唐尧致叹；众庶斯馑，帝乙罚已。良以为政与农，实系民命。水旱缘兹以得济，夷险用此而获安。顷东北数州，频年淫雨，长河激浪，洪波汩流，川陆连涛，原隰通望，弥漫不已，泛滥为灾。户无担石之储，家有藜藿之色。华壤膏腴，变为鸟卤，菽麦禾黍，化作萑蒲。斯用痛心徘徊，潜然伫立也。

昔洪水为害四载，流于《夏书》；九土既平攸同，纪自《虞诰》。亮由君之勤恤，臣用勉劳，日昃忘餐，宵分废寝。伏惟皇魏，握图临宇，总契裁极，道数九有，德被八荒，槐阶棘路，实维英哲。虎门、麟阁，实曰贤明，天地函和，日月光耀。自比定、冀水潦，无岁不饥；幽瀛川河，频年泛溢。岂是阳九厄会，百六钟期？故以人事而然，非为运极。昔魏国咸鸟，史起哂之；兹地荒芜，臣实为耻。不揆愚瞽，辄敢陈之。

计水之凑下，浸润无间，九河通塞，屡有战改，不可一准古法，皆循旧堤。何者？河决瓠子，梁、楚几危，宣防既建，水还旧迹。十数年间，户口丰衍。又决屯氏，两川分流，东北数郡之地，仅得支存。及下通灵、鸣，水田一路，往昔膏腴，十分病九，邑居凋离，坟井毁灭。良由水大渠狭，更不开泄，众流壅塞，曲直乘之所致也。至若量其透迤，穿凿涓浍，分立堤堨，所在疏通，预决其路，令无停壅，随其高下，必得地形，土木参功，务从便省，使地有金堤之坚，水有非常之备。钩连相注，多置水口，从河入海，远迩迳过，泄其磅泄，泄此陂泽。九月农罢，量役计功；十月昏正，立匠表度。县遣能工，麾画形势；郡发明使，筹察可否。审地推岸，辨其脉流；树板分崖，练厥从往。别使案检，分剖是非，瞰睇川原，明审通塞。当境修治，不劳役远，终春自罢，未须久功。即以高下营田,因于水陆,水种粳稻,陆艺桑麻,必使室有久储,门丰余积。

其实上叶御灾之方,亦为中古井田之利。即之近事,有可比伦。江淮之南,地势污下,云雨阴霖,动弥旬月。遥途远运,惟用舟舻;南亩畲菑,微事末耜。而众庶未为馑色,黔首罕有饥颜。岂天德不均,致地偏罚,故是地势异图,有兹丰馁。臣既乡居水际,目睹荒残,每思郑、白,屡想王李。夙宵不寐,言念皇家,愚诚丹款,实希效力,有心萤爝,乞暂施行。使数州士女,无废耕桑之业;圣世洪恩,有赈饥荒之士。邺宰深笑,息自一朝;臣之至诚,申于今日。

诏曰:"频年水旱为患,黎民阻饥,静言念之,昃不遑食,鉴此事条,深协在虑。但计画功广,非朝夕可合,宜付外量闻。"事遂施行。楷用功未就,诏还追罢。

久之,京兆王继为大将军西讨,引楷为司马。还,转后将军、广平太守。后葛荣转盛,诸将拒击,并皆失利。孝昌初,加楷持节、散骑常侍,光禄大夫、兼尚书北道行台,寻转军司。未几,分定相二州四郡置殷州,以楷为刺史,加后将军。楷至州,表曰:"窃惟殷州地实四冲,居当五裂,西通长山,东渐巨野。顷国路康宁,四方有截,仍聚奸宄,桴鼓时鸣。况今天长丧乱,妖灾间起。定州逆虏,趄趣北界;邺下凶烬,蚕噬腹心。两处犬羊,势足并合,城下之战,匪暮斯朝。臣以不武,属此屏捍,实思效力,以弱敌强,析骸煮弩,固此忠节。但基趾造创,庶事茫然,升储尺刃,聊自未有。虽欲竭诚,莫知攸济。谨列所须兵仗,请垂矜许。必当虎视一方,遏其侵轶,肃清境内,保全所委。"诏付外量,竟无所给。

葛荣自破章武、广阳二王之后,锋不可当。初楷将之州,人咸劝留家口,单身述职。楷曰:"贪人之禄,忧人之事,如一身独往,朝廷谓吾有进退之计,将士又谁肯为人固志也?"遂合家赴州。三年春,贼势已逼,或劝减小弱以避之,乃遣第四女,第三儿夜出。既而召僚属共论之,咸曰:"女郎出嫁之女,郎君小未胜兵,留之无益,去复何损。且使君在城，家口尚多，足固将士士意，窃不足为疑。"楷曰："国家岂不知城小力弱也，置吾死地，今吾死耳！一朝送免儿女，将谓吾心不固。亏忠全爱，臧获耻之，况吾荷国重寄也。"遂命追还。州既新立，了无御备之具。及贼来攻，楷率力抗拒，强弱势悬，每勒兵士抚厉之，莫不争奋，咸称："崔公尚不惜百口，吾等何爱一身！"速战半旬，死者相枕。力竭城陷，楷执节不屈，贼遂害之，时年五十一。长子士元举茂才，平州录画参军、假征虏将军、防城都督，随楷之州，州陷，亦战殁。楷兄弟父子，并死王事，朝野伤叹焉。赠使持节、散骑常侍、镇军将军、定州刺史。永熙中，又特赠侍中、都督冀定相三州诸军事、骠骑大将军、仪同三司，冀州刺史。

士元弟士谦、士约并没关西。

士约弟士顺，仪同开府行参军。

士元息励德，武定中，司徒城局参军。

史臣曰：郑羲机识明悟，为时所许，懿兄弟风尚，俱有可观，故能并当荣遇，其济美矣。严祖秽薄，忝其家世。幼儒令问促年，伯猷赌以败业，惜乎！崔辩器业著闻，位不远到。逸经明行高，籍甚太和之日，德优官薄，仍世恨之。模雄壮之烈，楷忠贞之操，杀身成义，临难如归。非大丈夫亦何能以若此！

魏书卷五七
列传第四五

高祐　崔挺

高祐，字子集，小名次奴，勃海人也。本名禧，以与咸阳王同名，高祖赐名祐。司空允从祖弟也。祖展，慕容宝黄门郎。太祖平中山，内徙京师，卒于三都大官。父谠，从世祖灭赫连昌，以功拜游击将军，赐爵南皮子。与崔浩共参著作，迁中书侍郎。转给事中、冀青二州中正，假散骑常侍、平东将军、蒱县侯，使高丽。卒，赠安南将军、冀州刺史、假沧水公，谥曰康。祐兄祚，袭爵，东青州刺史。

祐博涉书史，好文字杂说，材性通放，不拘小节。初拜中书学生，转博士侍郎。以祐招下邵郡群贼之功，赐爵建康子。高宗末，兖州东郡吏获一异兽，献之京师，时人咸无识者。诏以问祐，祐曰：“此是三吴所出，厥名鲮鲤，余域率无。今我获之，吴楚之地，其有归国者乎？”又有人于零丘得玉印一以献，诏以示祐，祐曰：“印上有籀书二字，文曰‘宋寿’。寿者命也，我获其命，亦是归我之徵。”显祖初，刘义隆子义阳王昶来奔，薛安都等以五州降附，时谓祐言有验。

高祖拜秘书令。后与丞李彪等奏曰：

臣等闻典谟兴，话言所以光著；载籍作，成事所以昭扬。然则《尚书》者，记言之体，《春秋》者，录事之辞。寻览前志，斯皆言动之实录也。夏殷以前，其文弗具。句周以降，典章备举。史之官体，文质不同；立书之旨，随时有异。至若左氏，属词比事，两致并书，可谓存史意，而非全史体。逮司马迁、班固，皆博识大才，论叙今古，曲有条章，虽周达未兼，斯实前史之可言者也。至于后汉、魏、晋，咸以放焉。惟圣朝创制上古，开基《长发》，自始均以后，至于成帝，其间世数久远，是以史弗能传。臣等疏陋，忝当史职，披览《国记》，窃有志焉。愚谓自王业始基，庶事草创，皇始以降，光宅中土，宜依迁固大体，令事类相从，纪传区别，表志殊贯；如此修缀，事可备尽。伏惟陛下先天开物，洪宣帝命，太皇太后淳曜二仪，惠和王度，声教之所渐洽，风译之所覃加，固已义振前王矣。加太和以降，年未一纪，然嘉符祯瑞，备臻于往时；洪功茂德，事萃于曩世。会稽伫玉牒之章，岱宗想石记之列。而秘府策勋，述美未尽。将令皇风大猷，或阙而不载；功臣懿绩，或遗而弗传。著作郎已下，请取有才用者，参造国书，如得其人，三年有成矣。然后大明之德功，光于帝篇；圣后之勋业，显于皇策。佐命忠贞之伦，纳言司直之士，咸以备著载籍矣。

高祖从之。

高祖从容问祐曰："比水旱不调，五谷不熟，何以止灾而致丰稔？"祐对曰："昔尧汤之运，不能去阳九之会。陛下道同前圣，其如小旱何？但当旌贤佐政，敬授民时，则灾消穰至矣。"又问止盗之方，祐曰："昔宋均树德，害兽不过其乡；卓茂善教，蝗虫不入其境。彼盗贼者，人也；苟训之有方，宁不易息？当须宰守贞良，则盗止矣。"祐又上疏云："今之选举，不采识治之优劣，专简年劳之多少，斯非尽才之谓。宜停此薄艺，弃彼朽劳，唯才是举，则官方斯穆。又勋旧之臣，虽年勤可录，而才非抚人者，则可加之以爵赏，不宜委之以方任。所谓王者可私人以财，不私人以官者也。"高祖皆善之。加给事中、冀州大中正，余如故。时李彪专统著作，祐为令，时相关豫而已。

出为持节、辅国将军、西兖州刺史，假东光侯，镇滑台。祐以郡国虽有太学，县党宜有黉序，乃县立讲学，党立小学。又令一家之中，自立一碓，五家之外，共造一井，以供行客，不听妇人寄舂取水。又设禁贼之方，令五五相保，若盗发则连其坐，初虽似烦碎，后风化大行,寇盗止息。

转宋王刘昶傅。以昔参定律令之勤,赐帛五百匹、粟五百石、马一匹。昶以其官旧年耆,雅相祗重,妓妾之属,多以遗之。拜光禄大夫,傅如故。昶薨后,徵为宗正卿。而祐留连彭城,久而不赴。于是尚书仆射李冲奏祐散逸淮徐,无事稽命,处刑三岁,以赎论。诏免卿任,还复光禄。太和二十三年卒。太常议谥曰炀侯。诏曰:"不遵上命,曰'灵',可谥为灵。"

子和璧,字僧寿,有学问,中书博士。早卒。

和璧子颢,字门贤,学涉有时誉。自司空参军,转员外郎,袭爵建康子,迁符玺郎中。出为冀州别驾,未之任,属刺史元愉据州反,世宗遣尚书李平为都督,率众讨之。平以颢彼州领袖,乃引为录事参军,仍领统军,军机取舍,多与参决。擒愉之后,别党千余人皆将伏法,颢以为拥逼之徒,前许原免,宜为表陈请。平从之,于是咸蒙全济。事定,颢仍述职。时军旅之后,因之饥馑,颢为纲纪,务存宽静,甚收时誉。寻加陵江将军。坐事免。久之,除镇远将军,迁辅国将军、中散大夫,转征虏将军,仍中散。卒,时年四十九。赠平东将军、沧州刺史。谥曰惠。

子德正,袭。武定中,黄门侍郎。

颢弟雅,字兴贤,有风度。自给事中,稍迁司徒府录事参军、定州抚军府长史。卒,年三十四。天平中,追赠散骑常侍、平北将军、冀州刺史。

子德乾,早有令问。任城太守。卒。

雅弟谅,字修贤。少好学,多识强记。居丧以孝闻。太和末,京兆王愉开府辟召,高祖妙简行佐,谅与陇西李仲尚、赵郡李凤起等同时应选。稍迁太尉主簿、国子博士。正光中,加骁骑将军,为徐州行台。至彭城,属元法僧反叛,逼谅同之,谅不许,为法僧所害,时年四十一,朝廷痛惜之。赠左将军、沧州刺史。又下诏,以谅临危授命,诚节可重,复赠使持节、平北将军、幽州刺史,赠帛二百匹,优一子出身,谥曰忠侯。三子。长惠胜,武定中,司徒外兵参军。谅造《亲表谱录》四十许卷,自五世已下,内外曲尽。览者服其博记。

祐弟钦,幼随从叔济使于刘义隆,还为中书学生,迁秘书中散,年四十余,卒。

子法永,诸王从事中郎,亦早亡。

祐从父弟次同,永安末,抚军将军、定州刺史。

子乾邕,永熙中,司空公、长乐郡开国公。

乾邕弟敫曹,天平中,司徒公、京兆郡开国公。

崔挺,字双根,博陵平平人也。六世祖赞,魏尚书仆射。五世祖洪,晋吏部尚书。父郁濮阳太守。

挺幼居丧尽礼。少敦学业,多所览究,推人爱士,州闾亲附焉。每四时,与乡人父老书相存慰,辞旨款备,得者荣之。三世同居,门有礼让。于后频值饥年,家始公析,挺与弟振推让田宅旧资,惟守墓田而已。家徒壁立,兄弟怡然,手不释卷。时谷籴踊贵,乡人或有赠者遗挺,辞让而受,仍亦散之贫困,不为畜积,故乡邑更钦叹焉。

举秀才,射策高第,拜中书博士。转中书侍郎,以工书,受敕于长安。书文明太后父燕宣王碑,赐爵泰昌子。转登闻令,迁典属国下大夫。以参议律令,赐布帛八百匹、谷八百石、马牛各二。尚书李冲甚重之。高祖以挺女为嫔。太和十八年,大将军、宋王刘昶南镇彭城,诏假立义将军,为昶府长史,以疾辞免,乃以王肃为长史。其被寄遇如此。后除昭武将军、光州刺史,威恩并著,风化大行。

十九年,车驾幸兖州,召挺赴行在所。及见,引谕优厚。又问挺治边之略,因及文章。高祖甚悦,谓挺曰:“别卿已来,倏焉二载,吾所缀文,已成一集。今当给卿副本,时可观之。”又顾之谓侍臣曰:“拥旄者悉皆如此,吾何忧哉。”复还州。

及散常侍张彝兼侍中巡行风俗,见挺政化之美,谓挺曰:“彝受使省方,采察谣讼,入境观政,实愧清使之名。”州治旧掖城,西北数里有斧山,峰岭高峻,北临沧海,南望岱岳,一邦游观之地也。挺于顶上欲营观宇,故老曰:“此岭秋夏之际,常有暴雨迅风,岩石尽落,相传云是龙道,恐此观不可久立。"挺曰:"人神相去,何远之有? 虬龙倏忽,岂唯一路乎!"遂营之。数年间,果无风雨之异。挺既代,即为风雹所毁,于后作,复寻坏,遂莫能立。众以为善化所感。

时以犯罪配边者,多有逃越,遂立重制,一人犯罪逋亡,合门充役。挺上书,以为《周书》父子罪不相及,天下善人少,恶人多,以一人犯罪,延及合门,司马牛受桓魋之罚,柳下惠婴盗跖之诛,岂不哀哉! 辞甚雅切,高祖纳之。先是,州内少铁,器用皆求之他境。挺表复铁官,公私有赖。诸州中正,本在论人,高祖将辨天下氏族,仍亦访定,乃遥授挺本州大中正,

掖县有人,年逾九十,板舆造州。自称少曾充使林邑,得一美玉,方尺四寸,甚有光彩,藏之海岛,垂六十岁,忻逢明治,今愿奉之。挺曰:"吾虽德谢古人,未能以玉为宝。"遣船随取,光润果然。竟不肯受,仍表送京都。世宗即位,累表乞还。景明初见代,老幼泣涕追随,缣帛赠送,挺悉不纳。

散骑常侍赵修得幸世宗,挺虽同州壤,未尝诣门。北海王详为司徒、录尚书事,以挺为司马,挺固辞不免,世人皆叹其屈,而挺处之夷然。于后详摄选,众人竞称考第,以求迁叙,挺终独无言。详曰:"崔光州考级并未加授,宜投一牒,当为申请。遽伯玉耻独为君子,亦何故默然?"挺对曰:"阶级是圣朝大例,考课亦国之恒典。下官虽惭古贤不伐之美,至于自衔求进,窃以羞之。"详大相称叹。自为司马,详未曾呼名,常称州号,以示优礼。

四年卒,时年五十九。其年冬,赠辅国将军、幽州刺史,谥曰景。光州故吏闻凶问,莫不悲感,共铸八尺铜像于城东广因寺,起八斗斋,追奉冥福。其遗爱若此。

初,崔光之在贫贱也,挺赡遗衣食,常亲敬焉。又识邢峦、宋弁于童稚之中,并谓终当达致,世称其知人。历官二十余年,家资不益,食不重味,室无绮罗,闺门之内,雍雍如也。旧故多有赠赗,诸子推挺素心,一无所受,有子六人。

长子孝芬，字恭梓。早有才识，博学好文章。高祖召见，甚嗟赏之。李彪谓挺曰："比见贤子谒帝，旨谕殊优，今当为群拜纪。"挺曰："卿自欲善处人父子之间，然斯言吾所不敢闻也。"司徒、彭城王勰板为行参军，后除著作郎，袭父爵。尚书令高肇，亲宠权盛，子植除青州刺史，启孝芬为司马。

后除司徒记室参军、司空属、定州大中正，长于剖判，甚有能名，府主任城王澄雅重之。熙平中，澄奏地制八条，孝芬所参定也。在府久之，除龙骧将军、廷尉少卿。

孝昌初，萧衍遣将裴邃等寇淮南。诏行台郦道元、都督河间王琛讨之，停师城父，累月不进。敕孝芬持节赍齐库刀，摧令赴接，贼退而还。荆州刺史李神俊为萧衍遣将攻围，诏加孝芬通直散骑常侍，以将军为荆州刺史，兼尚书南道行台，领军司，率诸将以援神俊，因代焉。于时，州郡内戍悉已陷没，且路由三鵶，贼已先据。孝芬所统既少，不得径进，遂从弘农堰渠山道南入，遣弟孝直轻兵在前，出贼不意，贼便奔散，人还安堵。肃宗嘉劳之，并赍马及绵绢等物。

后以元叉之党，与卢同、李奖等并除名，徵还。又孝芬为廷尉之日，章武王融以赃货被劾，孝芬按以重法。及融为都督，北讨鲜于修礼，于时孝芬弟孝演率勒宗从，避贼于博陵，郡城为贼攻陷，寻为贼所害，融乃密启云："孝演入贼为王。"遂见收捕，合家逃窜，遇赦乃出。

孝昌三年，萧衍将成景俊率众逼彭城，除孝芬宁逆将军、员外常侍、兼尚书右丞，为徐州行台。孝芬将发，入辞，灵太后谓孝芬曰："卿女今事我儿，与卿便是亲旧，曾何相负而内头元叉车中，称此老妪会须却之。"孝芬曰："臣蒙国厚恩，义无斯语。假实有此，谁能得闻？若有闻知，此于元叉亲密过臣远矣。乞对言者，足辨虚实。"灵太后怅然意解，乃有愧色。景俊筑栅造堰，谋断泗水以灌彭城。孝芬率大都督李叔仁、柴集等赴战，景俊等力屈退走。除孝芬安南将军、光禄大夫、兼尚书，为徐兖行台。

建义初,太山太守羊侃据郡反,远引南贼,围逼兖州。除孝芬散骑常侍、镇东将军、金紫光禄大夫人,仍兼尚书东道行台,大都督刁宣驰往救援,与行台于晖接,至便围之。侃突围奔萧衍,余悉平定。

永安二年,庄帝闻元颢有内侵之计,敕孝芬南赴徐州。颢遂潜师向考城,擒大都督、济阴王晖业,乘胜利进,遣其后军都督侯暄守梁国城,以为后授。孝芬勒诸将驰往围暄,恐颢遣援,乃急攻之,昼夜不息,五日暄遂突出,擒斩之,俘其卒三千余人。庄帝还宫,援西兖州刺史,将军如故。孝芬久倦外役,固辞不行,乃除太常卿。

普泰元年,南阳太守赵修延袭据荆州城,囚刺史李琰之,招引南寇。除孝芬卫将军、荆州刺史,兼尚书南道行台。又除都督三荆诸军事、车骑将军、假骠骑将军。孝芬已出次,改授散骑常侍、骠骑将军、西兖州刺史。

太昌初,兼殿中尚书。寻除车骑大将军、左光禄大夫,仍尚书。后加仪同三司、兼吏部尚书。

出帝入关,齐献武王至洛,与尚书辛雄、刘廞等并诛,时年五十。没其家口,天平中乃免之。

孝芬博文口辩,善谈论,受好后进,终日忻然,商攉古今,间以嘲谑,听者忘疲。所著文章数十篇,有子八人。

长子勉,字宣祖。颇涉史传,有几案才。正光初,除太学博士。庄帝之为御史中尉,启除侍御史。永安初,除建节将军、尚书右中兵郎中。后太尉、豫章王萧赞启为谘议参军,郎中如故。以举人失衷,为中尉高道穆奏免其官。普泰中,兼尚书左丞。勉善附会,世论以浮竞讥之。为尚书令尔朱世隆所亲待,而尚书郎魏季景尤为世隆知任,勉与季景内颇不穆。季景阴求右丞,夺勉所兼。世隆启用季景,勉遂怅怏自失。寻除安南将军、光禄大夫、兼国子祭酒,典仪注。太昌初,除散骑常侍、征东将军、金紫光禄大夫、定州大中正,敕左右厢出入其家。被收之际,在外逃免。于后乃出,见齐献武王于晋阳,王劳抚之。天平末,王遣勉送勋贵妻子赴定州,因得还家。属母李氏丧亡,勉哀号过性,遇病卒,时年四十七。无子,弟宣度以子龙后之。

勉弟宣猷，司徒中郎，走于关西。

宣猷弟宣度，齐王仪同开府司马。

宣度弟宣轨，颇有才学。尚书考功郎中。与弟宣质、宣静、宣略，并死于晋阳。

孝芬弟孝炜，字敬业。少宽雅，早著长者之风。彭城王勰之临定州，辟为主簿。释褐冀州安东府外兵参军，历员外散骑侍郎、宁朔将军、员外散骑常侍。武秦初，蛮首李洪扇动诸蛮，诏孝炜持节，为别将，隶都督李神轨讨平之。尔朱荣之害朝士，孝炜与弟孝直携家避难定陶。孝庄初，徵拜通直散骑常侍，加征虏将军，寻除赵郡太守。郡经葛荣离乱之后，民户丧亡，六畜无遗，斗粟乃至数缣，民皆卖鬻儿女。夏椹大熟，孝炜劝民多收之。郡内无牛，教其人种。招抚遗散，先恩后威，一周之后，流民大至。兴立学校，亲加劝笃，百姓赖之。卒于郡，时年四十九。赠通直散骑常侍、平东将军、瀛州刺史，谥曰简。朝议谓为未申，复赠安北将军、定州刺史。

子昂，武定中，尚书左丞、兼度支尚书。

孝炜弟孝演，字则伯，出继伯父。性通率，美须冉，姿貌魁杰。少无宦情，沉浮乡里。河间王琛为定州刺史，以为治中。晚除瀛州安西府外兵参军，因罢归。及鲜于修礼起逆，孝演率宗属保郡城，为贼攻陷。贼以孝演民望，恐移众心，乃害之，时年四十。无子，弟孝直以子士游为后。

士游，同开府仓曹参军。

孝演弟孝直，字叔廉。身八尺，眉目疎朗。早有志尚。起家司空行参军，寻为员外散骑侍郎、宣威将，仍以本官入领直后。转宁远将军、汝南王开府掾，领直寝。兄孝芬除荆州，诏孝直假征虏将军、别将，总羽林二千骑，与孝芬俱行。孝直潜师径进，贼遂破走。孝芬入城后，萧衍将曹义宗仍在马圈，鼓动顺阳蛮夷，缘边寇窃。孝直率众御之，贼皆退散。还，转直阁将军、通直散骑常侍。尔朱兆入洛，孝直以天下未宁，去职归乡里，劝督宗人，务行礼义。后除安东将军、光禄大夫。太昌中，又除卫将军、右光禄禄大夫，并辞不赴。宗亲劝孝直曰："荣华人之所愿，何故陆沉？"孝直不答，年五十八，卒于乡里。顾命诸子曰："吾才疏效薄，于国无功。若朝廷复加赠谥，宜循吾意，不得祗受。若致干求，则非吾子。敛以时服，祭勿杀生。"其子皆遵行之。有四子。

长子士顺，仪同开府行参军。

孝直弟孝政，字季让。十岁，挺亡，号哭为绝，见者不之悲伤。操尚贞立，博洽经史，雅好辞赋。丧纪之礼，特所留情，衣服制度，手能执造。太尉，当南王悦辟行参军，年四十九，卒。

子岩，武定中，员外常侍。

孝芬兄弟孝义慈厚，弟孝演、孝政先亡，芬等哭泣哀恸，绝内，蔬食，容貌捐瘠，见者伤之。孝炜等奉孝芬尽恭顺之礼，坐食进退，孝芬不命则不敢也。鸡鸣而起，旦参颜色，一钱尺帛，不入私房，吉凶有须，聚对分给。诸妇亦相亲爱，有无共之。始挺兄弟同居，孝芬叔振既亡之后，孝芬等奉承叔母李氏，若事所生，旦夕温清，出入启觐，家事巨细，一以谘决。每兄弟出行，有获财物，尺寸已上，皆内李氏之库。四时分赉，李自裁之，如此者二十余岁。抚从弟宣伯子朗，如同气焉。

挺弟振，字延根。少有学行，居家孝友，为宗族所称。自中书学生为秘书中散，在内谨救，为高祖所知。出为冀州、咸阳王禧骠骑府司马，在任久之。太和二十年，迁建威将军、平阳太守，不拜。转高阳内史。高祖南讨，徵兼尚书左丞，留京。振既才干被擢，当世以为荣。后改定职令，振本资惟拟五品，诏曰："振在郡著绩，宜有褒升。"除太子庶子，景明初，除长兼廷尉少卿。振有公断，以明察称。河内太守陆琇与咸阳王禧同谋为逆，禧败事发，振穷治之。时琇内外亲党久当朝贵要咸为之言，振研核切至，终无纵缓，遂毙之于狱。其奉法如此。正始初，除龙骧将军、肆州刺史，在任有政绩。还朝，除河东太守。永平中卒于郡，时年五十九。赠本将军、南兖州刺史，谥曰定。振历官四十余载,考课恒为称职,议者善之。

长子宣伯,早丧,

子劲字仲括。骠骑参军。

宣伯弟子朗,美容貌,涉猎经史。少温厚,有风尚。以军功起家襄威将军、员外散骑侍郎。普泰中,从兄孝芬为荆州,请为车骑府司马。孝芬转西兖州,为骠骑府司马。太昌初,冠军将军、北徐州抚军府长史,固辞,不获免。兴和二年,中尉高仲密引为侍御史,寻加平西将军。武定中卒,子道纲。

挺从父弟元珍,释褐司徒行参军,稍迁司徒王簿、赵郡王干开府属。景明中,荆州长史。久之,为司徒从事中郎,有公平称。后迁中散大夫,加征虏将军。正光末,山胡作逆,除平阳太守,假右将军。为别将以讨之。频破胡贼,郡内以安。武泰初,改郡为唐州,仍除元珍为刺史,加右将军。以破胡勋,赐爵凉城侯。尔朱荣之趣洛也,遣其都督樊子鹄取唐州。元珍与行台郦恽拒守不从,为子鹄所陷,被害。世咸痛之,子叔恭。

挺从父弟瑜之,字仲琏。少孤,有学业。太和中,释褐奉朝请,广陵王羽常侍,累历蕃佐。入为司空功曹参军事、太尉主簿。迁冀州抚军府长史,后为扬州平东府长史,带南梁太守。萧衍义州刺史文僧明来降,瑜之迎接。有勋,赐爵高邑男。孝昌初,除鸿胪少卿。三年卒,年五十六。赠平北将军、瀛州刺史,有三子。

长子孟舒,字长才,袭父爵。累迁平东将军、太中大夫,兴和中,除广平太守。卒,赠中军将军、殷州刺史,赠平东将军,谥曰康。

孟舒弟仲舒,武定末,邺县令。

仲舒弟季舒,给事黄门侍郎。

挺从祖弟修和,州主簿。

子俭,字元恭,雅有器度。历太学博士,终于符玺郎中。

俭弟绪,字仲穆。定州抚军府法曹参军。绪小弟孝忠,侍御史、秘书郎。并有容貌,无他才识。

绪子子谦,尚书郎。

子谦弟子让,与侯景同反,子谦坐以囚执,遇病死于晋阳。

子让弟子廉等,并伏法。

修和弟敬邕,性长者,有干用。高祖时,自司徒主簿,转尚书都官郎中,所在称职。迁太子步兵校尉。景明初,母忧去职。后中山王英南讨,引为都督府长史,加左中郎将,以功赐爵临淄男。迁龙骧将军、太府少卿,以本将军出除营州刺史。库莫奚国有马百匹,因风入境,敬邕悉令送还,于是夷人感附。熙平二年,拜征虏将军、太中大夫。神龟中卒,年五十七。赠左将军、济州刺史,谥曰恭。

子子盛,袭爵。除奉朝请。

修和从弟接,字显宾。容貌魁伟,放迈自高,不拘常检。为中书博士、乐陵内史。雅为任城王澄所礼待。及澄为定州刺史,接了无民敬,王忻然容下之。后为冀州安东府司马,转乐陵太守,还乡而卒。

挺族子纂,字叔则,博学有文才。景明中,太学博士,转员外散骑侍郎,襄威将军。既不为时知,乃著《无谈子论》。后为给事中。延昌中,除梁州征虏府长史。熙平初,为宁远将军、廷尉正。每于大狱,多所据明,有当官之誉。时太原王静自廷尉监迁少卿,纂耻居其下,乃与静书,辞气抑扬,无上下之体,又启求解任,乃除左中郎将,领尚书三公郎中。未几以公事免。后为洛阳令。正光中卒,年四十五。赠司徒左长史。凡所制文,多行于世。

长子史,武定末,仪同府长流参军。

纂兄穆,宽雅有度量。州辟主簿,卒。

子暹,武定末,度支尚书、兼右仆射。

纂弟融,字修业。奉朝请。尚书令高肇出讨巴蜀,引为统军。还,除员外散骑侍郎。正光中,定州别驾,年四十二,卒。

子鸿翻,郡功曹。

纂从祖弟游，字延叔，少有风概。释褐奉朝请，稍迁太尉主簿。江州刺史陈伯之启为司马。还除奉车都尉。大都督、中山王英征义阳，引为录事参军，寻转司马。及英败于钟离，游坐徙秦州，久而得还。大将军高肇西征，引为统军，除步兵校尉，迁豫州征虏府长史，未几，除征虏将军、北赵郡太守，并有政绩。

熙平末，转河东太守。郡有盐户，常供州郡为兵，子孙见丁从役，游矜其劳苦。乃表闻请听更代，郡内感之。太学旧在城内，游乃移置城南闲敞之处，亲自说经。当时学者莫不劝慕，号为良守。以本将军迁凉州刺史，以母忧解任。

正光中，起除右将军、南秦州刺史，固辞，不免。先是州人杨松柏、杨洛德兄弟数为反叛，游至州，深加招慰，松柏归软，引为主簿，稍以辞色诱之，兄弟俱至。松柏既州之豪帅，感游恩遇，奖谕群氏，咸来归款，且以过在前政，不复自疑。游乃因宴会，一时俱斩，于是外人以其不信，合境皆反。正光五年夏，秦州城人杀刺史李彦据州为逆。数日之后，游知必不安，谋欲出外，寻为城人韩祖香、孙憭攻于州馆。游事窘，登楼慷慨悲叹，乃推下小女而杀之，义不为群小所辱也。寻为祖香等所执害，时年五十二。永定中，赠散骑侍郎、镇北将军、定州刺史。

子伏护，开府参军。

史臣曰：高祐学业优通，知名前世，儒俊之风，门旧不陨。诸子经传之器，加有舍生之节。崔挺兄弟，风操高亮，怀文抱质，历事著称，见重于朝野，继世承家，门族并著，盖所谓彼有人焉。

魏书卷五八
列传第四六

扬　播

　　杨播字延庆，自云恒农华阴人也。高祖结，仕慕容氏，卒于中山相。曾祖珍，太祖时归国，卒于上谷太守。祖真，河内、清河二郡太守。父懿，延兴末为广平太守，有称绩。高祖南巡，吏人颂之。加宁远将军，赐帛三百匹。徵为选部给事中，有公平之誉。除安南将军、洛州刺史，未之任而卒。赠以本官，加弘农公，谥曰简。播本字元休，太和中，高祖赐改焉。母王氏，文明太后之外姑。

　　播少修整，奉养尽礼。擢为中散，累迁给事，领中起部曹。以外亲，优赐亟加，前后万计。进北部给事中。诏播巡行北边，高祖亲送及户，戒以军略。未几，除龙骧将军、员外常侍，转卫尉少卿，常侍如故。与阳平王颐等，出漠北击蠕蠕，不获而还。高祖嘉其勋，赐奴婢十口。迁武卫将军，复击蠕蠕，至居然山而还。

　　除左将军，寻假前将军。随车驾南讨，至钟离。师回，诏播领步卒三千、骑五百为众军殿。时春水初长，贼众大至，舟舰塞川。播以诸军渡淮未讫，严陈南岸，身自居后。诸军渡尽，贼众遂集，于是围播，乃为圆陈以御之，身自搏击，斩杀甚多，相拒再宿，军人食尽，贼围更急，高祖在北而望之，既无舟船，不得救援。水势稍减，播领精骑三百，历其舟船，大呼曰："今我欲渡，能战者来。"贼莫敢动，遂拥众而济。高祖甚壮之，赐爵华阴子，寻除右卫将军。

后从驾讨崔慧景、萧衍于邓城,破之,进号平东将军。时车驾耀威洏水,上巳设宴。高祖与中军、彭城王勰赌射,左卫元遥在勰朋内,而播居帝曹。遥射侯正中,筹限已满。高祖曰:"左卫筹足,右卫不得不解。"播对曰:"仰恃圣恩,庶几必争。"于是弯弓而发,其箭正中。高祖笑曰:"养由基之妙,何复过是。"遂举卮酒以赐播曰:"古人酒以养病,朕今赏卿之能,可谓今古之殊也。"从到悬瓠,除太府卿,进爵为伯。

景明初,兼侍中,使恒州,赡恤寒乏。转左卫将军。出除安北将军、并州刺史,固辞,乃授安西将军、华州刺史。至州借民田,为御史王基所劾,削除官爵,延昌二年,卒于家。子侃等停枢不葬,披诉积年,至熙平中,乃赠镇西将军、雍州刺史,并复其爵,谥曰壮。

侃,字士业。颇爱琴书,尤好计画。时播一门贵满朝廷,儿侄早通,而侃独不交游,公卿罕有识者。亲朋劝其出仕,侃曰:"苟有良田,何忧晚岁,但恨无才具耳。"年三十一,袭爵华阴伯。释褐太尉、汝南王悦骑兵参军。扬州刺史长孙稚请为录事参军。

萧衍豫州刺史,裴邃治合肥城,规相掩袭,密购寿春郭人李瓜花、袁建等令为内应。邃已纂勒兵士,有期日矣,而虑寿春疑觉,遂谬移云:"魏始于马头置戍,如闻复欲修白捺旧城。若尔,便稍相侵逼,此亦须营欧阳,设交境之备。令板卒已集,唯听信还。"佐僚咸欲以实答之,云无修白捺意。而侃曰:"白捺小城,本非形胜。邃好小黠,今集兵遣移,虚构是言,得无有别图也?"稚深悟之,乃云:"录事可造移报。"侃移曰:"彼之纂兵,想别有意,何为妄构白捺也!他人有心,予忖度之,勿谓秦无人也。"邃得移,谓已知觉,便尔散兵。瓜花等以期契不会,便相告发,伏辜者十数家。邃后竟袭寿春,入罗城而退。遂列营于黎浆、梁城,日夕钞掠,稚乃奏侃为统军。

侃叔椿为雍州刺史,又请为其府录事参军,带长安令,府州之务多所委决。及萧宝寅等军败,北地功曹毛洪宾据郡引寇,抄掠渭北。侃启椿自出讨之。遂购募战士,信宿之间得三千余人,衔枚夜进，至冯翊郡西，贼见大军卒至，众情离解，洪宾遂通书送质，乞求自效。于是擒送宿勤明达兄子贼，署南平王乌过仁。

　　后雍州刺史萧宝寅据州反，尚书仆射长孙稚讨之，除侃镇达将军、谏议大夫，为稚行台左丞。寻转通直、散骑常侍。军次弘农，侃白稚曰："昔魏武与韩遂、马超挟关为垒，胜负之理久而无决。岂才雄相类，算略抗行，当以河山险阻，难用智力。今贼守潼关，全据形胜，纵曹操更出，亦无所骋奇。必须北取蒲坂，飞棹西岸，置兵死地，人有斗心，华州之围，可不战而解；潼关之贼，必望风溃散。诸处既平，长安自克。愚计可录，请为明公前驱。"稚曰："薛修义已围河东，薛凤贤又保安邑，都督宗正珍孙停师虞坂，久不能进。虽有此计，犹用为疑。"侃曰："珍孙本行陈一夫，因缘进达，可为人使，未可使人。一旦受元帅之任，处分三军，精神乱矣，宁堪围贼？ 河东治在蒲坂，西带河湄，所部之民，多在东境。修义驱率壮勇，西围郡邑，父老妻弱，尚保旧村。若率众一临，方寸各乱，人人思归，则郡围自解。不战而胜，昭然在目。"稚从之，令其子彦等领骑与侃于弘农北渡。所领悉是骑士，习于野战，未可攻城，便据石锥壁。侃乃班告曰："今且停军于此，以待步卒，兼观民情向背，然后可行。若送降名者，各自还村，侯台军举烽火，各亦应之，以明降款。其无应烽者，即是不降之村，理须珍戮，赏赉军士。"民遂转相告报，未实降者，亦诈举烽，一宿之间，火光遍数百里内。围城之寇，不测所以，各自散归，修义亦即逃遁。长安平，侃颇有力。

　　建义初，除冠军将军、东雍州刺史。其年州罢，除中散大夫，为都督，镇潼关。还朝，除右将军、岐州刺史。属元颢内逼，诏以本官假抚军将军为都督，率众镇大梁，未发，诏行北中郎将。孝庄徙御河北，执侃手曰："朕停卿蕃寄移任此者，正为今日，但卿尊卑百口，若随朕行，所累处大。卿可还洛，寄之后图。"侃曰："此诚陛下曲恩，宁可以臣微族，顿废君臣之义？"固求陪从。至建州，叙行从功臣，自城阳王徽已下凡十人，并增三阶。以侃河梁之诚，特加四阶。侃固辞，乞同诸人，久乃见许。于是除镇军将军、度支尚书、兼给事黄门侍郎,敷西县开国公,令邑一千户。

及车驾南还,颢令萧衍将陈庆之守北中城,自据南岸。有夏州义士为颢守河中渚,乃密信通款,求破桥立效,尔朱荣率军赴之。及桥破,应接不果,皆为颢所屠灭。荣因怅然,将为还计,欲更图后举。侃曰:“未审明大王发并州之日,已知有夏州义士指来相应,为欲广申经略,宁复帝基乎? 夫兵散而更合,疮愈而更战,持此收功,自古不少。岂可以一图不全,而众虑顿废? 今事不果,乃是两贼相杀,则大王之利矣。若今即还,民情失望,去就之心,何由可保? 未若召发民材,惟多缚筏,间以舟楫,沿河广布,令数百里中,皆为渡势。首尾既达,颢复知防何处,一旦得渡,必立大功。”荣大笑曰:“黄门即奏行此计。”于是尔朱兆与侃等遂与马渚杨南渡,破颢子领军将军冠受,擒之,颢便南走。车驾入都,侃解尚书,正黄门,加征东将军、金紫光禄大夫。以济河之功,进爵济北郡开国公,增邑五百户,复除其长子师冲为秘书郎。

时所用钱,人多私铸,稍就薄小,乃至风飘水浮,米斗几直一千。侃奏曰:“昔马援至陇西,尝上书求复五铢钱,事下三府,不许。及援徵入为虎贲中郎,亲对光武申释其趣,事始施行。臣顷在雍州,亦表陈其事,听人与官并铸五铢钱,使人乐为,而俗弊得改。旨下尚书,八座不许。以今况昔,即理不殊。求取臣前表,经御披析。”侃乃随事剖辨,孝庄从之。乃铸五铢钱,如侃所奏。

万俟丑奴陷东秦,遂围岐州,扇诱巴蜀。大都督尔朱天光率众西伐,诏侃以本官使持节、兼尚书仆射,为关右慰劳大使。还朝,除侍中,加卫将军、右光禄大夫。

庄帝将图尔朱荣也,侃与其内弟李晞、城阳王徽、侍中李彧等,咸预密谋。尔朱兆之入洛也,侃时休沐,遂得潜窜,归于华阴。普泰初,天光在关西,遣侃子妇父韦义远招慰之,立盟许恕其罪。侃从兄昱恐为家祸,令侃出应,假其食言,不过一人身殁,冀全百口。侃往赴之,秋七月,为天光所害,太昌初,赠车骑将军、仪同三司、幽州刺史。

子纯陀袭。

播弟椿,字延寿。本字仲考,太和中,与播俱蒙高祖赐改。性宽谨。初拜中散,典御厩曹。以端慎小心,转司医药,迁内给事,与兄播并侍禁闱。又领兰台行职,改授中部曹,析讼公正,高祖嘉之。及文明太后崩,高祖五日不食。椿进谏曰:"陛下至性,孝过有虞,居哀五朝,水浆不御,群下惶灼,莫知所言。陛下荷祖宗之业,临万国之重,岂可同匹夫之节,以取僵仆?且圣人之礼,毁不灭性。纵陛下欲自贤于万代,其若宗庙何!"高祖感其言,乃一进粥。

转授官舆曹少卿,加给事中。出为安远将军、豫州刺史。高祖自洛向豫,幸其州馆信宿,赐马十匹、缣千匹。迁冠军将军、济州刺史。高祖自钟离趣邺,至碻磝,幸其州馆,又赐马二匹、缣千五百匹。坐为平原太守。崔敞所讼,廷尉论辄收市利,费用官炭,免官。后降为宁朔将军、梁州刺史。

初,武兴王杨集始为杨灵珍所破,降于萧鸾。至是,率贼万余自汉中而北,规复旧土。椿领步骑五千出顿下辨,贻书集始,开以利害。集始执书对使者曰:"杨使君此书,除我心腹之疾。"遂领其部曲千余人来降。寻以母老,解还。后武都氐杨会反,假椿节、冠军将军、都督西征诸军事、行梁州刺史,与军司羊祉讨破之。

于后梁州运粮,为群氐劫夺,诏椿兼征虏将军,持节招慰。寻以氐叛,拜光禄大夫,假平西将军,督征讨诸军事以讨之。还,兼太仆卿。秦州羌吕苟儿、泾州屠各陈瞻等聚众反,诏椿为别将,隶安西将军元丽讨之。贼入陇,守蹊自固。或谋伏兵山径,断其出入,待粮尽而攻之;或云斩除山木,纵火焚之,然后进讨。椿曰:"并非计也。此本规盗,非有经略,自王师一至,无战不摧,所以深窜者,正避死耳。今宜勒三军,勿更侵掠,贼必谓我见险不前,心轻我军,然后掩其不备,可一举而平矣。"乃缓师不进,果出掠,乃以军中驴马饵之,不加讨逐。如是多日,阴简精卒,衔枚夜袭,斩瞻传首。入正太仆卿,加安东将军。

初，显祖世有蠕蠕万余户降附，居于高平、薄骨律二镇。太和之末，叛走略尽，唯有一千余家。太中大夫王通、高平镇将郎育等，求徙置淮北，防其叛走。诏许之，虑不从命，乃使椿持节往徙焉。椿以为徙之无益，上书曰："臣以古人有言：裔不谋夏，夷不乱华；荒忽之人，羁縻而已。是以先朝居之于荒服之间者，正欲悦近来达，招附殊俗，亦以别华戎、异内外也。今新附者众，若旧者见徙，新者必不安。不安必思土，思土则走叛。狐死首丘，其害方甚。又此族类，衣毛食肉，乐冬便寒。南土湿热，往必将尽。进失归伏之心，退非藩卫之益。徙在中夏，而生后患，愚心所见谓为不可。"时八座议不从，遂徙于济州缘河居之。冀州元愉之难，果悉浮河赴贼，所在钞掠，如椿所策。

永平初，徐州城人成景俊以宿预叛，诏椿率众四万讨之，不克而返。久之，除都督朔州抚冥武川怀朔三镇三道诸军事、平北将军、朔州刺史。在州，为廷尉奏椿前为太仆卿日，招引细人，盗种牧田三百四十顷，依律处刑五岁。尚书邢峦，据《正始别格奏》，椿罪应除名为庶人，注籍盗门，同籍合门不仕。世宗以新律既班，不宜杂用旧制，诏依寺断，听以赎论。寻加抚军将军，入除都官尚书，监修白沟堤堰。复以本将军，除定州刺史。

自太祖平中山，多置军府，以相威摄。凡有八军，军各配兵五千，食禄主帅军各四十六人。自中原稍定，八军之兵渐割南戍，一军兵统千余，然主帅如故，费禄不少。椿表罢四军，减其帅百八十四人。州有宗子稻田，屯兵八百户，年常发夫三千，草三百车，修补畦堰。椿以屯兵惟输此田课，更无徭役，及至闲月，即应修治，不容复劳百姓，椿亦表罢。朝廷从之。椿在州，因治黑山道余功，伐木私造佛寺，役使兵力，为御史所劾除名为庶人。

正光五年，除辅国将军、南秦州刺史。时南秦州反叛，路又阻塞，仍停长安。转授岐州，复除抚军将军、卫尉卿。转左卫将军，又兼尚书右仆射，驰驿诣并肆，赍都督绢三万匹，募召恒朔流民，拣充军士。不行。寻加卫将军，出除都督雍南豳二州诸军事、本将军、雍州刺史。又进号车骑大将军、仪同三司。

萧宝夤、元恒芝诸军为贼所败，恒芝从渭北东渡，椿使追之，不止。宝夤后至，留于逍遥园内，收集将士，犹得万余，由是三辅人心，颇得安帖。于时，泾岐及豳悉已陷贼，抚风以西，非复国有。椿乃鸠募内外，得七千余人，遣兄子录事参军侃，率以防御。诏椿以本官加侍中、兼尚书右仆射为行台，节度关西诸将，其统内五品已下，郡县须有补用者，任即拟授。椿遇暴疾，频启乞解。诏许之，以萧宝夤代椿为刺史、行台。

椿还乡里，遇子昱将还京师，因谓曰："当今雍州刺史亦不贤于萧宝夤，但其上佐，朝廷应遣心膂重人，何得任其牒用？此乃圣朝百虑之失。且宝夤不藉刺史为荣，吾观其得州，喜悦不少，至于赏罚云为，不依常宪，恐有异心，关中可惜。汝今赴京，称吾此意，以启二圣，并白宰辅，更遣长史、司马、防城都督。欲安关中，正须三人耳。如其不遣，必成深忧。"昱还，面启肃宗及灵太后，并不信纳。及宝夤邀害御史中尉郦道元，犹上表自理，称为椿父子所谤。诏复除椿都督雍岐南豳三州诸军事、本将军、开府仪同三司、雍州刺史、讨蜀大都督。椿辞以老病不行。

建义元年，迁司徒公。尔朱荣东讨葛荣，诏椿统众为后军，荣擒葛荣，乃止。永安初，进位太保、侍中，给后部鼓吹。元颢入洛，椿子征东将军昱出镇荥阳，为颢所擒。又椿弟顺为冀州刺史，顺子仲宣正平太守，兄子侃，弟子循，并从驾河北，为颢嫌疑。以椿家世显重，恐失人望，未及加罪。时人助其忧怖，或有劝椿携家避祸，椿曰："吾内外百口，何处逃窜？正当坐任运耳。"

庄帝还宫，椿每辞逊，不许。上书频乞归老，诏曰："椿国之老成，方所尊尚，遽以高年，愿言致仕，顾怀旧德，是以未从。但告谒频烦，辞理弥固，以兹难夺，又所重违，今便允其雅志。可服侍中朝服，赐服一具、衣一袭、八尺床帐，几杖，不朝，乘安车，驾驷马，给扶，传诏二人，仰所在郡县，时以礼存问安否。方乖询访，良用怃然。"椿奉诏于华林园，帝下御座，执椿手流泪曰："公，先帝旧臣，实为元老。

今四方未宁,理须谘访。但高尚其志,决意不留,既难相违,深用凄怆。"椿亦歔欷,欲拜,庄帝亲执不听。于是赐以绢布,给羽林卫送,郡公百僚饯于城西张方桥,行路观者,莫不称叹。

椿临行,诫子孙曰:

我家入魏之始,即为上客,给田宅,赐奴婢,马牛羊,遂成富室。自尔至今二十年,二千石、方伯不绝,禄恤甚多。至于亲姻知故,吉凶之际,必厚加赠襚;来往宾僚,必以酒肉饮食。是故亲姻朋友无憾焉。国家初,丈夫好服彩色。吾虽不记上谷翁时事,然记清河翁时服饰,恒见翁著布衣韦带,常约敕诸父曰:"汝等后世,脱若富贵于今日者,慎勿积金一斤,采帛百匹已上,用为富也。"又不听治生求利,又不听与势家作婚姻。至吾兄弟,不能遵奉。今汝等服乘,以渐华好,吾是以知恭俭之德,渐不如上世也。又吾兄弟,若在家,必同盘而食;若有近行,不至,必待其还,亦有过中不食,忍饥相待。吾兄弟八人,今存者有三,是故不忍别食也。又愿毕吾兄弟世,不异居、异财,汝等眼见,非为虚假。如闻汝等兄弟,时有别斋独食者,此又不如吾等一世也。吾今日不为贫贱,然居住舍宅不作壮丽华饰者,正虑汝等后世不贤,不能保守之,方为势家所夺。

北都时,朝法严急。太和初,吾兄弟三人并居内职,兄在高祖左右。吾与津在文明太后左右。于时口敕,责诸内官,十日仰密得一事,不列便大瞋嫌。诸人多有依敕密列者,亦有太后、高祖中间传言构间者。吾兄弟自相诫曰:"今忝二圣近臣,母子间甚难,宜深慎之。又列人事,亦何容易,纵被瞋责,慎勿轻言。"十余年中,不尝言一人罪过,当时大被嫌责。答曰:"臣等非不闻人言,正恐不审,仰误圣听,是以不敢言。"于后,终以不言蒙赏。及二圣间言语,终不敢辄尔传通。太和二十一年,吾从济州来朝,在清徽堂豫晏,高祖谓诸王、诸贵曰:"北京之日,太后严明,吾每得杖,左右因此有是非言语。和朕母子者,唯杨椿兄弟。"遂举赐四兄及我酒。汝等脱若万一蒙时主知遇,宜深慎言语，不可轻论人恶也。

吾自惟文武才艺、门望姻援不胜他人，一旦位登侍中、尚书，四历九卿，十为刺史，光禄大夫、仪同、开府、司徒、太保，津今复为司空者，正由忠贞，小心谨慎，口不尝论人过，无贵无贱待之以礼，以是故至此耳。闻汝等学时俗人，乃有坐而待客者，有驱驰势门者，有轻论人恶者；及见贵胜则敬重之，见贫贱则慢易之，此人行之大失，立身之大病也。汝家仕皇魏以来，高祖以下乃有七郡太守、三十二州刺史，内外显职，时流少比。汝等若能存礼节，不为奢淫骄慢，假不胜人，足免尤诮，足成名家。吾今年始七十五，自惟气力尚堪朝觐天子，所以孜孜求退者，正欲使汝等知天下满足之义，为一门法耳，非是苟求千载之名也。汝等能记吾言，百年之后，终无恨矣。

椿还华阴逾年，普泰元年七月，为尔朱天光所害，年七十七，时人莫不冤痛之。太昌初，赠都督冀定殷相四州诸军事、太师、丞相、冀州刺史。

子昱，字元晷。起家广平王怀左常侍，怀好武事，数出游猎，昱每规谏。正始中，以京兆、广平二王国臣，多有纵恣，公行属请，于是诏御史中尉崔亮穷治之，伏法于都市者三十余人，其不死者，悉除名为民。唯昱与博陵崔楷以忠谏得免。

后除太学博士、员外散骑侍郎。初，尚书令王肃除扬州史，出顿于洛阳东亭，朝贵毕集，诏令诸王送别，昱伯父播同在饯席。酒酣之后，广阳王嘉、北海王详等与播论议竞理，播不为之屈。北海顾谓昱曰：“尊伯性刚，不伏理，大不如尊使君也。”昱前对曰：“昱父道隆则从其隆，道污则从其污；伯父刚则不吐，柔亦不茹。”一坐叹其能言。肃曰：“非此郎，何得申二公之美也。”

延昌三年，以本官带詹事丞。于时，肃宗在怀抱之中，至于出入，左右乳母而已，不令宫僚闻知。昱谏曰：“陛下不以臣等凡浅，备位宫臣，太子动止，宜令翼从。然自此以来，轻尔出入，进无二傅辅导之美,退阙群僚侍侍之式,非所谓示民轨仪,著君臣之义。陛下若召太子,必降手敕,令臣下咸知,为后世法。"于是诏曰:"自今已后,若非朕手敕,勿令儿辄出。宫臣在直者,从至万岁门。"久之,转太尉掾,兼中书舍人。

灵太后尝从容谓昱曰:"今帝年幼,朕亲万机,然自薄德化不能感亲姻,在外不称人心。卿有所闻,慎勿讳隐。"昱于是奏扬州刺史李崇五车载货,恒州刺史杨钧造银食器十具,并饷领军元叉。灵太后召叉夫妻,泣而责之。叉深恨之。昱第六叔叔舒妻,武昌王和之妹,和即叉之从祖父。舒早丧,有一男六女,及终丧,而元氏频请别居。昱父椿乃集亲姻,泣而谓曰:"我弟不幸早终,今男未婚,女未嫁,何忽忽便求离居?"不听,遂怀憾焉。

神龟二年,瀛州民刘宣明谋反,事觉逃窜。叉乃使和及元氏诬告昱藏隐宣明,云:"父定州刺史椿、叔华州刺史津,并送甲仗三百具,谋图不逞。叉又构成其事。乃遣左右御仗五百人,夜围昱宅而收之,并无所获。灵太后问其状,昱具对元氏构衅之端,言至哀切。太后乃解昱缚,和及元氏并处死刑,而叉相左右,和直免官,元氏卒亦不坐。及元叉之废,太后乃出昱为济阴内史。中山王熙起兵于邺,叉遣黄门卢同诣邺刑熙,并穷党与。同希叉旨,就郡锁昱赴邺,讯百日,后乃还任。

孝昌初,除征虏将军、中书待郎,迁给事黄门侍郎。时北镇降民二十余万,诏昱为使,分散于冀、定、瀛三州就食。后贼围幽州,诏昱兼侍中,持节催西北道大都督、北海王颢,仍随军监察。幽州围解,雍州蜀贼张映龙,姜神达知州内空虚,谋欲攻掩,刺史元修义惧而请援,一日一夜,书移九通。都督李叔仁迟疑不赴。昱曰:"长安,关中基本。今大军顿在泾、幽,与贼相对,若使长安不守,大军自然瓦散,此军虽往,有何益也!"遂与叔仁等俱进,于陈斩神达及诸贼四百许人,余悉奔散。诏以昱受旨催督,而颢军稽缓,遂免昱官。乃兼侍中催军。寻除征虏将军、泾州刺史。

未几,昱父椿出为雍州刺史,徵昱还,除吏部郎中、武卫将军,转北中郎将,加安东将军。及萧宝夤等败于关中,以昱兼七兵尚书、持节、假抚军将军、都督,防守雍州。昱遇贼失利而返。除度支尚书,转抚军、徐州刺史,寻除镇东将军、假车骑将军、东南道都督,又加散骑常侍。后太山太守羊侃据郡南叛,萧衍遣将军王辩率众侵寇徐州,番郡人续灵珍受衍平北将军、番郡刺史,拥众一万,攻逼番城。昱遣别将刘鲥击破之,临陈斩灵珍首,王辩退走。侃兄深,时为徐州行台,府州咸欲禁深。昱曰:“昔叔向不以鲋也见废,《春秋》贵之,奈何以侃罪深也? 宜听朝旨。”不许群议。还朝。

未几,属元颢侵逼大梁,除昱征东将军、右光禄大夫,加散骑常侍、使持节,假车骑将军,为南道大都督,镇荥阳。颢既擒济阴王晖业,乘虚径进,大兵集于城下,遣其左卫刘业、王道安等招昱,令降,昱不从,颢遂攻之。城陷,都督元恭,太守、西河王悰,并逾城而走,俱被擒系。昱与弟息五人,在门楼上,须臾颢至,执昱下城,面责昱曰:“杨昱,卿今死甘心否? 卿自负我,非我负卿也。”昱答曰:“分不望生,向所以不下楼者,正虑乱兵耳。但恨八十老父,无人供养,负病黄泉。求乞小弟一命,便死不朽也。”颢乃拘之。明旦,颢将陈庆之、胡光等三百余人伏颢帐前,请曰:“陛下渡江三千里,无遗镞之费。昨日一朝杀伤五百余人,求乞杨昱以快意。”颢曰:“我在江东,尝闻梁主言,初下都日,袁昆为吴郡不降,称其忠节。奈何杀杨昱? 自此之外,任卿等所请。”于是斩昱下统帅三十七人,皆令蜀兵刳腹取心食之。

颢既入洛,除昱名为民。孝庄还宫,还复前官。及父椿辞老,请解官从养,诏不许。尔朱荣之死也,昱为东道行台,率众拒尔朱仲远。会尔朱兆入洛,昱还京师。后归乡里,亦为天光所害。太昌初,赠都督瀛定二州诸军事、骠骑大将军、司空公、定州刺史。

子孝邕,员外郎。走免,匿于蛮中,潜结渠帅,谋应齐献武王,以诛尔朱氏。微服入洛,参伺机会。为人所告,世隆收付廷尉,掠杀之。

椿弟颖,字惠哲,本州别驾。

子叔良,武定中,新安太守。

颖弟顺，字延和，宽裕谨厚。太和中，起家奉朝请。累迁直阁将军、北中郎将、兼武卫将军、太仆卿。预立庄帝之功，封三门县开国公，食邑七百户。出为平北将军、冀州刺史，寻进号抚军将军。罢州还，遇害，年六十五，太昌初赠都督相殷二州诸军事、太尉公、录尚书事、相州刺史。

子辩，字僧达。历通直常侍、平东将军、东雍州刺史。

辩弟仲宣，有风度才学。自奉朝请，稍迁太尉掾、中书舍人、通直散骑侍郎，加镇达将军，赐爵弘农男。建义初，迁通直常侍。出为平西将军、正平太守，进爵为伯。在郡有能名，就加安西将军。还京之日，兄弟与父同遇害。辩，太昌初赠使持节、都督燕恒二州诸军事、车骑大将军、仪同三司、恒州刺史。仲宣，赠都督青光二州诸军事、车骑大将军、尚书右仆射、青州刺史。

仲宣子玄就，幼而俊拔。收捕时，年九岁，牵挽兵人，曰：“欲害诸尊，乞先就死。”兵人以刀斫断其臂，犹请死不止，遂先杀之，永熙初，赠汝阴太守。

仲宣弟测，朱衣直阁。亦同时见害。太昌中，赠都督平营二州诸军事、镇北将军、吏部尚书、平州刺史。

测弟稚卿，太昌中，为尚书右丞，坐事死。

顺弟津，字罗汉，本名延祚，高祖赐名焉。少端谨，以器度见称。年十一，除侍御中散。于时高祖冲幼，文明太后临朝，津曾久侍左右，忽咳逆失声，遂吐数升，藏，衣袖。太后闻声，阅而不见，问其故，具以实言，遂以敬慎见知，赐缣百匹，迁符玺郎中，

津以身在禁密，不外交游，至于宗族姻表，罕相祗侯。司徒冯诞与津少结交游，而津见贵宠，每恒退避，及相招命，多辞疾不往。诞以为恨，而津逾远焉。人或谓之曰：“司徒君之少旧，宜蒙进达，何遽自外也？”津曰：“为势家所厚，复何容易。但全吾今日，亦以足矣。”转振威将军，领监曹奏事令，又为直寝，迁太子步兵校尉，

高祖南征，以津为都督征南府长史，至悬瓠，征加直阁将军。后从驾济淮，司徒诞薨，高祖以津送柩还都。迁长水校尉，仍直阁。景

明中，世宗游于北邙，津时陪从，太尉、咸阳王禧谋反，世宗驰入华林。时直阁中有同禧谋，皆在从限。及禧平，帝顾谓朝臣曰："直阁半为逆党，非至忠者，安能不预此谋？"因拜津左中郎将。迁骁骑将军，仍直阁。

出除征虏将军、岐州刺史。津巨细躬亲，孜孜不倦。有武功民，赍绢三匹，去城十里，为贼所劫。时有使者驰驱而至，被劫人因以告之。使者到州，以状白津，津乃一教云："有人著某色衣，乘某色马，在城东十里被劫，不知姓名，若有家人，可速收视。"有一老母，行出而哭，云是己子。于是遣骑追收，并绢俱获。自是阖境畏服，至于守令僚佐有渎货者，未曾公言其罪，常以私书切责之。于是官属感厉，莫有犯法，以母忧去职。

延昌末，起为右将军、华州刺史，与兄播前后皆牧本州，当世荣之。先是，受调绢匹，度尺特长，在事因缘，共相进退，百姓苦之。津乃令依公尺度其输物，尤好者赐以杯酒而出，所输少劣，亦为受之，但无酒，以示其耻。于是人竞相劝，官调更胜旧日。还，除北中郎将，带河内太守。太后疑津二己，不欲使其处河山之要。转平北将军、肆州刺史，仍转并州刺史，将军如故。徵拜右卫将军。

孝昌初，加散骑常侍。寻以本官，行定州事。既而近镇扰乱，侵逼旧京，乃加津安北将军、假抚军将军、北道大都督、右卫，寻转左卫，加抚军将军。始，津受命出据灵丘，而贼帅鲜于修礼起于博陵，定州危急，遂回师南赴。始至城下，营垒未立，而州军新败。津以贼既乘胜，士众劳疲，栅垒未安，不可拟敌，贼必夜至，则万无一全，欲移军入城，更图后举。刺史元固称贼既逼城，不可示弱，闭门不内。津挥刀欲斩门者，军乃得入城。贼果夜至，见栅空而去。其后贼攻州城东面，已入罗城。刺史闭小城东门，城中骚扰，不敢出战。津欲御贼，长史许被守门不听，津手剑击被，不中，被乃走。津开门出战，斩贼帅一人，杀贼数百。贼退，人心少安。诏除卫尉卿，征官如故，以津兄卫尉卿椿代为左卫。寻加镇军将军、讨虏都督、兼吏部尚书、北道行台。初，津兄椿得罪此州，由钜鹿人赵略投书所致。及津之至,略举家逃走,津乃下教慰喻,令其还业。于是阖州愧服,远近称之。

时贼帅薛修礼、杜洛周残掠州境。孤城独立,在两寇之间,津贮积柴粟,修理战具,更营雉堞,贼每来攻,机械竞起。又于城中去城十步,掘地至泉,广作地道,潜兵涌出,置炉铸铁,持以灌贼。贼遂相语曰:“不畏利矟坚城,唯畏杨公铁星。”津与贼帅元洪业,及与贼中督将尉灵根、程杀鬼、潘法显等书,晓喻之,并授铁券,许以爵位,令图贼帅毛普贤。洪业等惑悟,复书云:“今与诸人密议欲杀普贤,愿公听之。又贼欲围城,正为取北人耳。城中所有北人,必须尽杀,公若置之,恐纵敌为患矣。愿公察之。”津以城内北人虽是恶党,掌握中物,未忍便杀,但收内子城防禁而已,将吏无不感其仁怒。

朝廷初以铁券二十枚委津分给,津随贼中首领,间行送之,修礼、普贤颇亦由此而死。既而,杜洛周围州城,津尽力捍守。诏加卫将军,封开国县侯,邑一千户;将士有功者任津科赏,兵民给复八年。

葛荣以司徒说津,津大怒,斩其使以绝之。自受攻围,经涉三稔,朝廷不能拯赴。乃遣长子遁突围而出,诣蠕蠕主阿那瑰,令其讨贼。遁日夜泣论,阿那瑰遣其从祖吐豆发率精骑一万南出,前锋已达广昌,贼防塞隘口。蠕蠕持疑,遂还。津长史李裔引贼逾城。贼入转众,津苦战不敌,遂见拘执。洛周脱津衣服,置地牢下,数日,欲将烹之,诸贼还相谏止,遂得免害。津曾与裔相见,对诸贼帅以大义责之,辞泪俱发,裔大惭。典守者以相告,洛周弗之责也,及葛荣吞洛周,复为荣所拘守。荣破,始复还洛。

永安初,诏除津本将军、荆州刺史,加散骑常侍、当州都督。津以前在中山陷寇,诣阙固辞,竟不之任。二年兼吏部尚书,又除车骑将军、左光禄大夫,仍除吏部。元颢内逼,庄帝将亲出讨,以津为中军大都督、兼领军将军。未行,颢入。及颢败,津乃入宿殿中,扫洒宫掖,遣第二子逸封闭府库,各令防守。及帝入也,津迎于北邙,流涕谢罪,帝深嘉慰之。寻以津为司空、加侍中。

尔朱荣死也，以津为都督并肆燕恒云朔显汾蔚九州军事、骠骑大将军、兼尚书令、北道大行台、并州刺史，侍中、司空如故，委津以讨胡经略。津驰至邺，手下唯羽林五百人，士马寡弱。始加招募，将从滏口而入。值尔朱兆等便已克洛，相州刺史李神等议欲与津举城通款，津不从。以子逸既为光州现史，兄子昱时为东道行台，鸠率部曲，在于梁沛，津规欲东转，更为方略。乃率轻骑，望于济州渡河，而尔朱仲达已陷东郡，所图不遂，乃还京师。

普泰元年，亦遇害于洛，时年六十三。太昌初，赠都督秦华雍三州诸军事、大将军、太傅、雍州刺史，谥曰孝穆。将葬本乡，诏大鸿胪持节，临护丧事。津有六子。

长子遁，字山才。其家贵显，诸子弱冠，咸縻王爵。而遁性澹退，年近三十，方为镇西府主簿。累迁尚书郎。庄帝北巡，奉诏慰劳山东，车驾入洛，除尚书左丞，又为光禄大夫，仍左丞。永安末，父津受委河北，兼黄门郎诣邺，参行省事，寻迁征东将军、金紫光禄大夫。亦被害于洛。时年四十二。太昌初，赠车骑大将军、仪同三司、幽州刺史，谥曰荼定。

遁弟逸，字遵道，有当世才度。起家员外散骑侍郎，以功赐爵华阴男，转给事中。父津在中山，为贼攻逼，逸请使于尔朱荣，徵师赴救，诏许之。

建义初，庄帝犹在河阳，逸独往谒。帝特除给事黄门侍郎，领中书舍人。及朝士滥祸，帝益忧怖，诏逸昼夜陪侍，数日之内，常寝宿于御床前。帝曾夜中谓逸曰："昨来，举目唯见异人，赖得卿，差以自尉。"

寻除吏部郎中，出为平西将军、南秦州刺史，加散骑常侍。时年二十九，于时方伯之少未有先之者。仍以路阻不行，改除平东将军、光州刺史。逸折节绥抚，乃心民务，或日昃不食，夜分不寝。至于兵人从役，必亲自送之，或风日之中，雨雪之下，人不堪其劳，逸曾无倦色。又法令严明，宽猛相济，于是合境肃然，莫敢干犯。时灾俭连岁，人多饿死，逸欲以仓粟赈给，而所司惧罪不敢。逸曰："国以人为本，人以食为命。百姓不足，君孰与足？假令以此获戾，吾所甘心，"遂出粟，然后申表。右仆射元罗以下谓公储难阙，并执不许。尚书令、临淮王彧以为宜货二万。诏听二万。逸既出粟之后，其老小残疾不能自存活者，又于州门煮粥饭之，将死而得济者以万数。帝闻而善之。逸为政爱人，尤憎豪猾，广设耳目。其兵吏出使下邑，皆自持粮，人或为设食者，虽在暗室，终不进，咸言杨使君有千里眼，那可欺之。在州政绩尤美。

及其家祸，尔朱仲远遣使于州害之，时年三十二。吏人如丧亲戚，城邑村落，为营斋供，一月之中，所在不绝。太昌初，赠都督豫郢二州诸军事、卫将军、尚书仆射、豫州刺史，谥曰贞。

逸弟谧字遵智。辟太尉行参军，历员外散骑常侍，以功赐爵弘农伯、镇军将军、金紫光禄大夫、卫将军。在晋阳，为尔朱兆所害。太昌初，赠骠骑将军。兖州刺史。

谧弟遵彦，武定中，吏部尚书、华阴县开国侯。

津弟炜，字延季。性雅厚，颇有文学。起家奉朝请，稍迁散骑侍郎、直阁将军、本州大中正、兼武卫将军、尚食典御。孝昌初，正武卫将军，加散骑常侍、安南将军。庄帝初，遇害于河阴。赠卫将军、仪同三司，雍州刺史。

子元让，武定末，尚书祠部郎中。

播家世纯厚，并敦义让，昆季相事，有如父子。播刚毅。椿、津恭谦，与人言，自称名字。兄弟旦则聚于厅堂，终日相对，未曾入内。有一美味，不集不食。听堂间，往往帏幔隔障，为寝息之所，时就休偃，还共谈笑。椿年老，曾他处醉归，津扶侍还室，仍假寐阁前，承候安否。椿、津，年过六十，并登台鼎，而津尝旦暮参问，子侄罗列阶下，椿不命坐，津不敢坐。椿每近出，或日斜不至，津不先饭，椿还，然后共食。食则津亲授匙箸，味皆先尝，椿命食，然后食。

津为司空，于时府主皆引僚佐，人就津求官，津曰："此事须家兄裁之，何不见问？”初，津为肆州，椿在京宅，每有四时嘉味，辄因使次附之，若或未寄，不先入口。椿每得所寄，辄对之下泣。兄弟皆有孙。唯椿有曾孙，年十五六矣，椿常欲为之早娶，望见玄孙。自昱已下，率多学尚，时人莫不钦羡焉。一家之内，男女百口，缌服同爨，庭无间言，魏世以来，唯有卢渊兄弟及播昆季，当世莫逮焉。

世隆等将害椿家，诬其为逆，奏请收治。前废帝不许，世隆复苦执，不得已，下诏付有司检闻。世隆遂遣步骑夜围其宅，天光亦同日收椿于华阴。东西两家，无少长皆遇祸，籍其家。世隆后乃奏云："杨家实反，夜拒军人，遂尽格杀。"废帝惋怅久之，不言而已。知世隆纵擅，无如之何。永熙中，椿合家归葬华阴，众咸观而悲伤焉。

播族弟钧，祖晖。库部给事，稍迁洛州刺史。卒，赠弘农公，谥曰简。父恩，河间太守。钧颇有干用，自廷尉正为长水校尉、中垒将军、洛阳令。出除中山太守，入为司徒左长史。又除徐州、东荆州刺史，还为廷尉卿。拜恒州刺史，转怀朔镇将，所居以强济称。后为抚军将军、七兵尚书、北道行台。卒，赠使持节、散骑常侍、车骑大将军、左光禄大夫、华州刺史。

长子暄，卒于尚书郎。

暄弟穆，华州别驾。

穆弟俭，宁远将军、顿丘太守。建义初，除太府少卿。寻为华州中正，加左将军。俭与元颢有旧，及颢入洛，受其位任。庄帝还宫，坐免。后以本将军、颍州刺史，寻加散骑常侍、平南将军，州罢不行。普泰初，除征南将军、金紫光禄大夫。永熙中，以本将军除北雍州刺史，仍陷关西。

俭弟宽，自宗正丞，建义初为通直散骑侍朗，领南尹丞。稍迁散骑常侍、安东将军。永安二年，除中军将军、太府卿。后为散骑常侍、骠骑将军、右光禄大夫、澄城县开国伯。太昌初，除给事黄门侍郎，寻加骠骑大将军，除华州大中正，监内典书事。坐事去官。永熙三年，兼武卫将军，又除黄门郎。随出帝入关西。俭、宽皆轻薄无行，为人流所鄙。

史臣曰：杨播兄弟，俱以忠毅谦谨，荷内外之任，公卿牧守，荣赫累朝，所谓门生故吏遍于天下。而言色恂恂，出于诚至，恭德慎行，为世师范，汉之万石家风、陈纪门法，所不过也。诸子秀立，青紫盈庭，其积善之庆欤？及胡逆擅朝，淫刑肆毒，以斯族而遇斯祸，报施之理，何相及哉！

魏书卷五九
列传第四七

刘昶　萧宝夤　萧正表

　　刘昶，字休道，义隆第九子也。义隆时，封义阳王。兄骏以为征北将军、徐州刺史、开府。及骏子子业立，昏狂肆暴，害其亲属，疑昶有异志。昶闻甚惧，遣典签虞法生表求入朝，以观其意。子业曰："义阳与太宰谋反，我欲讨之。今知求还，甚善。"又屡诘法生："义阳谋事，汝何故为启？"法生惧祸，走归彭城。昶欲袭建康，诸郡并不受命。和平六年，遂委母妻，携妾吴氏作丈夫服，结义从六十余人，间行来降。在路多叛，随昶至者二十许人。

　　昶虽学不渊洽，略览子史，前后表启，皆其自制。朝廷嘉重之，尚武邑公主，拜侍中、征南将军、驸马都尉，封丹阳王。岁余而公主薨，更尚建兴长公主。

　　皇兴中，刘彧遣其员外郎李丰来朝，显祖诏昶与彧书，为兄弟之戒。彧不答，责昶以母为其国妾，宜如《春秋》荀䓨，对楚称外臣之礼。寻敕昶更与彧书。昶表曰："臣殖根南伪，托体不殊，秉旄作牧，职班台位。天厌子业，夷戮同体，背本归朝，事舍簪笏。臣弟彧废侄自立，彰于遐迩。孔怀之义难夺，为臣之典靡经；棠棣之咏可修，越敬之事未允。臣若改书，事为二敬；犹修往文，彼所不纳。伏愿圣慈停臣今答。"朝廷从之。拜外都坐大官，

　　公主复薨，更尚平阳长公主。

　　昶好犬马，爱武事，入国历纪，犹布衣皂冠，同凶素之服。然呵詈童仆，音杂夷夏。虽在公坐，诸王每侮弄之，或戾手齿臂，至于痛伤，笑呼之声，闻于御听。高祖每优假之，不以怪问。至于陈奏本国事故，语及征役，则能敛容涕泗，悲动左右。而天性褊躁，喜怒不恒，每至威忿，楚朴特苦，引待南士，礼多不足，缘此人怀畏避。

　　太和初，转内都坐大官，

　　及萧道成杀刘准，时遣诸将南伐，诏昶曰："卿识机体运，先觉而来。卿宗庙不复血食，朕闻斯问，矜忿兼怀。今遣大将军率南州甲卒，以伐逆竖，克荡凶丑，翦除民害。氛秽既清，即胙卿江南之土，以兴蕃业。"乃以本将军与诸将同行。路经徐州，哭拜其母旧堂，哀感从者。乃遍循故居，处处陨涕，左右亦莫不辛酸。及至军所，将欲临陈，四面拜诸将士，自陈家国灭亡，蒙朝廷慈覆，辞理切至，声气激扬，涕泗横流，三军咸为感叹。后昶恐雨水方降，表请还师，从之。又加仪同三司，领仪曹尚书。

　　于时改革朝仪，诏昶与蒋少游专主其事。昶条上旧式，略不遗忘。

　　高祖引见于宣文堂，昶启曰："臣本国不造，私有虐政，不能废昏立德，扶定倾危，万里奔波，投荫皇阙，仰赖天慈，以存首领。然大耻未雪，痛愧缠心。属逢陛下厘校之始，愿垂曲恩，处臣边戍，招集遗人，以雪私耻。虽死之日，犹若生年。"悲泣良久。高祖曰："卿投诚累纪，本邦湮灭，王者未能恤难矜灾，良以为愧。出蕃之日，请别当处分。"后以昶女为乡君。

　　高祖临宣文堂，见武兴王杨集始。既而引集始入宴，诏昶曰："集始边方之酋，不足以当诸侯之礼，但王者不遗小国之臣，况此蕃垂之主，故劳公卿于此。"昶对曰："陛下道化光被，自北而南，故巴汉之雄，远觐天阙。臣猥瞻盛礼，实忻嘉遇。"高祖曰："武兴、宕昌，于礼容并不闲备，向见集始，观其举动，有贤于弥承。"昶对曰："陛下惠洽普天，泽流无外，武兴蕞尔，岂不食椹怀音。"

　　又为中书监。开建五等，封昶齐郡开国公，加宋王之号。十七年春，高祖临经武殿，大议南伐，语及刘、萧篡夺之事，昶每悲泣不已。因奏曰："臣本朝沦丧，艰毒备罹，冀恃国灵，释臣私耻。"顿首拜谢。高祖亦为之流涕，礼之弥崇。萧赜雍州刺史曹虎之诈降也，诏昶以兵出义阳，无功而还。

十八年，除使持节、都督吴越楚彭城诸军事、大将军，固辞，诏不许。又赐布千匹。及发，高祖亲饯之，命百僚赋诗赠昶，又以其《文集》一部赐昶。高祖因以所制文笔示之，谓昶曰："时契胜残，事钟文业，虽则不学，欲罢不能。脱思一见，故以相示。虽无足味，聊复为笑耳。"其重昶如是。

自昶之背彭城，至是久矣。其昔斋宇山池，并尚存立，昶更修缮，还处其中。不能绥边怀物，抚接义故，而闺门喧猥，内外奸杂，前民旧吏，莫不慨叹焉。豫营墓于彭城西南，与三公主同茔而异穴。发石累之，坟崩，压杀十余人。后复移改，为公私费害。

高祖南讨，昶候驾于行宫，高祖遣侍中迎劳之。昶讨萧昭业司州，虽屡破贼军，而义阳拒守不克，昶乃班师。十九年，高祖在彭城，昶至入见。昶曰："臣奉敕专征，克殄凶丑，徒劳士马，久淹岁时，有同威灵，伏听斧钺。"高祖曰："朕之此行，本无攻守之意，正欲伐罪吊民，宣威布德，二事既畅，不失本图，朕亦无克而还，岂但卿也。"

十月，昶朝于京师。高祖临光极堂大选。高祖曰："朝因月旦，欲评魏典。夫典者，为国大纲，治民之柄。君能好典则国治，不能则国乱。我国家昔在恒、代，随时制作，非通世之长典。故自夏及秋，亲议条制。或言唯能是寄，不必拘门，朕以为不尔。何者？当今之世，仰祖质朴，清浊同流，混齐一等，君子小人，名品无别，此殊为不可。我今八族以上，士人品第有九，九品之外，小人之官，复有七等。若苟有其人，可起家为三公。正恐贤才难得，不可止为一人，浑我典制。故令班镜九流，清一朝轨，使千载之后，我得仿像唐虞，卿等依俙元、凯。"昶对曰："陛下光宅中区，惟新朝典，刊正九流，为不朽之法，岂惟仿像唐虞，固以有高三代。"高祖曰："国家本来有一事可慨。可慨者何？恒无公言得失，今卿等各尽其心，人君患不能纳群下之谏，为臣患不能尽忠于主。朕今举一人，如有不可，卿等尽言其失；若有才能而朕所不识者，宜各举所知。朕当虚己延纳。若能如此，能举则受赏，不言则有罪。"

及论大将军，高祖曰："刘昶即其人也。"后给班剑二十人。

二十一年四月，薨于彭城，年六十二。高祖为之举哀，给温明秘器、钱百万、布五百匹、蜡三百斤、朝服一具、衣一袭，赠假黄钺、太傅、领扬州刺史，加以殊礼，备九锡，给前后部羽葆鼓吹，依晋琅邪武王伷故事，谥曰明。

昶适子承绪，主所生也。少而尩疾。尚高祖妹彭城长公主，为驸马都尉，先昶卒，赠员外常侍。

长子文远，次辉字重昌，并皆疏狂，昶深虑不能守其爵封。然辉犹小，未多罪过，乃以为世子，袭封。正始初，尚兰陵长公主，世宗第二姊也。拜员外常侍。公主颇严妒，辉尝私幸主侍婢有身，主笞杀之，剖其孕子，节解以草装实婢腹，裸以示辉，辉遂忿憾，疏薄公主。公主姊因入听讲，言其故于灵太后，太后敕清河王怿穷其事。怿与高阳王雍、广平王怀奏其不和之状，无可为夫妇之理，请离婚，削除封位。太后从之。公主在宫周岁，高阳王及刘腾等皆为言于太后。太后虑其不改，未许之。雍等屡请不已，听复旧义。太后流涕送公主，诚令谨护。正光初，辉又私淫张、陈二氏女。公主更不检恶，主姑陈留公主共相扇奖，遂与辉复致忿争。辉推主坠床，手脚殴蹋，主遂伤胎，辉惧罪逃逸。灵太后召清河王怿决其事，二家女髡笞付宫，兄弟皆坐鞭刑，徙配敦煌为兵。公主因伤致薨，太后亲临恸哭，举哀太极东堂，出葬城西，太后亲送数里，尽哀而还。谓侍中崔光曰："向哭所以过哀者，追念公主为辉顿辱非一，乃不关言，能为隐忍，古今宁有此！此所以痛之。"后执辉于河内之温县，幽于司州，将加死刑，会赦得免。三年，复其官爵，迁征虏将军、中散大夫。四年辉卒，家遂衰顿，无复可纪。

文远，历步兵校尉，前将军。景明初，为统军。在寿春，坐谋杀刺史王肃，以寿春叛，事发伏法。

有通直郎刘武英者,太和十九年,从淮南内附,自云刘裕弟长沙景王道怜之曾孙,赐爵建宁子。司徒外兵参军,稍转步兵校尉、游击将军。卒于河内太守。而昶不以为族亲也。

萧宝夤,字智亮,萧鸾第六子,宝卷母弟也。鸾之窃位,封宝夤建安王。宝卷立,以为车骑将军、开府,领石头戍军事。宝卷昏狂,其直后刘灵运等谋奉宝夤,密遣报宝夤,宝夤许之。遂迎宝夤率石头文武向其台城,称警跸,百姓随从者数百人。会日暮,城门闭,乃烧三尚及建业城,城上射杀数人,众乃奔散。宝夤弃车步走,部尉执送之,自列为人所逼,宝卷亦不罪责也。宝卷弟宝融僭立,以宝夤为卫将军、南徐州刺史,改封鄱阳王。

萧衍既克建业,杀其兄弟,将害宝夤,以兵守之,未至严急。其家阉人颜文智与左右麻拱、黄神密计,穿墙夜出宝夤。具小船于江岸,脱本衣服,著乌布襦,腰系千许钱,潜赴江畔,蹑履徒步,脚无全皮。防守者,至明追之,宝夤假为钓者,随流上下十余里,追者不疑,待散,乃度西岸。遂委命投华文荣。文荣与其从子天龙、惠连等三人,弃家将宝夤逋匿山涧,赁驴乘之,昼伏宵行。景明二年,至寿春之东城戍。戍主杜元伦推检,知宝萧氏子也,以礼延待,驰告扬州刺史、任城王澄,澄以车马侍卫迎之。时年十六,徒步憔悴,见者以为掠卖生口也。澄待以客礼。乃请丧居斩衰之服,澄遣人晓示情礼,以丧兄之制,给其齐衰,宝夤从命。澄率官僚赴吊,宝夤居处有礼,不饮酒食肉,辍笑简言,一同极哀之节。寿春多其故义,皆受慰唁,唯不见夏侯一族,以夏侯同萧衍故也。改日造澄,澄深器重之。

景明三年闰四月,诏曰:"萧宝夤深识机运,归诚有道,冒险履屯,投命绛阙,微子、陈韩亦曷以过也。可遣羽林监、领主书刘桃符诣彼迎接。其资生所须之物,及衣冠、车马、在京邸馆,付尚书悉令豫备。"及至京师,世宗礼之甚重。伏诉阙下,请兵南伐,虽遇暴风大雨,终不暂移。

是年冬,萧衍江州刺史陈伯之与其长史褚冑等自寿春归降,请军立效。世宗以宝夤诚垦，及伯之所陈，时不可失，四年二月，乃引八座门下入议部分之方。四月，除使侍节、都督东扬南徐兖三州诸军事、镇军将军、扬州刺史、丹阳郡开国公、齐王，配兵一万，令且据东城，待秋冬大举。宝夤明当拜命，其夜恸哭。至晨，备礼策授，赐车马什物，给虎贲五百人，事从丰厚，犹不及刘昶之优隆也。又任其募天下壮勇，得数千人。以文智三人等为积弩将军，文荣等为强弩将军，并为军主。宝夤虽少羁流，而志性雅重，过期犹绝酒肉，惨形悴色，蔬食粗衣，未尝嬉笑。及被命当南伐，贵要多相凭托，门庭宾客若市，书记相寻，宝夤接对报复，不失其理。

正始元年三月，宝夤行达汝阴，东城已陷，遂停寿春之栖贤寺。值贼将姜庆真内侵，士民响附，围逼拜春，遂据外郭。宝夤躬贯甲胄，率下击之。自四更交战，至明日申时，贼旅弥盛。宝夤以众寡无援，退入金城。又出相国东门，率众力战，始破走之。当宝夤寿春之战，勇冠诸军，闻见者莫不壮之。七月还京师，改封梁郡开国公，食邑八百户。

及中山王英南伐，宝夤又表求征。乃为使持节、镇东将军、别将以继英，配羽林、虎贲五百人。与英频破衍军，乘胜遂攻钟离，淮水泛溢，宝夤与英狼狈引退，士卒死没者十四五。有司奏宝夤守东桥不固，军败由之，处以极法。诏曰："宝夤因难投诚宜加矜贷，可恕死，免官削爵还第。"

寻尚南阳长公主，赐帛一千匹，并给礼具。公主有妇德，事宝夤尽肃雍之礼，虽好合积年，而敬事不替。宝夤每入室，公主必立以待之，相遇如宾，自非太妃疾笃，未曾归休。宝夤器性温顺，自处以礼，奉敬公主，内外谐穆，清河王怿亲而重之。

永平四年，卢昶克萧衍朐山戍，以琅邪戍主傅文骥守之。衍遣师攻文骥，卢昶督众军救之。诏宝夤为使持节、假安南将军、别将，长驱往赴，受卢昶节度。赐帛三百匹，世宗于东堂饯之。诏曰："萧衍送死，连兵再离塞暑，卿忠规内挺，孝诚外亮，必欲鞭尸吴墓，戮衍江阴。故授卿以总统之任，仗卿以克捷之规，宜其勉欤？"宝夤对曰："仇耻未复，枕戈俟旦，虽无申包之志，敢忘伍胥之心。今仰仗神谋，俯厉将帅，誓必拉彼奸劲，以清王略。圣泽下临，不腾悲荷。"因泣涕横流，哽咽良久。于后卢昶军败，唯宝夤全师而归。

延昌初，除安东将军、瀛州刺史，复其齐王。四年，迁抚军将军、冀州刺史。及大乘贼起，宝夤遣军讨之，频为贼破。台军至，乃灭之。灵太后临朝，还京师。

萧衍遣其将康绚于浮山堰淮以灌扬、徐。除宝夤使持节、都督东讨诸军事、镇东将军以讨之。寻复封梁郡开国公，寄食济州之濮阳。熙平初，贼堰既成，淮水滥溢，将为扬徐之患。宝夤于堰上流，更凿新渠，引注淮泽，水乃小减。乃遣轻车将军刘智文、虎威将军刘延宗，率壮士千余，夜渡淮，烧其竹木营聚，破贼三垒，杀获数千人，斩其直阁将军王升明而还，火数日不灭。衍将垣孟孙、张僧副等水军三千，渡淮，北攻统军吕叵。宝夤遣府司马元达、统军魏续年等赴击，破之，孟孙等奔退。乃授左光禄大夫，殿中尚书。宝夤又遣军王周恭叔率壮士数百，夜渡淮南，焚贼徐州刺史张豹子等十一营，贼众惊扰，自杀害者甚众。

宝夤还京师，又除使持节、散骑常侍、都督荆□东洛三州诸军事、卫将军，荆州刺史。不行，复为殿中尚书。

宝夤之在淮堰，萧衍手书与宝夤曰：

谢齐建安王宝夤。亡兄长沙宣武王，昔投汉中，值北寇华阳，地绝一隅，内无素畜，外绝继援，守危疏勒，计逾田单，卒能全土破敌，以弱为强。使至之日，君臣动色，左右相贺，齐明帝每念此功，未尝不辍箸咨嗟。及至张永、崔慧景事，大将覆军于外，小将怀二于内，事危累卵，势过缀旒。亡兄忠勇奋发，旋师大岘，重围累日，一鼓鱼溃，克定慧景，功逾桓文。亡弟卫尉，兄弟戮力，尽心内外。大勋不报，翻罹荼酷，百口幽执，祸害相寻。

朕于齐明帝，外有尨敌之力，内尽帷幄之诚，日自三省，曾无寸咎，远身边外，亦复不免。遂遣刘山阳轻舟西上，来见掩袭。时事危迫，势不得已。所以誓众樊邓，会逾孟津，本欲翦除梅虫儿、茹法珍等，以雪冤酷，拔济亲属，反身素里。属张稷、王珍国已建大事，宝旺、子晋屡动危机，迫乐推之心，应上天之命，事不获已，岂其始愿？所以自有天下，绝弃房室，断除滋味，正欲使四海见其本心耳。勿谓今日之位，是为可重。朕之视此，曾不如一芥。虽复崆峒之踪难追，汾阳之志何远。而今立此堰，卿当未达本意。朕于昆虫，犹不欲杀，亦何急争无用之地，战苍生之命也！正为李继伯在寿阳，侵犯边境，岁月滋甚。或攻小城小戍，或掠一村一里。若小相酬答，终无宁日，边邑争桑，吴楚连祸。所以每抑镇戍，不与校计。继伯既得如此，滥窃弥多。今修此堰，止欲以报继伯侵盗之役，既非大举，所以不复文移北土。

卿幼有倜傥之民，早怀纵横之气。往日卿于石头举事，虽不克捷，亦丈夫也。今止河洛，真其时矣。虽然，为卿计者，莫若行率此众，袭据彭城，别当遣军以相影援。得捷之后，便遣卿兄子屏侍送卿国庙、拜卿室家及诸侄从。若方欲还北，更设奇计，恐机事一差，难重复集，勿为韩信，受困野鸡。

宝夤表送其书，陈其忿毒之意。朝廷为之报答。

宝夤志存雪复，屡请居边。神龟中，出为都督徐南兖二州诸军事、车骑将军、徐州刺史。乃起学馆于清东，朔望引见土姓子弟，接以恩颜，与论经义，勤于政治，史民爱之。凡在三州，皆著名称。

正光二年，徵为车骑大将军、尚书左仆射。善于吏职，甚有声名。四年，上表曰：

臣闻《尧典》有黜陟之文，《周书》有考绩之法，虽其源难得而寻，然条流抑亦可知矣。大较在于官人用才，审于所莅；练迹校名，验于虚实。岂不以臧否得之余论，优劣著于历试者乎？既声穷于月旦，品定于黄纸，用效于名辈，事彰于台阁，则赏罚之途，差有商准，用舍之宜，非无依据。虽复勇进忘退之俦，奔竞于市里；过分亡涯之请，驰骛于多门，犹且顾其声第，慎其与夺。器分定于下，爵位悬于上，不可妄叨故也。

今窃见考功之典，所怀未喻，敢竭无隐，试陈万一。何者？窃惟文武之名，在人之极地；德行之称，为生之最首。忠贞之美，立朝之誉，仁义之号，处身之端，自非职惟九官，任当四岳，授曰尔谐，让称俞往，将何以克厌大名，允兹令问。自比已来，官罔高卑，人无贵贱，皆饰辞假说，用相褒举。泾渭同波，薰犹共器，求者不能量其多少，与者不复核其是非。遂使冠履相贸，名与实爽，谓之考功，事同泛陟，纷纷漫漫，焉可胜言。

又在京之官，积年一考。其中或所事之主迁移数四，或所奉之君身名废绝，或具僚离索，或同事凋零。虽当时文簿，记其殿最，日久月深，驳落都尽，人有去留，谁复掌其勤堕？或停休积稔，或分隔数千，累年之后，方求追访声迹，立其考第。无不苟相悦附，共为唇齿，饰垢掩疵，妄加丹素，趣令得阶而已，无所顾惜。贤达君子，未免斯患；中庸已降，夫复何论。官以求成，身以请立，上下相蒙，莫斯为甚。

又勤恤人隐，咸归守令，厥任非轻，所责实重。然及其考课，悉以六载为程，既而限满代还，复经六年而叙。是则岁周十二，始得一阶。于东西两省、文武闲职、公府散佐、无事冗官，或数旬方应一直，或朔望止于暂朝，及其考日，更得四年为限。是则一纪之中，便登三级。彼以实劳剧任，而迁贵之路至难；此以散位虚名，而升陟之方甚易。何内外之相悬，令厚薄之如是！

又闻之，圣人大宝曰位，何以守位曰仁。孟子亦曰：仁义忠信天爵也。公卿大夫人爵也。古之人修其天爵，而人爵从之。故虽文质异时，污隆殊世，莫不宝兹名器，不以假人。是以赏罚之柄，恒自持也。至乃周之蔼蔼，五叔无官；汉之察察，馆陶徒请。岂不重骨肉、私亲亲？诚以赏罚一差，则无以惩劝；至公暂替，则觊觎相欺。故至慎至惜，殷勤若此。况乎亲非肺腑，才乖秀逸；或充单介之使，始无汗马之劳；或说兴利之规，终惭十一之润。皆虚张无功，妄指赢益，坐获数阶之官，藉成通显之贵。于是巧诈萌生，伪辩锋出，役万虑以求荣，开百方而逐利。握枢秉钧者,亦知其若斯,但抑之则其流已注,引之则有何纪极。

夫琴瑟在于必和,更张求其适调。去者既不可追,来者犹或宜改。按《周官》太宰之职:岁终,则令官府各正所司,受其会计,听其致事,而诏于王;三岁,则大计群吏之治而诛赏之。愚谓今可粗依其准,见居官者,每岁终,本曹皆明辨在官日月,具核才行能否,审其实用而注其上下,游辞宕说,无一取焉。列上尚书,覆其合否。如有纰谬,即正而罚之,不得方复推诘委否,容其进退。既定其优劣,善恶交分。庸短下第,黜凡以明法;干务忠清,甄能以记赏。总而奏之。经奏之后,考功曹别书于黄纸、油帛。一通则本曹尚书与令、仆印署,留于门下;一通则以侍中、黄门印署,掌在尚书。严加缄密,不得开视,考绩之日,然后对共裁量,如此,则少存实录,薄止奸回。其内外考格,裁非庸管,乞求博议,以为画一。若殊谋异策,事关废兴,退迩所谈,物无异议者,自可临时斟酌,匪拘恒例。至如援流引比之诉,贪荣求级之请,如不限以关键,肆其傍通,则蔓草难除,涓流遂积,秽我彝章,挠兹大典。谓宜明加禁断,以全至治,开返本之路,杜浇弊之门。如斯,则吉士盈朝,薪槱载焕矣。

诏付外博议,以为永式,竟无所定。

时萧衍弟子西丰侯正德来降,宝夤表曰:

伏见扬州表,萧正德自云避祸,远投宸掖,背父叛君,骇议众口,深心指趣,厥情难测。臣闻立身行道,始于事亲,终于事君。故君亲尽之以恒敬,严父兼之以博爱。斯人伦之所先,王教之盛典。三千之罪,莫大于不孝。毁则藏奸,常刑靡赦。所以晋恭获谤,无所逃死;卫伋受诬,二子继没。亲命匪弃,国孰无父?况今封豕尚存,长蛇未灭,偷生江表,自安毒鸩。而正德居犹子之亲,窃通侯之贵,父荣于国,子爵于家,履霜弗闻,去就先结。隔绝山淮,温靖永尽。定省长违,报复何日?以此为心,心可知矣。

皇朝绵基累叶,恩均四海,自北徂南,要荒仰泽,能言革化,无思不殖。贲玉帛于丘园,标忠孝以纳赏;筑薰街于伊洛,集华裔其归心。被发镽身之酋,屈膝而请吏;交趾文身之渠,款关而效质。至如正德,宜甄义以致贬。昔越栖会稽,赖宰嚭以获立;汉困彭、宋,实丁公而获免。吴项已平,二臣即法。岂不录其情哉?欲明责以示后,况遗君忽父,狼子是心,既不亲亲,安能亲人?中间变诈,或有万等。伏惟陛下圣敬自天,钦光纂历,昭德塞违,以临群后,脱苞此凶丑,置之列位,百官是象,其何诛焉!

臣衅结祸深,痛缠肝髓,日暮途遥,复报无日,岂区区于一竖哉?但才虽庸近,职居献替,愚衷寸抱,敢不申陈。伏愿圣慈,少垂察览,访议槐棘,论其是非。使秋霜春露,施之有在;《相鼠》攸刺,遄死有归。无令申侯受笑于苟存,曾闵沦名于盛世。正德既至京师,朝廷待之尤薄。岁余,还叛。

五年,萧衍遣其将裴邃、虞鸿等率众寇扬州,诏宝夤为使持节、散骑常侍、车骑大将军、都督徐州东道诸军事,率诸将讨之。既而扬州刺史长孙稚大破邃军,斩鸿,贼遂奔退。

初,秦州城人薛珍、刘庆、杜迁等反,执刺史李彦,推莫折大提为首,自称秦王。大提寻死,其第四子念生窃号天子,改年曰天建,置立官僚,以息阿胡为太子,其兄阿倪为西河王,弟天生为高阳王,伯珍为东郡王,安保为平阳王。遣天生率众出陇东,攻没汧城,仍陷岐州,执元志、裴芬之等,遂寇雍州,屯于黑水。朝廷甚忧之,乃除宝夤开府、西道行台,率所部东行将统,为大都督西征,肃宗幸明堂,因以饯之。宝夤与大都督崔延伯击天生,大破之,斩获十余万。追奔至于小陇,军人采掠,遂致稽留,不速追讨,陇路复塞。仍进讨高平贼帅万俟丑奴于安定,更有负捷。

时有天水人吕伯度兄弟,始共念生同逆,后与兄众保于显亲,聚众讨念生,战败,降于胡琛。琛以伯度为大都督、秦王,资其士马,还征秦州,大败念生将杜粲于成纪,又破其金城王莫折普贤于永洛城,遂至显亲。念生率众,身自拒战,又大奔败。伯度乃背胡琛,袭琛将刘拔,破走之,遣其兄子忻和率骑东引国军。念生事迫,用诈降于宝夤。朝廷喜伯度立义之功,授抚军将军、泾州刺史、平秦郡开国公,食邑三千户。而大都督元修义、高聿,停军陇口,久不西进。念生复反,伯度终为丑奴所杀。故贼势更甚,宝夤不能制。孝昌二年四月,除宝夤侍中、骠骑大将军、仪同三司、假大将军尚书令,给后部鼓吹,增封千户。宝夤初自黑水,终至平凉,与贼相对。数年攻击,贼亦惮之,关中保全,宝夤之力矣。

三年正月,除司空公。出师既久,兵将疲弊。是月大败,还雍州。仍停长安,收聚离散。有司处宝夤死罪,诏恕为民。四月,除使持节、都督雍泾岐南幽四州诸军事、征西将军、雍州刺史、假车骑大将军、开府,西讨大都督,自关以西,皆受节度。九月,念生为其常山王杜粲所杀,合门皆尽。粲据州请降于宝夤。十月,除数骑常侍、车骑将军、尚书令,复其旧封。

是时,山东、关西寇贼充斥,王师屡北,人情沮丧。宝夤自以出军累年,糜费尤广,一旦覆败,虑见猜责,内不自安。朝廷颇亦疑阻,乃遣御史中尉郦道元为关中大使。宝夤谓密欲取己,弥以忧惧。而长安轻薄之徒,因相说动。道元行达阴盘驿,宝夤密遣其将郭子恢等攻而杀之,诈收道元尸,表言白贼所害。又杀都督、南平王仲冏。是月,遂反,僭举大号,赦其部内,称隆绪元年,立百官。乃遣郭子恢东寇潼关,行台张始荣围华州刺史崔袭。诏尚书仆射行台长孙稚讨之。时北地人毛鸿宾与其兄遐纠率乡义,将讨宝夤。宝夤遣其大将军卢祖迁等击遐,为遐所杀。又遣其将侯终德往攻遐。会子恢为官军所败,长孙稚又遣子彦破始荣于华州,终德因此势挫,还图宝夤。军至白门,宝夤始觉,与终德交战,战败,携公主及其少子与部下百余骑,从后门出走,渡渭桥,投于宁夷巴张宕昌、刘兴周舍。寻奔丑奴,丑奴以宝夤为太傅。

永安三年,都督尔朱天光遣贺拔岳等破丑奴于安定,追擒丑奴、宝夤,并送京师。诏置阊阖门外都街之中,京师士女,聚共观视,凡经三日。部尚书李神俊、黄门侍郎高道穆并与宝夤素旧,二人相与左右,言于庄帝云"其逆亦事在前朝。"冀得赦免。会应诏王道习时自外至,庄帝问道习在外所闻,道习曰:"唯闻陛下欲不杀萧宝夤。"帝问其故,道习曰:"人云:李尚书、黄门与宝夤周款,并居得言之地,必能全之。"道习因曰:"若谓宝夤逆在前朝,便将恕之。宝夤败于长安,走为丑奴太傅,岂非陛下御历之日?贼臣不翦,法欲安施?"帝然其言。乃于太仆驼牛署赐死。

宝夤之将死,神俊携酒就之,以叙旧故,因对之下泣。而宝夤夷然自持,了不忧惧,唯称"推天委命,恨不终臣节"而已。公主携男女就宝夤诀别,恸哭极哀。宝夤死,色貌不改。宝夤有三子,皆公主所生,而并凡劣。

长子烈复,尚肃宗妹建德公主,拜附马都尉。宝夤反,伏法。

次子权,与少子凯射戏,凯矢激中之而死。凯仕至司徒左长史。凯妻,长孙稚女也,轻薄无礼,公主数加罪责。凯窃衔恨,妻复惑说之。天平中,凯遂遣奴害公主。乃圝凯于东市,妻枭首。家遂殄灭。

宝夤兄宝卷子赞,字德文,本名综,入国,宝夤改焉。初萧衍灭宝卷,宝卷官人吴氏始孕,匿而不言,衍仍纳之,生赞,以为己子,封豫章王。及长,学涉,有才思。其母告之以实,赞昼则谈谑如常,夜则衔悲泣涕,结客待士,恒有来奔之志。为衍诸子深所猜疾,而衍甚爱宠之。

有济阴芮文宠、安定梁话,赞曲加礼接,乃割备自誓,布以腹心。宠、话等既感其情义,敬相然诺。值元法僧以彭城叛入萧衍,衍命赞为南兖、徐二州刺史、都督江北诸军事,镇彭城。于时,肃宗遣安丰王延明、临淮王彧讨之,赞便遣使密告诚款,与宠、话夜出,步投彧军。孝昌元年秋,届于洛阳,陛见之后,就馆举哀,追服三载。宝夤于时在关西,遣使观察,闻其形貌,敛眉悲感。朝廷赏赐丰渥,礼遇隆厚,授司空,封高平郡开国公、丹阳王,食邑七千户。

及宝夤反,赞惶怖,欲奔白鹿山,至河桥,为北中所执。朝议明其不相干预,仍蒙慰勉。建义初,随尔未荣赴晋阳,庄帝徵赞还洛。

转司徒,迁太尉,尚帝姊寿阳长公主。出为都督齐济西兖三州诸军事、骠骑大将军、开府仪同三司、齐州刺史。宝夤见擒,赞拜表请宝夤命。尔朱兆入洛,为城民赵洛周所逐。公主被录还京,尔朱世隆欲相陵逼。公主守操被害。赞既弃州为沙门,潜诣长白山,未几,趣白鹿山。至阳平,遇病而卒,时年三十一。

赞机辩,文义颇有可观。而轻薄俶傥,犹见父之风尚。普泰末,敕迎其丧至洛,遣黄门郎鹿忩护丧事,以王礼与公主合葬嵩山。至元象初,吴人盗其丧还江东,萧衍犹以为子,祔葬萧氏墓焉。赞江南有子,在国无后。

萧正表,字公仪,萧衍弟临川王宣达子也。正表长七尺九寸,眉目疏朗。虽质貌丰美,而性理短暗。衍以为封山县开国侯,拜给事中,历东宫洗马、淮南晋安二郡太守,转轻车将军、北徐州刺史,镇钟离。

初衍未有子,以正表兄正德为子,既而封为西丰侯。正德私怀忿慽。正光三年,背衍奔洛,朝廷以其人才庸劣,不加礼待。寻逃归,衍不之罪。后封正德临顺王。衍末,复为数骑常侍、光禄大夫,知丹阳尹事。侯景之将济江也,知正德有恨于衍,密与交通,许推为主。正德以船数十舫迎之,景渡江,衍召正表入援。正表率众次广陵,闻正德为侯景所推,仍托舫粮未集,磬桓不进。景寻以正表为南兖州刺史,封南郡王。正表既受景署,遂于欧阳立栅,断衍援军。又欲遣其妾兄龚子明进攻广陵。衍南兖州刺史、南康王萧会理遣前广陵令刘瑗袭击,破之。正表狼狈失据,乃率轻骑,走还钟离。

武定七年正月,仍送子为质,据州内属。徐州刺史高归彦遣长史刘士荣弛赴之。事定,正表入朝,以勋封兰陵郡开国公、吴郡王,食邑五千户。寻除侍中、车骑将军、特进、太子太保、开府仪同三司,赏赉丰厚。其年冬薨,年四十二。赠侍中、都督徐扬兖豫济五州诸军事、骠骑大将军、司空公、徐州刺史、开国公、王并如故,谥曰昭烈。子广寿。

　　史臣曰:刘昶猜疑惧祸,萧赉亡破之余,并潜骸窜影,委命上国。俱称晓了,咸当任遇,虽有枕戈之志,终无鞭墓之诚。昶诸子尫疏,丧其家业。宝夤背恩忘义,枭镜其心。此亦戎夷影狡轻薄之常事也。天重其罪,鬼覆其门,至于母子兄弟还相歼灭,抑是积恶之义云。萧赞临边脱身,晚去仇贼,宠禄顿臻,颠沛旋至,信吉凶之相倚也。正表归命,大享名族,亦以优哉。

魏书卷六〇
列传第四八

韩麒麟　程骏

　　韩麒麟,昌黎棘城人也,自云汉大司马增之后。父瑚,秀容、平原二郡太守。麒麟幼而好学,美姿容,善骑谢。恭宗监国,为东曹主书。高宗即位,赐爵鲁阳男,加伏波将军。父亡,在丧有礼,邦族称之。

　　后参征南慕容白曜军事,进攻升城,师人多伤。及城溃,白曜将坑之,麒麟谏曰:“今始践伪境,方图进取,宜宽威厚惠,以示贼人,此韩信降范阳之计。劲敌在前,而便坑其众,恐自此以东,将人各为守,攻之难克。日久师老,外民乘之,以生变故,则三齐未易图也。”白曜从之,皆令复业,齐人大悦。后白曜表麒麟为冠军将军,与房法寿对为冀州刺史。白曜攻东阳,麒麟上义租六十万斛,并攻战器械,于是军资无乏。及白曜被诛,麒麟亦徵还,停滞多年。

　　高祖时,拜给事黄门侍郎,乘传招慰徐、兖,叛民归顺者四千余家。寻除冠军将军、齐州刺史,假魏昌侯。麒麟在官,寡于刑罚,从事刘普庆说麒麟曰:“明公仗节方夏,而无所斩戮,何以示威?”麒麟曰:“刑罚所以止恶,盖不得已而用之。今民不犯法,何所戮乎? 若必须斩断以立威名,当以卿应之。”普庆惭惧而退。麒麟以新附之人,未阶台宦,土人沉抑,乃表曰:“齐土自属伪方,历载久远,旧州府僚,动有数百。自皇威开被,并职从省,守宰阙任,不听土人监督。

窃惟新人未阶朝宦,州郡局任甚少,沉塞者多,愿言冠冕,轻为去
就。愚谓守宰有阙,宜用豪望,增置吏员,广延贤哲。则毕族蒙荣,
良才获叙,怀德安土,庶或在兹。"朝议从之。

太和十一年,京都大饥,麒麟表陈时务曰:

　　古先哲王经国立治,积储九稔,谓之太平。故躬籍千亩,以
励百姓,用能衣食滋茂,礼教兴行。逮于中代,亦崇斯业,入粟
都与斩敌同爵,力田者与孝悌均赏,实百王之赏轨,为治之所
先。今京师民庶,不田者多,游食之口,三分居二。盖一夫不耕,
或受其饥,况于今者,动以万计。故顷年山东遭水,而民有馁
终,今秋京都遇旱,谷价踊贵。实由农人不劝,素无储积故也。

　　伏惟陛下天纵钦明,道高三、五,昧旦忧勤,思恤民弊;虽
帝虞一日万几,周文昃不暇食,蔑以为喻。上垂覆载之泽,下有
冻馁之人,皆由有司不为明制,长吏不恤其本。自承平日久,丰
穰积年,竞相矜夸,遂成侈俗。车服第宅,奢僭无限;丧葬婚娶,
为费实多;贵富之家,童妾袨服;工商之族,玉食锦衣。农夫铺
糟糠,蚕妇乏短褐。故令耕者日少,田有荒芜。谷帛罄于府库,
宝货盈于市里;衣食匮于室,丽服溢于路。饥寒之本,实在于
斯。愚谓凡珍玩之物,皆宜禁断;吉凶之礼,备为格式。令贵贱
有别,民归朴素。制天下男女,计口受田。宰司四时巡行,台使
岁一按检。勤相劝课,严加赏赐。数年之中,必有盈赡,虽遇灾
凶,免于流亡矣。

　　往年校比户贯,租赋轻少。臣所统齐州,租粟才可给俸,略
无入仓。虽于民为利,而不可长久。脱有戎役,或遭天灾,恐供
给之方,无所取济。可减绢布,增益谷租,年丰多积,岁俭出赈。
所谓私民之谷,寄积于官;官有宿积,则民无荒年矣。

十二年春,卒于官,年五十六。遗敕其子,殡以素棺,事从俭约。
麒麟立性恭慎,恒置律令于坐旁。临终之日,唯有俸绢数十匹,其清
贫如此。赠散骑常侍、安东将军、燕郡公,谥曰康。

长子兴宗,字茂先。好学,有文才。年十五,受道太学。后司空

高允奏为秘书郎,参著作事。中山王睿贵宠当世,阙为文,迁秘书中散,太和十四年冬,卒。赠宁远将军、渔阳太守。

子子熙,字元雍。少自修整,颇有学识。弱冠未能自通,侍中崔光举子熙为清河王怿常侍,迁郎中令。初,子熙父以爵让弟显宗,不受。子熙缘父素怀,卒亦不袭。及显宗卒,子熙别蒙赐爵,乃以其先爵让弟仲穆。兄弟友爱如此。父亡,居丧有礼。子熙为怿所眷遇,遂阙位,待其毕丧后复用。

及元叉害怿,久不得葬。子熙为之忧悴,屏处田野,每言王若不得复封,以礼迁葬,誓以终身不仕。后灵太后返政,以元叉为尚书令,解其领军。子熙与怿中大夫刘定兴、学官令傅灵撊、宾客张子慎伏阙上书曰:

窃惟故主太傅清河王,职综枢衡,位居论道,尽忠贞以奉公,竭心膂以事国。自先皇崩殂,陛下冲幼,负扆当朝,义同分陕。宋维反常小子,性若青蝇,汗白点黑,谗妄是务;以元叉皇姨之婿,权势攸归,遂相附托,规求荣利,共结图谋,坐生眉眼,诬告国王,枉以大逆。赖明明在上,赫赫临下,泥渍自消,玉质还洁。谨案律文:诸告事不实,以其罪罪之。维遂无罪,出为大郡,刑赏僭差,朝野怪愕。芳非宋维与叉为计,岂得全其身命,方抚千里?

王以权在宠家,尘谤纷杂,恭慎之心,逾深逾厉,去其本宅,移住殿西,阖门静守,亲宾阻绝。于时,吏部谘禀刘腾,奏其弟官,郡戍兼补。及经内呈,为王驳退。腾由此生嫌,私深怨怒,遂乃擅废太后,离隔二宫,拷掠胡定,诬王行毒,含齿戴发,莫不悲惋。及会公卿,议王之罪,莫不俯眉饮气,唯谘是从。仆射游肇,亢言厉气,发愤成疾,为王致死。王之忠诚款笃,节义纯贞,非但蕴藏胸襟,实乃形于文翰,搜括史传,撰《显忠录》,区目十篇,分卷二十。既欲彰忠心于万代,岂可为逆乱于一朝?乞追遗志,足明丹款。

又籍宠姻戚，恃握兵马，无君之心，实怀皂白。擅废太后，枉害国王，生杀之柄，不由陛下，赏罚之诏，一出于乂。名藩重地，皆其亲党，京官要任，必其心腹。中山王熙，本兴义兵，不图神器，戮其大逆，合门灭尽，遂令元略南奔，为国巨患。奚康生国之猛将，尽忠弃市。其余枉被屠戮者，不可称数。缘此普天丧气，匝地愤伤。致朔陇猖狂，历岁为乱，荆徐蠢动，职是之由。昔赵高秉秦，令关东鼎沸；今元乂执权，使四方云扰。自古及今，竹帛所载，贼子乱臣，莫此为甚。

开逆之始，起自宋维；成祸之末，良由腾矣。而令凶徒奸党，迭相树置；高官厚禄，任情自取。非但臣等痛恨终身，抑为圣朝怀惭负愧。以臣赤心，偻偻之见，宜枭诸两观，污其舍庐。腾合斫棺斩骸，沉其五族。上谢天人幽隔之愤，下报忠臣冤酷之痛。方乃崇亚三事，委以枢端，所谓虎也更傅其翼。朝野切齿，遐迩扼腕。蔓草难除，去之宜尽。臣历观旷代，缅追振古，当断不断，其祸更生。况乂猜忍，更居衡要。臣中宵九叹，窃以寒心，实愿宸鉴，早为之所。

臣等潜伏间阎，于兹六载，旦号白日，夕泣星辰，叩地寂寥，呼天无响。卫野纳肝，秦庭夜哭，千古之痛，何足相比！今幸遇陛下睿圣，亲览万几，太后仁明，更抚四海。臣等敢诣阙披陈，乞报冤毒。

书奏，灵太后乂之，乃引子熙为中书舍人。后遂剖腾棺，赐乂死。寻修国史，加宁朔将军。未几，除著作郎，又兼司州别驾。转辅国将军、鸿胪少卿。建义初，兼黄门，寻正。

子熙，清白自守，不交人事。又少孤，为叔显宗所抚养。及显宗卒，显宗子伯华又幼，子熙友爱，等于同生。长犹共居，车马资财，随其费用，未尝见于言色。又上书求析阶与伯华，于是除伯华东太原太守。及伯华在郡，为刺史元弼所辱，子熙乃泣诉朝廷，肃宗诏遣按检，弼遂大见诘让。

尔朱荣之擒葛荣也，送至京师，庄帝欲面见数之。子熙以为荣既元凶，自知必死，恐或不逊，无宜见之。尔朱荣闻而大怒，请罪子熙。庄帝恕而不责。寻加征虏将军。及刑杲之起逆，诏子熙慰劳。杲诈降，而子熙信之，还至乐陵，果复反，子熙遂还，坐付廷尉，论以大辟，恕死免官。未几，兼尚书吏部郎。

普泰初，除通直散骑常侍，抚军将国、光禄大夫，寻正吏部郎。出帝初，还领著作郎。以奉册之故，封历城县开国子，食邑五百户，又加卫将军、右光禄大夫。天平初，为侍读，又除国子祭酒。子熙俭素安贫，常好退静，迁邺之始，百司并给兵力，时以祭酒闲务，止给二人。或有令其陈请者，子熙曰："朝廷自不给祭酒兵，何关韩子熙事也。"论者高之。寻除骠骑将军。元象中，加卫大将军。

先是，子熙与弟娉王氏为妻，姑之女也，生二子。子熙尚未婚，后遂与寡妪李氏奸合，而生三子。王、李不穆，迭相告言，历年不罢。子熙因此惭恨，遂以发疾。兴和中，孝静欲行释奠，敕子照为侍讲。寻卒，遗戒不求赠谥，其子不能遵奉，遂至干谒。武定初，赠骠骑将军、仪同三司、幽州刺史。

兴宗弟显宗，字茂亲。性刚直，能面折庭诤，亦有才学。沙门法抚，三齐称其聪悟，常与显宗校试，抄百余人名，各读一遍，随即覆呼，法抚犹有一二舛谬，显宗了无误错。法抚叹曰："贫道生平以来，唯服郎耳。"

太和初，举秀才，对策甲科，除著作佐郎。车驾南讨，兼中书侍郎。既定迁都，显宗上书：

其一曰：窃闻舆驾今夏若不巡三齐，当幸中山，窃以为非计也。何者？当今徭役宜早息，洛京宜速成。省费则徭役可简，并功则洛京易就。往冬舆驾停邺，是闲隙之时，犹编户供奉，劳费为剧。圣鉴矜愍，优旨殷勤，爵浃高年，赉周鳏寡，虽赈普沾，今犹恐来夏菜色。况三农要时，六军云会，其所捐业，实为不少。虽调敛轻省，未足称劳，然大驾亲临，谁敢宁息？往来承奉，纷纷道路，田蚕暂废，则将来无资，此国之深忧也。且向炎暑，

而六军暴露,恐生疠疫,此可忧之次也。民愿舆驾早还北京,以
省诸州供帐之费,并功专力,以营洛邑。则南州免杂徭之烦,北
都息分析之叹,洛京可以时就,迁者金尔如归。

其二曰:自古圣帝必以俭约为美,乱主必以奢侈贻患。仰
惟先朝,皆卑宫室而致力于经略,故能基宇开广,业祚隆泰。今
洛阳基址,魏明帝所营,取讥前代。伏愿陛下损之又损。顷来
北都富室,竞以第宅相尚,今因迁徙,宜申禁约,令贵贱有检,
无得逾制。端广衢路,通利沟渠,使寺署有别,四民异居,永垂
百世不刊之范,则天下幸甚矣。

其三曰:窃闻舆驾还洛阳,轻将数千骑,臣甚为陛下不取
也。夫千金之子,犹坐不垂堂,况万乘之尊,富有四海乎?警跸
于闺闼之内者,岂以为仪容而已,盖以戒不虞也。清道而后行,
尚恐衔蹶之或失,况履涉山河,而不加三思哉!此愚臣之所以
悚息,伏愿少垂省察。

其四曰:伏惟陛下耳听法音,目玩坟典,口对百辟,心虞万
几,昃昗而食,夜分而寝。加以孝思之至,随时而深;文章之业,
日成篇卷。虽睿明所用,未足为烦,然非所以啬神养性,颐无疆
之祚。庄周有言:形有待而智无涯,以有待之形,役无涯之智,
殆矣!此愚臣所不安,伏愿陛下垂拱司契,委下责成,唯冕旒垂
纩,而天下治矣。

高祖颇纳之。

显宗又上言曰:

进贤求才,百王之所先也。前代取士,必先正名,故有贤
良、方正之称。今之州郡贡察,徒有秀、孝之名,而无秀、孝之
实。而朝廷但检其门望,不复弹坐。如此则可令别贡门望,以
叙士人,何假冒秀、孝之名也?夫门望者,是其父祖之遗烈,亦
何益于皇家?益于时者,贤才而已。苟有其才,虽屠钓奴虏之
贱,圣皇不耻以为臣;苟非其才,虽三后之胤,自坠于皂隶矣。
是以大才受大官,小才受小官,各得其所,以致雍熙。议者或

云:今世等无奇才,不若取士于门。此亦失矣。岂可以世无周邵,便废宰相而不置哉?但当校其有寸长铢重者,即先气之,则贤才无遗矣。

又曰:

夫帝皇所以居尊以御下者,威也;兆庶所以徙恶以从善者,法也。是以有国有家,必以刑法为治,生民之命,于是而在。有罪必罚,罚必当辜,则虽箠挞之刑,而人莫敢犯也。有制不行,人得侥幸,则虽参夷之诛,不足以肃。自太和以来,多坐盗弃市,而远近肃清。由此言之,止奸在于防检,不在丽刑也。今州郡牧守,邀当时之名,行一切之法;台阁百官亦咸以深酷为无私,以仁恕为容盗。迭相敦厉,遂成风俗。陛下居九重之内,视人如赤子;百司分万务之要,遇下如仇雠。是则尧舜止一人,而桀纣以千百。和气不至,盖由于此。《书》曰:"与其杀不辜,宁失不经。"实宜敕示百僚,以惠元元之命。

又曰:

昔周王为犬戎所逐,东迁河洛,镐京犹称"宗周",以存本也。光武虽曰"中兴",实自创革,西京尚置京尹,亦不废旧。今陛下光隆光业,迁宅中土,稽古复礼,于斯为盛,岂若周汉,出于不得已哉。按《春秋》之义,有宗庙曰都,无则谓之邑,此不刊之典也。况北代宗庙在焉,山陵托焉,王业所基,圣躬所载,其为神乡福地,实亦远矣。今便同之郡国,臣窃不安。愚谓代京宜建畿置尹,一如故事,崇本重旧,以光万叶。

又曰:

伏见洛京之制,居民以官位相从,不诊族类。然官位非常,有朝荣而夕悴,则衣冠沦于厮竖之邑,臧获腾于膏腴之里。物之颠倒,或至于斯。古之圣王,必令四民异居者,欲其业定而志专;业定则不伪,志专则不淫。故耳目所习,不督而就;父兄之教,不肃而成。仰惟太祖道武皇帝创基拨乱,日不暇给,然犹分别士庶,不令杂居,伎作屠沽,各有攸处。但不设科禁,卖买任

情,贩贵易贱,错居混杂。假令一处弹筝吹笛,缓舞长歌;一处
严师苦训,诵诗讲礼。宣令童龀,任意所从,其走赴舞堂者万
数,往就学馆者无一。此则伎作不可杂居,士人不宜异处之明
验也。故孔父云里仁之美,孟母弘三徙之训,贤圣明诲,若此之
重。今令伎作家习士人风礼,则百年难成,令士人儿童效伎作
容态,则一朝可得。是以士人同处,则礼教易兴;伎作杂居,则
风俗难改。朝廷每选举人士,则校其一婚一宦,以为升降,何其
密也。至于开伎作宦途,得与膏粱华望接阁连甍,何其略也。此
愚臣之所惑。今稽古建极,光宅中区,凡所徙居,皆是公地,公
别伎作,在于一言,有何为疑,而阙盛美。

又曰:

自南伪相承,窃有淮北,欲擅中华之称,且以招诱边民,故
侨置中州郡县。自皇风南被,仍而不改,凡有重名,其数甚众。
疑惑书记,错乱区宇,非以疆域物土,必也正名之谓也。愚以为
可依地理旧名,一皆厘革。小者并合,大者分置。及中州郡县,
昔以户少并省,今人口既多,亦可复旧。君人者,以天下为家,
不得有所私也。故仓库储贮,以俟水旱之灾,供军国之用,至于
有功德者,然后加赐。爰及末代,乃宠之所隆,赐赉无限。自比
以来,亦为太过。在朝诸贵,受禄不轻,土木被锦绮,僮妾厌粱
肉,而复厚赉屡加,动以千计。若分赐鳏寡,赡济实多。如不悛
革,岂周给不继富之谓也?愚谓事有可赏,则明旨褒扬,称事加
赐,以劝为善,不可以亲近之昵,猥损天府之储。

又曰:

诸宿卫内直者,宜令武官习弓矢,文官讽书传。而今给其
蒲博之具,以成褰狎之容,长矜争之心,恣喧嚣之慢,徒损朝
仪,无益事实。如此之类,一宜禁止。

高祖善之。后乃启乞宋王刘昶府谘议参军事,欲立效南境,高
祖不许。高祖曾谓显宗及程灵虬曰:"著作之任,国书是司。卿等之
文,朕自委悉,中省之品,卿等所闻。若欲取况古人,班马之徒,固自

辽阔。若求之当世，文学之能，卿等应推崔孝伯。"又谓显宗曰："见卿所撰《燕志》及在齐诗咏，大胜比来之文。然著述之功，我所不见，当更访之监、令。校卿才能，可居中第。"又谓程灵虬曰："卿比显宗复有差降，可居下上。"显宗对曰："臣才第短浅，猥闻上天，至乃比于崔光，实为隆渥。然臣谓陛下贵古而贱今，臣学微才短，诚不敢仰希古人，然遭圣明之世，睹惟新之礼，染翰勒素，实录时事，亦未惭于后人。昔扬雄著《太玄经》，当时不免覆瓿之谈，二百年外，则越诸子。今臣之所撰，虽未足光述帝载，稗晖日月，然万祀之后，仰观祖宗巍巍之功，上睹陛下明明之德，亦何谢钦明于《唐典》，慎徽于《虞书》。"高祖曰："假使朕无愧于虞舜，卿复何如于尧臣？"显宗曰："臣闻君不可以独治，故设百官以赞务。陛下齐踪尧舜，公卿宁非二八之俦。"高祖曰："卿为著作，仅名奉职，未是良史也。"显宗曰："臣仰遭明时，直笔而无惧，又不受金，安眠美食，此臣优于迁固也。"高祖哂之。后与员外郎崔逸等参定朝仪。

高祖曾诏诸官曰："自近代已来，高卑出身，恒有常分。朕意一以为可，复以为不可。宜相与量之。"李冲对曰："未审上古已来，置官列位，为欲膏粱儿地，为欲益治赞时？"高祖曰："俱欲为治"。冲曰："若欲为治，陛下今日何为专崇门品，不有拔才之诏？"高祖曰："苟有殊人之伎，不患不知。然君子之门，假使无当世之用者，要自德行纯笃，朕是以用之。"冲曰："傅岩、吕望，岂可以门见举？"高祖曰："如此济世者希，旷代有一两人耳。"冲谓诸卿士曰："适欲请诸贤救之。"秘书令李彪曰："师旅寡少，未足为援，意有所怀，不敢尽言于圣日。陛下若专以门地，不审鲁之三卿，孰若四科？"高祖曰："犹如向解。"显宗进曰："陛下光宅洛邑，百礼唯新，国之兴否，指此一选。臣既学识浮浅，不能援引古今，以证此议，且以国事论之。不审中、秘书监令之子，必为秘书郎，顷来为监、令者，子皆可为不？"高祖曰："卿何不论当世膏腴为监、令者？"显宗曰："陛下以物不可类，不应以贵承贵，以贱袭贱。"高祖曰："若有高明卓尔、才具俊出者，朕亦不拘此例。"后为本州中政。

　　二十一年，车驾南伐，显宗为右军府长史，征虏将军、统军。军次赭阳，萧鸾成主成公期遣其军主胡松，高法援等并引蛮贼来击军营，显宗亲率拒战，遂斩法援首。显宗至亲野，高祖诏曰："卿破贼斩帅，殊益军势，朕方攻坚城，何为不作露布也？"显宗曰："臣顷闻镇南将军王肃获贼二三，驴马数匹，皆为露布，臣在东观，私每哂之。近虽仰凭威灵，得摧丑虏，兵寡力弱，擒斩不多。脱复高曳长缣，虚张功捷，尤而效之，其罪弥甚。臣所以敛毫卷帛，解上而已。"高祖笑曰："如卿此勋，诚合茅社，须赭阳平定，检审相酬。"新野平，以显宗为镇南、广阳王嘉谘议参军。显宗后上表，颇自矜伐，诉前征勋。诏曰："显宗斐然成章，甚可怪责，进退无检，亏我清风。此而不纠，或长弊俗。可付尚书，推列以闻。"兼尚书张彝奏免显宗官，诏曰："显宗虽浮矫致愆，才犹可用，岂得永弃之也！可以白衣守谘议，展其后效。但鄙很之性，不足参华，可夺见□，并禁问讯诸王。"

　　显宗既失意，遇信向洛，乃为五言诗，赠御史中尉李彪曰："贾生谪长沙，董儒诣临江。愧无若人迹，忽寻两贤踪。追昔渠阁游，策驽厕群龙。如何情愿夺，飘然独远从？痛哭去旧国，衔泪届新邦。哀哉无援民，嗷然失侣鸿。彼苍不我闻，千里告志同。"二十三年卒。显宗撰冯氏《燕志》、《孝友传》各十卷，所作文章，颇传于世。景明初，追赭阳勋，赐爵章武男。

　　子武华，袭。除讨寇将军、奉朝请、太原太守。

　　程骏，字麟驹，本广平曲安人也。六世祖良，晋都水使者，坐事流于凉州。祖父肇，吕光民部尚书。骏少孤贫，居丧以孝称。

　　师事刘昞，性机敏好学，昼夜无倦。昞谓门人曰："举一隅而以三隅反者，此子亚之也。"骏谓昞曰："今世名教之儒，咸谓老庄其言虚诞，不切实要，弗可以经世，骏意以为不然。夫老子著抱一之言，庄生申性本之旨，若斯者，可谓至顺矣。若乖一则烦伪生，若爽性，则冲真丧。"昞曰："卿年尚稚，言若老成，美哉！"由是声誉益播，沮渠牧键擢为东宫侍讲。

太延五年,世祖平凉,迁于京师,为司徒崔浩所知。高宗践阼,拜著作佐郎。未几,迁著作郎。为任城王云郎中令,进箴于王,王纳而嘉之。皇兴中,除高密太守。尚书李敷奏曰:"夫君之使臣,必须终效。骏实史才,方申直笔,千里之任,十室可有。请留之数载,以成前籍,后授方伯,愚以为允。"书奏,从之。显祖屡引骏与论《易》《老》之义,顾谓群臣曰:"朕与此人言,意甚开畅。"又问骏曰:"卿年几何?"对曰:"臣六十有一。"显祖曰:"昔太公既老而遭文王。卿今遇朕,岂非早也?"骏曰:"臣虽才谢吕望,而陛下尊过西伯。觊天假余年,竭《六韬》之效。"

延兴末,高丽王琏求纳女于掖庭,显祖许之。假骏散骑常侍,赐爵安丰男,加伏波将军,持节如高丽迎女,赐布帛百匹。骏至平壤城,或劝琏曰:"魏昔与燕婚,既而伐之,由行人具其夷险故也。今若送女,恐不异于冯氏。"琏遂谬言女丧。骏与琏往复经年,责琏以义方,琏不胜其忿,遂断骏从者酒食。琏欲逼辱之,惮而不敢害。会显祖崩,乃还,拜秘书令。

初迁神主于太庙,有司奏:旧事,庙中执事之官,例皆赐爵,今宜依旧。诏百僚评议,群臣咸以为宜依旧事。骏独以为不可,表曰:"臣闻名器为帝王所贵,山河为区夏之重。是以汉祖有约,非功不侯。必当属有命于大君之辰,展心力于战谋之日,然后可以应茅土之锡。未见预事于宗庙,而获赏于疆土;徒见晋郑之后,以夹辅为至勋,吴邓之俦以征戈为重绩。周汉既无文于远代,魏晋亦靡记于往年。自皇道开符,乾业创统,务高三五之规,思隆百王之轨。罚颇减古,赏实增昔。时因神主改祔、清庙至肃,而授群司以九品之命,显执事以五等之名。虽复帝王制作,弗相沿袭,然当时恩泽,岂足为长世之轨乎?乖众之愆,伏待罪谴。"书奏,从之。文明太后群臣曰:"言事固当正直而准古典,安可依附暂时旧事乎?"赐骏衣一袭、帛二百匹。

骏又表曰:"《春秋》有云:见有礼于其君者,若孝子之养父母;见无礼于其君者,若鹰鹯之逐鸟雀。所以劝诫将来,垂范万代。昔陈恒杀君，宣尼请讨，虽欲晏逸，其得已乎？今庙算天回，七州云动，将水荡鲸鲵，陆扫凶逆。然战贵不陈，兵家所美。宜先遣刘昶招喻淮南。若应声响悦，同心齐举，则长江之险，可朝服而济；道成之首，可崇而悬。苟江南之轻薄，背刘氏之恩义，则曲在彼矣，何负神明哉！直义檄江南，振旅回斾，亦足以示救患之大仁，扬义风于四海。且攻难守易，则力悬百倍，不可不深思，不可不热虑。今天职谲，方外犹虞，拾贪侥幸于西南，狂虏伺衅于漠北。脱攻不称心，恐兵不卒解；兵不卒解，则忧虑逾深。夫为社稷之计者，莫不先于守本。臣愚以为，不观兵江浒，振曜皇威，宜特加抚慰。秋秋无犯，则民知德信；民知德信，则襁负而来；襁负而来，则淮北可定；淮北可定，则吴寇异图；寇图异，则祸衅出。然后观衅而动，则不晚矣。请停诸州之兵，且待后举，所谓守本者也。伏惟陛下、太皇太后英算神规，弥纶百胜之外；应机体变，独悟方寸之中。臣影颓虞渊，昏耄将及，虽思忧国，终无云补。”不从。

　　沙门法秀谋反，伏诛。骏表曰：“臣闻《诗》之作也，盖以言志。迩之事父，远之事君，关诸风俗，靡不备焉。上可以颂美圣德，下可以申厚风化，言之者无罪，闻之者足以诫。此古人用《诗》之本意。臣以垂没之年，得逢盛明之运，虽复昏耄将及，犹慕廉颇强饭之风。伏惟陛下、太皇太后，道合天地，明侔日月，则天与唐风斯穆，顺帝与周道通灵。是以狂妖怀逆，无隐谋之地；冥灵潜蓐，伏发觉之诛。用能七庙幽赞，人神扶助者已。臣不腾喜踊，谨竭老钝之思，上《庆国颂》十六章，并序巡狩、甘雨之德焉。”其颂曰：

　　　　乾德不言，四时迭序。于皇大魏，则天承祐。叠圣三宗，重明四祖。岂伊殷周，遐契三、五。明明在上，圣敬日新。汪汪睿后，体治垂仁。德从风穆，教与化津。千载昌运，道隆兹辰。

　　　　岁惟巡狩，应运游田。省方问苦，访政高年。咸秩百灵，柴望山川。谁云礼滞，愚圣则宣。王业初定，中山是由。临幸之盛，情特绸缪。仰歌祖业，俯欣春柔。大哉肆眚，荡民百忧。百忧既荡，与之更初。邑邑亿兆，户咏来苏。

忽有狂竖，谋逆圣都。明灵幽告，发觉伏诛。羿浞为乱，祖龙干纪。狂华冬茂，有自来矣。美哉皇度，道固千祀。百灵潜翦，奸不遑起。奸不遑起，罪人得情。宪章刑律，五秩犹轻。于穆二圣，仁等春生。除弃周汉，遐轨牺庭。周汉奚弃，忿彼苛刻。牺庭曷轨？希仁尚德。徽音一振，声教四塞。岂惟京甸，化播万国。

诚信幽赞，阴阳以调。谷风扇夕，甘雨降朝。嘉生含颖，深盛熙苗。鳏贫巷咏，寡妇室谣。闻诸《诗》者，《云汉》赋宣。章名迥秀，英昭《雅》篇。矧乃盛明，德隆道玄。岂唯雨施，神徵丰年。丰年盛矣，化无不浓。有礼有乐，政莫不通。咨臣延跃，欣咏时邕。谁云易遇，旷龄一逢。

上天无亲，唯德是在。思乐盛明，虽疲勿怠。差之毫厘，千里之倍。愿言劳谦，求仁不悔。人亦有言，圣主慎微。五国连兵，逾年历时。鹿车而运，庙算失思。有司不惠，暨食役烦。民不堪命，将家逃山。宜督厥守，威德是宣。威德如何？聚众盈川。民之从令，实赖衣食。农桑失本，谁耕谁织？饥寒切身，易子而食。静言念之，实怀叹息。昔闻典论，非位不谋。漆室忧国，遗芳载臭。咨臣昏老，偏蒙恩祐。忽忘狂瞽，敢献愚陋。文明太后令曰：“省诗表，闻之。歌颂宗祖之功德可尔，当世之言何其过也。所箴下章，辑之不忘。”骏又奏《得一颂》，始于固业，终于无为，十篇文多不载。文明太后令曰：“省表并颂十篇，又门无侠货之宾，室有怀道之士。可赐帛六百匹，旌其俭德。”骏悉散之亲旧。

性介直，不兢时荣。太和九年，正月，病笃，乃遗令曰：“吾存尚俭薄，岂可没为奢厚哉？昔王孙裸葬，有感而然；士安薄簶，颇亦矫厉。今世既休明，百度循礼，彼非吾志也。可敛以时服，器皿从古。”遂卒，年七十二。初，骏病甚，高祖、文明太后遣使者更问其疾，敕御师徐謇诊视，赐以汤荡。临终，诏以小子公称为中散，从子灵虬，为著作佐郎。及卒，高祖、文明太后伤惜之，赐东园秘器、朝服一称、帛三百匹，赠冠军将军、兖州刺史、曲安侯，谥曰宪。所制文笔，自有集录。

骏六子，元继、公达、公亮、公礼，并无官。

公义，侍御史、谒者仆射、都水使者、武昌王司马、沛郡太守。

公称，主文中散、给事中、尚书郎。并早卒。

公礼子畿，字世伯。好学，颇有文才。荆州府主簿。

始骏从祖弟伯达，伯达名犯显祖庙讳。与骏同年，亦以文辩。沮渠牧键时，俱选与牧键世子参乘出入，时论美之。伯达早亡。

弟子灵虬幼孤，颇有文才，而久沦未役。在吏职十余年，坐事免。会骏临终启请，得擢为著作佐郎。后坐称在京无缌亲，而高主知其与骏子公义为始族，故致谴免。至洛，无官，贫病。久之，崔光启申为羽林监，选补徐州、梁郡太守。以酗酒，为刺史武昌王鉴所劾，失官。既下梁郡，志力少衰，犹时为酒困。久去官禄，不免饥寒，屡诣尚书乞效旧任。仆射高肇领选。还申为著作郎，以崔光领任，敕令外叙。

史臣曰：韩麒麟以才器识用，遂见纪于齐土。显宗文学立己，屡陈时务，至于实录之功，所未闻也。子熙清尚自守，荣过其器。程骏才业未多，见知于世者，盖当时之长策乎？

魏书卷六一
列传第四九

薛安都　毕众敬　沈文秀
张谠　田益宗　孟表

　　薛安都,字休达,河东汾阴人也。父广,司马德宗上党太守。安都少骁勇,善骑射,颇结轻侠,诸兄患之。安都乃求以一身分出,不取片资,兄许之。居于别厩。远近交游者争有送遗,马牛衣服什物充牣其庭。真君五年,与东雍州刺史沮渠康谋逆,事发,奔于刘义隆。后自卢氏入寇弘农,执太守李拔等,遂逼陕城。时秦州刺史杜道生讨安都。仍执拔等南遁,及世祖临江,拔乃得还。安都在南,以武力见叙。值刘骏起江州,遂以为将,位至左卫率。

　　刘昶归降,子业以安都为平北将军、徐州刺史,镇彭城。和平六年,刘彧杀其主子业而自立,群情不协,共立子业弟晋安王子勋,安都与沈文秀、崔道固、常珍奇等举兵应之。彧遣将张永讨安都,安都遣使来降,请兵救援。显祖召群臣议之,群官感曰:“昔世祖常有并义隆之心,故亲御六军,远临江浦。今江南阻乱,内外离心,安都今者求降,千载一会,机事难遇,时不可逢,阻乱侮亡,于时乎在。”显祖纳之。安都又遣第四子道次为质,并与李敷等书,络绎相继。乃遣镇东大将军,博陵公尉元,城阳公孔伯恭等率骑一万赴之。拜安都使持节、散骑常侍、都督徐、南、北兖、青、冀五州豫州之梁郡诸军事、镇南大将军、徐州刺史,赐爵河东公。

　　安都以事窘归国,元等既入彭城,安都乃中悔,谋图元等,欲还以城叛。会元知之，遂不果发。安因重货元等，委罪于女婿裴祖隆，元乃杀祖隆而隐安都谋。皇兴二年，与毕众敬朝于京师，大见礼重，子侄群从并处上客，缘封侯，至于门生，无不收叙焉。又为起第宅，馆宇崇丽，资给甚厚。三年卒。赠本将军、秦州刺史、河东王，谥曰康。

子道标，袭爵。太和初，出为镇南将军、平州刺史，治有声称。转相州刺史，将军如故。复以本将军为秦州刺史。十三年卒。

子达，字宗胤。袭，例降为侯。及开建五等，以安都著勋先朝，封达河东郡开国侯，食邑八百户。后以河东畿甸，改封华阴县侯。熙平初，拜奉车都尉，出为汉阳太守。达不乐为郡，诏听解。卒。

子承华，袭爵。稍迁司徒从事中郎、河东邑中正。卒于安南将军、光禄大夫。

子罗汉，袭。齐受禅，爵例降。

道标弟道异，亦以勋为第一客。早卒。赠宁西将军、秦州刺史、安邑侯。

道异弟道次，既质京师，拜南中郎将、给事中，赐爵安邑侯，加安远将军。出为安西将军、秦州刺史、假河南公。太和十五年，为光禄大夫。卒。

子峦，袭爵。降为平温子。尚书郎、秦州刺史、镇远将军、陇西镇将，带陇西太守。后为荥阳太守，迁平北将军、肆州刺史。所在贪秽，在州弥甚。纳贿于司空刘腾，以求美官，未得而腾死。正光五年，莫折念生反于秦州，遣其别帅卜胡、王庆云等众寇泾州。肃宗以峦为持节、光禄大夫、假安南将军、西道别将，与伊瓮生等讨之。进及平凉郡东，与贼交战，不利，峦等退还。后为抚军将军、汧城大都督，镇北陇。孝昌二年春，卒于军。赠征西大将军、雍州刺史，子如故。

安都兄子硕明，随安都入国，赐爵蒲坂侯。清河太守、太中大夫。

安都从祖弟真度，初与安都南奔。及安都为徐州，真度为长史，颇有勇干,为其瓜牙。从安都来降,为上客。太和初,赐爵河北侯,加安远将军。为镇远将军、平州刺史,假阳平公。后降侯为伯,除冠军将军。随驾南讨,假平南将军。

久之,除护南蛮校尉、平南将军、荆州刺史。萧赜雍州刺史曹虎之诈降也,诏真度督四将出襄阳,无功而还。后征赭阳,为房伯玉所败。有司奏免官爵。高祖诏曰:"真度之罪,诚如所奏。但顷与安都送款彭方,开辟徐、宋,外捍沈攸、道成之师,内宁边境鸟合之众,淮海来服,功颇在兹。言念厥绩,每用嘉美。赭阳百败,何足计也! 宜异群将,更申后效。可还其元勋之爵,复除荆州史,自余徽号削夺,进足彰忠,退可明失。"寻除假节、假冠军将军、东荆州刺史。

初,迁洛后,真度每献计于高祖,劝先取樊、邓,后攻南阳。故为高祖所赏,赐帛一百匹,又加持节,正号冠军,改封临晋县开国公,食邑三百户。诏曰:"献忠尽心,人臣令节;标善赏功,有国徽范。故一言可以兴邦,片辞可以丧国,得无远录前谋,以褒厥善。真度爰自迁京,每在戎役,沔北之计,恒所与闻,知无不言,颇见采纳。及六师南迈,朕欲超据新野,群情皆异,真度独与朕同。抚蛮宁夷,实有勤绩,可增邑二百户。"转征虏将军、豫州刺史。

景明初,豫州大饥,真度表曰:"去岁不收,饥馑十五;今又灾雪三尺,民人萎馁,无以济之。臣辄日别出州仓米五十斛为粥,救其甚者。"诏曰:"真度所表,甚有忧济百姓之意,宜在拯恤。陈郡储粟虽复不多,亦可分赡。尚书量赈以闻。"及裴叔业以寿春内附,诏真度率众赴之。寻迁华州刺史,将军如故。未几,转荆州刺史,仍本将军。入为大司农卿。正始初,除平南将军、扬州刺史,又以年老,听子怀吉以本官随行。萧衍豫州刺史王超宗率众围逼小岘,真度遣兼统军李叔仁等率步骑击之。超宗逆来拒战,叔仁击破之,俘斩三千。还朝,除金紫光禄大夫,加散骑常侍,又改封敷西县。永平中卒,年七十四。赐帛四百匹、朝服一袭,赠左光禄大夫,常侍如故。谥曰庄。有子十二人。

嫌子怀彻,袭封。自太常丞,稍迁征虏将军、中散大夫。又除左将军、太中大夫。卒于车骑将军、左光禄大夫。

初，真度有女妓数十人，每集宾客，辄命奏之，丝竹歌舞，不辍于前，尽声色之适。庶长子怀吉居丧过周，以父妓十余人并乐器献之，世宗纳焉。

怀吉，好勇有膂力。虽不善书学，亦解达世事。自奉朝请，历直后寝，领太官令。正始初，为骠骑将军，后试守恒农郡。萧衍遣众入寇徐、兖，安东邢峦讨之，诏怀吉以本任为峦军司。

永平初，分梁州晋寿为益州，除征虏将军、益州刺史。以元愉未平，中山王英为征东将军讨之。诏良怀吉为英军司，未发而愉平。萧衍遣将寇陷郢州之三关，诏英南讨，怀吉仍为军司。以义阳危急，令怀吉驰驲先赴。时豫州城民白早生杀刺史，以悬瓠入萧衍。衍将齐苟仁率众守城，于是自悬瓠以南至于安陆，惟义阳一城而已。怀吉与郢州刺史娄悦督厉将士，且守且战，卒全义阳，与英讨复三关诸戍。后镇东将军卢昶救朐山，与贼相持，诏怀吉为昶军司。及昶败，怀吉得不坐。延昌中，以本将军除梁州刺史。南秦氏反，攻逼武兴，怀吉遣长史崔纂、司马韦弼、别驾范珣击平之。进号右将军。正光初，除后将军、汾州刺史。四年卒，赠平北将军、并州刺史。

怀吉本不厉清节，及为汾州，偏有聚纳之响。自以支庶，饵诱胜已，共为婚姻。多携亲戚，悉令同行，兼为之弥缝，恣其取受。而将劳宾客，曲尽物情，送去迎来，不避寒热。性少言，每有接对，但默然而退。既指授先期，人马之数，左右密已记录。俄而酒馔相寻，刍粟继至，逮于将别，赠以钱缣，下及厮佣，咸过本望。其延纳贵贱若此。

怀吉弟怀直，京兆内史、卫大将军、左光禄大夫。

怀直第怀朴，恒农太守、襄陵男。

怀朴弟怀景，征南将军、河东太守、安定男。卒，赠持节，都督北徐、兖、东徐三州诸军事，骠骑大将军，仪同三司，徐州刺史。

怀景弟怀俊，抚军将军、光禄大夫、汾阴男。出为征南将军、益州刺史。天平初，代还至梁州，与刺史元罗俱为萧衍将兰钦所擒，送江南。衍见怀俊，谓之曰："卿父先为魏荆州，我于时犹在襄阳，且州壤连接，极相知练。卿今至此，当能住乎？若欲还者，亦以礼相遣。"顾谓左右曰："此家在北，富贵极不可言。"怀俊便乞归，衍听还国。兴和中卒。

子湛儒，袭。武定中，司空水曹参军。齐受禅，爵例降。

真度诸子既多，其母非一，同产相朋，因有憎爱。兴和中，遂致诉列，云以毒药相害，显在公府，发扬疵衅。时人耻焉。

毕众敬，小名捺，东平须昌人。少好弓马射猎，交结轻果，常于疆境，盗掠为业。刘骏为徐兖刺史，辟为部从事。骏既窃号，历其秦山太守、冗从仆射。

及刘彧杀子业而自立，遣众敬出诣兖州募人。到彭城，刺史薛安都召与密谋，云："晋安有上流之名，且孝武第三子，当共卿为计西从。"乃矫彧命，以众敬行兖州事，众敬从之。时兖州刺史殷孝祖留其妻子，率文武二千人赴彧，使司马刘文石守城。众敬率众取瑕丘，杀文石。安都与孝祖先不相协，命众敬诛孝祖诸子，众敬不得已，遂杀之。州内悉附，唯东平太守申纂据无盐城不与之同。及彧平子勋，授纂兖州刺史。会安都引国授军，经其城下，纂闭门城守，深恨众敬。会有人发众敬父墓，遂令其母骸首散落。众敬发哀行服，拷近墓细民，死者十余人。又疑纂所为。弟众爱为安都长史，亦遣人密至济阴，掘纂父墓以相报答。

及安都以城入国，众敬不同其谋。子元宾以母并百口悉在彭城，恐交致祸，日夜啼泣，遣请众敬，众敬犹未从之。众敬先已遣表谢彧，彧授众敬兖州刺史，而以元宾有他罪，独不舍之。众敬拔刀斫柱曰："皓首之年，唯有此子，今不原贷，何用独全！"及尉元至，遂以城降。元遣将入城，事定，众敬悔恚，数日不食。皇兴初，就拜散骑常侍、宁南将军、兖州刺史，赐爵东平公，与中书侍郎李璨对为刺史。

慕容白曜攻克无盐，申纂为乱兵所伤，走出被擒，送于白耀。白耀无杀纂之意,而城中火起,纂创重不能避,为火所烧死。众敬闻克无盐,惧不杀纂,乃与白耀书,并表朝廷,云"家之祸酷,皆由于纂。"闻纂死,乃悦,

二年,与薛安都朝于京师,因留之,赐甲第一区。后复为兖州刺史,将军如故。徵还京师。众敬善自奉养,食膳丰华,必致他方远味。年已七十,鬓发皓白,而气力未衰,跨鞍驰骋,有若少壮。笃于姻类,深有国士之风。张谠之亡,躬往营视,有若至亲。太和中,高祖宾礼旧老,众敬与咸阳公高允引至方山,虽文武奢俭,好尚不同,然亦与允甚相爱敬,接膝谈款,有若平生。

后以笃老,乞还桑梓,朝廷许之。众敬临还,献真珠珰四具、银装剑一口、刺虎矛一枚、仙人文绫一百匹。文明太后、高祖引见于皇信堂,赐以酒馔,车一乘、马三匹、绢二百匹,劳遣之。十五年十月卒,诏于兖州赐绢一千匹,以供葬事。

子元宾,少而豪侠,有武干,涉猎书史。为刘骏正员将军,与父同建勋诚。及至京师,俱为上客,赐爵须昌侯,加平达将军。后以元宾勋重,拜使持节、平南将军、兖州刺史,假彭城公。父子相代为本州,当世荣之。时众敬以老还乡,常呼元宾为使君。每于元宾听政之时,乘舆出至元宾所,先遣左右敕不听起,观其断决,忻忻然喜见颜色。众敬善持家业,尤能督课田产,大致储积。元宾为政清平,善抚民物,百姓爱乐之。以父忧解任,丧中遥授长兼殿中尚书。其年冬末卒,赠抚军将军、卫尉卿,谥曰平,赐帛八百匹。

元宾入国,初娶东平刘氏,有四子:祖朽、祖髦、祖归、祖旋。赐妻元氏生二子、祖荣、祖晖。祖朽最长,祖晖次祖髦。故事,前妻虽先有子,后赐之妻子皆承嫡。所以刘氏先亡,祖晖不服重;元氏后卒,祖朽等三年终礼。祖荣早卒。

子义允,袭祖爵东平公,例降为侯。陵江将军、给事中。卒。

子僧安,袭。

祖朽,身长八尺,腰带十围。历涉经史,好为文咏。性宽厚,善

与人交。袭父爵须昌侯，例降为伯。起家员外郎。尚书郎、治书侍御史，加宁远将军，本州中正。

正始三年，萧衍将萧及先率步骑二万入寇兖州，及先令别帅角念屯于蒙山。以祖朽为统军，假宁朔将军，隶邢峦讨之。祖朽开诱有方，降者相继。贼出逆战，祖朽大破之。贼走还栅，祖朽夜又焚击，贼徒溃散。追讨百余里，斩获及赴沂水死者四千余人，斩龙骧将军矫道仪、宁朔将军王季秀。以功封南城县开国男，食邑二百户。历散骑侍郎，中书侍郎，加龙骧将军。

延昌末，安南王志出讨荆沔，以祖朽为志军司，兼给事黄门侍郎，寻迁司空长史。神龟末，除持节、东豫州刺史，将军如故。祖朽善抚边人，清平有信，务在安静，百姓称之。还，除前将军、太尉长史、兼尚书北道行台。孝昌初，除持节、本将军、南兖州刺史，寻授度支尚书。行定州，未之职，改授安东将军、瀛州刺史。为贼帅鲜于修礼攻围积旬，拒守自固。病卒于州。赠卫将军、吏部尚书、兖州刺史。祖朽无子，弟祖归子义畅为后，袭爵。

义畅，倾巧无士业，善通时要。历尚书郎中、侍郎、兖州刺史、大中正、中军将军、通直散骑常侍。太昌初，东骑将军，寻散骑常侍。天平中，坐与北豫州山贼张俭通，伏法。

祖氅，起家奉朝请。兄祖朽别封南城，以须昌侯回授之。神龟初，累迁扬烈将军、东平太守。后为太州别驾，卒于官。

子义和，袭。卒于右将军，太中大夫。赠散骑常侍、安东将军、兖州刺史。子仁超。

义和第六弟义亮，性豪疏。历尚书郎、中书舍人。天平中，与舍人韦鸿坐泄密，赐尽于宅。

祖晖，早有器干。自奉朝请，稍迁镇达将军、前军将军、直后。正始中，除龙骧将军、东郡太守。入为骁骑将军，加征虏将军。后试守勃海郡。熙平中，拜颍川太守。神龟初，除右将军、幽州刺史。入为平东将军、光禄大夫。正光五年，幽州民反，招引陇贼，攻逼州城。以祖晖前在州日得民情和，复授平西将军、幽州刺史，假安西将军，为

别将以讨之。祖晖且战且前,突围入治。孝昌初,北海王颢救至,城
围始解。以全城之勋,封新昌县开国子,食邑四百户。后值宝夤退
败,祖晖乃拔城东趣华州,坐免官爵。寻假征虏将军,行豳州事。建
义中,诏复州爵,加抚军将军。永安中,祖晖从大岭栅规入州城。于
时,贼帅叱干骐麟保太子壁,祖晖击破之。而贼宿勤明达复攻祖晖,
祖晖兵少粮,军援不至,为贼所乘,遂殁,时年五十。

　　长子义穊,袭爵。武定中,开府中郎。齐受禅,爵例降。

　　义穊弟义云,尚书骑兵郎中。

　　祖归,至建宁太守。

　　子义远,武定中,平原太守。

　　义达弟义显、义俊,性并豪率。天平已后,萧衍使人还往,经历
兖城,前后州将以义俊兄弟善营鲑膳,器物鲜华,常兼长史,接宴宾
客。义显,左将军、太中大夫。义俊,历司空主簿、兖州别驾而卒。

　　祖旋,太尉行参军、镇远将军。卒,赠都官尚书、齐兖二州刺史。

　　子义真,太尉行参军。

　　众敬弟众爱,随兄归国。以勋为第一客,赐爵钜平侯。卒,赠冠
军将军、徐州刺史,谥曰康。

　　子闻慰,字子安,有器干。袭爵,例降为伯。拜泰山太守,入为
尚书郎、本州中正,加威远将军。出为徐州平东府长史。带彭城内
史。永平中,迁中散大夫,加龙骧将军。延昌初,除清河内史,因以
疾辞,复为龙骧、中散,又试守广平内史。正光初,相州刺史、中山王
熙起兵谋诛元叉,闻慰斩其使,发兵拒之。在任宽谨,百姓爱附。后
又以闻慰忠于己,迁持节、平东将军、沧州刺史,甚有政绩。后以本
军除散骑常侍、东道行台,寻为都督、安乐王鉴军司。孝昌元年春,
徐州刺史元法僧反,闻慰与鉴攻之,为法僧所败,奔还京师。被劾,
遇赦免。其年卒,年五十七。赠散骑常侍、安东将军、兖州刺史,伯
如故,谥曰恭。

　　子祖彦,字修贤。涉猎书传,风度闲雅,为时所知。以侍御史为
元法僧监军。法僧反,逼祖彦南入,永安中,得还。历中书侍郎,袭

爵钜平伯。中军将军、光禄大夫。天平四年卒,年五十。赠都督兖济二州诸军事、征东将军,尚书左仆射、兖州刺史。

祖彦弟哲,永安末,秘书郎。

诸毕当朝,不乏荣贵,但帏薄不修,为时所鄙。

申纂者,本魏郡人,申钟曾孙也。皇始初,太祖平中山,纂宗室南奔,家于济阴。及在无盐,刘彧用为兖州刺史。显祖曰:“申纂既不识机,又不量力,进不能归正朔,退不能还江南,守孤城于危亡之地,欲建功立节,岂可得乎!”纂既败,子景义入国。太和中,为散员士、宋王刘昶国侍郎。景明初,试守济阴郡,扬州车骑府录事参军、右司马。

常珍奇者,汝南人也。为刘司州刺史,亦与薛安都等推立刘子勋。子勋败,遣使驰告长社镇请降。显祖遣殿中尚书元石为都将,率众赴之。中书博士郑羲参右军事。进至上蔡,珍奇率文武来迎,羲说石令径入城,语在《羲传》。事定,以珍奇为持节、平南将军、豫州刺史、河内公,

珍奇表曰:“臣昔蒙刘氏生成之恩,感义亡身,志陈报答,遂与雍州刺史袁顗、豫州刺史殷琰等共唱大义,奉戴子勋,纂承彼历。大运未集,遂至分崩。而刘彧滔天,杀主篡立,苍生珍悴,危于缀旒。伏惟陛下龙姿凤仪,光格四表,凡在黔黎,延属象魏。所愿天地垂仁,亟图南服,宜遣文檄,喻以吉凶。使江东之地,离心草靡;荆雍九州,北面请吏。乞高臣官名,更遣雄将,秣马五千,助臣经讨,并赐威仪,震动江外。长江已北,必可定矣。臣虽不武,乞备前驱,进据之宜,更在处分。敢冒愚款,推诚上闻,机运可乘,实在兹日。”

珍奇虽有虚表,而诚款未纯。岁余,徵其子超,超母胡氏不欲超赴京师,密怀南叛。时汝、徐未平,元石自出攻之。珍奇乘虚于悬瓠反叛,烧城东门,斩三百余人,虏掠上蔡、安城、平舆三县居民,屯于灈水。石驰往讨击,大破之。会日暗,放火烧其营,珍奇乃匹马逃免。

其子超走到苦城,为人所杀。小子沙弥囚送京师,刑为阉人。

沈文秀,字仲远,吴兴武康人。伯父庆之,刘骏司空公。文秀初为郡主簿,稍迁建威将军、青州刺史。和平六年,刘子业为其叔彧所杀,文秀遂与诸州推立刘子勋。及子勋败,皇兴初,文秀与崔道固俱以州降,请师应接,显祖遣平东将军长孙陵等率骑赴之。会刘彧遣文秀弟文炳来喻之,文秀复归于彧,彧以文秀为辅国将军、刺史如故。

后慕容白曜既克升城,引军向历下,白曜复遣陵等率万余人长驱至东阳。文秀始欲降,以军人虏掠,遂有悔心,乃婴城固守。陵乃引师军于清西。白曜既下历城,乃率大众并力攻讨,长围数匝,自夏至春始克。文秀取所持节,衣冠俨然,坐于斋内。乱兵入,曰:"文秀何在?"文秀厉声曰:"身是!"执而裸送于白曜,左右令拜,文秀曰:"各二国大臣,无相拜之礼。"白曜忿之,乃至抴挞。后还其衣,为之设馔,遂与长史房天乐、司马沈嵩等锁送京师。面缚数罪,宥死,待为下客,给以粗衣蔬食。

显祖重其节义,稍亦加礼之,拜为外都下大夫。太和三年,迁外都大官。当祖嘉文秀忠于其国,赐绢彩二百匹。后为南征都将,临发,赐以戎服。寻除持节、平南将军、怀州刺史、假吴郡公。是时,河南富饶,人好奉遗,文秀一无所纳,卒守清贫。然为政宽缓,不能禁止盗贼,而大兴水田,于公私颇有利益。在州数年,年六十一,卒。

子保冲,太和中,奉朝请、大将军,宋王外兵参军,后为南除州冠军长史。二十一年,坐援涟口退败,有司处之死刑。高祖诏曰:"保冲,文秀之子,可特原命,配洛阳作部终身。"既而获免,世宗时,卒于下邳太守。

房天乐者,清河人,滑稽多智。先为青州别驾,文秀拔为长史,督齐郡,州府之事,一以委之。卒于京师。

弟子嘉庆,渔阳太守。

嘉庆从弟瑚琏，长广太守。

文秀族子嵩，聪敏有笔札。文秀以为司马，甚器任之。随文秀至怀州。文秀卒后，依宋王刘昶，昶遇之无礼，忧愧饥寒，未几而卒。

文秀族子陵，字道通。太和十八年，高祖南伐，陵携族孙智度归降，引见于行宫。陵姿质妍伟，辞气辩畅，高祖奇之，礼遇亚于王肃，授前军将军。后监南徐诸军事、中垒将军、南徐州刺史，寻假节、龙骧将军。二十二年秋，进持节、冠军将军。及高祖崩，陵阴有叛心，长史赵俨密言于明廷，尚书令王肃深保明之，切责俨。既而果叛，杀数十人，驱掠城中男女百余口，夜走南入。智度于彭城知之，从清中单舸奔陵，为下邳戍人所射杀。

张谠，字处言，清河东武城人也。六世祖名犯显祖讳，晋长秋卿。父华，为慕容超左仆射。谠仕刘骏，历给事中、泰山太守、青冀二州辅国府长史，带魏郡太守。刘彧之立，遥授冠军将军、东徐州刺史。及革徐兖，谠乃归顺于尉元。元亦表授冠军、东徐州刺史，遣中书侍郎高闾与谠对为刺史。后至京师，礼遇亚于薛、毕，以勋赐爵平陆侯，加平远将军。

谠性开通，笃于抚恤，青齐之士，虽疏族末姻，咸相敬视。李敷、李诉等宠要势家，亦推怀陈款，无所顾避。毕众敬等皆敬重之，高允之徒亦相器待。延兴四年卒。赠平南将军、青州刺史，谥康侯。子敬伯，求致父丧，出葬冀州清河旧墓，久不被许，停枢在家积五六年。第四子敬叔，先在徐州，初闻父丧，不欲奔赴，而规南叛，为徐州所勒送。至乃自理，后得袭父爵。

敬伯，自以随父归国之功，赐爵昌安侯。出为乐陵太守。

敬叔，武邑太守，父丧得葬旧墓，还属清河。初，谠兄弟十人，兄忠，字处顺，在南为含乡令。世祖南征，忠归降，赐爵新昌男，拜新兴太守，卒官。赠冀州刺史。

初，谠妻皇甫氏被掠，赐中官为婢，皇甫遂乃诈痴，不能梳沐。

后说为刘骏冀州长史,因货千余匹购求皇甫。高宗怪其纳财之多也,引见之,时皇甫年垂六十矣。高宗曰:"南人奇好,能重室家之义,此老母复何所任,乃能如此致费也。"皇甫氏归,说令诸妾境上奉迎。数年卒,卒后十年而说入国。

说兄子安世,正始中,自梁汉同夏侯道迁归款。为客积年,出为东河间太守。卒官。

元茂,为信都令,迁冀州治中。

无茂弟子让,洛州安西府长史、都水使者。

田益宗,光城蛮也。身长八尺,雄果有将略,貌状举止,有异常蛮。世为四山蛮帅,受制于萧赜。太和十七年,遣使张超奉表归款。十九年,拜员外散骑常侍、都督光城、弋阳、汝南新蔡宋安五郡食蛮邑一千户,所统守宰,任其铨置。后以益宗既渡淮北,不可仍为司州,乃于新蔡立东豫州,以益宗为刺史。寻改封安昌县伯,食实邑五百户。二十二年,进号征虏将军。

景明初,萧衍遣军主吴子阳率众寇三关。益宗遣光城太守梅兴之步骑四千,进至阴山关南八十余里,据长风城,逆击子阳,大破之,斩获千余级。萧衍建宁太守黄天赐筑城赤亭,复遣其将军黄公赏屯于崇城,与长风相持。益宗命安蛮太守梅景秀为之掎角击讨,破天赐等,斩数百,获其二城。上表曰:

臣闻机之所在,圣贤弗之疑;耆弱攻昧,前王莫之舍。皆拯群生于汤炭,盛武功于方来。然霜叶将沦,非劲飚无以速其箨;天之所弃,非假手无以歼其人。窃惟萧衍乱常,君臣交争,江外州镇,中分为两,东西抗峙,已淹岁时。民庶穷于转输,甲兵疲于战斗,事救于目前,力尽于麾下。阙无外维州镇,纲纪庶方,藩城棋立,孤存而已。不乘机电扫,廓披蛮疆,恐后之经略,未易于此。且寿春虽平,三面仍梗,镇守之宜,实须豫设。义阳差近淮源,利涉津要,朝廷行师,必由此道。若江南一平,有事淮外,须乘夏水泛长,列舟长淮。师赴寿春,须从义阳之北,便是居我喉要，在虑弥深。义阳之灭，今实时矣。度彼众，不过须精卒一万二千。然行师之法，贵张形势。请使两荆之众西拟随雍，扬州之卒顿于建安，得捍三关之援；然后二豫之军直据南关，对抗延头。遣一都督总诸军节度，季冬进师，迄于春末，费过十旬，克之必矣！

世宗纳之，遣镇南元英攻义阳。益宗遣其息鲁生领步骑八千，断贼粮运，并焚其钩城积聚。衍戍主赵文举率众拒战，鲁生破之，获文举及小将胡建兴、古皓、庄元仲等，斩五千余级，溺死千五百人，仓米运舟焚烧荡尽。后贼宁朔将军杨僧远率众二千，寇逼蒙笼，益宗命鲁生与戍主奇道显逆击破之，追奔十里，俘斩千余。进号平南将军。又诏益宗率其部曲并州镇文武，与假节、征虏将军、太仆少卿宇文福绥防蛮楚，加安南将军，增封一百户，赐帛二千匹。

白早生反于豫州，诏益宗曰："悬瓠要藩，密迩松颍，南疆之重，所寄不轻。而群小猖狂，忽构衅逆，杀害镇主，规成反叛。此而可忍，孰不可容！即遣尚书邢峦总精骑五万，星驰电驱，征南将军、中山王英统马步七万，络绎继发。量此蚁寇，唯当逃奔。知将军志翦豺狼，以清边境，节义慷慨，良在可嘉，非蹇蹇之至，何以能尔？深戢诚款，方相委托。故遣中书舍人赵文相具宣朕怀，往还之规，口别指授，便可善尽算略，随宜追掩，勿令此竖得有窜逸。迟近清荡，更有别旨。"时自乐口已南，郢豫二州诸城，皆没于贼，唯有义阳而已。萧衍招益宗以车骑大将军、开府仪同三司、五千户郡公。当时安危，在益宗去就，而益宗守节不移。郢、豫克平，益宗之力也。

益宗年稍衰老，聚敛无厌，兵民患其侵扰。诸子及孙兢规赇货，部内苦之，咸言欲叛。世宗深亦虑焉，乃遣中书舍人刘桃符宣旨慰喻，庶以安之。桃符还，启益宗侵掠之状。世宗诏之曰："风闻卿息鲁生淮南贪暴，扰乱细民，又横杀梅伏生，为尔不已，损卿诚效。可令鲁生与使赴阙，当加任使。如欲外禄，便授中畿一郡。"鲁生久未至。

延昌中，诏曰："益宗先朝耆艾，服勤边境，不可以地须其人，遂令久屈。可使持节、镇东将军、济州刺史,常侍如故。"世宗虑其不受代,遣后将军李世哲与桃符率众袭之,出其不意,奄入广陵。益宗子鲁生、鲁贤等奔于关南,招引贼兵,袭逐诸戍,光城已南,皆为贼所保。世哲讨击破之,复置郡戍,而以益宗还。授征南将军、金禄光禄大夫,加散骑常侍,改封曲阳县开国伯。益宗生长边地,不愿内荣,虽位秩崇重犹以为恨,上表曰:

> 臣昔在南,仰餐皇化,拥率部曲三千余家,弃彼边荣,归投乐土,兄弟荼炭,衅结贼朝。高祖孝文皇帝录臣乃诚,授以藩任。方欲仰凭国威,冀雪冤耻,岂容背宠向雠,就险危命?昔郢、豫纷扰,臣躬率义兵,拥绝贼路,窃谓诚心,仰简朝野。但任重据边,易招尘谤,致使桃符横加谗毁,说臣恒欲投南,暴乱非一。乞检事原,以何为验?复云虐害番兵,杀卖过半,如其所言,未审死失之家,所讼有几? 又云耗官粟帛,仓库倾尽,御史覆检,曾无损折。初代之日,二子鲁生、鲁贤、从子超秀等,并在城中,安然无二。而桃符密遣积射将军鹿永固私将甲士,打息鲁生,仅得存命。唱云:"我被面敕,若能得鲁生、鲁贤首者,各赏本郡"。士马围绕,腾城唱杀,二息战怖,实由于此。残败居业,为生荡然,乃复毁发坟墓,露泄枯骸。存者罹生离之苦,亡魂遭粉骨之痛。昔岁朝廷频遣桃符数加慰劳,而桃符凶奸,擅生祸福,云"唯我相申,致降恩旨"。及返京师,复欺朝廷,说臣父子全无忠诚,诬陷贞良,惑乱朝听。乞摄桃符与臣并对,若臣罪有状,分从宪纲;如桃符是谬,坐宜有归。

诏曰:"既经大宥,不容方更为狱。"

熙平初,益宗又表乞东豫,以招二子。灵太后令曰:"卿诚著二朝,勋光南服,作藩万里,列土承家,前朝往恩,酬叙不浅。兼子弟荷荣,中表被泽,相□轻重,卿所知悉。先帝以卿劳旧,州小禄薄,故迁牧华壤,爰登显级。于时,番兵交换,不生猜疑,而卿息鲁贤等无事外叛,忠孝俱乖,翻为戎首。以卿诚重,不复相计。今卧护征南,荣以金紫,朝廷处遇,又甚于先。且卿年老,方就闲养,焉得以本州为念？鲁贤来否，岂待自往也。但遣慰纳，足相昭亮。若审遣信，当更启闻，别敕东豫，听卿喻晓鲁贤。”

二年卒，年七十三。赠征东大将军、郢州刺史，谥曰庄。

少子纂，袭封。位至征虏将军、中散大夫。卒，赠左将军、东豫州刺史。

益宗长子随兴，冠军将军、平原太守。随兴情贪边官，不愿内地，改授弋阳、汝南二郡太守。

益宗兄兴祖，太和末，亦来归附。景明中，假郢州刺史。及义阳置郢州，改授征虏将军、江州刺史，诏赐朝服；剑舄一具，治麻城。兴祖卒，益宗请随兴代之，世宗不许，罢并东豫。

初，益州内附之后，萧鸾遣宁州刺史董峦追讨之，官军进击，执峦并其子景曜，送于行宫。

峦，字仲舒，营阳人。真君末，随父南叛。虽长自江外，言语风气犹同华夏。性疏武，不多识文字。高祖引峦于庭，问其南事，峦怖不能对，数顾景曜。景曜代父答，申叙萧鸾篡袭始终，辞理横出，言非而辩，高祖异焉。以峦为越骑校尉，景曜为员外郎。谋欲南叛，坐徙朔州。及车驾南讨汉阳，召峦从军。景曜至洛阳，密启其父必当奔叛。军次鲁阳，峦单骑南走，过南阳、新野，历告二城以魏军至，戒之备防。房伯玉、刘忌并云无足可虑，峦曰："不然，军势甚盛。"至境首，北向哭呼景曜云："吾百口在彼，事理须还，不得顾汝一子也。"景曜锁诣行在所，数而斩之。

又有陈伯之者，下邳人也。以勇力自效，仕于江南，为镇南大将军、江州刺史、丰城县开国公。景明三年，伯之遣使密表请降，拜遣其子冠军将军、徐州刺史、永昌县开国侯虎牙为质。四年，以伯之为持节、都督江郢二州诸军事、平南将军、江州刺史、曲江县开国公，邑一千户；虎牙为冠军将军、员外散骑常侍、豫宁县开国伯，邑五百户。正始初，萧衍征虏将军赵祖悦筑城于水东，与颍川接对，置兵数千,欲为攻讨之本。伯之进军讨祖悦,大破之,乘胜长驱入城,刺祖悦三创,贼众大败。进讨南城,破贼诸部,斩获数千。

二年夏,除伯之光禄大夫,虎牙迁前军将军。

孟表,安武达,济北蛇丘人也。自云本属北地,号索里诸孟。青徐内属后,表因事南渡,仕萧鸾为马头太守。太和十八年,表据郡归诚,除辅国将军;南兖州刺史,领马头太守,赐爵谯县侯,镇涡阳。

后萧鸾遣其豫州刺史裴叔业攻围六十余日,城中食尽,唯以朽革及草木皮叶为粮。表抚循将士,戮力固守。会镇南将军王肃解义阳之围,还以救之,叔业乃退。初,有一南人,自云姓边,字叔珍,携妻息从寿春投表,云慕化归国。未及送阙,便值叔业围城。表后察叔珍言色,颇疑有异,即加推核,乃云是叔业姑儿,为叔业所遣,规为内应,所携妻子并亦假妄。表出叔珍于北门外斩之,于是人情乃安。

高家嘉其诚绩,封汶阳县开国伯,邑五百户。迁征虏将军、济州刺史,为散骑常侍、光禄大夫,进号平西将军。世宗末,降平东将军、齐州刺史。延昌四年卒,年八十一。赠安东将军、兖州刺史,谥曰恭。

子崇,袭。官至昌黎、济北二郡太守。

史臣曰:薛安都一武夫耳,虽轻于去就,实启东南。事窘图变,而竟保宠秩,优矣。真度一谋,见赏明主。众敬举地纳诚,荣曜朝国,人位并列,无乏于时。文秀不回,有死节之气,非但身蒙嘉礼,乃至子免刑戮。在我欲其骂人,忠义可不勉也。张谠观机委质,笃恤流离,亦仁智矣。田益宗蛮夷荒帅,翻然效款,终怀金曳紫,不其美欤!孟表之致名位,非徒然也。

魏书卷六二
列传第五〇

李彪　高道悦

李彪字道固,顿丘卫国人,高祖赐名焉。家世寒微,少孤贫,有大志,笃学不倦。初受业于长乐监伯阳,伯阳称美之。晚与渔阳高悦、北平阳尼等将隐于名山,不果而罢。悦兄闾,博学高才,家富典籍,彪遂于悦家手抄口诵,不暇寝食。既而还乡里。平原王睿年将弱冠,雅有志业,娶东徐州刺史博陵崔鉴女,路由冀相,闻彪名而诣之,修师友之礼,称之于郡。遂举孝廉,至京师馆而受业焉。高闾称之于朝贵,李冲礼之甚厚,彪深宗附。

高祖初,为中书教学博士,后假员外散骑常侍、建威将军、卫国子,使于萧赜。迁秘书丞,参著作事。自成帝以来至于太和,崔浩、高允著述《国书》,编年序录,为《春秋》之体,遗落时事,三无一存。彪与秘书令高祐始奏从迁固之体,创为纪传表志之目焉。彪又表曰:

臣闻昔之哲王,莫不夔夔孜孜,思纳谠言,经康黎庶。是以访童问师,不避渊泽;询谋谘善,不弃刍尧。用能光茂实于竹素,播徽声于金石。臣属生有道,遇无讳之朝,敢修往式,窃揆时宜,谨冒死上封事七条。狂瞽之言,伏待刑戮。

其一曰:自太和建号,逾于一纪,典刑德政,可得而言也。立圆丘以昭孝,则百神不乏飨矣;举贤才以酬谘,则多士盈朝矣;开至诚以轨物,则朝无佞人矣;敦六顺以教人,则四门无凶人矣；制冠服以明秩，则典式复彰矣；作雅乐以协人伦，则人神交庆矣；深慎罚以明刑，则庶狱得衷矣；薄服味以示约，则俭德光昭矣；单宫女以配鳏，则人无怨旷矣；倾府藏以赈锡，则大赍周渥矣；省赋役以育人，则编户巷歌矣；宣德泽以怀远迩，则华荒抃舞矣。垂至德以畅幽显，则祯瑞效质矣。生生得所，事事惟新，巍巍乎犹造物之曲成也。然臣愚以为，行俭之道，犹自阙何者？今四人豪富之家，习华既深，敦朴情浅，夫识俭素之易长，而行奢靡之难久。壮制第宅，美饰车马，仆妾衣绫绮，土木被文绣，僭度违衷者众矣。古先哲王之为制也，自天子以至公卿，下及抱关击柝，其宫室车服各有差品，小不得逾大，贱不得逾贵。夫然，故上下序而人志定。今时浮华相竞，情无常守，大为消功之物，巨制费力之事，岂不谬哉！消功者，锦绣雕文是也；费力者，广宅高宇壮制丽饰是也。其妨男业、害女工者，焉可胜言哉！汉文时，贾谊上疏云："今之王政，可为长太息者六"。此即是其一也。夫上之所好，下必从之。故越王好勇而士多轻死，楚灵好瘠而国有饥人。今二圣躬行俭素，诏令殷勤，而百姓之奢犹未革者，岂楚越之人易变如彼，大魏之士难化如此？盖朝制弗宣，人未见德，使之然耳。臣愚以为第宅车服，自百官以至于庶人，宜为其等制，使贵不逼贱，卑不僭高。不可以称其侈意，用违经典。今或者以为习俗日久，不可卒革，臣谨言古人革之之渐。昔子产为政一年，百姓歌之曰："我有田畴，子产伍之；我有衣冠，子产贮之；孰杀子产，吾其与之。"及三年，乃改歌曰："我有田畴，子产殖之；我有子弟，子产诲之；子产若死，其谁继之？"然则郑人之智，岂前昏而后明哉？且从政者须渐，受化者难顿故也。今若为制以差品之，始末之情，魏士与郑人同矣。既同郑人，是为卒有善歌，岂可惮其初怨，而不为终善哉？夫尚俭者，开福之源；好奢者，起贫之兆。然则俭约易以教行，华靡难以财满。是以圣人留意焉，贤人希准焉。故夏禹卑宫室而恶衣服，殷汤寝黄屋而乘辂舆。此示俭于后王，后王所宜观其意而取折衷也。孔子为鲁司冠，乘柴车而驾驽马；晏婴为齐正卿，冠濯冠而衣故裘。此示俭于后臣，后臣所宜识其情而消息之也。前志云："作法于凉，其弊犹贪。"此言虽略，有达治道。臣之瞽言，傥或可采，比及三年，可以有成。有成则人务本，人务本则奢费除，奢费除则谷帛丰，谷帛丰则人逸乐，人逸乐则皇基固矣。

其二曰：《易》称："主器者，莫若长子。"《传》曰："太子奉冢嫡之粢盛。"然则祭亡主，则宗庙无所飨；冢嫡废，则神器无所传。圣贤知其如此，故垂诰以为长世之法。昔姬王得斯道也，故恢崇儒术以训世嫡，世嫡于是乎习成懿德，用大协于黎蒸，是以世统生人，载祀八百。逮嬴氏之君于秦也，殆弃德政，坑焚儒典，弗以义方教厥冢子，于是习成凶德，肆虐以临黔首，是以飨年不永，二世而亡。亡之与兴，其道在于师傅；师傅之损益，可得而言。益者，周公傅成王，教以孝仁礼义，逐去邪人，不使见恶，又选天下之端士，孝悌博闻有道术者，以为卫翼。卫翼良，成王正，周道之所以长久也。损者，赵高傅胡亥，教以形戮斩劓及夷人族，逐去正人，不得见善士，谄佞谗贼者为其左右。左右邪，胡亥僻，秦祚之所以短促也。夫皇天，辅德者也，岂私周而疏秦哉？由所行之道殊，故祸福之途异耳。昔光武议为太子置傅，以问其群臣，群臣望意，皆言太子舅执金吾、新阳侯阴就可。博士张佚正色曰："今立太子为阴氏乎？为天下乎？即为阴氏，则阴侯可；为天下，则固宜用天下之贤才。"光武称善，曰："置傅，以辅太子也。今博士不难正朕，况太子乎？"即拜佚为太子太傅，汉明卒为贤主。然则佚之傅汉明，非乃生之渐也，尚或有称，而况也生训之以正道，其为益也固以大矣。故《礼》曰"太子生，因举以礼，使士负之，有司齐肃端冕，见于南郊"。明冢嫡之重，见乎天也。"过阙则下，过庙则趋，"明孝散之道也。然古之太子，"自为赤子，而教固以行矣"。此则远世之镜也。高宗文成皇帝慨少时师不勤教，尝谓群臣曰："朕始学之

日,年尚幼冲,情未能专,既临万机,不遑温习。今而思之,岂唯
予咎,抑亦师傅之不勤。"尚书李䜣免冠而谢,此则近日之可鉴
也。伏惟太皇太后翼赞高宗,训成显祖,使巍巍之功邈乎前王。
陛下幼蒙鞠诲,圣敬之跻,及储宫诞育,复亲抚诰,日省月课,
实劳神虑。今诚宜准古立师傅以训导太子,训导正则太子正,
太子正则皇家庆,皇家庆则人幸甚矣。

　　其三曰:臣闻国本黎元,人资粒食,是以昔之哲王莫不勤
劝稼穑,盈畜仓廪。故尧、汤水旱,人无菜色者,盖由备之有渐,
积之有素。暨于汉家,以人食少,乃设常平以给之;魏氏以兵粮
乏,制屯田以供之。用能不匮当时,军国取济。又《记》云:国无
三年之储,谓国非其国。光武以一亩不实,罪及牧守。圣人之
忧世重谷,殷勤如彼;明君之恤人劝农,相切若此。顷年山东
饥,去岁京师俭,内外人庶出入就丰,既废营产,疲而乃达,又
于国体实有虚损。若先多积谷,安而给之,岂有驱督老弱糊口
千里之外?以今况古,诚可惧也。臣以为宜析州郡常调九分之
二,京都度支岁用之余,各立官司,年丰籴积于仓,时俭则加私
之二,粜之于人。如此,民必力田以买官绢,又务贮财以取官
粟;年登则常积,岁凶则直给。又别立农官,取州郡户十分之一
以为屯人,相水陆之宜,料顷亩之数,以赃赎杂物余财市牛科
给,令其肆力。一夫之田,岁责六十斛,蠲其正课并征戍杂役。
行此二事,数年之中,则谷积而人足,虽灾不为害。臣又闻前代
明主,皆务怀远人,礼贤引滞。故汉高过赵,求乐毅之胄;晋武
廓定,旌吴蜀之彦。臣谓宜于河表七州人中,擢其门才,引令赴
阙,依中州官比,随能序之。一可以广圣朝均新旧之义,二可以
怀江汉归有道之情。

　　其四曰:昔帝舜命咎繇惟刑之恤,周公诰成王勿误于庶
狱,斯皆君臣想诚,重刑之至也。今二圣哀矜罪辜,小大二情,
谳决之日,多从降恕,时不得已,必垂恻隐,虽前王之勤听肆
赦,亦如斯而已。至若行刑犯时,愚臣窃所未安。汉制,旧断狱

报重，常尽季冬；至孝章时改尽十月，以育三微。后岁旱，论者以十月断狱，阴气微。阳气泄，以故致旱。事下公卿，尚书陈宠议：冬至阳气始萌，故十一月有射干、芸、荔之应，周以为春；十二月阳气上通，雉句鸡乳，殷以为春；十三月阳气已至，蛰虫皆震，夏以为春。三微成著，以通三统，三统之月，断狱流血，是不稽天意也。《月令》：仲冬之月，身欲宁，事欲静。以起隆怒，不可谓宁；以行大刑，不可谓静。章帝善其言，卒以十月断。令京都及四方断狱服重，常竟季冬，不推三正以育三微。宽宥之情，每过于昔；遵时之宪，犹或阙然。岂所谓助阳发生、垂奉微之仁也？诚宜达稽周典，近采汉制，天下断狱，起自初秋，尽于孟冬，不于三统之春，行斩绞之刑。如此，则道协幽显，仁垂后昆矣。

其五曰：古者，大臣有坐不廉而废者，不谓之不廉，乃曰簠簋不饰。此君之所以礼贵臣，不明言其过也。臣有大谴，则白冠氂缨，盘水加剑，造请室而请死，此臣之所以知罪而不敢逃刑也。圣朝宾遇大臣，礼同古典。自太和以降，有负罪当陷大辟者，多得归第自尽。遣之日，深垂隐愍，言发凄泪，百官莫不见，四海莫不闻，诚足以感将死之心，慰戚属之情。然恩发至衷，未著永制，此愚臣所以敢陈末见。昔汉文时，人有告丞相周勃谋反者，逮系长安狱，顿辱之与皂隶同。贾谊乃上书，极陈君臣之义，不宜如是。夫贵臣者，天子为其改容而体貌之，吏人为其俯伏而敬贵之。其有罪过，废之可也，赐之死可也。若束缚之，输之司寇，榜笞之，小吏詈骂之，殆非所以令众庶见也。及将刑也，臣则北面再拜，跪而自裁。天子曰："子大夫自有过耳，吾遇子有礼矣。"上不使人抑而刑之也。孝文深纳其言，是后大臣有罪，皆自杀不受刑。至孝武时，稍复入狱，良由孝文行之当时，不为永制故耳。伏惟圣德慈惠，岂与汉文比隆哉。今天下有道，庶人不议之时，臣安可陈瞽言于朝？但恐万世之后，继体之主，有若汉武之事焉。夫道贵长久，所以树之风声也；法尚不亏，所以贻厥孙谋也。焉得行恩当时，而不著长世之制乎？

其六曰：《孝经》称："父子之道天性。"《书》云：'孝乎，惟孝友于兄弟。"二经之旨，盖明一体而同气，可共而不可离者也。及其有罪，罪不相及者，乃君上之厚恩也。至若有惧，惧应相连者，固自然之恒理也。无情之人，父兄系狱，子弟无惨恻之容；子弟逃刑，父兄无愧恶之色。宴安荣位，游从自若，车马仍华，衣冠犹饰，宁是同体共气、分忧均戚之理也？昔秦伯以楚人围江，素服而示惧；宋仲子以失举桓谭，免冠而谢罪。然则子弟之于父兄，父兄之于子弟，惟其情至，岂与结盟相知者同年语其深浅哉？二圣清简风俗，孝慈是先。臣愚以为，父兄有犯，宜令子弟素服肉袒，诣阙请罪；子弟有坐，宜令父兄露板引咎，乞解所司。若职任必要，不宜许者，慰勉留之。如此，足以敦厉凡薄，使人知有所耻矣。

其七曰：《礼》云：臣有大丧，君三年不呼其门。此圣人缘情制礼，以终孝子之情者也。周季陵夷，丧礼稍亡，是以要绖即戎，素冠作刺，逮于虐秦，殆皆泯矣。汉初，军旅屡兴，未能遵古。至宣帝时，民当从军屯者，遭大父母、父母死，未满三月，皆弗徭役；其朝臣丧制，未有定闻。至后汉元初中，大臣有重忧，始得去官终服。暨魏武、孙、刘之世，日寻干戈，前世礼制复废而不行。晋时鸿胪郑默丧亲，固请终服，武帝感其孝诚，遂著令以为常。圣魏之初，拨乱返正，未遑建终丧之制。今四方无虞，百姓安逸，诚是孝慈道洽，礼教兴行之日也。然愚臣所怀，窃有未尽。伏见朝臣丁父忧者，假满赴职，衣锦乘轩，从郊庙之祀，鸣玉垂绶，同节庆之晏，伤人子之道，亏天地之经。愚谓如有遭大父母、父母丧者，皆听终服。若无其人有旷庶官者，则优旨慰喻，起令视事，但综司出纳敷奏而已，国之吉庆，一令无预。其军戎之警，墨缞从役，虽衍于礼，事所宜行也。

如臣之言少有可采，愿付有司别为条制。

高祖览而善之，寻皆施行。

彪稍见礼遇，加中垒将军。及文明太后崩，群臣请高祖公除，高祖不许,与彪往复,语在《礼志》。高祖诏曰:"历观古事,求能非一。或承藉微荫,著德当时;或见拔幽陋,流名后叶。故毛遂起贱,奋抗楚之辩,苟有才能,何必拘族也。彪虽宿非清第,本阙华资,然识性严聪,学博坟籍,刚辩之才,颇堪时用,兼忧吏若家,载宣朝美,若不赏庸叙绩,将何以劝奖勤能? 可特迁秘书令,以酬厥款。"以参议律令之勤,赐帛五百匹、马一匹、牛二头。

其年,加员外散骑常侍,使于萧赜。赜遣其主客郎刘绘接对,并设宴乐。彪辞乐。及坐,彪曰:"齐主既赐宴乐,以劳行人,向辞乐者,卿或未相体。自丧礼废替,于兹以久。我皇孝性自天,追慕罔极,故有今者丧除之议。去三月晦,朝臣始除衰裳,犹以素服从事。裴、谢在此,固应具此,我今辞乐,想卿无怪。"绘答言:"辞乐之事,向以不异。请问魏朝丧礼,竟何所依?"彪曰:"高宗三年,孝文逾月。今圣上追鞠育之深恩,感慈训之厚德,执于殷汉之间,可谓得礼之变。"绘复问:"若欲遵古,何为不终三年?"彪曰:"万机不可久旷,故割至慕,俯从群议。服变不异三年,而限同一朝,可谓亡礼之礼。"绘言:"汰哉叔氏! 专以礼许人。"彪曰:"圣朝自为旷代之制,何关许人。"绘言:"百官总己听于冢宰,万机何虑于旷?"彪曰:"我闻载籍,五帝之臣,臣不若君,故君亲揽其司;三王君臣智等,故共理机务;五霸臣过于君,故事决于下。我朝官事皆五帝之臣,主上亲揽,盖远轨轩唐。"彪将还,赜亲谓曰:"卿前使还日,赋阮诗云'但愿长闲暇,后岁复来游',果如今日。卿此还也,复有来理否?"彪答言:"使臣请重赋阮诗曰'宴衍清都中,一去永矣哉'。"赜惘然曰:"清都可尔,一去何事?观卿此言,似成长阔,朕当以殊礼相送。"赜遂亲至琅邪城,登山临水,命群臣赋诗以送别,其见重如此。彪前后六度衔命,南人奇其奢谔。

后车驾南征,假彪冠军将军、东道副将,寻假征虏将军。车驾还京,迁御史中尉,领著作郎。彪既为高祖所宠,性又刚直,遂多所劾纠,远近畏之,豪右屏气。高祖常呼彪为李生,于是从容谓群臣曰:"吾之有李生,犹汉之有汲黯。"汾州胡叛,诏彪持节绥尉,事宁还京,除散骑常侍,仍领御史中尉,解著作事。高祖宴群臣于流化池,谓仆射李冲曰:"崔光之博,李彪之直,是我国家得贤之基。"

车驾南伐,彪兼度支尚书,与仆射李冲、任城王等参理留台事。彪素性刚豪,与冲等意议乖异,遂形于声色,殊无降下之心。自谓身为法官,莫能纠劾己者,遂多专恣。冲积其前后罪过,乃于尚书省禁止彪,上表曰:"臣闻范国匡人,光化升治,舆服典章,理无暂失。故晋文功建九合,犹见抑于请隧,季氏籍政三世,尚受讥于玙璠。固知名器之重,不可以妄假。先王既宪章于古,陛下又经纶于今,用能车服有叙,礼物无坠。案臣彪昔于凡品,特以才拔,等望清华,司文东观,绸缪恩眷,绳直宪台,左加金珰,右珥蝉冕。阙东省。宜感恩厉节,忠以报德。而窃名忝职,身为违傲,务势高亢,公行僭逸。坐舆禁省,冒取官材,辄驾乘黄,无所惮慑。肆志傲然,愚聋视听,此而可忍,谁不可怀!臣辄集尚书已下、今史已上,并治书侍御史臣郦道元等于尚书都座,以彪所犯罪状告彪,讯其虚实,若或不知,须讯部下。彪答臣言:'事见在目,实如所劾,皆彪所知,何须复召部下。'臣今请以见事,免彪所居职,付廷尉治狱。"

冲又表曰:

臣与彪相识以来垂二十载,彪始南使之时,见其色厉辞辩、才优学博,臣之愚识,谓是拔萃之一人。及彪位官升达,参与言燕,闻彪评章古今,商略人物,兴言于侍筵之次,启论于众英之中,赏忠识正,发言垦恻,惟直是语,辞无隐避。虽复诸王之尊,近侍之要,至有是非,多面抗折。酷疾矫诈,毒忿非违,厉色正辞,如鹰鹯之逐鸟雀,懔懔然实似公清之操。臣虽下才,辄亦尚其梗概,钦其正直,微识其褊急之性,而不以为瑕。及其初登宪台,始居司直,首复骖唱之仪,肇正直绳之体,当时识者佥以为难。而彪秉志信行,不避豪势,其所弹劾,应弦则倒。赫赫之威,振于下国;肃肃之称,著自京师。天下改目,贪暴敛手。臣时见其所行,信谓言行相符,忠清内发。然时有私于臣,云其威暴者,臣以直绳之官,人所忌疾,风谤之际,易生音谣,心不承信。

往年以河阳事，曾与彪在领军府，共太尉、司空及领军诸卿等，集阅廷尉所问囚徒。时有人诉枉者，二公及臣少欲听采。语理未尽，彪便振怒，东坐攘袂挥赫，口称贼奴，叱吒左右，高声大呼云："南台中取我木手去，搭奴肋折！"虽有此言，终竟不取。即言："南台所问，唯恐枉活，终无枉死，但可依此。"时诸人以所枉至重，有首实者多，又心难彪，遂各默尔。因缘此事，臣遂心疑有滥，审加情察，知其威虐，犹未体其采访之由，讯检之状。商略而言，酷急小罪，肃禁为大。会而言之，犹谓益多损少，故怀寝所疑，不以申彻，实失为臣知无不闻之义。

及去年大驾南行以来，彪兼尚书，日夕共事，始乃知其言与行舛，是己非人，专恣无忌，尊身忽物，安以身作之过，深劾他人，己方事人，好人佞己。听其言，同振古忠怒之贤；校其行，是天下佞暴之贼。臣与任城卑躬曲己，若顺弟之奉暴兄。其所欲者，事虽非理，无不屈从。

依事求实，悉有成验。如臣列得实，宜殛彪于有北，以除奸矫之乱政；如臣无证，宜投臣于四裔，以息青绳之白黑。高祖在悬瓠，览表叹愕曰："何意京如此也！"有司处彪大辟，高祖恕之，除名而已，彪寻归本乡。

高祖自悬北幸邺，彪拜迎于邺南。高祖曰："朕之斯卿，每以贞松为志，岁寒为心，卿应报国，尽身为用，而近见弹文，殊乖所以。卿罹此谴，为朕与卿，为宰事与卿，为卿自取？"彪对曰："臣衍由己至，罪自身招，实非陛下横与臣罪，又非宰事无辜滥臣。臣罪既如此，宜伏东皋之下，不应远十属车之尘，但伏承圣躬不豫，臣肝胆涂地，是以敢至，非谢罪而来。"高祖纳宋弁言，将复采用，会留台表言彪与御史贾尚往穷庶人恂事，理有诬抑，奏请收彪。彪自言事枉，高祖明彪无此，遣左右慰勉之，听以牛车散载，送之洛阳。会赦得免。

高祖崩，世宗践祚，彪自托于王肃，又与邢峦诗书往来，迭相称重，因论求复旧职，修史官之事，肃等许为左右，彪乃表曰：

臣闻龙图出而皇道明，龟书见而帝德昶，斯实冥中之书契也。自瑞官文而卑高陈，民师建而贱贵序，此乃人间之绳式也。是以《唐典》篆钦明之册，《虞书》铭慎徽之篇，《传》著夏氏之《箴》，《诗》录商家之《颂》，斯皆国史明乎得失之迹也。逮于周姬，鉴乎二代，文王开之以两经，公旦申之以六联，郁乎其文，典章大略也。故观《雅》、《颂》，识文武之丕烈，察歌音，辨周公之至孝。是以季札听《风》而知始基，听《颂》而识盛德。至若尼父之别鲁籍，丘明之辨孔志，可谓婉而成章，尽而不污者矣。自余乘、志之比，其亦有趣焉。暨史、班之录，乃文穷于秦汉，事尽于哀平，惩劝两书，华实兼载。文质彬彬，富哉言也。令大汉之风，美类三代，炎□□崇，道冠来事。降及华、马、陈、干，咸有放焉，四。敷赞弗远，不可力致，岂虚也哉？其余率见而书，睹事而作者多矣，寻其本末，可往来焉。

唯我皇魏之奄有中华也，岁越百龄，年几十纪。太祖以弗违开基，武皇以奉时拓业，虎啸域中，龙飞宇外，小往大来，品物咸享，自兹以降。世济其光。史官叙录，未充其盛。加以东观中圮，册勋有阙，美随日落，善因月稀。故谚曰："一日不书，百事荒芜。"至于太和之十一年，先帝、先后远惟景业，绵绵休烈，若不恢史阐录，惧上业茂功始有缺矣。于是召名儒博达之士，充麟阁之选。于时忘臣众短，采臣片志，令臣出纳，授臣丞职，猥属斯事，无所与让。高祖时诏臣曰："平尔雅志，正尔笔端，书而不法，后世何观。"臣奉以周旋，不敢失坠，与著作等鸠集遗文，并取前记，撰为国书。假有新进时贤制作于此者，恐闱门既异，出入生疑，弦柱既易，善者或谬。自十五年以来，臣使国迁，频有南辕之事，故载笔遂寝，简牍弗张，其于书功录美，不其阙欤？

伏惟孝文皇帝承天地之宝，崇祖宗之业，景功未就，奄焉崩殂，凡百黎萌，若无天地。赖遇陛下体明睿之真，应保合之量，恢大明以烛物，履静恭以安邦，天清其气，地乐其静，不衍不忘,率由旧章,可谓重明叠圣,元首康哉。惟先皇之开创造物,经纶浩旷,加以魏典流制,藻缋垂篇,穷理于有象,尽性于众变,可谓日月出矣,无幽不烛也。《记》曰:善流者,欲以继其行;善歌者,欲人继其声。故《传》曰:文王基之,周公成之。又曰:无周公之才,不得行周公之事。今之亲王,可谓当之矣。然先皇之茂猷圣达,今王之懿美洞鉴,准之前代,其听靡悔也。时哉时哉,可不光昭哉!合德二仪者,先皇之陶钧也;齐明日月者,先皇之洞照也;虑周四时者,先皇之茂功也;合契鬼神者,先皇之玄烛也;迁都改邑者,先皇之达也;变是协和者,先皇之鉴也;思同书轨者,先皇之远也;守在四夷者,先皇之略也;海外有截者,先皇之威也;礼田岐阳者,先皇之义也;张乐岱郊者,先皇之仁也;銮幸幽漠者,先皇之智也;燮伐南荆者,先皇之礼也;升中告成者,先皇之肃也;亲虔宗社者,先皇之敬也;兖实无阙者,先皇之充也;开物成务者,先皇之贞也;观乎人文者,先皇之蕴也;革弊创新者,先皇之志也;孝慈道洽者,先皇之衷也。先皇有大功二十,加以谦尊而光,为而弗有,可谓四三皇而六五帝矣,诚宜功书于竹素,声播于金石。

臣窃谓史官之达者,大则与日月齐明,小则与四时并茂。其大者孔子、左丘是也,小者史迁、班固是也。故能声流于无穷,义昭于来裔。是以金石可灭而风流不泯者,其唯载籍乎?谚曰"相门有相,将门有将,"斯不唯其性,盖言习之所得也。窃谓天文之官,太史之职,如有其人,宜其世矣。故《尚书》称羲和世掌天地之官,张衡赋曰"学乎旧史氏",斯盖世传之义也。若夫良冶之子善知为裘,良弓之子善知为箕,物岂有定,习贯则知耳。所以言及此者,史职不修,事多沦旷,天人之际,不可须臾阙载也。是以谈、迁世事而功立,彪、固世事而名成,道争乃前鉴之轨辙,后镜之著免也。然前代史官之不终业者有之,皆陵迟之世不能容善。是以平子去史而成赋,伯喈违阁而就志。近偕晋之世有佐郎王隐,为著作虞预所毁,亡官在家,昼则樵薪供爨，夜则观文属缀，集成《晋书》，存一代之事，司马绍敕尚书唯给笔札而已。国之大籍，成于私家，未世之弊，乃至如此，史官之不遇，时也。

今大魏之史，职则身贵，禄则亲荣，优哉游哉，式谷尔休矣，而典谟弗恢者，其有以也。而故著作渔阳傅毗、北平阳尼、河间邢产、广平宋弁、昌黎韩显宗等，并以文才见举，注述是同，皆登年不永，弗终茂绩。前著作程灵虬同时应举，共掌此务，今从他职，官非所司。唯崔光一人，虽不移任，然侍官两兼，故载述致阙。臣闻载籍之兴，由于大业，《雅》《颂》垂蔫，起于德美，虽时有文质，史有备略，然历世相仍，不改此度也。昔史谈诚其子迁曰：“当世有美而不书，汝之罪也。”是以久而见美。孔明在蜀，不以史官留意，是以久而受讥。取之深衷，史谈之志贤亮远矣。《书》称“无旷庶官，”《诗》有“职思其忧”。臣虽今非所司，然昔忝斯任，故不以草茅自疏，敢言及于此。语曰“患为之者不必知，知之者不得为，”臣诚不知，强欲为之耳。窃寻先朝赐臣名彪者，远则拟汉史之叔皮，近则准晋史之绍统，推名求义，欲罢不能，荷恩佩泽，死而后已。今求都下乞一静处，综理国籍，以终前志，官给事力，以充所须。虽不能光启大录，庶不为饱食终日耳。近则期月可就，远也三年有成，正本蕴之麟阁，副二藏之名山。

时司空、北海王详、尚书令王肃以其无禄，颇相赈饷，遂在秘书省同王隐故事，白衣修史。

世宗亲政，崔光表曰：“伏见前御史中尉臣李彪，夙怀美意，创刊魏典，臣昔为彪所致，与之同业积年，其志力贞强，考述无倦，督劝群僚，注缀略举。虽顷来契阔，多所废离，近蒙收起，还综厥事。老而弥历，史才日新，若克复旧职，专功不殆，必能昭明《春秋》，阐成皇藉。既先帝厚委，宿历高班，纤负微愆，应从涤洗。愚谓宜申以常伯，正绾著作，停其外役，展其内思，研积岁月，纪册必就。鸿声巨迹，蔚乎有章，盛轨懋咏，铄焉无泯矣。”世宗不许。

诏彪兼通直散骑常侍,行汾州事,非彪好也,固请不行,有司切遣之。会遘疾累旬,景明二年秋,卒于洛阳,年五十八。

始彪为中尉,号为严酷,以奸款难得,乃为木手击其胁腋,气绝而复属者时有焉。又慰喻汾州叛胡,得其凶渠,皆鞭面杀之。及彪之病也,体上往往疮溃,痛毒备极。诏赐帛一百五十匹,赠镇远将军、汾州刺史,谥曰刚宪。彪在秘书岁余,史业竟未及就,然区分书体,皆彪之功。述《春秋》三《传》,合成十卷。其所著诗颂赋诔章奏杂笔百余篇,别有集。

彪虽与宋弁结管鲍之交,弁为大中正,与高祖私议,犹以寒地处之,殊不欲徵相优假。彪亦知之,不以为恨。及弁卒,彪痛之无已,为之哀诔,备尽辛酸。郭祚为吏部,彪为子求官,祚仍以旧第处之。彪以位经常伯,又兼尚书,谓祚应以贵游拔之,深用忿怨,形于言色,时论以此讥祚。祚每曰:“尔与义和志交,岂能饶尔,而怨我乎?”任城王澄与彪先亦不穆,及为雍州,彪诣澄为志求其府僚,澄释然为启,得列曹行参军,时称美之。

志,字鸿道,博学有才干。年十余岁,便能属文。彪甚奇之,谓崔鸿曰:“子宜与鸿道为‘二鸿’于洛阳。”鸿遂与志交款往来。彪有女,幼而聪令,彪每奇之,教之书学,读诵经传。尝窃谓所亲曰:“此当兴我家,卿曹容得其力。”彪亡后,世宗闻其名,召为婕妤,以礼迎引。婕妤在宫,常教帝妹书,诵授经史。志后稍迁符玺郎中、徐州平功府司马。以军功累转后军将军、中散大夫、辅国将军、永宁寺典作副将。始彪奇志及婕妤,特加器爱,公私坐集,必自称咏,由是为高祖所责。及彪亡后,婕妤果入掖庭,后宫咸师宗之。世宗崩,为比丘尼,通习经义,法座讲说,诸僧叹重之。志所在著绩。桓叔兴外叛,南荆荒毁,领军元乂举其才任抚导,擢为南荆州刺史,加征虏将军。建义初,叛入萧衍。

高道悦,字文欣,辽东新昌人也。曾祖策,冯跋散骑常侍、新昌侯。祖育,冯文通建德令。值世祖东讨,率其所部五百余家归命军门,世祖授以建忠将军,齐郡、建德二郡太守,赐爵肥如子。父玄起,武邑太守,遂居勃海蓚县。

道悦少为中书学生、侍御主文中散。久之转治书侍御史,加谏议大夫,正色当官,不惮强御。车驾南征,徵兵秦雍,大期秋季阅集洛阳。道悦以使者治书御史薛聪、侍御主文中散元志等,稽违期会,奏举其罪。又奏兼左仆射、吏部尚书、任城王澄位总朝右,任属戎机,兵使会否,曾不检奏;尚书左丞公孙良职维枢辖,蒙冒莫举,请以见事免良等所居官。时道悦兄观为外兵郎中,而澄奏道悦有党兄之负,高祖诏责,然以事经恩宥,遂寝而不论。诏曰:"道悦资性忠笃,禀操贞亮,居法树平肃之规,处谏著必犯之节,王公惮其风鲠,朕实嘉其一至,謇谔之诚,何愧黯鲍也。其以为主爵下大夫,谏议如故。"车驾将幸邺,又兼御史中尉,留守洛京。

时宫极初基,庙库未构,车驾将水路幸邺,已诏都水回营构之材,以造舟楫。道悦铺谏曰:

臣闻博纳舆言,君上之崇务;规箴匡正,臣下之诚节。是以置鼓设谤,爰自曩日;虚襟博听,义属今辰。臣既疏鲁,滥蒙荣贯,司兼献弼,职当然否,佩遇恩华,愿陈闻见。

窃以都作营构之材,部别科拟,素有定所。工治已讫,回付都水,用造舟舻。阙永固居宇之功,作暂时游嬉之用,损耗殊倍,终为弃物。且子来之诚,本斯营起,今乃修缮舟楫,更为非务,公私回惶,佥深怪愕。又欲御泛龙舟,经由石济,其沿河挽道,久以荒芜,舟辑之人,素不便习。若欲委棹正流,深薄之危,古今共慎;若欲挽牵取进,授衣之月,裸形水陆,恐乖视人若子之义。且邺洛相望,陆路平直,时乘沃若,往来匪难,更乃舍周道之安,即涉川之殆。此乃愚智等虑,朝野俱惑,进退伏思,不见其可。又从驾群僚,听将妻累,舟楫之间,更无限隔,士女杂乱,内外不分。当今景御休明,惟新式度,裁礼调风,轨物寰宇,窃惟斯举,或损洪猷,深失溥天顺则之望。又氐胡犯顺未恭,西道偏戎旗胄仍袭;南寇,对接,近畿蛮民疏戾,每造不轨。窥觎间隙，或生虑外。愚谓应妙选懿亲，抚宁后事，令奸回息觊觎之望，边寇绝窥疆之心。臣禀性愚直，知而无隐，区区丹志，冒昧以闻。

诏曰："省所上事，深具乃心。但卿之立言半非矣，当须陈非以示谬，称是以彰得，然后明所以而不用有由而为之。不尔，则未相体耳。回材都水，暂营嬉游，终为弃物；修缮非务，舟楫无郗，士女杂乱，此则卿之失辞矣。深薄之危，抚后之重，斯则卿之得言也。"于是，高祖遂从陆路。转道悦太子中庶子，正色立朝，俨然难犯，宫官上下咸畏惮之。

太和二十年秋，车驾幸中岳，诏太子恂入居金墉，而恂潜谋还代，忿道悦前后规谏，遂于禁中杀之。高祖甚加悲惜，赠散骑常侍，带营州刺史，赐帛五百匹，并遣王人慰其妻子。又诏使者临护丧事，葬于旧茔，谥曰贞侯。世宗又追录忠概，拜长子显族给事中。

显族，亦以忠厚见称。卒于右军将军。

显族弟敬猷，有风度。员外散骑侍郎、殿中侍御史。进给事中、轻车将军、奉车都尉。萧宝夤西征，引为骠骑司马。及宝夤谋逆，敬猷与行台郎中封伟伯等潜图义举，谋泄见杀。赠冠军将军、沧州刺史，听一子出身。

道悦长兄嵩，字昆仑，魏郡太守。

子良贤，长水校尉。

良贤弟侯，险薄为劫盗，冀部患之。

嵩弟双，清河太守。浊货将刑，在市遇赦免。时北海王详为录尚书，双多纳金宝，除司空长史。未几，迁太尉长史。俄出为征虏将军、凉州刺史。专肆贪暴，以罪免。后货高肇，复起为幽州刺史，又以贪秽被劾，罪未判，遇赦，复任，未几而卒。

子景翻，幽州司马。

双弟观，尚书左外兵郎中、城阳王鸾司马。西征赭阳，先驱而殁。赠通直散骑侍郎，谥曰闵。

　　史臣曰：李彪生自微族，才志确然，业艺夙成，见擢太和之世，辆轩骤指，声骇江南，秉笔立言，足为良史。逮于直绳在手，厉气明目，持坚无术，末路蹉跎。行百里者半于九十，岂彪之谓也？高道悦匡直之风，见惮于世，丑正贻祸，有可悲乎！

魏书卷六三
列传第五一

王肃　宋弁

　　王肃，字恭懿，琅邪临沂人，司马衍丞相导之后也。父奂，萧赜尚书左仆射。肃少而聪辩，涉猎经史，颇有大志。仕萧赜，历著作郎、太子舍人、司徒主簿、秘书丞。肃自谓《礼》、《易》为长，亦未能通其大义也。父奂及兄弟并为萧赜所杀，肃自建业来奔，是岁，太和十七年也。高祖幸邺，闻肃至，虚襟待之，引见问故。肃辞义敏切，辩而有礼，高祖甚哀恻之。遂语及为国之道，肃陈说治乱，音韵雅畅，深会帝旨。高祖嗟纳之，促席移景，不觉坐之疲淹也。因言萧氏危灭之兆，可乘之机，劝高祖大举。于是图南之规转锐，器重礼遇，日有加焉。亲贵旧臣莫能间也。或屏左右，相对谈说，至夜分不罢。肃亦尽忠输诚，无所隐避，自谓君臣之际犹玄德之遇孔明也。寻除辅国将军、大将军长史，赐爵开阳伯，肃固辞伯爵，许之。

　　诏肃讨萧鸾义阳，听招募壮勇以为瓜牙，其募士有功，赏加常募一等；其从肃行者，六品已下听先拟用，然后表闻；若投化之人，听五品已下先即优授。于是假肃节，行平南将军。肃至义阳，频破贼军，降者万余。高祖遣散骑侍郎劳之，以功进号平南将军，赐骏马一匹，除持节、都督豫、东豫、东郢三州诸军事、本将军、豫州刺史、扬州大中正。肃善于抚接，治有声称。

　　寻徵肃入朝，高祖手诏曰："不见君子，中心如醉，一日三岁，我劳如何！饰馆华林，拂席相待，卿欲以何日发汝坟也？故复此敕。"

又诏曰："肃丁荼蓼世,志等伍胥,自拔吴州,膺求魏县,躬操忘礼之本,而同无数之丧,誓雪怨耻,方展申复,穷谕再期,蔬缊不改,诚季世之高风,末代之孝节也。但圣人制礼,必均愚智;先王作则,理齐盈虚。过之者俯而就之,不及者企而行之。曾参居罚,宁其哀终;吴员处酷,岂闻四载。夫三年者,天下之达丧,古今之所一,其虽欲过礼,朕得不制之以礼乎?有司可依礼谕之,不裁练禫之制。"

二十年七月,高祖以久旱不雨,辍膳三旦,百僚诣阙,引在中书省。高祖在崇虚楼,遣舍人问曰："朕知卿等至,不获相见,卿何为而来?"肃对曰："伏承陛下辍膳已经三旦,郡臣焦怖,不敢自宁。臣闻尧水汤旱,自然之数,须圣人以济世,不由圣以致灾。是以国储九年,以御九年之变。臣又闻至于八月不雨,然后君不举膳。昨四郊之外已蒙滂澍,唯京城之内微为少泽。蒸民未阙一餐,陛下辍膳三日,臣庶惶惶,无复情地。"高祖遣舍人答曰："昔尧水汤旱,赖圣人以济民。朕虽居群黎之上,道谢前王,今日之旱,无以救恤,应待立秋,克躬自咎。但此月十日已来,炎热焦酷,人物同悴,而连云数日,高风萧条,虽不食数朝,犹自无感,朕诚心未至之所致也。"肃曰:"臣闻圣人与凡同者五常,异者神明。昔姑射之神,不食五谷,臣常谓矫。今见陛下,始知其验。且陛下自辍膳以来,若天全无应,臣亦谓上天无知,陛下无感。一昨之前,外有滂泽,此有密云,臣即谓天有知,陛下有感矣。"高祖遣舍人答曰:"昨内外贵贱咸云四郊有雨,朕恐此辈皆勉劝之辞,三覆之慎,必欲使信而有徵。比当遣人往行,若果雨也,便命大官欣然进膳。岂可以近郊之内而慷慨要天乎?若其无也,朕之无感,安用朕身以扰民庶!朕志确然,死而后已。"是夜澍雨大隆。

以破萧鸾将裴叔业功,进号镇南将军,加都督豫、南兖、东荆、东豫四州诸军事,封汝阳县开国子,食邑三百户,持节、中正、刺史如故。肃频表固让,不许。诏加鼓吹一部。二十二年,既平汉阳,诏肃曰:"夫知己贵义,君臣务恩,不能矜灾恤祸,恩义焉措?卿情同伍员,怀酷归朕,然未能剪一雠人,馘彼凶帅,何尝不兴言愤叹,羡吴闻而长息。比获萧鸾辅国将军黄瑶起,乃知是卿怨也。寻当相付,微望纾泄,使吾见卿之日,差得缓怀。"初,赜之收肃父奂也,司马黄瑶起攻奂杀之,故诏云然。

高祖之伐淮北,令肃讨义阳,未克,而萧鸾遣将裴叔业寇涡阳。刘藻等救之,为叔业所败。肃表求更遣军援涡阳。诏曰:"得表,览之忙然。观卿意非专在水,当是以藻等锐兵新败于前,事往势难故也。朕若分兵,遣之非多,会无所制,多遣则禁旅难阙。今日之计,唯当作必克之举,不可为狐疑之师,徒失南兖也。卿便息意停彼,以图义阳之寇。宜止则止,还取义阳;宜下则下,镇军淮北。深量二途,勿致重爽。若孟表粮尽,军不及至,致失涡阳,卿之过也。"肃乃解义阳之围,以赴涡阳,叔业乃引师而退。肃坐刘藻等败,黜为平南将军,中正、刺史如故。

高祖崩,遗诏以肃为尚书令,与咸阳王禧等同为宰辅,徵肃会驾鲁阳。肃至,遂与禧等参同谋谟。自鲁阳至于京洛,行途丧纪,委肃参量,忧勤经综,有过旧戚。禧兄弟并敬而昵之,上下称为和辑。唯任城王澄,以其起自羁远,一旦在己之上,以为憾焉。每谓人曰:"朝廷以王肃加我上尚可,从叔广陵,宗室尊宿,历任内外,云何一朝令肃居其右也?"肃闻其言,恒降而避之。寻为澄所奏劾,称萧谋叛,言寻申释。诏肃尚陈留长公主,本刘昶子妇彭城公主也,赐钱二十万,帛三千匹。

肃奏:"考以显能,陟由绩著,升明退暗,于是乎在。自百僚旷察,四稔于兹,请依旧式考检能否。"从之。

裴叔业以寿春内附,拜肃使持节、都督江西诸军事、车骑将军,与骠骑大将军、彭城王勰率步骑十万以赴之。萧宝卷豫州刺史萧懿率众三万屯于小岘,交州刺史李叔献屯合肥,将图寿春。懿遣将胡松、李居士等领众万余屯据死虎。肃进师讨击,大破之,擒其将桥珉等,斩首数千。进讨合肥,生擒叔献,萧懿弃小岘南走。肃还京临,世宗临东堂引见劳之,又问:"江左有何消耗?"肃曰:"如闻崔慧景已死。宝卷所仗,非邪即佞。天殆以此资陛下,廓定之期,势将不久。"以肃淮南累捷，赏帛四千七百五十匹，进位开府仪同三司，封昌国县开国侯，食邑八百户，余如故。寻以肃为散骑常侍、都督淮南诸军事、扬州刺史、持节，余官如故。

肃频在边，悉心抚接，远近归怀，附者若市，以诚绥纳，咸得其心。清身好施，简绝声色，终始廉约，家无余财。然性微轻佻，颇以功名自许，护疵称伐，少所推下，高祖每以此为言。景明二年，薨于寿春，年三十八。世宗为举哀，诏曰："肃奄至不救，痛惋兼怀，可遣中书侍郎贾思伯兼通直散骑常侍抚慰厥孤，给东园秘器，朝服一袭，钱三十万、帛一千匹、布五百匹、蜡三百斤，并问其卜迁远近，专遣侍御史一人监护丧事，务令优厚。"又诏曰："死生动静，卑高有域，胜达所居，存亡崇显。故杜预之殁，窆于首阳，司空李冲，覆舟是托。顾瞻斯所，诚亦二代之九原也。故扬州刺史肃诚义结于二世，英惠符于李、杜，平生本意，愿终京陵，既有宿心，宜遂先志。其令葬于冲、预两坟之间，使之神游相得也。"赠侍中、司空公，本官如故。有司奏以肃忠心大度，宜谥匡公，诏谥宣简。肃宗初，诏为肃建碑铭，子绍袭。

绍，字三归。历官太子洗马、员外常侍、中书侍郎。卒，赠辅国将军、徐州刺史。

子迁，袭。武定中，通直常侍。齐受禅，爵随例降。

绍弟理，孝静初，始得还朝。武定末，著作佐郎。

绍，肃前妻谢生也，肃临薨，谢始携二女及绍至寿春。世宗纳其女为夫人，肃宗又纳绍女为嫔。

肃弟秉，安文政。涉猎书史，微有兄风。世宗初，携兄子诵、翊、衍等入国，拜中书郎，迁司徒谘议，出为辅国将军、幽州刺史。卒，赠征虏将军、徐州刺史。

诵，字国章，肃长兄融之子。学涉有文才，神气清俊，风流甚美。自员外郎、司徒主簿，转司徒属、司空谘议、通直常侍、汝南王友。迁司徒谘议，加前军、散骑常侍、光禄大夫。出为左将军、幽州刺史。未凡,徵为长兼秘书监,徙给事黄门侍郎。肃宗崩,灵太后之立幼主也,于时大赦,诵宣读诏书,音制抑扬,风神疏秀,百僚倾属,莫不叹美。孝庄初,于河阴遇害,年三十七。赠骠骑大将军、尚书左仆射、司空公、徐州刺史,谥曰文宣。

子孝康,武定中,尚书郎中。卒。

孝康弟俊康,性清雅,颇有文才。齐文襄王中外府祭酒。卒,赠征虏将军、太府少卿。

诵弟衍,字文舒。名行器艺亚于诵。自著作佐郎,稍迁尚书郎、员外常侍、司空谘议、光禄大夫、廷尉、扬州大中正、度支尚书,仍转七兵,徙太常卿。出为散骑常侍、征东将军、西兖州刺史。衍届治未几,属尔朱仲远称兵内向,州既路冲,为其攻逼。衍不能守,为仲远所擒,以其名望不害也,令其骑牛从军,久乃见释。还洛,除车骑将军、左光禄大夫。孝静初,转侍中,将军如故。天平三年卒,年五十二。敕给东园秘器,赠物三百段,赠使持节、都督青徐兖三州诸军事、骠骑大将军、尚书令、司徒公、徐州刺史,谥曰文献。衍笃于交旧,有故人竺觑,于西兖为仲远所害,其妻子饥寒,衍置之于家,累年赡恤,世人称其敦厚。

翊,字士游,肃次兄琛子也。风神秀立,好学有文才。历司空主簿、清河王友、中书侍郎。颇锐于荣利,结婚于元叉,超拜左将军、济州刺史,寻加平东将军。清散爱民,有政治之称。入为散骑常侍。孝庄初,迁镇南将军、金紫光禄大夫,领国子祭酒。永安元年冬卒,年三十七。赠侍中、卫将军,司空公、徐州刺史。

子渊,武定中,仪同开府记室参军。

宋弁,字义和,广平列人人也。祖愔,与从叔宣、博陵崔建俱知名。世祖时,历位中书博士、员外散骑常侍,使江南。赐爵列人子,还拜广平太守。兴安五年卒,赠安远将军、相州刺史,谥曰惠。长子显袭爵。弁伯父世显无子,养弁为后。弁父叔珍,李敷妹夫,因敷事而死。

弁才学俊赡，少有美名。高祖初，曾至京师，见尚书李冲，因言论移日。冲竦然异之，退而言曰："此人一日千里，王佐才也。"显卒，弁袭爵。弁与李彪州里，迭相祗好。彪为秘书丞，弁自中散彪请为作佐郎，寻除尚书殿中郎中。高祖曾因朝会之次，历访治道，弁年少官微，自下而对，声姿清亮，进止可观，高祖称善者久之。因是大被知遇，赐名为弁，意取弁和献玉，楚王不知宝之也。

迁中书侍郎，兼员外常侍，使于萧赜。赜司徒萧子良、秘书丞王融等皆称美之，以为志气謇烈，不逮李彪，而体韵和雅、举止周遂过之。

转散骑侍郎，时散骑位在中书之右。高祖曾论江左事，因问弁曰："卿比南行，入其隅隩，彼政道云何？兴亡之数可得知不？"弁对曰："萧氏父子无大功于天下，既以逆取，不能顺守。德政不理，徭役滋剧，内无股肱之助，外有怨叛之民，以臣观之，必不能贻厥孙谋，保有南海。若物惮其威，身免为幸。"后车驾南征，以弁为司徒司马、曜武将军、东道副将。军人有盗马鞯者，斩而徇之，于是三军振惧，莫敢犯法。

黄门郎崔光荐弁自代，高祖不许，然亦赏光知人。未几，以弁兼黄门，寻即正，兼司徒左长史。时大选内外群官，并定四海士族，弁专参铨量之任，事多称旨。然好言人之阴短，高门大族意所不便者，弁因毁之；至于旧族沦滞，人非可忍者，又申达之。弁又为本州大中正，姓族多所降抑，为时人所怨。

从驾南讨，诏弁于豫州都督所部及东荆领叶，皆减戍士营农，水陆兼作。迁散骑常侍，寻迁右卫将军，领黄门。弁屡自陈让，高祖曰："吾为相知者，卿亦不可有辞，岂得专守一官，不助朕为治？且常侍者，黄门之粗冗；领军者，二卫之假摄，不足空存推让，以弃大委。"其被知遇如此。

始，高祖北都之选也，李冲多所参预，颇抑宋氏。弁有恨于冲，而与李彪交结，雅相知重。及彪之抗冲，冲谓彪曰："尔如狗耳，为人所嗾。"及冲劾彪，不至大罪，弁之力也。彪除名为民，弁大相嗟慨，密图申复。

高祖在汝南不豫,大渐,旬有余日,不见侍臣,左右唯彭城王勰等数人而已。小瘳,乃引见门下及宗室长幼诸人,入者未能知致悲泣,弁独进及御床,歔欷流涕曰:"臣不谓陛下圣颜毁瘠乃尔!"由是益重之。车驾征马圈,留弁以本官兼祠尚书,摄七兵事。及行,执其手曰:"国之大事,在祠与戎,故令卿绾摄二曹,可不自勉。"弁顿首辞谢。弁劬劳王事,夙夜在公,恩遇之甚,辈流莫及,名重朝野,亚于李冲。高祖每称弁可为吏部尚书。及崩,遗诏以弁为之,与咸阳王禧等六人辅政,而弁已先卒,年四十八。诏赐钱十万、布三百匹,赠安东将军、瀛州刺史,谥曰贞顺。

弁性好矜伐,自许膏腴。高祖以郭祚晋魏名门,从容谓弁曰:"卿固应推郭祚之门也。"弁笑曰:"臣家未肯推祚。"高祖曰:"卿自汉魏以来,既无高官,又无俊秀,何得不推?"弁曰:"臣清素自立,要尔不推。"侍臣出后,高祖谓彭城王勰曰:"弁人身良自不恶,乃复欲以门户自矜,殊为可怪。"

长子维,字伯绪。维弟纪,字仲烈。维少袭父爵,自员外郎迁给事中。坐诣事高肇,出为益州龙骧府长史,辞疾下行。太尉、清河王怿辅政,以维名臣之子,荐为通直郎,辟其弟纪行参军。灵太后临政,委任元叉,而叉恃宠骄盈,怿每以分理裁断。叉甚忿恨,思以害怿,遂与维为计,以富贵许之。维见叉宠势日隆,便至者没,乃告司染都尉韩文殊父子欲谋逆立怿。怿坐被录禁中。文殊父子惧而逃遁。鞫无反状。以文殊亡走,悬处大辟。置怿于宫西别馆,禁兵守之。维应反坐,叉言于太后,欲开将来告者之路,及黜为燕州昌平郡守,纪为秦州大羌令。维乃纪颇涉经史,而浮薄无行。怿亲尊懿望,朝野瞻属,维受怿眷赏,而无状构间,天下人士莫不怪忿而贱薄之。乃叉杀怿,专断朝政,以维兄弟前者告怿,微纪为散骑侍郎,维为太学博士,领侍御史,甚昵之。维超迁通直常侍,又除冠军将军、洛州刺史;纪超迁尚书郎。初弁谓族弟世景言:"维性疏险,而纪识慧不足,终必败吾业也。"世景以为不尔,至是果然,闻者以为知子莫若父。尚书令李崇、尚书左仆射郭祚、右仆射游肇每云："伯绪凶疏,终败宋氏,幸得杀身耳。"论者以为有徵。后除营州刺史,仍本将军。灵太后反政,以又党除名,遂还乡里。寻追其前诬告清河王事,于邺赐死。

子春卿早亡。弟纪以次子钦仁继。

钦仁,武定末,太尉祭酒。

纪,肃宗末,为北道行台。卒于晋阳。

子钦道,武定末,冀州别驾。

弁弟机,本州治中。

子宝积,卒于中散大夫。

弁族弟颖,字文贤。自奉朝请稍迁尚书郎、魏郡太守。纳货刘腾,腾言之于元叉,以颖为冠军将军、凉州刺史。颖前妻邓氏亡后十五年,颖梦见之,向颖拜曰："新妇今被处分为高崇妻,故来辞君。"泫然流涕,颖旦而见崇言之,崇后数日而卒。

颖族弟燮,字崇和。广平王怀郎中令、员外常侍。为征北李平司马,北殄元愉,颇有赞谋之功。

燮族弟鸿贵,为定州平北府参军,送兵于荆州。坐取兵绢四百匹,兵欲告之,乃斩十人。又疏凡不达律令。见律有枭首之罪,乃生断兵手,以水浇之,然后斩决。寻坐伏法。时人哀兵之苦,笑鸿贵之愚。

史臣曰:古人有云,才未半古,功以过之,非徒语也。王肃流寓之人,见知一面,虽器业自致,抑亦逢时,荣任赫然,寄同旧列,美矣。诵翊继轨,不殒光风。宋弁以才度见知,迹参顾命,拔萃出类,其有以哉。无子之叹,岂徒羊舌,宗祀之不亡,幸矣。

魏书卷六四
列传第五二

郭祚　张彝

郭祚，字季佑，太原晋阳人，魏车骑郭淮弟亮后也。祖逸，州别驾，前后以二女妻司徒崔浩，一女妻浩弟上党太守恬。世祖时，浩亲宠用事，拜逸徐州刺史，假榆次侯，终赠光禄大夫。父洪之，坐浩事诛，祚亡窜得免。

少而孤贫，姿貌不伟，乡人莫之识也。有女巫相祚后当富贵。祚涉历经史，习崔浩之书，尺牍文章，见称于世。弱冠，州主簿，刺史孙小委之书记。又太原王希者，逸妻之侄，共相赒恤，得以饶振。

高祖初，举秀才，对策上第，拜中书博士，转中书侍郎，迁尚书左丞，长兼给事黄门侍郎。祚清勤在公，夙夜匪懈，高祖甚知赏之。从高祖南征，及还，正黄门。

车驾幸长安，行经渭桥，过郭淮庙，问祚曰："是卿祖宗所承也？"祚曰："是臣七世伯祖。"高祖曰："先贤后哲，顿在一门。"祚对曰："昔臣先人以通儒英博，唯事魏文；微臣虚薄，曹奉明圣，自惟幸甚。"因敕以太牢祭淮庙，令祚自撰祭文。以赞迁洛之规，赐爵东光子。高祖曾幸华林园，因观故景阳山，祚曰："山以仁静，水以智流，愿陛下修之。"高祖曰："魏明以奢失于前，朕何为袭之于后？"祚曰："高山仰止。"高祖曰："得非景行之谓？"迁散骑常侍，仍领黄门。

是时高祖锐意典礼，兼铨镜九流，又迁都草创，征讨不息，内外规略，号为多事。祚与黄门宋弁参谋帏幄，随其才用，各有委寄。祚承禀注疏，特成勤剧。尝以立冯昭仪，百官夕饮清徽后园，高祖举觞赐祚及崔光曰："郭祚忧劳庶事，独不欺我；崔光温良博物，朝之儒秀。不劝此两人，当劝谁也？"其见知若此。

初，高祖以李彪为散骑常侍，祚因入见，高祖谓祚曰："朕昨误授一人官。"祚对曰："陛下圣镜照临，论才授职，进退可否，黜陟幽明，品物既彰，人伦有序，岂容圣诏一行而有差异。"高祖沉吟曰："此自应有让，因让，朕欲别授一官。"须臾，彪有启云："伯石辞卿，子产所恶，臣欲之已久，不敢辞让。"高祖叹谓祚曰："卿之忠谏，李彪正辞，使朕迟回不能复决。"遂不换彪官也。乘舆南讨，祚以兼侍中从，拜尚书，进爵为伯。高祖崩，咸阳王禧等奏祚兼吏部尚书。寻除长兼吏部尚书、并州大中正。

世宗诏以奸吏逃刑，悬配远戍，若永避不出，兄弟代之。祚奏曰："慎狱审刑，道焕先古；垂宪设禁，义纂惟今。是以先王沿物之情，为之轨法，故八刑备于昔典，奸律炳于来制，皆所以谋其始迹，访厥成罪，敦风厉俗，永资世范者也。伏惟旨义博远，理绝近情，既怀愚异，不容不述。诚以败法之原，起于奸吏；奸吏虽微，败法实甚。伏寻诏旨，信亦断其通逃之路，为治之要，实在于斯。然法贵止奸，不在过酷，立制施禁，为可传之于后。若法猛而奸不息，禁过不可永传，将何以载之刑书，垂之百代？若以奸吏逃窜，徙其兄弟，罪人妻子复应从之，此则一人之罪，祸倾二室。愚谓罪人既逃，止徙妻子，走者之身，悬名永配，于眚不免，奸途自塞。"诏从之。寻正吏部，

祚持身洁清，重惜官位，至于铨授，假令得人，必徘徊久之，然后下笔，下笔即云："此人便以贵矣。"由是事颇稽滞，当时每招怨讟。然所拔用者，皆量才称职，时又以此归之。出为使持节、镇北将军、瀛州刺史，

及太极殿成，祚朝于京师，转镇东将军、青州刺史。祚值岁不稔，阖境饥弊，矜伤爱下，多所赈恤，虽断决淹留，号为烦缓，然士女怀其德泽，于今思之。入为侍中、金紫光禄大夫、并州大中正，迁尚书右仆射。时议定新令，诏祚与侍中、黄门参议刊正。故事：令、仆、

中丞驺唱而入宫门,至于马道。及祚为仆射,以为非尽敬之宜,言于世宗,帝纳之。下诏:"御在太极,驺唱至止车门;御在朝堂,至司马门。"驺唱不入宫,自此始也。诏祚本官领太子少师。祚曾从世宗幸东宫,肃宗幼弱,祚怀一黄瓟出奉肃宗。时应诏左右赵桃弓与御史中尉王显迭相辱齿,深为世宗所信,祚私事之。时人谤祚者,号为桃弓仆射、黄瓟少师。

祚奏曰:"谨案前后考格虽班天下,如臣愚短,犹有未悟。今须定职人迁转由状,超越阶级者即须量折。景明初考格,五年者得一阶半。正始中,故尚书、中山王英奏考格,被旨:但可正满三周为限,不得计残年之勤。又去年中,以前二制不同,奏请载决。旨云:'黜陟之体,自依旧来恒断。'今未审从旧来之旨,为从景明之断,为从正始为限?景明考法,东西省文武闲官悉为三等,考同任事,而前尚书卢昶奏上第之人三年转半阶。今之考格,复公为九等,前后不同,参差无准。"诏曰:"考在上中者,得泛以前,有六年以上迁一阶,三年以上迁半阶,残年悉除。考在上下者,得泛以前,六年以上迁半阶,不满者除。其得泛以后考在上下者,三年迁一阶。散官从卢昶所奏。"祚又奏言:"考察令:公清独著,德绩超伦,而无负殿者为上上,一殿为上中,二殿为上下,累计八殿,品降至九。未审今诸曹府寺,凡考:在事公清,然才非独著;绩行称务,而德非超伦;干能粗可,而守平堪任;或人用小劣,处官济事,并全无负殿之徒为依何第?景明三年以来,至今十有一裁,准限而判,三应升退。今既通考,未审为十年之中通其殿最,积以为第,随前后年断,各自除其善恶而升降?且负注之章,数成殿为差,此条以寡愆为最,多戾为殿。未审取何行是寡愆?何坐为多戾?结累品次,复有几等?诸文案失衷,应杖十者一负。罪依律次,过随负记。十年之中,三经肆眚,赦前之罪,不问轻重,皆蒙宥免。或为御史所弹,案验未周,遇赦复任者,未审记殿得除以不?"诏曰:"独著、超伦及才备、寡咎,皆谓文武兼上上之极言耳。自此以降,犹有八等,随才为次,令文已具。其积负累殿及守平得济,皆含因其中,何容别疑也。所云通考者,据总多年之言,至于黜陟之体,自依旧来年断,何足复请。其罚赎已决之殿,固非免限,遇赦免罪,惟记其殿,除之。"寻加散骑常侍。

时诏营明堂国学,祚奏曰:"今云罗西举,开纳岷蜀;戎旗东指,镇靖淮荆;汉沔之间,复须防捍。征兵发众,所在殷广,边郊多垒,烽驿未息,不可于师旅之际,兴板筑之功。且献岁云暨,东作将始,臣愚量谓宜待丰靖之年,因子来之力,可不时而就。"从之。世宗末年,每引祚入东宫,密受赏赉,多至百余万,杂以锦绣。又特赐以剑杖,恩宠甚深,迁左仆射。

先是,萧衍遣将康绚遏淮,将灌扬、徐,祚表曰:"萧衍狂悖,擅断川渎,役苦民劳,危亡已兆。然古谚有之,'敌不可纵'。夫以一酌之水,或为不测之渊,如不时灭,恐同原草。宜命一重将,率统军三十人,领羽林一万五千人,并科京东七州虎旅九万,长驱电迈,遄令扑讨。擒斩之勋,一如常制,贼资杂物,悉入军人。如此,则鲸鲵之首可不日而悬。诚知农桑之时,非发众之日,苟事理宜然,亦不得不尔。昔韦顾跋扈,殷后起昆吾之师;严狁孔炽,周王兴六月之伐。臣职忝枢衡,献纳是主,心之所怀,宁敢自默。并宜敕扬州选一猛将,遣当州之兵令赴浮山,表里夹攻。"朝议从之。出除使持节、散骑常侍、都督雍岐华三州诸军事、征西将军、雍州刺史。

太和以前,朝法尤峻,贵臣蹉跌,便致诛夷。李冲之用事也,钦祚识干,荐为左丞,又兼黄门。意便满足,每以孤门往经崔氏之祸,常虑危亡,苦自陈挹,辞色恳然,发于诚至。冲谓之曰:"人生有运,非可避也。但当明白当官,何所顾畏。"自是积二十余年,位秩隆重,而进趋之心更复不息。又以东宫师傅之资,列辞尚书,志在封侯、仪同之位,尚书令、任城王澄为之奏闻。及为征西、雍州,虽喜于外抚,尚以府号不优,心望加大,执政者颇怪之。于时,领军于忠恃宠骄恣,崔光之徒,曲躬承奉,祚心恶之。乃遣子太尉从事中郎景尚说高阳王雍,令出忠为州。忠闻而大怒,矫诏杀祚,时年六十七。

祚达于政事,凡所经履,咸为称职,每有断决,多为故事。名器既重,时望亦深,一朝非罪见害,远近莫不惋惜。灵太后临朝,遣使吊慰,追复伯爵。正光中,赠使持节、车骑将军、仪同三司、雍州刺史,谥文贞公。

初,高祖之置中正,从容谓祚曰:"并州中正,卿家故应推王琼也。"祚退谓密友曰:"琼真伪今自未辨,我家何为减之?然主上直信李冲吹嘘之说耳。"祚死后三岁而于忠死,咸以祚为祟。

祚长子思恭,弱冠,州辟为主簿。早卒。思恭弟庆礼以第二子延伯继。

延伯,袭祖爵东光伯。武定中,骠骑大将军、将作大匠。齐受禅,爵例降。

思恭弟景尚,字思和。涉历书传,晓星历占候,言事颇验。初为彭城王中军府参军,迁员外郎、司徒主簿、太尉从事中郎。公强当世,善事权宠,世号之曰"郭尖"。肃宗时,迁辅国将军、中散大夫。转中书侍郎,未拜而卒,年五十一。

子季方,武定中,胶州骠骑府长流参军。

景尚弟庆礼,字叔,为祚所爱。著作佐郎、通直郎。卒,赠征虏将军、瀛州刺史。

子元贞,武定末,定州骠骑府长史。

张彝,字庆宾,清河东武城人。曾祖幸,慕容超东牟太守,后率户归国。世祖嘉之,赐爵平陆侯,拜平远将军、青州刺史。祖准之袭,又为东青州刺史。父灵真,早卒。彝性公强,有风气,历览经史。

高祖初,袭祖侯爵,与卢渊、李安民等结为亲友,往来朝会,常相追随。渊为主客令,安民与彝并为散令。彝少而豪放,出入殿庭,步眄高上,无所顾忌。文明太后雅尚恭谨,因会次见其如此,遂召集百僚督责之,令其修悔,而犹无悛改。善于督察,每东西驰使有所巡检,彝恒充其选,清慎严猛,所至人皆畏伏,俦类亦以此高之。迁主客令,例降侯为伯,转太中大夫,仍行主客曹事。寻为黄门。后从驾南征,母忧解任。彝居丧过礼,送葬自平城达家,千里徒步,不乘车马,颜貌毁瘁,当世称之。高祖幸冀州,遣使吊慰,诏以骁骑将军起之,还复本位。以参定迁都之勋,进爵为侯,转太常少卿,迁散骑常侍,兼侍中,持节巡察陕东、河南十二州,甚有声称。使还,以从征之勤,迁尚书。坐举元昭为兼郎中,黜为守尚书。世宗初,除正尚书、兼侍中,寻正侍中。世宗亲政,罢六辅,彝与兼尚书邢峦闻处分非常,出京奔走,为御史中尉甄琛所弹,云"非虎非兕,率彼旷野",诏书切责之。

寻除安西将军、秦州刺史。彝务尚典式,考访故事。及临陇右,弥加讨习,于是出入直卫,方伯威仪,赫然可观。羌夏畏伏,惮其威整,一方肃静,号为良牧。其年冬,太极初就,彝与郭祚等俱以勤旧被徵。及还州,进号抚军将军、彝表解州任,诏不许。彝敷政陇右,多所制立,宣布新风,革其旧俗,民庶爱仰之。为国造佛寺名曰"兴皇",诸有罪咎者,随其轻重,谪为土木之功,无复鞭杖之罚。

时陈留公主寡居,彝意愿尚主,主亦许之。仆射高肇亦望尚主,主意不可。肇怒,潜彝于世宗,称彝擅立刑法,劳役百姓。诏遣直后万二兴驰驿检察。二兴,肇所亲爱,必欲彝深罪。彝清身奉法,求其愆过,遂无所得。见代还洛,犹停废数年,因得偏风,手脚不便。然志性不移,善自将摄,稍能朝拜。久之除光禄大夫,加金章紫绶。

彝爱好知己,轻忽下流,非其意者,视之蔑尔。虽疹疾家庭,而志气弥亮。上表曰:

臣闻元天高朗,尚假列星以助明;洞庭渊湛,犹藉众流以增大。莫不以孤照不谐其幽,独深未尽其广。先圣识其若此,必取物以自诚。故尧称则天,设谤木以晓未明;舜称尽善,悬谏鼓以规政阙。虞人献箴规之旨,盘盂著举动之铭,庶几见善而思齐,闻恶以自改。眷眷于悔往之衢,孜孜于不逮之路,用能声高百王,卓绝中古,经十氏而不渝,历二千以孤郁。伏惟太祖拨乱,奕代重光。世祖以不世之才,开荡函夏;显祖以温明之德,润沃九区。高祖大圣临朝,经营云始,未明求衣,日昃忘食,开翦荆棘,徙御神县,更新风轨,冠带朝流。海东杂种之渠,衡南异服之帅,沙西毡头之戎,漠北辫发之虏,重译纳贡,请吏称藩。积德懋于夏、殷,富仁盛于周汉,泽教既周,武功亦匝。犹且发明诏,思求直士,信是苍生荐言之秋,祝史陈辞之日。况臣家自奉国八十余年,纡金镂玉,及臣四世。过以小才,藉荫出仕,学惭专门,武阙方略,早荷先帝眷仗之恩,未蒙陛下不遗之施。侍则出入两都,官历纳言常伯,忝牧秦藩,号兼安抚。实思碎首膏原,仰酬二朝之惠;轻尘碎石,远增嵩岱之高。辄私访旧书,窃观图史,其帝皇兴起之元,配天隆家之业,修造益民之奇,龙麟云凤之瑞,卑宫爱物之仁,释纲改祝之泽,前歌后舞之应,囹圄寂寥之美,可为辉风景行者,辄谨编丹青,以标睿范。至如太康好田,遇穷后迫祸;武乙逸禽,罹震雷暴酷;夏桀淫乱,南巢有非命之诛;殷纣昏酣,牧野有倒戈之陈;周厉逐兽,灭不旋踵;幽王遇惑,死亦相寻;暨于汉成失御,亡新篡夺;桓灵不纲,魏武迁鼎;晋惠暗弱,骨肉相屠,终使聪曜鸱视并州,勒虎狼据燕赵,如此之辈,罔不异载。起元庖牺,终于晋末,凡十六代,百二十八帝,历三千二百七年,杂事五百八十九,合成五卷,名曰《历帝图》,亦谤木、谏鼓、虞人、盘盂之类。脱蒙置御坐之侧,时复披览,冀或起予左右,上补未萌。伏原陛下远惟宗庙之忧,近存黎民之念,取其贤君,弃其恶主,则微臣虽沉沦地下,无异乘云登天矣。

世宗善之。

彝又表曰:

窃惟后王统天,必以穷幽为美;尽理作圣,亦假广采成明。故询于刍荛,著之周什,舆人献箴,流于夏典。不然,则美刺无以得彰,善恶有时不达。逮于两汉,魏、晋,虽道有隆污,而被绣传檄,未始阙也。及惠帝失御,中夏崩离,刘苻专据秦西,燕赵独制关左,姚夏继起,五凉竞立,致使九服摇摇,民无定主,礼仪典制,此焉堙灭。暨大魏应历,拨乱登皇,翦彼鲸鲵,龛靖神县,数纪之间,天下宁一,传辉七帝,积圣如神。高祖迁鼎成周,永兹八百,偃武修文,宪章斯改,实所谓加五帝、登三王,民无德而名焉。犹且虑独见之不明,欲广访于得失,乃合四使,观察风谣。

臣时忝常伯,充一使之列,遂得仗节挥金,宣恩东夏,周历于齐、鲁之间,遍驰于梁、宋之域,询采诗颂,研捡狱情,实庶片言之不遗,美刺之俱显。而才轻任重,多不遂心。所采之诗,并始申目,而值銮舆南讨,问罪宛邓,臣复忝行军,枢机是务。及辇驾之返,膳御未和,续以大讳奄臻,四海崩慕,遂尔推迁,不及闻彻。未几,改牧秦蕃,违离阙下,继以遘疾相缠,宁丁八岁。常恐所采之诗永沦丘壑,是臣夙夜所怀,以为深忧者也。陛下垂日月之明,行云雨之施,察臣往罪之滥,矜臣贫病之切,既蒙崇以禄养,复得拜扫丘坟,明目友朋,无所负愧。且臣一二年来,所患不剧,寻省本书,粗有仿佛。凡有七卷,今写上呈,伏愿昭览,敕付有司,使魏代所采之诗,不堙于丘井,臣之愿也。

肃宗初,侍中崔光表曰:"彝及李韶,朝列之中,唯此二人出身官次本在臣右,器能干世,又并为多,近来参差,便成替后。计其阶途,虽应迁陟,然恐班秩犹未赐等。昔卫之公叔引下同举,晋之士匄推长伯游。古人所高,当时见许。敢缘斯义,乞降臣位一阶,授彼泛级,齐行圣庭,帖穆选叙。"诏加征西将军、冀州大中正。虽年向六十,加之风疾,而自强人事,孜孜无怠。公私法集,衣冠从事,延请道俗,修营斋讲;好善钦贤,爱奖人物。南北新旧,莫不多之。大起第宅,微号华侈,颇侮其疏宗旧戚,不甚存纪,时有怨憾焉。荣官之间,未能止足,屡表在秦州预有开援汉中之勋,希加赏报,积年不已,朝廷患之。

第二子仲瑀上封事,求铨别选格,排抑武人,不使预在清品。由是众口喧喧,谤讟盈路,立榜大巷,克期会集,屠害其家。彝殊无畏避之意,父子安然。神龟二年二月,羽林、虎贲几将千人,相率至尚书省诟骂,求其长子尚书郎始均,不获,以瓦石击打公门。上下畏惧,莫敢讨抑。遂便持火,虏掠道中薪蒿,以杖石为兵器,直造其第,曳彝堂下,捶辱极意,唱呼嗷嗷,焚其屋宇。始均、仲瑀当时逾北垣而走，始均回救其父，拜伏群小，以请父命。羽林等就加殴击，生投之于烟火之中。及得尸骸，不复可识，唯以髻中小钗为验。仲瑀伤重走免。彝仅有余命，沙门寺与其比邻，舆致于寺。远近闻见，莫不惋骇。彝临终，口占左右上启曰：

> 臣自奉国及孙六世，尸禄素餐，负恩唯伺，徒思竭智尽诚，终然靡效。臣第二息仲瑀所上之事，益治实多，既曰有益，宁容默尔？通呈有日，未简神听，岂图众忿，乃至于此。臣不能祸防未萌，虑绝眹兆，致令军众横嚣，攻焚臣宅。息始均、仲瑀等叩请流血，乞代臣死，始均即陷涂炭，仲瑀经宿方苏。臣年已六十，宿被荣遇，垂暮之秋，忽见此苦，顾瞻灾酷，古今无比。臣伤至重，残气假延，望景顾时，推漏就尽，顷刻待终，臣之命也，知复何言！若所上之书，少为益国，臣便是生以理全，死与义合，不负二帝于地下，臣无余恨矣。一归泉壤，长离紫庭，恋仰天颜，诚痛无已。不胜眷眷，力喘奉辞，伏愿二圣加御珍膳，覆露黔首，寿保南岳，德与日升。臣凤被刍豢，先后衔恩，欲报之期，昊天罔极，亡魂有知，不忘结草。

彝遂卒，时年五十九。官为收掩羽林凶强者八人斩之，不能穷诛群竖，即为大赦以安众心，有识者知国纪之将坠矣。丧还所焚宅，与始均东西分敛于小屋。仲瑀遂以创重避居荥阳，至五月，创得渐瘳，始奔父丧。诏赐布帛千匹。灵太后以其累朝大臣，特垂矜恻，数月犹追言泣下，谓诸侍臣曰：“吾为张彝饮食不御，乃至首发微有亏落。悲痛之苦，以至于此。”

初，彝曾祖幸，所招引河东民为州裁千余家，后相依合，至于罢入冀州，积三十年，析别有数万户，故高祖比校天下民户，最为大州。彝为黄门，每侍坐以为言，高祖谓之曰：“终当以卿为刺史，酬先世诚效。”彝追高祖往旨，累乞本州，朝议未许。彝亡后，灵太后云：“彝屡乞冀州，吾欲用之，有人违我此意。若从其请，或不至是，悔之无及。”乃赠使持节、卫将军、冀州刺史，谥文侯。

始均，字子衡。端洁好学，有文才。司徒行参军，迁著作佐郎。

世宗以彝先朝勤旧,不幸疹废,特除始均长兼左民郎中。迁员外常侍,仍领郎。始均才干有美于父,改陈寿《魏志》为编年之体,广益异闻,为三十卷。又著《冠带录》及诸赋数十篇,今并亡失。初,大乘贼起于冀、瀛之间,遣都督元遥讨平之,多所杀戮,积尸数万。始均以郎中为行台,忿军士重以首级为功,乃令检集人首数千,一时焚爇,至于灰烬,用息侥幸,见者莫不伤心。及始均之死也,始末在于烟炭之间,有焦烂之痛,论者或亦推咎焉。赠乐陵太守,谥曰孝。

子皓,袭祖爵。武定中,开府主簿。齐受禅,爵例降。

皓弟晏之,武定中,仪同开府中兵参军。

仲瑀,司空祭酒、给事中。

子台,仪同开府参军事。

仲瑀弟珉,著作佐郎。

史臣曰:郭祚才干敏实,有世务之长,高祖经纶之始,独在勤劳之地,居官任事,动静称述。张彝风力謇謇,有王臣之气,衔命拥旄,风声犹在。并魏氏器能之臣乎?遭随有命,俱婴世祸,悲哉!始均才志未申,惜也。

魏书卷六五
列传第五三

邢峦 李平

邢峦，字洪宾，河间鄚人也。五世祖嘏，石勒频征，不至。嘏无子，峦高祖盖，自旁宗入后。盖孙颖，字宗敬，以才学知名。世祖时，与范阳卢玄、勃海高允等同时被征。后拜中书侍郎，假通直常侍，宁朔将军、平城子，衔命使于刘义隆。后以病还乡里。久之，世祖访颖于群臣曰："往忆邢颖长者，有学义，宜侍讲东宫，今其人安在？"司徒崔浩对曰："颖卧疾在家。"世祖遣太医驰驲就疗。卒，赠冠军将军、定州刺史，谥曰康。子修年，即峦父也，州主簿。

峦少而好学，负帙寻师，家贫厉节，遂博览书传。有文才干略，美须髯，姿貌甚伟。州郡表贡，拜中书博士，迁员外散骑侍郎，为高祖所知赏。兼员外散骑常侍，使于萧赜。还，拜通直郎，转中书侍郎，甚见顾遇，常参座席。高祖因行药至司空府南，见峦宅，遣使谓峦曰："朝行药至此，见卿宅乃住，东望德馆，情有依然。"峦对曰："陛下移构中京，方建无穷之业，臣意在与魏升降，宁容不务永年之宅。"高祖谓司空穆亮、仆射李冲曰："峦之此言，其意不小。"有司奏策秀、孝，诏曰："秀、孝殊问，经权异策，邢峦才清，可令策秀。"

后兼黄门郎，从征汉北。峦在新野，后至。高祖曰："伯玉天迷其心，鬼惑其虑，守危邦，固逆主，乃至如此。"峦曰："新野既摧，众城悉溃，唯有伯玉，不识危机，平殄之辰，事在旦夕。"高祖曰："至此以来，虽未擒灭，城隍已崩，想在不远。所以缓攻者，正待中书为露布耳。”寻除正黄门、兼御史中尉、瀛州大中正,迁散骑常侍、兼尚书。

世宗初,峦奏曰:“臣闻昔者明王之以德治天下,莫不重粟帛,轻金宝。然粟帛安国育民之方,金玉是虚华损德之物。故先皇深观古今,去诸奢侈。服御尚质,不贵雕镂,所珍在素,不务奇绮。至乃以纸绢为帐床,铜铁为辔勒。训朝廷以节俭,示百姓以忧务,日夜孜孜,小大必慎。轻贱珠玑,示其无设,府藏之金,裁给而已,更不买积,以费国资。逮景明之初,承升平之业,四疆清晏,远迩来同,于是蕃贡继路,商贾交入,诸所献贺,倍多于常。虽加以节约,犹岁损万计,珍货常有余,国用恒不足。若不裁其分限,便恐无以支岁。自今非为要须者,请皆不受。”世宗从之。寻正尚书,常侍如故。

萧衍梁秦二州行事夏侯道迁以汉中内附,诏加峦使持节、都督征梁汉诸军事、假镇西将军,进退微摄,得以便宜从事。峦至汉中,白马已西犹未归顺,峦遣宁远将军杨举、统军杨众爱、氾洪雅等领卒六千讨之。军锋所临,贼皆款附,唯补谷戍主何法静据城拒守。悬等待进师讨之,法静奔溃,乘胜追奔至关城之下,萧衍龙骧将军关城流杂〔疑〕李侍叔逆以城降。萧衍辅国将军任僧幼等三十余将,率南安、广长、东洛、大寒、武始、除口、平溪、桶谷诸郡之民七千余户,相继而至。萧衍平西将军李天赐、晋寿太守王景胤等拥众七千,屯据石亭。统军韩多宝等率众击之,破天赐前军赵猪,擒斩一千三百。遣统军李义珍讨晋寿,景胤宵遁,遂平之。诏曰:“峦至彼,须有板官,以怀初附,高下品第,可依征义阳都督之格也。”拜峦使持节、安西将军、梁秦二州刺史。

萧衍巴西太守庞景民恃远不降,峦遣巴州刺史严玄思往攻之,斩景民,巴西悉平。萧衍遣其冠军将军孔陵等率众二万,屯据深坑,冠军将军曾方达固南安,冠军将军任僧褒、辅国将军李畎戍石同。峦统军王足所在击破之,枭衍辅国将军乐保明、宁朔将军李伯度、龙将军李思贤,贼遂保回车栅。足又进击衍辅国将军范峻,自余斩获,殆将万数。孔陵等收集遗众,奔保梓潼,足又破之,斩衍辅国将

军符伯度,其杀伤投溺者万有余人。开地定民,东西七百,南北千里,获郡十四,二部护军及诸县戍,遂逼涪城,

峦表曰:

扬州、成都相去万里,陆途既绝,唯资水路。萧衍兄子渊藻,去年四月十三日发扬州,今岁四月四日至蜀。水军西上,非周年不达,外无军援,一可图也。益州顷经刘季连反叛,邓元起攻围,资储散尽,仓库空竭,今犹未复,兼民人丧胆,无复固守之意,二可图也。萧渊藻是裙屐少年,未洽治务,及至益州,便戮邓元超、曹亮宗,临戎斩将,则是驾驭失方。范国惠津渠退败,锁执在狱。今之所任,并非宿将重名,皆是左右少年而已。既不厌民望,多行残暴,民心离解,三可图也。蜀之所恃,唯剑阁。今既克南安,已夺其险,据披界内,三公已一。从南安向涪,方轨任意,前军累破,后众丧魂,四可图也。昔刘禅据一国之地,姜维为佐,邓艾既出绵竹,彼即投降。及苻坚之世,杨安,朱彤三月取汉中,四月至涪城,兵未及州,仲孙逃命。桓温西征,不旬月而平。蜀地昔来恒多不守。况渊藻是萧衍兄子,骨肉至亲,若其逃亡,当无死理。脱军克涪城,渊藻复何宜城中坐而受困?若其出斗,庸蜀之卒唯便刀矟,弓箭至少,假有遥射,弗至伤人,五可图也。

臣闻乘机而动,武之善经,攻昧侮亡,《春秋》明义。未有舍干戚而康时,不征伐而混一。伏惟陛下纂武文之业,当必世之期,跨中州之饶,兼甲兵之盛,清荡天区,在于今矣。是以践极之初,寿春驰款;先岁命将,义阳克辟。淮外谧以风清,荆沔于焉肃晏。方欲偃甲息兵,候机而动,而天赞休明,时来斯速,虽欲靖戎,理不获已。至使道迁归诚,汉境仿拔。臣以不才,属当戎寄,内省文吏,不以军谋自许,指临汉中,惟规保疆守界。事属艰途,东西冠窃,上凭国威,下仗将士,边帅用命,频有薄捷。藉势乘威,经度大剑,既克南安,据彼要险。前军长迈,已至梓潼,新化之民,翻然怀惠,瞻望涪益,且夕可屠。正以兵少粮匮,

未宜前出。为尔稽缓,惧失民心,则更为冠。今若不取,后图便难,辄率愚管,庶几殄克,如其无功,分受宪坐。且益州殷实,户余十万,比寿春、义阳,三倍非匹,可乘可利,实在于兹。若朝廷志存保民,未欲经略,臣之在此,便为无事。乞归侍养,微展乌鸟。

诏曰:"若贼敢窥窬,观机翦扑;如其无也,则安民保境,以悦边心。子蜀之举,更听后敕。方将席卷岷蜀,电扫西南,何得辞以恋亲,中途告退! 宜勖令图,务申高略。"

峦又表曰:

昔邓艾、钟会率十八万众,倾中国资给,裁得平蜀。所以然者,斗实力故也。况臣才绝古人,智勇又阙,复何宜请二万之众而希平蜀? 所以敢者,正以据得要险,士民慕义,此往则易,彼来则难,任力而行,理有可克。今王足前进,已逼涪城;脱得涪城,则益州便是成擒之物,但得之有早晚耳。且梓潼已附,民户数万,朝廷岂得不守之也?若守也,直保境之兵则已一万,臣今请二万伍千,所增无几。又剑阁天险,古来所称,张载《铭》云:"世乱则逆,世清斯顺。"此之一言,良可惜矣。"

臣诚知征戎危事,不易可为,自军度剑阁以来,鬓发中白,忧虑战惧,宁可一日为心。所以勉强者,既得此地而自退不守,恐辜先皇之恩遇,负陛下之爵禄,是以孜孜,频有陈请。且臣之意算,正欲先图涪城,以渐而进。若克涪城,便是中分益州之地,断水陆之冲,彼外无援军,孤城自守,复何能持久哉! 臣今欲使军军相次,声势连接,先作万全之计,然后图彼,得之则大克,不得则自全。

又巴西、南郑相离一千四百,去州迢递,恒多生动。昔在南之日,以其统缉势难,故增立巴州,镇静夷獠,梁州藉利,因而表罢。彼土民望,严、蒲、何、杨,非唯五三,族落虽在山居,而多有豪右,文学笺启,往往可观,冠带风流,亦为不少。但以去州既远,不能仕进;至于州纲,无由厕迹。巴境民豪,便是无梁州

之分,是以郁快,多生动静。比建议之始,严玄思自号巴州刺
史,克城以来,仍使行事。巴西广袤一千,户余四万,若彼立州,
镇摄华獠,则大帖民情,从垫江已还,不复劳征,自为国有。
世宗不从。又王足于涪城辄还,遂不定蜀。

峦既克巴西,迁遣军主李仲迁守之。仲迁得萧衍将张法养女,
有美色,甚惑之。散费兵储,专心酒色,公事谐承,无能见者,

峦忿之切齿,仲迁惧,谋叛,城人斩其首,以城降衍将谯希远,
巴西遂没。武兴氐杨集起等反叛,峦遣统军傅竖眼讨平之,语在《竖
眼传》。

峦之初至汉中,从容风雅,接豪右以礼,抚细民以惠。岁余之
后,颇因百姓去就,诛灭齐民,藉为奴婢者二百余口,兼商贩聚敛,
清论鄙之。徵授度支尚书。

时萧衍遣兵侵轶徐兖、缘边镇戍相继陷没。朝廷忧之,乃以峦
为使持节、都督东讨诸军事、安东将军,尚书如故。世宗劳遣峦于东
堂,曰:"萧衍寇边,旬朔滋甚,诸军舛互,规致连戍陷没,宋鲁之民
尤罹汤炭。诚知将军旋京未久,膝下难违,然东南之寄,非将军莫
可。将军其勉建殊绩,以称朕怀,自古忠臣亦非无孝也。"峦对曰:
"贼虽送死连城,犬羊众盛,然逆顺理殊,灭当无远。况臣仗陛下之
神算,奉律以摧之,平殄之期可指辰而待。愿陛下勿以东南为虑。"
世宗曰:"汉祖有云'金吾击郾,吾无忧矣'。今将军董戎,朕何虑
哉。"

先是,萧衍辅国将军萧及先率众二万,寇陷固城;冠军将军鲁
显文、骁骑将军相文玉等率众一万,屯于孤山;衍将角念等率众一
万,扰乱龟蒙,土民从逆,十室而五。峦遣统军樊鲁讨文玉,别将元
恒攻固城,统军毕祖朽复破念等,兖州悉平。峦破贼将蓝怀等于睢
口,进围宿豫。而怀恭于淮南造城,规断水陆之路。峦身率诸军,自
水南而进,遣平南将军杨大眼从北逼之,统军刘思祖等夹水造筏,
烧其船舫,众军齐进,拔栅填堑,登其城。火起中流,四面俱击,仍陷
贼城,俘斩数万。在陈别斩怀恭,擒其列侯、列将、直阁、直后三十余

人,俘斩一万。宿豫既平,萧昞亦于淮阳退走,二戍获米四十余万石。世宗赐峦玺书曰:"知大歼丑虏,威振贼庭,淮外雾披,徐方卷壒,王略远恢,混一维始,公私庆泰,何快如之!贼衍此举,实为倾国。比者宿豫陷殁,淮阳婴城,凶狡舟张,规抗王旅。将军忠规协著,火烈霜摧,电动岱阴,风扫沂峤,遂令逋诛之寇,一朝歼夷;元鲸大憝,千里折首。殊勋茂捷,自古莫二。但扬区未安,余烬宜荡,乘胜掎角,势不可遗。便可率厉三军,因时经略,申威东南,清彼江介,忘此仍劳,用图永逸。进退规度,委之高算。"又诏峦曰:"淮阳、宿豫虽已清复,梁城之贼犹敢聚结,事宜乘胜,并势摧殄。可率二万之众渡淮,与征南掎角,以图进取之计。"

及梁城贼走,中山王英乘胜攻钟离,又诏峦帅众会之。峦表曰:"奉被诏旨,令臣济淮,与征南掎角,乘腾长驱,实是其会。但愚怀所量,窃有示尽。夫图南因于积风,伐国在于资给。用兵治戎,须先计校,非可抑为必胜,幸其无能。若欲掠地诛民,必应万胜;如欲攻城取邑,未见其果。得之则所益未几,不获则亏损必大。萧衍倾竭江东,为今岁之举,疲兵丧众,大败而还,君臣失计,取笑天下。虽野战非人敌,守城足有余,今虽攻之,未易可克。又广陵悬远,去江四十里,钟离、淮阴介在淮外,假其归顺而来,犹恐无粮艰守,况加攻讨劳兵士乎?且征南军士从戎二时,疲弊死病,量可知已。虽有乘胜之资,惧无远用之力。若臣之愚见,谓宜修复旧戍,牢实边方,息养中州,拟之后举。又江东之衅,不患久无,畜力待机,谓为胜计。"诏曰:"济淮掎角,事如前敕。何容犹尔磐桓,方有此请!可速进军,经略之宜听征南至要。"

峦又表曰:"萧衍侵境,久劳王师,今者奔走,实除边患。斯由灵赞皇魏,天败寇竖,非臣等弱劣所能克胜。若臣之愚见,今正宜修复边镇,俟之后动。且萧衍尚在,凶身未除,螳螂之志,何能自息!唯应广备以待其来,实不宜劳师远入,自取疲困。今中山进军钟离,实所未解,若能为得失之计,不顾万全,直袭广陵,入其内地,出其不备,或未可知。正欲屯兵,萧密余军犹自在彼。欲言无粮,运船复至。

而欲以八十日粮图城者，臣未之前闻。且广陵、任城可为前戒，岂容今者复欲同之？今若往也，彼牢城自守，不与人战，城堑水深，非可填塞，空坐至春，则士自弊苦。遣臣赴彼，粮何以致？夏来之兵，不赍冬服，脱遇冰雪，取济何方？臣宁荷怯懦不进之责，不受败损空行之罪。钟离天险，朝贵所具，若有内应，则所不知，如其无也，必无克状。若其不复，其辱如何！若信臣言也，愿赐臣停；若谓臣难行求回，臣所领兵统悉付中山，任其处分，臣求单骑随逐东西。且俗谚云：耕则问田奴，绢则问织婢。臣虽不武，添备征将，前宜可否，颇实知之，臣既谓难，何容强遣。”诏曰：“安东频请罢军，迟回未往，阻异戎规，殊乖至望。士马既殷，无容停积，宜务神速，东西齐契，乘胜扫殄，以赴机会。”峦累表求还，世宗许之。英果败退，时人伏其识略。

初，侍中卢昶与峦不平，昶与元晖俱世宗所宠，御史中尉崔亮，昶之党也。昶、晖令亮纠峦，事成，许言于世宗以亮为侍中。亮于是奏劾峦在汉中掠良人为奴婢。峦惧为昶等所陷，乃以汉中所得巴西太守庞景民女化生等二十余口与晖。化生等数人，奇色也，晖大悦，乃背昶为峦言于世宗云：“峦新有大功，已经赦宥，不宜方为此狱也。”世宗纳之。高肇以峦有克敌之效，而为昶等所排，助峦申释，故得不坐。

豫州城民白早生杀刺史司马悦，以城南入，萧衍遣其冠军将军齐苟仁率众入据悬瓠。诏峦持节，率羽林精骑以讨之。封平舒县开国伯，食邑五百户，赏宿豫之功也。世宗临东堂，劳遣峦曰：“司马悦不慎重门之戒，智不足以谋身，匪直丧元隶贤，乃大亏王略。悬瓠密迩近畿，东南藩捍，兼云□公在彼，忧虑尤深。早生理不独立，必远引吴楚，士民同恶，势或交兵。卿文昭武烈，朝之南仲，故令卿星言电迈，出其不意。卿言早生走也，守也？何时可以平之？”峦对曰：“早生非有深谋大智能构成此也，但因司马悦虐于百姓，乘众怒而为之，民为凶威所慑，不得已而苟附。假萧衍军入应，水路不通，粮运不继，亦成擒耳，不能为害也。早生得衍军之接，溺于利欲之情，必守而不走。今王师若临，士民必翻然归顺。围之穷城，奔走路绝，不度此年,必传首京师。愿陛下不足垂虑。"世宗笑曰:"卿言何其壮哉!深会朕遣卿之意。知卿亲老,频劳于外,然忠孝不俱,才宜救世,不得辞也。"

于是峦率骑八百,倍道兼行,五日次于鲍口。贼遣大将军胡孝智率众七千,去城二百,逆来拒战。峦击破孝智,乘胜长驱,至于悬瓠。贼出城逆战,又大破之,因即渡汝。既而大兵继至,遂长围之。诏加峦使持节、假镇南将军、都督南讨诸事。征南将军、中山王英南讨三关,亦次于悬瓠,以后军未至,前寇稍多,惮不敢进,乃与峦分兵掎角攻之。衍将齐荀仁等二十一人开门出降,即斩早生等同恶数十人。豫州平,峦振旅还京师。世宗临东堂,劳之曰:"卿役不逾时,克清妖丑,鸿勋硕美,可谓无愧古人。"峦对曰:"此自陛下圣略威灵,英等将士之力,臣何功之有。"世宗笑曰:"卿匪直一月三捷,所足称奇,乃存士伯,欲功成而不处。"

峦自宿豫大捷,及平悬瓠,志行修正,不复以财贿为怀,戎资军实,丝豪无犯。迁殿中尚书,加抚军将军。延昌三年,暴疾卒,年五十。峦才兼文武,朝野瞻望,上下悼惜之。诏赗帛四百匹、朝服一袭,赠车骑大将军、瀛州刺史。初,世宗欲赠冀州,黄门甄琛以峦前曾劾己,乃云:"瀛州峦之本邦,人情所欲。"乃从之。及琛为诏,乃云"优赠车骑将军、瀛州刺史。"议者笑琛浅薄。谥曰文定。

子逊,字子言。貌虽陋短,颇有风气。解褐司徒行参军。袭爵。后迁国子博士、本州中正。因谒灵太后,自陈:"功名之子,久抱沉屈。臣父屡为大将,而臣身无军功阶级,臣父唯为忠臣,不为慈父。"灵太后慨然,以逊为长兼吏部郎中。出为安远将军、平州刺史。时北蕃多难,稽留不进,免。孝庄初,除辅国将军、通直散骑常侍、东道军司,讨逆贼刘举于濮阳,不克。还,除散骑常侍,加前将军。永安二年,坐受任元颢,除名。寻除抚军将军、金紫光禄大夫。出帝时,转卫将军、右光禄大夫。孝静初,以本官领尝药典御,加车骑将军。久之除大司农卿,与少卿马庆哲至相纠讼。逊锐于财利,义者鄙之。武定四年卒,年五十六。赠本将军、光禄勋卿、幽州刺史。

子祖微,开府祭酒。父丧未终,谋反,伏法。

峦弟儒,瀛州镇远府长史、给事中。

儒弟伟,尚书郎中。卒,赠博陵太守。子昕,在《文苑传》。

伟弟季彦。

季彦弟晏,字幼平。美风仪,博涉经史,善谈释老,雅好文咏。起家太学博士、司徒东阁祭酒。世宗初,为与广平王怀游宴,左迁郏县令,未之官。除给事中,迁司空主簿、本州中正、汝南王文学。稍迁辅国将军、司空长史,兼吏部郎中。以本将军出为南兖州刺史。徵为太中大夫、兼丞相高阳王右长史。寻以本将军除沧州刺史。为政清静,吏民安之。孝昌中卒,时年五十一。赠征北将军、尚书左仆射、瀛州刺史,谥曰文贞。晏笃于义让,初为南兖州刺史,例得一子解褐,乃启其孤弟子子慎,年甫十二,而其子已弱冠矣。后为沧州,复启孤兄子昕为府主簿,而其子并未从官,世人以此多之。

子测,武定末,太子洗马,

测弟亢,字子高,颇有文学。释褐司空行参军。迁广平王开府从事中郎。兼通直散骑常侍,使于萧衍,时年二十八。还,除平东将军,齐文襄王大将军府属。又转中外府属。武定七年,坐事死于晋阳,年三十四。

峦叔祖祐,字宗祐。少有学尚,知名于时。徵除著作郎,领乐浪王傅。后假员外散骑常侍,使于刘彧。以将命之勤,除建威将军、平原太守,赐爵城平男。政清刑肃,百姓安之。卒,年七十三。

子产,字神宝。好学,善属文。少时作《孤蓬赋》,为时所称。举秀才,除著作佐郎。假员外常侍、郯县子,使于萧赜。产仍世将命,时人美之。后迁中书侍郎,俄迁太子中庶子。卒,年四十六,朝廷嗟惜焉。赠建威将军、平州刺史、乐城子。谥曰定。

祐从子虬,字神虎。少为《三礼》郑氏学,明经有文思。举秀才上第,为中书议郎、尚书殿中郎。高祖因公事与语,问朝觐宴餐之礼，虬以经对，大合上旨。转司徒属、国子博士。高祖崩，尚书令王肃多用新仪，虬往往折以《五经》正礼。转尚书右丞，徙左丞，多所纠正，台阁肃然。时雁门人有害母者，八座奏辗之而潴其室，宥其二子。虬驳奏云："君亲无将，将而必诛。今谋逆者戮及期亲，害亲者今不及子，既逆甚枭獍，禽兽之不若，而使禋祀不绝，遗育永传，非所以劝忠孝之道，存三纲之义。若圣教含容，不加孥戮，使父子罪不相及，恶止于其身，不则宜投之四裔，敕所在不听配匹。《般庚》言'无令易种于新邑'，汉法五月食枭羹，皆欲绝其类也。"奏入，世宗从之。寻除司徒右长史，迁龙骧将军，光禄少卿。虬母在乡遇患，请假归。值秋水暴长，河梁破绝，虬得一小船而渡，漏而不没，时人异之。母丧，哀毁过礼，为时所称。年四十九，卒。赠征虏将军、幽州刺史，谥曰威。虬善与人交，清河崔亮、顿丘李平并与亲善。所余碑颂杂笔三十余篇。有二子。

长子臧，在《文苑传》。

臧弟子才，武定末，太常卿。

虬从子策，亦有才学。卒于齐王仪同开府主簿。

李平，字昙定，顿丘人也。彭城王嶷之长子。少有大度。及长涉猎群书，好《礼》、《易》，颇有文才。太和初，拜通直散骑侍郎，高祖礼之甚重。频经大忧，居丧以孝称。后以例降，袭爵彭城公。拜太子中舍人，迁散骑侍郎，舍人如故。迁太子中庶子。平因侍从容请自效一郡，高祖曰："卿复欲以吏事自试也。"拜长乐太守，政务清静，吏民怀之。车驾南伐，以平兼冀州仪同开府长史，甚著声称，仍除正长史，太守如故。未几，遂行河南尹，豪右权贵惮之。世宗即位，除黄门郎，迁司徒左长史，行尹如故。寻以称职正尹，长史如故。

车驾将幸邺，平上表谏曰：

伏见已丑诏书，云轩銮銮辂，行幸有期，凰服龙骖，克驾近日。将欲讲武淇阳，大习邺魏，驰骋骦于绿竹之区，骋骦骦于漳淦之壤。斯诚幽显同忻，人灵共悦。臣之愚管，窃有惑焉。何者？嵩京创构，洛邑俶营，虽年跨十稔，根基未就。代民至洛，始欲向尽，资产磬于迁移，牛畜毙于辇运；陵太行之险，越长津之难，辛勤备经，得达京阙，富者犹损太半，贫者可以意知。兼历岁从戎，不遑启处，自景明已来，差得休息。事农者未积二年之储，筑室者裁有数间之屋，莫不肆力伊瀍，人急其务。实宜安静新人，劝其稼穑，令国有九年之粮，家有水旱之备。若乘之以羁绁，则所废多矣。一夫从役，举家失业。今复秋稼盈田，禾菽遍野，銮驾所幸，腾践必殷。未若端拱中天，坐招四海，耀武崧原，礼射伊洛，士马无跋涉之劳，兆民有康哉之咏，可不美欤？不从。诏以本官行相州事。世宗至邺，亲幸平第，见其诸子。寻正刺史，加征虏将军。平劝课农桑，修饰太学，简试通儒以充博士，选五郡聪敏者以教之，图孔子及七十二子于堂，亲为立赞。前来台使颇好侵取，平乃书“履虎尾”、“践薄冰”于客馆，注颂其下，以示诫焉。加平东将军，征拜长兼度支尚书，寻正尚书，领御史中尉。

冀州刺史、京兆王愉反于信都，以平为使持节、都督北讨诸军事、镇北将军，行冀州事以讨之。世宗临式乾殿，劳遣平曰：“愉，朕之元弟，居不疑之地，豺狼之心，不意而发，欲上倾社稷，下残万姓。大义灭亲，夫岂获止。周公行之于古，朕亦当行之于今。委卿以专征之任，必令应期摧殄，务尽经略之规，勿亏推毂之寄也。何图今日言及斯事。”因歔欷流涕。平对曰：“臣愉天迷其心，构此枭悖。陛下不以臣不武，委以总督之任，今大宥既敷，便应有征无战。脱守迷不悟者，当仰凭天威，抑厉将士，譬犹太阳之消微露，巨海之荡荧烛，天时人事，灭在昭然。如其稽颡军门，则送之大理，若不悛待戮，则鸣鼓衅钟，非陛下之事。”

平进次经县，诸军大集。夜有蛮兵数千斫平前垒，矢及平帐，平坚卧不动，俄而乃定。遂至冀州城南十六里。贼攻围济州军，拔栅填堑，未满者数尺。诸将合战，无利而还，惮于更进。平亲入行间，劝以重赏，士卒乃前，大破逆众。愉时坠马，乃有一人下马授愉，止而斗死。乘胜逐北，至于城门，斩首数万级，遂围城烧门。愉与百余

骑突门出走,遣统军叔孙头追之,去信都十里擒愉。冀州平,世宗遣
兼给事黄门侍郎、秘书丞元梵宣旨慰劳。徵还京师,以本官领相州
大中正。

　　平先为尚书令高肇、侍御史王显所恨,后显代平为中尉,平加
散骑常侍,显劾平在冀州隐截官口,肇又扶成其状,奏除平名。延昌
初,诏复官爵,除其定冀之勋。前来良贱之讼,多有积年不决,平奏
不问真伪,一以景明年前为限,于是诤讼止息。武川镇民饥,镇将任
款请贷未许,擅开仓赈恤,有司绳以费散之条,免其官爵。平奏款意
在济人,心无不善,世宗原之。迁中书令,尚书如故。肃宗初,转吏
部尚书,加抚军将军。平高明强济,所在有声,但以性急为累。尚书
令、任城王澄奏理平定冀之勋,请酬以山河之赏。灵太后乃封武邑
郡开国公,食邑一千五百户,缣二千五百匹。

　　先是,萧衍遣其左游击将军赵祖悦偷据西硖石,众至数万,以
逼寿春。镇南崔亮攻之,未克,又与李崇乖二。诏平以本官使持节、
镇军大将军、兼尚书右仆射,为行台,节度诸军,东西州将一以禀
之,如有乖异,以军法从事。诏平长子奖以通直郎从,赐平缣帛百
段、紫纳金装衫甲一领、赐奖缣布六十段、绛衲袄一领。父子重列,
拜受家庭,观者荣之。于是率步骑二千以赴寿春。平巡视硖石内外,
知其盈虚之所,严勒崇、亮。令水陆兼备,克期齐举。崇、亮惮之,无
敢乖互。频日交战,屡破贼军。安南军崔延伯立桥于下蔡,以拒贼
之援军。贼将王伸念、昌义之等不得进救,祖悦守死穷城。平乃部
分攻之。令崔亮督陆卒攻其城西,李崇勒水军击其东面,然后鼓噪,
南北俱上。贼众周章,东西赴战。屠贼外城,贼之将士相率归附。祖
悦率其余众固保南城,通夜攻守,至明乃降。斩祖悦,送首于洛,俘
获甚众。以功迁尚书右仆射,加散骑常侍,将军如故。平还京师,灵
太后见于宣光殿,赐以金装刀杖一口。

　　时南徐州表云,萧衍堰淮水为患,诏公卿议之,平以为不假兵
力,终自毁坏。及淮堰破,灵太后大悦,引群臣入宴,敕平前鸣箫管,
肃宗手赐缣布百段。熙平元年冬卒,遗令薄葬。诏给东园秘器、朝

服一具、衣一袭、帛七百匹。灵太后为举哀于东堂。赠侍中、骠骑大将军、仪同三司、冀州刺史，谥文烈公。

平自在度支，至于端副，夙夜在公，孜孜匪懈。凡处机密十有余年，有献替之称。所制诗赋箴谏咏颂，别有集录。平长子奖，字遵穆，袭。遵穆，袭。容貌魁伟，有当世才度。自太尉参军事，稍迁通直郎、中书侍郎、直阁将军、吏部郎中、征虏将军。迁安东将军、光禄大夫，仍吏郎中，又以本官兼尚书，出为抚军将军、相州刺史。

初，元乂擅朝，奖为其亲侍，频居显要。灵太后反政，削除官爵。孝壮初，为散骑常侍、镇东将军、河南尹。奖前后所历，皆以明济著称。元颢入洛，颢以奖兼尚书右仆射，慰劳徐州羽林及城人，不承颢旨，害奖，传首洛阳。

出帝时，奖故吏通直散骑常侍宋游道上书理奖曰："臣闻赏善罚恶，谓之二机，有道存焉，所贵不滥。是以子胥无罪，吴人痛之；郄宛不幸，国言未息。故河南尹李奖，门居戚里，世擅名家，有此良才，是兼周用。自少及长，忠孝为心，入朝出牧，清明流誉。襟怀放畅，风神爽发，实廊庙之瑚琏，社稷之桢干。往岁北海窃据，负扆当朝，王公卿士，俯眉从事。而奖阖门百口，同居京洛，既被羁絷，自拔无由。托使东南，情存避难，当时物论谓其得所。然北海未败之日，徐州刺史元孚为其纯臣，莫之敢距，表启相望，迟速唯命。及皇舆返正，神器斯复，轻薄之徒，共生侥幸，诡言要赏，曲道求通，滥及善人，称为己力。若以奖受命贼朝，语迹成罪，便与天下共当此责。于时，朝旨唯命免官，亦既经恩，方加酪滥，伊昔具臣，比肩贼所，身临河上，日寻干戈，进逢宽政，任遇不改。一介使人，独婴斯戮，凡在有心，孰不嗟悼！前朝所以论功者，见其边人且相慰悦，其犹郭默生乱，刘胤悬首，事乃权宜，盖非实录。昔邓艾下世，段灼理其冤；马援物故，朱勃申其屈。臣虽小人，趣事君子，有怀旧恩，义兼人故，见其若此，久欲陈辞。含言未吐，遂至今日。幽泉已闭，垄树成行，内手扪心，顾怀愧慨。幸逢兴圣，理运唯新，虽曰篡戎，事同创革。频有大恩，被于率土，亡官失爵者，悉蒙追复。而奖杂木犹存，牛车未改。

士感知己，怀此无忘。轻率瞽言，干犯辇毂。伏愿天鉴，赐垂矜览，加其赠秩，慰此幽魂。"诏赠卫将军、冀州刺史。

子构袭。武定末，太子中舍人。齐受爵例降。

构弟训，太尉默曹参军。

奖弟谐，字虔和。风流闲润，博学有文辩，当时才俊，咸相钦赏。受父前爵彭城侯。自太尉参军，历尚书郎、徐州北海王颢抚军府司马，入为长兼中书侍郎。崔光引为兼著作郎，谐在史职，无所历意。加辅国将军、相州大中正、光禄大夫。除金紫光禄大夫。加卫将军。

元颢入洛，以为给事黄门侍郎。颢败，除名，乃为《述身赋》，曰：

夫休咎相躔，祸福相生。龟筮迷其兆，圣达蔽其萌。览成败于前迹，料趣舍于人情。咸争途以走利，罕外己以逃名。连从车以载祸，多厩马以取刑。岂知夫一介独往，乃千秉所不能倾。伊薄躬之悔吝，无性命之淑灵。藉休庸于祖武，仰馀烈于家声。徒从师以下学，乏游道于上京。洎方年之四五，实始筮之弱龄。爰释巾而从吏，谬邀宠于时明。彼□□之赫赫，乃陋周而小汉。帝文笃其成功，我武治其未乱。掩四奥而同轨，穆三辰而贞观。威北畅而武戢，鼎南迁而文焕。异人相趋于绛阙，鸿生接武于儒馆。总群雅而同归，果方负而殊贯。伊滥吹之所从，初窃服于宰旅。奉盛王之高义，游兔园而容与。缀鸿鹭之未行，连英髦之茂序。及伯舅之西伐，赫灵旗之东举。复奉役于前辕，仍执羁于后距。迫玄冬之暮岁，历关山之遄阻。风激沙而破石，雪浮河而漫野。乐在志其无端，悲涉物而多绪。俄宫车之晏驾，改秉辕而归予。

属推恩之在今，自傍枝而褆福。既献□以命宗，叨微躬于侯服。礼空文于頬飨，赋无征于汤沐。思守位而非懈，每屏居而自肃。忽忝命于建礼，游丹绮之重复。信兹选之为难，乃上应于列宿。阳源犹且自免，何称仲治与太叔。余生□之萧散，本寓名而为仕。好不存于吏法，才实疎于政理。竟火烛之不事，徒博弈其贤巳。窃自托于诸生，颇驰骋于文史。通人假其余论，士林察于□理。乃妄涉于风流，遂饰辈于士子。且以自托，□□□□。

　　虽迹俟尘滓，而赏许云霞。栖闲虚以筑馆，背城阙而为家。带二学之高宇，远三市之狭邪。事虽俭而未陋，制有度而不奢。山隐势于复石，水回流于激沙。树先春而动色，草迎岁而发花。座有清谈之客，门交好事之车。或林嬉于月夜，或水宴于景斜。肆雕章之腴旨，咀文艺之英华。羞绿芰与丹藕，荐朱李及甘瓜。虽惭洛水之名致，有类金谷之喧哗。聊自足于所好，岂留连于或号。思炯戒而自反，勖身名于所蹈。奉哲后之渊猷，赞崇麾于华奥。岂千秉之乏使，感一眄之相劳。竟不留于三月，因病满而休告。

　　彼东观之清华，乃任隆于载笔。蔡一去而贻恨，张再还而有述。忽牵短而滥官，司惇史于藏室。惭子之繁丽，微马生之简实。复通籍而延宠，陪帝扃之华密。信仪凤之所栖，乃丝文之自出。历五载而俳徊，犹官命之不改。谢能飞于无翼，故同滞于有待。晚加秩于戎章，乃□号之斯在。

　　属运道之将季，谅冠屡之无碍。奄升御于鼎湖，忽流哀于四海。昔汉命之中微，皇统于是三绝。暨孝昌之陵陂，亦继□而祸结。将《小雅》之诗废，复三纲之道灭。思踽踽于时昏，独沉吟于运闭。遂退处于穷里，不外交于人世。及数反于中兴，驱时雄而电逝。既籍取乱之权，方乘转圆之势。俄隙开而守废，遂冠冕之毁裂。彼膏原而涂野，嗟卫肝与嵇血。

　　何古今之一揆，每治少而乱多。卢遁身于东掖，荀窜迹于南罗。时获逃于□阜，仍窜宿于岩阿。首丘急于明发，东路长其如何。遽登舟而鼓舵，乃沿洛而泛河。鹜寸阴于不测，竞征鸟于归波。时在所而放命，连百万于山东。何信都之巨猾，若封豕与大风。肆吞噬于觜距，咸邑烬而野空。径黎阳之寇聚，迫崖垒之沨隆。躁通川而鼎沸，矢交射于舟中。备百罹于兹日，谅陈蔡之非穷。秉虎口而获济,陵阳侯而迅往。得投憩于濮阳,实陶卫之旧壤。望乡村而伫立,曾不遥之河广。闻房马之夕嘶,见胡尘之昼上。

王略恢而庙胜,车徒发而雷响。扇风师之猛气,张天毕之曾纲。裁一鼓而冰销,俄氛祲之廓荡。昔蓬生之出奔,睹亡征于乱政。及季子之来反,乃君立而位定。伊吾人之蕞尔,本无係于衰盛。忻草茅而偃伏,且优游于辰庆。复推斥于宦流,延光华于玺命。甫闻内待之忝,复奉优加之令。何金紫之陆离,郁貂玉之相映。

时权定之云初,尚民心之易扰。何建武之明杰,茂雄姿于天表。忽灵命之有归,藉亲均而争绍。师出楚而焱发,旆陵江而云矫。辟闾阖之峥嵘,端冕旒于亿兆。神驾逝以流越,翠华飙而缭绕。苟命舜而数违,虽功深而祆夭。时难忽然已及,罗网周其四张。非五三之亲昵,罕徇节于汉阳。彼百僚之冠带,咸北首于西王。矧恩疏而任远,固身存而义亡。及宸居居之反正,振天网于颓纲。甄大义以明罚,虚半列于周行。乃襫带而来反,驱下泽于故乡。

探宿志以内求,抚身途而自计。不诡遇以邀合,岂钓名以干世。独浩然而任己,同虚舟之不系。既未识其所以来,亦岂知其所以逝。于是得丧同遣,忘怀自深;遇物栖息,触地山林。虽因西浮之迹,何异东都之心。愿自托于鱼鸟,永得性于飞沉。庶保此以获没,不再罪于当今。

孝静初,遭母忧,还乡里。微为魏尹,将军如故。以禫制未终,表辞。朝议亦以为优,仍许其让。萧衍求通和好,朝廷盛选行人,以谐兼散骑常侍,为聘命使主。谐至石头,萧衍遣其主客郎范胥当接。谐问胥曰:"主客在郎官几时?"胥答曰:"我本训胄虎门,适复今任。"谐言:"国子博士不应左转为郎。"胥答曰:"特为应接远宾,故权兼耳。"谐言:"屈己济务,诚得事宜。由我一介行人,令卿左转。"胥答曰:"自顾匪薄,不足对扬盛美,岂敢言屈。"胥问曰:"今犹尚暖,北间当小寒于此?"谐答曰:"地居阴阳之正,寒暑适时,不知多少。"胥曰:"所访邺下,岂是测影之地?"谐答曰:"皆是皇居帝里,相去不远,可得统而言之。"胥曰:"洛阳既称盛美,何事迁邺?"谐答曰:"不常厥邑,于兹五邦,王者无外,所在关河,复何所怪?"胥曰:"殷人否危,故迁相耿,贵朝何为而迁?"谐答:"圣人藏往知来,相时而动,何必俟于隆替?"胥曰:"金陵王气兆于先代,黄旗紫盖,本出东南,君临万邦,故宜在此。"谐答曰:"帝王符命,岂得与中国比隆?紫盖黄旗,终于入洛,无乃自害也?有口之说,乃是俳谐,亦何足道!"

萧衍亲问谐曰:"魏朝人士,德行四科之徒凡有几人?"谐对曰:"本朝多士,义等如林;文武贤才,布在列位;四科之美,非无其人。庸短造次,无以备启。"衍曰:"武王有乱臣十人,魏虽人物之盛,岂得顿如卿言?"谐曰:"愚谓周称十人,本举佐命,至于'济济多士',实是文王之诗。皇朝廊庙之才,足与周人有竞。"衍曰:"若尔,文足标异,武有冠绝者,便可指陈。"谐曰:"大丞相、勃海王秉文经武,左右皇极,画一九州,悬衡四海;录尚书、汝阳王元叔昭、尚书讼元世俊,宗室之秀,绾政朝端;左仆射司马子如、右仆射高隆之,并时誉民英,戮力匡辅;侍中高岳、侍中孙腾,勋贤忠亮,宣赞王猷。自余才美不可具悉。"衍曰:"故宜辅弼幼主,永固基业,深不不可言。"江南称其才辩。

使还,除大司农卿,加骠骑将军,转秘书监。遇偏风,废顿。武定二年卒,年四十九,时人悼惜之。赠骠骑大将军、卫尉卿、齐州刺史。所著文集,别有集录行于世。

长子岳武定末,司徒祭酒。

岳弟庶,尚书南主客郎。

谐弟邕,字修穆。幼而俊爽,有逸才。著作佐郎、高阳王雍友。凡所交游,皆倍年俊秀,才藻之美,为时所称。年二十五卒。赠镇远将军、洛州刺史,谥曰文。

　　史臣曰：邢峦以文武才策，当军国之任，内参机揆，外寄折冲，其纬世之器欤？李平以高明干略，效智于时，出入当官，功名克著，盖赞务之英也。

魏书卷六六
列传第五四

李崇　崔亮

李崇,字继长,小名继伯,顿丘人也,文成元皇后第二兄诞之子。年十四,召拜主文中散。袭爵陈留公,镇西大将军。高祖初,为大使,巡察冀州。寻以本官行梁州刺史。

时巴氏扰动,诏崇以本将军为荆州刺史,镇上洛,敕发陕、秦二州兵送崇至治。崇辞曰:"边人失和,本怨刺史,奉诏代之,自然易帖,但须一宣诏旨而已,不劳发兵自防,使怀惧也。"高祖从之。乃轻将数十骑驰到上洛,宣诏绥慰,当即帖然。寻勒边戍,掠得萧赜人者,悉令还之。南人感德,仍送荆州之口二百许人。两境交和,无复烽燧之警。在治四年,甚有称绩。召还京师,赏赐隆厚。

以本将军除兖州刺史。兖土旧多劫盗,崇乃村置一楼,楼悬一鼓,盗发之处,双槌乱击。四面诸村始闻者,挝鼓一通;次复闻者,以二为节;次后闻者,以三为节,各击数千槌。诸村闻鼓,皆守要路,是以盗发俄顷之间,声布百里之内。其中险要,悉有伏人,盗窃始发,便尔擒送。诸州置楼悬鼓,自崇始也。后例降为侯,改授安东将军。

车驾南征,骠骑大将军、咸阳王禧都督左翼诸军事,诏崇以本官副焉。徐州降人郭陆聚党作逆,人多应之,搔扰南北。崇遣高平人卜冀州诈称犯罪,逃亡归陆。陆纳之,以为谋主。数月,冀州斩陆送之,贼徒溃散。入为河南尹。后车驾南讨汉阳,崇行梁州刺史。氐杨灵珍遣弟波罗与子双领步骑万余,袭破武兴,与萧鸾相结。诏崇为使持节、都督陇右诸军事,率众数万讨之。崇槎山分进,出其不意,表里以袭。群氐皆弃灵珍散归,灵珍众减太半。崇进据赤土,灵珍又遣从弟建率五千人屯龙门,躬率精勇一万据鹫硖。龙门之北数十里中,伐树塞路,鹫硖之口积大木,聚雷石,临崖下之,以拒官军。崇乃命统军慕容拒率众五千,从他路夜袭龙门,破之。崇乃自攻灵珍,灵珍连战败走,俘其妻子。崇多设疑兵,袭克武兴。萧鸾梁州刺史阴广宗遣参军郑猷、王思考率众援灵珍。崇大破之,并斩波罗首,杀千余人,俘获猷等,灵珍走奔汉中。

高祖在南阳,览表大悦,曰:"使朕无西顾之忧者,李崇之功也。"以崇为都督梁秦二州诸军事、本将军、梁州刺史。高祖手诏曰:"今仇、陇克清,镇捍以德,文人威惠既宣,实允远寄,故敕授梁州,用宁边服。便可善思经略,去其可除,安其可育,公私所患,悉令芟夷。"及灵珍偷据白水,崇击破之,灵珍远遁。

世宗初,征为右卫将军,兼七兵尚书。寻加抚军将军,正尚书。转左卫将军、相州大中正。鲁阳蛮柳北喜、鲁北燕等聚众反叛,诸蛮悉应之,围逼湖阳。游击将军李晖先镇此城,尽力捍御,贼势甚盛。诏以崇为使持节、都督征蛮诸军事以讨之。蛮众数万,屯据形要,以拒官军。崇累战破之,斩北燕等,徙万余户于幽、并诸州。世宗追赏平氏之功,封魏昌县开国伯,邑五百户。

东荆州蛮樊安聚众于龙山,僭称大号,萧衍共为唇齿,遣兵应之。诸将击讨不利,乃以崇为使持节、散骑常侍、都督征蛮诸军事,进号镇南将军,率步骑以讨之。崇分遣诸将,攻击贼垒,连战克捷,生擒樊安,进讨西荆,诸蛮悉降。

诏以崇为使持节、兼侍中、东道大使,黜陟能否,著赏罚之称。转中护军,出除散骑常侍、征南将军、扬州刺史。诏曰:"应敌制变,算非一途,救左击右,疾雷均势。今朐山蚁寇,久结未殄,贼衍狡诈,或生诡劫,宜遣锐兵,备其不意。崇可都督淮南诸军事,坐敦威重,遥运声算。"延昌初,加侍中、车骑将军、都督江西诸事,刺史如故。

　　先是,寿春县人苟泰有子三岁,遇贼亡失,数年不知所在。后见在同县人赵奉伯家,泰以状告。各言己子,并有邻证,郡县不能断。崇曰:"此易知耳。"令二父与儿各在别处,禁经数旬,然后遣人告之曰:"君儿遇患,向已暴死,有教解禁,可出奔哀也。"苟泰闻,即号咷,悲不自胜,奉伯咨嗟而已,殊无痛意。崇察知之,乃以儿还泰,诘奉伯诈状。奉伯乃款引云:"先亡一子,故妄认之。"

　　又定州流人解庆宾兄弟,坐事俱徙扬州。弟思安背役亡归,庆宾惧后役追责,规绝名贯,乃认城外死尸,诈称其弟为人所杀,迎归殡葬。颇类思安,见者莫辨。又有女巫阳氏自云见鬼,说思安被害之苦,铠渴之意。庆实又诬疑同军兵苏显甫李盖等所杀,经州讼之,二人不胜楚毒,各自款引。狱将决竟,崇疑而停之。密遣二人非州内所识者,为从外来,诣庆宾告曰:"仆住在此州,去此三百。比有一人见过寄宿,夜中共语,疑其有异,便即诘问,迹其由绪。乃云是流兵背役逃走,姓解字思安。时欲送官,苦见求及,称有兄庆宾,今住扬州相国城内,嫂姓徐,君脱矜愍,为往报告,见申委曲,家兄闻此,必重相报,所有资财,当不爱惜。今但见质,若往不获,送官何晚。是故相造,指申此意,君欲见雇几何? 当放贤弟。若其不信,可见随看之。"庆宾怅然失色,求其少停,当备财物。此人具以报,崇摄庆宾,问曰:"尔弟逃亡,何故妄认他尸?"庆宾伏引。更问盖等,乃云自诬。数日之间,思安亦为人缚送。崇召女巫视之,鞭笞一百。崇断狱精审,皆此类也。

　　时有泉水涌于八公山顶;寿春城中有鱼无数,从地涌出;野鸭能飞入城,与鹊争巢。五月,大霖雨十有三月,大水入城,屋宇皆没,崇与兵泊于城上。水增未已,乃乘船附于女墙,城不没者二板而已。州府劝崇弃寿春,保北山。崇曰:"吾受国重恩,忝守藩岳,德薄招灾,致此大水。淮南万里,系于吾身。一旦动脚,百姓瓦解,扬州之地,恐非国物。昔王尊慷慨,义感黄河;吾岂爱一躯,取愧千载? 但怜兹士庶,无辜同死,可桴筏随高,人规自脱。吾必守死此城,幸诸君勿言。"时州人裴绚等受萧衍假豫州刺史,因乘大水,谋欲为乱,崇皆击灭之。崇以洪水为灾，请罪解任，诏曰："卿居藩累年，威怀兼畅，资储丰溢，足制勍冠。然夏雨泛滥，斯非人力，何得以此辞解？今水涸路通，公私复业，便可缮甲积粮，修复城雉，劳恤士庶，务尽绥怀之略也。"崇又表请解州，诏报不听。是时，非崇则淮南不守矣。

崇沉深有将略，宽厚善御众，在州凡经十年，常养壮士千人，寇贼侵边，所向摧破，号曰："卧虎"，贼甚惮之。萧衍恶其久在淮南，屡设反间，无所不至。世宗雅相委重，衍无以措其奸谋。衍乃授崇车骑大将军、开府仪同三司、万户郡公，诸子皆为县侯，欲以构崇。崇表言其状，世宗屡赐玺书慰勉之。赏赐珍异，岁至五三，亲待无与为比。衍每叹息，服世宗之能任崇也。

肃宗践祚，褒赐衣马。及萧衍遣其游击将军赵祖悦袭据西硖石，更筑外城，逼徙缘淮之人于城内。又遣二将昌义之、王神念率水军溯淮而上，规取寿春。田道龙寇边城，路长平寇五门，胡兴茂寇开霍。扬州诸戍，皆被寇逼。崇分遣诸将，与之相持。密装船舰二百余艘，教之水战，以待台军。萧衍霍州司马田休等率众寇建安，崇遣统军李神击走之。又命边城戍主邵申贤，要其走路，破之于濡水，俘斩三千余人。灵太后玺书劳勉。许昌县令兼纟麻戍主陈平玉南引衍军，以戍归之。崇自秋请援，表至十余。诏遣镇南将军崔亮救硖石，镇东将军萧宝夤于衍堰上流决淮东注。朝廷以诸将乖角，不相顺赴，乃以尚书李平兼右仆射，持节节度之。崇遣李神乘斗舰百余艘，沿淮与李平、崔亮合攻硖石。李神水军克其东北外城，祖悦力屈乃降，语在《平传》。朝廷嘉之，进号骠骑将军、仪同三司，刺史、都督如故。衍淮堰未破，水势日增。崇乃于硖石戍间编舟为桥，北更立船楼十，各高三丈，十步置一篱，至两岸，蕃板装治，四箱解合，贼至举用，不战解下。又于楼船之北，连覆大船，东西竟水，防贼火筏。又于八公山之东南，更起一城，以备大水，州人号曰"魏昌城。"

崇累表解州，前后十余上。肃宗乃以元志代之。寻除都督冀定瀛三州诸军事、骠骑大将军、冀州刺史，仪同如故。不行。崇上表曰：

臣闻世室明堂，显于周夏；二黉两学，盛自虞殷。所以宗配上帝,以著莫大之严;宣布下土,以彰则天之轨。养黄发以询格言,育青襟而敷典式,用能亨国久长,风徽万祀者也。故孔子称巍巍乎其有成功,郁郁乎其有文章,此其盛矣。爰暨亡秦,政失其道,坑儒灭学,以蔽黔首。国无簧序之风,野有非时之役,故九服分崩,祚终二世。炎汉勃兴,更修儒术;文景已降,礼乐复彰;化致升平,治几刑措。故西京有六学之美,东都有三本之盛,莫不纷纶掩蔼,响流无已。逮自魏晋,拨乱相因,兵革之中,学校不绝,遗文灿然,方轨前代。

仰惟高祖孝文皇帝禀圣自天,道镜今古,徙驭嵩河,光宅函洛,模唐虞以革轨仪,规周汉以新品制,列教序于乡党,敦诗书于郡国。使揖让之礼,横被于崎岖;歌咏之音,声溢于仄陋。但经始事殷,戎轩屡驾,未遑多就,弓剑弗追。世宗统历,聿遵先绪。永平之中,大兴板筑,续以水旱,戎马生郊,虽逮为山,还停一匮。

窃惟皇迁中县,垂二十祀。而明堂礼乐之本,乃郁荆棘之林;胶序德义之基,空盈牧竖之迹。城隍严固之重,阙砖石之工;堭堞显望之要,少楼榭之饰。加以风雨稍侵,渐至亏坠。又府寺初营,颇亦壮美,然一造至今,更不修缮,听宇凋朽,墙垣颓坏,皆非所谓追隆堂构,仪形万国者也。伏闻朝议,以高祖大造区夏,道侔姬文,拟祀明堂,式配上帝。今若基宇不修,仍同丘畎,即使高皇神享,阙于国阳,宗事之典,有声无实。此臣子所以匪宁,亿兆所以失望也。

臣又闻官方授能,所以任事;事既任矣,酬之以禄。如此,上无旷官之讥,下绝尸素之谤。今国子虽有学官之名,而无教授之实,何异兔丝燕麦,南箕北斗哉!昔刘向有言:“王者宜兴辟雍,陈礼乐,以风化天下。夫礼乐所以养人,刑法所以杀人。而有司勤勤请定刑法,至于礼乐,则曰未敢。是则敢于杀人,不敢于养人也。”臣以为当今四海清平,九服宁晏,经国要重,理应先营;脱复稽延,则刘向之言徵矣。但事不两兴,须有进退。

以臣愚量，宜罢尚方雕靡之作，颇省永宁土木之功，拜减瑶光材瓦之力，兼分石窟镂琢之劳，及诸事役非急者，三时农隙，修此数条。使辟雍之礼，蔚尔而复兴；讽诵之音，焕然而更作。美榭高墉，严壮于外；槐宫棘宇，显丽于中。道发明令，重遵乡饮，敦进郡学，精课经业。如此，则元、凯可得之于上序，游夏可致之于下国，岂不休欤！诚知佛理渊妙，含识所宗，然比之治要，容可小缓。苟使魏道熙缉，元首唯康，尔乃经营，未为晚也。

灵太后令曰："省表，具悉体国之诚。配飨大礼，为国之本，比以戎马在郊，未遑修缮。今四表晏宁，年和岁稔，当敕有司别议经始。"

除中书监、骠骑大将军、仪同如故。又授右光禄大夫，出为使持节、侍中、都督定幽燕瀛四州诸军事、本将军、定州刺史，仪同如故。徵拜尚书左仆射，加散骑常侍，骠骑、仪同如故。迁尚书令，加侍中。

崇在官和厚，明于决断，受纳辞讼，必理在可推，始为下笔，不徒尔收领也。然性好财货，贩肆聚敛，家资巨万，营求不息。子世哲为相州刺史，亦无清白状。邺洛市厘，收擅其利，为时论所鄙。

蠕蠕主阿那瑰率众犯塞，诏崇以本官都督北讨诸军事以讨之。崇辞于显阳殿，戎服武饰，志气奋扬，时年六十九，干力如少。肃宗目而壮之，朝廷莫不称善。崇遂出塞三千余里，不及贼而还。

后北镇破落汗拔陵反叛，所在响应。征北将军、临淮王彧大败于五原，安北将军李叔仁寻败于白道，贼众日甚。诏引丞相、令、仆、尚书、侍中、黄门于显阳殿，诏曰："朕比以镇人构逆，登遣都督临淮王克时除翦。军届五原，前锋失利，二将殒命，兵士挫衄。又武川乖防，复陷凶手。恐贼势侵淫，寇边恒朔。金陵在彼，夙夜忧惶。诸人宜陈良荣，以副朕怀。"吏部尚书元修义曰："强寇充斥，事须得讨。臣谓须得重贵，镇压恒、朔，总彼师旅，备卫金陵。"诏曰："去岁阿那瑰叛逆，遣李崇令北征，崇遂长驱塞北，返旆榆关，此亦一时之盛。崇乃上表求改镇为州，罢削旧贯。朕于时以旧典难革，不许其请。寻李崇此表，开诸镇非异之心，致有今日之事。但既往难追，为复略论此耳。朕以李崇国戚望重，器识英断，意欲还遣崇行，总督三军，扬旄恒、朔，除彼群盗。诸人谓可尔以不?"仆射萧宝夤等曰:"陛下以旧都在北，忧虑金陵，臣等实怀悚息。李崇德位隆重，社稷之臣，陛下此遣，实合群望。"

崇启曰:"臣实无用，猥蒙殊宠，位妨贤路，遂充北伐。徒劳将士，无勋而还，惭负圣朝，于今莫己。臣以六镇幽垂，与贼接对，鸣柝声弦，弗离旬朔。州名差重于镇，谓可悦彼心，使声教日扬，微尘去塞。岂敢导此凶源，开生贼意。臣之愆员，死有余责。属陛下慈宽，赐全腰领。今更遣臣北行，正是报恩改过，所不敢辞。但臣年七十，自惟老疾，不堪敌场，更愿英贤，收功盛日。"于是诏崇以本官加使持节、开府、北讨大都督，抚军将军崔暹，镇军将军、广陵王渊，皆受崇节度。又诏崇子光禄大夫神轨假平北将军，随崇北讨。崇至五原，崔暹大败于白道之北，贼遂并力攻崇。崇与广陵王渊力战，累破贼众，相持至冬，乃引还平城。渊表崇长史祖莹诈增功级，盗没军资。崇坐免官爵，徵还，以后事付渊。

后徐州刺史元法僧以彭城南叛，时除安乐王鉴为徐州刺史以讨法僧，为法僧所败，单马奔归。乃诏复崇官爵，为徐州大都督，节度诸军事。会崇疾笃，乃以卫将军、安丰王延明伐之。改除开府、相州刺史，侍中、将军、仪同并如故。孝昌元年薨于位，时年七十一。赠侍中、骠骑大将军、司徒公、雍州刺史，谥曰武康。后重赠太尉公，增邑一千户，余如故。

长子世哲，性轻率，供奉豪侈。少经征役，颇有保用。自司徒中兵参军，超为征虏将军、骁骑将军。寻迁后将军，为三关别将，讨群蛮，大破之。斩萧衍龙骧将军文思之等。还拜鸿胪少卿。性倾巧，善事人，亦以货赂自达。高肇、刘腾之处势也，皆与亲善，故世号为"李锥"。肃宗末，迁宗正卿，加平南将军，转大司农卿，仍本将军。又改授太仆卿，加镇东将军。寻出为相州刺史，将军如故。世哲至州，斥逐细人，迁徙佛寺，逼买其地，广兴第宅，百姓患之。崇北征之后，徵兼太常卿。御史高道穆毁发其宅，表其罪过。除镇西将军、泾州刺史，赐爵卫国子。正光五年七月卒。赗帛五百匹、朝服一袭，赠散骑常侍、卫将军、吏部尚书、冀州刺史，子如故。

世哲弟神轨，受父爵陈留侯。自给事中，稍迁员外常侍、光禄大夫。累出征讨，颇有将领之气。孝昌中，为太后宠遇，势倾朝野，时云见幸帷幄，与郑俨为双，时人莫能明也。频迁征东将军、武卫将军、给事黄门侍郎，常领中书舍人。时相州刺史、安乐王鉴据州反，诏神轨与都督源子邕等讨平之。武泰初，蛮帅李洪扇动诸落，伊阙已东，至于巩县，多被烧劫。诏神轨为都督，破平之。尔朱荣之向洛也，复为大都督，率众御之。出至河桥，值北中不守，遂便退还。寻与百官候驾于河阴，仍遇害焉。建义初，赠侍中、骠骑大将军、司空公、相州刺史，谥曰烈。

崔亮，字敬儒，清河东武城人也。父元孙，刘骏尚书郎。刘彧之僭立也，彧青州刺史沈文秀阻兵叛之。彧使元孙讨文秀，为文秀所害。亮母房氏，携亮依冀州刺史崔道固于历城，道固即亮之叔祖也。及慕容白曜之平三齐，内徙桑乾，为平齐民。时年十岁，常依季父幼孙，居家贫，佣书自业。

时陇西李冲当朝任事，亮从兄光往依之，谓亮曰："安能久事笔砚，而不往托李氏也？彼家饶书，因可得学。"亮曰："弟妹饥寒，岂可独饱？自可观书于市，安能盾人眉睫乎！"光言之于冲，冲召亮与语，因谓亮曰："比见卿先人《相命论》，使人胸中无复怵迫之念。今遂亡本，能记之不？"亮即为诵之，涕泪交零，声韵不异。冲甚奇之，迎为馆客。冲谓其兄子彦曰："大崔生宽和笃雅，汝宜友之；小崔生峭整清彻，汝宜敬之。二人终将大至。"冲荐之为中书博士。

转议郎，寻迁尚书二千石郎。高祖在洛，欲创革旧制，选置百官，谓群臣曰："与朕举一吏部郎，必使才望兼允者，给卿三日假。"又一日，高祖曰："朕已得之，不烦卿辈也。"驰驿徵亮兼吏部郎。俄为太子中舍人，迁中书侍郎，兼尚书左丞。亮虽历显任，其妻不免亲事舂簸。高祖闻之，嘉其清贫，诏带赐王令。

世宗亲政，迁给事黄门侍郎，仍兼吏部郎，领青州大中正。亮自参选事，垂将十年，廉慎明决，为尚书郭祚所委，每云："非崔郎中，选事不办。"寻除散骑常侍，仍为黄门。迁度支尚书，领御史中尉。自迁都之后，经略四方，又营洛邑，费用甚广。亮在度支，别立条格，岁省亿计。又议修汴蔡二渠，以通边运，公私赖焉。

侍中、广平王怀以母弟之亲，左右不遵宪法，敕亮推治。世宗禁怀不通宾客者久之。后因宴集，怀恃亲使忿，欲陵突亮。亮乃正色责之，即起于世宗前，脱冠请罪，遂拜辞欲出。世宗曰："广平粗疏，向来又醉，卿之所悉，何乃如此也？"遂诏亮复坐，令怀谢焉。亮外虽方正，内亦承候时情，宣传左右郭神安颇被世宗识遇，以弟托亮，亮引为御史。及神安败后，因集禁中，世宗令兼侍中卢昶宣旨责亮曰："在法官何故受左右嘱请？"亮拜谢而已，无以上对。转都官尚书，又转七兵，领廷尉卿，加散骑常侍，中正如故。徐州刺史元晅抚御失和，诏亮驰驿安抚。亮至，劾晅，处以大辟，劳来绥慰，百姓帖然。

除安西将军、雍州刺史。城北渭水浅不通船，行人艰阻。亮谓僚佐曰："昔杜预乃造河梁，况此有异长河，且魏晋之日亦自有桥，吾今决欲营之。"咸曰："水浅，不可为浮桥，泛长无恒，又不可施柱，恐难成立。"亮曰："昔秦居咸阳，横桥渡渭，以像阁道，此即以柱为桥。今唯虑长柱不可得耳。"会天大雨，山水暴至，浮出长木数百根。藉此为用，桥遂成立，百姓利之，至今犹名崔公桥。亮性公清，敏于断决，所在并号称职，三辅服其德政。世宗嘉之，诏赐衣马被褥。后纳其女为九嫔，徵为太常卿，摄吏部事。

肃宗初，出为抚军将军、定州刺史。萧衍左游击将军赵祖悦率众偷据硖石。诏亮假镇南将军，齐王萧宝夤镇东将军，章武王融安南将军，并使持节、都督诸军事以讨之。灵太后劳遣亮等，赐戎服杂物。亮至硖石，祖悦出城逆战，大破之。贼复于城外置二栅，欲拒官军，亮焚击破之，杀三千余人。亮与李崇为水陆之期，日日进攻而崇不至。及李平至，崇乃进军，共平硖石，语在《平传》。灵太后赐亮玺书曰："硖石既平，大势全举，淮堰孤危，自将奔溃。若仍敢游魂，此当易以立计，擒翦蚁徒，应在旦夕。将军推毂所凭，亲对其事，处分经略,宜共协齐,必令得扫荡之理,尽彼遗烬也。随便守御,及分渡掠截,扼其咽喉,防塞走路,期之全获,无令漏逸。若畏威降首者,自加斔宥,以仁为本,任之雅算。一二往使别宣。"以功进号镇北将军。

李平部分诸军,将水陆兼进,以讨堰贼。亮违平节度,以疾请还,隋表而发。平表曰:"臣以萧衍将湛僧珍、田道龙游魂境内,犹未收迹,义之、神念尚住梁城,今都督崔亮权据下蔡,别将甕生即往东岸,与亮接势,以防桥道。臣发引向堰,舍人曹道至,奉敕更有处分,而亮已辄还京。按亮受付东南,推毂是托,诚应忧国忘家,致命为限。而始届汝阴,盘桓不进,暨到寇所,停淹八旬;所营土山攻道,并不克就。损费粮力,坐延岁序。赖天威远被,士卒愤激,东北腾上,垂至北门;而亮迟回,仍不肯上,臣逼以白刃,甫乃登陟。及平硖石,宜听处分,方更肆其专恣,轻辄还归。此而不纠,法将焉寄?按律'临军征讨而故留不赴者死',又云'军还先归者流'。军罢先还,尚有流坐,况亮被符令停,委弃而反,失乘胜之机,阙水陆之会?缘情据理,咎深'故留'。今处亮死,上议。"灵太后令曰:"亮为臣不忠,去留自擅,既损威棱,违我经略。虽有小捷,岂免大咎。但吾摄御万几,庶兹恶杀,可特听以功补过。"及平至,亮与争功于禁中,形于声色。寻除殿中尚书,迁吏部尚书。

时羽林新害张彝之后,灵太后令武官得依资入选。官员既少,应选者多,前尚书李韶循常擢人,百姓大为嗟怨。亮乃奏为格制,不问士之贤愚,专以停解日月为断。虽复官须此人,停日后者终于不得;庸才下品,年月久者灼然先用。沉滞者皆称其能。亮外甥司空谘议刘景安书规亮曰:"殷周以乡塾贡士,两汉由州郡荐才,魏晋因循,又置中正。谛观在昔,莫不审举,虽未尽美,足应十收六七。而朝廷贡才,止求其文,不取其理;察孝廉,唯论章名,不及治道;立中正,不考人才行业,空辨氏姓高下。至于取士之途不溥,沙汰之理未精。而舅属当铨衡,宜须改张易调。如之何反为停年格以限之?天下士子谁复修厉名行哉!"

亮答书曰:"汝所言乃有深致。吾乘时邀幸,得为吏部尚书。当其壮也,尚不如人,况今朽老而居帝难之任。常思同升举直,以报明主之恩;尽忠竭力,不为贻厥之累。昨为此格,有由而然,今已为汝所怪,千载之后,谁知我哉?可静念吾言,当为汝论之。吾兼、正六为吏部郎,三为尚书,铨衡所宜,颇知之矣。但古今不同,时宜须异。何者?昔有中正,品其才第,上之尚书;尚书据状,量人授职,此乃与天下群贤共爵人也。吾谓当尔之时,无遗才,无滥举矣,而汝犹云十收六七。况今日之选专归尚书,以一人之鉴照察天下。刘毅所云:'一吏部、两郎中,而欲究竟人物,何异以管窥天,而求其博哉。'今勋人甚多,又羽林入选,武夫崛起,不解书计,唯可弣弩前驱,指踪捕噬而已。忽令垂组乘轩,求其烹鲜之效,未曾操刀,而使专割。又武人至多,官员至少,不可周溥。设令十人共一官,犹无官可授,况一人望一官,何由可不怨哉?吾近面执,不宜使武人入选,请赐其爵,厚其禄。既不见从,是以权立此格,限以停年耳。昔子产铸刑书以救弊,叔向讥之以正法,何异汝以古礼难权宜哉!仲尼云:德我者亦《春秋》,罪我者亦《春秋》。吾之此指,其由是也。但令当来君子知吾意焉。"后甄琛、元修义、城阳王徽相继为吏部尚书,利其便己,踵而行之。自是贤愚同贯,渭泾无别,魏之失才,从亮始也。

转侍中、太常卿,寻迁左光禄大夫、尚书右仆射。时刘胜擅权,亮托妻刘氏倾身事之,故频年之中,名位隆赫,有识者讥之。转尚书仆射,加散骑常侍。正光二年秋,疽发于背。肃宗遣舍人问疾,亮上表乞解仆射,送所负荷及印绶,诏不许。寻卒,诏给东园秘器、朝服一袭,赗物七百段、蜡三百斤,赠使持节、散骑常侍、车骑大将军、仪同三司、冀州刺史,谥曰贞烈。

亮在雍州,读《杜预传》,见为八磨,嘉其有济时用,遂教民为碾。及为仆射,奏于张方桥东堰谷水造水碾磨数十区,其利十倍,国用便之。亮有三子,士安、士和、士泰,并强干善于当世。

士安,历尚书比部郎。卒于谏议大夫,赠左将军、光州刺史,无子,弟士和以子乾亨继。

乾亨,武定中,尚书都兵郎中。

士和,历司空主簿、通直郎。从亮征硖石,以军勋拜冠军将军、中散大夫、西道台元修义左丞,行泾州事。萧宝夤之在关中,高选僚佐,以为督府长史。时莫折念生遣使诈降,宝夤表士和兼度支尚书,为陇右行台,令入秦抚慰,为念生所害。

士泰,历给事中、司空从事中郎、谏议大夫、司空司马。肃宗末,荆蛮侵斥,以士泰为龙骧将军、征蛮别将,事平,以功赐爵五等男。建义初,遇害于河阴。赠都督,青兖二州诸军事、镇东将军、青州刺史,谥曰文肃。

子肇师,袭爵。武定末,中书舍人。

亮弟敬默,奉朝请。卒于征虏长史,赠南阳太守。

子思韶,从亮征硖石,以军功赐爵武城子,为冀州别驾。

敬默弟隐处,青州州都。亮以其贱出,殊不经纪,论者讥焉。

亮从父弟光韶,事亲以孝闻。初除奉朝请。光韶与弟光伯双生,操业相侔,特相友受,遂经吏部尚书李冲,让官于光伯,辞色恳至。冲为奏闻,高祖嘉而许之。太和二十年,以光韶为司空行参军,复请让从叔和,曰:"臣诚微贱,未登让品,属逢唐朝,耻无襄德。"和亦谦退,辞而不当。高祖善之,遂以和为广陵王国常侍。寻敕光韶兼秘书郎,掌校华林御书。

肃宗初,除青州治中。后为司空骑兵参军,又兼司徒户曹。出为济州辅国府司马,刺史高植甚知之,政事多委访焉。迁青州平东府长史,府解,敕知州事。光韶清直明断,已吏畏爱之。入为司空从事中郎,以母老解官归养,赋诗展意,朝士属和者数十人。久之,徵为司徒谘议,固辞不拜。光韶性严毅,声韶抗烈,与人平谈,常若震厉。至于兄弟议论,外闻谓为忿怒,然孔怀雍睦,人少逮之。

孝庄初,河间邢杲率河北流民十余万众,攻逼州郡。刺史元俊忧不自安,州人乞光韶为长史以镇之。时阳平路回寓居齐土,与杲潜相影响,引贼入郭。光韶临机处分,在难罐然。贼退之后,刺史表光韶忠毅。朝廷嘉之,发使慰劳焉。寻为东道军司。及元颢入洛,自河以南，莫不风靡。而刺史、广陵王欣集文武以议所从。欣曰：
"北海、长乐俱是同堂兄弟，今宗祐不移，我欲受敕，诸君意各何
如？"在坐之人莫不失色，光韶独抗言曰："元颢受制梁国，称兵本
朝，拔本塞源，以资雠敌，贼臣乱子，旷代少俦，何但大王家事所宜
切齿，等荷朝眷，未敢仰从。"长史崔景茂、前瀛州刺史张烈、前郢州
刺史房叔祖、征士张僧皓咸云："军司议是。"欣乃斩颢使。

寻徵辅国将军、廷尉少卿。未至，除太尉长史，加左将军，俄迁
廷尉卿。时秘书监莹以赃罪被劾，光韶必欲致之重法。太尉、阳城
王徽，尚书令、临淮王彧，吏部尚书李神俊，侍中李彧，并势望当时，
皆为莹求宽。光韶正色曰："朝贤执事，于舜之功未闻有一，如何反
为罪人言乎！"其执意不回如此。

永安末，扰乱之际，遂还乡里。光韶博学强辩，尤好理论，至于
人伦名教得失之间，推而论之，不以一毫假物。家足于财，而性俭
吝，衣马弊瘦，食味粗薄。始光韶在都，同里人王蔓于夜遇盗，害其
二子。孝庄诏黄门高道穆令加检捕，一坊之内，家别搜索。至光韶
宅，绫绢钱布，匮箧充积。议者讥其矫啬。其家资产，皆光伯所营。
光伯亡，悉焚其契。河间邢子才曾贷钱数万，后送还之。光韶曰：
"此亡弟相贷，仆不知也。"竟不纳，

刺史元弼前妻，是光韶之室兄女，而弼贪婪，多诸不法。光韶以
亲情，亟相非责。弼衔之。时耿翔反于州界，弼诬光韶子通与贼连
结，囚其合家，考掠非理，而光韶与之辩争，辞色不屈。会樊子鹄为
东道大使，知其见枉，理出之。时人劝令诣樊陈谢，光韶曰："羊舌大
夫已有成事，何劳往也。"子鹄亦叹尚之。后刺史侯渊代下疑惧，停
军益都，谋为不轨。令数百骑夜入南郭，劫光韶，以兵胁之，责以谋
略。光韶曰："凡起兵者，须有名义；使君今日举动，直是作贼耳。父
老知复何计？"渊虽恨之，敬而不敢害。寻除征东将军、金紫光禄大
夫，不起。

光韶以世道屯邅，朝廷屡变，闭门却扫，吉凶断绝。诚子孙曰：
"吾自谓立身无惭古烈，但以禄命有限，无容希世取进。在官以来，

不冒一级,官虽不达,经为九卿。且吾平生素业,足以遗汝,官阀亦
何足言也。吾既运薄,便经三娶,而汝之兄弟各不同生,合葬非古,
吾百年之后,不须合也。然赠谥之及,出自君恩,岂容子孙自求之
也,勿须求赠。若违吾志,如有神灵,不享汝祀。吾兄弟自幼及老,
衣服饮食未曾一片不同,至于儿女官婚荣利之事,未尝不先以推
弟。弟顷横祸,权作松椟,亦可为吾作松棺,使吾见之。"卒,年七十
一。孝静初,侍中贾思同申启,称述光韶,赠散骑常侍、骠骑将军、青
州刺史。

光韶弟光伯,尚书郎、青州别驾。后以族弟休临州,遂申牒求
解。尚书奏:"按礼:始封之君不臣诸父昆弟,封君之子臣昆弟不臣
诸父,封君之孙得尽臣。计始封之君,即是世继之祖,尚不得臣,况
今之刺史,既非世继,而得行臣吏之节,执笏称名者乎? 检光伯请
解,率礼不愆,请宜许遂,以明道教。"灵太后令从之。寻除北海太
守,有司以其更满,依例奏代。肃宗诏曰:"光伯自莅海沂,清风远
著,兼其兄光韶复能辞荣侍养,兄弟忠孝,宜有甄录,可更申三年,
以厉风化。"后历太傅谘议参军。

前废帝时,崔祖螭、张僧皓起逆,攻东阳,旬日之间,众十余万。
刺史、东莱王贵平欲令光伯出城慰劳。兄光韶曰:"城民陵纵,为日
已久,人人恨之,其气甚盛。古人有言'众怒如水火焉'。以此观之,
今日非可慰谕止也。"贵平强之。光韶曰:"使君受委一方,董摄万
里,而经略大事,不与国士图之。所共腹心,皆趋走群小。既不能绥
遏以杜其萌,又不能坐观,待其衰挫。蹙迫小弟,从为无名之行。若
单骑独往,或见拘絷,若以众临之,势必相拒敌,悬见无益也。"贵平
逼之,不得已,光伯遂出城。数里,城民以光伯兄弟群情所系,虑人
劫留,防卫者众。外人疑其欲战,未及晓谕,为飞矢所中,卒。赠征
东将军、青州刺史。

子滔,武定末,殷州加驾

　　史臣曰：李崇以风质英重，毅然秀立，任当将相，望高朝野，美矣。崔亮既明远后事，动有名迹，于断年之选，失之逾远，救弊未闻，终为国蠹，无所苟而已，其若是乎？光韶居雅仗正，有国士之风矣。

魏书卷六七
列传第五五

崔　光

　　崔光，本名孝伯，字长仁，高祖赐名焉，东清河鄃人也。祖旷，从慕容德南渡河，居青州之时水。慕容氏灭，仕刘义隆为乐陵太守。父灵延，刘骏龙骧将军、长广太守，与刘彧冀州刺史崔道固共拒国军。

　　慕容白曜之平三齐，光年十七，随父徙代。家贫好学，昼耕夜诵，佣书以养父母。

　　太和六年，拜中书博士，转著作郎，与秘书丞李彪参撰国书。迁中书侍郎、给事黄门侍郎，甚为高祖所知待。常曰：“孝伯之才，浩浩如黄河东注，固今日之文宗也。”以参赞迁都之谋，赐爵朝阳子，拜散骑常侍，黄门、著作如故，又兼太子少傅。寻以本官兼侍中、使持节，为陕西大使，巡方省察，所经述叙古事，因而赋诗三十八篇。还，仍兼侍中，以谋谟之功，进爵为伯。

　　光少有大度，喜怒不见于色，有毁恶之者，必善言以报之，虽见诬谤，终不自申曲直。皇兴初，有同郡二人并被掠为奴婢，后诣光求哀，光乃以二口赎免。高宗闻而嘉之。虽处机近，曾不留心文案，唯从容论议，参赞大政而已。高祖每对群臣曰：“以崔光之高才大量，若无意外咎谴，二十年后，当作司空。”其见重如是。又从驾破陈显达。世宗即位，正除侍中。

　　初，光与李彪，共撰国书，太和之末，彪解著作，专以史事任光。彪寻以罪废。世宗居谅闇，彪上表求成《魏书》，诏许之，彪遂以白衣于秘书省著述。光虽领史官,以彪意在专功,表解侍中、著作以让彪,世宗不许。迁太常卿,领齐州大中正。正始元年夏,有典事史元显献四足四翼鸡,诏散骑侍郎赵邕以问光,光表答曰:

臣谨按:《汉书·五行志》:宣帝黄龙元年,未央殿路轮中,雌鸡化为雄,毛变而不鸣不将,无距;元帝初元中,丞相府史家雌鸡伏子,渐化为雄,冠距鸣将;永光中,有献雄鸡生角。刘向以为鸡者小畜,主司时起居,小臣执事为政之象也。言小臣将乘君之威,以害政事,犹石显也。竟宁元年,石显伏辜,此其效也;灵帝光和元年,南宫寺雌鸡欲化为雄,一身毛皆似雄,但头冠尚未变。诏以问议郎蔡邕,邕对曰:"貌之不恭,则有鸡祸。臣窃推之,头为元首,人君之象也。今鸡一身已变,未至于头,而上知之,是将有其事,而不遂成之象也。若应之不精,政无所改,头冠或成,为患滋大。"是后张角作乱,称"黄巾贼",遂破坏四方,疲于赋役,民多叛者。上不改政,遂至天下大乱。今之鸡状虽与汉不同,而其应颇相类矣。向、邕并博达之士,考物验事,信而有证,诚可畏也。

臣以邕言推之,翅足众多,亦群下相扇助之象,雏而未大,脚羽差小,亦其势尚微,易制御也。臣闻灾异之见,皆所以示吉凶,明君睹之而惧,乃能招福;暗主视之弥慢,所用致祸。《诗》、《书》、《春秋》、秦、汉之事多矣,此陛下所观者也。今或有自贱而贵,关预政事,殆亦前代君房之匹比者。南境死亡千计,白骨横野,存有酷恨之痛,殁为怨伤之魂。义阳屯师,盛夏未返;荆蛮狡猾,征人淹次。东州转输,往多无还;百姓困穷,绞缢以殒。北方霜降,蚕妇辍事。群生憔悴,莫甚于今。此亦贾谊哭叹,谷永切谏之时。司寇行戮,君为之不举。陛下为民父母,所宜矜恤。国重戎战,用兵犹火,内外怨弊,易以乱离。陛下纵欲忽天下,岂不仰念太祖取之艰难,先帝经营勤劳也。

诚愿陛下留聪明之鉴,警天地之意,礼处左右,节其贵越。往者邓通、董贤之盛,爱之正所以害之。又躬飨加罕,宴宗或阙,时应亲肃郊庙,延敬诸父。检访四方,务加休息。爰发慈旨,抚赈贫瘝。简费山池,减撤声饮,昼存政道,夜以安身。博采刍荛,进贤黜佞。则兆庶幸甚,妖弭庆进,祯祥集矣。

世宗览之,大悦。后数日,而茹皓等并以罪失伏法。于是礼光愈重,加抚军将军。

二年八月,光表曰:

去二十八日,有物出于太极之西序,敕以示臣,臣按其形,即《庄子》所谓"蒸成菌"者也。又云"朝菌不终晦朔"雍门周所称"磨萧斧而伐朝菌",皆指言蒸气郁长,非有根种,柔脆之质,凋殒速易,不延旬月,无拟斧斤。又多生墟落秽湿之地,罕起殿堂高华之所。今极宇崇丽,墙筑工密,粪朽弗加,沾濡不及,而兹菌焱构,厥状扶疏,诚足异也。夫野木生朝,野鸟入庙,古人以为败亡之象。然惧灾修德者,咸致休庆,所谓家利而怪先,国兴而妖豫。是故桑谷拱庭,太戊以昌;雊雉集鼎,武丁用熙。自比鸱鹊巢于庙殿,枭鹏鸣于宫寝,菌生宾阶轩坐之正,准诸往记,信可为诫。且南西未静,兵革不息,郊甸之内,大旱跨时,民劳物悴,莫此之甚。承天子育者,所宜矜恤。伏愿陛下追殷二宗感变之意,侧躬耸诚,惟新圣道,节夜饮之忻,强朝御之膳,养子富之年,保金玉之性,则魏祚可以永隆,皇寿等于山岳。

四年秋,除中书令,进号镇东将军。永平元年秋,将刑元愉妾李氏,群官无敢言者。敕光为诏,光逡巡不作,奏曰:"伏闻当刑元愉妾李,加之屠割。妖惑扇乱,诚合此罪。但外人窃云李今怀妊,例待分产。且臣寻诸旧典,兼推近事,戮至剖胎,谓之虐刑,桀纣之主,乃行斯事。君举必书,义无隐昧,酷而乖法,何以示后?陛下春秋已长,未有储体,皇子褓襁,至有夭失。臣之愚识,知无不言,乞停李狱,以俟育孕。"世宗纳之。

延昌元年春,迁中书监。侍中如故。二年,世宗幸东宫,召光与黄门甄琛、广阳王渊等,并赐坐,诏光曰:"卿是朕西台大臣,今当为太子师傅。"光起拜固辞,诏不许。即命肃宗出,从者十余人,敕以光为傅之意,令肃宗拜光。光又拜辞,不当受太子拜。复不蒙许,肃宗遂南面再拜。詹事王显启请从太子拜,于是宫臣毕拜,光北面立,不敢答拜,唯西面拜谢而出。于是赐光绣彩一百匹,琛、渊等各有差。寻授太子少傅。

三年迁右光禄大夫,侍中、监如故。四年正月,世宗夜崩。光与侍中、领军将军于忠迎肃宗于东宫,安抚内外,光有力焉。帝崩后二日,广平王怀抚疾入临,以母弟之亲,径至太极西庑,哀恸禁内,呼侍中、黄门、领军、二卫,云身欲上殿哭大行,又须入见主上。诸人皆愕然相视,无敢抗对者。光独攘衰振杖,引汉光武初崩,太尉赵熹横剑当阶,推下亲王故事,辞色甚厉,闻者莫不称善,壮光理义有据。怀声泪俱止,云侍中以古事裁我,我不敢不服。于是遂还,频遣左右致谢。

初,永平四年,以黄门郎孙惠蔚代光领著作,惠蔚首尾五载,无所厝意。至是三月,尚书令、任城王澄表光宜还史任,于是诏光还领著作,四月迁特进。五月以奉迎肃宗之功,封光博平县开国公,食邑二千户。七月领国子祭酒。八月,诏光乘步挽于云龙门出入。寻迁车骑大将军,仪同三司。灵太后临朝之后,光累表逊位。于忠擅权,光依附之。及忠稍被疏黜,光并送章绶冠步茅土,表至十余上。灵太后优答不许。有司奏追于忠及光封邑。熙平元年二月,太师、高阳王雍等奏举光授肃宗经。初,光有德于灵太后,语在《于忠传》。四月,更封光平恩县开国侯,食邑一千户,以朝阳伯转授第二子勖。其月,敕赐羊车一乘。

时灵太后临朝,每于后园亲执弓矢,光乃表上中古妇人文章,因以致谏曰:"孔子云:'士志于道,据于德,依于仁,游于艺。'艺谓礼、乐、书、数、射、御。明前四业,丈夫妇人所同修者。若射、御,唯主男子事,不及女。古之贤妃烈媛,母仪国家,垂训四海,宣教九宗,可秉道怀,疑率遵仁礼。是以汉后马、邓,术迈祖考,羊嫔蔡氏,具体伯喈。伏惟皇太后含圣履仁,临朝阐化,肃雍恺悌,靖徽齐穆,孝祀通于神明,和风溢于区宇。因时暇豫,清暑林园,远藐姑射,眷言麋相,弦矢所发,必中正鹄,威灵遐畅,义震上下。文武慑心,左右悦目,吾王不游,吾何以休,不窥重仞,安见富美?天情冲谦,动容祗愧,以为举非蚕织,事存无功,岂谓应乾顺民,裁成辅相者哉。臣不胜庆幸,谨上妇人文章录一帙,其集具在内。伏愿以时披览,仰裨未闻。息弯挟之劳,纳闲拱之泰,颐精养寿,栖神翰林。”

是秋,灵太后频幸王公第宅。光表谏曰:

《礼记》云:“诸侯非问疾吊丧,而入诸臣之家,是谓君臣为谑。”不言王后夫人,明无适臣家之义。夫人父母在,有时归宁,亲没,使卿大夫聘。《春秋》纪陈、宋、齐之女并为周王后,无适本国之事。是制深于士大夫,许嫁喑兄,又义不得;卫女思归,以礼自抑。《载驰》、《竹竿》所为作也。汉上官皇后将废昌邑,霍光,外祖也,亲为宰辅,后犹御武帏以接群臣,示男女之别,国之大节。伯姬待姆,安就炎燎;樊姜俟命,忍赴洪流。传皆缀集,以垂来咏。昨轩驾频出,幸冯翊君、任城王第,虽渐中秋,余热尚蒸,衡盖往还,圣躬烦倦。丰厨嘉醴,罄竭时羞,上寿弗限一觞,方丈甘逾百品,且及日斜,接对不惓,非谓顺时而游,奉养有度。纵云辇崇凉,御筵安畅。左右仆侍,众过千百,扶卫跋涉,袍钾在身,蒙曝尘日,浃汗流离,致时饥渴,餐饭不赡,赁马假乘,交费钱帛。昔人称陛下甚乐,臣等至苦,或其事也。

伏惟皇太后月灵炳曜,坤仪挺茂,诞育帝躬,维兴魏道。德逾文母,仁迈和喜。亲以天至,远异莫间;受由真固,非俟虚隆。纡屈銮驾,降临闾里,荣光帝京,士女藻悦。白首之耆,欣遇牺年;青矜之童,庆属唐日。千载之所难,一朝之为易,非至明超古,忘骄释吝,孰能若斯者哉?魏元已来,莫正斯美,兴居出入,自当坦然,岂同往嫌,曲有矫避。但帝族方衍,勋贵增迁,祗请遂多,将成彝式。陛下尊酌前王,贻厥后矩,天下为公,亿兆己任。专荐郊庙,止决大政,辅美神和,简息游幸。以德为车,以乐为御,考仁圣之风,习治国之道,则率土属赖,含生仰悦矣。臣过荷恩荣,所知必尽,默默唯唯,愚窃未敢,轻陈狂瞽,分贻宪坐。

神龟元年夏,光表曰:

《诗》称"蔽芾甘棠,勿翦勿伐,邵伯所茇"。又云:"虽无老成人,尚有典刑。"《传》曰:"思其人犹爱其树,况用其道不恤其人。"是以《书》始稽古,《易》本山火,观于天文,以察时变;观于人文,以化成天下。孟子□实,匡张训说。安世记箧于汾南,伯山抱卷于河右。元始孤论,充汉帝之坐;孟皇片字,悬魏王之帐。前哲之宝重坟籍,珍爱分篆,犹若此之至也。矧乃圣典鸿经,炳勒金石,理为国楷,义成家范,迹实世模,事则人轨,千载之格言,百王之盛烈,而令焚荒污毁,积榛棘而弗扫,为鼯鼬由之所栖,宿童竖之所登踞者哉!诚可为痛心疾首,拊膺扼腕。伏惟皇帝陛下,孝敬日休,自天纵睿,垂心初学,儒业方熙。皇太后钦明慈淑,临制统化,崇道重教,留神翰林。将披云台而问礼,拂麟阁门招贤。诚宜远开阙里,清彼孔堂,而使近在城闉,面接宫庙,旧校为墟,子衿永替。岂所谓建国君民,教学为先,京邑翼翼,四方是则也?寻石经之作,起自炎刘,继以曹氏《典论》,初乃三百余载,计末向二十纪矣。

昔来虽屡经戎乱,犹未大崩侵。如闻往者刺史临州,多构图寺,道俗诸用,稍有发掘,基蹋泥灰,或出于此。皇都始迁,尚可补复,军国务殷,遂不存检。官私显隐,渐加剥撤。播麦纳菽,秋春相因,□生蒿杞,时致火燎,由是经石弥减,文字增缺。职忝胄教,参掌经训,不能缮修颓坠,兴复生业,倍深惭耻。今求遣国子博士一人,堪任干事者,专主周视,驱禁田牧,制其践秽,料阅碑牒所失次弟,量厥补缀。

诏曰:"此乃学者之根源,不朽之永格,垂范将来,宪章之本,便可一依公表。"光乃令国子博士李郁与助教韩神固、刘燮等勘校石经,其残缺者,计料石功,并字多少,欲补治之。于后灵太后幸后废,遂寝。

二年八月,灵太后幸永宁寺,躬登九层佛图。光表谏曰:

伏见亲升上级，伫跱表刹之下，祇心图构，诚为福善。圣躬玉趾，非所践陟，臣庶恓惶，窃谓未可。按《礼记》："为人子者，不登高，不临深。"古贤有言：策画失于庙堂，大人蹶于中野。《汉书》：上欲西驰下峻坂，爰盎揽辔停曰："臣闻千金之子不垂堂，百金之子不倚衡，如有车败马惊，奈高庙太后何？"又云：上酎祭宗庙，出，欲御楼船，薛广德免冠顿首，曰："宜从桥，陛下不听臣，臣以血污车轮。"乐正子春，曾参弟子，亦称至孝，固自谨慎，堂基不过一尺，犹有伤足之愧。永宁累级，阁道回隘，以柔懦之宝体，乘至峻之重峭，万一差跌，千悔何追？

《礼》，将祭宗庙，必散斋七日，致斋三日，然后入祀，神明可得而通。今虽容像未建，已为神明之宅。方加雕缋，饰丽丹青，人心所祇，锐观滋甚，登者既众，异怀若面。纵一人之身恒尽诚洁，岂左右臣妾各竭虔仰？不可独升，必有扈侍，惧或忘慎，非饮酒茹荤而已。昨风霾暴兴，红尘四塞，白日昼昏，特可惊畏。《春秋》，宋、卫、陈、郑同日而灾，伯姬待姆，致焚如之祸，去皇兴中，青州七级亦号崇壮，夜为上火所焚。虽梓慎、裨灶之明，尚不能逆克端兆。变起仓卒，预备不虞。天道幽远，自昔深诫。墟墓必哀，庙社致敬，望茔凄恸，入门耸栗，适墓不登陇，未有升陟之事。

《传》云："公既视朔，遂登观台。"其下无天地先祖之神，故可得而乘也。《内经》，宝塔高华，堪室千万，唯盛言香花礼拜，岂有登上之义。独称三宝阶，从上而下，人天交接，两得相见，超世奇绝，莫可而拟。恭敬拜跽，悉在下级。远存瞩眺，周见山河，因其所昞，增发嬉笑。未能级级加虔，步步崇慎，徒使京邑士女，公私凑集。上行下从，理势以然，迄于无穷，岂长世竞慕一登而可抑断哉？盖心信为本，形敬乃末，重实轻根，靖实躁君，恭己正南面者，岂月乘峻极，旬御层阶。今经始既就，子来自劝，基构已兴，雕绚渐起，紫山华台，即其宫也。

伏愿躬亲之劳，广风靡之化，因立制防，班之条限，以遏嚣污，永归清寂。下竭肃穆之诚，上展瞻仰之敬，勿践勿履，显固亿龄，融教阐悟，不其博欤。

九月，灵太后幸嵩高，光上表谏曰：

> 伏闻明后当亲幸嵩高，往还累宿。銮游近甸，存省民物，诚足为善。虽渐农隙，所获栖亩，饥贫之家指为珠玉，遗秉滞穟，莫不宝惜。步骑万余，来去经践，驾辇杂沓，竞骛交驰，纵加禁护，犹有侵耗，士女老幼，微足伤心。秋末久旱，尘壤委深，风霾一起，红埃四塞。辕关峭险，山路危狭，圣驾清道，当务万安。乘履涧壑，蒙犯霜露，出入半旬，途越数百，飘曝弥日，仰亏和豫。七庙上灵，容或未许；亿兆下心，实用悚栗，且藏蛰节远，昆虫布列，蠕蠕之类，盈于川原，车马辗蹈，必有残杀。慈矜好生，应垂未测，诚恐悠悠之议，将谓为福兴罪。厮役困于负檐，爪牙窘于赁乘，供顿候迎，公私扰费。厨兵幕士，衣履败穿，昼暄夜凄，罔所覆藉，监帅驱捶，泣呼相望。相霜为灾，所在不稔，饥馑荐臻，方成俭弊。为民父母，所宜存恤，靖以抚之，犹惧离散。乃于收敛初辰，致此行举，自近及远，交兴怨嗟，伏愿远览虞舜，恭己无为，近遵《老》《易》，不出户牖。罢劳形之游，息伤财之驾，动循典防，纳诸轨仪，委司责成，寄之耳目。人神幸甚，朝野抃悦。

灵太后不从。

正光元年冬，赐光几杖、衣服。二年春，肃宗亲释奠国学，光执经南面，百僚陪列。司徒、京兆王继频上表以位让光。夏四月，以光为司徒、侍中、国子祭酒，领著作如故。光表固辞历年，终不肯受。八月，获秃鹙鸟于宫内，诏以示光。光表曰：

> 蒙示十四日所得大鸟，此即《诗》所谓"有鹙在梁"解云："秃鹙也"。贪恶之鸟，野泽所育，不应入殿庭。昔魏氏黄初中，有鹈鹕集于灵芝池，文帝下诏以曹恭公远君子，近小人，博求贤俊，太尉华歆由此逊位而让管宁者也。臣闻野物入舍，古人以为不善，是以张臶恶鵩，贾谊忌鵩。鹈鹕暂集而去，前王犹为

至诚,况今亲入宫禁,为人所获,方被畜养,晏然不以为惧。准诸往义,信有殊矣。且饕餮之禽,必资鱼肉,菽麦稻粱,时或餐啄,一食之费,容过斤镒。今春夏阳旱,谷籴稍贵,穷窭之家,时有菜色。陛下为民父母,抚之如伤,岂可弃人养鸟,留意于丑形恶声哉?卫侯好鹤,曹伯爱雁,身死国灭,可为寒心。陛下学通《春秋》,亲览前事,何得口咏其言,行违其道!诚愿远师殷宗,近法魏祖,修德延贤,消灾集庆。放无用之物,委之川泽,取乐琴书,颐养神性。

肃宗览表大悦,即弃之池泽。

诏召光与安丰王延明议定服章。三年六月,诏光乘步挽至东西上阁。九月进位太保,光又固辞。光年耆多务,疾病稍增,而自强不已,常在著作,疾笃不归。四年十月,肃宗亲临省疾,诏断宾客,中使相望,长止声乐,罢诸游眺,拜长子劢为齐州刺史。十一月,疾甚,敕子侄等曰:“谛听吾言。闻曾子有云:人之将死,其言也善,启予手,启予足,而今而后,吾知免夫。吾荷先帝厚恩,位至于此,史功不成,殁有遗恨,汝等以吾之故,并得名位,勉之!勉之!以死报国。修短命也,夫复何言。速可送我还宅。”气力虽微,神明不乱。至第而薨,年七十三。肃宗闻而悲泣,中使相寻,诏给东园温明秘器,朝服一具,衣一袭,钱六十万、布一千匹、蜡四百斤,大鸿胪监护丧事。车驾亲临,抚尸恸哭。御辇还宫,流涕于路,为减常膳,言则追伤。每至光坐讲读之处,未曾不改容凄悼。五年正月,赠太傅、领尚书令、骠骑大将军、开府、冀州刺史,侍中如故。又敕加后部鼓吹、班剑,依太保、广阳王故事,谥文宣公。肃宗祖丧建春门外,望轊哀感,儒者荣之。

初,光太和中,依宫商角徵羽本音而为五韵诗,以赠李彪为,彪十二次诗以报光。光又为百三郡国诗以答之,国别为卷,为百三卷焉。

光宽和慈善,不逆于物,进退沉浮,自得而已。常慕胡广、黄琼之为人,故为气概者所不重。始领军于忠以光旧德,甚信重焉,每事筹决，光亦倾身事之。元叉于光亦深宗敬。及郭祚、裴植见杀，清河王怿遇祸，光随时俯仰，竟不匡救，于是天下讥之。自从贵达，罕所申荐。曾启其女婿彭城刘敬徽，云敬徽为荆五陇戍主，女随夫行，常虑寇抄，南北分张，乞为徐州长史、兼别驾，暂集京师。肃宗许之。时人比之张禹，

光初为黄门，则让宋弁；为中书监，让汝南王悦；为太常，让刘芳；为少傅，让元晖、穆绍、甄琛；为国子祭酒，让清河王怿、任城王澄；为车骑、仪同，让江阳王继，又让灵太后父胡国珍。皆顾望时情，议者以为矫饰。崇信佛法，礼拜读诵，老而逾甚，终日怡怡，未曾恚忿。曾于门下省昼坐读经，有鸽飞集膝前，遂入于怀，缘臂上肩，久之乃去。道俗赞咏诗颂者数十人。每为沙门朝贵请讲《维摩》、《十地经》，听者常数百人，即为二经义疏三十余卷。识者知其疏略，以贵重为后坐疑于讲次。凡所为诗赋铭赞咏颂表启数百篇，五十余卷，别有集。光十一子，励、勔、勮、劝、劼、勍、勌、劬、勰、勴、勉。

励，字彦德。器学才行，最有父风。举秀才，中军彭城王参军、秘书郎中，以父光为著作，固辞不拜。历员外郎、骑侍郎、太尉记室、散骑侍郎，以继母忧去职。神龟中，除司空从事中郎。正光二年，拜中书侍郎。领军将军元叉为明堂大将，以励为长史，与从兄鸿俱知名于世。四年十月，父光疾甚，诏拜征虏将军、齐州刺史。以父寝疾，衣不解带。及光薨，肃宗每加存慰。五年春，光葬于本乡，又诏遣主书张文伯宣吊焉。孝昌元年十二月，诏除太尉长史，仍为齐州大中正，袭父爵。建义初，遇害河阴，时年四十八。赠侍中、卫将军、仪同三司、青州刺史。

子挹，袭。武定末，太尉属。齐受禅，爵例降。

挹弟损，仪同开府主簿。

勔，武定末，征虏将军、安州刺史、朝阳伯。齐受禅，例降。

勮，字彦儒，亦有父风。司空记室、通直散骑侍郎、宁远将军、清河太守，带盘阳镇将。为逆贼崔景安所害。赠征虏将军、齐州刺史。

子权，太尉参军事。

劼,武定中,中书郎。

光弟敬友,本州治中。颇有受纳,御史案之,乃与守者俱逃。后除梁郡太守,会遭所生母忧,不拜。敬友精心佛道,昼夜诵经。免丧之后,遂菜食终世。恭宽接下,修身厉节。自景明已降,频岁不登,饥寒请丐者,皆取足而去。又置逆旅于肃然山南大路之北,设食以供行者。延昌三年二月卒,年五十九。

子鸿,字彦鸾。少好读书,博综经史。太和二十年,拜彭城王国左常侍。景明三年,迁员外郎,兼尚书虞曹郎中,敕撰起居注。迁给事中,兼祠部郎,转尚书都兵郎中。诏太师、彭城王勰以下公卿朝士儒学才明者三十人,议定律令于尚书上省,鸿与光俱在其中,时论荣之。

永平初,豫州城人白早生杀刺史司马悦,据悬瓠叛。诏镇南将军邢峦讨之,以鸿为行台镇南长史。徙三公郎中,加轻车将军。迁员外散骑常侍,领郎中。

延昌二年,将大考百僚,鸿以考令于体例不通,乃建议曰:"窃惟王者为官求才,使人以器,黜陟幽明,扬清激浊,故绩效能官,才必称位者朝升夕进,年岁数千,岂拘一阶半级,阂以□僚等位者哉?二汉以降,太和以前,苟必官须此人,人称此职;或超腾升陟,数岁而至公卿;或长兼、试守称允而迁进者,披卷则人人而是,举目则朝贵皆然。故能时收多士之誉,国号丰贤之美。窃见景明以来考格,三年成一考,一考转一阶。贵贱内外万有余人,自非犯罪,不问贤愚,莫不上中,才与不肖,比肩同转。虽有善政如黄龚,儒学如王郑,史才如班、马,文章如张、蔡,得一分一寸,必为常流所攀,选曹亦抑为一概,不曾甄别。琴瑟不调,改而更张。虽明旨已行,犹宜消息。"世宗不从。

三年,鸿以父忧解任,甘露降其庐前树。十一月,世宗以本官徵鸿。四年,复有甘露降其京兆宅之庭树。复加中坚将军,常侍、领郎如故。迁中散大夫、高阳王友，仍领郎中。其年为司徒长史。正光元年，加前将军。修高祖世宗《起居注》。光撰魏史，徒有卷目，初未考正，阙略尤多。每云此史会非我世所成，但须记录时事，以待后人。临薨，言鸿于肃宗。五年正月，诏鸿以本官修缉国史。孝昌初，拜给事黄门侍郎，寻加散骑常侍、齐州大中正。鸿在史甫尔，未有所就。寻卒，赠镇东将军、度支尚书、青州刺史。

鸿弱冠硬有著述之志，见晋魏前史皆成一家，无所措意。以刘渊、石勒、慕容俊、苻健、慕容垂、姚苌、慕容德、赫连屈子、张轨、李雄、吕光、乞伏国仁、秃发乌孤、李皓、沮渠蒙逊、冯跋等，并因世故，跨僭一方，各有国书，未有统一。鸿乃撰为《十六国春秋》，勒成百卷，因其旧记，时有增损褒贬焉。鸿二世仕江左，故不录僭晋、刘、萧之书，又恐识者责之，未敢出行于外。世宗闻其撰录，遣散骑常侍赵邕诏鸿曰："闻卿撰定诸史，甚有条贯，便可随成者送呈，朕当于机事之暇览之。"鸿以其书有与国初相涉，言多失体，且既未讫，迄不奏闻。鸿后典起居，乃妄载其表曰：

臣闻帝王之兴也，虽诞庆图，然必有驱除，盖所以翦彼厌政，成此乐推。故战国纷纭，年过十纪，而汉祖夷殄群豪，开四百之业。历文景之怀柔蛮夏，世宗之奋扬威武，始得凉、朔同文，牂、越一轨。于是谈、迁感汉德之盛，痛诸史放绝，乃钤括旧书，著成《太史》，所谓缉兹人事，光彼天时之义也。

昔晋惠不竞，华戎乱起，三帝受制于奸臣，二皇晏驾于非所，五都萧条，鞠为煨尽。赵燕既为长蛇，辽海缅成殊域，穷兵锐进，以力相雄，中原无主八十余年。遗晋僻达，势略孤微，民残兵革，靡所归控。皇魏龙潜幽、代，世笃公刘，内修德政，外抗诸伪，并、冀之民，怀宝之士，襁负而至者，日月相寻。虽邠、岐之赴太王，讴歌之归西伯，实可同年而语矣。太祖道武皇帝以神武之姿，接金行之运，应天顺民，龙飞受命。太宗必世重光，业隆玄默。世祖雄才睿略，阐曜威灵，农战兼修，扫清氛秽。岁垂四纪，而寰宇一同。儋耳、文身之长，卉服、断发之酋，莫不请朔率职，重译来庭。隐愍鸿济之泽，三乐击壤之歌，百姓始得陶然苏息，欣于尧舜之世。

自晋永宁以后，虽所在称兵，兢自尊树，而能建邦命氏，成为战国者，十有六家。善恶兴灭之形，用兵乖会之势，亦足以垂之将来，昭明劝戒。但诸史残缺，体例不全，编录纷谬，繁略失所，宜审正不同，定为一书。伏惟高祖以大圣应期，钦明御运，合德乾坤，同光日月，建格天之功，创不世之法，开凿生民，惟新大造。陛下以青阳继统，睿武承天。应符屈己，则道高三、五；颐神至境，则洞彼玄宗。剖判百家，斟酌六籍，远迈石渠，美深白虎。至如导礼革俗之风，昭文变性之化，固以感彼禽鱼，穆兹寒暑。而况愚臣沐浴太和，怀音正始，而可不勉强难革之性，砥砺木石之心哉？诚知敏谢允南，才非承祚，然《国志》《史考》之美，窃亦辄所庶几。始自景明之初，搜集诸国旧史，属迁京甫尔，率多分散，求之公私，驱驰数岁。

又臣家贫禄薄，唯任孤力，至于纸尽，书写所资，每不周接，暨正始元年，写乃向备。谨于吏按之暇，草构此书。区分时事，各系本录；破彼异同，凡为一体，约损烦文，补其不足。三家五门之类，一事异年之流，皆稽以长历，考诸旧志，删正差谬，定为实录。商校大略，著《春秋》百篇。至三年之末，草成九十五卷。唯常璩所撰李雄父子据蜀时书，寻访不获，所以未及缮成，辍笔私求，七载于今。此书本江南撰录，恐中国所无，非臣私力所能终得。其起兵僭号，事之始末，乃亦颇有，但不得此书，惧简略不成。久思陈奏，乞敕缘边求采，但愚贱无因，不敢轻辄。

散骑常侍、太常少卿、荆州大中正臣赵邕，忽宣明旨，敕臣送呈。不悟九皋微志，乃得上闻，奉敕欣惶，庆惧兼至。今谨以所讫者，附臣邕呈奏。臣又别作序例一卷，年表一卷，仰表皇朝统括大义，俯明愚臣著录微体。徒窃慕古人立言美意，文致疏鄙，无一可观，简御之日，伏深惭悸。

鸿意如此，然自正光以前，不敢显行其书。自后以其伯光贵重当朝，知时人未能发明其事，乃颇相传读。亦以光故，执事者遂不论之。鸿经综既广，多有违谬。至如太祖天兴二年，姚兴改号，鸿以为改在元年；太宗永兴二年，慕容超擒于广固，鸿又以为事在元年；太常二年，姚泓败于长安，而鸿亦以为灭在元年。如此之失，多不考正。

子子元，秘书郎。后永安中，乃奏其父书，曰："臣亡考故散骑常侍、给事黄门侍郎、前将军、齐州大中正鸿，不殒家风，式缵世业，古学克明，在新必镜，多识前载，博极群书，史才富洽，呈称籍甚。年止壮立，便斐然怀著述意。正始之末，任属记言，撰缉余暇，乃刊著赵、燕、秦、夏、凉、蜀等遗载，为之赞序，褒贬评论。先朝之日，草构悉了，唯有李雄《蜀书》，搜索未获，阙兹一国，迟留未成。去正光三年，购访始得，讨论适讫，而先臣弃世。凡十六国，名为《春秋》，一百二卷，近代之事最为备悉。未曾奏上，弗敢宣流。今缮写一本，敢以仰呈。傥或浅陋，不回睿赏，乞藏秘阁，以广异家。"子元后谋反，事发逃窜，会赦免。寻为其叔鹏所杀。

光从祖弟长文，字景翰。少亦徙于代都，聪敏有学识。太和中，除奉朝请。迁洛，拜司空参军，事营构华林园。后兼员外散骑常侍，为宕昌使主。还，授给事中、本国中正、尚书库部郎。正始中，大修器械，为诸州造仗都使。齐州太原太守、雍州抚军府长史，以廉慎称。迁辅国将军、中散大夫，转太府少卿，丞相高阳王雍谘议参军，太中大夫。永安中，以老拜征虏将军、平州刺史。还家专读佛经，不关世事。年七十九，天平初卒。赠使持节、征东将军、齐州刺史。谥曰贞。

子慈懋，字德林。永熙初，征虏将军、徐州征东府长史。

长文从弟庠，字文序。有干用。初除侍御史、员外散骑侍郎、给事中。频使高丽，转步兵校尉，又转司空掾，领左右直长。出除相州长史。还，拜河阴、洛阳令，以强直称。迁东郡太守。元颢寇逼郡界，庠拒不从命，弃郡走还乡里。孝庄还宫，赐爵平原伯，拜颍川太守。

二年五月，为城民王早、兰宝等所害，后赠骠骑将军、吏部尚书、齐州刺史。子罕袭爵。斋受禅，例降。

　　光族弟荣先，字隆祖。涉历经史，州辟主簿。
　　子铎，有文才。冠军将军、中散大夫。
　　铎弟觊，宁远将军、羽林监。

　　史臣曰：崔光风素虚远，学业渊长。高祖归其才博，许其大至，明主固知臣也。历事三朝，师训少主，不出宫省，坐致台傅，斯亦近世之所希有。但顾怀大雅，托迹中庸，其于容身之讥，斯乃胡广所不免也。鸿博综古今，立言为事，亦才志之士乎？

魏书书卷六八
列传第五六

甄琛　高聪

甄琛,字思伯,中山毋极人,汉太保甄邯后也。父凝,州主簿。琛少敏悟,闺门之内,兄弟戏狎,不以礼法自居。颇学经史,称有刀笔。而形貌短陋,眇风仪。举秀才。入都积岁,颇以弈棋弃日,至乃通夜不止。手下苍头常令秉烛,或时睡顿,大加其杖,如此非一。奴后不胜楚痛,乃白琛曰:"郎君辞父母,仕宦京师,若为读书执烛,奴不敢辞罪,乃以围棋,日夜不息,岂是向京之意?而赐加杖罚,不亦非理!"琛惕然惭感,遂从许睿、李彪假书研习,闻见益优。

太和初,拜中书博士,迁谏议大夫,时有所陈,亦为高祖知赏。转通直散骑侍郎,出为本州征北府长史,后为本州阳平王颐卫军府长史。世宗践祚,以琛为中散大夫、兼御史中尉,转通直散骑常侍,仍兼中尉。琛表曰:

王者道同天壤,施齐造化,济时拯物,为民父母。故年谷不登,为民祈祀。乾坤所惠,天子顺之,山川秘利,天子通之。苟益生民,损躬无吝,如或所聚,唯为赈恤。是以月令称:山林薮泽,有能取蔬食禽兽者,皆野虞教导之;其迭相侵夺者,罪之无赦。此明导民而弗禁,通有无以相济也。《周礼》虽有川泽之禁,正所以防其残尽,必令取之有时。斯所所鄣护虽在公,更所以为民守之耳。且一家之长,惠及子孙,一运之君,泽周天下,皆所以厚其所养,以为国家之富。未有尊居父母,而醢醢是吝,富有万品,而一物是规。今者,天为黔首生盐,国与黔首鄣护,假获其利,是犹富专口断,不及四体也。且天下夫妇岁贡粟帛。四海之有,备奉一人;军国之资,取给百姓。天子亦何患乎贫,而苟禁一池也。

　　古之王者,世有其民,或水火以济其用,或巢宇以诲其居,或教农以去其饥,或训衣以除其弊。故周《诗》称"教之诲之,饮之食之",皆所以抚覆导养,为之求利者也。臣性昧知理,识无远尚,每观上古爱民之迹,时读中叶骤税之书,未尝不叹彼远大,惜此近狭。今伪弊相承,仍崇关鄽之税;大魏恢博,唯受谷帛之输。是使远方闻者,罔不歌德。昔宣父以弃宝得民,《硕鼠》以受财失众。君王之义,宜其高矣;魏之简税,惠实远矣。语称出内之吝,有司之福;施惠之难,人君之祸。夫以府藏之物,犹以不施而为灾,况府外之利,而可吝之于黔首? 且善藏者藏于民,不善藏者藏于府。藏于民者民欣而君富,藏于府者国怨而民贫。国怨则示化有亏,民贫则君无所取。愿弛兹盐禁,使沛然远及,依《周礼》置川衡之法,使之监导而已。

诏曰:"民利在斯,深如所陈。付八座议可否以闻。"

　　司徒、录尚书、彭城王勰,兼尚书邢峦等奏:"琛之所列,富乎有言,首尾大备,或无可贬。但恐坐谈则理高,行之则事阙,是用迟回,未谓为可。窃惟古之善为治者,莫不昭其胜途,悟其远理,及于救世,升降称时。欲令丰无过溢,俭不致弊,役养消息,备在阙中,节约取足,成其性命。如不尔者,焉用君为? 若任其生产,随其啄食,便是刍狗万物,不相有矣。自大道既往,恩惠生焉,下奉上施,卑高理睦。然恩惠既交,思拯之术广,恒恐财不赒国,泽不厚民。故多方以达其情,立法以行其志。至乃取货山川,轻在民之贡;立税关市,禆十一之储。收此与彼,非利已也;回彼就此,非为身也。所谓集天地之产,惠天地之民,藉造物之富,赈造物之贫。彻商贾给戎战,赋四民赡军国,取乎用乎,各有义已。禁此渊池,不专大官之御,敛此匹帛,岂为后宫之资。既润不在己,彼我理一,犹积而散之。将焉所吝?

且税之本意，事有可求，固以希济生民，非为富贿藏货。不尔者，昔之君子何为然哉？是以后来经图，未之或改。故先朝商校，小大以情，降鉴之流，疑兴复盐禁。然自行以来，典司多怠，出入之间，事不如法，遂令细民怨嗟，商贩轻议，此乃用之者无方，非兴之者有谬。至使朝廷明识，听莹其间，今而罢之，惧失前旨。一行一改，法若易基，参论理要，宜依前式。”诏曰：“司监之税，乃自古通典，然兴制利民，亦代或不同，苟可以富氓益化，唯理所在。甄琛之表，实所谓助政毗治者也，可从其前计，使公私并宜，川利无拥。尚书严为禁豪强之制也。”诏琛参八座议事。寻正中尉，常侍如故。迁侍中，领中尉。

琛俯眉畏避，不能绳纠贵游，凡所劾治，率多下吏。于时赵修盛宠，琛倾身事之。琛父凝为中散大夫，弟僧林为本州别驾，皆托修申达。至修奸诈事露，明当收考，今日乃举其罪。及监决修鞭，犹相隐恻，然告人曰：“赵修小人，背如土牛，殊耐鞭杖。”有识以此非之。修死之明日，琛与黄门郎李凭以朋党被召诣尚书，兼尚书元英、邢峦穷其阿附之状。琛曾拜官，诸宾悉集，峦乃晚至，琛谓峦曰：“卿何处放蛆来，今晚始顾？”虽以戏言，峦变色衔忿，及此，大相推穷。

司徒公、录尚书、北海王详等奏曰：“臣闻党人为患，自古所疾；政之所忌，虽宠必诛，皆所以存天下之至公，保灵基于永业者也。伏惟陛下纂圣前晖，渊鉴幽愿，恩断近习，宪轨唯新，大政蔚以增光，鸿猷于焉永泰。谨案：侍中、领御史中尉甄琛，身居直法，纠摘是司，风邪响黩，犹宜劾纠；况赵修奢暴，声著内外，侵公害私，朝野切齿。而琛尝不陈奏，方更往来，绸缪结纳，以为朋党，中外影响，致其谈誉。令布衣之父，超登正四之官；七品之弟，越陟三阶之禄。亏先皇之选典，尘圣明之官人。又与武卫将军、黄门郎李凭相为表里，凭兄叨封，知而不言。及修衅彰，方加弹奏。生则附其形势，死则就地排之，窃天之功以为己力，仰欺朝廷，俯罔百司，其为鄙诈，于兹甚矣。不实不忠，实合贬黜。谨依律科徒，请以职除。其父中散，实为叨越，虽皇族帝孙，未有此例，既得不以伦，请下收夺。李凭朋附赵修，是亲是仗，交游之道，不依恒度，或晨昏从就，或吉凶往来，至乃身拜其亲,妻见其子,每有家事,必先请托。缁点皇风,尘鄙正化。此而不纠,将何以肃整阿谀,奖厉忠概! 请免所居官,以肃风轨。"奏可,琛遂免归本郡,左右相连死黜者三十余人。

始琛以父母年老,常求解官挟持,故高祖授以本州长史。及贵达,不复请归,至是乃还供养。数年,遭母忧。母钜鹿曹氏,有孝性,夫氏去家,路逾百里,每得鱼肉菜果珍美口实者,必令僮仆走奉其母,乃后食焉。琛母服未阕,复丧父。琛于茔兆之内,手种松柏,隆冬之月,负掘水土。乡老哀之,咸助加力。十余年中,坟成木茂。与弟僧林誓以同居没齿,专事产业,躬亲农圃,时以鹰犬驰逐自娱。朝廷有大事,犹上表陈情。

久之,复除散骑常侍;领给事黄门侍郎、定州大中正。大见亲宠,委以门下庶事,出参尚书,入厕帷幄。琛,高祖时兼主客郎,迎送萧赜使彭城刘缵,琛钦其器貌,常叹咏之。缵子晰为朐山戍主,晰死,家属入洛。有女年未二十,琛已六十余矣,乃纳晰女为妻。婚日,诏给厨费,琛深所好悦,世守时调戏之。卢昶败于朐山,诏琛弛驿检按。

迁河南尹,加平南将军,黄门、中正如故,琛表曰:

《诗》称"京邑翼翼,四方是则"者,京邑是四方之本,安危所在,不可不清。是以国家居代,患多盗窃,世祖太武皇帝亲自发愤,广置主司、里宰,皆以下代令长及五等散男有经略者乃得为之。又多置吏士,为其羽翼,崇而重之,始得禁止。今迁都已来,天下转广,四远赴会,事过代都,五方杂沓,难可备简,寇盗公行,劫害不绝。此由诸坊混杂,厘比不精,主司暗弱,不堪检察故也。凡使人攻坚木者,必为之择良器。今河南郡是陛下天山之坚木,盘根错节,乱植其中。六部里尉即攻坚之利器。非贞刚精锐,无以治之。今择尹既非南金,里尉铅刀而割,欲望清肃都邑,不可得也。里正乃流外四品,职轻任碎,多是下才,人怀苟且,不能督察,故使盗得容奸,百赋失理。边外小县,所领不过百户,而令长皆以将军居之。京邑诸坊,大者或千户、五百户,其中皆王公卿尹,贵势姻戚,豪猾仆隶,荫养奸徒,高门邃宇,不可干问。又有州郡侠客,荫结贵游,附党连群,阴为市劫,比之边县,难易不同。今难彼易此,实为未惬。王者立法,随时从宜,改弦易调,明主所急。先朝立品,不必即定,施而观之,不便则改。

今闲官静任,犹听长兼,况烦剧要务,不得简能下领？请取武官中八品将军已下干用贞济者,以本官俸恤,领里尉之任,各食其禄,高者领六部尉,中者领经途尉,下者领里正。不尔,请少高里尉之品,选下品中应迁之者,进而为之。则督责有所,辇毂可清。

诏曰:“里正可进至勋品,经途从九品,六部尉正九品诸职中简取,何必须武人也?”琛又奏以羽林为游军,于诸坊巷司察盗贼。于是京邑清静,至今踵焉。转太子少保,黄门如故,

大将军高肇伐蜀,以琛为使持节、假抚军将军,领步骑四万为前驱都督。琛次梁州獠亭,会世宗崩,班师。高肇既死,以琛,肇之党也,不宜复参朝政,出为营州刺史,加安北将军。岁余以光禄大夫李思穆代之。时年六十五矣,遂停中山,久之乃赴洛。除镇西将军,凉州刺史,犹以琛高氏之昵也,不欲处之于内。寻徵拜太常卿,仍以本将军出为徐州刺史。及入辞肃宗,琛辞以老,诏除吏部尚书,将军如故。未几,除征北将军、定州刺史,衣锦昼游,大为称满。治体严细,甚无声誉。崔光辞司徒之授也,琛与光书,外相抑扬,内实附会也。光亦揣其意,复书褒美以悦之。

徵为车骑将军、特进,又拜侍中。以其衰老,诏赐御府杖,朝直杖以出入。正光五年冬卒,诏给东园秘器、朝服一具、衣一袭、钱十万、物七百段、蜡三百斤。赠司徒公、尚书左仆射,加后部鼓吹。太常议谥“文穆”。吏部郎袁翻奏曰:“案礼:谥者,行之迹也;号者,功之表也;车服者,位之章也。是以大行受大名。细行受细名。行生于己,名生于人,故阖棺然后定谥。皆累其生时美恶,所以为将来劝戒,身虽死,使名常存也。凡薨亡者,属所即言大鸿胪,移本郡大中

正,条其行迹功过,承中正移言公府,下太常部博士评议,为谥列
上。谥不应法者,博士坐如选举不以实论。若行状失实,中正坐如
博士。自古帝王莫不殷勤重慎,以为褒贬之实也。今之行状,皆出
自其家,任其臣子自言君父之行,无复相是非之事。臣子之欲光扬
君父,但苦迹之不高,行之不美,是以极辞肆意,无复限量。观其状
也,则周孔联镳,伊颜接任;论其谥也,虽穷文尽武,罔或加焉。今之
博士与古不同,唯知依其行状,又先问其家人之意,臣子所求,便为
议上,都不复斟酌与夺,商量是非。致号谥之加,与泛阶莫异,专以
极美为称,无复贬降之名,礼官之失,一至于此!案甄司徒行状,至
德与圣人齐踪,鸿名共大贤比迹,“文穆”之谥,何足加焉?但比来赠
谥,于例普重,如甄琛之流,无不复谥。谓宜依谥法“慈惠爱民曰
孝”宜谥曰孝穆公。自今已后,明勒太常、司徒有行状如此,言辞流
宕,无复节限者,悉请裁量,不听为受。必准人立谥,不得甚加优越。
复仍踵前来之失者,付法司科罪。”从之。

琛祖载,肃宗亲送,降车就舆,吊服哭之,遣舍人慰其诸子。琛
性轻简,好嘲谑,故少风望。然明解有干具,在官清白。自高祖、世
宗咸相知侍,肃宗以师傅之义而加礼焉。所著文章,鄙碎无大体,时
有理诣,《磔四声》、《姓族废兴》、《会通缁素三论》,及《家诲》二十
篇,《笃学文》一卷,颇行于世。

琛长子侃,字道正。郡功曹,释褐秘书郎。性险簿,多与盗劫交
通。随琛在京,以酒色夜宿洛水亭舍,殴击主人,为司州所劾,淹在
州狱,琛大以惭慨。广平王怀为牧,与琛先不协,欲具案穷推。琛托
左右以闻,世宗遣白衣吴仲安敕怀宽放,怀固执治之。久乃特旨出
之。侃自此沉废卒于家。

侃弟楷,字德方。粗有文学,颇习吏事。太平中,上《高祖倾》十
二篇,文多不载,优诏报之。琛启除秘书郎。世宗崩,未葬,楷与河
南尹丞张普惠等饮戏,免官。任城王澄为司徒,引为公曹参军。稍
迁尚书仪曹郎,有当官之称。

肃宗末，定州刺史、广阳王渊被徵还朝，时楷丁忧在乡，渊临发，召楷不兼长史，委以州任。寻值鲜于修礼，毛普贤等率北镇流民反于州西北之左人城，屠村掠野，引向州城。州城之内，先有燕恒云三州避难之户，皆依傍市鄽，草庐攒住。修礼等声云欲收此辈，共为举动。既外寇将逼，恐有内应，楷见人情不安，虑有变起，乃收州人中粗豪者皆杀之，以威外贼，固城民之心。及刺史元囧、大都督杨津等至，楷乃还家。后修礼等忿楷屠害北人，遂掘其父墓，载棺巡城，示相报复。

孝庄时，徵为中书侍郎。尔朱荣之死，帝以其堪率乡义，除试守常山太守，赐绢二百匹。出帝初，除征东将军，金紫光禄大夫，迁卫将军、右光禄大夫。齐文襄王取为仪同府谘议参军。天平四年卒，年四十六。赠骠骑将军、秘书监、沧州刺史。

楷弟宽，字仁规。自员外散骑侍郎、本州别驾，稍迁太尉从事中郎、治书侍御史。武定初，谢病还乡，卒于家。

僧林，终于乡里。

琛从父弟密，字叔雍。清谨少嗜欲，颇涉书史。太和中，奉朝请。密疾世俗贪竞，乾没荣宠，曾作《风赋》以见意。后参中山王英军事，英钟离败退，乡人苏良没于贼手，密尽私财以赎之。良既归，倾资报密。密一皆不受，谓良曰："济君之日，本不求货，岂相赎之意也？"历太尉铠曹，迁国子博士。

肃宗末，通直散骑常侍、冠军将军。时贼帅葛荣侵扰河北，裴衍、源子邕败没，人情不安。诏密为相州行台，援守邺城。庄帝以密全邺之勋，赏安市县开国子，食邑三百户。迁平东将军、光禄大夫，领廷属少卿，寻转征东将军、金紫光禄大夫。孝静初，车骑将军、廷尉卿，在官有平直之誉。出为北徐州刺史，将军如故。兴和四年卒。赠骠骑将军、仪同三司、瀛州刺史，谥曰靖。

长子俭，字元恭，官至前将军、太中大夫。卒。

俭弟颐,有才学,亦早卒。

琛同郡张纂,字伯业。祖珍,字文表,慕容宝度支尚书。太祖平中山,入国。世祖时,拜中书侍郎。真君元年,关右慰劳大使。二年,拜使持节、镇西将军、凉州刺史。卒,赠征东将军、燕州刺中,谥曰穆。

纂颇涉经史,雅有气尚,交结胜流。太和中,释褐奉朝请,稍迁伏波将军、任城王澄镇北府骑兵参军,带魏昌县令,吏民安之。后为北中府司马,久之,除乐陵太守。在郡多所受纳,闻御史至,弃郡逃走,于是除名,乃卒。天平初,赠使持节、都督冀州定二州诸军事、骠骑将军、定州刺史。

纂叔感,字崇仁。有器业,不应州郡之命。

子宣轨,少孤,事母以孝闻。历郡功曹、州主簿。延昌中,释褐奉朝请、冀州征东府长流参军。转相州中军府录事参军、定州别驾。后除镇远将军、员外散骑常侍。出为相州抚军府司马。宣轨性通率,轻财好施。属葛荣围城,与刺史李神有固守之效。永安中,以功赐中山公。中兴初,坐事,死于邺。

子子瑜。

纂从弟元宾,太和十六年出身奉朝请,迁员外郎、给事中。正光中,除中坚将军、射声校尉。永安三年卒。永熙中,外生高敖曹贵达,启赠持节、抚军将军、瀛州刺史。

子辨,天平中,司徒行参军。

高聪,字僧智,本勃海蓚人。曾祖轨,随慕容德徙青州,因居北海之剧县。父法昂,刘骏车骑将军王玄谟甥也。少随玄谟征伐,以军功至员外郎,早卒。聪生而丧母,祖母王抚育之。大军攻克东阳,聪徙入平城,与蒋少游为云中兵户,窘困无所不至。族祖允视之若孙,大加赒给。聪涉猎经史,颇有文才。允嘉之,数称其美,言之朝廷云:"青州蒋少游与从孙僧智,虽为孤弱,然皆有文情。"由是与少游同拜中书博士。积十年，转侍郎，以本官为高阳王雍友，稍为高祖知赏。

太和十七年，兼员外散骑常侍，使于萧昭业。高祖定都洛阳，追诏聪等曰："比于河阳敕卿，仍届瀍洛，周视旧业，依然有怀，固欲先之营之，后乃薄伐。且以颐丧甫尔，使通在昔，乘危幸凶，君子弗取。是用辍兹前图，远斯来会，爰息六师，三川是宅，将底居成周，永恢皇宇。今更造玺书，以代往诏，比所敕授，随宜变之，善勖皇华，无替指意。"使还，迁通直散骑常侍、兼太府少卿，转兼太子左率。

聪微习弓马，乃以将用自许。高祖锐意南讨，专访王肃以军事，聪托肃愿以偏裨自效，肃言之于高祖，故假聪辅国将军，统兵二千，与刘藻、傅永、成道益，任莫问俱受肃节度，同援涡阳。而聪躁怯少威重，所经淫掠无礼，及与贼交，望风退败。与藻等同囚于悬瓠，高祖恕死，徙平州为民。行届瀛州，属刺史王质获白兔将献，托聪为表。高祖见表，顾谓王肃曰："在下那得复有此才，而令朕不知也？"肃曰："此高聪北徙，此文或其所制。"高祖悟曰："必应然也，何应更有此辈？"

世宗初，聪复窃还京师。六辅之废，聪之谋也。世宗亲政，除给事黄门侍郎，加辅国将军。迁散骑常侍，黄门如故。世宗幸邺，还于河内怀界，帝亲射矢一里五十余步。侍中高显等奏："伏见亲御弧矢，临原弋远，弦动羽驰，天镞所逮，三百五十余步。臣等状惟陛下圣武自天，神艺凤茂，巧会《驺虞》之节，妙尽蒐图之仪。威棱攸叠，魋凶慑气，才猛所振，勍慭弭心，足以肃截九区，赫服入宇矣。盛事奇迹，必宜表述，请勒铭射宫，永彰圣艺。"诏曰："此乃弓弧小艺，何足以示后叶？而喉唇近待苟以为然，亦岂容有异，便可如请。"遂刊铭于射所，聪为之词。

赵修嬖幸，聪深明附。及诏追赠修父，聪为碑文，出入同载，观视碑石，聪每见修，迎送尽礼。聪又为修作表，陈当时便宜，教其自安之术，由是迭相亲狎。修死，甄琛、李凭皆被黜落，聪亦深用危虑。而聪先以疏宗之情，曲事高肇，竟获自免，肇之力也。修之任势，聪倾身事之，及修之死，言必毁恶。茹皓之宠，聪又媚附，每相招命，言笑攡抚，公私托仗，无所不至。每称皓才识明敏，非赵修之俦。乃因皓启请青州镇下治中公厩，以为私宅，又乞水田数十顷，皆被遂许。及皓见戮，聪以为死之晚也。其薄于情义，类皆如此。

侍中高显出授护军，聪转兼其处，于时显兄弟疑聪间构而求之。聪居兼十余旬，出入机要，言即真，无远虑。藉贵因权，耽于声色，贿纳之音，闻于遐迩。中尉崔亮知知肇微恨，遂面陈聪罪，世宗乃出聪为平北将军，并州刺史。聪善于去就，知肇嫌之，侧身承奉，肇遂待之如旧。聪在拜州数岁，多不率法，又与太原太守王椿有隙，再为大使、御史举奏，肇每以宗私相援，事得寝缓。世宗末，拜散骑常侍、平北将军。

肃宗践祚，以其素附高肇，出为幽州刺史，将军如故。寻以高肇之党，与王世义、高绰、李宪、崔楷、兰氛之为中尉元匡所弹，灵太后并特原之。聪遂停废于家，继绝人事，唯修营园果，以声色自娱。久之，拜光禄大夫，加安北将军。聪心望中书令，然后出作青州，愿竟不果。正光元年夏卒，年六十九。灵太后闻其病，遣主书问之，聪对使者歔欷恸泣。及闻其亡，嗟悼良久，言："朕既无福，大臣殒丧。且其与朕父南征，契阔戎旅，特可感念。"赠布帛三百匹、冰一车，赠抚军将军、青州刺史，谥曰献。

聪有妓十余人，有子无子皆注籍为妾，以悦其情。及病，不欲他人得之，并令烧指吞炭，出家为尼。聪所作文笔二十卷，别有集。

子长云，字彦鸿。起家秘书郎、太尉主簿，稍迁辅国将军、中散大夫。建义初，于河阴遇害。赠安东将军、兖州刺史。

长云弟叔山，字彦甫。司徒行参军，稍迁宁朔将军、越骑校尉。卒，赠太常少卿。

史臣曰：甄琛以学尚刀笔，早树声名，受遇三朝，终至崇重。高聪才尚见知，名位显著。而异轨同奔，咸经于危覆之辙，惜乎！

魏书卷六九
列传第五七

崔休　裴延俊　袁翻

　　崔休，字惠盛，清河人，御史中丞逞之玄孙也。祖耿和，仕刘义隆为员外散骑侍郎。父宗伯，世祖初，追赠清河太守。休少孤贫，矫然自立。举秀才，入京师，与中书郎宋弁、通直郎邢峦雅相知友。尚书王嶷钦其人望，为长子娉休姊，赠以货财，由是少振。高祖纳休妹为嫔，以为尚书主客郎。转通直正员郎，兼给事黄门侍郎。休好学，涉历书史，公事军旅之隙，手不释卷。崇尚先达，爱接后来，常参高祖侍席，礼遇次于宋、郭之辈。

　　高祖南伐，以北海王为尚书仆射，统留台事，以休为尚书左丞。高祖诏休曰："北海年少，未闲政绩，百揆之务，便以相委。"转长史，兼给事黄门侍郎。后从驾南行。及车驾还，幸彭城，泛舟泗水，诏在侍筵，观者荣之。

　　世宗初，休以弟亡，祖父未葬，固求勃海，于是除之。性严明，雅长治体，下车先戮豪猾数人，广布耳目，所在奸盗，莫不擒翦，百姓畏之。寇盗止息，清身率下，勃海大治。时大儒张吾贵有盛名于山东，四方学士咸相宗慕，弟子自远而至者恒千余人。生徒既众，所在多不见容。休乃为设俎豆，招延礼接，使肄业而远，儒者称为口实。

　　入为吏部郎中，迁散骑常侍，权兼选任。休爱才好士，多所拔擢。广平王怀数引谈宴，世宗责其与诸王交游，免官。后除龙骧将军、洛州刺史。在州数年，以母老辞州，许之。寻行幽州事，征拜司

徒右长史。休聪明强济，雅善断决，幕府多事，辞讼盈几，剖判若流，
殊无疑滞，加之公平清洁，甚得时谈。复除吏部郎中，加征虏将军、
冀州大中正。迁光禄大夫，行河南尹。肃宗初，即真，加平东将军。
寻除平北将军、幽州刺史，进号安北将军。迁安东将军、青州刺史。
青州九郡民单瓓、李伯徽、刘通等一千人，上书讼休德政，灵太后善
之。休在幽青州五六年，皆清白爱民，甚著声绩，二州怀其德泽，百
姓追思之。征为安南将军、度支尚书。寻进号抚军将军、七兵尚书，
又转殿中尚书。

　　休久在台阁，明习典礼，每朝廷疑议，咸取正焉。诸公咸相谓
曰："崔尚书下意处，我不能异也。"正光四年卒，年五十二。赗帛五
百匹，赠车骑将军、尚书仆射、冀州刺史，谥文贞侯。

　　休少而谦退，事母孝谨。及为尚书，子仲文纳丞相雍第二女，女
妻领军元叉长庶子秘书郎稚舒，侠恃二家，志气微改，内有自得之
心，外则陵藉同列。尚书令李崇、左仆射萧宝夤、右仆射元钦，皆以
雍、叉之故，每惮下之。始，休母房氏欲以休女妻其外孙邢氏，休不
欲，乃违其母情，以妻叉子，议者非之。休有九子。

　　长子棱，字长儒。武定中，七兵尚书、武城县开国公。

　　棱弟仲文，散骑常侍。

　　仲文弟叔仁，性轻侠，重衿期。历通直散骑侍郎、司徒司马、散
骑常侍。出为骠骑将军、颍州刺史。以贪污，为御史所劾。兴和中，
赐死于宅。临刑，赋诗与诸弟诀别，而不及其兄，以其不甚营救故
也。

　　叔仁弟叔义，孝庄时，为尚书库部郎。坐兄棱铸钱事发，合家逃
逸，数日，叔义遂见执获。时城阳王徽为司州牧，临淮王彧以非其身
罪，骤为致言，徽不从，乃杀之。

　　叔义弟子侃，以窃级为中书郎，为尚书左丞和子岳弹纠，失官。
后兼通直常侍，使于萧衍，还，路病卒。

　　子侃弟子聿，武定末，东莞太守。卒。

　　子聿弟子约，开府祭酒。

休弟赉，字敬礼。太子舍人，早卒。赠乐安太守。妻，安乐王长乐女晋宁主也。贞烈有德行。

子长谦，好学修立，少有令名。仕历给事中，仍还乡里。久之，刺史尉景取为开府谘议参军事。晚颇以酒为损。天平中，被征兼主客郎，接萧衍使张皋等。后兼散骑常侍，使萧衍。还，卒于宿豫，时人叹惜之。以死王事，赠骠骑将军、南青州刺史。

裴延俊，字平子，河东闻喜人，魏冀州刺史徽之八世孙。曾祖天明，谘议参军、并州别驾。祖双虎，河东太守。卒，赠平远将军、雍州刺史，谥曰顺。父崧，州主簿，行平阳郡事。以平蜀贼丁虫功，赠东雍州刺史。延俊少偏孤，事后母以孝闻。涉猎坟史，颇有才笔。举秀才，射策高第，除著作佐郎。迁尚书仪曹郎，转殿中郎、太子洗马，又领本邑中正及太子友。太子恂废，以宫官例免。顷之，除太尉掾，兼太子中舍人。

世宗初为散骑侍郎，寻除雍州平西府长史，加建威将军，入为中书侍郎。时世宗专心释典，不事坟籍。延俊上疏谏曰："臣闻有尧文思，钦明稽古；妫舜体道，慎典作圣；汉光神睿，军中读书；魏武英规，马上玩籍。先帝天纵多能，克文克武，营迁谋伐，手不释卷。良以经史义深，补益处广，虽则劬劳，不可暂辍。斯乃前王之美实，后王之水镜，善足以遵，恶足以诫也。陛下道悟自深，渊鉴独得，升法座于宸闱，释觉善于日宇，凡在听瞩，尘蔽俱开。然《五经》治世之模，六籍轨俗之本，盖以训物有渐，应时匪妙，必须先粗后精，乘近即远。伏愿经书玄览，孔释兼存，则内外俱周，真俗斯畅。"后除司州别驾，加镇远将军。及诏立明堂，群官博议，延俊独著一堂之论。太傅、清河王怿时典众议，读而笑曰："子故欲远符仆射也。"兼太子中庶子，寻即正，别驾如故，加冠军将军。

肃宗初，迁散骑常侍，监起居注，加前将军，又加平西将军，除廷尉卿。转平北将军、幽州刺史。范阳郡有旧督亢渠，径五十里；渔阳燕郡有故庚陵诸堰，广袤三十里。皆废毁多时，莫能修复。时水旱不调，民多饥馁，延俊谓疏通旧迹，势必可成，乃表求营造。遂躬自履行，相度水形，随力分督，未几而就。溉田百万余亩，为利十倍，百姓至今赖之。又命主簿郦恽修起学校，礼教大行，民歌谣之。在州五年，考绩为天下最。

延俊继母随延俊在蓟，时遇重患，延俊启求侍母还京疗治。至都未几，拜太常卿。时汾州山胡恃险寇窃，正平、平阳二郡尤被其害，以延俊兼尚书，为西北道行台，节度讨胡诸军。寻遇疾，敕还。三鸦群蛮寇掠不已，车驾欲亲征之，延俊乃于病中上疏谏净。寻除七兵尚书、安南将军，徙殿中尚书，加中军将军，转散骑常侍、中书令、御史中尉。又以本官兼侍中、吏部尚书。延俊在台阁，守职而已，不能有所裁断直绳也。庄帝初，于河阴遇害。赠都督雍岐豳三州诸军事、仪同三司、本将军、雍州刺史。

子元直，尚书郎中。

元直弟敬猷，员外常侍。兄弟并有学尚，与父同时遇害。元直赠光州刺史。敬猷妻，丞相、高阳王雍外孙，超赠尚书仆射。

延俊从叔桃弓，亦见称于乡里。

子夙，字买兴，沉雅有器识。仪望甚伟，高祖见而异之。自司空主簿，转尚书左主客郎中。时吏部尚书、任城王澄有知人鉴，每叹美夙，以远大许之。高祖南伐，为行台吏部郎，仍除征北大将军穆亮从事中郎。转为河北太守，以忠恕接下，百姓感之。卒于郡，年四十三。

长子范，字宗模。早卒。

范子凝，字长儒。卒于武平镇将。

范弟升之、鉴。武定末，升之，太尉掾；鉴，司徒右长史。

延俊从祖弟良，字元宾。起家奉朝请，转北中府功曹参军。世宗初，南绛县令，稍迁并州安北府长史，入为中散大夫，领尚书考功郎中。

时汾州吐京群胡薛羽等作逆，以良兼尚书左丞，为西北道行台。值别将李德龙为羽所破，良入汾州，与刺史、汝阴王景和及德龙率兵数千，凭城自守。贼并力攻逼，诏遣行台裴延俊、大都督、章武王融，都督宗正珍孙等赴援。时有五城郡山胡冯宜都、贺悦回成等以妖妄惑众，假称帝号，服素衣，持白伞白幡，率诸逆众，于云台郊抗拒王师。融等与战败绩，贼乘胜围城。良率将士出战，大破之，于阵斩回成，复诱导诸胡令斩送宜都首。

又山胡刘蠡升自云圣术，胡人信之，咸相影附，旬日之间，逆徒还振。德龙议欲拔城，良不许，德龙等乃止。景和薨，以良为汾州刺史，加辅国将军，行台如故。都督高防来援，复败于百里侯。先是官粟贷民，未及收聚，仍值寇乱。至是城民大饥，人相食。贼知仓库空虚，攻围日甚，死者十三四。良以饥窘，因与城人奔赴西河。汾州之治西河，自良始也。时南绛蜀陈双炽等聚众反，自号建始王，与大都督长孙雅、宗正珍孙等相持不下。诏良解州，为慰劳使。转太中大夫、本郡中正。

孝庄末，除光禄大夫。尔朱荣死，荣从子天光拥众关西，乃诏良持节、假安西将军、潼关都督，又兼尚书，为河东、恒农、河北、宜阳行台以备之。前废帝时，除征东将军、金紫光禄大夫。寻转卫将军、又加散骑常侍、车骑将军、右光禄大夫，转骠骑将军、左光禄大夫。出帝末，除汲郡太守。孝静初，卫大将军、太府卿。天平二年秋卒，时年六十一。赠使持节、都督雍华二州诸军事、吏部尚书、本将军、雍州刺史，谥曰贞。又重赠侍中、骠骑大将军、尚书仆射，余如故。

子叔祉，武定末，太子洗马。

良从父兄子庆孙，字绍远。少孤，性倜傥，重然诺。释褐员外散骑侍郎。正光末，沧州吐京群胡薛悉公、马牒腾并自立为王，聚党作逆，众至数万。诏庆孙为募人别将，招率乡豪，得战士数千人以讨之。胡贼屡来逆战，庆孙身先士卒，每摧其锋，遂深入至云台郊。诸贼更相连结，大战郊西，自旦及夕，庆孙身自突陈，斩贼王阙郭康儿。贼众大溃。敕征赴都,除直后。

于后贼复鸠集,北连蠡升,南通绛蜀,凶徒转盛,复以庆孙为别将,从轵关入讨。至齐子岭东,贼帅范多、范安族等率众来拒,庆孙与战,复斩多首。乃深入二百余里,至阳胡城。朝廷以此地被山带河,衿要之所,肃宗末,遂立邵郡,因以庆孙为太守、假节、辅国将军、当郡都督。民经贼乱之后,率多逃窜,庆孙务安缉之,咸来归业。永安中,还朝,除太中大夫。尔朱荣之死也,世隆拥众北渡,诏庆孙为大都督,与行台源子恭率众追击。军次太行,而庆孙与世隆密通,事泄,追还河内而斩之,时年三十六。

庆孙任侠有气,乡曲壮士及好事者,多相依附,抚养咸有恩纪。在郡之日,值岁饥凶,四方游客常有百余,庆孙自以家粮赡之。性虽粗武,爱好文流,与诸才学之士咸相交结,轻财重义,座客常满,是以为时所称。

子子莹,永安中,太尉行参军

延俊从祖弟仲规,少好经史,颇有志节。起家奉朝请,领侍御。咸阳王禧为司州牧,辟为主簿,仍表行建兴郡事。车驾自代还洛,次于郡境,仲规备供帐朝于路侧。高祖诏仲规曰:“朕开置神畿,畿郡望□重。卿既首应司隶美举,复督我名邦,何能自致也?”仲规对曰:“陛下穷神尽圣,应天顺民,弃彼玄壤,来宅紫县。臣方罄心力,跃马吴会,冀功铭帝籍,勋书王府,岂一郡而已。”高祖笑曰:“冀卿必副此言。”车驾达河梁,见咸阳王,谓曰:“昨得汝主簿为南道主人,六军丰赡,元弟之寄,殊副所望。”寻除司徒主簿。仲规父在乡疾病,弃官奔赴,以违制免。久之,中山王英征义阳,引为统军,奏复本资。于陈战殁,时年四十八。赠河东太守。谥曰贞。无子,弟叔义以第二子伯茂为之后,伯茂在《文苑传》。

叔义,亦有学行。高祖末,除兖州安东府外兵参军,累迁太山太守。为政清静,吏民安之。迁司空从事中郎。正光五年夏卒,时年五十七。赠征虏将军、东秦州刺史,谥曰宣。

子景融，字孔明。笃学好属文。正光初，举秀才，射策高第，除太学博士。永安中，秘书监李凯以景融才学，启除著作佐郎，稍迁辅国将军、谏议大夫，仍领著作。出帝时，议孝庄谥，事遂施行。时诏撰《四部要略》，令景融专典，竟无所成。元象中，仪同高岳以为录事参军。弟景颜被劾廷尉狱。景融入选，吏部拟郡，为御史中丞崔暹所弹，云其贪昧苟进，遂坐免官。武定四年冬，病卒，年五十二。景融卑退廉谨，无竞于时。虽才不称学，而缉缀无倦；文词泛滥，理会处寡。所作文章，别有集录。又造《邺都、晋都赋》云。

景颜，颇有学尚。起家汝南王开府行参军。孝庄初，为广州防蛮别将，行汉广郡事。元颢入洛，与刺史郑先护据州起义，事宁，赐爵保城子。以军功稍迁太尉从事中郎，转谘议参军。孝静初，徙司空长史，在官贪秽。武定二年，为中尉崔暹所劾，事下廷尉，遇疾死于狱，年四十五。

仲规弟子伯珍，历襄威将军、员外散骑郎、河西太守。孝静初，为平东将军、荥阳太守。卒官，时年三十二。赠本将军、雍州刺史。

延俊族子礼和，解褐员外散骑侍郎，迁谒者仆射。身长九尺，腰带十围，于群众之中，魁然有异。出为陈留太守。卒于金紫光禄大夫。

延俊族兄聿，字外兴。以操尚贞立，为高祖所知。自著作佐郎出为北中府长史。时高祖以聿与中书侍郎崔亮并清贫，欲以干禄优之，乃以亮带野王县，聿带温县，时人荣之。转尚书郎，迁太尉谘议参军，出为平秦太守。卒，赠冠军将军、洛州刺史。

子子袖，殁关西。

延俊族人瑗，字珍宝。太和中，析属河北郡。少孤贫，而清苦自立，太守司马悦召为中正。悦为别将，军征义阳，引为中兵参事。瑗夙夜恭勤，为悦所知。军还，除奉朝请，转给事中、汝南王悦郎中令。悦散费无常，每国俸初入，一日之中分赐极意。瑗每随例，恒辞多受少，伺悦虚竭，还来奉贡。悦虽性理不恒，然亦相赏爱。悦迁太尉，请为从事中郎，转骁骑将军。肃宗末，出为汝南太守，不行，转太原太守。属肃宗崩,尔朱荣初谋赴洛,瑗豫其事,封五原县开国子,邑三百户。寻行并州事,转平北将军、殷州刺史。孝静初,除卫将军、东雍州刺史。兴和元年卒,年七十三。

子夷吾,武定末,徐州骠骑府长流参军。

袁翻,字景翔,陈郡项人也。父宣,有才笔,为刘彧青州刺史沈文秀府主簿。皇兴中,东阳州平,随文秀入国。而大将军刘昶每提引之,言是其外祖淑之近亲,令与其府谘议参军袁济为宗。宣时孤寒,甚相依附。及翻兄弟宦显,与济子洸、演遂各凌竞,洸等乃经公府以相排斥。

翻少以才学擅美一时。初为奉朝请。景明初,李彪在东观,翻为徐纥所荐,彪引兼著作佐郎,以参史事。及纥被徙,寻解。后迁司徒祭酒、扬烈将军、尚书殿中郎。正始初,诏尚书门下于金墉中书外省考论律令,翻与门下录事常景、孙绍,廷尉监张虎,律博士侯坚固,治书侍御史高绰,前军将军邢苗,奉车都尉程灵虬,羽林监王元龟,尚书郎祖莹、宋世景,员外郎李琰之,太乐令公孙崇等并在议限。又诏太师、彭城王勰,司州牧、高阳王雍,中书监、京兆王愉,前青州刺史刘芳,左卫将军元丽,兼将作大匠李韶,国子祭酒郑道昭,廷尉少卿王显等入预其事。后除豫州中正。

是时修明堂辟雍,翻议曰:

谨案明堂之义,今古诸儒论之备矣,异端竞构,莫适所归,故不复远引经传、傍采纪籍以为之证,且论意之所同,以训诂旨耳。盖唐虞已上,事难该悉;夏殷已降,校可如之。谓典章之极,莫知三代,郁郁之盛,从周斯美。制体作乐,典刑在焉,遗风余烈,垂之不朽。

案《周官考工》,所记皆记其时事,具论夏殷名制,岂其纰谬?是知明堂五室,三代同焉,配帝象行,义则明矣。及《淮南》、《吕氏》与《月令》同文,虽布政班时,有堂、个之别,然推其礼例,则无九室之证。既而世衰礼坏,法度淆弛,正义残隐,妄说斐然。明堂九室，著自《戴礼》，探绪求源，罔知所出，而汉氏因之，自欲为一代之法。故郑玄云："周人明堂五室，是帝一室也，合于五行之数。《周礼》依数以为之室。德行疑于今，虽有不同，时说晣然，本制著存，而言无明文，欲复何责。"本制著存，是周五室也；于今不同，是汉异周也。汉为九室，略可知矣。但就其此制，犹窃有憾焉。何者？张衡《东京赋》云："乃营三宫，布教班常，复庙重屋，八达九房。"此乃明堂之文也。而薛综注云："房，室也，谓堂后有九室。"堂后九室之制，非巨异乎？裴颁又云："汉氏作四维之个，不能令各处其辰，就使其像可图，莫能通其居用之礼，此为设虚器也。"甚知汉世徒欲削灭周典，捐弃旧章，改物创制，故不复拘于载籍。且郑玄之诂训《三礼》，及释《五经异义》，并尽思穷神，故得之远矣。览其明堂图义，皆有悟人意，察察著明，确乎难夺，谅足以扶微阐幽，不坠周公之旧法也。伯喈损益汉制，章句繁杂，既违古背新，又不能易玄之妙矣。魏晋书纪，亦有明堂祀五帝之文，而不记其经始之制，又无坦然可准。观夫今之基址，犹或仿佛，高卑广狭，颇与《戴礼》不同，何得以意抑必，便谓九室可明？且三雍异所，复乖卢、蔡之义，进退亡据，何用经通？晋朝亦以穿凿难明，故有一屋之论，并非经典正义，皆以意妄作，兹为曲学家常谈，不足以范时轨世。

皇代既乘乾统历，得一驭宸，自宜稽古则天，宪章文武，追踪周孔，述而不作，四彼三代，使百世可知。岂容虚追子氏放篇之浮说，徒损经纪《雅诰》之遗训，而欲以支离横议，指画妄图，仪刑宇宙而贻来叶者也。

又北京制置，未皆允帖，缮修草创，以意良多。事移礼变，所存者无几，理苟宜革，何必仍旧。且迁都之始，日不遑给，先朝规度，每事循古，是以数年之中，恢换非一，良以永法为难，数改为易。何为宫室府库多因故迹，而明堂辟雍独遵此制？建立之辰，复未可知矣。既猥班访逮，辄轻率瞽言。明堂五室，请

同周制;郊建三雍,求依故所。庶有会经诰,无失典刑。识偏学
疏,退惭谬浪。

后议选边戍事,翻议曰:

臣闻两汉警于西北,魏晋备在东南。是以镇边守塞,必寄
威重;伐叛柔服,实赖温良。故田叔、魏尚声高于沙漠,当阳、钜
平绩流于江汉,纪籍用为美谈,今古以为盛德。自皇上以睿明
纂御,风凝化远,威厉秋霜,惠沾春露,故能使淮海输诚,华阳
即序,连城请面,比屋归仁。悬车剑阁,岂伊曩载;鼓噪金陵,复
在兹日。然荆扬之牧,宜尽一时才望;梁郢之君,尤须当今秀
异。

自比缘边州郡,官至便登;疆场统戎,阶当即用。或值秽德
凡人,或遇贪家恶子,不识字民温恤之方,唯知重役残忍之法。
广开戍逻,多置帅领,或用其左右姻亲,或受人货财请属,皆无
防寇御贼之心,唯有通商聚敛之意。其勇力之兵,驱令抄掠。若
值强敌,即为奴虏;如有执获,夺为己富。其羸弱老小之辈,微
解金铁之工,少闲草木之作,无不搜营穷垒,苦役百端。自余或
伐木深山,或耘草平陆,贩贸往还,相望道路。此等禄既不多,
资亦有限,皆收其实绢,给其虚粟,穷其力,薄其衣,用其工,节
其食,绵冬历夏,加之疾苦,死于沟渎者常十七八焉。是以吴楚
间伺,审此虚实,皆云粮匮兵疲,易可乘扰,故驱率犬羊,屡犯
疆场。频年已来,甲胄生生虮,十万在郊,千金日费,为弊之深,
一至于此,皆由边任不得其人,故延若斯之患。贾生所以痛哭,
良有以也。

夫洁其流者清其源,理其未者正其本。既失之在始,庸可
止乎?愚谓自今已后,荆、扬、徐、豫、梁、益诸蕃,及所统郡县、
府佐、统军至于戍主,皆令朝臣王公已下各举所知,必选其才,
不拘阶级。若能统御有方,清高独著,威足临戎,信能怀远,抚
循将士,得其忻心,不营私润,专修公利者,则就加爵赏,使久
于其任,以时褒赍,厉其忠款。所举之人亦垂优异,奖其得士,

嘉其诚节。若不能一心奉公，才非捍御，贪婪日富，经略无闻，人不见德，兵厌其劳者，即加显戮，用彰其罪。所举之人随事免降，责其谬荐，罚其伪薄。如此，则举人不得挟其私，受任不得孤其举，善恶既审，沮劝亦明，庶边患永消，讥议攸息矣。

遭母忧，去职。熙平初，除冠军将军、廷尉少卿。寻加征虏将军，后出为平阳太守。翻为廷尉，颇有不平之论。及之郡，甚不自得，遂作《思归赋》曰：

日色黯兮，高山之岑。月逢霞而未皎，霞值月而成阴。望他乡之阡陌，非旧国之池林。山有木而蔽月，川无梁而复深。怅浮云之弗限，何此恨之难禁。于是杂石为峰，诸烟共色。秀出无穷，烟起不极。错翻花而似绣，纲游丝其如织。蝶两戏以相追，燕双飞而鼓翼。怨驱马之悠悠，叹征夫之未息！

尔乃临峻壑，坐层阿。兆眺羊肠诘屈，南望龙门嵯峨。叠千重以耸翠，横万里而扬波。远狲貐与麋麇，走鼋鼍及龟鼍。彼暖然兮巩洛，此邈矣兮关河。心郁郁兮徒伤，思摇摇兮空满。思故人兮不见，神翻覆兮魂断。断魂兮如乱，忧来兮不散。俯镜兮白水，水流兮漫漫。异色兮纵横，奇光兮烂烂。下对兮碧沙，上睹兮青岸。岸上兮氤氲，驳霞兮绛氛。风摇枝而为弄，日照水以成文。行复行兮川之畔，望复望兮望夫君。君之门兮九重门，余之别兮千里分。愿一见兮导我意，我不见兮君不闻。魄惝恍知何语，气缭戾兮独萦缊。

彼鸟马之无知，尚有情于南北。虽吾人之固鄙，岂忘怀于上国？去上国之美人，对下邦之鬼蜮。形既同于魑魅，心匪殊于螫贼。欲修之而难化，何不残之云克。知进退之非可，徒终朝以默默。愿生还于洛滨，荷天地之厚德。

神龟末，迁冠军将军、凉州刺史。时蠕蠕主阿那环、后主婆罗门，并以国乱来降，朝廷问翻安置之所。翻表曰：

谬以非才，忝荷边任。猥垂访逮，安置蠕蠕主阿那环、婆罗门等处所远近利害之宜。窃惟匈奴为患，其来久矣。虽隆周、

盛汉莫能障服,衰弱则降,富强则叛。是以方叔、召虎不遑自
息,卫青、去病勤亦劳止。或修文德以来之,或兴干戈以伐之,
而一得一失,利害相侔。故呼韩来朝,左贤入侍,史籍谓之盛
事,千载以为美谈。至于皇代勃兴,威驭四海,爰在北京,仍梗
疆场。自卜惟洛食,定鼎伊瀍,高车、蠕蠕迭相吞噬。始则蠕蠕
衰微,高车强盛,蠕蠕则自救靡暇,高车则僻远西北。及蠕蠕复
振,反破高车,主丧民离,不绝如线。而高车今能终雪其耻,复
摧蠕蠕者,正由种类繁多,不可顿灭故也。然斗此两敌,即卞庄
之算,得使境上无尘数十年中者,抑此之由也。

今蠕蠕为高车所讨灭,外凭大国之威灵,两主投身,一期
而至,百姓归诚,万里相属。进希朝廷哀矜,克复宗社,退望庇
身有道,保其妻儿。虽乃远夷荒桀,不识信顺,终无纯固之节,
必有孤负之心。然兴亡继绝,列圣同规;抚降恤附,绵经共轨。
若弃而不受,则亏我大德;若纳而礼待,则损我资储。来者既
多,全徙内地,非直其情不愿,迎送艰难。然夷不乱华,殷鉴无
远,覆车在于刘石,段辙固不可寻。且蠕蠕尚存,则高车犹有内
顾之忧,未暇窥窬上国。若蠕蠕全灭,则高车跋扈之计,岂易可
知。今蠕蠕虽主奔于上,民散于上,民散于下,而余党实繁,部
落犹众,处处棋布,以望今主耳。高车亦未能一时并兼,尽令率
附。

又高车士马虽众,主甚愚弱,上不制下,下不奉上,唯以掠
盗为资,陵夺为业。河西捍御强敌,唯凉州、敦煌而已。凉州土
广民希,粮仗素阙,敦煌、酒泉空虚尤甚。若蠕蠕无复竖立,令
高车独擅北垂,则西顾之忧,匪旦伊夕。愚谓蠕蠕二主,皆宜存
之,居阿那环于东偏,处婆罗门于西裔,分其降民,各有攸属。
那环住所,非所经见,其中事势,不敢辄陈。其婆罗门请修西海
故城以安处之。西海郡本属凉州,今在酒泉直北、张掖西北千
二百里,去高车所住金山一千余里,正是北虏往来之冲要,汉
家行军之旧道,土地沃衍,大宜耕殖。非但今处婆罗门,于事为

便，即可永为重戍，镇防西北。宜遣一良将，加以配衣，疑仍令监护婆罗门。凡诸州镇应徙之兵，随宜割配，且田且戍。虽外为置蠕蠕之举，内实防高车之策。一二年后，足食足兵，斯固安边保塞之长计也。若婆罗门能自克厉，使余烬归心，收离聚散，复兴其国者，乃渐令北转，徙渡流沙，即是我之外蕃，高车劲敌。西北之虞，可无过虑。如其奸回返覆，孤恩背德者，此不过为逋逃之寇，于我何损？今不早图，戎心一启，脱先据西海，夺我险要，则酒泉、张掖自然孤危，长河以西终非国有。不图厥始，而忧其终，噬脐之恨，悔将何及。

愚见如允，乞遣大使往凉州、敦煌及于西海，躬行山谷要害之所，亲阅亭障远近之宜，商量士马，校练粮仗，部分见定，处置得所。入春，西海之间即令播种，至秋，收一年之食，使不复劳转输之功也。且西海北垂，即是大碛，野兽所聚，千百为群，正是蠕蠕射猎之处。殖田以自供，籍兽以自给，彼此相资，足以自固。今之豫度，微似小损，岁终大计，其利实多。高车豺狼之心，何可专信？假令称臣致款，正可外加优纳，而复内备弥深，所谓先人有夺人之心者也。管窥所陈，惧多孟浪。

时朝议是之。还，拜吏部郎中，加平南将军、光禄大夫。以本将军出为齐州刺史，无多政绩。

孝昌中，除安南将军、中书令，领给事黄门侍郎，与徐纥俱在门下，并掌文翰。翻既才学名重，又善附会，亦为灵太后所信待。是时蛮贼充斥，六军将亲讨之，翻乃上表谏止。后萧宝夤大败于关西，翻上表请为西军死亡将士举哀，存而还者并加赈赍。后拜度支尚书，寻转都官。翻表曰："臣往忝门下，翼侍帐幄。同时流辈皆以出离左右，蒙数阶之陟。唯臣奉辞，非但直去黄门，今为尚书后，更在中书令下。于臣庸朽，诚为叨滥；准之伦匹，或有未尽。窃惟安南之与金紫，虽是异品之隔，实有半阶之校；加以尚书清要，位遇通显，准秩论资，似加少进。语望比官，人不愿易。臣自揆自顾，力极求此。伏愿天地成造，有始有终，矜臣疲病，乞臣骸骨，愿以安南、尚书换一金紫。"时天下多事,翻虽外请闲秩,而内有求进之心,识者怪之。于是,加抚军将军。

肃宗、灵太后曾宴于华林园,举觞谓群臣曰:"袁尚书,朕之杜预。欲以此杯敬属元凯,今为尽之。"侍座者莫不羡仰。翻名位俱重,当时贤达咸推与之,然独善其身,无所奖拔,排抑后进,惧其凌己,论者鄙之。建义初,遇害于河阴,年五十三。所著文笔百余篇,行于世。赠使持节、侍中、车骑将军、仪同三司、青州刺史。

嫡子宝首,武定中,司徒记室参事。

宝首兄叔德,武定末,太子中舍人。

翻弟跃,语在《文苑传》。

跃弟扬,本州治中、别驾,豫州冠军府司马而卒。

扬弟升,太学博士、司徒记室、尚书仪曹郎中、正员郎、通直常侍。扬死后,升通其妻。翻惭恚,为之发病。升终不止,时人鄙秽之。亦于河阴见害。赠左将军、齐州刺史。

史臣曰:崔休立身有本,当官著闻,朝之良也。裴俊器业位望,有可称乎?袁翻文高价重,其当时之才秀欤?

魏书卷七〇
列传第五八

刘藻　傅永　傅竖眼　李神

刘藻，字彦先，广平易阳人也。六世祖遐，从司马睿南渡。父宗之，刘裕庐江太守。藻涉猎群籍，美谈笑，善与人交，饮酒至一石不乱。永安中，与姊夫李嶷俱来归国，赐爵易阳子。擢拜南部主书，号为称职。

时北地诸羌数万家，恃险作乱，前后牧守不能制，奸暴之徒，并无名实，朝廷患之，以藻为北地太守。藻推诚布信，诸羌咸来归附。藻书其名籍，收其赋税，朝廷嘉之。迁龙骧将军、雍城镇将。先是氐豪徐成、杨黑等驱逐镇将，故以藻代之。至镇，擒获成、黑等，斩之以徇，群氐震慑。雍州人王叔保等三百人，表乞藻为呆奴戍主。诏曰："选曹已用人，藻有惠政，自宜他叙。"在任八年，迁离城镇将。

太和中，改镇为岐州，以藻为岐州刺史。转秦州刺史。秦人恃险，率多粗暴，或拒课输，或害长吏，自前守宰，率皆依州遥领，不入郡县。藻开示恩信，诛戮豪横，羌氐惮之，守宰于是始得居其旧所。遇车驾南伐，以藻为东道都督。秦人纷扰，诏藻还州，人情乃定。仍与安南将军元英征汉中，频破贼军，长驱至南郑，垂平梁州，奉诏还军，乃不果克。

后车驾南伐，以藻为征虏将军，督统军高聪等四军为东道别将。辞于洛水之南，高祖曰："与卿石头相见。"藻对曰："臣虽才非古人，庶亦不留贼虏而遗陛下，辄当酾曲阿之酒以待百官。"高祖大笑曰："今未至曲阿,且以河东数石赐卿。"后与高聪等战败,俱徙平州。景明初,世宗追录旧功,以藻为太尉司马。是年六月卒,年六十七,赠钱六万。

子绍珍,无他才用,善附会,好饮酒。结托刘腾,腾启为其国郎中令。袭子爵。稍迁本州别驾、司空属,以事免官。建义初,诏复,寻除太中大夫。永安二年,除安西将军、河北太守。还朝,久之,拜车骑将军、左光禄大夫。出为黎阳太守。所在无政绩。天平中,坐子尚书郎洪业入于关中,率众侵扰,伏法。

傅永,字修期,清河人也。幼随叔父洪仲与张幸自青州入国,寻复南奔。有气干,拳勇过人,能手执鞍桥,倒立驰骋。年二十余,有友人与之书而不能答,请于洪仲,洪仲深让之而不为报。永乃发愤读书,涉猎经史,兼有才笔。自东阳禁防为崔道固城局参军,与道固俱降,入为平齐民。父母并老,饥寒十数年,赖其强于人事,戮力佣丐,得以存立。晚乃被召,兼治礼郎,诣长安,拜文明太后父燕宣王庙令,赐爵贝丘男,加伏波将军。未几,除中书博士,又改为议郎。转尚书考功郎中,为大司马从事中郎。寻转都督、任城王澄长史,兼尚书左丞。

王肃之为豫州,以永为建武将军、平南长史。咸阳王禧虑肃难信,言于高祖。高祖曰："已选传修期为其长史,虽威仪不足,而文武有余矣。"肃以永宿士,礼之甚厚。永亦以肃为高祖眷遇,尽心事之,情义至穆。萧鸾遣将鲁康祚、赵公政众号一万,侵豫州之太仓口。肃令永勒甲士三千击之。时康祚等军于淮南,永舍淮北十有余里。永量吴楚之兵,好以斫营为事,即夜分兵二部,出于营外。又以贼若夜来,必应于渡淮之所,以火记其浅处。永既设伏,乃密令人以瓠盛火,渡淮南岸,当深处置之,教之云:"若有火起,即亦然之。"其夜,康祚、公政等果亲率领,来斫永营。东西二伏夹击之,康祚等奔趋淮水。火既竞起,不能记其本济,遂望永所置之火而争渡焉。水深,溺死、斩首者数千级,生擒公政。康祚人马坠淮,晓而获其尸,斩首,并公政送京师。公政，岐州刺史超宗之从兄也。

时裴叔业率王茂先、李定等来侵楚王戍。永适还州，肃复令大讨之。永将心腹一人驰诣楚王戍，至即填塞外堑，夜伏战士一千人于城外。晓而叔业等至，江于城东，列陈将置长围。永所伏兵于左道击其后军，破之。叔业乃令将佐守所列之陈，自率精甲数千救之。永上门楼，观叔业南行五六里许，便开门奋击，遂摧破之。叔业进退失图，于是奔走。左右欲逐之，永曰："弱卒不满三千，彼精甲犹盛，非力屈而败，自堕吾计中耳。既不测我之虚实，足丧其胆。俘此足矣，何假逐之。"获叔业伞扇鼓幕甲仗万余。两月之中，遂献再捷，高祖嘉之，遣谒者就豫州策拜永安远将军、镇南府长史、汝南太守、贝丘县开国男，食邑二百户。高祖每叹曰："上马能击贼，下马作露布，唯傅修期耳。"

裴叔业又围涡阳，时高祖在豫州，遣永为统军，与高聪、刘藻、成道益、任莫问等往救之。军将逼贼，永曰："先深沟固垒，然后图之。"聪等不从，裁营辎重，便击之，一战而败。聪等弃甲，径奔悬瓠。永独收散卒徐还，贼追至，又设伏击之，挫其锋锐。四军之兵，多赖之以免。永至悬瓠，高祖俱锁之。聪、藻徙为边民，永免官爵而已。不经旬日，诏曰："修期在后少有擒杀，可扬武将军、汝阴镇将，带汝阴太守。"景明初，裴叔业将以寿春归国，密通于永，永具表闻。及将迎纳，诏永为统军，与杨大眼、奚康生等诸军俱入寿春。同日而永在后，故康生、大眼二人并赏列土，永唯清河男。

萧宝卷将陈伯之侵逼寿春，沿淮为寇。时司徒、彭城王勰，广陵侯元衍同镇寿春，以九江初附，人情未洽，兼台援不至，深以为忧。诏遣永为统军，领汝阴之兵三千人先援之。永总勒士卒，水陆俱下，而淮水口伯之防之甚固。永去二十余里，牵船上汝南岸，以水牛挽之，直南趋淮，下船便渡。适上南岸，贼军亦及。会时已夜，永乃潜进，晓达寿春城下。勰、衍闻外有军，共上门楼观望，然不意永至，永免胄，乃信之，遂引永上。勰谓永曰："北望以久，恐洛阳难复可见，不意卿能至也。"勰令永引军入城。永曰："执兵被甲，固敌是求，若如教旨，便共殿下同被围守，岂是救援之意？"遂孤军城外，与甗并势以击伯之，频有克捷。

中山王英之征义阳，永为宁朔将军、统军，当长围遏其南门。萧衍将马仙琕连营稍进，规解城围。永谓英曰："凶竖豕突，意在决战。雅山形要，宜早据之。"英沉吟未决，永曰："机者如神，难遇易失，今日不往，明朝必为贼有，虽悔无及。"英乃分兵，通夜筑城于山上，遣统军张怀等列陈于山下以防之。至晓，仙琕果至，怀等战败，筑城者悉皆奔退，仙琕乘胜直趋长围，义阳城人复出挑战。永乃分兵付长史贾思祖，令守营垒，自将马步千人南逆仙琕。擐甲挥戈，单骑先入，唯有军主蔡三虎副之，余人无有及者。突陈横过，贼射永，洞其左股，永拔箭复入，遂大破之，斩仙琕子。仙琕烧营，席卷而遁。英于陈谓永曰："公伤矣，且还营。"永曰："昔汉祖扪足，不欲人知。下官虽微，国家一帅，奈何使虏有伤将之名！"遂与诸军追之，极夜而返，时年七十余矣。三军莫不壮之。义阳既平，英使司马陆希道为露板，意谓不可，令永改之。永亦不增文彩，直与之改陈列军仪，处置形要而已。而英深赏之，叹曰："观此经算，虽有金城汤池亦，不能守矣。"还京复封，永先有男爵，至是以品不累加，赐帛二千匹。除太中大夫，行秦梁二州事，代邢峦镇汉中。

后还京师，于路除恒农太守，非心所乐。时英东征钟离，连表请永，求以为将，朝廷不听。永每言曰："文渊、充国竟何人哉！吾独白首见拘此郡。"深用扼腕。然于治民非其所长，故在任无多声称。未几，解郡，还为太中大夫，行南青州事，迁左将军、南充州刺史。犹能驰射，盘马奋矟。时年逾八十，常讳言老，每自称六十九。还京，拜平东将军、光禄大夫。熙平元年卒，年八十三。赠安东将军、齐州刺史。

永尝登北邙，于平坦处，奋矟跃马，盘旋瞻望，有终焉之志。远慕杜预，近好李冲、王肃，欲葬附其墓，遂买左右地数顷，遗敕子叔伟曰："此吾之永宅也。"永妻贾氏留于本乡，永至代都，娶妾冯氏，生叔伟及数女。贾后归平城，无男，唯一女。冯恃子事贾无礼，叔伟亦奉贾不顺，贾常忿之。冯先永亡，及永之卒，叔伟称父命欲葬北邙。贾疑叔伟将以冯合葬，贾遂求归葬永于所封贝丘县。事经司徒，司徒胡国珍本与永同经征役，感其所慕，许叔伟葬焉。贾乃邀诉灵太后，灵太后遂从贾意。事经朝堂，国珍理不能得，乃葬于东清河。又永昔营宅兆，葬父母于旧乡，贾于此强徙之，与永同处，永宗亲不能抑。葬已数十年矣，棺为桑枣根所绕束，去地尺余，甚为周固，以斧斩斫，出之于坎，时人咸怪。未三年而叔伟亡。

叔伟，九岁为州主簿。及长，臂力过人，弯弓三百斤，左右驰射，又能立马上与人角骋。见者以为得永之武而不得永文也。正光中，叔伟子丰生袭封。

傅竖眼，本清河人。七世祖佃。佃子遘，石虎太常。祖父融南徙渡河，家于磐阳，为乡闾所重。性豪爽。有三子，灵庆、灵根、灵越，并有才力。融以此自负，谓足为一时之雄。尝谓人曰："吾昨夜梦有一骏马，无堪乘者，人曰：'何由得人乘之？'有一人对曰：'唯有傅灵庆堪乘此马。'又有弓一张，亦无人堪引，人曰：'唯有傅灵根可以弯此弓。'又有数纸文书，人皆读不能解，人曰：'唯傅灵越可解此文。'"融意谓三子文武才干，堪以驾驭当世。常密谓乡人曰："汝闻之不？禹虫之子有三灵，此图谶之文也。"好事者然之，故豪勇之士多相归附。

刘骏将萧斌、王玄谟寇碻磝，时融始死，玄谟强引灵庆为军主。将攻城，攻车为城内所烧，灵庆惧军法，诈云伤重，令左右舆之还营，遂与壮士数十骑遁还。斌、玄谟命追之。左右谏曰："灵庆兄弟并有雄才，兼其部曲多是壮勇，如彭超、户生之徒，皆一当数十人，援不虚发，不可逼也。不如缓之。"玄谟乃止。灵庆至家，遂与二弟匿于山泽之间。时灵庆从叔乾爱为斌法曹参军，斌遣乾爱诱呼之，以腰刀为信，密令壮健者随之，而乾爱不知斌之欲图灵庆也。既至灵庆间，对坐未久，斌所遣壮士执灵庆杀之。灵庆将死，与母崔诀，言"法曹杀人，不可忘也"。

灵根、灵越奔河北。

灵越至京师,高宗见而奇之。灵越因说齐民慕化,青州可平,高宗大悦。拜灵越镇远将军、青州刺史、贝丘子,镇羊兰城;灵根为临齐副将,镇明潜垒。灵越北入之后,母崔氏遇赦免。刘骏恐灵越在边,扰动三齐,乃以灵越叔父琰为冀州治中,乾爱为乐陵太守。乐陵与羊兰隔河相对,命琰遣其门生与灵越婢,诈为夫妇投化以招之。灵越与母分离思积,遂与灵根相要南走。灵越与羊兰奋兵相击,乾爱遣船迎之,得免。灵根差期,不得俱渡,临齐人觉知,锉斩杀之。乾爱出郡迎灵越,问灵根愆期之状,而灵越殊不应答,但言不知而已。乾爱不以为恶,敕左右出匣中乌皮裤褶,令灵越代所常服。灵越言不须。乾爱云:"汝岂可著体上衣服见垣公也?"时垣护之为刺史。灵越奋声言:"垣公!垣公!著此当见南方国主,岂垣公也。"竟不肯著。及至丹阳,刘骏见而礼之,拜员外郎、兖州司马,带鲁郡,而乾爱亦迁青、冀司马,带魏郡。后二人俱还建康。灵越意恒欲为兄复仇,而乾爱初不疑防,知乾爱嗜鸡肉葵菜食,乃为作之,下以毒药,乾爱饭还而卒。

后数年,而灵越为太原太守,戍升城。后举兵同刘骏子子勋,子勋以灵越为前军将军。子勋败,灵越军众散亡,为刘彧将王广之军人所擒,厉声曰:"我傅灵越也,汝得贼何不即杀!"广之生送诣彧辅国府司马刘胭。胭躬自慰劳,诘其叛逆,对曰:"九州唱义,岂独在我?"胭又问:"四方阻逆,无战不擒,主上皆加以大恩,即其才用。卿何不早归天阙,乃逃命草间乎?"灵越答曰:"薛公举兵淮北,威震天下,不能专任智勇,委付子侄,致败之由,实在于此。然事之始末,备皆参预,人生归于一死,实无面求活。"胭壮其意,送诣建康。刘彧欲加原宥,灵越辞对如一,终不回改,乃杀之。

竖眼,即灵越子也。沉毅壮烈,少有父风。入国,镇南王肃而异之,且奇其父节,倾心礼敬,表为参军。从肃征伐,累有战力,稍迁给事中、步兵校尉、左中郎将,常为统军,东西征伐。世宗时为建武将军,讨扬州贼,破之,仍镇于合肥,萧衍民归之者数千户。

　　后武兴氏杨集义反叛，推其兄子绍先为主，攻围关城。梁州刺史邢峦遣竖眼讨之。集义众逆战，频破走之，乘胜追北，仍克武兴。还洛，诏假节，行南兖州事。

　　竖眼善于绥抚，南人多归之。转昭武将军、益州刺史。以州初置，境逼巴獠，给羽林虎贲三百人，进号冠军将军。及高肇伐蜀，假竖眼征虏将军、持节，领步兵三万先讨北巴。萧衍闻大军西伐，遣其宁州刺史任太洪从阴平偷路入益州北境，欲扰动氐蜀，以绝运路。乘国讳班师，遂扇诱土民，奄破东洛、除口二戍，因此诈言南军继至，氐蜀信之，翕然从逆。太洪率氐蜀数千围逼关城，竖眼遣宁朔将军成兴孙讨之。军次白护，太洪遣其辅国将军任硕北等率众一千，邀险拒战，在虎径南山连置三营。兴孙分遣诸统，随便掩击，皆破之。太洪又遣军主边昭等率氐蜀三千，攻逼兴孙栅，兴孙力战，为流矢所中，死。竖眼又遣军姜喜、季元度从东溪潜入，回出西岗，邀贼之后，表裹合击，大破之，斩边昭及太洪前部王隆护首。于是及太洪，关城五栅一时逃散。

　　竖眼性既清素，不营产业，衣食之外，俸禄粟帛皆以飨赐夷首，赈恤士卒。抚蜀人以恩信为本，保境安民，不以小利侵窃。有掠蜀民入境者，皆移送还本土。捡勒部下，守宰肃然。远近杂夷相率款谒，仰其德化，思为魏民矣。是以蜀民请军者，旬月相继。世宗甚嘉之。肃宗初，屡请解州，乃以元法僧代之。益州民追随恋泣者数百里。至洛，拜征虏将军、太史大夫。萧衍遣将赵祖悦入屯硖石，以逼寿春。镇南将军崔亮讨之，以竖眼为持节、镇南军司。

　　法僧既至，大失民和。萧衍遣其信武将军、衡州刺史张齐因民心之怨，入寇晋寿，频陷葭萌、小剑诸戍，进围州城。朝廷以西南为忧，乃驿征竖眼于淮南。既至，以为右将军、益州刺史，寻加散骑常侍、平西将军、西征都督，率步骑三千以讨张齐。给铜印千余，须有假职者，听六品已下板之。竖眼既出梁州，衍冠军勾道侍、梁州刺史王太洪等十余将所在拒塞。竖眼三日之中，转战二百余里，甲不去身，频致九捷。土民统军席广度等处处邀击，斩太洪及衍征虏将军杨伏锡等首。张齐引兵西退,遂奔葭萌。蜀民闻竖眼复为刺史,人人喜悦,迎于路者日有百数。竖眼至州,白水已东,民皆宁业。

先是,萧衍信义将军、都统白水诸军事杨兴起,征虏将军李光宗袭据白水旧城。竖眼遣虎威将军强虬与阴平王杨太赤率众千余,夜渡白水,旦而交战,大败贼军,斩兴起首,克复旧城。又遣统军傅昙表等大破衍宁朔将军王光昭于阴平。张齐仍阻白水,屯寇葭萌。竖眼分遣诸将水陆讨之。齐遣其宁朔将军费忻督步骑二千逆来拒战,军主陈洪起力战破之,乘胜追奔,遂临夹谷三栅。统军胡小虎四面攻之,三栅俱溃。张齐亲率骁勇二万余人与诸军交战,竖眼命诸统帅同时奋击。军主许畅斩衍雄信将军牟兴祖,军主孔领周射齐中足,于是大破贼军,斩获甚众。齐乃栅于于虎头山下,贼帅任令崇屯据西郡。竖眼复遣讨之,令崇弃众夜遁。乃进讨齐,破其其二栅,斩首万余,齐被重创,奔窜而退。小剑、大剑贼亦损城西走,益州平。灵太后玺书慰劳,赐骓骝马一匹,宝剑一口。

竖眼表求解州,不许。复转安西将军、岐州刺史,常侍如故。仍转梁州刺史,常侍、将军如故。梁州之人既得竖眼为牧,人咸自贺。而竖眼至州,遇患不堪综理。其子敬绍险暴不仁,聚货耽色,甚为民害,远近怨望焉。寻假镇军将军、都督梁西益巴三州诸军事。萧衍遣其北梁州长史锡休儒、司马鱼和、上庸太守姜平洛等十军,率众三万,入寇直城。竖眼遣敬绍总众赴之,倍道而进,至直城,而贼袭据直口。敬绍以贼断归路,督兼统军高彻、吴和等与贼决战,大破之,擒斩三千余人,休儒等走还魏兴。

敬绍颇览书传微有胆力,而奢淫倜傥,轻为残害。又见天下多事,阴怀异图,欲杜绝四方,擅据南郑。令其姜兄唐昆仑扇搅于外,聚众围城,敬绍谋为内应。贼围既合,其事泄露,在城兵武执敬绍,白竖眼而杀之。竖眼耻恚发疾,遂卒。永安中,赠征东将军、吏部尚书、齐州刺史。出帝初,重赠散骑常侍、车骑将军、司空公、相州刺史,开国如故。

长子敬和,敬和弟敬仲,并好酒薄行,倾侧势家。敬和,历青州镇远府长史。孝庄时,复为益州刺史,朝廷以其父有遗惠故也。至州,聚敛无已,好酒嗜色,远近失望。仍为萧衍将樊文炽攻围,敬和以城降,送于江南。后衍以齐献武王威德日广,令敬和还国,以申和通之意。久之,除北徐州刺史。复以耽酒,为土贼掩袭,弃城走。征诣廷尉,遇恩免,遂废弃卒于家。

乾爱子三宝,与房法寿等同效盘阳,赐爵贝丘子。

三宝弟法献,高祖初南叛,为萧鸾右中郎将军、直阁将军。从崔慧景至邓城,为官军所杀。

琰曾孙文骥,勇果有将军领之才。随竖眼征伐,累有军功。自强弩将军出为琅邪戍主。朐山内附,徐州刺史卢昶遣文骥守朐山,樵米既竭,而昶军不进。文骥遂弃母妻,以城降萧衍。后大以南货赂光州刺史罗衡,衡为渡其母妻。

李神,恒农人。父洪之,秦益二州刺史。神少有胆略,以气尚为名。早从征役,其从兄崇深所知赏。累迁威远将军、新蔡太守,领建安戍主。转宁远将军阵留太守,领狄丘戍主。频有军功,封长乐县开国男,食邑二百户。迁征虏将军、骁骑将军、直阁将军。萧衍将军赵祖悦率众据硖石,神为别别将,率扬州水军受刺史李崇节度,与都督崔亮、行台仆射李平等攻硖石,克之,进平北将军、太中大夫。

孝昌中,行相州事,寻正,加抚军将军,假镇东将军、大都督。建义初,除卫将军。时葛荣充斥,民多逃散。先是,州将元鉴反叛引贼,后都督源子邕、裴衍战败被害,朝野忧惶,人不自保。而神志气自若,抚劳兵民,小大用命。既而葛荣尽锐攻之,久不能克。会尔朱荣擒葛荣于邺西,事平。除车骑将军,以功进爵为公,增邑八百,通前一千户。

元颢入洛,庄帝北巡,以神为侍中,又除殿中尚书,仍行相州事。车驾还宫,改封安康郡开国公,加封五百户。普泰元年,进骠骑大将军、仪同三司、相州大中正。永熙中薨。天平元年,赐使持节、侍中、骠骑大将军、司徒公、冀州刺史。

子士约,袭。齐受禅,爵例降。

史臣曰:刘藻、傅永、竖眼文武器干,知名于时。竖眼加以抚边导俗,风化尤美,方之二子,固以优乎?抑又魏世之良牧。李神据危城,当大难,其气概亦足称焉。

魏书卷七一
列传第五九

裴叔业　夏侯道迁　李元护
席法友　王世弼　江悦之
淳于诞　李苗

裴叔业，河东闻喜人也。魏冀州刺史徽之后也。五代祖苞，晋秦州刺史。祖邕，自河东居于襄阳。父顺宗、兄叔宝仕萧道成，并有名位。

叔业少有气干，颇以将略自许。仕萧赜，历右军将军、东中郎将谘议参军。萧鸾叔业而奇之，谓之曰："卿有如是志相，何虑不大富贵。深宜勉之。"鸾为豫州，引为司马，带陈留太守。鸾辅政，叔业常伏壮士数百人于建业。及鸾废昭文，叔业率众赴之。鸾之自立也，以叔业为给事黄门侍郎，封武昌县开国伯，食邑五百户。高祖南巡，车驾次钟离。鸾拜叔业持节、冠军将军、徐州刺史，以水军入淮。去王师数十里。高祖令尚书郎中裴聿往与之语。叔业盛饰左右服玩以夸聿曰："我在南富贵正如此，岂若卿彼之俭陋也。"聿云："伯父仪服诚为美丽，但恨不昼游耳。"徙辅国将军、豫州刺史，屯寿阳。鸾死，子宝卷自立，迁叔业本将军、南兖州刺史。

会陈显达围建邺，叔业遣司马李元护率军赴宝卷，其实应显达也。显达败而还。叔业虑内难未已，不愿为南兖，以其去建邺近，受制于人。宝卷嬖人茹法珍、王咺之等疑其有异，去来者并云叔业北入。叔业兄子植、扬、粲等,弃母奔寿阳。法珍等以其既在疆场,急则引魏,力不能制,且欲羁縻之,白宝卷遣中书舍人裴长穆慰诱之,许不复回换。

叔业虽云得停,而忧惧不已,遣亲人马文范以自安之计,访之于宝卷雍州刺史萧衍曰:"天下之事,大势可知,恐无复自立理。雍州若能坚据襄阳,辄当戮力自保;若不尔,回面向北,不失作河南公。"衍遣文范报曰:"群小用事,岂能及远。多遣人相代,力所不办;少遣人,又于事不足。意计回惑,自无所成。唯应送家还都以安慰之,自然无患。若意外相逼,当勒马步二万直出横江,以断其后,则天下之事一举可定也。若欲北向,彼必遣人相代,以河北一地相处,河南公宁复可得? 如此,则南归之望绝矣。"叔业沉疑未决,遣信诣豫州刺史薛真度,具访入国可否之宜。真度答书,盛陈朝廷风化惟新之美,知卿非无款心,自不能早决舍南耳。但恐临迫而来,便不获多赏。叔业迟迟数反,真度亦遣使与相报复。乃遣子芬之及兄女夫韦伯昕奉表内附。

景明元年正月,世宗诏曰:"叔业明敏秀发,英款早悟,驰表送诚,忠高振古,宜加褒授,以彰先觉。可使持节、散骑常侍、都督豫雍兖徐司五州诸军事、征南将军、豫州刺史,封兰陵郡开国公,食邑三千户。"又赐叔业玺书曰:"前后使返,有敕,想卿具一二。宝卷昏狂,日月滋甚,虐遍宰辅,暴加戚属,淫刑既逞,朝无孑遗,国有瓦解之形,家无自安之计。卿兼兹智勇,深具祸萌,翻然高举,去彼危乱。朕兴居在念,深嘉乃勋。前即敕豫州缘边诸镇兵马,行往赴援。杨大眼、奚康生铁骑五千,星言即路;彭城王勰、尚书令肃精卒十万,络绎继发。将以长驱淮海,电击衡巫。卿其并心戮力,同斯大举。殊勋茂绩,职尔之由,崇名厚秩,非卿孰赏?并有敕与州佐吏及太彼土人士,其有微功片效,必加褒异。"

军未渡淮,叔业病卒,年六十三。李元护、席法友等推叔业兄子植监州事。乃赠开府仪同三司,余如故。谥忠武公,给东园温明秘器、朝服一袭、钱三十万、绢一千匹、布五百匹、蜡三百斤。

子茜之，字文聪。仕肖鸾为随郡王左常侍。先卒。子谭绍封。

谭，粗险好杀，所乘牛马为小惊逸，手自杀之。然孝事诸叔，尽于子道，国禄岁入，每以分赡，世以此称之。世宗以谭及高皇后弟贞、王肃子绍俱为太子洗马。肃宗践祚，转员外常侍。迁辅国将军、中散大夫。卒，赠平南将军、豫州刺史，谥曰敬。

子测，字伯源，袭。历通直散骑侍郎。天平中，走于关西。

茜之弟芬之，字文馥。长者，好施，笃爱诸弟。仕萧鸾，历位羽林监。入国，以父勋授通直散骑常侍，上蔡县开国伯，食邑七百户。除广平内史，固辞不拜。转辅国将军、东秦州刺史，在州有清静之称。入为征虏将军、太史大夫。徙封山茌县。出为后将军、岐州刺史。正光末，元志西讨陇贼，军败退守岐州，为贼所围。城陷，志与芬之并为贼擒送于上邽，为莫折念生所害。赠平东将军、青州刺史。

子涉，字仲升，袭。卒。

子侨尼，袭。武定中，员外羽林监。齐受禅，爵例降。

芬之弟简之、英之，并早卒。

英之弟蔿之，字幼重。性轻率，好琴书。其内弟柳谐善鼓琴，蔿之师谐而微不及也。历通直散骑侍郎，平东将军，安广、汝阳二郡太守。卒。

叔业长兄子彦先，少有志尚。叔业以寿春入国，彦先景明二年逃遁归魏。朝廷嘉之，除通直散骑常侍，封雍丘县开国子，食邑三百户。出为赵郡太守，为政举大纲而已。正始中，转勃海相。属元愉作逆，征兵郡县，彦先不从，为愉拘执，逾狱得免。仍为沙门，潜行至洛。愉平，敕还郡。延昌中卒，时年六十一。熙平中，赠持节、左将军、南青州刺史，谥曰惠恭。

子约，字元俭，性颇刚鲠。起家员外郎，转给事中。永平中，丹阳太守。后袭爵。冀州大乘贼起，敕为别将，行勃海郡事。后州军为贼所败，遂围郡城，城陷见害，年三十六。神龟中，赠平原太守。出帝时，复赠前将军、扬州刺史。

长子英起，武定末，洛州刺史。

英起弟威起，卒于齐王开府中兵参军，年三十二。赠鸿胪少卿。

彦先弟绚，扬州治中。时扬州霖雨，水入州城，刺史李崇居于城上，系船凭焉。绚率城南民数千家泛舟南走，避水高原。谓崇还北，遂与别驾郑祖起等送子十四人于萧衍，自号豫州刺史。衍将马仙琕遣军赴之。崇闻绚反，未测虚实，乃遣国侍郎韩方兴单舸召之。绚闻崇在，怅然惊恨。报崇曰："比因大水，蹎跆不免，群情所逼，推为盟首。今大计已尔，势不可追。恐民非公民，吏非公吏。愿早行，无犯将士。"崇遣从弟宁朔将军神、丹阳太守谢灵宝勒水军讨绚。绚率众朔战，神等大破之，斩其将帅十余人。绚众奔营，神乘胜克栅，众皆溃散。绚匹马单逃，为村民所获。至尉升湖，绚曰："吾为人吏，反而见擒，有何面目得视公也。"投水而死。并郑祖起等皆斩之。

植，字文远，叔业兄叔宝子也。少而好学，览综经史，尤长释典，善谈理义。仕萧宝卷，以军勋至长水校尉，随叔业在寿春。叔业卒，僚佐同谋者多推司马李元护监州，一二日谋不决定，唯席法友、柳玄达，扬令宝等数人虑元护非其乡曲，恐有异志，共举植监州，秘叔业丧问，教命处分，皆出于植。于是开门纳国军，城库管龠悉付康生。诏以植为征虏将军、兖州刺史、崇义县开国侯，食邑千户。寻进号平东将军，入为大鸿胪卿。

后以长子昕南叛，有司处之大辟。诏曰："植阖门归款，子昕愚昧，为人诱陷，虽刑书有常，理宜矜恤。可特恕其罪，以表勋诚。"寻除扬州大中正，出为安东将军、瀛州刺史。罢州，复除大鸿胪卿。迁度支尚书，加金紫光禄大夫。

植性非柱石，所为无恒。兖州还也，表请解官，隐于嵩山，世宗不许，深以为怪。然公私集论，自言人门不后王肃，怏怏朝廷处之不高。及为尚书，志意颇满，欲以政事为己任。谓人曰："非我须尚书，尚书亦须我。"辞气激扬，见于言色。入参议论，时对众官面有讥毁。又表毁征南将军田益宗，言华夷异类，不应在百世衣冠之上。率多侵侮，皆此类也。侍中于忠、黄门元昭览之切齿，寝而不奏。会韦伯昕告植欲谋废黜，尚书又奏："羊祉告植姑子皇甫仲达，云受植旨，诈称被诏，率合部曲，欲图领军于忠。臣等穷治，辞不伏引。然众让明晰。案律：在边合率部有满百人以下，身犹尚斩；况仲达公然在京称诏聚众，喧惑都邑，骇动人情。量其本意，不可测度。按《诈伪律》：诈称制者死。今依众证，处仲达入死。金紫光禄大夫、尚书、崇义县开国侯裴植，身居纳言之任，为禁司大臣，仲达又称其姓名，募集人众，虽名仲达切让，无忿惧之心。众证虽不见植，皆言仲达为植所使。召仲达责问，而不告列，推论情状，不同之理不可分明。不得同之常狱，有所降减。计同仲达，处植死刑。又植亲率城众，附从王化，依律上议，唯恩裁处。"

诏曰："凶谋既尔，罪不合恕。虽有归化之诚，无容上议，亦不须待秋分也。"时于忠专擅朝权，既构成其祸，又矫为此诏，朝野怨之。临终，神志自若，遗令子弟命尽之后，翦落须发，被以法服，以沙门礼葬于嵩高之阴。年五十。

初，植与仆射郭祚、都水使者韦俊等同时见害，于后祚俊事雪加赠，而植追复封爵而已。植故吏勃海刁冲上疏讼之，于是赠植征南将军、尚书仆射、扬州刺史。乃改葬。

植母，夏侯道迁之姊也，性甚刚峻，于诸子皆如严君。长成之后，非衣帢不见，小有罪过，必束带伏阁，经五三日乃引见之，督以严训。唯少子衍得以常服见之，且夕温清。植在瀛州也，其母年逾七十，以身为婢，自施三宝，布衣麻菲，手执箕帚，于沙门寺洒扫。植弟瑜、粲、衍亦奴仆之服，泣涕而从，有感道俗。诸子各以布帛数百赎免其母。于是出家为比丘尼，入嵩高，积岁乃还家。植虽自州送禄奉母及赠诸弟，而各别资财，同居异爨，一门数灶，盖亦染江南之俗也。植母既老，身又长嫡，其临州也，妻子随去，分违数岁。论者讥焉。

子悆，字道则，袭爵。

植弟扬，壮果有谋略。常随叔业征伐，以军功为宝卷骁骑将军。

叔业之归诚也,遣扬率军于外,外以讨蛮楚为名,内实备宝卷之众。景明初,以扬为辅国将军、南司州刺史,拟戍义阳,封义安县开国伯,邑千户。诏命未至,为贼所杀。赠冠军将军,进爵县侯,余如故。世宗以扬勋效未立而卒,其子炯不得袭封。肃宗初,炯行货于执事,乃封城平县开国伯,食邑八百户。

炯,字休光,小字黄头。颇有文学,善事权门。领军元叉纳其金帛,除镇远将军、散骑侍郎、扬州大中正,进伯为侯,改封高城县,增邑一千户。寻兼尚书右丞。出为东郡太守。孝昌三年,为城民所害。赠散骑常侍、镇东将军、青州刺史,开国如故,谥曰简。

子斌,袭。武定中,广州长流参军。齐受禅,爵例降。

扬弟瑜,字文琬。初拜通直散骑常侍,封下密县开国子,食邑三百户。寻试守荥阳郡,坐虐暴杀人免官。后徙封灌津子。卒于勃海太守,年四十五。赠平南将军、豫州刺史,谥曰定。

子堪,字灵渊,袭爵。历尚书郎。兴和中,坐事死,爵除。

瑜弟粲,字文亮。景明初,赐爵舒县子。沈重,善风仪,颇以骄豪为失。历正平、恒农二郡太守。高阳王雍曾以事粲,粲不从,雍甚为恨。后因九日马射,敕畿内太守皆赴京师。雍时为州牧,粲往修谒,雍舍怒待之,粲神情闲迈,举止抑扬,雍目之不觉解颜。及坐定,谓粲曰:“相爱举动,可更为一行。”粲便下席为行,从容而出。坐事免官。后世宗闻粲善自擸置,欲观其风度,忽令传诏就家急召之,须臾之间,使者相属,合家惶惧,不测所以,粲更恬然,神色不变。世宗叹异之。时仆射高肇以外戚之贵,势倾一时,朝士见者咸望尘拜谒,粲候肇,惟长揖而已。及还,家人尤责之,粲曰:“何可自同凡俗也。”又曾诣清河王怿,下车始进,便属暴雨,粲容步舒雅,不以沾濡改节。怿乃令人持盖覆之,叹谓左右曰:“何代无奇人!”性好释学,亲升讲座,虽持义未精,而风韵可重。但不涉经史,终为知音所轻。

世宗末,除前将军、太中大夫、扬州大中正。迁安南将军、中书令。肃宗释奠,以为侍讲。转金紫光禄大夫。后元颢入洛,以粲为西兖州刺史。寻为濮阳太守崔巨伦所逐,弃州入嵩高山。

前废帝初,征为骠骑将军、左光禄大夫,复为中书令。后正月晦,帝出临洛滨,粲起于御前再拜曰:"今年还节美,圣驾出游,臣幸参陪从,豫奉宴乐,不胜忻戴,敢上寿酒。"帝曰:"昔岁北海入朝,暂窃神器,具闻尔日卿戒之以酒,今欲使我饮,何异于往情?"粲曰:"北海志在沉湎,故谏其所失。陛下齐圣温克,臣敢献微诚。"帝曰:"实乃寡德,甚愧来誉。"仍为命酌。

出帝初,出为骠骑大将军、胶州刺史。属时亢旱,士民劝令祷于海神。粲惮违众心,乃为祈请,直据胡床,举杯而言曰:"仆白君。"左右云,前后例皆拜谒。粲曰:"五岳视三公,四渎视诸侯,安有方伯而致礼海神也。"卒不肯拜。时青州叛贼耿受萧衍假署,寇乱三齐。粲唯高谈虚论,不事防御之术。翔乘其无备,掩袭州城。左右白言贼至,粲云:"岂有此理!"左右又言已入州门,粲乃徐云:"耿王可引上厅事,自余部众且会城外。"其不达时变如此。寻为翔所害,送首萧衍,时年六十五。

子舍,字文若。员外散骑侍郎。

粲弟衍,字文舒。学识优于诸兄,才秆亦过之。事亲以孝闻,兼有将略。仕萧宝卷,至阴平太守。景明二年,始得归国,授通直郎。

衍欲辞朝命,请隐嵩高,乃上表曰:"臣幸乘昌运,得奉盛化,沐藉炎风,餐佩唐德,于生之运,已溢已荣。但摄性乖和,恒苦虚弱。比风露增加,精形侵耗。小人愚怀,有愿闲养。伏见嵩岑极天,苞育名草,修生救疾,多游此岫。臣质无灵分,性乖山水,非敢追踵轻举,仿佛高踪,诚希药此沉疴,全养禀气耳。若所疗微痊,庶偶影风云,永歌至德。荷衣葛屦,裁营已整;摇策纳屣,便陟山途。谨附陈闻,乞垂诏许。"诏曰:"知欲养疴中岳,练石嵩岭,栖素云根,饵芝清壑,腾迹之操,深用嘉焉。但治缺古风,有愧山客耳。既志往难裁,岂容有抑。便从来请。"

世宗之末,衍稍以出山,干禄执事。肃宗除散骑侍郎,行河内郡

事。寻除建兴太守,转河内太守,加征虏将军。遭母忧解任。衍历
二郡,廉贞寡欲,善抚百姓,民吏追思之。孝昌初,萧衍遣将曹敬宗
寇荆州,山蛮应之,大路断绝。都督崔暹率数万之众,盘桓鲁阳,不
能前讨。荆州危急,朝廷忧之。诏衍为别将、假前将军,与恒农太守
王罴率军一万出武关以救荆州。贼逆战于浙阳,衍大破之,贼遂退
走,荆州围解。除使持节、散骑常侍、平东将军、假安东将军、北道都
督,镇郢西之武城,封安阳县开国子,食邑三百户。

　　时相州刺史、安乐王鉴潜图叛逆,衍觉其有异,密表陈之。寻而
鉴所部别将嵇宗驰驿告变。乃诏衍与都督源子邕、李神轨等讨鉴,
平之。除抚军将军、相州刺史,假镇北将军、北道大都督,进封临汝
县开国公,增邑千二百户,常侍如故。仍诏衍与子邕北讨葛荣。军
次阳平之东北漳曲,贼来拒战,衍军败见害。朝野人情,莫不骇惋。
赠使持节、车骑大将军、司空、相州刺史。

　　子嵩,袭。武定中,河内太守。齐受禅,爵例降。

　　又天水冀人尹挺,仕萧鸾,以军勋至陈郡太守。遂与叔业参谋
归诚。景明初,除辅国将军、南司州刺史,拟戍义阳,亦封宋县开国
伯,食邑八百户。转冠军将军、东郡太守。未拜而卒。赐布帛一百
匹,赠本将军、泾州刺史。

　　子循,历太原太守。循弟象,饶安令、辽西太守。兄弟皆有政事
才。

　　时河东南解人柳玄达,颇涉经史。仕萧鸾,历诸王参军。与叔
业姻娅周旋,叔业之镇寿春,委以管记。及叔业之被猜疑,将谋献
款,玄达赞成其计,前后表启皆玄达之词。景明初,除辅国将军、司
徒谘议参军,封南顿县开国子,邑二百户。二年秋卒,时年四十三。
后改封夏阳县,邑户如先。玄达著《大夫论》,备陈叔业背逆归顺、契
阔危难之旨,又著《丧服论》,约而易寻。文多不录。

　　子绨,袭。武定中,东太原太守。齐受禅,爵例降。

　　绲弟远,字季云。性粗疏无拘捡,时人或谓之"柳癫"。好弹琴,耽酒,时有文咏。为肃宗挽郎。出帝初,除仪同开府参军事。放情琴酒之问。每出返,家人或问有何消息,答云:"无所闻,纵闻亦不解。"元象二年,客游项城,遇患卒,时年四十。

　　玄达弟玄瑜,景明初,除正员郎,转镇南大将军开府从事中郎,带汝阴太守。延昌二年卒,年五十五。

　　子谐,颇有文学。善鼓琴,以新声手势,京师士子翕然从学。除著作佐郎。建义初,于河阴遇害,时年二十六。

　　又武都人杨令宝,有膂力,善射。仕萧鸾,数为小将,征战著效,至谯郡太守,遂参叔业归诚之谋。景明初,除辅国将军、南兖州刺史。拟戍淮阴,封宁陵县开国子,食邑五百户。在淮南征战,累著劳捷。征拜冠军将军,试守京兆内史。卒,追封邵陵县开国子,邑二百户,赐帛三百匹,赠征虏将军、华州刺史。

　　子彪,袭爵。永熙中,征虏将军、中散大夫。齐受禅,例降。

　　令宝弟令仁,亦随令宝立效。前将军、汝南内史。

　　又京兆杜陵人韦伯昕,学尚,有壮气。自以才智优于裴植,常轻之,植疾之如仇。即彦先之妹婿也。叔业以其有大志,故遣送子芬之为质。景明初,封云陵县开国男,食邑二百户,拜南阳太守。数岁,坐事免。久之,拜员外散骑常侍,加中垒将军。延昌末,告尚书裴植谋为废黜,植坐死。后百余日,伯昕亦病卒。临亡,见植为祟,口云:"裴尚书死,不独见由,何以见怒也?"

　　其叔业爪牙心臂所寄者:裴智渊,左中郎将,封浚仪县;王昊,左军将军,封南汝阴县;赵革,右中郎将,封西宋县。并开国男,食邑各二百户。李道真,右军将军,睢阳县开国子,食邑五百户;胡文盛,右军将军,封刚阳县;魏承祖,右军将军,封平春县。并开国子,食邑各三百户。

承祖，广陵寒人也。依随叔业，为趋走左右。壮健，善事人，叔业待之甚厚。及出为州，以为防阁。善抚士卒，兼有将用，自景明以后，常为统军，南北征伐，累有战功。历太原太守，至光禄大夫、安南将军。萧衍遣将围义阳，士民应之。三关既陷，州城时甚悬急。以承祖持节，行抚军将军，率师讨之。大破贼众，解义阳之围，还复三关，遂为名将。终于并州刺史。

衣冠之士，预叔业勋者：安定皇甫光，北地梁佑，清河崔高客，天水阎庆胤，河东柳僧习等。

光，美须髯，善言笑。仕萧鸾，以军勋至右军将军。入国，为辅国将军，假南兖州刺史。卒于勃海太守。

兄椿龄，薛安都婿也。随安都于彭城内附，历位司徒谘议、岐州刺史。光未入朝，而椿龄先卒。

椿龄子璋，乡郡相。

璋弟场，为司徒胡国珍所拔，自太尉记室超迁吏部郎。性贪婪，多所受纳，鬻卖吏官，皆有定价。后以丞相、高阳王雍之婿，超拜持节、冠军将军、豫州刺史。为政残暴，百姓患之。罢州后，仍遇风病。久之，除安南将军、光禄大夫。太昌初卒，年五十八。赠卫大将军、尚书左仆射、雍州刺史。

子长卿，司州主簿、秘书郎中、太尉司马。

佑，叔业之从姑子也。好学，便弓马。随叔业征伐，身被五十余创。景明初，拜右军将军，赐爵山桑子。出为北地太守，清身率下，甚有治称。历骁骑将军、太中大夫、右将军。从容风雅，好为诗咏，常与朝廷名贤泛舟洛水，以诗酒自娱。迁光禄大夫，加平北将军。端然养志，不历权门。出为平西将军、京兆内史。当世叹其抑屈。卒官，赠本将军、泾州刺史。

高客，博学，善文札，美风流。景明初，拜散骑侍郎。出为杨州开府掾，带陈留太守。卒官。

庆胤，父汪，参薛安都平北将军事。安都入国，听汪还南。庆胤博识洽闻,善于谈论,听其言说,不觉忘疲。景明初,为李元谈辅国府司马。卒于敷城太守。

僧习,善隶书,敏于当世。景明初,为裴植征虏府司马。稍迁北地太守,为政宽平,氐羌悦爱。肃宗时,至太中大夫,加前将军,出为颍川太守。卒官。

夏侯道迁守守,谯国人。少有志操。年十七,父母为结婚韦氏,道迁云:"欲怀四方之志,不愿取妇。"家人咸谓戏言。及至婚日,求觅不知所在。于后访问,乃云逃入益州。仕萧鸾,以军勋稍迁至前军将军、辅国将军。随裴叔业至寿春,为南谯太守。两家虽为姻好,而亲情不协,遂单骑归国。拜骁骑将军,随王肃至寿春,遣道迁合肥。肃薨,道迁弃戍南叛。

会萧衍以庄丘黑为征虏将军、梁秦二州刺史,镇南郑,黑请道迁为长史,带汉中郡。会黑死,衍以王镇国为刺史,未至而道迁阴图归顺。先是,仇池镇将杨灵珍阻兵反叛,战败南奔。衍以灵珍为征虏将军,假武都王,助戍汉中,有部曲六百余人,道迁惮之。衍时又遣其左右吴公之等十余人使南郑。道迁乃伪会使者,请灵珍父子,灵珍疑而不赴。道迁乃杀使者五人,驰击灵珍,斩其父子,并送使者五首于京师。

江悦之等推道迁为持节、冠军将军、梁秦二州刺史。道迁表曰:

臣闻知机其神,趋利如响,臣虽不武,敢忘机利。伏惟陛下泽被区宇,德济苍生,八表同忻,品物咸赖。臣顷亡蚁贼,匹马归阙,自斯搏噬,罄竭丹款。但中于寿阳,横为韦缵所谤。理之曲直,并是机集朗、王秉所悉。臣实愚短,岂能自安,便逃窜江吴,苟存视息。萧衍梁州刺史庄丘黑与臣早旧,申臣为长史。值黑亡殁专任,天时素愿,机会在兹。遇武兴私署侍郎郑洛生来此,臣即披露诚款,与其共契机要,报武兴王杨绍先并其中叔集起等,请其遣军以为腹背。即遣左天长由寒山路驰启,复会通直散骑常侍臣集朗还至武兴。臣闻其至,知事必克。集朗果

遣郑右留使至臣间，密参机举。会有萧衍使人吴公之至，知臣
怀诚，将归大化，遂与府司马严思、臧恭，典签吴宗肃、王胜等，
共杨灵珍父子密相构结，期当取臣。臣幸先觉，悉得戮思、恭
等。臣即遣郑猥驰告集郎，急求军援。而武兴军未到之间，萧
衍白马戍主尹天宝不识天命，固执愚迷，乃率部曲驱掠民丁，
敢为不逞。臣即遣军主江悦之率诸军主席灵坦、庞树等领义勇
应时讨扑。而树锐气难裁，违悦之节度，轻进失脱，天宝因此直
到南郑，重围州城。梁秦士庶，剑云危棘，以义逼臣，劝为刺史，
须藉此威，镇靖内外。

　　臣亦诚秦国，苟取济事，辄捐小迹，且从权宜，假当州位。
重遣皇甫选由斜谷道以事启闻。臣即亲率士卒，四日三夜，交
锋苦战。武兴之军，乘虚蹑后。天宝凶徒，因宵鸟散，进既摧破，
退失巢穴，潜舍军众，依山傍险，突入白马。集郎与二弟躬擐甲
胄，率其所领，登即擒斩。戍内户口，即放还民。斯由皇威遐振，
罪人授首，凶狡时殂殄，公私庆快，非但梁秦竭力，实关集郎赴
接之机。臣前已遣军主杜法先还洵阳，构合徒党，诱结乡落；令
晋寿土豪王僧承、王文粲等还至西关，共兴大义。当今庸蜀虚
弱，楚邓悬危，开拓九区，扫清六合，形要之利，在于此时，进趣
之略，愿速处分。臣以愚陋，猥当推举，事定之后，便即束身驰
归天阙。但物情草创，犹有参差。萧衍魏兴太守范珣、安康太
守泌，共前巴西太守姜修，屯聚川东，尚规举斧，登遣讨袭，具
于别启。集朗兄弟并议曰，臣往日归诚，誓尽心力，超蒙荣奖，
灰殒匪报。提比在寿春，遭韦缵之酷，申控无所，致此猖狂。是
段之来，希酬昔遇。勋微恩重，有靦心颜。”

　　世宗曰：“卿建为山之功，一篑之玷，何足谢也。”道迁以赏
报为微，逡巡不拜。诏曰：“道迁至止既淹，未恭州封，可敕吏
部，速令召拜。”道迁拜曰，诏给百五十人供。寻改封濮阳县开
国侯，邑户如先。岁余，频表解州，世宗许之。除南兖州大中正，
不拜。

　　道迁虽学不渊洽，而历览书史，闲习尺牍，札翰往还，期有意理。好言宴，务口实，京师珍羞罔不毕有。于京城之西，水次之地，大起园池，殖列蔬果，延致秀彦，时往游适，妓妾十余，常自娱兴。国秩岁入三千余匹，专供酒馔，不营家产。每诵孔融诗曰："坐上客恒满，中酒不空"，余非吾事也。识者多之。

　　出为散骑常侍、平西将军、华州刺史。转安东将军、瀛州刺史，常侍如故。为政清严，善禁盗贼。熙平年病卒，年六十九。赠抚军将军、雍州刺史，赠帛五百匹，谥曰明侯。

　　初，道迁以拔汉。留臣权相绥奖，须得扑灭珣等，便即首路。伏愿圣慈特垂鉴照。谨遣兼长史臣张天亮奉表略闻。诏曰："得表，闻之。将军前识机运，已投诚款，而中逢猜间，致有播越，复翻然风返，建兹殊效，忠贯古烈，义动遐迩。汉郑既开，势蹑庸蜀，混同之略，方自斯始。擒凶扫恶，何快如之。想余党悉平，西南清荡，经算淹朔，当有勋劳。所请军宜，别敕一二。"又赐道迁玺书曰："得表，具诚节之怀。卿忠义凤挺，期委自昔。中有事因，以致乖舛。知能乘机豹变，翻然改图，奖率同心，万里投顺，远举汉中，为开蜀之始。洪规茂略，深有嘉焉。今授卿持节、散骑常侍、平南将军、豫州刺史，丰县开国侯，食邑一千户。并同义诸人，寻有别授。王师数道，络绎电迈，遣使持节、散骑常侍、都督征梁汉诸军事、镇西将军、尚书邢峦，指授节度。卿其善建殊效，称朕意焉。"道迁表受平南、常侍，而辞豫州、丰县侯，引裴叔业公爵为例。世宗不许。

　　道迁自南郑来朝京师，引见于太极东常，免冠徒跣谢，归诚，本由王颖兴之计。求分邑户五百封之，世宗不许。灵太后临朝，道迁重求分封。太后大奇其意，议欲更以三百户封颖兴。会卒，遂寝。道迁不娉正室，唯有庶子数人。

　　长子夬，字元廷。历位前军将军、镇远将军、南兖州大中正。夬性好酒，居丧不戚，醇醪肥鲜，不离于口。沽买饮啖，多所费用。父时田园，货卖略尽，人间债负数犹千余匹，谷食至常不足，弟妹不免饮寒。初，道迁知夬好酒，不欲传授国封。夬未亡前，忽梦见征虏将军房世宝来至其家,直上厅事,与其父坐,屏人密言。央心惊惧,谓人曰:"世宝至官间,必击我也。"寻有人至,云"官呼郎"。随召即去,遣左右杖之二百,不胜楚痛,大叫良久乃寤,流汗彻于寝具。至明,前凉城太守赵卓诣之,见其衣湿,谓央曰:"卿昨夕当大饮,溺衣如此。"央乃具陈所梦。先是旬余,秘书监郑道昭暴病卒。央闻,谓卓曰:"人生何常,唯当纵饮耳。"于是昏酣遂甚。梦后二日,不能言,针之,乃得语,而犹虚劣。其从兄枭等并营视之,皆言危而获振。俄而心闷,旋转而死。为洗浴者视其尸体,大有杖处,青赤隐起二百下许。赠钜鹿太守。初央与南人辛谌、庾道、江文遥等终日游聚,酣饮之祭,恒相谓曰:"人生局促,何殊朝露,坐上相看,先后之间耳。脱有先亡者,当于良辰美景,灵前饮宴。傥或有知,庶共歆响。"及央亡后,三月上巳,诸人相率至央灵前酌饮。时日晚天阴,室中微暗,咸见央在坐,衣服形容不异平昔,时执杯酒,似若献酬,但无语耳。时央家客雍僧明心有畏恐,披帷欲出,便即僵仆,状若被殴。央从兄欣宗云:"今是节日,诸人忆弟畴昔之言,故来共饮,僧明何罪而被嗔责?"僧明便寤。而欣宗鬼语如央平生,并怒家人皆得其罪,又发摘阴私窃盗,咸有次绪。

　　央妻,裴植女也,与道迁诸妾不穆,讼阋彻于公庭。

　　子籍,年十余岁,袭祖封。已数年,而央弟慎等言其眇目痼疾,不任承继,自以与央同庶,己应绍袭。尚书奏籍承封。元象中,平东将军、太中大夫。齐受禅,例降。

　　枭,道迁兄子也。位至咸阳太守。

　　李元护,辽东襄平人。八世祖胤,晋司徒、广陆侯。胤子顺、璠及孙沉、志,皆有名宦。沉孙根,慕容宝中书监。根子后智等随慕容德南渡河,居青州,数世无名位,三齐豪门多轻之。元护以国家平齐后,随父怀庆南奔。身长八尺,美须髯,少有武力。仕萧道成,历官马头太守、后军将军、龙骧将军。虽以将用自达,然亦颇览文史,习于简牍。

高祖至钟离，元护时在城中，为萧鸾徐州刺史萧惠休奉使诣军，高祖见而善之。后为裴叔业司马，带汝阴太守。叔业归顺，元护赞同其谋。及叔业疾病，外内阻贰，元护督率上下，以俟援军。寿春克定，元护颇有力焉。景明初，以元护为辅国将军、齐州刺史、广饶县开国伯，食邑一千户，便道述职。其年入朝。

寻以州民柳世明图为不轨，元护驰还历城，至即擒殄，诛戮所加，微为滥酷。值州内饥俭，民人困弊，志存隐恤，表请赈贷，蠲其赋役。但多有部曲，时为侵扰，城邑苦之，故不得为良刺史也。三年夏卒，年五十一。病前月余，京师无故传其凶问。又城外送客亭柱，有人书曰"李齐州死"。纲佐饯别者见而拭之，后复如此。

元护妾妓十余，声色自纵。情欲既甚，支骨消削，须长二尺，一时落尽。赠平东将军、青州刺州史。元护为齐州，经拜旧墓，巡省故宅，饷赐村老，莫不欣畅。及将亡，谓左右曰："吾尝以方伯簿伍至青州，士女属目。若丧过东阳，不可不好设仪卫，哭泣尽哀，令观者改容也。"家人遵其诫。

子会，袭。正始中，降爵为子，邑五百户。延昌中，除宣威将军、给事中。会顽呆好酒，其妻，南阳太守清河房伯玉女也，甚有姿色，会不答之。房乃通于其弟机，因会饮醉，杀之。

子景宣袭。天平中，除给事中。齐受禅，例降。机与房遂如夫妇。积十余年，房氏色衰，乃更婚娶。

元护弟静，景明初，以归诚勋，拜前将军。性甚贪忍，兄亡未敛，便剥脱诸妓服玩及余财物。历齐州内史、天水太守。

静子铉，羽林监。

元护从叔恤，卒于东代郡太守。

子旷之。

席法友，安定人也。祖父南奔。法友仕萧鸾，以臂力自效军勋，稍迁至安丰、新蔡二郡太守，建安戍主。萧宝卷遣胡景略代之，法友遂留寿春，与叔业同谋归国。景明初，拜冠军将军、豫州刺史、苞信县开国伯，食邑千户。始叔业卒后，法友与裴植追成叔业志，淮南克定，法友有力焉。寻转冠军将军、华州刺史，未拜，改授并州刺史。岁余代还。

萧衍遣将杨公则寇扬州，假法友征虏将军以讨之。法友未至而公则败走。后假法友前将军、持节，为别将出淮南，欲解朐山之围。法友始渡淮而朐山败没，遂停散十年。恬静自处，不竞势利。世宗末，以本将军除济州刺史。在州廉和著称。又徙封乘氏。肃宗初，拜光禄大夫。熙平二年卒。赠平西将军、秦州刺史，赠帛三百匹，谥襄侯。

子景通，袭。善事元叉，兼以货赂叉父继，继为司空，引景通为掾。后加右军将军、镇军将军，卒官。赠辅国将军、卫尉少卿。

子鸥，袭。永安末，尚书郎。走关西。

王世弼，京兆霸城人也。刘裕灭姚泓，其祖父从裕南迁。世弼身长七尺八寸，魁岸有壮气。善草隶书，好爱坟典。仕萧鸾，以军勋至游击将军，为军主，助戍寿春，遂与叔业同谋归诚。景明初，除冠军将军、南徐州刺史，拟戍钟离，悬封慎县开国伯，食邑七百户。后以本将军除东徐州刺史，治任于刑，为民所怨，有受纳之响。岁余，为御史中尉李平所弹，会赦免。久之，拜太中大夫，加征虏将军。寻以本将军出为河北太守，治有清称。转勃海相，寻迁中山内史，加平北将军、直阁元罗，领军叉弟也，曾行过中山，谓世弼曰："二州刺史，翻复为郡，亦当恨恨耳。"世弼曰："仪同之号，起自邓骘；平北为郡，始在下官。"正光元年，卒官。赠本将军、豫州刺史，谥曰康。

长子会，汝阳太守。

次子由，字茂道。好学，有文才，尤善草隶。性方厚，有名士之风。又工摹画，为时人所服。历给事中、尚书郎、东莱太守。罢郡后寓居颍川。天平初，元洪威构逆，大军攻讨，为乱兵所害，时年四十三。名流悼惜之。

江悦之，字彦和，济阳考城人也。七世祖统，晋散骑常侍。刘渊、石勒之乱，南徙渡江。祖兴之，父范之，并为刘裕所诛。悦之少孤。仕刘骏，历诸王参军。好兵书，有将略，善待士，有部曲数百人。

萧道成初，以悦之为荆州征西府中兵参军，领台军主。迁屯骑校尉，转后军将军。部曲稍众，千有余人。萧赜遣戍汉中，就迁辅国将军。萧衍初，刘季连据蜀反叛，悦之率部曲及梁秦之众讨灭之，以功进号冠军将军。武兴氐破白马，进图南郑，悦之率军拒战，大破氐众，还复白马。

衍秦梁二州刺史庄丘黑死，夏侯道迁与悦之及庞树、军主李忻荣、张元亮、士孙天与等，谋以梁州内附。既杀萧衍使者及杨灵珍，衍华阳太守尹天宝率众向州城。悦之与树、忻荣勒众逆战，为天宝所败，遂围南郑。战经四日，众心危沮，咸怀离贰。悦之尽以家财散赏士卒，身当矢刃，昼夜督战。会武兴军至，天宝败走。道迁之克全勋款，悦之寔有力焉。

正始二年夏，与道迁俱至洛阳。寻卒，年六十一。赠辅国将军、梁州刺史，追封安平县开国子，食邑三百户，谥曰庄。悦之二子，文遥、文远。

文遥，少有大度，轻财好士，士多归之。道迁之图杨灵珍也，文遥奋剑请行，遂手斩灵珍。正始二年，除步兵校尉。遭父忧解官。永平初。袭封，拜前军。出为咸阳太守。勤于礼接，终日坐厅事，至者见之，假以恩颜，屏人密问。于是民所疾苦、大盗姓名、奸猾吏长，无不知悉，郡中震肃，奸劫息止，治为雍州诸郡之最。征拜骁骑将军、辅国将军，进号征虏将军。

肃宗初，拜平原太守。在郡六年，政理如在咸阳。迁后将军、安州刺史。文遥善于绥纳，甚得物情。时杜洛周、葛荣等相继叛逆，自幽燕已南，悉皆沦陷，唯文遥介在群贼之外，孤城独守。鸠集荒余，且耕且战，百姓皆乐为用。建义元年七月遘疾，卒于州，年五十五。

长史许思祖等以文遥遗爱在民，复推其子果行州事。既摄州任,乃遣使奉表。庄帝嘉之,除果通直散骑侍郎、假节、龙骧将军、行安州事、当州都督。既而贼势转盛,台援不接,果以阻隔强寇,内徙无由,乃携诸弟并率城民东奔高丽。天平中,诏高丽送果等。元象中,乃得还朝。

果弟昂,武定三年袭爵。齐受禅,例降。

文远,善骑射,勇于攻战。以军勋致效,自给事中,稍迁中散大夫、龙骧将军。

庞树,南安人。世宗追录谋勋,封其子景亮襄邑县开国男,食邑二百户。

李忻荣,汉中人。与树俱击天宝,同时战殁。封其子建为清水县开国子,食邑二百户。

张元亮,汉中人。便弓马,善战斗。以勋封抚夷县开国子,食邑二百户。拜东莱太守,入为平远将军、左中郎将。迁中散大夫,加龙骧将军。卒,赠左将军、巴州刺史。

士孙天与,扶风人。以勋封莫西县开国男,食邑二百户。拜武功太守。

又襄阳罗道珍、北海王安世、颍川辛谌、汉中姜永等,皆参其勋末。

道珍,除齐州东平原相,有治称。卒于镇远将军、屯骑校尉。

安世,苻坚丞相王猛之玄孙也。历涉书传,敏于人间。自羽林监稍迁安西将军、北华州刺史。卒,赠本将军、梁州刺史。

谌,魏卫尉辛毗之后。有文学。历步兵校尉,濮阳、上党二郡太守。卒,赠征虏将军、梁州刺史。

子儒之,济州司马。

永,善弹琴,有文学。员外郎、梁州别驾、汉中太守。

永弟漾,亦善士。性亦至孝,为汉中所叹服。元罗之陷也,永入于建邺,遂死焉。

时有颍川庾道者,亦与道迁俱入国,虽不参谋,亦为奇士。历览史传,善草隶书,轻财重义。仕萧衍,右中郎将,助戍汉中。及至洛阳,环堵弊庐。多与俊秀交旧,积二十余岁,殊无宦情。正光中,乃除幽州左将军府主簿,饶安令。罢县后,仍客游齐鲁之间。天平中,卒于青州。

时有皇甫徽,字子玄,安定朝那人。仕萧衍,历诸王参军、郡守。及道迁之入国也,徽亦因地内属。徽妻即道迁之兄女,道迁列上勋书,欲以徽为元谋。徽曰:“创谋之始,本不关预,虽贪荣赏,实内愧于心。”遂拒而不许。后刺史羊祉表授征虏府司马,卒官。

子和,武定末,司空司马。

和弟亮,仪曹郎中。

淳于诞,字灵远。其先太山博人,后世居于蜀汉,或家安固之桓陵县。父兴宗,萧赜南安太守。诞年十二,随父向扬州。父于路为群盗所害。诞虽童稚,而哀感奋发,倾资结客,旬朔之内,遂得复仇,由是州里叹异之。赜益州刺史刘悛召为主簿。萧衍除步兵校尉。

景明中,自汉中归国。既达京师,陈伐蜀之计,世宗嘉纳之。延昌末,王师大举,除骁骑将军,假冠军将军,都督别部司马,领乡导统军。诞不愿先受荣爵,乃固让实官,止参戎号。及奉辞之日,诏遣主书赵桃弓宣旨劳勉,若克成都,即以益州许之。师次晋寿,蜀人大震。属世宗晏驾,不果而还。后以客例,起家除羽林监。萧衍遣将张齐攻围益州,诏诞为统军,与刺史傅竖眼赴援。事宁还朝。

正光中,秦陇反叛。诏诞为西南道军司、假冠军将军、别将,从子午南出斜谷趣建安,与行台魏子建共参经略。时衍益州刺史萧渊猷遣将樊文炽、萧世澄等,率众数万围小剑戍,益州刺史邴虬令子达拒之。因转营,为文炽所掩,统军胡小虎、崔珍宝并见俘执。子建遣诞助讨之。诞勒兵驰赴,相对月余,未能摧殄。文炽军行之谷,东峰名龙须山,置栅其上,以防归路。诞以贼众难可角力,乃密募壮士二百余人,令夜十一登山攻其栅。及时火起,烟焰涨天。贼以还途不守,连营震怖。诞率诸军鸣鼓攻击,文炽大败,俘斩万计,擒世澄等十一人。文炽为元帅,先走获免。

孝昌初,子建以诞行华阳郡,带白马戍。二年,复以诞行巴州刺史。三年,朝议以梁州安康郡阻带江山,要害之所,分置东梁州,仍以诞为镇远将军、梁州刺史。永安二年四月卒,时年六十。赠安西将军、益州刺史,谥曰庄。

长子亢。

亢弟胤,字□馆。武定末,梁州骠骑府司马。

李苗,字子宣,梓潼涪人。父膺,萧衍尚书郎、太仆卿。苗出后叔父略。略为萧衍宁州刺史,大著威名。王足伐蜀也,衍命略拒足于涪,许其益州。及足还退,衍遂改授。略怒,将有异图,衍使人害之。苗年十五,有报雪之心。延昌中遂归阙。仍陈图蜀之计。于是大将军高肇西伐,诏假苗龙骧将军、乡导统军。师次晋寿,世宗晏驾,班师。后以客例,除员外散骑侍郎,加襄威将军。

苗有文武才干,以大功不就,家耻未雪,常怀慷慨。乃上书曰:

昔晋室数否,华戎鼎沸,三燕两秦,咆勃中夏,九服分崩,五方圮裂。皇祚承历,自北而南,诛灭奸雄,定鼎河洛,淮独荆扬,尚阻声教。今令德广被于江汉,威风远振于吴楚,国富兵强,家给人足。以九居八之形,有兼弱攻昧之势,而欲逸豫,遗疾子孙,违高祖之本图,非社稷之深虑。诚宜商度东西戍防轻重之要,计量疆场险易安危之理,探测南人攻守窥觎之情,筹算卒乘器械征讨之备,然后去我所短,避彼所长,释其至难,攻其甚易,夺其险要,割其膏壤,数年之内,荆扬可并。若舍舟楫,即平原,敛后疏前,则江淮之所短;弃车马,游飞浪,乘流驰逐,非中国之所长。彼不敢入平陆而争衡,犹我不能越巨川而趣利。若俱去其短,各恃其长,则东南未见可灭之机,而淮沔方有相持之势。且夫满昊相倾,阴阳恒理;盛衰递袭,五德常运。今以至强攻至弱,必见吞并之理;如以至弱御至强,焉有全济之术?故明王圣主,皆欲及时立功,为万世之业。去高而就下,百

川以之常流；取易而避难，兵家以恒胜。今巴蜀孤悬，去建邺辽
远，偏兵独戍，溯流十千，牧守无良，专行劫剥，官由财进，狱以
货成，士民思化，十室而九，延颈北望，日觊王师。若命一偏将
吊民伐罪，风尘不接，可传檄而定。守白帝之厄，据上流之险，
循士治之迹，荡建邺之逋，然后偃武修文，制礼作乐，天下幸
甚，岂不盛哉！
于时肃宗幼冲，无远略之意，竟不能纳。

　正光末，二秦反叛，侵及三辅。时承平既久，民不习战。苗以陇
兵强悍，且群聚无资，乃上书曰："臣闻食少兵精，利于速战；粮多卒
众，事宜持久。今陇贼猖狂，非有素蓄，虽据两城，本无德义。其势
在于疾攻，日有降纳，迟则人情离阻，坐受崩遗。夫飚至风起，逆者
求万一之功；高壁深垒，王师有全制之策。但天下久泰，人不晓兵，
奔利不相待，逃难不相顾，将无法令，士非教习。以骄将御惰卒，不
思长久之计，务奇正之通，必有莫敖轻敌之志，恐无充国持重之规。
如令陇东不守，汧军败散，则二秦遂强，三辅危弱，国之右臂，于斯
废矣。今且宜勒大将，深沟高垒，坚守勿战。别命偏师精兵数千，出
麦积崖以袭其后，则汧岐之下，群妖自散。"于是诏苗为统军，与别
将淳于诞俱出梁、益，隶行台魏子建。子建以苗为郎中，仍领军，深
见知待。

　孝昌中，还朝。除镇远将军、步兵校尉。俄兼尚书右丞，为西北
道行台。与大都督宗正珍孙讨汾、绛蜀贼，平之。还，除司徒司马，
转太府少卿，加龙骧将军。

　于时萧衍巴西民何难尉等豪姓，相率请讨巴蜀之间，诏苗为通
直散骑常侍、冠军将军、西南道慰劳大使。未发，会杀尔朱荣，荣从
弟世隆拥荣部曲屯据河桥，还逼都邑。孝庄亲幸大夏门，集群臣博
议。百僚悒惧，计无所出。苗独奋衣而起曰："今小贼唐突如此，朝
廷有不测之危，正是忠臣烈士效节之日。臣虽不武，窃所庶几。请
以一旅之众，为陛下径断河梁。"城阳王徽、中尉高道穆赞成其计。
庄帝壮而许焉。

苗乃募人于马渚上流以舟师夜下，去桥数里，便放火船，河流既驶，倏忽而至。贼于南岸望见火下，相蹙争桥，俄然桥绝，没水死者甚众。苗身率士卒百许人，泊于小渚以待南援。既而官军不至，贼乃涉水，与苗死斗。众寡不敌，左右死尽，苗浮河而殁，时年四十六。帝闻苗死，哀伤久之，曰："苗若不死，当应更立奇功。"赠使持节、都督梁益巴东梁四州诸军事、车骑大将军、仪同三司、梁州刺史，河阳县开国侯、邑一千户，赗帛五百匹、粟五百石。谥忠烈侯。

苗少有节操，志尚功名。每读《蜀书》，见魏延请出长安，诸葛不许，常叹息谓亮无奇计。及览《周瑜传》，未曾不咨嗟绝倒。太保、城阳王徽，司徒、临淮汧重之，二王颇或不穆，苗每谏之。及徽庞势隆极，猜忌弥甚。苗谓人曰："城阳蜂目先见，豺声今转彰矣。"解鼓琴，好文咏，尺牍之敏，当世罕及。死之日，朝野悲壮之。及庄帝幽崩，世隆入洛，主者追苗赠封，以白世隆。世隆曰："吾尔时群议，更一二日便欲大纵兵士焚烧都邑，任其采掠。赖苗，京师获全。天下之善一也。不宜追之。"

子昙，袭爵。武定末，冀州仪同府刑狱参军。齐受禅，爵例降。

史臣曰：寿春形胜，南郑要险，乃建邺之肩髀，成都之喉嗌。裴叔业、夏侯道迁，体运知机，翻然鹊起，举地而来，功诚两茂。其所以大启茅赋，兼列旌旐，固其宜矣。植不恒其德，器小志大，斯所以颠覆也。衍才行将略，不遂其终，惜哉！李、席、王、江虽复因人成事，亦为果决之士。淳于诞好立好名，有志者竟能遂也。李苗以文武干局，沉断过人，临难慨然，奋其大节，蹈忠履义，殁而后已。仁必有勇，其斯人之谓乎！

魏书卷七二
列传第六〇

阳尼　贾思伯　李叔虎
路恃庆　房亮　曹世表
潘永基　朱元旭

　　阳尼，字景文，北平无终人。少好学，博通群籍，与上谷侯天护、顿丘李彪同志齐名。幽州刺史胡泥以尼学艺文雅，乃表荐之。征拜秘书著作郎，奏佛道宜在史录。后改中书学为国子学，时中书监高闾、侍中李冲等以尼硕学博识，举为国子祭酒。高祖尝亲在宛堂讲诸经典，诏尼侍听，赐帛百匹。尼后兼幽州中正。出为幽州平北府长史，带渔阳太守，未拜，坐为中正时受乡人财货免官。尼每自伤曰：“吾昔未仕，不曾羡人，今日失官，与本何异？然非吾宿志，命也如何！”既而还乡，遂卒于冀州，年六十一。有书数千卷。所造《字释》数十篇，未就而卒，其从太学博士承庆遂撰为《字统》二十卷，行于世。

　　子介，字天佐。奉朝请，冀州骠曹参军。早卒。

　　尼从子鸣鹄，鸣鹄弟季智，俱有名于时，前后并为幽州司马。
　　季智子璠，通直散骑常侍。
　　季智从弟荆，范阳太守，有吏能。卒，赠平西将军、东益州刺史。
　　季智从子伯庆，汝南太守。

伯庆从父弟藻，字景德。少孤，有雅志，涉猎经史。太和初，举秀才，射策高第。以母疾还。征拜中书博士，诏兼礼官，拜燕宣王庙于长安。还，授宁远将军，赐爵魏昌男。选为廷尉正，转考功郎中。除建德太守。以清贫，赐帛六十匹。寻假宁远将军，领统军，外防内抚，甚得居边之称。解任还家。久之，除充州左将军府长史，又拜瀛州安东府长史，加扬烈将军。藻以年老归家，阖门不关世事。孝昌中，在乡为贼帅杜洛周所囚，发病卒。永熙中，赠征虏将军、幽州刺史。

子贞，字世干。早卒。

贞弟弼，字世辅。长于吏事。本州别驾，加轻车将军。属洛周陷城，弼遂率宗亲南渡河，居于青州。值邢杲起逆，青州城民疑河北人为杲内应，遂害弼，时年四十八。

子伪，袭祖爵。

弼弟斐，武定末，尚书右丞。

藻从弟令鲜，京兆王愉郎中令。坐同愉反，逃窜免。会赦，除名。

子世和，武定末，齐州骠骑司马。

藻从弟延兴，南幽州刺史。

延兴从弟固，字敬安。性倜傥，不拘小节，少任侠，好剑客，弗事生产。年二十六，始折节好学，遂博览篇籍，有文才。

太和中，从大将军宋王刘昶征义阳，板府法曹行参军，假陵江将军。昶严暴，治军甚急，三军战栗无敢言者。固启谏，并面陈事宜。昶大怒，欲斩之，使监当攻道。固在军勇决，志意闲雅，了无惧色。昶甚奇之。军还，言之高祖。年三十余，始辟大将军府参军事，署城局，仍从昶镇彭城，板兼长史。俄以忧去任。

裴叔业以淮南内附，世宗诏平南将军、广陵侯元衍与司徒、彭城王勰同镇寿春，敕固为衍司马。还，除太尉西阁祭酒，兼廷尉评。上改定律令议。除给事中。出为试守北平太守，甚有惠政。久之，以公事免。后除给事中，领侍御史。转治书，劾奏广平王怀、汝南王悦、南阳长公主。及使怀荒,镇将万俟望风逃走。劾恒农太守裴粲免官。

时世宗广访得失,固上谠言表曰:"臣闻为治不在多方,在于力行而已。当今之务,宜早正东储,立师傅以保护,立官司以防卫,以系苍生之心;揽权衡,亲宗室,强干弱枝,以立万世之计;举贤民,黜不肖,使野无遗才,朝无素餐;孜孜万几,躬勤庶务,使民无谤讟之响;省徭役,薄赋敛,修学官,遵旧章;贵农桑,贱工贾;绝谈虚穷微之论,简桑门无用之费。以存元元之民,以救饥寒之苦;上合昊天之心,下悦亿兆之望。然备器械,修甲兵,习水战,灭吴会,撰封禅之礼,袭轩唐之之轨,同彼七十二君之徽号,协定鼎嵩河之心,副高祖殷勤之寄。上与三皇比隆,下与五帝美。岂不茂哉!臣位卑识昧,言不及义,属圣明广访,敢献瞽言。伏愿陛下留神,少垂究察。"

初,世宗委任群下,不甚亲览,好桑门之法。尚书令高肇以外戚权宠,专决朝事;又咸阳王禧等并有衅故,宗室大臣,相见疏薄;而王畿民庶,劳弊益甚。固乃用《南、北二都赋》,称恒代田渔声乐侈靡之事,节以中京礼仪之式,因以讽谏。辞多不载。

世宗末,中尉王显起宅既成,集僚属飨宴。酒酣问固曰:"此宅何如?"固对曰:"晏婴湫隘,流称于今;丰屋生灾,著于《周易》。此盖同传舍耳,唯有德能卒。愿公勉之。"显默然。他日又谓固曰:"吾作太府卿,库藏充实,卿以为何如?"固对曰:"公收百官之禄四分之一,州郡赃赎悉入京藏,以此充府,未足为多。且有聚敛之臣,宁有盗臣,岂不戒哉!"显大不悦,以此衔固。

又有人间固于显,显因奏固剩请米麦,免固官。既无事役,遂阖门自守,著《演赜赋》,以明幽微通塞之事。其词曰:

> 绍有周之遄轨兮,初锡世于河阳。建甸侯而列爵兮,与王室而并昌。遭季叶之纷乱兮,仍矫迹于良乡。弃侯卫之桢弼兮,乃殖根于幽方。自祖考而辉烈兮,逮余躬而翳微。惧堂构之颓挠兮,恐崩毁其洪基。心惴惴而栗栗兮,若临深而履薄。登乔木而长吟兮,抗幽谷而靡托。何身轻而任重兮,惧颠坠于峻壑。

凭神明之扶助兮，虽幽微而护存。赖先后之醇德兮，乃保护其遗孙。伊日月之屡迁兮，何四时之相逼。知年命之有期兮，慨斡流之不息。伤艰踬之相承兮，悲屯蹇而日臻。必恻怆而不怿兮，乃有怀于古人。

或垂纶于渭滨兮，有胥靡于傅岩。既应繇而赴兆兮，作殷周之元鉴。孔栖栖而不息兮，终见黜于庶邦。墨驰骋而不已兮，亦举世而不容。有鸾孤而争国兮，有让位而采薇。有跃马而赴会兮，有栖迟以俟时。曹纳辛而袁亡兮，袁戮田而曹盛。鲍授州而得时兮，韩弃牧而失性。赵尧门而诞圣兮，终夭隐而不繁。卫泯躯于世难兮，启洪业于宣元。释皋繇之法宪兮，见蓼六之先亡。练疑枉于怨狱兮，宁于公之独昌。明祸福之同门兮，知休咎之异涂。寻倚伏之无源兮，或先诎而后舒。

赐凭轩而策驷兮，抚清琴而自娱。宪服弊于陋巷兮，蕴六艺于蓬庐。勃计行而致位兮，错谋合而身倾。萧功成而福集兮，韩勋立而祸并。纷回平而绵结兮，亮未识其幽情。有积毁而恩昵兮，有积誉而宠衰。或形乖而意合兮，或身密而志离。情与貌而纷竞兮，体与识而交驰。

且流言而疑，先缘谤而益信。乐食子而中疏兮，巴放而麑而日进。或举世而称贤兮，偶不合于主心。或居乡而三黜兮，独为时之所钦。或负鼎而干主兮，或杖策于幽林。或望旗而色阻兮，或临危而抚琴。道有大而由小兮，义有显而必微。理贵在于得要兮，事终成于会机。每一日而三省兮，亦有念而九思。孰有是而可是兮，孰有非而可非。石育子而启夏兮，鼠遗卵而孕殷。鸟藉冰而存弃兮，虎乳孩以字文。发升舟而鱼跃兮，季潜躯而覆云。或挥戈而争帝兮，或洗耳而辞君。

道曲成而不一兮，神参差而异兆。兹圣达之未明兮，岂前修之克了。迷白日之近遥兮，方有窥于天表。且临海而观澜兮，何津源之杳杳。文迁绎而身徂兮，景守节而灾移。汤改祝而革命兮，灵投策而诉龟。围据胎而为巨兮，友发文而自相。风吹鹝而襄坠兮，神压纽而平王。被羸缩之由人兮，信吉凶之在已。或勤忧以减龄兮，亦安乐而获祉。

弟成师而害兄兮，父纯臣而烹子。识同命于三君兮，兆先于裔姒。始楼桑而发辉兮，终龙变于巴庸。绕闾门而结庆兮，郁蝉蜕于三江。水浩浩而襄陵兮，窈息壤而瘠之。鲧殛死于羽山兮，禹宣力而营之。凿龙门以通河兮，疏九江而入海。总九州以攸同兮，甄五都之所在。虽父子之同气兮，乃业行之丕改。

以患蹇为福兮，痛比干之残躯。以佞谀为获安兮，哂宰嚭之见屠。以举士而受赏兮，悼史迁之腐刑。以进为无益兮，见鄂秋之专城。以仁义为桎梏兮，信揖让之劳疲。以放旷为悬解兮，伤六亲之乖离。哀越种之被戮兮，嘉范蠡之脱羁。钦四皓之高尚兮，叹伊周之涉危。望仗钺而先锋兮，光安车而弗顾。求封赏于寸心兮，梦台衮于远虑。或忌贤而独立，或篡君以自树。既思匿而名扬兮，亦求清击反污。

见众兆之纷错兮，睹变化之无方。心营营而扰扰兮，乃探衷而准常。俨端坐于弊筵兮，始拂龟而整策。冀灵鉴之佑余兮，愿告余以忠益。龟发兆以施灵兮，利去华而守约。著布列而成卦兮，保龙潜而勿跃。踵嘉遁之玄踪兮，追考盘于岩壑。登名山以恬澹兮，辞朝市之纷若。奉贞吉于占繇兮，翻夕警而晨装。

揖许公于箕岭兮，谘夷齐于首阳。瞻嵩华之嵯峨兮，眺恒碣之碌磳。陵江湖之骇浪兮，升医闾之尚羊。乘玄虬之弈弈兮，鸣玉銮之玱玱。浮沧波而濯足兮，入三山而解裳。谒伯禹于涂山兮，诘三苗于三危。登苍梧而退眺兮，访二妃于有妫。追祝融于荆芊兮，问洛宓于冯夷。陵回飙而上骧兮，穷深谷而下驰。沿扶水而远瞩兮，见虞渊之威微。乘阊风之峻阪兮，觌王母于崦嵫。升瑶台而奏歌兮，坐琼室而赋诗。托赤水以寄命兮，附光风以传辞。出琨岫之峥嵘兮，入氾林之杳郁。采钟山之玉瑛兮，收珠泽之珂玟。

携羽民而远游兮，探长生之妙术。腾云务而窈冥兮，变域中之秽质。望玄阙之寂寥兮,过寒门而怀悲。揖若士于霄际兮,求务尘于海湄。凭帝台而肆眺兮,历层冰而风驰。越弱水之淳滢兮,蹑不周之崄巇。屑琼蕊以为粮兮,斟玉液以为浆。结秋兰以为佩兮,揽白霓以为裳。

耸景云而上征兮,抚阊阖而启扉。肃百神而敬策兮,奏中《中皇》于紫微。聆《钧天》而九变兮,耽广乐而忘归。忽心移而志骇兮,恋旧京而依依。握招摇以为旆兮,巡天汉而下游。建云旗之逶迤兮,御回风之浏浏。策王良以敛辔兮,命风伯以挟辀。符屏翳以清路兮,告河鼓以具舟。聊右次于析木兮,遹回驾于青丘。

访古人以首阳兮,亦问道于鹈鸠。睹三韩之累累兮,见卉服之悠悠。瞻雉常之郁郁兮,贡楛矢之啾啾。心怊怊而惕惕兮,志悯悯而绵绵。伊五岳之嵯嵯兮,何四海之涓涓。瞻九河其如带兮,观三江其沉然。夫五都之总总兮,尚何足以游盘。彼八方之局促兮,殊无可以达观。方吞霞而弃粒兮,亦屑玉而炼丹。漱醴泉以养气兮,吸沆瀣以当餐。荫建木之长柯兮,援木禾之修茎。咀玉髓而充渴兮,嚼正阳以长生。参松乔而抚翰兮,侣浮丘而上征。

嗟域中之默默兮,讵揽写其深情。情盘桓而犹豫兮,志狐疑而未决。久放荡而不还兮,心惆怅而不悦。忆慈亲于故乡兮,恋先君于丘墓。回游驾而改辕兮,纵归辔而缓御。仆眷眷于短衔兮,马依依于践步。还故园而解羁兮,入茅宇而返素。耕东皋之沃壤兮,钓北湖之深潭。养慈颜于妇子兮,竞献寿而荐甘。朝乐酣于浊酒兮,夕寄忻于素琴。诵风雅以导志兮,蕴六籍于胸襟。敦儒墨之大教兮,崇逸民之远心。播仁声于终古兮,流不朽之徽音。进不求于闻达兮,退不营于荣利。泛若不系之舟兮,湛若不用之器。不洁其身兮,不屑于位。不拘小节兮,不求曲备。资灵运以托己兮,任性命之遭随。既听天而委化兮,无形志之两疲。除纷竞而靖默兮,守冲寂以无为。寄后贤以籍赏兮，宁怨时之弗知。

乱曰：禀元承命，人最灵兮。夭寿否泰，本天成兮。体源究道，归圣哲兮。随化委遇，能达节兮。显亲扬名，德之上兮。保家全身，亦厚量兮。趣世浮动，违性命兮。鉴始究终，同水镜兮。志愿不合，思远游兮。陵虚骋志，从所求兮。周历四极，腾八表兮。形劳志沮，未衷道兮。反我游驾，养慈亲兮。躬耕练艺，齐至人兮。

固又作《刺谗疾嬖幸》诗二首曰：

巧巧佞佞，谗言兴兮。营营习习，似青蝇兮。以白为黑，在汝口兮。汝非蝮虿，毒何厚兮。巧佞！巧佞！一何工矣。司间司忿，言必从矣。朋党噂沓，自相同矣。浸润之谮，倾人墉矣。成人之美，杀身行焉。攻人之恶，君子耻焉。汝何人斯？谮毁日繁。予实无罪，骋汝诡言。番番缉缉，谗言侧入。君子好谗，如或弗及。天疾谗说，汝其至矣。无妄之祸，行将及矣。泛泛游凫，弗制弗拘。行藏之徒，或智或愚。维予小人，未明兹理。毁与行俱，言与衅起。我其惩矣，我其悔矣。岂求人兮，忠恕在己。

彼谄谀兮，人之蠹兮。剌促昔粟，罔顾耻辱，以求媚兮。邪干侧入，如恐弗及，以自容兮。志行褊小，好习不道。朝挟其车，夕承其舆。或骑或徒，载奔载趋。或言或笑，曲事亲要。正路不由，邪径是蹈。不识大猷，不知诂言。其朋其党，其徒实繁。有诡其行，有佞其音。蓬蒢戚施，邪媚是钦。既诡且妒，以逞其心。是信是任，败其以多。不始不慎，末如之何。

习习宰嚭，营营无极。梁丘寡智，王鲋浅识。伊戾息夫，异世同力。江充、赵高，甘言似直。竖刀、上官，擅生羽翼。乃如之人，憯爽其德。岂徒丧邦，又亦覆国。嗟尔中下，其亲其昵。不谓其非，不觉其失。好之有年，宠之有日。我思古人，心焉若疾。凡百君子，宜其慎矣。覆车之鉴，近可信矣。言既备矣，事既至矣。反是不思，维尘及矣。

　　肃宗即位,除尚书考功郎,奏诸秀孝中第者听叙,自固始。大军征硖石,敕为仆射李平行台七兵郎。平奇固勇敢,军中大事,悉与谋之。又命固节度水军,固设奇计,先期乘贼,获其外城。军罢,太傅、清河王怿举固,除步兵校尉,领汝南王悦郎中令。寻加宁远将军。时悦年少,行多不法,屑近小人。固上疏切谏,并面陈往代诸王贤愚之分,以感动悦,悦甚敬惮之。怿大悦,以为举得其人。

　　熙平二年,除洛阳令,将军如故。在县甚有威风。丁母忧,号慕毁病,杖而能起。练禫之后,犹酒肉不进。时固年逾五十,而丧过于哀,乡党亲族咸叹服焉。

　　神龟末,清河王怿领太尉,辟固从事中郎。属怿被害,元叉秉政,朝野震悚。怿诸子及门生吏僚莫不虑祸,隐避不出,素为怿所厚者弥不自安。固以尝被辟命,遂独诣丧所,尽哀恸哭,良久乃还。仆射游肇闻而叹曰:“虽栾布、王修何以尚也?君子哉若人!”及汝南王悦为太尉,选举多非其人,又轻肆树挞,固以产有为元卿,虽离国,犹上疏切谏。事在《悦传》。悦辟固为从事中郎,不就。

　　正光二年,京兆王继为司徒,高选官僚,辟固从事中郎,加镇远将军。府解,除前军将军,镇远如故。又典科扬州勋赏。初硖石之役,固有先登之功,而朝赏未及,至是与尚书令李崇讼勋更表。崇虽贵盛,固据理不挠,谈者称焉。四年九月卒,时年五十七。赠辅国将军、太常少卿,谥曰文。

　　固刚直雅正,不畏强御,居官清洁,家无余财。终殁之日,室徒四壁,无以供丧,亲故为其棺敛焉。初,固著《绪制》一篇,务从俭约。临终,又敕诸子一遵先制。固有三子。

　　长休之,武定末,黄门郎。

　　休之弟诠之,字子衡。少著才名,辟司徒行参军。早为门生所害,时人悼惜之。

　　贾思伯,字士休,齐郡益都人也。世父元寿,高祖时中书侍郎,有学行,见称于时。思伯释褐奉朝请,太子步兵校尉、中书舍人,转中书侍郎。颇为高祖所知,常从征伐。及世宗即位,以侍从之勤,转辅国将军。

任城王澄之围钟离也,以思遥持节为其军司。及澄失利,思伯为后殿。澄以思伯儒者,谓之必死。及至,大喜,曰:"仁者必有勇,常谓虚谈,今于军司见之矣。"思伯托以失道,不伐其功,时论称其长者。后为河内太守,不拜。寻除鸿胪少卿,以母忧免。服阙,征为荥阳太守,有政绩。迁征虏将军、南青州刺史,初,思伯与弟思同师事北海阴凤授业,无资酬之,凤遂质其衣物。及思伯之部,送缣百匹遗凤,因具车马迎之,凤惭不往。时人称叹焉。寻以父忧免。后除征虏将军、光禄少卿,仍拜左将军、兖州刺史。

肃宗时,征为给事黄门侍郎。因请拜扫,还乡里。未拜,以风闻免。寻除右将军、凉州刺史。思伯以州边远,不乐外出,辞以男女未婚。灵太后不许,舍人徐纥言之,得改授太尉长史。又除安东将军、廷尉卿。思伯自以儒素为业,不好法律,希言事。俄转卫尉卿。

于时,议建明堂,多有同异。思伯上议曰:

按《周礼考工记》云:夏后氏世室,殷重屋,周明堂,皆五室。郑注云:"此三者,或举宗庙,或举王寝,或举明堂,互言之,以明其制同也。"若然,则夏殷之世已有明堂矣。唐虞以前,其事未闻。戴德《礼记》云:明堂凡九室,十二堂。蔡邕云:"明堂者,天子太庙,飨功养老,教学选士,皆于其中,九室十二堂。"按戴德撰《记》,世所不行。且九室十二堂,其于规制,恐难得厥衷。《周礼》营国,左祖右社,明堂在国之阳,则非天子太庙明矣。然则《礼记月令》,四堂及太室皆谓之庙者,当以天子暂配享五帝故耳。又《王制》云:"周人养国老于东胶。"郑注云:东胶即辟雍,在王宫之东。又《诗》《大雅》云:"邕邕在宫,肃肃在庙。"郑注云:"宫,谓辟雍宫也,所以助王。养老则尚和,助祭则尚敬。"又不在明堂之验矣。按《孟子》云:"齐宣王谓孟子曰:吾欲毁明堂。"若明堂是庙,则不应有毁之问。且蔡邕论明堂之制云:"堂方一百四十尺,象坤之策;屋圆径二百一十六尺,象乾之策；方六丈，径九丈，象阳阴九六之数；九室以象九州；屋高八十一尺，象黄钟九九之数；二十八柱以象宿；外广二十四丈以象气。"按此皆以天地阴阳气数为法，而室独象九州，何也？若立五室以象五行，岂不快也？如此，蔡氏之论非为通典，九室之言或未可从。

　　窃寻《考工记》虽是补阙之书，相承已久，诸儒注述无言非者，方之后作，不亦优乎？且《孝经援神契》、《五经要义》、旧《礼图》，皆作五室，及徐、刘之论，同《考工》者多矣。朝廷若独绝今古，自为一代制作者，则所愿也。若犹祖述旧章，规摹前事，不应舍殷周成法，袭近代妄作。且损益之极，极于三王，后来疑议，难可准信。郑玄云："周人明堂五室，是帝各有一室也，合于五行之数，《周礼》依数以为之室。施行于今，虽有不同，时说然耳。"寻郑此论，非为无当。按《月令》亦无九室之文，原其制置，不乖五室。其青阳右个即明堂左个，明堂右个即总章左个，总章右个即玄堂左个，玄堂右个即青阳左个。如此，则室犹是五，而布政十二。五室之理，谓为之理，谓为可安。其方圆高广，自依时量。戴氏九室之言，蔡子庙学之议，子干灵台之说，裴逸一屋之论，及诸家纷纭，并无取焉。

学者善其识。又迁太常卿，兼度支尚书，转正都官。

　　时太保崔光疾甚，表荐思伯为侍讲，中书舍人冯元兴为侍读。思伯遂入授肃宗《杜氏春秋》。思伯少虽明经，从官废业，至是更延儒生夜讲昼授。性谦和，倾身礼士，虽在街途，停车下马，接诱恂恂，曾无倦色。客有谓思伯曰："公今贵重，宁能不骄？"思伯曰："衰至便骄，何常之有？"当世以为雅谈。为元叉所宠，论者讥其趣势。孝昌元年卒。赠镇东将军、青州刺史，又赠尚书右仆射，谥曰文贞。

　　子彦始，武定中，淮阳太守。

　　思伯弟思同，字士明。少厉志行，雅好经史。释褐彭城王国侍郎，五迁尚书考功郎，青州别驾。久之，迁镇远将军、中散大夫、试守荥阳太守。寻即真。后除平南将军、襄州刺史。虽无明察之誉，百姓安之。及元颢之乱也，思同与广州刺史郑先护并不降。庄帝还宫，封营陵县开国男，邑二百户，除抚军将军、给事黄门侍郎、青州大中正。又为镇东、金紫光禄大夫，仍兼黄门。寻加车骑大将军、左光禄大夫。迁邺后，除黄门侍郎、兼侍中、河南慰劳大使。仍与国子祭酒韩子熙并为侍讲，授静帝《杜氏春秋》。又加散骑常侍，兼七兵尚书。寻拜侍中。兴和二年卒。赠使持节、都督青徐光三州诸军事、骠骑大将军、尚书右仆射、司徒公、青州刺史，谥曰文献。

初，思同之为别驾也，清河崔光韶先为治中，自恃资地，耻居其下，闻思同还乡，遂便去职。州里人物为思同恨之。及光韶之亡，遗诫子侄不听求赠。思同遂上表讼光韶操业，登时蒙赠谥。论者叹尚焉。

思同之侍讲也，国子博士辽西卫冀隆为服氏之学，上书难《杜氏春秋》六十三事。思同复驳冀隆乖错者十一条。互相是非，积成十卷。诏下国学集诸儒考之，事未竟而思同卒。卒后，魏郡姚文安、乐陵秦道静复述思同意。冀隆亦寻物故，浮阳刘休和又持冀隆说。至今未能裁正焉。

李叔虎，勃海蓚人也。从祖金，世祖神麚中与高允俱被征，位至征南从事中郎。叔虎好学博闻，有识度，为乡间所称。太和中，拜中书博士，与清河崔光、河间邢峦并相亲友。转议郎。久之，迁太尉从事中郎，转国子博士、本国中正，摄乐陵中正。性清直，甚有公平之称。后兼灵散骑侍郎、太极都将。事讫，除高阳太守，固辞不拜。寻除显武将军、太尉高阳王雍谘议参军事，雍以其器操重之。寻除假节、行华州事，为吏民所称。永平四年卒，年五十四。赠冠军将军、南青州刺史，谥曰穆。

兄叔宝，州举秀才，拜顿丘公国郎中令。迁太常丞。延昌末，叔宝为弟台户及从弟归伯同沙门法庆反，陷破郡县，叔宝当坐，遇病死于洛阳狱。

叔宝从弟凤,历尚书郎中、国子博士。坐弟同京兆王愉逆,除名。

凤从子长仁,字景安。颇有学涉。举秀才,射策高第。拜中书博士,转中书侍郎。累迁平南将军、沛郡太守,仍为彭城太守。又从尉元讨定南境,赐爵延陵男。征拜员外散骑迁平南将军、沛郡太守,仍为彭城太守。又从尉元讨定南境,赐爵延陵男。征拜员外散骑常侍,使于刘准。行还,以疾除北海内史,诏赐医药。凡在三郡,吏民安之。寻卒。武定中,赠安南将军、七兵尚书、冀州刺史,男如故。

长仁从弟述,字道兴,有学识。州举秀才。拜太常博士,使诣长安,册祭燕宣王庙。还,除尚书仪曹郎,赐爵蒡县男,稍迁建兴太守。卒。

子象,字孟则。简有风概,博涉群书。初袭爵,为徐州平东府功曹参军。迁冀州治中,有勤绩。久之,拜散骑侍郎,加宁朔将军,寻转中书侍郎。出为青州太傅开府谘议参军、行北徐州事、本将军、光禄大夫。齐文襄王引为开府谘议参军,加征东将军。兴和二年,兼散骑常侍,使于萧衍。三年卒,赠骠骑大将军、仪同三司、冀州刺史,谥曰文简,以子子贞预义之勤也。

子贞,历司空长史、武邑太守、司徒右长史、阳平太守。入为吏部郎中。出为骠骑将军、兖州刺史。坐贪污,赐死。

路恃庆,字伯瑞,阳平清渊人也。祖绰,阳平太守。恃庆有干用,与广平宋翻俱知名,为乡闾所称,相州刺史李安世并表荐之。太和中,除奉朝请。恃庆以从兄文举有才望,因推让之。高祖遂并拜焉。稍迁尚书仪曹郎,转左民郎,行颍川郡。出为华州安定王征虏府长史。寻以母忧去职。仍转定州河间王琛长史。琛贪暴肆意,恃庆每进苦言。年四十八,卒。赠左将军、安州刺史,谥曰襄。

子祖璧,给事中。

恃庆弟仲信,亦好学。为太尉参军,稍迁奉车都尉、开府掾。章武王融之讨葛荣也,仲信为其都督府长史。融败殁,仲信遂亦免弃。

仲信弟思略,字叔约,有识尚。冀州安东府骑军参军。

子祖遗,武定末,太学博士。

思略弟思令,字季俊。初为广阳王司空参军,转司空城局参军、司徒记室、威远将军、尚书左民郎,转右民。时天下多事,思令乃上疏曰:

　　臣闻国之大事,唯祀与戎。戎之有功,在于将帅。三代不必别民,取治不等;五霸不必异兵,各能克定。有汤武之贤,犹须伊望之佐;尧舜之圣,尚有稷契之辅。得其人也,六合唾掌可清;失其人也,三河方为战地。何者? 动之甚易,靖之至难。窃比年以来,将帅多是宠贵子孙,军幢统领,亦皆故义托附。贵戚子弟未经戎役,至于衔杯跃马,志逸气浮,轩眉攘腕,便以攻战自许。及临大敌,怖惧交怀,雄图锐气,一朝顿尽。乃令羸弱在前以当锐,强壮居后以安身。兼复器械不精,进止不集,任羊质之将,驱不练之兵,当负险之众,敌数战之虏,欲令不败,岂有得哉! 是以兵知必败,始集而先逃;将又怖敌,迁延而不进。国家便谓官号未满,重爵屡加,复疑赏赉之轻,金帛日赐。帑藏空虚,民财殚尽。致使贼徒更增,胆气益胜,生民损耗,荼毒无聊。主叹臣哀,何心寝食。

　　臣虽位微,窃不遑舍。臣闻孝行出于忠贞,节义率多果决。德可感义夫,恩可劝死士。今若舍上所轻,求下所重;黜陟幽明,赏罚善恶;搜徒简卒,练兵习武,甲密弩强,弓调矢劲。谋夫既设,辩士先陈,晓以安危,示其祸福。如其不悛,以我义顺之师,讨兹悖逆之竖,岂异厉萧斧而伐朝菌,鼓洪炉而燎毛发,虽愚者知其不旋踵矣。敢以愚短,昧死陈诚。

　　寻拜假节、征虏将军、阳平太守。又割冀州之清河、相州之阳平、齐州之平原,以为南冀州,仍以思令为左将军、南冀州刺史、假平东将军、都督。时葛荣遣其清河太守据季虎高唐城以招叛民，思令乃命麾下并率乡曲潜军夜往，出其不意，遂大破之，徐乃收众南还。又诏思令并领冀州流民。及葛荣灭，还镇平原。后除征东将军、金紫光禄大夫，转卫将军、右光禄大夫。天平三年三月卒，时年五十一。赠骠骑将军、定州刺史。

恃庆从叔景略，起家中书博士。太和中，尚书郎、本郡中正。出为齐州魏郡、平原二郡太守。卒。

景略弟雄，字仲略，容貌伟异。以军功为给事中。高祖曾对群臣云：“路仲略，好尚书郎才。”仆射李冲云：“其人宜为武职。”遂停。转太尉、咸阳王录事参军，迁伏波将军、奉车都尉。卒，赠顿丘太守。

景略从祖弟法常，幼而修立。为郡功曹。早卒。仪同李神俊与之有旧，每云：“诸路前辈中，有路法常足为名士，谓必远至，而竟无年，天下事诚难知也。”

房亮，字景高，清河人也。父法延，谯郡太守。亮好学，有节操。太和中，尝秀才，为奉朝请。拜秘书郎，又兼员外散骑侍郎，副中书侍郎宋弁使于萧赜。还，除尚书二千石郎中、济州中正。兼员外常侍，使高丽。高丽王托疾不拜。以亮辱命，坐白衣守郎中。后除济北太守，转平原太守，以清严称。时冀州刺史、京兆王愉据州反，平原界在河北，与愉接境。愉乃遣人说亮，啖以荣利。亮即斩其使人，发兵防捍。愉怒，遣其大将张灵和率众攻亮。亮督厉兵民，喻以逆顺，出城拒击，大破之。寻遭忧解任。服终，除左将军、汲郡太守。迁前将军、东荆州刺史。亮留心抚纳，夷夏安之。时边州刺史例得一子出身，亮不言其子而启弟子超为奉朝请。议者称之。转平东将军、沧州刺史。入为光禄大夫，加安东将军。永安二年卒，年七十一。赠抚军将军、齐州刺史。

子柬，字元约。卒于光禄大夫。

亮弟诠，字凤举。尚书郎、本州中正。卒赠抚军将军、齐州刺史。

诠弟悦，字季欣。解褐广平王怀国常侍，转青州平东府中兵参军，加宣威将军。迁高阳太守，转广川太守，加镇远将军。普泰中，济州刺史张琼表所部置南清河郡，仍请悦为太守，朝廷从之。凡历三郡，民吏安之。迁平东将军、太中大夫。兴和二年卒，年七十。赠征东将军、济州刺史。

长子超，字伯颖。武定末，司徒录事参军、济州大中正。

超弟昭，淮州骠骑大将军府长史。

曹世表，字景升，东魏郡魏人也。魏大司马休九世孙。祖谟，父庆，并有学名。世表少丧父，举止有礼度。性雅正，工尺牍，涉猎群书。太和二十三年，尚书仆射、壬城王澄奏世表为国子助教，颇失意，后转司徒记室。与武威贾思伯、范阳卢同、陇西辛雄等并相友善。侍中崔光，乡里贵达，每称美之。遇患归乡。

永平中，除兖州左将军府司马。非其所愿，后以病解。延昌中，除清河太守。治官省约，百姓安之。正光中，拜前将军、通直散骑常侍。大将军、京兆王继西征，以为从事中郎，摄中水兵事，自当烦剧，论者皆称其能。还都，拜司空长史。

孝昌中，青齐频年反乱，诏世表持节慰喻。还都，转尚书右丞。后加征虏将军，出行豫州刺史。值萧衍将湛僧珍陷东豫州，州民刘获、郑辩反于州界，为之内应。朝廷以源子恭代世表为州，以世表为东南道行台，率元安平、元显伯、皇甫邓林等讨之。于时贼众强断小殷关，驿使不通。诸将以士马单少，皆败散之余，不敢复战，咸欲保城自固。世表时患背肿，乃舆病出外，呼统军是云宝谓之曰："湛僧珍所以敢深入为寇者，以获辩皆州民之望，为之内应。向有驿至，知刘获移军欲迎僧珍，去此八十里。今出其不意，一战可破。获破，则僧珍自走，东南清服，卿之功也。"乃简选兵马，付宝讨之。促令发军，日暮出城，比晓兵合。贼不意官军卒至，一战破获，诸贼悉平，湛僧珍退走。唯郑辩与子恭亲旧，亡匿子恭所。世表召诸将吏，众责子恭，收辩斩之，传首京师。敕遣中使宣旨慰喻，赐马二匹、衣服被褥。

复以世表行豫州事,行台如故。还朝,加左将军,兼尚书东道行台,沿河分立镇戍,以备葛荣。行达青州,遇患卒,时年五十四。永熙中,赠平东将军、齐州刺史。

潘永基,字绍业,长乐广宗人也。父灵虬,中书侍郎。永基性通率,轻财好施。为冀州镇东府法曹行参军,迁威烈将军、扬州曲阳戍主。转西硖石戍主,治陈留、南梁二郡事,颇有威惠。转扬州车骑府主簿。累迁虎贲中郎将、直寝、前将军。出为持节、平北将军、冀州防城都督、长乐太守。

于时葛荣攻信都,长围遏水以灌州城。永基与刺史元孚同心戮力,昼夜防拒。外无军援,内乏粮储,从春至冬,力穷乃陷。荣欲害孚,永基请以身代孚死。永安二年,除颍川太守,迁镇东将军、东徐州刺史。时萧衍将曹世宗、马洪武等率众来寇,永基出讨,破之。永熙中,为征东将军、金紫光禄大夫,迁车骑将军、左光禄大夫。寻加卫大将军,复除东徐州刺史。前后在州,为吏民所乐。代还京师,元象初卒,年五十六。赠散骑常侍、都督冀瀛沧三州诸军事、骠骑大将军、尚书右仆射、司徒公、冀州刺史。

长子子礼,州主簿。

子礼弟子智,武定中,太尉士曹参军。

朱元旭,字君升,本乐陵人也。祖霸,真君末南叛,投刘义隆,遂居青州之乐陵。元旭颇涉子史,开解几案。起家清河王国常侍。太学博士、员外散骑侍郎。频使高丽。除尚书度支郎中。神龟末,以郎选不精,大加沙汰。元旭与陇西辛雄、范阳祖莹、泰山羊深、西平源子恭,并以才用见留。寻加镇远将军、兼尚书右丞,仍郎中、本州中正。

时关西都督萧宝夤启云:“所统十万,食唯一月。”于是肃宗大怒,召问所由。录、令以下,皆推罪于元旭。元旭入见,于御座前屈指校计宝赟兵粮及逾一年,事乃得释。除通直散骑常侍。永安初,加平东将军、尚书左丞、光禄大夫。后转司农少卿。迁卫将军、左光禄大夫。天平中,复拜尚书左丞。既无风操,俯仰随俗,性多机数,自容而已。于时朝廷分汲郡、河内二界挟河之地以立义州,安置关西归款之户,除元旭使持节、骠骑将军、义州刺史。武定三年夏,卒于州,年六十七。赠本将军、幽州刺史。

子敬道,武定中,司徒长流参军。

史臣曰:阳尼学义之迹,世不乏人。固远气正情,文学兼致。贾思伯门有旧业,经明行修,唯兄及弟,并标儒素。李、路器尚所及,俱可观者。象风彩词涉,亦当年之后民。房亮、曹世表、潘永基、朱元旭,拔萃从宦,咸享名器,各有由也。

魏书卷七三
列传第六一

奚康生　　杨大眼　　崔延伯

　　奚康生,河南洛阳人。其先代人也,世为部落大人。祖直,平远将军、柔玄镇将。入为镇北大将军,内外三都大官,赐爵长进侯。卒,赠幽州刺史,谥曰简。父普怜,不仕而卒。太和十一年,蠕蠕频来寇边,柔玄镇都将李兜讨击之。康生性骁勇,有武艺,弓力十石,矢异常箭,为当时所服。从兜为前驱军主,频战陷陈,壮气有闻,由是为宗子队主。

　　从驾征钟离,驾旋济淮,五将未渡,萧鸾遣将率众据渚,邀断津路。高祖敕曰:“能破中渚贼者,以为直阁将军。”康生时为军主,谓友人曰:“如其克也,得畅名绩,脱若不捷,命也在天。丈夫今日何为不决!”遂便应募,缚筏积柴,因风放火,烧其船舰,依烟直进,飞刀乱斫,投河溺死者甚众。乃假康生直阁将军。后以勋除中坚将军、太子三校、西台直后。

　　吐京胡反,自号辛支王。康生为军主,从章武王彬讨之。胡遣精骑一千邀路断截,康生率五百人拒战,破之,追至石羊城,斩首三十级。彬甲卒七千,与胡对战,分为五军,四军俱败,康生军独全。迁为统军。率精骑一千追胡至车突谷,诈为坠马,胡皆谓死,争欲取之。康生腾骑备矛,杀伤数十人,胡遂奔北。辛支轻骑退走,去康生百余步,弯弓射之,应弦而死。因俘其牛羊驼马以万数。

　　萧鸾置义阳□,招诱边民。康生复为统军,从王肃讨之,进围其城。鸾将张伏护自升城楼，言辞不逊，肃令康生射之。以强弓大箭望楼射窗，扉开即入，应箭而毙。彼民见箭，皆云狂弩。以杀伏护，赏帛一千匹。又频战再退其军，赏三阶，帛五百匹。萧宝卷将裴叔业率众围涡阳，欲解义阳之急。诏遣高聪等四军往援之，后遣都督、广陵侯元衍，并皆败退。时刺史孟表频启告，高祖敕肃遣康生驰往赴援。一战大破之，赏二阶，帛一千匹。

及寿春来降也，遣康生领羽林一千人，给龙厩马两匹，驰赴寿春。既入其城，命集城内旧老，宣诏抚赍。俄而，萧宝卷将桓和顿军梁城，陈伯之据峡石，民心骇动，颇有异谋。康生乃防御内外，音信不通。固城一月，援军乃至。康生出击桓和、伯之等二军，并破走之，拔梁城、合肥、洛口三戍。以功迁征虏将军，封安武县开国男，食邑二百户。出为南青州刺史。

后萧衍郁洲遣军主徐济寇边，康生率将出讨，破之，生擒济。赏帛千匹。时萧衍闻康生能引强弓，力至十余石，故特作大弓两张，送与康生。康生得弓，便会集文武，乃用平射，犹有余力。其弓长八尺，把中围尺二寸，箭粗殆如今之长笛，观者以为希世绝伦。弓即表送，置之武库。

又萧衍遣将宋黑率众寇扰彭城，时康生遭母忧，诏起为别将、持节、假平南将军，领南青州诸军击走之。后衍复遣都督、临川王萧宏，副将张惠绍勒甲十万规寇徐州，又假宋黑徐州刺史，领众二万，水陆俱进，径围高冢戍。诏授康生武卫将军、持节、假平南将军，为别将，领羽林三千人，骑、步甲士随便割配。康生一战败之。还京，召见宴会，赏帛千匹，赐骓骝御胡马一匹。

出为平西将军、华州刺史，颇有声绩。转泾州刺史，仍本将军。以辄用官炭瓦为御史所劾，削除官爵。寻旨复之。萧衍直阁将军徐玄明戍于郁洲，杀其刺史张稷，以城内附。诏遣康生迎接，赐细御银缠槊一张，并枣柰果。面敕曰："果者，果如朕心；枣者，早遂朕意。"未发之间，郁洲复叛。时扬州别驾裴绚谋反，除康生平东将军，为别将，领羽林四千讨之，会事平不行。遭父忧，起为平西将军、西中郎将。

是岁，大举征蜀，假康生安西将军，领步骑三万邪趣绵竹。至陇右，世宗崩，班师。除卫尉卿。出为抚军将军、相州刺史。在州，以天旱，令人鞭石虎画像。复就西门豹祠祈雨，不获，令吏取豹舌。未几，二儿暴丧，身亦遇疾，巫以为虎、豹之祟。

征拜光禄卿，领右卫将军。与元叉同谋废灵太后。迁抚军大将军、河南尹，仍右卫，领左右。与子难娶左卫将军侯刚女，即元叉妹夫也。又以其通姻，深相委托，三人率多俱宿禁内，时或送出。又以康生子难为千牛备身。

康生性粗武，言气高下，又稍惮之，见于颜色，康生亦微惧不安。正光二年三月，肃宗朝灵太后于西林园，文武侍坐，酒酣迭舞。次至康生，康生乃为力士舞，及于折旋，每顾视太后，举手、蹈足、瞋目、颔首，为杀缚之势。太后解其意，而不敢言。日暮，太后欲携肃宗宿宣光殿。侯刚曰："至尊已朝讫，嫔御在南，何劳留宿？"康生曰："至尊，陛下儿，随陛下将东西，更复访问谁？"群臣莫敢应。灵太后自起援肃宗臂下堂而去。康生大呼唱万岁于后，近侍皆唱万岁。肃宗引前入阁，左右竞相排，阁不得闭。康生夺其子难千牛刀，斫直后元思辅，乃得定。肃宗既上殿，康生时有酒势，将出处分，遂为叉所执，锁于门下。至晓，叉不出，令侍中、黄门、仆射、尚书等十余人就康生所讯其事，处康生斩刑，难处绞刑。又与刚并在内矫诏决之。康生如奏，难恕死从流。难哭拜辞父，康生忻子免死，又亦慷慨，了不悲泣。语其子云："我不反死，汝何为哭也？"有司驱逼，奔走赴市。时已昏暗，行刑人注刀数下不死，于地刻截。咸言禀叉意旨，过至苦痛。尝食典御奚混与康生同执刀入内，亦就市绞刑。

康生久为将，及临州尹，多所杀戮。而乃信向佛道，数舍其居宅，以立寺塔。凡历四州，皆有建置。死时年五十四。

子难，年十八。以侯刚子婿得停百日，竟徙安州。后尚书卢同为行台，又令杀之。

康生于南山立佛图三层，先死忽梦崩坏。沙门有为解云："檀越当不吉利,无人供养佛图,故崩耳。"康生称然。竟及祸。灵太后反政,赠都督冀瀛沧三州诸军事、骠骑大将军、司空公、冀州刺史,又追封寿张县开国侯,食邑一千户。

子刚,袭。武定中,青州开府主簿。齐受禅,爵例降。

刚弟定国,袭康生安武县开国男。

杨大眼,武都氐难当之孙也。少有胆气,跳走如飞。然侧出,不为其宗亲顾待,颇有饥寒之切。太和中,起家奉朝请。时高祖自代将南伐,令尚书李冲典选征官,大眼征求焉。冲弗许,大眼曰:"尚书不见知,听下官出一技。"便出长绳三丈许系髻而走,绳直如矢,马驰不及,见者莫不惊叹。冲曰:"自千载以来,未有逸材若此者也。"遂用为军主。大眼顾谓同僚曰:"吾之今日,所谓蛟龙得水之秋,自此一举,终不复与诸君齐列矣。"未几,迁为统军。从高祖征宛、叶、穰、邓、九江、钟离之间,所经战陈,莫不勇冠六军。

世宗初,裴叔业以寿春内附,大眼与奚康生等率众先入,以功封安成县开国子,食邑三百户。除直阁将军,寻加辅国将军、游击将军。出为征虏将军、东荆州刺史。时蛮酋樊秀安等反,诏大眼为别将,隶都督李崇,讨平之。大眼妻潘氏,善骑射,自诣军省大眼。至于攻陈游猎之际,大眼令妻潘戎装,或齐镳战场,或并驱林壑。及至还营,同坐幕下,对诸僚佐,言笑自得,时指之谓人曰:"此潘将军也。"

萧衍遣其前江州刺史王茂先率众数万次于樊雍,招诱蛮夏,规立宛州;又令其所署宛州刺史雷豹狼、军主曹仲宗等,领众二万偷据河南城。世宗以大眼为武卫将军、假平南将军、持节,都督统军曹敬、邴虬、樊鲁等诸军,讨茂先等,大破之,斩衍辅国将军王花、龙骧将军申天化,俘馘七千有余。衍又遣其舅张惠绍总率众军,窃据宿豫。又假大眼平东将军为别将,与都督邢峦讨破之。遂乘胜长驱,与中山英同围钟离。大眼军城东,守淮桥东西二道。属水泛长,大眼所绾统军刘神符、公孙社两军夜中争桥奔退,大眼不能禁,相寻而走,坐徙为营州兵。

永平中,世宗追其前勋,起为试守中山内史。时高肇征蜀,世宗虑卢萧衍侵轶徐、扬,乃征大眼为太尉长史、持节、假平南将军、东征别将,隶都督元遥,遏御淮、肥。大眼至京师,时人思其雄勇,喜其更用,台省间巷,观者如市。大眼次谯南,世宗崩。时萧衍遣将康绚于浮山遏淮,规浸寿春,诏加大眼光禄大夫,率诸军镇荆山,复其封邑。后与萧宝夤俱征淮堰,不能克。遂于堰上流凿渠决水而还,加平东将军。

大眼善骑乘,装束雄辣,摆甲折旋,见称当世。抚巡士卒,呼为儿子,及见伤痍,为之流泣。自为将帅,恒身先兵士,冲突坚阵,出入不疑,当其锋者,莫不摧拉。南贼前后所遣督将,军未渡江,预皆畏慑。传言淮泗、荆沔之间,有童儿啼者,恐之云“杨大眼至”,无不即止。王肃弟子秉之初归国也,谓大眼曰:“在南闻君之名,以为眼如车轮。及见,乃不异人。”大眼曰:“旗鼓相望,瞋眸奋发,足使君不能视,何必大如车轮。”当世推其骁果,皆以为关、张弗之过也。然征淮堰之役,喜怒无常,捶挞过度,军士颇憾焉。识者以为性移所致。

又以本将军出为荆州刺史。常缚蒿为人,衣以青布而射之。召诸蛮渠指示之曰:“卿等若作贼,吾政如此相杀也。”又北育郡尝有虎害,大眼搏而获之,斩其头悬于穰市。自是荆蛮相谓曰:“杨公恶人,常作我蛮形以射之。又深山之虎尚所不免。”遂不敢复为寇盗。在州二年而卒。

大眼虽不学,恒遣人读书,坐而听之,悉皆记识。令作露布,皆口授之,而竟不多识字也。有三子,长甑生,次领军,次征南,皆潘氏所生,气干咸有父风。

初,大眼徙营州,潘在洛阳,颇有失行。及为中山,大眼侧生女夫赵延宝言之于大眼,大眼怒,幽潘而杀之。后娶继室元氏。大眼之死也,甑生等问印绶所在。时元始怀孕,自指其腹谓甑生等曰:“开国当我儿袭之,汝等婢子,勿有所望!”甑生深以为恨。及大眼丧将还京,出城东七里,营车而宿。夜二更,甑生等开大眼棺,延宝怪而问之，征南射杀之。元怖，走入水，征南又弯弓射之。甄生曰："天下岂有害母之人。"乃止。遂取大眼尸，令人马上抱之，左右扶挟以叛。荆人畏甄生等骁勇，不敢苦追。奔于襄阳，遂归萧衍。

崔延伯，博陵人也。祖寿，于彭城陷入江南。延伯有气力，少以勇壮闻。仕萧赜，为缘淮游军，带濠口戍主。太和中入国，高祖深嘉之，常为统帅。胆气绝人，兼有谋略，所在征讨，咸立战功。积劳稍进，除征虏将军、荆州刺史，赐爵定陵男。荆州土险，蛮左为寇，每有聚结，延伯辄自讨之，莫不摧殄，由是穰土帖然，无敢为患。

永平中，转后将军、幽州刺史。萧衍遣其左游击将军赵祖悦率众偷据峡石，诏延伯为别将，与都督崔亮讨之。亮令延伯守下蔡。延伯与别将伊瓮生挟淮为营。延伯遂取车轮，去辋，削锐其辐，两两接对，揉竹为絙，贯连相属，并十余道，横水为桥，两头施大辘轳，出没任情，不可烧斫。既断祖悦等走路，又令舟舸不通，由是衍军不能赴救，祖悦合军咸见俘虏。于军拜平南将军、光禄大夫。

延伯与杨大眼等至自淮阳，灵太后幸西林园引见延伯等。太后曰："卿等志尚雄猛，皆国之名将，比平峡石，公私庆快，此乃卿等之功也。但淮堰仍在，宜须豫谋，故引卿等亲共量算，各出一图，以为后计。"大眼对曰："臣辄谓水陆二道，一时俱下，往无不克。"延伯曰："臣今辄难大眼，既对圣颜，答旨宜实，水南水北各有沟渎，陆地之计如何可前？愚臣短见，愿圣心愍水兵之勤苦，给复一年，专习水战，脱有不虞，召便可用，往无不获。"灵太后曰："卿之所言，深是宜要，当敕如请。"

二年，除安北将军、并州刺史。在州贪污，闻于远近。还为金紫光禄大夫。出为镇南将军、行岐州刺史，假征西将军，赐骅骝马一匹。正光五年秋，以往在扬州，建淮桥之勋，封当利县开国男，食邑二百户，寻增邑一百户，改封新丰，进爵为子。

时莫折念生兄天生下陇东寇，征西将军元志为天生所擒，贼众甚盛，进屯黑水。诏延伯为使使持节、征西将军、西道都督，与行台

萧宝夤讨之。宝夤与延伯结垒马嵬,南北相去百余步。宝夤日集督
将论讨贼方略,延伯每云"贼新制胜,难与争锋"。宝夤正色责之曰:
"君荷国宠灵,总戎出讨,便是安危所系,每云贼不可讨,以示怯懦,
损威挫气,乃君之罪。"延伯明晨诣宝夤自谢,仍云:"今当仰为明公
参贼勇怯。"延伯选精兵数千,下渡黑水,列陈西进,以向贼营,宝夤
率众于水东寻原西北,以示后继。于时贼众大盛,水西一里,营营连
接。延伯径至贼垒,扬威胁之,徐而还退。贼以延伯众少,开营竞追,
众过十倍,临水逼蹙。宝夤亲观之,惧有亏损。延伯不与其战,身自
殿后,抽众东渡,转运如神,须臾济尽,徐乃自渡。贼徒夺气,相率还
营。宝夤大悦,谓官属曰:"崔公,古之关、张也。今年何患不制贼。"
延伯驰见宝夤曰:"此贼非老奴敌,公但坐看。"后日,延伯勒众而
出,宝夤为后拒。天生悉众来战,延伯申令将士,身先士卒,陷其前
锋。于是勇锐竞进,大破之,俘斩十余万,追奔及于小陇。秦贼劲强,
诸将所惮,朝廷初议遣将,咸云非延伯无以定之,果能克敌。授右卫
将军。

　　于时万俟丑奴、宿勤明达等寇掠泾州。先是,卢祖迁、伊复生数
将等,皆以元志前行之始,同时发雍,从六陌道将取高平。志败,仍
停泾部。延伯既破秦贼,乃与宝夤率众会于安定,甲卒十二万,铁马
八千匹,军威甚盛。丑奴置营泾州西北七十里当原城,时或轻骑暂
来挑战,大兵未交,便示奔北。延伯矜功负胜,遂唱议先驱。伐木别
造大排,内为锁柱,教习强兵,负而趋走,号为排城,战士在外,辎重
居中,自泾州缘原北上。众军将出讨贼,未战之间,有贼数百骑,诈
持文书,云是降簿,乞且缓师。宝夤、延伯谓其事实,逡巡未阅。俄
而宿勤明达率众自东北而至,乞降之贼从西竞下,诸军前后受敌。
延伯上马突阵,贼势摧挫,便尔逐北,径造其营。贼本轻骑,延伯军
兼步卒,兵力疲怠,贼乃乘间得入排城。延伯军遂大败,死伤者将有
二万。宝夤敛军退保泾州。延伯修缮器械,购募骁勇,复从泾州西
进,去贼彭抗谷栅七里结营。延伯耻前挫辱,不报宝夤,独出袭贼,
大破之,俄顷间平其数栅。贼皆逃遁,见兵人采掠,散乱不整,还来

冲突，遂大奔败。延伯中流矢，为贼所害，士卒死者万余人。

延伯善将抚，能得众心，与康生、大眼为诸将之冠，延伯末路功名尤重。时大寇未平而延伯死，朝野叹惧焉。赠使持节、车骑大将军、仪同三司、定州刺史，谥曰武烈。

又有王足者，骁果多策略。隶邢峦伐蜀，所在克捷。诏行益州刺史。遂围涪城，蜀人大震。世宗复以羊祉为益州，足闻而引退，后遂奔萧衍。

次有王神念，足之流也。后自颍川太守奔江南。

又冀州人李叔仁，叔仁弟龙环，以勇壮为将统。叔仁位至车骑大将军、仪同三司、陈郡开国公。后为梁州刺史，殁于关西。龙环，正光中北征，战死白道。其平州刺史王买奴、南秦州刺史曹敬、南兖州刺史樊鲁、益州刺史邴虬、玄州刺史邢豹及屈祖、严思达、吕叵、崔袭、柴庆宗、宗正珍孙、卢祖迁、高智方，俱为将帅，并有攻讨之名，而事迹不存，无以编录。然未若康生、大眼、延伯尤著也。

史臣曰：人主闻鼙鼓之响，则思将帅之臣。何则？夷难平暴，折冲御侮，为国之所系也。康生等俱以熊虎之姿，奋征伐之气，亦一时之骁猛，壮士之功名也。

魏书卷七四
列传第六二

尔朱荣

尔朱荣,字天宝,北秀容人也。其先居于尔朱川,因为氏焉。常领部落,世为酋帅。高祖羽健,登国初为领民酋长,率契胡武士千七百人从驾平晋阳,定中山。论功拜散骑常侍。以居秀容川,诏割方三百里封之,长为世业。太祖初以南秀容川原沃衍,欲令居之。羽健曰:"臣家世奉国,给侍左右。北秀容既在划内,差近京师,岂以沃埌更迁远地。"太祖许之。所居之处,会有狗舐地,因而穿之,得甘泉焉,至今名狗舐泉。羽健,世祖时卒。

曾祖郁德,祖代勤,继为领民酋长。代勤,世祖敬哀皇后之舅。以外亲兼数征伐有功,给复百年,除立义将军。曾围山而猎,部民射兽,误中其髀,代勤仍令拔箭,竟不推问,曰:"此既过误,何忍加罪。"部内闻之,咸感其意。高宗末,假宁南将军,除肆州刺史。高祖赐爵梁郡公。以老致仕,岁赐帛百匹以为常。年九十一,卒。赐帛五百匹、布二百匹,赠镇南将军、并州刺史,谥曰庄。孝庄初,荣有翼戴之勋,追赠太师、司徒公、录尚书事。

父新兴,太和中,继为酋长。家世豪擅,财货丰赢。曾行马群,见一白蛇,头有两角,游于马前。新兴异之,谓曰:"尔若有神,令我畜牧蕃息。"自是之后,日觉滋盛,牛羊驼马,色别为群,谷量而已。朝廷每有征讨,辄献私马,兼备资粮,助裨军用。高祖嘉之,除右将军、光禄大夫。及迁洛后,特听冬朝京师,夏归部落。每入朝,诸王公朝贵竞以珍玩遗之，新兴亦报以名马。转散骑常侍、平北将军、秀容第一领民酋长。新兴每春秋二时，恒与妻子阅畜牧于川泽，射猎自娱。肃宗世，以年老启求传爵于荣，朝廷许之。正光中卒，年七十四。赠散骑常侍、平北将军、恒州刺史，谥曰简。孝庄初，赠假黄钺、侍中、太师、相国、西河郡王。荣洁白，美容貌，幼而神机明决。及长，好射猎，每设围誓众，便为军陈之法，号令严肃，众莫敢犯。秀容界有池三所，在高山之上，清深不测，相传曰祁连池，魏言天池也。父新兴，曾与荣游池上，忽闻箫鼓之音。新兴谓荣曰："古老相传，凡闻此声皆至公辅。吾今年已衰暮，当为汝耳，汝其勉之。"荣袭爵后，除直寝、游击将军。

正光中，四方兵起，遂散畜牧，招合义勇，给其衣马。蠕蠕主阿那环寇掠北鄙，诏假荣节、冠军将军、别将，隶都督李崇北征。荣率其新部四千人追击，度碛，不及而还。秀容内附胡民乞扶莫于破郡，杀太守；南秀容牧子万子乞真反叛，杀太仆卿陆延；并州牧子素和婆崘崄作逆。荣并前后讨平之。迁直阁将军、冠军将军，仍别将。内附叛胡乞、步落坚胡刘阿如等作乱瓜肆，敕勒北列步若反于沃阳，荣并灭之。以功封安平县开国侯，食邑一千户。寻加通直散骑常侍。

敕勒解律洛阳作逆桑乾西，与费也头牧子迭相掎角，荣率骑破洛阳于深井，逐牧子于河西。进号平北将军、光禄大夫，假安北将军，为北道都督。寻除武卫将军，俄加使持节、安北将军、都督恒朔讨虏诸军、假抚军将军，进封博陵郡公，增邑五百户。其梁郡前爵，听赐第二子。时荣率众至肆州，刺史尉庆宾畏恶之，闭城不纳。荣怒，攻拔之，乃署其从叔羽生为刺史，执庆宾于秀容。自是荣兵威渐盛，朝廷亦不能罪责也。寻除镇北将军。

鲜于修礼之反也，荣表东讨，复进号征东将军、右卫将军、假车骑将军、都督并肆汾广恒云六州诸军事，进为大都督，加金紫光禄大夫。时杜洛周陷中山，于时车驾声将北讨，以荣为左军，不行。及葛荣吞洛周，凶势转盛。荣恐其南逼邺城，表求遣骑三千，东援相州，肃宗不许。又迁车骑将军、右光禄大夫，寻进位仪同三司。

荣以山东贼盛,虑其西逸,乃遣兵固守滏口以防之。复上书曰:

　　臣前以二州频反,大军丧败,河北无援,实虑南侵,故令精骑三千出援相州,京师影响,断其南望,贼闻此众,当亦息图。使还,奉敕云:“念生枭戮,宝夤受擒,丑奴、明达并送诚款,三辅告谧,关陇载宁。费穆虎旅,大翦妖蛮;两绛狂蜀,渐已稽颡。”又承北海王颢率众二万出镇相州。北海皇孙,名位崇重,镇抚邺城,实副群望。惟愿广其配衣,及机早遣。今关西虽平,兵未可役;山南邻贼,理无发召;王师虽众,频被摧北;人情危怯,实谓难用。若不更思方略,无以万全。如臣愚量,蠢蠢主阿那环荷国厚恩,未应忘报,求乞一使,慰喻那环。即遣发兵东引,直趣下口,扬威振武,以蹑其背;北海之军,镇抚相部,严加警备,以当其前;臣麾下虽少,辄尽力命,自井陉以北,滏口以西,分防险要,攻其肘腋。葛荣虽并洛周,威恩未著,人类差异,形势可分。

于是荣遂严勒部曲,广召义男,北捍马邑,东塞井陉。

　　寻属肃宗崩,事出仓卒,荣闻之大怒,谓郑俨、徐纥为之,与元天穆等密议称兵入匡朝廷,讨定之。乃抗表曰:

　　伏承大行皇帝背弃万方,奉讳号踊,五内摧剥。仰寻诏旨,实用惊惋。今海内草草,异口一言,皆云大行皇帝,鸩毒致祸。臣等外听讼言,内自追测。去月二十五日圣体康念,至于二十六日奄忽升遐。即事观望,实有所惑。且天子寝疾,侍臣不离左右,亲贵名医,瞻仰患状,面奉音旨,亲承顾托。岂容不豫初不召医,崩弃曾无亲奉,欲使天下不为怪愕,四海不为丧气,岂可得乎?复皇后女生,称为储两,疑惑朝野,虚行庆宥,宗庙之灵见欺,兆民之望已失;使七百危于累卵,社稷坠于一朝,方选君婴孩之中,寄治乳抱之日;使奸竖专朝,贼臣乱纪,惟欲指影以行权,假形而弄诏,此则掩眼捕雀,塞耳盗钟。

　　今秦、陇尘飞,赵魏雾合,宝夤、丑奴势逼幽雍,葛荣、就德凭陵河海,楚兵吴卒密迩在郊。古人有言:邦之不臧,邻之福也。一旦闻此,谁不窥觎?窃惟大行皇帝圣德驭宇,继体正君,犹边烽迭举,妖寇不灭,况今从佞臣之计,随亲戚之谈,举潘嫔之女以诳百姓,奉未言之儿而临四海,欲使海内安刘,愚臣所未闻也。伏愿留圣善之慈,回须臾之虑,照臣忠诚,录臣至款,听臣赴阙,预参大议,问侍臣帝崩之由,访禁旅不知之状,以徐、郑之徒付之司败,雪同天之耻,谢远近之怨。然后更召宗亲,推其年德,声副遐迩,改承宝祚,则四海更苏,百姓幸甚。于是遂勒所将统赴京师。灵太后甚惧,诏以李神轨为大都督,将于大行杜防。

荣抗表之始,遣从子天光、亲信奚毅及仓头王相入洛,与从弟世隆密议废立。天光乃见庄帝,具论荣心,帝许之。天光等还北,荣发晋阳。犹疑所立,乃以铜铸高祖及咸阳王禧等六王子孙像,成者当奉为主,惟庄帝独就。师次河内,重遣王相密来奉迎,帝与兄彭城王劭、弟始平王子正于高渚潜渡以赴之。荣军将士咸称万岁。于时武泰元年四月九日也。

十一日,荣奉帝为主,诏以荣为使持节、侍中、都督中外诸军事、大将军、开府、兼尚书令、领军将军、领左右,太原王,食邑二万户。十二日,百官皆朝于行官。十三日,荣惑武卫将军费穆之说,乃引迎驾百官于行宫西北,云欲祭天。朝士既集,列骑围绕,责天下丧乱,明帝卒崩之由,云皆缘此等贪虐,不相匡弼所致。因纵兵乱害,王公卿士皆敛手就戮,死者千三百余人,皇弟、皇兄并亦见害,灵太后、少主其日暴崩。

荣遂有大志,令御史赵元则造禅文,遣数十人迁帝于河桥。至夜四更中,复奉帝南还营幕。帝忧愤无计,乃令人喻旨于荣曰:"帝王迭袭,盛衰无常,既属屯运,四方瓦解。将军杖义而起,前无横陈,此乃天意,非人力也。我本相投,规存性命,帝王重位,岂敢妄希?直是将军见逼,权顺所请耳。今玺运已移,天命有在,宜时即尊号。将军必若推而不居,存魏社稷,亦任更择亲贤,共相辅戴。"荣既有异图,遂铸金为己像,数四不成。时幽州人刘灵助善卜占,为荣所信,

言天时人事，必不可尔。荣亦精神恍惚，不自支持，久而方悟，遂便
愧悔。于是献武王、荣外兵参军司马子如等切谏，陈不可之理。荣
曰："忿误若是，惟当以死谢朝廷。今日安危之机，计将何出？"献武
王等曰："夫若还奉长乐，以安天下。"于是还奉庄帝。十四日，舆驾
入宫。

　　于时，或云荣欲迁都晋阳，或云欲肆兵大掠，迭相惊恐，人情骇
震，京邑士子不一存，率皆逃窜，无敢出者。直卫空虚，官守废旷。荣
闻之，上书曰："臣世荷蕃寄，征讨累年，奉忠王室，志存效死。直以
太后淫乱，孝明暴崩，遂率义兵，扶立社稷。陛下登祚之始，人情未
安，大兵交际，难可齐一，诸王朝贵横死者众，臣今粉躯不足塞往责
以谢亡者。然追荣褒德，谓之不朽。乞降天慈，微申私责。无上王
请追尊帝号，诸王、刺史乞赠三司，其位班三品请赠令仆，五品之官
各赠方伯，六品已下及白民赠以镇郡。诸死者无后听继，即授封爵。
均其高下节级别科，使恩洽存亡，有慰生死。"诏曰："览表，不胜鲠
塞。朕德行无感，致兹酷滥，寻绎往事，贯切于怀。可如所表。"自兹
已后，赠终叨滥，庸人贱品，动至大官，为识者所不贵。武定中，齐文
襄王始革其失，追褒有典焉。荣启帝遣使循城劳问，于是人情遂安，
朝士逃亡者，亦稍来归阙。荣又奏请番直，朔望之日引见三公、令
仆、尚书、九卿及司州牧、河南尹、洛阳河阴执事之官，参论国治，经
纶王道，以为常式。

　　五月，荣还晋阳。七月，诏曰："乾坤统物，星象赞其功；皇王御
运，股肱匡其业。是以周道中缺，齐晋立济世之忠；殷祚或亏，彭韦
振救时之节。自前朝失御，厄运荐臻。太原王荣爱戴朕躬，推临万
国，勋逾伊霍，功格二仪，王室不坏，伊人是赖。可柱国大将军、兼录
尚书事，余如故。

　　时葛荣将向京师，众号百万。相州刺史李神轨闭门自守。贼锋
已过汲郡，所在村坞悉被残略。荣启求讨之。九月，乃率精骑七千，
马皆有副，倍道兼行，东出滏口。葛荣为贼既久，横行河北，时众寡
非敌，议者谓无制贼之理。葛荣闻之，喜见于色，乃令其众曰："此易

与耳。诸人俱办长绳，至便缚取。"葛荣自邺以北列陈数十里，箕张
而进。荣潜山谷为奇兵，分督将已上三人为一处，处有数百骑，令所
在扬尘鼓噪，使贼不测多少。又以人马逼战，刀不如棒，密勒军士马
上各赍神棒一杖，置于马侧。至于战时，不听斩级，以棒棒之而已，
虑废腾逐也。乃分命壮勇所当冲突，号令严明，战士同奋。荣身自
陷陈，出于贼后，表裹合击，大破之。于陈擒葛荣，余众悉降。荣以
贼徒既众，若即分割，恐其疑惧，或更结聚，乃普告勒各从所乐，亲
属相随，任所居止。于是群情喜悦，登即四散，数十万众一朝散尽。
待出百里之外，乃始分道押领，随便安置，咸得其宜。擢其渠帅，量
力授用，新附者咸安。时人服其处分机速。乃槛车送葛荣赴阙。

诏曰：

功格天地，锡命之位必崇；道济生民，褒赏之名宜大。是以
有莘赞亳，不次之号爰归；渭叟翼周，殊世之班载集。况导源积
石，袭构昆山，门踵英猷，弼成鸿业，抗高天之摧柱，振厚地之
绝维，德冠五侯，勋高九伯者哉！太原王荣代荷蕃宠，世载忠
烈，入匡颓运，出剿元凶。使积年之雾，倏焉涤荡；数载之尘一
朝清谧。燕、恒既泰，赵、魏还苏，比绩况功，古今莫二。若不式
稽旧典，增是礼数，将何以昭德报功，远明国范？可大丞相、孝
督河北畿外诸军事，增邑一万户，通前三万，余官悉如故。

初，荣之将讨葛荣也，军次襄垣，遂令军士列围大猎。有双兔起
于马前，荣乃跃马弯弓，而誓之曰："中之则擒葛荣，不中则否。"既
而并应弦而殪，三军咸悦。及破贼之后，即命立碑于其所，号"双兔
碑"。荣将战之夜，梦一人从葛荣索千牛刀，而葛荣初不肯与。此人
称我是道武皇帝，汝何敢违。葛荣乃奉刀，此人手持授荣。既寤而
喜，自知必胜。

又诏曰：

我皇魏道契神元，德光灵范，源先二象，化穆五才。玉历与
日月惟休，金鼎共乾坤俱永。而正光之末，皇运时屯，百揆咸
乱，九宫失叙，朝野抚膺，士女嗟怨，遂使四海土崩，九区瓦解。

逆贼杜、周,虔刘燕、代;妖寇葛荣,假噬魏、赵。常山、易水,戎鼓夜惊;冰井、丛台,胡尘昼合。朔南久已丘墟,河北殆成灰烬。宗庙怀匪安之虑,社稷急不测之忧。大丞相、太原王荣道镜域中,德光区外,神昭藏往,思实知来,义踬先勋,忠资曩烈。遂能大建义谋,收集忠勇,熊罴竞逐,虎豹争先,轩翥南溟,抟风北极,气震休原,势动山岳,吊民伐罪,歼此鲸鲵。戮卒多于长平,积器高于熊耳。秦、晋闻声而丧胆,齐、莒侧听而慑息。中兴之业,是乎再隆;太平之基,兹焉更始。虽复伊、霍宣翼之功,桓文崇赞之道,何足以仿佛鸿踪,比勋盛烈。道格普天,仁沾率土,振古以来,未有其比。若不广锡山河,大开土宇,何以表大义之崇高,标盛德之广远?可以冀州之长乐、相州之南赵、定州之博陵、沧州之浮阳、平州之辽西、燕州之上谷、幽州之渔阳等七郡,各万户通前满十万户为太原国邑。

又进位太师,余如余。

建义初,北海王元颢南奔萧衍,衍乃立为魏主,资以兵将。时邢杲寇乱三齐,与颢应接。朝廷以颢孤弱,不以为虑。永安三年春,诏大将军元穆先平齐地,然后回师征颢。颢以大军未还,乘虚径进,既陷梁国,鼓行而西,荥阳、虎牢并皆不守。五月,车驾出幸河北。事出不虞,天下改望。荣闻之,即时驰传朝行宫于上党之长子,行其部分。舆驾于是南辕,荣为前驱。旬日之间,兵马大集,资粮器仗,继踵至。天穆既邢杲,亦渡河以会车驾。颢都督宗正珍孙、河内太守元袭固守不降,荣攻而克之,斩珍孙、元袭以徇。

帝幸河内城。荣与颢相持于河上,颢令都督安丰王延明缘河据守。荣既未有舟船,不得即渡,议欲还北,更图后举。黄门郎杨侃、高道穆等,并谓大军若还,失天下之望,固执以为不可。语在侃等《传》。属马渚诸成云有小船数艘,求为乡导,荣乃令都督尔朱兆等率精骑夜济,登岸奋击。颢子领军将军受率马步五千拒战,兆大破之,临陈擒冠受。延明闻冠受见擒,遂自逃散,颢便率麾下南奔。事在其《传》。

车驾渡河，入居华林园。诏曰：

　　周武奉时，藉十乱以纂历；汉祖先天，资三杰以除暴。理民济治，斯道未爽。使持节、柱国大将军、大丞相、太原王荣，蕴伏风烟，抱含日月，总奇正以成术，兼文武而为资。昔处乱朝，韬光戢翼，秣马冀北，厉兵晋阳，仁龙颜而振腕，想日角以叹息。忠勇奋发，虎士如林，义功始立，所向风靡。故能芟夷群恶，振此颓纲，俾朕寡昧，获承鸿绪。虽大位克正，而众盗未息。葛荣跋扈，仍乱中原，建旗伐罪，授首歼馘。元颢凶顽，构成巨衅，阻弄吴楚，亏污宗社。朕徙御北徂，劬劳鞍甲。王闻难星奔，一举大定，下洽民和，上匡王室。鸿勋巨绩，书契所未纪；饮至策勋，事绝于比况。非常之功，必有非常之赏，可天柱大将军。此官虽访古无闻，今员未有，太祖已前增置此号，式遵典故，用锡殊礼。又宜开土宇，可增封十万，通前二十万，加前后部羽葆鼓吹。余如故。

荣寻还晋阳。

　　先是，葛荣枝党韩娄仍据幽、平二州，荣遣都督侯渊讨斩之。时贼帅万俟丑奴、萧宝夤拥众幽、泾，凶势日盛。荣遣其从子天光为雍州刺史，令率都督贺拔岳、侯莫陈悦等总众入关讨之。天光既至雍州，以众少不敌，逡巡未集。荣大怒，遣其骑兵参军刘贵驰驿诣军，加天光杖罚。天光等大惧，乃进讨，连破之，擒丑奴、宝夤，并槛车送阙。天光又擒王庆云、万俟道乐，关西悉平。于是天下大难，便以尽矣。

　　荣性好猎，不舍寒暑，至于列围而进，必须齐一，虽遇阻险，不得回避，虎豹逸围者坐死。其下甚苦之。太宰元天穆从容谓荣曰："大王勋济天下，四方无事，惟宜调政养民，顺时搜狩，何必盛夏驰逐，伤犯和气？"荣便攘肘谓天穆曰："太后女主，不能自正，推奉天子者，此是人臣常节。葛荣之徒本是奴才，乘时作乱，妄自署假，譬如奴走，擒获便休。顷来受国大宠，未能开拓境土，混一海内，何宜今日便言勋也！如闻朝士犹自宽纵，今秋欲共兄戒勒士马，校猎嵩，原令贪污朝贵入围搏虎。仍出鲁阳，历三荆，悉拥生蛮北填六镇。回军之际，因平汾胡。明年简练精骑，分出江淮，萧衍若降，乞万户侯。如其不降，径渡数千骑，便往缚取。待六合宁一，八表无尘，然后共兄奉天子，巡四方，观风俗，布政教，如此乃可称勋耳。今若止猎，兵士懈怠，安可复用也。”

荣身虽居外，恒遥制朝廷，广布亲戚，列为左右，伺察动静，小大必知。或有侥幸求官者，皆诣荣承候，得其启请，无不遂之。曾关补定州曲阳县令，吏部尚书李神俊以阶悬不奉，别更拟人。荣闻大怒，即遣其所补者往夺其任。荣使入京，虽复微蔑，朝贵见之莫不倾靡。及至阙下，未得通奏，恃荣威势，至乃忿怒。荣曾启北人为河南诸州，庄帝未许。天穆入见，面启曰：“天柱既有大功，若请普代天下官属，恐陛下亦不得违之，如何启数人为州，便停不用！”帝正色曰：“天柱若不为人臣，朕亦须代；如其犹存臣节，无代天下百官理。此事复何足论。”荣闻所启不允，大为恚恨，曰：“天子由谁得立？今乃不用我语。”

庄帝外迫于荣，恒怏怏不悦，兼惩荣河阴之事，恐终难保。又城阳王徽、侍中李彧等欲擅威权，惧荣害之，复相间构，日月滋甚，于是庄帝密有图荣之意。

三年九月，荣启将入朝。朝士虑其有变，庄帝又畏恶之。荣从弟世隆与荣书，劝其不来，荣妻北乡郡长公主亦劝不行，荣并不从。帝既图荣，荣至入见，即欲害之，以天穆在并，恐为后患，故隐忍未发。荣之入洛，有人告荣，云帝欲图之。荣即具奏，帝曰：“外人告云亦言王欲害我，我岂信之？”于是荣不自疑，每入谒帝，从人不过数十，又皆挺身，不持兵仗。及天穆至，帝伏兵于明光殿东廊，引荣及荣长子菩提、天穆等俱入。坐定，光禄少卿鲁安、典御李侃晞等抽刀而至，荣窘迫，起投御坐。帝先横刀膝下，遂手刃之。安等乱斫，荣与天穆、菩提同时俱死。荣时年三十八。于是内外喜叫，声满京城。既而大赦。

前废帝初，世隆等得志，乃诏曰：“故使持节、侍中、都督河北诸军事、天柱大将军、大丞相、太师、领左右、兼录尚书、北道大行台、太原王荣,功济区夏,诚贯幽明,天不慭遗,奄从物化。追终褒绩,列代通谟;纪德铭勋,前王令范。可赠假黄钺、相国、录尚书事、司州牧,使持节、侍中、将军、王如故。"又诏曰:"故假黄钺、持节、侍中、相国、录尚书、都督中外诸军事、天柱大将军、司州牧、太原王荣,惟岳降灵,应期作辅,功侔伊、霍,德契桓文。方籍栋梁,永康国命,道长运短,震悼兼深。前已褒赠,用彰厥美。然礼数弗穷,文物有阙,远近之望,犹或未尽。宜循旧典,更加殊锡。可追号为晋王,加九锡,给九旒銮辂、虎贲、班剑三百人、辒辌车,准晋太宰、安平献王故事,谥曰武。"诏曰:"武泰之末,乾枢中圮,丕基宝命,有若缀旒。晋王荣固天所纵,世秉忠诚,一匡邦国,再造区夏,俾我颓纲,于斯复振。虽勋铭王府,德被管弦,而从祀之礼,于兹尚阙。非所以酬懋实于当时,腾殊绩于不朽。宜遵旧典,配享高祖庙庭。"

菩提,肃宗末,拜羽林监。寻转直阁将军。孝庄初,以荣翼戴之勋,超授散骑常侍、平北将军、中书令。转太常卿。迁骠骑大将军、开府仪同三司,加侍中、特进。死时年十四。前废帝初,赠侍中、骠骑大将军、司徒公、冀州刺史,谥曰惠。

菩提弟义罗,孝庄初,除散骑常侍、武卫将军。初袭梁郡公,又进爵为王。寻卒,赠侍中、车骑将军、司空公、雍州刺史。

义罗弟文殊,建义初,封平昌郡开国公,进爵为王。孝静初,转袭荣爵太原王。薨于晋阳,时年九岁。

文殊弟文畅,初封昌荣郡开国公,食邑二千户。以荣破葛贼之勋,进爵为王,增邑千户。超授散骑常侍、抚军将军。后除肆州刺史,仍本将军,加开府仪同三司。武定三年春,坐与前东郡太守任曹等谋反,伏诛。时年十八。

文畅弟文略,袭爵梁郡王。武定末,抚军将军、光禄大夫。

史臣曰:太祖抚运生乘时,奄开王业。世祖以武功一海内,高祖以文德革天下。世宗之后,政道颇亏。及明皇幼冲,女主南面。始则于忠专恣,继以元叉权重,握赏罚之柄,擅生杀之威,荣悴在亲疏,贵贱由离合,附会者结之以子女,进趋者要之以金帛。且佞谀用事,功勤不赏,居官肆其聚敛,乘势极其陵暴。于是四海嚣然,已有群飞之渐矣。逮于灵后反政,宣淫于朝。郑俨手运天机,口吐王制。李轨、徐纥刺促以求先,元略、元徽喔咿以竞入。私利毕举,公道尽亡,遐迩怨愤,天下鼎沸。倾覆之征,于此至矣。

尔朱荣缘将帅之列,藉部众之用,属肃宗暴崩,民怨神怒,遂有匡颓拯弊之志,援主逐恶之图,盖天启之也。于时,上下离心,文武解体,咸企忠义之声,俱听桓文之举。劳不汗马,朝野靡然,扶翼懿亲,宗祏有主,祀魏配天,不殒旧物。及夫擒葛荣,诛元颢,戮邢杲,翦韩娄、丑奴、宝夤,咸枭马市。此诸魁者,或据象魏,或僭号令,人谓秉皇符,身各谋帝业,非徒鼠窃狗盗,一城一聚而已。苟非荣之致力,克夷大难,则不知几人称帝,几人称王也。然则荣之功烈,亦已茂乎。而始则希觊非望,睥睨宸极,终乃灵后、少帝沉流不反。河阴之下,衣冠涂地。此其所以得罪人神,而终于夷戮也。向使荣无奸忍之失,修德义之风,彭、韦、伊、霍,夫何足数。至于末迹见猜,地逼贻毙,斯则剬通致说于韩王也。

魏书卷七五
列传第六三

尔朱兆　尔朱彦伯
尔朱度律　尔朱天光

　　尔朱兆，字万仁，荣从子也。少骁猛，善骑射，手格猛兽，跷捷过人。数从荣游猎，至于穷岩绝涧人所不能升降者，兆先之。荣以此特加赏爱，任为爪牙。荣曾送台使，见二鹿，乃命兆前，止授二箭，曰："可取此鹿，供今食也。"遂停马构火以待之。俄然兆获其一。荣欲矜夸，使人责兆曰："何不尽取？"杖之五十。后以军功除平远将军、步兵校尉。

　　荣之入洛，兆兼前锋都督。及孝庄即阼，特除中军将军、金紫光禄大夫，又假骁骑将军、建兴太守。寻除使持节、车骑将军、武卫将军、左光禄大夫、都督、颍川郡开国公，食邑千二右户。从后上党王天穆讨平邢杲。及元颢之屯于河桥，荣遣兆与贺拔胜等，自马渚西夜渡数百骑，袭击颢子冠受，擒之。又进破安丰王延明，颢于是退走。庄帝还宫，论功除散骑常侍、车骑大将军、仪同三司，增邑八百户。为汾州刺史，复增邑一千户。寻加侍中、骠骑大将军，又增邑五百户。

　　及尔朱荣死也，兆自汾州率骑据晋阳。元晖立授兆大将军，爵为王。兆与世隆等定谋攻洛，兆遂率众南出。进达太行，大都督源子恭下都督史仵龙开垒降兆，子恭退走。兆轻兵倍道从河梁西涉渡，掩袭京邑。先是，河边人梦神谓己曰："尔朱家欲渡河，用尔作潬波津令,为之缩水脉。"月余,梦者死。及兆至,有行人自言知水浅处,以草往往表插而导道焉。忽失其所在。兆遂策马涉渡。是日,暴风鼓怒,黄尘涨天,骑叩宫门,宿乃乃觉。弯弓欲射,袍拨弦,矢不得发,一时散走。帝步出云龙门外,为兆骑所絷,幽于永宁佛寺。兆扑杀皇子,污辱妃嫔,纵兵虏掠。停洛旬余,先令卫送庄帝于晋阳。兆后于河梁监阅财货,遂害帝于五级寺。

初,兆将向洛也,遣使招齐献武王,欲与同举。王时为晋州刺史,谓长史孙腾曰:"臣而伐尹,其逆已甚。我今不往,彼必致恨。卿可往申吾意,但云山蜀未平,今方攻讨,不可委之而去,致有后忧。定蜀之日,当隔河为犄角之势。如此报之,以观其趣。"腾乃诣兆,及之于并州大谷,具申王言。兆殊不悦,且曰:"还白高兄,弟有吉梦。今段之行,必有克获。"腾问:"王梦如何?"兆答曰:"吾比梦吾亡父登一高堆,堆旁之地悉皆耕熟,唯有马兰草株往往犹在。吾父问言何故不拔,左右云坚不可去。吾父顾我令下拔之,吾手所至,无不尽出。以此而言,往必有利。"腾还,具报王曰:"兆等猖狂,举兵犯上,吾今不同,猜忌成矣,势不可反事尔朱。今也南行,天子列兵河上,兆进不能渡,退不得还。吾乘山东下,出其不意,此徒可以一举而擒。"俄而,兆克京师,孝庄幽絷。都督尉景从兆南行,以书报王。王得书大惊,召腾示之曰:"卿可驰驿诣兆,示以谒贺。密观天子今在何处,为随兆军府,为别送晋阳。脱其送并,卿宜驰报,吾当于路邀迎,唱大义于天下。"腾晨夜驱驰,已遇帝于中路。王时率骑东转,闻帝已渡,于是西还。仍与兆书,陈其福祸,不宜害天子,受恶名。兆怒不纳,帝遂暴崩。

初,荣既死,庄帝诏河西人纥豆陵步蕃等令袭秀容。兆入洛后,步蕃兵势甚盛,南逼晋阳,兆所以不暇留洛,回师御之。兆虽骁果,本无策略,频为蕃所败,于是部勒士马,谋出山东。令人频征献武王于晋州,乃分三州六镇之人,令王统领。既分兵别营,乃引兵南出,以避步蕃之锐。步蕃至于乐平郡,王与兆还讨破之,斩步蕃于秀容之石鼓山,其众退走。兆将数十骑诣王,通夜宴饮。后还营招王,王知兆难信，未能显示，将欲诣之。临上马，长史孙腾牵衣而止。兆乃隔水责骂腾等。于是各去，王还自襄垣东出，兆归晋阳。

及前废帝立，授兆使持节、侍中、都督中外诸军事、柱国大将军、领军将军、领左右、并州刺史、兼录尚书事、大行台。又以兆为天柱大将军，兆谓人曰："此是叔父终官，我何敢受。"遂固辞不拜。寻加都督十州诸军事，世袭并州刺史。

齐献武王之克殷州也，兆与仲远、度律约共讨之。仲远、度律次于阳平，兆出井陉，屯于广阿，众号十万。王广纵反间，或云世隆兄弟谋欲害兆，复言兆与王同图仲远等，于是两不相信，各致猜疑，徘徊不进。仲远等频使斛斯椿、贺拔胜往喻之，兆轻骑三百来就仲远，同坐幕下。兆性粗犷，意色不平，手舞马鞭，长啸凝望，深疑仲远等有变，遂趋出驰还。仲远遣椿、胜等追而晓譬，兆遂拘缚将还，经日放遣。仲远等于是奔退。王乃进击兆，兆军大败。兆与仲远、度律遂相疑阻，久而不和。

世隆请前废帝纳兆女为后，兆乃大喜。世隆厚礼喻兆赴洛，深示卑下，随其所为，无敢违者。兆与天光、度律更自信约，然后大会义韩陵山。战败，复奔晋阳，遂大掠并州城内。献武王自邺进讨之，兆遂走于秀容。王又追击，度赤洪岭，破之，众并降散。兆窜于穷山，杀所乘马，自缢于树。王收而葬之。

兆果于战斗，每有征伐，常居锋首，当时诸将伏其材力。而粗脱少智，无将领之能。荣虽奇其胆决，然每云兆不过将三千骑，多则乱矣。

兆弟智虎，前废帝封为安定王，骠骑大将军、肆州刺史、开府仪同三司。与兆俱走，献武王擒之于梁郡岢岚南山，赦之。后死于晋阳。

尔朱彦伯，荣从弟也。祖侯真，高祖时，并、安二州刺史、始昌侯。父买珍，世宗时武卫将军，出为华州刺史。彦伯性和厚，释褐奉朝请。累迁奉车都尉，为荣府长史。元晔立，以为侍中。

　　前废帝潜默龙花佛寺,彦伯敦喻往来,尤有勤款。废帝既立,尔朱兆以己不预谋,大为忿恚,将攻世隆。诏令华山王鸷兼尚书仆射、北道大使慰喻兆,兆犹不释。世隆复遣彦伯自往喻之,兆乃止。及还,帝宴彦伯于显阳殿。时侍中源子恭、黄门郎窦瑷并侍坐,彦伯曰:“源侍中比为都督,与臣相持于河内,当尔之时,旗鼓相望,眇如天隔,宁期同事陛下今日之欢也。”子恭曰:“删通有言,犬吠非其主。他日之事永安,犹今日之事陛下耳。”帝曰:“源侍中可谓有射钩之心也。”遂令二人极醉而罢。寻除使持节、骠骑大将军、右光禄大夫、马场大都督,封博陵郡开国公。后进爵为王。又迁司徒。于时炎旱,有劝彦伯解司徒者。乃上表逊位,诏许之。俄除仪同三司、侍中。彦伯于兄弟之中,差无过患。

　　天光等败于韩陵,彦伯欲领兵屯河桥以为声势,世隆不从。及张劝等掩袭世隆,彦伯时在禁直从。长孙稚等于神虎门启陈齐献武王义功既振,将除尔朱。废帝令舍人郭崇报彦伯知。彦伯狼狈出走,为人所执。寻与世隆同斩于阊阖门外,悬首于斛斯椿门树,传首于齐献武王。先是,洛中谣曰:“三月末,四月初,扬灰簸土觅真珠。”又曰:“头去项,脚根齐,驱上树,不须梯。”至是并验。

　　彦伯弟仲远,颇知书计。肃宗末年,尔朱荣兵威稍盛,诸有启谒,率多见从。而仲远摹写荣书,又刻荣印,与尚书令史通为奸诈,造荣启表,请人为官,大得财货,以资酒色,落魄无行。

　　及孝庄即阼,除直寝、宁远将军、步兵校尉。寻特除平北将军、建兴太守,顿丘县开国侯,邑五百户。后加散骑常侍。及改郡立州,迁使持节、车骑将军、建州刺史。加侍中,进爵为公,增邑五百户。寻改封清河郡,又加车骑大将军、左光禄大夫。转使持节、本将军、徐州刺史、兼尚书左仆射、三徐州大行台。寻进督三徐州诸军事,余如故。仲远上言曰:“将统参佐,人数不足,事须在道更仆以充其员。窃见比来行台采募者,皆得权立中正,在军定第,斟酌授官。今求兼置,权济军要。”诏从之。于是随情补授,肆意聚敛。尔朱荣死,仲远勒众来向京师,攻陷西兖州,将逼东郡。庄帝诏诸督将骆驿进讨,并为仲远所败。又诏都督郑先护及右卫将军贺拔胜共讨之。胜战不利，仍降仲远。寻尔朱兆入洛，先护众散而走。

前废帝立，除使持节、侍中、都督三徐二兖诸军事、骠骑大将军、开府仪同三司、徐州刺史、东道大都督、大行台，进爵彭城王。寻加大将军，又兼尚书令。竟不之州，遂镇于大梁。仲远遣使请准朝式，在军鸣驺。帝览启，笑而许之。其肆情如此。复进督东道诸军、本将军、兖州刺史，余如故。

仲远天性贪暴，大宗富族，诬之以反，殁其家口，簿籍财物，皆入己，丈夫死者投之河流，如此者不可胜数。诸将妇有美色者，莫不被其淫乱。自荥阳以东，输税悉入其军，不送京师。时天光控关右，仲远在大梁，兆据并州，世隆居京邑，各自专恣，权强莫比焉。所在并以贪虐为事，于是四方解体。又加太宰，解大行台。仲远专恣尤剧，方之彦伯、世隆最为无礼，东南牧守，下至民俗，比之豺狼，特为患苦。

后移屯东郡，率众与度律等拒齐献武王。尔朱兆领骑数千，自晋阳来会，军次阳平，王纵以间说，仲远等迭相猜疑，狼狈遁走。后与天光等于韩陵战败，南走东郡，仍奔萧衍。死于江南。

仲远弟世隆，字荣宗。肃宗末，为直齐。转直寝，后兼直阁，加前将军。尔朱荣表请入朝，灵太后恶之，令世隆诣晋阳慰喻荣，荣因欲留之。世隆曰："朝廷疑兄，故令世隆来。今若遂住，便有内备，非计之善者。"荣乃遣之。荣举兵南出，世隆遂遁走，会荣于上党。建义初，除给事黄门侍郎。

庄帝即位，乃特除侍中、领军将军、左卫将军、领左右、肆州大中正，封乐平郡开国公，食邑一千二百户。又除车骑将军、兼领军，俄授左光禄大夫、兼尚书右仆射，寻即真。元颢逼大梁，诏假仪同三司、前军都督，镇虎牢。世隆不关世事，无将帅之略。颢既克荥阳，擒行台杨昱，世隆惧而遁还。庄帝仓卒北巡，世隆之罪也。驾在河内，假骠骑大将军、行台右仆射、都督相州诸军事、相州刺史、当州都督。及车驾还宫，除骠骑大将军、尚书左仆射，摄选，左右厢出入。又以停年格取士，颇为猥滞所称。又请解侍中，诏加散骑常侍。

庄帝之将图尔朱荣也，或有榜世隆门，以陈其状者，世隆封以呈荣，劝其不入。荣自恃威强，不以为意，遂手毁密书，唾地曰："世隆无胆，谁敢生心！"及荣死，世隆奉荣妻，烧西阳门，率众夜走，北攻河桥，杀武卫将军奚毅，率众还战大夏门外。朝野震惧，忧在不测。庄帝遣前华阳太守段育慰喻，世隆斩之以徇。会李苗烧绝河梁，世隆乃北遁。建州刺史陆希质闭城拒守，世隆攻克之，尽杀城人以肆其忿。及至长子，与度律等共推长广王晔为主，晔以世隆为开府仪同三司、尚书令、乐平郡王，加太傅，行司州牧，增邑五千户。

先赴京师，会兆河阳。兆既平京邑，自以为功，让世隆曰："叔父在朝多时，耳目应广，如何不知不闻，令天柱受祸！"按剑瞋目，声色甚厉。世隆逊辞拜谢，然后得已。世隆深恨之。时仲远亦自滑台入京，世隆与兄弟密谋，以元晔疏远，欲推立前废帝。而尔朱度律意在宝炬，乃曰："广陵不言，何以主天下？"世隆兄彦伯密相敦喻，乃与度律同往龙花佛寺观之，后知能语，遂行废立。

初，世隆之为仆射，自忧不了，乃取尚书文簿在家省阅。性聪解，积十余日，然后视事。又畏尔朱荣威，深自克勉，留心几案，傍接宾客，遂有解了之名。荣死之后，无所顾惮。及为尚书令，常使尚书郎宋游道、邢昕在其宅厅视事，东西别坐，受纳诉讼，称命施行。其专恣如此。既总朝政，生杀自由，公行淫佚，无复畏避，信任群小，随其与夺。又欲收军人之意，加泛除授，皆以将军而兼散职，督将兵吏无虚号者。自此五等大夫，遂致猥滥，又无员限，天下贱之。武定中，齐文襄奏皆罢，于是始革其弊。

世隆兄弟群从，各拥强兵，割剥四海，极其暴虐。奸谄蛆酷，多见信用；温良名士，罕预腹心。于是天下之人，莫不厌毒。世隆寻让太傅，改授太保，又固辞。前废帝特置仪同三师之官，次上公之下，以世隆为之。赠其父买珍使持节、侍中、相国、录尚书事、都督定相青齐济五州诸军事、大司马、定州刺史。

及齐献武王起义兵，仲远、度律等愚憨，恃强不以为虑，而世隆独深忧恐。及天光战败，世隆请出收兵，前废帝不许。世隆令其外兵参军阳叔渊单骑驰赴北中，简阅败众，以次内之。而斛斯椿未得入城，诡说叔渊曰："天光部下皆是西人，闻其欲掠京邑，迁都长安。宜先内我，以为其备。"叔渊信而内之。椿既至桥，尽杀世隆党附，令行台长孙稚诣阙奏状，别使都督贾智、张劝率骑掩执世隆与兄彦伯，俱斩之。时年三十三。

初，世隆曾与吏部尚书元世俊握槊，忽闻局上炊然有声，一局之子尽皆倒立，世隆甚恶之。世隆又曾昼寝，其妻奚氏忽见有一人持世隆首去，奚氏惊怖就视，而世隆寝如故也。既觉，谓妻曰："向梦人断我头去，意殊不适。"又此年正月晦日，令、仆并不上省，西门不开。忽有河内太守田帖家奴告省门亭长云："今旦为令王借车牛一乘，终日于洛滨游观。至晚，王还省，将车出东掖门，始觉车上无裤，请为记识。"时世隆封王，故呼为令王。亭长以令、仆不上，西门不开，无车入省，兼无车迹。此奴固陈不已，公文列诉。尚书都令史谢远疑谓妄有假借，白世隆付曹推检。时都官郎穆子容穷究之，奴言："初来时，至司空府西，欲向省，令王嫌迟，遣二防阁捉仪刀催车。车入，到省西门，王嫌牛小，系于阙下槐树，更将一青牛驾车。令王著白纱高顶帽，短小黑色，傔从皆裪襦裤褶，握板，不似常时服章。遂遣一吏将奴送入省中厅事东阁内东厢第一屋中。"其屋先常闭龠。子容以西门不开，忽言从入，此屋常闭，奴言在中，诘其虚罔。奴云："此屋若闭，求得开看，屋中有一板床，床上无席，大有尘土，兼有一瓮米。奴拂床而坐，兼画地戏弄，瓮中之米亦握看之。定其闭者，应无事验。"子容与谢远自入看之，户闭极久，全无开迹。及入，拂床画地，踪绪历然，米亦符同，方知不谬。具以此对。世隆怅然，意以为恶。未几见诛。

世隆弟世承。庄帝初，为宁朔将军、步兵校尉，栾城县开国伯。又特除抚军将军、金紫光禄大夫、左卫将军。寻加侍中，领御史中尉。世承人才猥劣，备员而已。及元颢内逼，诏世承守辗辕。世隆弃虎牢,不暇追告,寻为元颢所擒,寓杀之。庄帝还宫,赠使持节、都督冀州诸军事、骠骑大将军、司徒、冀州刺史,追封赵郡公。

世承弟彧,字辅伯。前废帝初,为散骑常侍、左卫将军,封朝阳县开国伯 又除车骑将军、左光禄大夫、领左右,改封河间郡公。寻为骠骑大将军、开府仪同三司、青州刺史。天光等之赴韩陵也,世隆以其府长史房谟兼尚书,为齐州行台,召募士马,以趣四渎。阙彧总东阳之众,亦赴乱城,疑扬声北渡,以为掎角之势。及天光等败,彧乃还州。世隆既擒,彧欲奔萧衍,数与左右割臂为约。彧帐下都督冯绍隆为彧信待,乃说彧曰:“今方同契阔,须更约盟。宜可当心沥血,示众以信。”彧乃从之,遂大集部下,彧乃踞胡床,令绍隆持刀披心。绍隆因推刀杀之,传首京师。

尔朱度律,荣从父弟也。鄙朴少言。为统军,从荣征伐。庄帝初,除安西将军、光禄大夫,封乐乡县开国伯。寻转安北将军、朔州刺史。复除军州刺史。后加散骑常侍、右卫将军。又除卫将军、左光禄大夫,兼京畿大都督。荣死,与世隆赴晋阳。元晔之立,以度律为太尉公、四面大都督,封常山王。与尔朱兆入洛,兆还晋阳,留度律镇京师。前废帝时,为使持节、侍中、大将军、太尉、兼尚书令、东北道大行台,与仲远出拒义旗。齐献武王间之,与尔朱兆遂相疑贰,自败而还。

度律虽在军戎,聚敛无厌,所至之处,为百姓患毒。其母山氏闻度律败,遂恚愤而发病。及度律至,母责之曰:“汝既荷国恩,无状反叛,我何忍见他屠戮汝也。”言终而卒,时人怪异之。后解大行台,总隶长孙稚,战于韩陵,败还。斛斯椿先据河梁,度律欲攻之,会大雨,昼夜不止,士马疲顿,弓矢不得施用。遂西走于湮波津,为人擒执。椿囚之,送于齐献武王。王送于洛,斩之都市。

尔朱天光,荣从祖兄子。少勇决,善弓马。荣亲爱之,每有军戎事要,常预谋策。孝昌末,荣将拥众南转,与天光密议。既据并、肆,仍以天光为都将，总统肆州兵马。肃宗崩，荣向京师，以天光摄行肆州，委以后事。建义初，特除抚军将军、肆州刺史，长安县开国公，食邑一千户。荣将讨葛荣，留天光在州，镇其根本。谓之曰："我身不得至处，非汝无以称我心。"

永安中，加侍中、金紫光禄大夫、北秀容第一酋长。寻转卫将军。大将军元天穆东征邢杲，诏天光以本官为使持节、假镇东将军、都督，隶天穆，讨破之。元颢入洛，天光与天穆会荣于河内。荣发之后，并肆不安，诏天光以本官兼尚书仆射，为并、肆、云、恒、朔、燕、蔚、显、汾九州行台，仍行并州，委以安静之。天光至并州，部分约勒，所在宁辑。颢破，寻还京师，迁骠骑将军，加散骑常侍，改封广宗郡公，增邑一千户，仍为左卫将军。

建义元年夏，万俟丑奴僭大号，朝廷忧之。乃除天光使持节、都督雍岐二州诸军事、骠骑大将军、雍州刺史，率大都督、武卫将军贺拔岳，大都督侯莫陈悦等以讨丑奴。天光初行，唯配军士千人，诏发京城已西路次民马以给之。时东雍赤水蜀贼断路，诏侍中杨侃先行晓慰，并征其马。侃虽入慰劳，而蜀持疑不下。天光遂入关击破之，简取壮健以充军士，悉收其马。至雍，又税民马，合得万余匹。以军人寡少，停留未进。荣遣责之，杖天光一百，荣复遣军士二千人以赴。

天光令贺拔岳率千骑先驱，至岐州界长城西，与丑奴行台尉迟菩萨相遇，遂破擒之，获骑士三千，步卒万余。丑奴弃岐州走还安定，置栅于平亭。天光发雍至岐，与岳合势于汧渭之间，停军牧马，宣言远近曰："今时将热，非可征讨，待至秋凉，别量时止。"丑奴每遣窥觇，有执送者，天光宽而问之，仍便放遣。免者传其待秋之言，丑奴谓以为实，分遣诸军散营农稼，在岐州之北百里泾川。使其太尉侯伏侯元进领兵五千，据险立栅，且耕且守。在其左右，千人已下为一栅者，乃复数处。天光知其势分，遂密严备。晡时，潜遣轻骑先行断路，以防贼知，于后诸军尽发。昧旦，攻围元进大栅，拔之。诸所俘执，并皆放散，须臾之间，左右诸栅悉来归款。前去泾州百八十

里,通夜径进,后日至城,贼泾刺史侯几长贵仍以城降。丑奴弃平亭
而走,欲趋高平。天光遣岳轻骑急追,明日,及丑奴于平凉长平坑,
一战擒之。天光明便共逼高平,城内执送萧宝夤而降。

贼行台万俟道洛率众六千人,入山不下。时高平大旱,天光以
为马乏草,乃退于城东五十许里,息众牧马。于是泾、豳二夏,北至
灵州,贼党结聚之类,并来归降。天光遣都督长孙邪利率二百人,行
原州事以镇之。道洛招诱城人来掩,袭杀邪利并其所部。天光与岳
悦等驰赴之,道洛出城拒战,暂交便退,追杀千余人,道洛还走入
山,城复降附。天光遣慰喻,道洛不从,乃率众西依牵屯山,据险自
守。荣责天光失邪利,不获道洛,复遣洛,复遣使杖之一百,诏降为
散骑常侍、抚军将军、雍州刺史,削爵为侯。

天光与岳、悦等复向牵屯讨之。天光身讨道洛,道洛战败,率数
千骑而走,追之不及,遂得入陇,投略阳贼帅王庆云。庆云以道洛骁
果绝伦,得之甚喜,便谓大事可图,乃自称皇帝,以道洛为大将军。
天光欲讨之,而庄帝频敕,荣复有书,以陇中险邃,兼天盛暑,令待
冬月。而天光知其可制,乃率诸军入陇,至庆云所居永洛城。庆云、
道洛出城拒战,天光复射中道洛臂,矢弓还走。破其东城,贼遂并趋
西城,城中无水,众聚热渴。有人走降,言庆云、道洛欲突出死战。天
光恐失贼帅,烬衅未已,乃遣谓庆云曰:“力屈如此,可以早降,若未
敢决,当听诸人今夜共议,明晨早报。”而庆云等冀得小缓,待夜突
出,报天光云:“请待明日。”天光因谓曰:“相知须水,今为小退,任
取河饮。”贼众安悦,无复走心。天光密使军人多作木枪,各长七尺,
至黄昏时,布立人马为防卫之势,周匝立枪,要路加厚。又伏人枪
中,备其冲突,兼令密缚长梯于城北。其夜,庆云、道洛果便突出,驰
马先进,不觉至枪,马各伤倒,伏兵便起,同时擒获。余众皆出城南
遇枪而止。城北军士登梯而上城,贼徒路穷,乞降,至明,尽收其仗。
天光、岳、悦等议悉坑之,死者万七千人,分其家口。于是三秦、河、
渭、瓜、凉、鄯咸来款顺。天光顿军略阳,诏复天光前官爵,寻加侍
中、仪同三司,增邑至三千户。秦州城民谋杀刺史骆超,超觉,走归

天光。天光复与岳、悦等讨平之。南秦滑城人谋害刺史辛琛显，琛显走赴天光。天光遣师临之，往皆克定。初，贼帅夏州人宿勤明达降天光于平凉，后复北走，收聚部类谋为逆，攻降人叱干麒麟，欲并其众。麒麟请救于天光，天光遣岳讨之，未至，明达走于东夏。岳闻荣死，故不追之，仍还泾州以待天光。天光亦下陇，与岳图入洛之策。进至雍州北，破叛已疑。诏遣侍中朱瑞诣天光慰喻。

天光与岳谋，欲令帝外奔，别更推立。乃频启云：“臣实无异心，惟仰奉天颜，以申宗门之罪。”又其下僚属启云：“天光密有异图，愿思胜算，以防微意。”既而庄帝进天光爵为广宗王，元晔又为陇西王。及闻尔朱兆已入京师，天光乃轻骑向都见世隆等，寻便远雍。世隆等议废元晔，更举亲贤，遣使告天光。天光与定策立前废帝，又加开府仪同三司、兼尚书令、关西大行台。天光北出夏州，遣将讨宿勤明达，擒之送洛。

时费也头帅纥豆陵伊利、万俟受洛干等据有河西，未有所附。天光以齐献武王起兵信都，内怀忧恐，不复北事伊利等，但微遣备之而已。又除大司马。于时献武王义军转盛，尔朱兆、仲远等既经败退，世隆累使征天光，天光不从。后令斛斯椿苦要天光云：“非王无以能定，岂可坐看宗家之灭也。”天光不得已而东下，与仲远等败于韩陵。斛斯椿等先还，于河梁拒之。天光既不得渡，西北走，遇雨不可前进，乃执获之，与度律送于献武王。王致于洛，斩于都市，年三十七。

尔朱专恣，分裂天下，各据一方。天光有定关西之功，差不酷暴，比之兆与仲远为不同矣。

史臣曰：尔朱兆之在晋阳，天光之据陇右，仲远镇捍东南，世隆专秉朝政，于时立君废主，易于弈棋，庆赏威刑，咸出于己。若使布德行义，忧公忘私，唇齿相依，同心协力，则磐石之固，未可图也。然是庸才，志识无远，所争唯权势，所好惟财色。譬诸溪壑，有甚豺狼，天下失望，人怀怨愤，遂令劲敌得容觇间，心腹内阻，形影外合。是以广阿之役,叶落冰离;韩陵之战,士崩瓦解。一旦殄灭,岂不哀哉!《传》称"师克在和",《诗》云"贪人败类",贪而不和,难以济矣!

魏书卷七六
列传第六四

卢同　　张烈

卢同，字叔伦，范阳涿人，卢玄之族孙。父辅，字显元，本州别
驾。同身长八尺，容貌魁伟，善于处世。太和中，起家北海王详国常
侍。稍迁司空祭酒、昌黎太守。寻为营州长史，仍带郡。入除河南
尹丞，迁太尉属。会豫州城民白早生反，都督中山王英、尚书邢峦等
讨之，诏同为军司。事平，除冀州镇东府长史。遭父忧解任。后除
司空谘议参军，兼司马，为营构东宫都将。

延昌中，秦州民反。诏同兼通直常侍，持节慰谕之，多所降下。
还转尚书右丞，进号辅国将军，以父讳不拜，改授龙骧。熙平初，转
左丞，加征虏将军。时相州刺史奚康生征民岁调，皆七八十尺，以邀
奉公之誉，部内患之。同于岁禄官给长绢，同乃举按康生度外征调。
书奏，诏科康生之罪，兼褒同在公之绩。

肃宗世，朝政稍衰，人多窃冒军功。同阅吏部勋书，因加检覆，
得窃阶者三百余人。同乃表言：

　　窃见吏部勋簿，多皆改换。乃校中兵奏按，并复乖舛。臣
聊尔拣练，已得三百余人，明知隐而未露者，动有千数。愚谓罪
虽恩免，犹须刊定。请遣一都令史与令仆省事各一人，总集吏
部、中兵二局勋簿，对勾奏按。若名级相应者，即于黄素楷书大
字，具件阶级数，令本曹尚书以朱印印之。明造两通，一关吏
部，一留兵局，与奏按对掌。进则防揩洗之伪，退则无改易之

理。

　　从前以来，勋书上省，唯列姓名，不载本属；致令窃滥之徒，轻为苟且。今请征职白民，具列本州、郡、县、三长之所；其实官正职者，亦列名贯，别录历阶。仰本军印记其上，然后印缝各上所司，统将、都督并皆印记，然后列上行台。行台关太尉，太尉检练精实，乃始关刺省重究括，然后奏申。奏出之日，黄素朱印，关付吏部。

　　顷来非但偷阶冒名，改换勋簿而已。或一阶再取，或易名受级，凡如此者，其人不少。良由吏部无簿，防塞失方。何者？吏部加阶之后，簿不注记，缘此之故，易生侥幸。自今叙阶之后，名簿具注加补日月，尚书印记，然后付曹。郎中别作抄目，印记一如尚书，郎中自掌，递代相付。此制一行，差止奸罔。诏从之。

同又奏曰：

　　臣顷奏以黄素为勋，具注官名、户属及吏部换勋之法，事目三条，已蒙旨许。臣伏思黄素勋簿，政可粗止奸伪，然在军虚诈，犹未可尽。请自今在军阅簿之日，行台、军司、监军、都督，各明立文按，处处记之。斩首成一阶已上，即令给券。一纸之上，当中大书起行台、统军位号，勋人甲乙。斩三贼及被伤成阶已上，亦具书于券。各尽一行，当行竖裂。其券前后皆起年号日月，破某处陈，某官某勋，印记为验。一支付勋人，一支付行台。记至京，即送门下，别函守录。

　　又自迁都以来，戎车屡捷，所以征勋转多，叙不可尽者，良由岁久生奸，积年长伪，巧吏阶缘，偷增遂甚。请自今为始，诸有勋簿已经奏赏者，即广下远近，云某处勋判，咸令知闻。立格酬叙，以三年为断。其职人及出身，限内悉令铨除；实官及外号，随才加授。庶使酬勤者速申，立功者劝，事不经久，侥幸易息。或遭穷难，州无中正者，不在此限。

　　又勋簿之法，征还之日，即应申送。顷来行台、督将，至京

始造，或一年二岁方上勋书。奸伪之原，实自由此。于今以后，
军还之日便通勋簿，不听隔月。

诏复依行。

元叉之废灵太后也，相州刺史、中山王熙起兵于邺。熙败，以同
为持节、兼黄门侍郎、慰劳使，乃就州刑熙。还授平东将军，正黄门，
营明堂副将。寻加抚军将军、光禄大夫、本州大中正。同善事在位，
为叉所亲，戮熙之日，深穷党与，以希叉旨，论者非之。又给同羽林
二十人以自防卫。同兄琇，少多大言，常云"么侯可致"。至此始为
都永使者。同启求回身二阶以加琇，琇遂除安州刺史。论者称之。

营州城民就德兴谋反，除同度支尚书，黄门如故，持节使营州
慰劳，听以便宜从事。同频遣使人，皆为贼害。乃遣贼家口三十人，
并免家奴为良，赍书谕德兴，德兴乃降。安辑其民而还。德兴复反，
诏同以本将军为幽州刺史，兼尚书行慰劳之。同虑德兴难信，勒众
而往，为德兴所击，大败而还。

灵太后反政，以同叉党，除名。孝昌三年，除左将军、太中大夫、
兼左丞，为齐兖二州行台，节度大都督李叔仁。阙庄帝践阼，诏复本
秩，除都官尚书，复兼七兵。以同前慰劳德兴之功，封章武县开国
伯，邑四百户。正除七兵，寻转殿中，加征南将军。普泰初，除侍中，
进号骠骑将军、左光禄大夫。同时久病，强牵从务，启乞仪同。

初，同之为黄门也，与前废帝俱在门下，同异其为人，素相款
托。废帝以恩旧许之，除仪同三司，余官如故。永熙初薨，年五十六。
赠侍中、都督冀沧瀛三州诸军事、骠骑大将军、司空公、冀州刺史，
开国伯如故，赐帛四百匹，谥曰孝穆。三年，复加赠尚书右仆射。有
四子。

长子斐，武定中，文襄王大将军府掾。

斐弟笃，青州治中。

同兄静，太常丞。

静子景裕，在《儒林传》。

张烈，字徽仙，清河东武城人也。高祖赐名曰烈，仍以本名为字焉。高祖恰，为慕容俊尚书右仆射。曾祖恂，散骑常侍，随慕容德南渡，因居齐郡之临淄。烈少孤贫，涉猎经史，有气概。时青州有崔徽伯、房徽叔，与烈并有令誉，时人号曰"三徽"。

高祖时，入官代都，历侍御、主文中散。迁洛，除尚书仪曹郎、彭城王功曹史、太子步兵校尉。萧宝卷将陈显达治兵汉南，谋将入寇。时顺阳太守王青石世官江南，荆州刺史、广阳王嘉虑其有异，表请代之。高祖诏侍臣各举所知，互有申荐者。高祖曰："此郡今当必争之地，须得堪济之才，何容泛举也。太子步兵张烈每论军国之事，时有会人意处，朕欲用之，何如？"彭城王勰称赞之，遂敕除陵江将军、顺阳太守。烈到郡二日，便为宝卷将崔慧景攻围，七十余日，烈抚厉将士，甚得军人之和。会车驾南讨，慧景遁走。高祖亲劳烈曰："卿定可，遂能不负所寄。"烈拜谢曰："若不值銮舆亲驾，臣将不免困于犬羊。自是陛下不负臣，非臣能不负陛下。"高祖善其对。

世宗即位，追录先勋，封清河县开国子，邑二百户。寻以母老归养。积十余年，频值凶俭，烈为粥以食饥人，蒙济者甚众，乡党以此称之。肃宗初，除龙骧将军、司徒右长史。又转征虏将军、司空长史。

先是，元叉父江阳王继曾为青州刺史，及叉当权，烈托故义之怀，遂相诣附。除前将军、给事黄门侍郎，寻加平南将军、光禄大夫。后灵太后反政，以烈叉党，出为镇东将军、青州刺史。于时议者以烈家产畜殖，僮客甚多，虑其怨望，不宜出为本州，改授安北将军、瀛州刺史。为政清静，吏民安之。

更满还朝，因辞老还乡里。兄弟同居怡怡然，为亲类所慕。元象元年，卒于家，时年七十七。烈先为《家诫》千余言，并自叙志行及所历之官，临终敕子侄不听求赠，但勒《家诫》立碣而已。其子质奉行焉。

质，博学多才艺。解褐奉朝请，员外郎、龙骧将军、谏议大夫。未袭爵。兴和中，卒于家。

质弟登，州主簿。

　　烈弟僧皓，字山客。历涉群书，工于谈说，有名于当世。熙平初，征为谏议大夫。正光五年，以国子博士征之。孝昌二年，征为散骑侍郎。并不赴。世号为征君焉。好营产业，孜孜不已，藏镪巨万，他资亦称是。兄弟自供俭约，车马瘦弊，身服布裳，而婢妾纨绮。僧皓尤好蒲弈，戏不择人，是以获讥于世。前废帝时，崔祖螭举兵攻东阳城，僧皓与同。事败，死于狱，籍没家产。出帝初，诉复业。

　　子轨，州主簿。

　　史臣曰：卢同质器洪厚，卷舒兼济。张烈早标名辈，气尚见知。趋舍深沉，俱至显达，雅道正路，其殆病诸。

魏书卷七七
列传第六五

宋翻　辛雄　羊深
杨机　高崇

　　宋翻，字飞乌，广平列人人也，吏部尚书弁族弟。少有操尚，世人以刚断许之。世宗初，起家奉朝请，本州沼中、广平王郎中令。寻拜河阴令。

　　翻弟道玙，先为冀州京兆王愉法曹行参军，愉反，逼道玙为官，翻与弟世景俱囚廷尉。道玙后弃愉归罪京师，犹坐身死，翻、世景除名。久之，拜翻治书侍御史、洛阳令、中散大夫、相州大中正，犹领治书。又迁左将军、南兖州刺史。时萧衍遣将先据荆山，规将寇窃。属寿春沦陷，贼遂乘势径趋项城。翻遣将成僧达潜军讨袭，频战破之，自是州境帖然。

　　孝庄时，除司徒左长史、抚军将军、河南尹。

　　初，翻为河阴令，顺阳公主家奴为劫，摄而不送，翻将兵围主宅，执主婿冯穆，步驱向县。时正炎暑，立之日中，流汗沾地。县旧有大枷，时人号曰"弥尾青"，及翻为县主，吏请焚之。翻曰："且置南墙下，以待豪家。"未几，有内监杨小驹诣县请事，辞色不逊，命取尾青以镇之。既免，入诉于世宗。世宗大怒，敕河南尹推治其罪。翻具自陈状。诏曰："卿故违朝法，岂不欲作威以买名？"翻对："造者非臣，买名者亦宜非臣。所以留者，非敢施于百姓，欲待凶暴之徒如小驹者耳。"于是威振京师。

及为洛阳，迄于为尹，畏惮权势，更相承接，故当世之名大致减损。永安三年，卒于位。赠侍中、卫将军、相州刺史。出帝初，重赠骠骑大将军、仪同三司、尚书左仆射、雍州刺史，谥曰贞烈。

子思远，卒于司空从事中郎。

翻弟毓，字道和，敦笃有志行。平西将军、太中大夫。

子世轨，齐文襄王大将军府祭酒。

毓弟世景，在《良吏传》。

世景弟叔集，亦有学行。征东裴衍之讨葛荣也，表为员外散骑侍郎，引同戎役。及衍败，同时遇害。

叔集弟道玙，少而敏俊。世宗初，以才学被召，与秘书丞孙惠蔚典校群书，考正同异。自太学博士，转京兆愉法曹行参军。临死，作诗及挽歌词，寄之亲朋，以见怨痛。道玙又曾赠著作佐郎张始均诗，其末章云："子深怀璧忧，余有当门病。"道玙既不免难，始均亦遇世祸，时咸怪之。无子，兄毓以第三子子叔继。

辛雄，字世宾，陇西狄道人。父畅，字幼达，大将军谘议参军、汝南乡郡二郡太守。太和中，本郡中正。雄有孝性，颇涉书史，好刑名，廉谨雅素，不妄交友，喜怒不形于色。释褐奉朝请。父于郡遇患，雄自免归，晨夜扶抱。及父丧居忧，殆不可识，为世所称。

正始初，除给事中，十年不迁职，乃以病免。清河王怿为司空，辟户曹参军，摄田曹事。怿迁司徒，仍随授户曹参军。并当烦剧，诤讼填委。雄用心平直，加以闲明政事，经其断割，莫不悦服。怿重之，每谓人曰："必也无讼乎，辛雄其有焉。"由是名显。怿迁太尉，又为记室参军。神龟中，除尚书驾部郎中，转三公郎。其年，沙汰郎官，唯雄与羊深等八人见留，余悉罢遣，更授李琰等。

先是，御史中尉、东平王元匡复欲舆棺谏诤，尚书令、任城王澄劾匡大不敬，诏恕死为民。雄奏理匡曰："窃惟白衣元匡，历奉三朝，每蒙宠遇。謇谔之性，简自帝心；鹰鹯之志，形于在昔。故高祖锡之以匡名，陛下任之以弹纠。至若茹皓升辇，匡斥宜下之言；高肇当政,匡陈擅权之表。刚毅忠款,群臣莫及;骨鲠之迹,朝野共知。当高肇之时,匡造棺致谏,主圣臣直,卒以无咎。假欲重造,先帝已容之于前,陛下亦宜宽之于后,况其元列由绪与罪按不同也。脱终贬黜,不在朝廷,恐杜忠臣之口,塞谏者之心,乖琴瑟之至和,违盐梅之相济。祁奚云,叔向之贤,可及十世,而匡不免其身,实可嗟惜。”未几,匡除龙骧将军、平州刺史。右仆射元钦谓左仆射萧宝夤曰:“至如辛郎中才用,省中诸人莫出其右。”宝夤曰:“吾闻游仆射云:‘得如雄者四五人共治省事,足矣。’今日之赏,何其晚哉!”

初,廷尉少卿袁翻以犯罪之人,经恩竞诉,枉直难明,遂奏曾染风闻者,不问曲直,推为狱成,悉不断理。诏令门下、尚书、廷尉议之。雄议曰:

《春秋》之:不幸而失,宁僭不滥。僭则失罪人,滥乃害善人。今议者不忍罪奸吏,使出入纵情,令君子小人薰莸不别,岂所谓赏善罚恶,殷勤隐恤者也。仰寻周公不减流言之愆,俯惟释之不加惊马之辟,所以小大用情,贵在得所。失之千里,差在毫厘。雄久执按牍,数见疑讼,职掌三千,愿言者六:一曰、御史所纠,有注其逃走者。及其出诉,或为公使,本曹给过所有指,如不推检,文按灼然者,雪之;二曰、御史赦前注获见赃,不辨行赇主名,检无赂以置直之主,宜应洗复;三曰、经拷不引,傍无三证,比以狱按既成,因即除削。或有据令奏复者,与夺不同,未获为通例。又须定何如得为证人。若必须三人对见受财,然后成证,则于理太宽。若传闻即为证,则于理太急。今请以行赇后三人俱见,物及证状显著,准以为验;四曰、赦前断事,或引律乖错,使除复失衷,虽按成经赦,宜追从律;五曰、经赦除名之后,或邀驾诉枉,被旨重究,或诉省称冤,为奏更检。事付有司,未被研判,遂遇恩宥。如此之徒,谓不得异于常格,依前按为定。若不合拷究,已复之流,请不追夺;六曰、或受辞下检反覆,使鞫狱证占分明,理合清雪,未及告按,忽逢恩赦。若从证占而雪,则违正格;如除其名,罪滥洁士。以为罪须按成,雪以占定,若拷未毕格及要证一人不集者,不得为占定。

古人虽患察狱之不精,未闻知冤而不理。今之所陈,实士师之深疑,朝夕之急务,愿垂察焉。

诏从雄议。自后每有疑议,雄与公卿驳难,事多见从,于是公能之名甚盛。

又为《禄养论》,称仲尼陈五孝,自天子至庶人无致仕之文。《礼记》:"八十,一子不从政;九十,家不从政。"郑玄注云:"复除之。"然则,止复庶民,非公卿大夫士之谓。以为宜听禄养,不约其年。书奏,肃宗纳之。以母忧去任。卒哭,右仆射元钦奏雄起复为郎。俄兼司州别驾,加前军将军。

孝昌元年,徐州刺史元法僧以城南叛,萧衍遣萧综来据彭城。时遣大都督、安丰王延明督临淮王彧讨之,盘桓不进。乃诏雄副太常少卿元海为使,给齐库刀,持节、乘驿催军,有违即令斩决。肃宗谓雄曰:"海,朕家诸子,擐以亲懿。筹策机计,仗卿取胜耳。"到军,勒令并进徐州,综送降款。冀州刺史侯刚启为长史,肃宗以雄长于世务,惜不许之,更除司空长史。于时,诸公皆慕其名,欲屈为佐,莫能得也。

时诸方贼盛,而南寇侵境,山蛮作逆。肃宗欲亲讨,以荆州为先,诏雄为台左丞,与前军临淮王彧东趣叶城,别将裴衍西通鸦路。衍稽留未进,彧师已次汝滨。北沟求救,彧以处分道别,不欲应之。雄曰:"今裴衍未至,王士众已集,蛮左唐突,挠乱近畿,梁、汝之间,民不安业,若不时扑灭,更为深害。王秉麾阃外,唯利是从,见可而进,何必守道,苟安社稷,理可专裁。所谓臣率义而行,不待命者也。"或恐后有得失之责,要雄符下。雄以驾将亲伐,蛮夷必怀震动,乘彼离心,无往不破,遂符彧军,令速赴击。贼闻之,果自走散。在军上疏曰:

凡人所以临坚陈而忘身,独白刃而不惮者,一则求荣名,二则贪重赏,三则畏刑罚,四则避祸难。非此数事,虽圣王不能劝其臣,慈父不能厉其子。明主深知其情,故赏必行,罚必信,使亲疏、贵贱、勇怯、贤愚，闻钟鼓之声，见旌旗之列，莫不奋激，竞赴敌场，岂厌久生而乐早死也，利害悬于前，欲罢不能耳。自秦陇逆节，将历数年；蛮左乱常，稍已多载。凡在戎役，数十万人，三方师众，败多胜少，迹其所由，不明赏罚故也。陛下欲天下之早平，愍征夫之勤悴，乃降明诏，赏不移时。然兵将之勋，历稔不决；亡军之卒，晏然在家。致令节士无所劝慕，庸人无所畏慑。进而击贼，死交而赏赊；退而逃散，身全而无罪。此其所以望敌奔沮，不肯进力者矣。若重发明诏，更量赏罚，则军威必张，贼难可弭。臣闻必不得已，去食就信。以此推之，信不可斯须废也。赏罚，陛下之所易，尚不能全而行之；攻敌，士之所难，欲其必死，宁可得也？臣既庸弱，忝当戎使，职司所见，辄敢上闻。惟陛下审其可否。

会右丞阙，肃宗诏仆射、城阳王徽举人，徽遥举雄。仍除辅国将军、尚书右丞。寻转吏部郎中，迁平东将军、光禄大夫，郎中如故。上疏曰：

帝王之道，莫尚于安民，安民之本，莫加于礼律。礼律既设，择贤而行之，天下雍熙，无非任贤之功也。故虞舜之盛，穆穆标美；文王受命，济济以康。高祖孝文皇帝，天纵大圣，开复典谟，选三代之异礼，采二汉之典法。端拱而四方安，刑措而兆民治。世宗重光继轨，每念聿修，官人有道，万里清谧。陛下劬劳日昃，躬亲庶政，求瘼恤民，无时暂憩；而黔首纷然，兵车不息。以臣愚见，可得而言。

自神龟末来，专以停年为选。士无善恶，岁久先叙；职无剧易，名到授官。执按之吏，以差次日月为功能；铨衡之人，以简用老旧为平直。且庸劣之人，莫不贪鄙。委斗筲以共治之重，托硕鼠以百里之命，皆货贿是求，肆心纵意。禁制虽烦，不胜其欲。致令徭役不均，发调违谬，箕敛盈门，囚执满道。二圣明诏，寝而不遵；画一之法，悬而不用。自此夷夏之民，相将为乱。岂有余憾哉？盖由官授不得其人，百姓不堪其命故也。当今天下黔黎，久经寇贼，父死兄亡，子弟沦陷，流离艰危，十室而九，白骨不收，孤茕靡恤，财殚力尽，无以卒岁。宜及此时，早加慰抚。

　　盖助陛下治天下者，惟在守令，最须简置，以康国道。但郡县选举，由来共轻，贵游俊才，莫肯居此。宜改其弊，以定官方。请上等郡县为第一清，中等为第二清，下等为第三清。选补之法，妙尽才望；如不可并，后地先才。不得拘以停年，竟无铨革。三载黜陟，有称者补在京名官，如前代故事。不历郡县，不得为内职。则人思自勉，上下同心，枉屈可申，强暴自息，刑政日平，民俗奉化矣。复何忧于不治，何恤于逆徒也？窃见今之守令，清慎奉治，则政平讼理；有非其才，则纲维荒秽。

　　伏愿陛下暂留天心，校其利害，则臣言可验，不待终朝。昔杜畿宽惠，河东无警；苏则分粮，金城克复。略观今古，风俗迁讹，罔不任贤以相化革，朝任夕治，功可立待。若遵常书习故，不明选典，欲以静民，便恐无日。

书奏，会肃宗崩。初，萧宝夤在雍州起逆，城人侯众德等讨逐之，多蒙爵赏。武泰中，诏雄兼尚书，为关西赏勋大使。未行之间，会尔朱荣入洛，及河阴之难。人情未安，雄潜窜不出。庄帝欲以雄为尚书，门下奏曰：“辛雄不出，存亡未分。”庄帝曰：“宁失亡而用之，不可失存而不用也。”遂除度支尚书，加安南将军。元颢入洛也，北中郎将杨侃从驾北出，庄帝以侃为度支尚书。及乘舆反洛，复召雄上。雄面辞曰：“臣不能死事，俯眉从贼，乃是朝廷罪人。纵陛下不赐诛罚，而北来尚书勋高义重，臣宜避贤路。”庄帝曰：“卿且还本司，朕当别有处分。”遂解侃尚书。

　　未几，诏雄以本官兼侍中、关西慰劳大使。将发，请事五条：一言逋悬租调，宜悉不征；二言简罢非时徭役，以纾民命；三言课调之际，使丰俭有殊，令州都量检，不得均一；四言兵起历年，死亡者众，或父或子，辛酸未歇，见存耆老，请假板职，悦生者之意，慰死者之魂；五言丧乱既久，礼仪罕习，如有闺门和穆、孝悌卓然者，宜表其门闾。仍启曰：“臣闻王者爱民之道有六：一曰利之，二曰成之，三曰生之,四曰与之,五曰乐之,六曰喜之。使民不失其时,则成之也;省刑罚,则生之也;薄赋敛,则与之也;无多徭役,则乐之也;吏静不苛,则喜之也。伏惟陛下道迈前王,功超往代,敷春风而鼓俗,旌至德以调民。生之养之,正当兹曰;悦近来远,亦是今时。臣既忝将命,宣扬圣泽,前件六事,谓所宜行。若不除烦收疾,惠孤恤寡,便是徒乘官驿,虚号王人,往还有费于邮亭,皇恩无逮于民俗。谨率愚管,敢以陈闻,乞垂览许。"庄帝从之,因诏民年七十者授县,八十者授郡,九十加四品将军,百岁从三品将军。

三年,迁镇南将军、都官尚书、行河南尹。普泰时,为镇军将军、殿中尚书。又加卫将军、右光禄大夫、秦州大中正。太昌中,又除殿中尚书、兼吏部尚书。寻除车骑大将军、左光禄大夫,仍尚书。永熙二年三月,又兼吏部尚书。于时近习专恣,请托不已,雄惧其谗匿,不能确然守正,论者颇讥之。

出帝南狩,雄兼左仆射,留守京师。永熙末,兼侍中。帝入关右,齐献武王至洛,于永宁寺集朝士,责让雄及尚书崔孝芬、刘钦、杨机等曰:"为臣奉主,扶危救乱,若处不谏诤,出不陪随,缓则耽宠,急便窜避,臣节安在?"诸人默然不能对。雄对曰:"当主上信狎近臣,雄等不与谋议。及乘舆西迈,若即奔随,便恐迹同佞党;留待大王,便以不从蒙责。雄等进退如此,不能自委沟壑,实为惭负。"王复责曰:"卿等备位纳言,当以身报国。不能尽忠,依附谄佞,未闻卿等谏诤一言,使国家之事忽至于此,罪欲何归也!"乃诛之,时年五十。没其家口。二子士璨、士贞,逃入关中。

雄从父兄纂,字伯将。学涉文史,温良雅正。初为兖州安东府主簿。与秘书丞同郡李伯尚有旧,伯尚与咸阳王禧同逆,逃窜投纂。事觉,坐免官。积十余年,除奉朝请。稍转太尉骑兵参军,每为府主清河王怿所赏。及欲定考,怿曰:"辛骑兵有学有才,宜为上第。"转越骑校尉。尚书令李崇北伐蠕蠕,引为录事参军。临淮王彧北征,以纂随崇有称,启为长史。及广阳王渊北伐,又引为长史。寻拜谏议大夫。雅为或所称叹，屡在朝廷荐举之。

萧衍遣将曹义宗攻新野，诏纂持节、兼尚书左丞、南道行台，率众赴接，至便破之。义宗等以其劲速，不敢复进。于时，海内多虞，京师更无继援，惟以二千余兵捍御疆场。又诏为荆州军司，除骁骑将军，加辅国将军。纂善抚将士，人多用命，贼甚惮之。会肃宗崩讳至，咸以对敌，欲秘凶问。纂曰："安危在人，岂关是也。"遂发丧号哭，三军缟素。还入州城，申以盟约。寻为义宗所围，相率固守。

庄帝即位，除通直散骑常侍、征虏将军、兼尚书，仍行台。后大都督费穆击义宗，擒之。入城，因举酒属纂曰："微辛行台之在斯，吾亦无由建此功也。"入朝，言于庄帝，称纂固节危城，宜蒙爵赏，以劝将来。帝乃下诏慰勉之。寻除持节、平东将军、中郎将军，赐绢五十匹，金装刀一口。

永安二年，元颢乘胜，卒至城下，尔朱世隆狼狈退还，城内空虚，遂为颢擒。及庄帝还宫，纂谢不守之罪。帝曰："于时朕亦北巡，东军不守，岂卿之过。"还镇虎牢。俄转中军将军、荥阳太守。民有姜洛生、康乞得者，旧是太守郑仲明左右，豪猾例窃，境内为患。纂伺捕擒获，枭干郡市，百姓忻然。加镇东将军。太昌中，除左光禄大夫。纂侨寓洛阳，乃为河南邑中正。

永熙三年，除使持节、河内太守。齐献武王赴洛，兵集城下，纂出城谒王曰："纂受诏于此，本有御防。大王忠贞王室，扶奖颠危，纂敢不匍匐。"王曰："吾志去奸佞，以康国道。河内此言，深得王臣之节。"因命前侍中司马子如曰："吾行途疲弊，宜代吾执河内手也。"便入洛。九月，行西荆州事、兼尚书、南道行台，寻正刺史。

时蛮酋樊五能破析阳郡，应宇文黑獭。纂议欲出军讨之，纂行台郎中李广谏曰："析阳四面无民，唯一城之地耳。山路深险，表里群蛮。今若少遣军，则力不能制贼；多遣，则减彻防卫，根本虚弱。脱不如意，便大挫威名。人情一去，州城难保。"纂曰："岂得纵贼不讨，令其为患日深！"广曰："今日之事，唯须万全。且虑在心腹，何暇疥癣。闻台军已破洪威，计不久应至。公但约勒属城，使各修完垒壁，善抚百姓，以待救兵。虽失析阳，如弃鸡肋。"纂曰："卿言自是一途，我意以为不尔。"遂遣兵攻之，不克而败，诸将因亡不返。城人又密招西贼，黑獭遣都督独孤如愿率军潜至，突入州城，遂至厅阁。纂左右惟五六人，短兵接战，为贼所擒，遂害之。赠都督定殷二州诸军事、骠骑大将军、尚书左仆射、司徒公、定州刺史。

子子炎，武定中，博陵太守。

雄从祖昙护，以谨厚见称。卒于并州州都。

子炽，武定中，卫将军、右光禄大夫。

雄族祖琛，字僧贵。父敬宗，延兴中，代郡太守。琛少孤，曾过友人，见其父母兄弟悉无恙，垂涕久之。释褐奉朝请，荥阳郡丞。太守元丽性颇使酒，琛每谏之。丽后醉，辄令闭阁，曰："勿使丞入也。"高祖南征，丽从舆驾，诏琛曰："委卿郡事，如太守也。"景明中，为伏波将军、济州辅国府长史。转奉车都尉，出为扬州征南府长史。刺史李崇，多事产业，琛每诤折，崇不从，遂相纠举，诏并不问。后加龙骧将军，带南梁太守。崇因置酒，谓琛曰："长史后必为刺史，但不知得上佐何如人耳？"琛对曰："若万不叨忝，得一方正长史，朝夕闻过，是所愿也。"崇有惭色。卒于官。琛宽雅有宽量，涉猎经史，喜愠不形于色，当官奉法，在所有称。

长子悠，字元寿。早有器业。为侍御史，监扬州军。贼平，录勋书，时崇犹为刺史，欲寄人名，悠不许。崇曰："我昔值其父，今复逢其子。"早卒。

悠弟俊，字叔义，有文才。东益州征虏府外兵参军。府主魏子建为山南行台，以为郎中，有军国机断。还京，于荥阳为人劫害。赠征虏将军、东秦州刺史。

俊弟术，武定末，散骑常侍。

术弟休，字季令。休弟修，字季绪。俱有学尚，亦早卒，时人伤惜之。

琛族子珍之，少有气力。太尉铠曹行参军，稍迁中坚将军、司徒录事参军、广州大中正。丁忧去任。寻起为汝北太守。永安中，司空谘议参军、通直常侍。永熙中襄城太守。天平初，洛州以南人情骇惧，敕为大使，持节慰谕广、洛二州。三年，除征东将军、行阳平郡事。郡民路黑奴起逆，攻郡，为黑奴所执。诸贼劝杀之，黑奴曰："成败未可知，何为先杀太守也？"乃将珍之自随，待遇以礼。右卫将军郭琼讨平黑奴，乃得免。兴和中，为卫将军、司徒司马。武定三年，除骠骑将军、北海太守。还为仪同开府长史、兼光禄少卿。未几，诏珍之持节为广洛北荆扬雍襄六州慰劳大使、北荆镇城、行广州事，招纳有称。齐又襄王遣书慰勉，赐以衣帛。寻敕行平州，卒于官。赠骠骑大将军、洛州刺史，谥曰恭。

子懿，武定末，开府铠曹参军。

羊深，字文渊，太山平阳人，梁州刺史祉第二子也。早有风尚，学涉经史，好文章，兼长几案。少与陇西李神俊同志相友。自司空府记室参军转轻车将军、尚书骑兵郎。寻转驾部，加右将军。于时沙汰郎官，务精才实，深以才堪见留。在公明断，尚书仆射崔亮、吏部尚书甄琛咸敬重之。肃宗行释奠之礼，讲《孝经》，侪辈之中独蒙引听，时论美之。

正光末，北地人车金雀等帅羌胡反叛，高平贼宿勤明达寇幽夏诸州。北海王颢为都督，行台讨之，以深为持节、通直散骑常侍、行台左丞、军司，仍领郎中。颢败，还京。顷之，迁尚书左丞，加平东将军、光禄大夫。萧宝夤反，攻围华州。正平薛凤贤等聚众作逆，敕深兼给事黄门侍郎，与大行台仆射长孙稚共会潼关，规模进止。事平，以功赐爵新泰男。

灵太后曾幸邙山，集僧尼齐会，公卿尽在座。会事将终，太后引见深，欣然劳问之。深谢曰："臣蒙国厚恩，世荷荣遇，寇难未平，是臣忧责，而隆私忽被，犬马知归。"太后顾谓左右："羊深真忠臣也。"举坐倾心。

孝昌末，徐方多事，以深为东道慰劳使，即为二徐行台。庄帝践祚,除安东将军、太府卿,又为二兖行台。深处分军国,损益随机,亦有时誉。

初,尔朱荣杀害朝士,深第七弟侃为太山太守,性粗武,遂率乡人外托萧衍。深在彭城,忽行侃书,招深同逆。深慨色流涕,斩侃使人,并书表闻。庄帝乃下曰:“羊侃作逆,雾起瑕丘,拥集不逞,扇扰疆场,倾宗之祸,侃乃自贻,累世之节,一朝毁污。羊深血诚奉国,秉操罔贰,闻弟猖勃,自劾请罪。此之丹款,实戢于怀。且叔向复位,《春秋》称美,深之慷慨,气同古人。忠烈远彰,赤心已著。可令还朝,面受委敕。”乃归京师,除名。久之,除抚军将军、金紫光禄大夫。

元颢入洛,以深兼黄门郎。颢平,免官。后拜大鸿胪卿。普泰初,迁散骑常侍、卫将军、右光禄大夫,监《起居注》。自天下多事,东西二省官员委积,前废帝敕深与常侍卢道虔、元晏、元法寿选人补定,自奉朝请以上,各有沙汰。寻兼侍中,废帝甚亲待之。

是时胶序废替,名教陵迟,深乃上疏曰:

臣闻崇礼建学,列代之所修;尊经重道,百王所不易。是以均塾洞启,昭明之颂载扬;胶序大辟,都穆之咏斯显。伏惟大魏乘乾统物,钦若奉时,模唐轨虞,率由前制训。重以高祖继圣垂衣,儒风载蔚,得才之盛,如彼薪樵。固以追隆周而并驱,驾炎汉而独迈。宣皇下武,式遵旧章,用能揄扬盛烈,聿修厥美。自兹已降,世极道消,风猷稍远,浇薄方竞,退让寂寥,驰竞靡节。进必吏能,升非学艺。是使刀笔小用,计日而期荣;专经大才,甘心于陋巷。然治之为本,所贵得贤,苟值其人,岂拘常检。三代、两汉,异世间出。或释褐中林,郁登卿尹;或投竿钓渚,径升公相。事炳丹青,义在往策。彼哉邈乎,不可胜纪。

窃以今之所用,弗修前矩。至如当世通儒,冠时盛德,见征不过四门,登庸不越九品。以此取士,求之济治,譬犹却行以及前,之燕而向楚。积习之不可者,其所由来渐矣。昔鲁兴泮宫,颂声爰发;郑废学校,《国风》以讥。将以纳民轨物,莫始于经礼;《菁莪》育才,义光于篇什。自兵乱以来,垂将十载,干戈日陈,俎豆斯阙。四海荒凉,民物调弊,名教顿亏,风流殆尽。世之陵夷,可为叹息。

陛下中兴纂历,理运惟新,方隅稍康,实惟文德。但礼贤崇让之科,沿世未备;还淳反朴之化,起言斯缪。夫先黄老而退《六经》,史迁终其成蠹;贵玄虚而贱儒术,应氏所以亢言。臣虽不敏,敢忘前载。且魏武在戎,尚修学校;宣尼确论,造次必儒。臣愚以为宜重修国学,广延胄子,使函丈之教日闻,释奠之礼不阙。并诏天下郡国,兴立儒教。考课之程,咸依旧典。苟经明行修,宜擢以不次。抑斗筲喋喋之才,进大雅汪汪之德。博收鸿生,以光顾问;綦维奇异,共精得失。使区寰之内,竞务仁义之风;荒散之余,渐知礼乐之用。岂不美哉!

臣诚暗短,敢慕前训,用稽古义,上尘听览。伏愿陛下垂就日之监,齐非烟之化,傥以臣言可采,乞特施行。

废帝善之。

出帝初,拜中书令。顷之,转车骑大将军、左光禄大夫。永熙三年六月,以深兼御史中尉、东道军司。及出帝入关,深与樊子鹄等同逆于兖州。子鹄署深为齐州刺史,于太山博县商王村结垒,招引山齐之民。天平二年正月,大军讨破之,于陈斩深。

子肃,武定末,仪同开府东阁祭酒。

杨机,字显略,天水冀人。祖伏恩,郡功曹,赫连屈丐时将家奔洛阳,因以家焉。机少有志节,为士流所称。河南尹李平、元晖并召署功曹,晖尤委以郡事。或谓晖曰:“弗躬弗亲,庶人弗信。何得委事于机,高卧而已。”晖曰:“吾闻君子劳于求士,逸于任贤。故前代有坐啸之人,主诺之守。吾既委得其才,何为不可?”由是声名更著。解褐奉朝请。

于时,皇子国官,多非其人,诏选清直之士。机见举为京兆王愉国中尉,愉甚敬惮之。迁给事中、伏波将军、廷厨评。延昌中,行河阴县事。机当官正色,不避权势,明达政事,断狱以情,甚有声誉。平东将军、荆州刺史杨大眼启为其府长史。熙平中,为泾州平西府长史。寻授河阴令,转洛阳令。京辇伏其威风,希有干犯。凡诉讼者,一经其前,后皆识其名姓,并记事理,世咸异之。迁镇军将军、司州治中,转别驾。

荆州蛮叛,兼尚书左丞、南道行台讨之。还,除中散大夫,复为别驾。州牧、高阳王雍事多委机。出除清河内史,转左将军、河北太守,并有能名。建义初,拜平南将军、光禄大夫、兼廷尉卿。又除安南将军、司州别驾。未几,行河南尹。转廷尉卿,徙卫尉卿,出除安西将军、华州刺史。永熙中,卫将军、右光禄大夫。寻除度支尚书。

机方直之心久而弥厉,奉公正己,为时所称。家贫无马,多乘小犊车,时论许其清白。与辛雄等并诛,年五十九。

子毗罗,解褐开府参军事。卒于镇远将军。

机兄顺,字元信。梁郡太守。

顺子僧静,武定中,太中大夫。

机兄子虬,少有公干。频为司州记室户曹从事。早卒。

高崇,字积善,勃海蓚人。四世祖抚,晋永嘉中,与兄顾避难奔于高丽。父潜,显祖初归国,赐爵开阳男,居辽东,诏以沮渠牧犍女赐潜为妻,封武威公主。拜驸马都尉,加宁远将军,卒。崇少聪敏,以端谨见称。征为中散,稍迁尚书三公郎。家资富厚,僮仆千余,而崇志尚俭素,车马器服,充事而已。自修洁,与物无竞。

初,崇舅氏坐事诛,公主痛本生绝胤,遂以崇继牧犍后,改姓沮渠。景明中,启复本姓,袭爵,迁领军长史、伏波将军、洛阳令。为政清断,吏民畏其威风,每有发摘,不避强御,县内肃然。朝廷方有迁授,会病卒,年三十七。赠渔阳太守。永安二年,复赠征虏将军、沧州刺史,谥曰成。初,崇谓友人曰:“仲尼四科,德行为首。人能立身约己,不忘典训,斯亦足矣。故吾诸子。阙”

子谦之,字道让。少事后母李以孝闻,李亦抚育过于己生,人莫能辨其兄弟所出同异。论者两重之。及长，屏绝人事，专意经史，天文算历、图纬之书，多所该涉，日诵数千言，好文章，留意《老》《易》。袭爵，释褐奉朝请。加宣威将军，转奉车都尉、廷尉丞。

正光中，尚书左丞元孚慰劳蠕蠕，反被拘留。及蠕蠕大掠而还，置孚归国。事下廷尉，卿及监以下谓孚无坐，惟谦之以孚辱命，□以流罪。尚书同卿执，诏可谦之奏。

孝昌初，行河阴县令。先是，有人囊盛瓦砾，指作钱物，诈市人马，因逃去。诏令追捕，必得以闻。谦之乃伪枷一囚立于马市，宣言是前诈市马贼，今欲刑之。密遣腹心察市中私议者。有二人相见忻然曰：“无复忧矣。”执送按问，具伏盗马，徒党悉获。并出前后盗窃之处，资货甚多，远年失物之家，各来得其本物。具以状奏。寻诏除宁远将军，正河阴令。在县二年，损益治体，多为故事。弟道穆为御史，在公亦有能名。世美其父子兄弟并著当官之称。

旧制：二县令得面陈得失，时佞幸之辈恶其有所发闻，遂共奏罢。谦之乃上疏曰：“臣以无庸，谬宰神邑，实思奏法不挠，称是官方，酬朝廷无赏之恩，尽人臣守器之节。但豪家支属，戚里亲媾，缧绁所及，举目多是，皆有盗憎之色，咸起怨上之心。县令轻弱，何能克济？先帝昔发明诏，得使面陈所怀。臣亡父先臣崇之为洛阳令，常得入奉是非，所以朝贵敛手，无敢干政。近日以来，此制遂寝，致神宰威轻，下情不达。今二圣远遵尧、舜，宪章高祖。愚臣望策其驽蹇，少立功名。乞新旧典，更明往制。庶奸豪知禁，颇自屏心。”诏曰：“此启深会朕意，付外量闻。”

谦之又上疏曰：

臣闻夏德中微，少康成克复之主；周道将废，宣王立中兴之功。则知国无常安，世无恒弊，唯在明主所以变之有方，化之有道耳。自正光已来，边城屡扰，命将出师，相继于路，军费戎资，委输不绝。至如弓格赏募，咸有出身；槊刺斩首，又蒙阶级。故四方壮士，愿征者多，各各为己，公私两利。若使军帅必得其人，赏勋不失其实，则何贼不平，何征不捷也！诸守帅或非其

才，多遣亲者妄称入募，别倩他人引弓格，虚受征官。身不赴
陈，惟遣奴客充数而已，对寇临敌，曾不弯弓。则是王爵虚加，
征夫多阙，贼虏何可殄除，忠贞何以劝诫也？且近习侍臣、戚
属、朝士，请托官曹，擅作威福。如有清贞奉法不为回者，咸共
谮毁，横受罪罚。在朝顾望，谁肯申闻？蔽上拥下，亏风坏政。
使谗谄甘心，忠谠息义。

　　况且频年以来，多有征发，民不堪命，动致流离，苟保妻
子，竞逃王役，不复顾其桑井，惮比刑书。正由还有必困之理，
归无自安之路。若听归其本业，徭役微甄，则还者必众，垦田增
辟，数年之后，大获课民。今不务以理还之，但欲严符切勒，恐
数年之后，走者更多，安业无几。故有国有家者，不患民不我
归，唯患政之不立，不恃敌不我攻，唯恃吾不可侮。此乃千载共
遵，百王一致。且琴瑟不韵，知音改弦更张；骈骖未调，善御执
辔成组。谚云："迷而知反，得道不远。"此言虽小，可以谕大。

　　陛一日万机，事难周览，元、凯结舌，莫肯明言。臣虽庸短，
世受荣禄，窃慕前贤匪躬之义，不避斧钺之诛，以希一言之益。
伏愿少垂览察，略加推采，使朝章重举，军威更振，海内起惟新
之歌，天下见复禹之绩，则臣奏之后，笑入下泉。

灵太后得其疏，以责左右近侍。诸宠要者由是疾之，乃启太后云：
"谦之有学艺，宜在国学，以训胄子。"诏从之，除国子博士。

　　谦之与袁翻、常景、郦道元、温子升之徒，咸申款旧。好于赡恤，
言诺无亏。居家僮隶，对其儿不挞其父母，生三子便免其一，世无髡
黥奴婢，常称俱禀人体，如何残害。以父舅氏沮渠蒙逊曾据凉土，国
书漏阙，谦之乃修《凉书》十卷，行于世。凉国盛事佛道，为论贬之，
因称佛是九流之一家。当世名士，竞以佛理来难，谦之还以佛义对
之，竟不能屈。以时所行历，多未尽善，乃更改元修撰，为一家之法。
虽未行于世，议者叹其多能。

　　于时，朝议铸钱，以谦之为铸钱都将长史。乃上表求铸三铢钱
曰：

盖钱货之立,本以通有无,便交易。故钱之轻重,世代不同。太公为周置九府圜法,至景王时更铸大钱。秦兼海内,钱重半两。汉兴,以秦钱重,改铸榆荚钱。至文帝五年,复为四铢。孝武时,悉复销坏,更铸三铢。至元狩中,变为五铢。又造赤仄之钱,以一当五。王莽摄政,钱有六等,大钱重十二铢,次九铢,次七铢,次五铢,次三铢,次一铢。魏文帝罢五铢钱,至明帝复立。孙权江左,铸大钱,一当五百。权赤乌年,复铸大钱,一当千。轻重大小,莫不随时而变。

窃以食货之要,八政为首;聚财之贵,诰训典文。是以昔之帝王,乘天地之饶,御海内之富,莫不腐红粟于太仓,藏朽贯于泉府,储畜既盈,民无困敝,可以宁谧四极,如身使臂者矣。昔汉之孝武,地广财丰,外事四戎,遂虚国用。于是草莱之臣,出财助国;兴利之计,纳税庙堂。市列榷酒之官,邑有告缗之令。盐铁既兴,钱币屡改,少府遂丰,上林饶积。外辟百蛮,内不增赋者,皆计利之由也。

今群妖未息,四郊多垒,征税既烦,千金日费,资储渐耗,财用将竭,诚杨氏献说之秋,桑儿言利之日。夫以西京之盛,钱犹屡改,并行小大,子母相权。况今寇难未除,州郡沦败,民物凋零,军国用少,别铸小钱,可以当富益,何损于政,何妨于人也?且政兴不以钱大,政衰不以钱小,惟贵公私得所,政化无亏,既行之于古,亦效之于今矣。昔禹遭大水,以历山之金铸钱,救民之困;汤遭大旱,以庄山之金铸钱,赎民之卖子者。今百姓穷悴,甚于曩日,钦明之主岂得垂拱而观之哉?

臣今此铸,以济交乏,五铢之钱,任使并用,行之无损,国得其益,穆公之言于斯验矣。臣虽术愧计然,识非心算,暂充钱官,颇睹其理。苟有所益,不得不言。脱以为疑,求下公卿博议。如谓为允,即乞施行。

诏将从之,事未就,会卒。

初,谦之弟道穆,正光中为御史,纠相州刺史李世哲事,大相挫辱,其家恒以为憾。至是,世哲弟神轨为灵太后深所宠任,直谦之家僮诉良,神轨左右之,入讽尚书,判禁谦之于廷尉。时将赦,神轨乃启灵太后发诏,于狱赐死,时年四十二。朝士莫不衰之。所著文章百余篇,别有集录。永安中,赠征虏将军、营州刺史,谥曰康。又除一子出身,以明冤屈。谦之妻中山张氏,明识妇人也。教劝诸子,从师受业。常诫之曰:"自我为汝家妇,未见汝父一日不读书。汝等宜各修勤,勿替先业。"

谦之长子子儒,字孝礼。元颢入洛,其叔道穆从驾北巡,子儒后逾河至行宫,庄帝见之,具访洛中事意,子儒备陈元颢败在旦夕。帝谓道穆曰:"卿初来日,可故不与子儒俱行?"对曰:"臣家百口在洛,须其经营。且欲其今日之来,知京师后事。"帝曰:"子儒非直合卿本怀,亦大慰朕意。"仍授秘书郎中,转通直郎。后除安东将军、光禄大夫、司徒中兵参军、兼祭酒。袭爵。兴和初,除兼殿中侍御史。时四方多有流民,子儒为梁州、北豫、西兖三州检户使,所获甚多。后以公事去官。武定六年卒,时年四十一。子儒弟绪,字叔宗,明悟好学。谦之常谓人曰:"兴吾门者,当是此儿。"及长,涉猎书传,好文咏。司空行参军,转长流参军。除镇远将军、冀州仪同府中兵参军,为府主封隆之所赏。隆之行梁州、济州,引自随,恒令总摄数郡。武定三年卒,年三十二。

绪弟孝贞,武定中,司徒士曹参军。

孝贞弟孝干,司空东阁祭酒。

谦之弟恭之,字道穆,行字于世。学涉经史,非名流俊士,不与交结。幼孤,事兄如父母。每谓人曰:"人生厉心立行,贵于见知,当使夕脱羊裘,朝佩珠玉者。若时不我知,便须退迹江海,自求甚志。"

御史中尉元匡高选御史,道穆奏记于匡曰:"道穆生自蓬檐,长于陋巷。颇猎群书,无纯硕之德;尚好章咏,乏雕掞之工。虽欲厕影髦徒。班名俊伍,其可得哉?然凝明独断之主,雄才不世之君,无藉朽株之资,求人屠钓之下,不牵暗投之诮,取士商歌之中。是以闻英风而慷慨,望云路而低回者,天下皆是也。若得身隶绣衣,名充直指,虽谢周生骑上之敏,实有茅氏就镂之心。"匡大喜曰:"吾久知其人,适欲召之。"遂引为御史。其所纠摘,不避权豪,台中事物,多为匡所顾问。道穆曾进说于匡曰:"古人有言,罚一人当取千万人惧,豺狼当道,不问狐狸。明公荷国重寄,宜使天下知法。'"匡深然之。

正光中,出使相州。刺史李世哲即尚书令崇之子,贵盛一时,多有非法,逼买民宅,广兴屋宇,皆置鸱尾,又于马埒墕上为木人执节。道穆绳纠,悉毁去之,并发其赃货,具以表闻。又尔朱荣讨蠕蠕,道穆监其军事,荣甚惮之。还,除奉朝请,俄除太尉铠曹参军。

萧宝夤西征,以道穆为行台郎中,军机之事,多以委之。大都督崔延伯败后,贼势转强,屡请益兵,朝廷不许。宝夤谓道穆曰:"非卿一行,兵无益理。"遂令乘传赴洛。灵太后亲问贼势,道穆具以状对。太后怒曰:"比来使人皆言贼弱,卿何独云其强也!"道穆曰:"前使不实者,当是冀陛下恩颜,望沾爵赏。臣既忝使人,不敢虚妄。愿令近臣亲检,足知虚实。"事讫当反,遇病不行。

后属兄谦之被害,情不自安,遂托身于庄帝。帝时为侍中,特相钦重,引居第中,深相保护。俄而,帝以兄事见出。道穆惧祸,乃携家趣济阴,变易姓名,往来于东平毕氏,以避时难。庄帝即位,征为尚书三公郎中,加宁朔将军。寻兼吏部郎中,与孳昙尚书使晋阳,授尔朱荣职,赐爵龙城侯。九月,除太尉长史,领中书舍人。遭母忧去职,帝令中书舍人温子升就宅吊慰,诏摄本任,表辞不许。

三年,加前军将军。及元颢逼虎牢城,或劝帝赴关西者,帝以问道穆。道穆对曰:"关中今日残荒,何由可往?臣谓元颢兵众不多,乘虚深入者,由国家将帅征捍不得其人耳。陛下若亲率宿卫,高募重赏,背城一战,臣等竭其股肱之力,破颢孤军,必不疑矣。如恐成败难测,非万乘所履,便宜车驾北渡,循河东下。征大将军天穆合于荥阳,向虎牢;别征尔朱王军,令赴河内以掎角之。旬月之间,何往不克。臣窃谓万全之计,不过于此。"帝曰:"高舍人语是。"

其夜,到河内郡北,未有城守可依,帝命道穆秉独作诏书数十纸,布告远近,于是四方知乘舆所在。除中军将军、给事黄门侍郎、安喜县开国公,食邑千户。于时,尔朱荣欲回师待秋,道穆谓荣曰:"元颢以蕞尔轻兵,奄据京洛,使乘舆飘露,人神恨愤,主忧臣辱,良在于今。大王拥百万之众,辅天子而令诸侯,自可分兵河畔,缚筏船,处处遣渡,径擒群贼,复主宫阙,此桓文之举也。且一日纵敌,数世之患。今若还师,令颢重完守具,征兵天下,所谓养虺成蛇,悔无及矣。"荣深然之,曰:"杨黄门侃已陈此计,当更议决耳。"

及庄帝反政,因宴次谓尔朱荣曰:"前若不用高黄门计,则社稷不安。可为朕劝其酒令醉。"荣对曰:"臣本北征蠕蠕,高黄门与臣作监军,临事能决,实可任用。"除征南将军、金紫光禄大夫、兼御史中尉。寻即真,仍兼黄门。道穆外秉直绳,内参机密,凡是益国利民之事,必以奏闻。谏诤极言,无所顾惮。选用御史,皆当世名辈,李希宗、李绘、阳休之、阳斐、封君义、邢子明、苏淑、宋世良等四十人。

于时用钱稍薄,道穆表曰:

四民之业,钱货为本;救弊改铸,王政所先。自顷以私铸薄滥,官司纠绳,挂纲非一。在市铜价,八十一文得铜一斤,私造薄钱,斤余二百。既示之以深利,又随之以重刑,罹罪者虽多,奸铸者弥众。今钱徒有五铢之文,而无二铢之实,薄甚榆荚,上贯便破,置之水上,殆欲不沉。此乃因循有渐,科防不切,朝廷之愆,彼复何罪。昔汉文帝以五分钱小,改铸四铢,至武帝复改三铢为半两。此皆以大易小,以重代轻也。论今据古,宜改铸大钱,文载年号,以记其始,则一斤所成,止七十六文。铜价至贱五十有余,其中人功、食料、锡炭、铅沙,纵复私营,不能自润。直置无利,自应息心,况复严刑广设也。以臣测之,必当钱货永通,公私获允。

后遂用杨侃计,铸永安五铢钱。

仆射尔朱世隆当朝权盛,因内见衣冠失仪,道穆便即弹纠。帝姊寿阳公主行犯清路。执赤棒卒呵之不止,道穆令卒棒破其车。公主深以为恨,泣以诉帝。帝谓公主曰:"高中尉清直之人,彼所行者公事,岂可私恨责也。"道穆后见帝,帝曰:"一日家姊行路相犯,极以为愧。"道穆免冠谢曰:"臣蒙陛下恩,守陛下法,不敢独于公主亏朝廷典章,以此负陛下。"帝曰:"朕以愧卿,卿反谢朕。"寻敕监仪注。又诏曰:"秘书图籍所在,内典□书,又加缮写,缃素委积,盖有年载。出内繁芜,多致零落。可令御史中尉、兼给事黄门侍郎道穆总集帐目,并牒儒学之士,编比次第。"

道穆又上疏曰:

臣闻舜命皋陶,奸宄是托;禹泣罪人,尧心为念。所以举直措枉,事切曩贤;明德慎罚,议存先典。高祖太和之初,置廷尉司直,论刑辟是非,虽事非古始,交济时要。所谓礼乐互兴,不相沿袭者矣。臣以无庸,忝当今任,所思报效,未忘寝兴。但识谢知今,业惭稽古,未能进一言以利国,说一策以兴邦,索米长安,岂不知愧。至于职司其忧,犹望佩俛。

窃见御史出使,悉受风闻,虽时获罪人,亦不无枉滥。何者?得尧之罚,不能不怨。守令为政,容有爱憎。奸猾之徒,恒思报恶,多有妄造无名,共相诬谤。御史一经检究,耻于不成,杖木之下,以虚为实,无罪不能自雪者,岂可胜道哉!臣虽愚短,守不假器,绣衣所指,冀以清肃。若仍踵前夫,或伤善人,则尸禄之责,无所逃罪。所以凤夜为忧,思有悛革。

如臣鄙见,请依太和故事,还置司直十人,名隶廷尉,秩以五品,选历官有称,心平性正者为之。御史若出纠劾,即移廷尉,令知人数。廷尉遣司直与御史俱发,所到州郡,分居别馆。御史检了,移付司直覆问,事讫与御史俱还。中尉弹闻,廷尉科按,一如旧式。庶使狱成罪定,无复稽宽;为恶取败,不得称枉。若御史、司直纠劾失实,悉依所断狱罪之。听以所检,迭相纠发。如二使阿曲,有不尽理,听罪家诣门下通诉,别强按检。如此,则肺石之傍,怨讼可息;丛棘之下,受罪吞声者矣。

诏从之,复置司直。

及尔朱荣之死也,帝召道穆付赦书,令宣于外。因谓之曰:"自今日后,当得精选御史矣。"先是,荣等常欲以其亲党为御史,故有此诏。及尔朱世隆等率其部类战于大夏门北,道穆受诏督战,又赞成太府卿李苗断桥之计,世隆等于是北遁。加卫将军、假车骑将军、大都督、兼尚书右仆射、南道大行台。又除车骑将军,余官如故。时虽外托征蛮,而帝恐北军不利,欲为南巡之计。未发,会尔朱兆入洛,道穆虑祸及己,托病去官。世隆以道穆忠于前朝,遂害之,时年四十二。太昌中,赠使持节、都督雍秦二州诸军事、车骑大将军、仪同三司、雍州刺史。

子士镜,袭爵。为北豫州刺史。高仲密拥入关。

道穆第谨之,继沮渠氏后。卒于沧州平东府主簿,年三十五。赠通直郎。无子。

谨之弟慎之,字道密。好学,有诸兄风。年二十三,卒,无子,以兄谦之第二子绪继焉。

史臣曰:宋翻刚鲠自立,猛而断务。辛雄以吏能历职,任智效官。羊深以才干从事,声迹可纪。杨机清断在公。高崇明济为用。谦之兄弟,咸政事之敏,饰学有闻,列于朝廷。岂徒然也。深失之晚节,至于颠覆,惜乎!

魏书卷七八
列传第六六

孙绍　张普惠

孙绍，字世庆，昌黎人。世仕慕容氏。祖志入国，卒于济阳太守。父协，字文和，上党太守。绍少好学，通涉经史，颇有文才，阴阳术数，多所贯涉。

初为校书郎，稍迁给事中，自长兼羽林监为门下录事。朝廷大事，好言得失，遂为世知。曾著《释典论》，虽不具美，时有可存。与常景等共修律令。延昌中，绍表曰：

臣闻建国有计，虽危必安；施化能和，虽寡必盛；治乖人理，虽合必离；作用失机，虽成必败。此乃古今同然，百王之定法也。伏惟大魏应天明命，兆启无穷，毕世后仁，祚隆七百。今二號京门，下无严防；南、北二中，复阙固守。长安、邺城，股肱之寄；穰城、上党，复背所凭。四军五校之轨，领、护分事之式，征兵储粟之要，舟车水陆之资，山河要害之权，缓急去来之用，持平赴救之方，节用应时之法，特宜修置，以固堂堂之基。持盈之体，何得而忽？居安之辰，故应危惧矣。

且法开清浊，而清浊不平；申滞理望，而卑寒亦免。士庶同悲，兵徒怀怨。中正卖望于下里，主按舞笔于上台，真伪混淆，知而不纠，得者不欣，失者倍怨。使门齐身等，而泾、渭奄殊；类应同役，而苦乐悬异。士人居职，不以为荣；兵士役苦，心不忘乱。故有竞弃本出，飘藏他土。或诡名托养，散在人间；或亡命山薮,渔猎为命;或投杖强豪,寄命衣食。又应迁之户,逐乐诸州;应留之徒,避寒归暖。兼职人子弟,随逐浮游,南北东西,卜居莫定。关禁不修,任意取适。如此之徒,不可胜数。爪牙不复为用,百工争弃其业。混一之计,事实阙如;考课之方,责办无日。流浪之徒,决须精校。今强敌窥时,边黎伺隙,内民不平,久戍怀怨,战国之势,窃谓危矣。必造祸源者,北边镇戍之人也。

若夫一统之年,持平用之者,大道之计也;乱离之期,纵横作之者,行权之势之也。故道不可久,须文质以换情;权不可恒,随污隆以收物。文质应世,道形自安;污隆获衷,权势亦济。然则,王者计法之趣,化物之规,圆方务得其境,人物不失其地。又先帝时,律令并议,律寻施行,今独不出,十余年矣。臣以令之为体,即帝王之身也,分处百揆之仪,安置九服之节,经纬三才之伦,包罗六卿之职,措置风化之门,作用赏罚之要,乃是有为之枢机,世法之大本也。然修令之人,亦皆博古,依古撰置,大体可观,比之前令,精粗有在。但主议之家,太用古制。若全依古,高祖之法,复须升降,谁敢措意有是非哉?以是争故,久废不理。然律令相须,不可篇用。今律班令止,于事甚滞。若令不班,是无典法,臣下执事,何依而行?臣等修律,非无勤止,署下之日,臣乃无名。是谓农夫尽力,他食其秋,功名之所,实怀于悒。

未几,出除济阴太守。还,历司徒功曹参军,步兵、长水校尉。正光初,兼中书侍郎,使高丽。还,为镇远将军、右军将军。久之,为徐、兖和籴使。还朝,大陈军国利害,不报。绍又表曰:

臣闻文质互用,治道以之缉熙;污隆得时,人物以之通济。故能事恢三灵,仁洽九服。伏惟陛下应灵践阼,冲明照物,宰辅忠纯,伊、霍均美,既致升平之基,应成无为之业。而漠北叛命,陇右构逆,中州惊扰,民庶窃议,其故何哉?皆由上法不通,下情怨塞故也。臣虽愚短,具鉴始末。

　　往在代都，武质而治安；中京以来，文华而政乱。故臣昔于太和，极陈得失，具论四方华夷心态，高祖垂纳，文应可寻。延昌、正光，奏疏频上，主者收录，不蒙报问，即日事势，乃至于此，尽微臣豫陈之验。今东南有窃号之竖，西北有逆命之寇，岂得怨天，实尤人矣。臣今不忧荒外，正虑中畿，急须改张，以宁其意。若仍持疑，变乱寻作，肘腋一乖，大事去矣。然臣奉国四世，欣戚是同，但职在冗散，不关枢密，宁济之计，欲陈无所，可谓经纬甚多，无机可织。夫天下者，大器也。一正难倾，一倾难正。当今之危，蹶足之急。臣备肉食，痛心无已。泣血上陈，愿垂采察。若得言参执事，献可替否，寇逆获除，社稷称庆，虽死如生，犬马情毕。

　　绍性抗直，每上封事，常至恳切，不惮犯忤。但天性疏脱，言乍高下，时人轻之，不见采纳。绍兄世元早卒，世元善弹筝，绍后闻筝声便涕泗呜咽，舍之而去，世以此尚之。除骁骑将军，使吐谷浑。还，为太府少卿。

　　曾因朝见，灵太后谓曰：“卿年稍老矣。”绍曰：“臣年虽老，臣卿乃少。”太后笑之。迁右将军、太中大夫。绍曾与百僚赴朝，东掖未开，守门侯旦。绍于众中引吏部郎中辛雄于众外，窃谓之曰：“此中诸人，寻当死尽，唯吾与卿犹享富贵。”雄甚骇愕，不测所以。未几有河阴之难。绍善推禄命，事验甚多，知者异之。

　　建义初，除卫尉少卿，将军如故。转金紫光禄大夫。永安中，拜太府卿。以前参议《正光壬子历》，赐爵新昌子。太昌初，迁左卫将军、右光禄大夫。永熙二年卒，时年六十九。赠都督冀瀛沧三州诸军事、骠骑大将军、尚书左仆射、冀州刺史，谥曰宣。

　　子伯元，袭。齐受禅，例降。

　　伯元弟叔利，右将军、太中大夫。

　　绍从父弟瑜，济州长史。

　　瑜弟彝，字凤伦。太和中，举秀才。稍迁步兵校尉。卒于武邑太守。赠征虏将军、营州刺史。

子伯融，出继瑜后。武定末，□□太守。

伯融嫡弟子宽，开府田曹参军。

张普惠，字洪赈，常山九门人。身长八尺，容貌魁伟。父晔，为齐州中水县令，随父之县，受业齐土，专心坟典，克历不息。及还乡里，就程玄讲习，精于《三礼》，兼善《春秋》，百家之说，多所窥览，诸儒称之。

太和十九年，为主书，带制局监，与刘桃符、石荣、刘道斌同员共直，颇为高祖所知。转尚书都令史。任城王澄重其学业，为其声价，仆射李冲曾至澄处，见普惠言论，亦善之。世宗初，转积射将军。澄为安西将军、雍州刺史，启普惠为府录事参军，寻行冯翊郡事。澄功衰在身，欲于七月七日集会文武，北园马射。普惠奏记于澄曰：

　　窃闻三杀九亲，别疏昵之叙；五服六术，等衰麻之心。皆因事饰情，不易之道者也。然则莫大之痛，深于终身之外；书策之哀，除于丧纪之内。外者不可无节，故断之以三年；内者不可遂除，故敦之以日月。《礼》：大练之日，鼓素琴。盖推以即吉也。小功以上，非虞祔练除不沐浴，此拘之以制也。曾子问曰：‘相识有丧服，可以与于祭乎？’孔子曰："缌不祭，又何助于人。"祭既不与，疑无宴食之道。又曰："废衰服，可以与于馈奠之事乎？"子曰："脱衰与奠，非礼也。"注云："为其忘哀疾。"愚谓除丧之始，不与馈奠，小功之内，其可观射乎？《杂记》云："大功以下，既葬适人，人食之，其党也食，非党也不食。"食犹择人，于射为惑。

　　伏见明教，立射会之限，将以二七令辰，集城中文武，肆武艺于北园，行揖让于中否。时非大阅之秋，景涉妨农之节，国家缟禫甫除，殿下功衰仍袭，释而为乐，以训百姓，便是易先王之典教，忘哀戚之情，恐非所以昭令德、视子孙者也。按《射仪》，射者以礼乐为本，忘而从事，不可谓礼，钟鼓弗设，不可谓乐。舍此二者，何用射为？又七日之戏，令制无之，班劳所施，虑违事体。库府空虚,宜待新调,二三之趣,停之为便。乞至九月,备饰尽行,然后奏《狸首》之章,宣曼相之令,声轩悬,建云钲,神民忻畅于斯时也。伏惟慈明远被,万民是望,举动所书,发言唯则,愿更广访,赐垂曲采,昭其管见之心,恕其说言之责,则刍荛无遗歌,舆人有献诵矣。

澄意纳其言,托辞自罢,乃答曰:“文武之道,自昔成规;明耻教战,振古常轨。今虽非公制,而此州乘前,已有斯式,既不劳民损公,任其私射,复何失也?且纂文习武,人之常艺,岂可于常艺之间,要须令制乎?比适欲依前州府相率,王务之暇,肆艺良辰,亦未言费用库物也。《礼》:兄弟内除,明哀已杀;小功,客至主不绝乐。听乐则可,观武岂伤?直自事缘须罢,先以令停,方获此请,深具来意。”

澄转扬州,启普惠以羽林监领镇南大将军开府主簿,寻加威远将军。普惠既为澄所知,历佐二藩,甚有声誉。旋京之日,装束蓝缕,澄赉绢二十匹以充行资。还朝,仍羽林监。又澄遭太妃忧,臣僚为立碑颂,题碑欲云“康王元妃之碑”澄访于普惠。答曰:“谨寻朝典,但有王妃,而无元字。鲁夫人孟子称‘元妃’,有欲下与继室声子相对。今烈懿太妃作配先王,更无声子、仲子之嫌,窃谓不假‘元’字以别名位。且以氏配姓,愚以为在生之称。故《春秋》,‘夫人姜氏至自齐’,既葬,以谥配姓,故注书‘葬我小君文姜氏’,又曰‘来归夫人成风之襚’。皆以谥配姓。古者妇人从夫谥。今烈懿太妃德冠一世,故特蒙褒锡,乃万代之高事,岂容于定名之重,而不称烈懿乎?”澄从之。

及王师大举,重征钟离,普惠为安乐王诠别将长史。班师,除扬烈将军、相州安北府司马。迁步兵校尉。后经本官领河南尹丞。世宗崩,坐与甄楷等饮酒游从,免官。骁骑将军刁整,家有旧训,将营俭葬。普惠以为矫时太甚,与整书论之。事在《刁雍传》。故事:免官者,三载之后降一阶而叙;若才优擢授,不拘此限。熙平中,吏部尚书李韶奏普惠有文学,依才优之例,宜特显叙,敕除宁远将军、司空仓曹参军。朝议以不降阶为荣。时任城王澄为司空,表议书记,多出普惠。

广陵王恭、北海王颢，疑为所生祖母服期与三年，博士执意不同，诏群僚会议。普惠议曰：

谨按二王祖母，皆受命先朝，为二国太妃，可谓受命于天子，为始封之母矣。《丧服》'慈母如母'，在《三年章》。《传》曰："贵父命也。"郑注云："大夫之妾子，父在为母大功，则士之妾子为母期。父卒则皆得申。"此大夫命其妾子，以为母所慈，犹曰贵父命，为之三年，况天子命其子为列国王，命其所生母为国太妃，反自同公子为母练冠之与大功乎？轻重颠倒，不可之甚者也。

《传》曰："始封之君，不臣诸父昆弟"，则当服其亲服。若鲁、卫列国，相为服期，叛无疑矣。何以明之？《丧服》："君为姑姊妹女子嫁于国君者"，《传》曰："何以大功？尊同也。尊同，则得服其亲服。诸侯之子称公子，公子不得祢先君。"然则兄弟一体。位列诸侯，自以尊同得相为服，不可还准公子，远厌天王。故降有四品，君、大夫以尊降，公子、大夫之子以厌降。名例不同，何可乱也。《礼》，大夫之妾子，以父命慈己，申其三年。太妃既受命先帝，光昭一国，二王胙土茅社，显锡大邦，舍尊同之高据，附不祢之公子，虽许、蔡失位，亦不是过。《服问》曰："有从轻而重公子之妻为其皇姑。"公子虽厌，妻尚获申，况广陵、北海，论封则封君之子，语妃则命妃之孙。乘妃纂重，远别先皇，更以先后之正统，厌其所生之祖嫡，方之皇姑，不以遥乎？今既许其申服，而复限之以期，不亦慈母，不亦爽欤！

《经》曰："为君之祖父母、父母、妻、长子"，《传》："何以期？父母长子君服斩，妻则小君。父卒，然后为祖后者服斩。"今祖乃献文皇帝，诸侯不得祖之，母为太妃，盖二王三年之证。议者近背正经，以附其类，差之毫毛，所失或远。且天子尊则配天，莫非臣妾，何为命之为国母而不听子服其亲乎？《记》曰："从服者，所从亡，则已。"又曰：不为君母之党服，则为其母之党服。今所从既亡，不以亲服服其所生，则属从之服于何所施？若以诸王入为公卿，便同大夫者，则当今之议，皆不须以国为言也。今之诸王，自同列国，虽不之国，别置臣僚，玉食一方，不得以诸侯言之。敢据《周礼》，辄同三年。

当是议者亦有同异。国子博士李郁于议罢之后，书难普惠。普惠据《礼》还答，郑重三返，郁议遂屈。转谏议大夫。澄谓普曰："不喜君得谏议，唯喜谏议得君。"

时灵太后父司徒胡国珍薨，赠相国、太上秦公。普惠以前世后父无"太上"之号，诣阙上疏，陈其不可，左右畏惧，莫敢为通。会闻胡家穿圹下坎有磐石，乃密表曰：

臣闻优名宝位，王者之所光锡；尊君爱亲，臣子所以慎终。必使勋绩相侔，号秩相可，然后能显扬当时，传徽万代者矣。窃见故侍中、司徒胡公，怀道念灵，实诞圣后，载育至尊，母仪四海，近枢克唯允之寄，居槐体论道之明。故以功余九锡，褒假銮蘥，深圣上之加隆，极慈后之至爱，宪章天下，不亦可乎？而"太上"之号，窃谓未衷。何者？易称："天尊地卑，乾坤定矣。"故曰："大哉乾元"。又曰'至哉坤元，明乾坤不可并大。《礼记》曰："天无二日，土无二王。尝禘郊社，尊无二上。"明君臣不可并上。

伏见诏书，以司徒为太上秦公，夫人为太上秦君。夫人蒙号于前，司徒系之于后，尊光之美盛矣。窃惟高祖受禅于献文皇帝，故仰尊为太上皇，此因上上而生名也。皇太后称令以系敕下，盖取三从之道，远同文母，列于十乱，则司徒之为太上，恐乖系敕之意。《春秋传》曰："葬称公，臣子辞。"明不可复加上也。《书》曰："兹予大飨于先王，尔祖其从与飨之。"司徒位尊属重，必当配飨先朝，称太上以为臣，以事太上皇，恐非司徒翼翼之心。

汉祖创有天下，尊父曰"太上皇"，母曰"昭灵后"，乃帝者之事。晋有"小子侯"，尚曰僭之于天子。司徒，三公也，其可同

号于帝乎？孔子曰："必也正名，名不正则言不顺，言不顺则事
不成，事不成则礼乐不兴，礼乐不兴则刑罚不中，刑罚不中则
民无所措手足。"《易》曰"有大者不可以盈，故受之以谦"，"谦
尊而光，卑而不可逾"，"天道亏盈而益谦，地道变盈而流谦，鬼
神害盈而福谦，人道恶盈而好谦。"又曰："困于上者必反于下，
故受之以井。"比克吉定兆，而以浅改卜，群心悲惋，亦或天地
神灵所以垂至戒，启圣情。伏愿圣后回日月之明，察微臣之请，
停司徒逼同之号，从卑下不逾之称，畏困上之鉴，邀谦光之福，
则天下幸甚。

臣闻见灾修德，灾变成善。此太戊所以兴殷，桑谷以之自
灭。况今卜迁方始，当修革之会，愚以为无上之名，不可假之，
脱讥于千载，恐贻不言之咎。且君之于臣，比葬三临之，礼也。
司徒诚为后父，实人臣也。虽子尊不加于父，乃天下母以义断
恩，不可遂在室之意，故曰"女子有行，远父母兄弟"。况乃应坤
之载，承天之重，而朔望于司徒之殡，晨昏于郊墓之间，虽圣思
蒸蒸，其不虞宜戒。离宸极之严居，疲云跸于道路，此亦亿兆苍
生，瞻仰失图。伏愿寻《载驰》之不归，存静方之光大，则草木可
繁，人灵斯穆。臣职忝谏司，敢献狂瞽，谨冒上闻，不敢宣露，乞
垂省览，昭臣微款，脱得奉谒圣颜，曲尽愚衷者，死且不朽。

太后览表，亲至国珍宅，召集王公、八座、卿尹及五品已上，博议其
事，遣使召普惠与相问答，又令侍中元叉、中常侍贾璨监观得失。任
城王澄问普惠曰："汉高作帝，尊父为太上皇。今圣母临朝，赠父太
上公，求之故实，非为无准。且君举作则，何必循旧。"对曰："天子称
诏，太后称令，故周臣十乱，文母预焉。仰思所难，窃谓非匹。"澄曰：
"前代太后亦有称诏，圣母自欲谦光之义，故不称耳，何得以诏令之
别，而废严父之孝？"对曰："后父太上，自昔未有。前代母后岂不欲
尊崇其亲，王何以不远谟古义，而近顺今旨。未审太后何故谦于称
诏，而不谦于太上。窃愿圣后终其谦光。"太傅、清河王怿曰："昔在
僭晋，褚氏临朝，殷浩遗褚裒书曰'足下，今之太上皇也'，况太上公

而致疑。"对曰："褚裒以女辅政辞不入朝。渊源讥其不恭,故有太上之刺。本称其非,不记其是。不谓殿下以此赐难。"

侍中崔光曰："张生表中引晋有小子侯,出自郑注,非为正经。"对曰："虽非正经之文,然述正经之旨。公好古习礼,复固斯难?"御史中尉元匡因谓崔光曰："张《表》云,晋之小子侯,以号同称僭。今者,太上公名同太上皇,比晋小子,义似相类。但不学不敢辨其是非。"普惠对曰："中丞既疑其是,不正其非,岂所望于三独。"尚书崔亮曰："谏议所见,正以太上之号不应施于人臣。然周有太公尚父,亦兼二名。人臣尊重之称,固知非始今日。"普惠对曰："尚父者,有德可尚;太上者,上中之上。名同义异,此亦非并。"亮又曰:"古有文王、武王,亦有文子、武子。然则,太上皇、太上公亦何嫌其同也?"普惠对曰:"文武者,德行之迹,故迹同则谥同。太上者,尊极之位,岂得通施于臣下!"廷尉少卿袁翻曰:"《周官》:上公九命,上大夫四命。命数虽殊,同为上,何必上者皆是极尊?"普惠厉声诃翻曰:"礼有下卿上士,何止大夫与公!但今所行,以太加上,二名双举,不得非极。雕虫小艺,微或相许,至于此处,岂卿所及!"翻甚有惭色,默不复言。

任城王澄曰:"谏诤之体,各言所见,至于用舍,固在应时。卿向答袁氏,声何太厉?"普惠对曰:"所言若是,宜见采用;所言若非,惧有罪及。是非须辨,非为苟竞。"澄曰:"朝廷方开不讳之门,以广忠言之路。卿今意在向义,何云乃虑罪罚。"议者咸以太后当朝,志相崇顺,遂奏曰:"张普惠辞虽不屈,然非臣等所同。涣汗已流,请依前诏。"太后复遣元叉、贾璨宣令谓普惠曰:"朕向召卿与群臣对议,往复既终,皆不同卿表。朕之所行,孝子之志;卿之所陈,忠臣之道。群公已有成议,卿不得苦夺朕怀。后有所见,勿得难言。"普惠于是拜令辞还。

初,普惠被召,传诏驰骅骝马来,甚迅速,伫立催去,普惠诸子忧怖涕泣。普惠谓曰:"我当休明之朝,掌谏议之职,若不言所难言,谏所难谏,便是唯唯,旷官尸禄。人生有死,死得其所,失复何恨!然

朝廷有道，汝辈勿忧。"及议罢，旨劳还宅，亲故贺其幸甚。时中山庄
弼遗书普惠曰："明侯渊儒硕学，身负大才，秉此公方，来居谏职，謇
謇如也，谔谔如也。一昨承胡司徒第，当面折庭诤，虽问难锋至，而
应对响出，宋城之带始萦，鲁门之柝裁警，终使群后逡巡，庶僚拱
默，虽不见用于一时，固已已传美于百代。闻风快然，敬裁此白。"普
惠美其此书，每为口实。

普惠以天下民调，幅度长广，尚书计奏，复征绵麻，恐其劳民不
堪命，上疏曰：

伏闻尚书奏复绵麻之调，尊先皇之轨，凤宵惟度，忻战交
集。何者？闻复高祖旧典，所以忻惟新；惧可复而不复，所以战
违法。仰惟高祖废大斗，去长尺，改重秤，所以爱万姓，从薄赋。
知军国须绵麻之用，故云幅度之间，亿兆应有绵麻之利，故绢
上税绵八两，布上税麻十五斤。万姓得废大斗，去长尺，改重
秤，荷轻赋之饶，不适于绵麻而已，故歌舞以供其赋，奔走以役
其勤，天子信于上，亿兆乐于下。故《易》曰：悦以使民，民忘其
劳。此之谓也。

自兹以降，渐渐长阔，百姓嗟怨，闻于朝野。伏惟皇太后未
临朝之前，陛下居谅暗之日，宰辅不寻其本，知天下之怨绵麻，
不察其辐广、度长、秤重、斗大，革其所弊，存其可存，而特放绵
麻之调，以悦天下之心，此所谓悦之不以道，愚臣所以未悦者
也。尚书既知国少绵麻，不惟法度之□易，民言之可畏，便欲去
天下之大信，弃已行之成诏，追前之非，遂后之失，奏求还复绵
麻，以充国用。不思库中大有绵麻，而群官共窃之。愚臣以为
于理未尽。何者？今宫人请调度，造衣物，必度忖秤量。绢布，
匹有尺丈之盈，一犹不计其广；丝绵，斤兼百铢之剩，未闻依律
罪州郡。若一匹之滥，一斤之恶，则鞭户主，连三长，此所以教
民以贪者也。今百官请俸，人乐长阔，并欲厚重，无复准极。得
长阔厚重者，便云其州能调，绢布精阔且长，横发美誉，以乱视
听；不闻嫌长恶广，求计还官者。此百司所以仰负圣明也。

今若必复绵麻者,谓宜先令四海知其所由,明立严禁,复本幅度,新绵麻之典,依太和之税。其在库绢布并及丝绵,不依典制者,请遣一尚书与太府卿、左右藏令,依今官度、官秤,计斤两、广长,折给请俸之人。总常俸之数,千俸所出,以布绵麻,亦应其一岁之用。使天下知二圣之心,爱民惜法如此,则高祖之轨中兴于神龟,明明慈信照布于无穷,则孰不幸甚。伏愿亮臣悾悾之至,下慰苍生之心。

普惠又表乞朝直之日,时听奉见。自此之后,月一陛见。又以肃宗不亲视朝,过崇佛法,郊庙之事,多委有司,上疏曰:

臣闻明德恤祀,成汤光六百之祚;严父配天,孔子称周公其人也。故能馨香上闻,福传遐世。伏惟陛下重晖纂统,钦明文思,天地属心,百神伫望,故宜敦崇祀礼,咸秩无文。而告朔朝庙,不亲于明堂;尝禘郊社,多委于有司。观射游苑,跃马骋中,危而非典,岂清跸之意。殖不思之冥业,损巨费于生民。减禄削力,近供无事之僧;崇饰云殿,远邀未然之报。昧爽之臣,稽首于外;玄寂之众,遨游于内。愆礼忤时,人灵未穆。愚谓从朝夕之因,求只劫之果,未若先万国之忻心,以事其亲,使天下和平,灾害不生者也。伏愿淑慎威仪,万邦作式,躬致郊庙之虔,亲纤朔望之礼,释奠成均,竭心千亩,明发不寐,洁诚禋祼。孝悌可以通神明,德教可以光四海,则一人有喜,兆民赖之。然后精进三宝,信心如来。道由礼深,故诸漏可尽;法随礼积,故彼岸可登。量撤僧寺不急之华,还复百官久折之秩。已兴之构,务从简成;将来之造,权令停息。仍旧亦可,何必改作。庶节用爱人,法俗俱赖。臣学不经远,言多孟浪,忝职其忧,不敢默尔。

寻别敕付外,议释奠之礼。

时史官克日蚀,豫敕罢朝。普惠以逆废非礼,上疏陈之。又表论时政得失。一曰:审法度,平斗尺,租稠务轻,赋役务省;二曰:听舆言,察怨讼,先皇旧事有不便于政者,请悉追改;三曰:进忠謇,退不肖,任贤勿贰,去邪勿疑;四曰:兴灭国,继绝世,勋亲之胤,所宜收叙。书奏,肃宗、灵太后引普惠于宣光殿,随事难诘,延对移时。令曰:"宁有先皇之诏,一一翻改!"普惠俛俛不言。令曰:"卿似欲致谏,故以左右有人,不肯苦言。朕为卿屏左右,卿其尽陈之。"对曰:"圣人之养庶物,爱之如伤。况今二圣纂承洪绪,妻承夫,子承父,夫、父之不可,安然仍行,岂先帝传委之本意?仰惟先帝行事,或有司之谬,或权时所行,在后以为不可者,皆追而正之。圣上忘先帝之自新,不问理之伸屈,一皆抑之,岂苍生黎庶所仰望于圣德?"太后曰:"小小细务,一一翻动,更成烦扰。"普惠曰:"圣上之养庶物,若慈母之养赤子。今赤子几临危壑,将赴水火,以烦劳而不救,岂赤子所望于慈母!"太后曰:"天下苍生,宁有如此苦事?"普惠曰:"天下之亲懿,莫重于太师彭城王,然遂不免枉死。微细之苦,何可得无?"太后曰:"彭城之苦,吾已封其三子,何足复言!"普惠曰:"圣后封彭城之三子,天下莫不忻至德,知慈母之在上。臣所以重陈者,凡如此枉,乞垂圣察。"太后曰:"卿云'兴灭国,继绝世',灭国绝世,竟复谁是?"普惠曰:"昔淮南逆终,汉文封其四子,盖骨肉之不可弃,亲亲故也。窃见故太尉咸阳王、冀州刺史京兆王,乃皇子皇孙,一德之亏,自贻悔戾,沉沦幽壤,缅焉弗收,岂是兴灭继绝之意?乞收葬二王,封其子孙,愚臣之愿。"太后曰:"卿言有理,朕深戢之,当命公卿博议此事。"

及任城王澄薨,普惠以吏民之义,又荷其恩待,朔望奔赴,至于禫除,虽寒暑风雨,无不必至。初澄嘉赏普惠,临薨,启为尚书右丞。灵太后既深悼澄,览启从之。诏行之后,尚书诸郎以普惠地寒,不应便居管辖,相与为约,并欲不复上省,纷纭多日乃息。

正光二年,诏遣杨钧送蠕蠕主阿那环还国。普惠谓遣之将贻后患,上疏曰:

臣闻乾元以利贞为大,非义则不动;皇王以博施为功,非类则不从。故能始万物而化天下者也。伏惟陛下睿哲钦明,道光虞舜,八表宅心,九服清晏。蠕蠕相害于朔垂,妖师扇乱于江外,此乃封豕长蛇,不识王度,天将悔其罪,所以奉皇魏。故荼毒之，辛苦之，令知至道之可乐也。宜安民以悦其志，恭己以怀其心。而先自劳扰，艰难下民，兴师郊甸之内，远投荒塞之外，救累世之劲敌，可谓无名之师。谚曰"唯乱门之无过"，愚情未见其可。当是边将窥窃一时之功，不思兵为凶器，不得已而用之者也。夫白登之役，汉祖亲困之。樊哙欲以十万众横行匈奴中，季布以为不可，请斩之。千载以为美。况今旱酷异常，圣慈降膳，乃以万五千人使杨钧为将而欲定蠕蠕，忤时而动，其可济乎？阿那环投命皇朝，抚之可也，岂容困疲我兆民，以资天丧之虏？昔庄公纳子纠，以致乾时之败；鲁僖以邾国，而有悬胄之耻。今蠕蠕时乱，后主继立，虽云散亡，奸虞难抑。脱有井陉之虑，杨钧之肉其可食乎！高车、蠕蠕，连兵积年，饥馑相仍，须其自毙，小亡大伤，然后一举而并之。此卞氏之高略，所以获两虎，不可不图之。

今土山告难，简书相绩，盖亦无能为也，正与今举相会，天其或者欲以告戒人，不欲使南北两疆，并兴大众。脱狂狡构间于其间，而复事连中国，何以宁之？今宰辅专欲好小名，不图安危大计，此微臣所以寒心者也。那环之不还，负何信义？此机之际，北师宜停。臣言不及义，文书所经过，不敢不陈。兵犹火也，不戢将自焚。二虏自灭之形，可以为殷鉴。伏愿辑和万国，以静四疆，混一之期，坐而自至矣。臣愚昧多违，必无可采，匹夫之智，愿以呈献。

表奏，诏答曰："夫穷鸟归人，尚或兴侧，况那环婴祸流离，远来依庇，在情在国，何容弗矜。且纳亡兴丧，有国大义，皇魏堂堂，宁废斯德！后主乱亡，似当非谬；此送彼迎，想无拒战。国义宜表，朝算已决，卿深诚厚虑，朕用嘉戢。但此段机略，不获相从，脱后不逮，勿惮匡言。"

时萧衍义州刺史文僧明举城归顺，扬州刺史长孙稚遣别驾封寿入城固守，衍将裴邃、湛僧率众攻逼，诏普惠为持节、东道行台，摄军司赴援之。军始渡淮，而封寿已弃城单马而退。军罢还朝。萧衍弟子西丰侯正德诈称降款,朝廷颇事当迎,普惠上疏,请赴扬州,移还萧氏,不从。俄而,正德果逃还。凉州刺史石士基、行台元洪超并赃货被绳,以普惠为右将军、凉州刺史,即为西行台。以病辞免。除光禄大夫,右丞如故。

　　先是,仇池武兴群氏数反,西垂郡戍,租运久绝。诏普惠以本官为持节、西道行台。给秦、岐、泾、华、雍、豳、东秦七州兵武三万人,任其召发,送南秦、东益二州兵租,分付诸戍,其所部将统,听于关西牧守之中随机召遣,军资板印之属,悉以自随。普惠至南秦,停岐、泾、华、雍、豳、东秦六州兵武,召秦州兵武四千人,分配四统;令送租兵连营接栅,相继而进,运租车驴,随机输转。别遣中散大夫封答慰喻南秦,员外常侍杨公熙宣劳东益氏民。

　　于时,南秦氏豪吴富聚合凶类,所在邀劫。公熙既至东益州,刺史魏子建密与普惠书,言公熙旧是蕃国之胤,而诸氏与相见者,必有阴私言,宜加图防。普惠乃符摄公熙,令赴南秦。公熙果已密遣其从兄山虎与吴富同逆,又妄自说乡里,纷动群氏,托云与崔南秦有隙,拒而不赴。租达平落,吴富等果胁车营,实公熙所潜遣也。后吴富虽为左右所杀,而徒党犹盛。秦□所缩武都、武阶,租颇得达。东益群氏先款顺,故广业、仇鸠、河池三城粟便得入。其应入东益十万石租,皆稽留费尽,升斗不至,镇戍兵武,遂致饥虚,咸恨普惠经略不广。事讫,普惠拜表按劾公熙。还朝,赐绢布一百段。

　　时诏访冤屈,普惠上疏曰:

　　《诗》称:"文王孙子,本枝百世。"《易》曰:"大君有命,开国承家。"皆所以明德睦亲,维城作翰。汉祖封爵之誓曰:"使黄河如带,太山如砺,国以永存,爰及苗裔。"又申之以丹书之信,重之以白马之盟。其以强大分王,罪犯蹙邑者,盖有之矣。未闻父基子构,世载忠贤,一死一削,用为恒典者也。故尚书令臣肇,未能远稽古义,近究成旨,以初封之诏,有亲王二千户、始蕃一千户、二蕃五百户、三蕃三百户,谓是亲疏世减之法;又以开国五等,有所减之言,以为世减之趣。遂立格奏夺,称是高祖本意，仍被旨可。差谬之来，亦已甚矣。遂使勋亲怀屈，幽显同冤，纷讼弥年，莫之能息。

臣辄远研旨格，深穷其事，世变减夺，今古无据。又寻诏书，称昔未可采，今始列璧疑，岂得混一，内分天近也。故乐良、乐安同蕃异封，广阳、安丰属别户等。安定之嫡，邑齐亲王；河间戚近，更从蕃食。是乃太和降旨，初封之伦级，勋亲兼树，非世减之大验者也。博陵袭爵，亦在太和之年，时不世减，以父尝全食，足户充本，同之始封，减从今式。如此，则减者减其所足之外，足者足其所减之内。减足之旨，乃为所贡所食耳。欲使诸王开国，弗专其民，赋役之差，贵贱有等。

盖准拟《周礼》公侯伯子男贡税之法，王食其半，公食三分之一，侯、伯四分之一，子、男五分之一。是以新兴得足充本，清渊吏多减户。故始封承袭俱称。所减谓减之以贡，食谓食之于国，斯实高祖需然之诏。减实之理，圣明自释，求之史帛，犹有未尽。时尚书臣琇疑减足之参差，旨又判之，以开训所减之旨，可以不疑于世减矣。而臣肇弗稽往事，曰五等有所减之格，用为世减之法；以王封有亲疏之等，谓是代削之条。妄解成旨，雷同世夺。以此毒天下，民其从乎！故太傅、任城文宣王臣澄枢弼累朝，识洞今古，为尚书之日，殷勤执请，孜孜于重议被旨不许，于此遂停。

又律罪例减，及先帝之缌麻；令给亲恤，止当世之有服。律令相违，威泽异品。使七庙曾玄，不治未恤，嫡封则爵禄无穷，枝庶则属内贬绝。仪刑作孚，亿兆何观。夫一人吁嗟，尚曰亏治。今诸王五等，各称其冤；七庙之孙，并讼其切。陈诉之案，盈于省曹，朝言巷，议咸云其苦。恐非先王所以建万国，亲诸侯，睦九族之义也。

臣猥忝今任，于兹五年，推寻旨格，谓无世减之理。请近遵高祖减食之谟，远循百代象贤之诰，退由九伐，进从九仪，则刑罚有伦，封不虚黜。斯乃文王所以克慎，不敢侮于鳏寡，而况于公侯伯子男乎？今旨访冤滞，愚以此为大者。求寻光锡之诏，并诸条格，所夺所请，事事穷审。诸王开国，非犯罪削夺者，并求还复；其昔尝全食，足户充本，减从令式者，从前则力多于亲懿，全夺则减足之格不行，愚谓禄力并应依所□之食而食之。若是则力少蕃王，粟帛仍本户邑虽盈之减。两秦既有全食足户之异，故不得同于新封之力耳。亲恤所衷，请依律断。伏惟亲亲尊贤，位必功立。尊贤以司民，可不慎乎？亲亲以牧族，其可弃乎？如脱蒙允，求以旨判为始，其前来吏秩，悉年久不追。

臣又闻明德慎罚，文王所以造周；咸有一德，殷汤所以革夏。故能上令下从，风动草偃，畏之如雷电，敬之如明神。是以天子家天下，绥万国，若天之无不覆，地之无不载。迁都之构，庶方子来，泛泽所沾，降及陪皂。宁有岳牧、二千石、县令、丞、尉、治中、别驾及诸军幢，受命于朝廷，而可不预乎？此之班驳，云雨之不平，谓是当时有司出纳之未允。何以明之？仰寻世宗诏书，百官普进一级，中有朝臣刺史登时褒授，则内外贵贱，莫不同泽。又覆奏称爰及陪皂，明无不逮。自后人率其心纷纶，盈庭嫌少，误惑视听。限以泛前，更为年断。六年、三年之考，以意折之；泛前、泛后之岁，隔而绝之。遂使如纶之旨，顿于一朝。泛前六年上第者，全不得泛；三年上第者，蒙半阶而已。泛前、泛后合考者，隔绝而不得，无考者无折而全。泛前、泛后，有考、无考，并蒙全泛。与否乖违，勤旧弥屈。差若毫厘，谬以千里，其此之谓乎？《易》曰："言行，君子之所以动天下，可不慎欤！"言之不从，无以抑之，遂奏夺牧守外禄，全不与泛。散官改为四年之考，泛前者八年一阶。政令不一，冤讼惟甚，与而复夺，其本在兹。致使邀驾击鼓者，无理以加其罪；诽谤公听者，无辞以抑其言。噂沓所由生，慢勃所由起。

夫琴瑟不调，浇而更张。善人，国之本也，其可弃乎？《诗》云："乐只君子，邦家之基。"《尧典》曰："克明俊德。"《吕刑》曰："何择非人。"《周官》曰："官弗必备惟其人。"《咎繇》曰：

"无旷庶官,天工人其代之。"《诗》云:"人之云亡,邦国殄瘁。"
又曰:"雨我公田,遂及我私。"孔子曰:"不患贫而患不均。"如
此,则官必择人,泛则宜溥。请远遵正始元旨,近准圣明二泛,
内外百官,悉同一阶,不以泛前折考,不以散任增年,则同云共
澍,四海均洽。

如谓未可,宜以权理折之。《易》曰:"圣人之大宝曰位,何
以守位曰仁。"《春秋传》曰:"一曰择人。"如此,则乃可无泛,不
可无考。守宰之泛,既以追夺;则百官之泛,不应独沾。溥泽既
收,复谁敢怨!夫三载之考。兴于太和;再周之陟,通于景明。
闲剧禄力,自有加减。陪臣以事省降,而考则三年;朝官既禄等
平曹,更四周乃陟。考禄参差,各称其枉。且一日从军征戍,苦
于烦任终年;专使决断,重于陪臣恒上。若通为三载之考,无泛
隔折,则各盈其分,亦足以近塞群口,远绥四方。

日昳求贤,犹有所失,况不遵择人之训,唯以停久而进乎?
自今已后,考黜愿以三宅革心,选进愿以三俊居德。《书》曰:
"举能其官,惟尔之能,称非其人,惟尔弗任。"斯周道所以佑辟
康民,敢不敬守。臣忝官枢副,毗察冤讼,寤寐惟省,谓宜追正,
愚固所陈,方无可采。

出除左将军、东豫州刺史。淮南九戍、十三郡,犹因萧衍前弊,
别郡异县之民,错杂居止。普惠乃依次括比,省减郡县,上表陈状。
诏许之。宰守因此绾摄有方,奸盗不起,民以为便。萧衍遣将胡广
来寇安阳,军主陈明祖等胁白沙、鹿城二戍,衍又遣定州刺史田超
秀、由僧达等窃据石头戍,径据安陆城。郢州新塘之贼,近在州西数
十里。普惠前后命将拒战,并破之。

普惠不营财业,好有进举,敦于故旧。冀州人侯坚固少时与其
游学,早终,其子长瑜,普惠每于四时请禄,无不减赡给其衣食。及
为豫州,启长瑜解褐,携其合门拯给之。孝昌元年三月,在州卒,时
年五十八。赠平北将军、幽州刺史,谥曰宣恭。

长子荣俊,武定末,齐王相府属。

荣俊弟龙子,扬州骠骑府长史。

史臣曰:孙绍关右之士,又能指论世务,亦其志也。张普惠明达典故,强直从官,侃然不挠,其有王臣之风矣。

魏书卷七九
列传第六七

成淹　范绍　刘桃符
刘道斌　董绍　冯元兴
鹿悆　张熠

成淹,字季文,上谷居庸人也。自言晋侍中粲之六世孙。祖升,家于北海。父洪,名犯显祖庙讳,仕刘义隆,为抚军府中兵参军。早卒。淹好文学,有气尚。刘子业辅国府刑狱参军事,刘彧以为员外郎,假龙骧将军,领军主,令援东阳、历城。皇兴中,降慕容白曜,赴阙,授兼著作郎。时显祖于仲冬之月,欲巡汉北,朝臣以寒甚,固谏,并不纳。淹上《接舆释游论》,显祖览之,诏尚书李欣曰:"卿等诸人不如成淹《论》,通释人意。"乃敕停行。

太和中,文明太后崩,萧赜遣其散骑常侍裴昭明、散骑侍郎谢竣等来吊,欲以朝服行事。主客执之,云:"吊有常式,何得以朱衣入山庭?"昭明等言:"本奉朝命,不容改易。"如此者数四,执志不移。高祖敕尚书李冲,令选一学识者更与论执,冲奏遣淹。昭明言:"未解魏朝不听朝服行礼,义出何典?"淹言:"吉凶不同,礼有成数;玄冠不吊,童孺共闻。昔季孙将行,请遭丧之礼,千载之下,犹共称之。卿远自江南奉慰,不能式遵成事,方谓议出何典,行人得失,何其异哉!"诏明言:"二国交和既久,南北皆须准望。齐高帝崩,魏遣李彪通吊,于时初不素服,齐朝亦不以为疑,那得苦见要逼。"淹言:"彪通吊之日，朝命以吊服自随。而彼不遵高宗追远之慕，乃逾月即吉，彪行吊之时，齐之君臣皆已鸣玉盈庭，貂珰曜日，百僚内外，朱服焕然。彪行人不被主人之命，复何容独以素服间衣冠之中？来责虽高，未敢闻命。我皇帝仁孝之性，侔于有虞，处谅暗以来，百官听于冢宰，卿岂得以此方彼也。"昭明乃摇膝而言："三皇不同礼，亦安知得失所归。"淹言："若如来谈，卿以虞舜、高宗为非也？"昭明遂相顾而笑曰："非孝者，宜厄有成责，行人亦弗敢言。希主人裁以吊服，使人唯赍裈褶，比既戎服，不可以吊，幸借缌衣帻，以申国命。今为魏朝所逼，违负指授，还南之日，必得罪本朝。"淹言："彼有君子也，卿将命折中，还南之日，应有高赏；若无君子也，但令有光国之誉，虽复非理见罪，亦复何嫌。南史、董狐，自当直笔。"既而，高祖遣李冲问淹昭明所言，淹以状对。高祖诏冲曰："我所用得人。"仍敕送衣帻给昭明等，赐淹果食。明旦，引昭明等入，皆令文武尽哀。后正侍郎。高祖以淹清贫，赐绢百匹。

十六年，萧赜遣其散骑常侍庾荜、散骑侍郎何宪、主书邢宗庆朝贡，值朝廷有事明堂，因登灵台，以观云物。高祖敕淹引荜等馆南瞩望行礼，事毕，还外馆，赐酒食。宗庆语淹言："南北连和既久，而比弃信绝好，为利而动，岂是大国善邻之义？"淹言："夫为王者，不拘小节。中原有菽，工采者获多，岂眷眷守尾生之信？且齐先主历事宋韩，荷恩积世，当应便尔欺夺？"宗庆、庾荜及行者皆相顾失色。何宪知淹昔从南入，而以手掩目曰："卿何为不作于禁，而作鲁肃？"淹言："我舍危效顺，欲追踪陈、韩，何于禁之有！"宪亦不对。

王肃归国也，高祖淹曾官江表，诏观是非。乃造肃与语，还奏言实。时议纷纭，犹谓未审。高祖曰："明日引入，我与语，自当知之。"及銮舆行幸，肃多扈从，敕淹将引，若有古迹，皆使知之。行到朝歌，肃问此是何城。淹言："纣都朝歌城。"肃言："故应有殷之顽民也。"淹言："昔武王灭纣，悉徙河洛，中因刘石乱华，仍随司马东渡。"肃知淹寓于青州，乃笑而谓淹曰："青州间何必无其余种。"淹以肃本隶徐州，言："青州本非其地，徐州间今日重来，非所知也。"肃遂伏马上掩口而笑，顾谓侍御史张思宁曰："向者聊因戏言，遂致辞溺。"思宁驰马奏闻，高祖大悦，谓彭城王勰曰："淹此段足为制胜。"舆驾至洛，肃因侍宴。高祖戏肃曰："近者行次朝歌，闻成淹共卿殊有往覆，卿试重叙之。"肃言："臣前朝歌，为淹所困，不谓此事仰闻听览。臣尔日失言，一之已甚，岂宜再说。"遂皆大笑。高祖又谓肃曰："淹能制卿，其才亦不困。"肃言："淹才词便为难有，圣朝宜应叙进。"高祖言："若因进淹，恐辱卿转甚。"肃言："臣屈己达人，正可显臣之美。"高祖曰："卿既为人所屈，欲求屈己之名，复于卿太优。"肃言："淹既蒙进，臣得屈己伸人，此所谓陛下惠而不费。"遂酣笑而止。乃赐淹龙厩上马一匹，并鞍勒宛具、朝服一袭，转谒者仆射。

时迁都，高祖以淹家无行资，敕给事力，送至洛阳，并赐假日，与家累相随。行次灵丘，属萧鸾遣使，敕驿马征淹。车驾济淮，淹于路左请见，高祖伫驾而进之。淹曰："萧鸾悖虐，幽明同弃，陛下俯应人神，按剑江澨，然敌不可小，蜂虿有毒，而况国乎？深愿圣明保万全之策。"诏曰："此前车之辙，得不慎乎！"淹曰："伏闻发洛以来，诸有谏者，解官夺职，恐非圣明纳下之义。"高祖曰："此是我命耳，卿不得为干斧钺。"淹曰："昔文王询于刍荛，晋文听舆人之诵，臣虽卑贱，敢同匹夫。"高祖优而容之，诏赐绢百匹。

高祖幸徐州，敕淹与闾龙驹等主舟棹，将泛泗入河，溯流还洛。军次碙磝，淹以黄河浚急，虑有倾危，乃上疏陈谏。高祖敕淹曰："朕以恒、代无运漕之路，故京邑民贫。今移都伊洛，欲通运四方，而黄河急浚，人皆难涉。我因有此行，必须乘流，所以开百姓之心。知卿至诚，而今者不得相纳。"敕赐骓骝马一匹，衣冠一袭。除羽林监，领主客令，加威远将军。

于时，宫殿初构，经始务广，兵民运材，日有万计，伊洛流渐，苦于厉涉。淹遂启求，敕都水造浮航。高祖赏纳之，意欲荣淹于众。朔旦受朝，百官在位，乃赐帛百匹，知左右二都水事。世宗初，司徒、彭城王勰曰："先帝本有成旨，淹有归国之诚，兼历官著称，宜加优陟。高祖虽崩，诏犹在耳。"乃相闻选曹，加淹右军，领左右都水，仍主客令。复授骁骑将军,加辅国将军,都水、主客如故。

淹小心畏法,典客十年,四方贡聘,皆有私遗,毫厘不纳,乃至衣食不充。遂启乞外禄。景明三年,出除平阳太守,将军如故。还朝,病卒。赠本将军、光州刺史,谥曰定。

子霄,字景鸾。亦学涉,好为文咏,但词彩不伦,率多鄙俗。与河东姜质等朋游相好,诗赋间起。知音之士,共所嗤笑,闾巷浅识,颂讽成群,乃至大行于世。历治书侍御史而卒。

范绍,字始孙,敦煌龙勒人。少而聪敏。年十二,父命就学,师事崔光。以父忧废业,母又诫之曰:“汝父卒日,令汝远就崔生,希有成立。今已过期,宜遵成命。”绍还赴学。

太和初,充太学生,转算生,颇涉经史。十六年,高祖选为门下通事令史,迁录事,令掌奏文案,高祖善之。又为侍中李冲、黄门崔光所知,出内文奏,多以委之。高祖曾谓近臣曰:“崔光从容,范绍之力。”稍迁强弩将军、积弩将军、公车令,加给事中,迁羽林监。

扬州刺史、任城王澄请征钟离,敕绍诣寿春,共量进止。澄曰:“须兵十万,往还百日,涡阳、钟离、广陵、庐江,欲数道俱进,但粮仗军资,须朝廷速遣。”绍曰:“计十万之众,往还百日,须粮百日。顷秋以向末,方欲征召,兵仗可集,恐粮难至。有兵无粮,何以克敌?愿王善思,为社稷深虑。”澄沉思良久,曰:“实如卿言。”使还,具以状闻。后澄遂征钟离,无功而返。寻除长兼奉车都尉,转右都水使者,录事如故。丁母忧去职。

值义阳初复,起绍除宁远将军、郢州龙骧府长史,带义阳太守。其年冬,使还都,值朝廷有南讨之计,发河北数州田兵二万五千人,通缘淮戍兵合五万余人,广开屯田。八座奏绍为西道六州营田大使,加步兵校尉。绍勤于劝课,频岁大获。又诏绍诣钟离,与都督、中山王英论攻钟离形势,英固言必克。绍观其城隍防守,恐不可陷,劝令班师,英不从。绍还,具以状闻。俄而英败。诏以徐、豫二境,民稀土旷,令绍量度处所,更立一州。绍以谯城形要之所,置州为便,遂立南兖。

入为主衣都统,加中坚将军,转前军将军。追赏营田之勤,拜游击将军。迁龙骧将军、太府少卿,都统如故。转长兼太府卿。绍量功节用,甄烦就简,凡有赐给,千匹以上,皆别覆奏,然后出之。灵太后嘉其用心,敕绍每月入见,诸有益国利民之事,皆令面陈。出除安北将军、并州刺史。清慎守法,颇得民和。值山胡来寇,不能击,以此损其声望。复入为太府卿。庄帝初,遇害河阴。

刘桃符,中山卢奴人。生不识父,九岁丧母。性恭谨,好学。举孝廉,射策甲科,历碎职。景明中,羽林监、领主书。萧宝夤之降也,桃符受诏迎接。历奉车都尉、长水校尉、游击将军。正始中,除征虏将军、中书舍人,以勤明见知。久不迁职。世宗谓之曰:"扬子云为黄门,顿历三世。卿居此任始十年,不足辞也。"

东豫州刺史田益宗居边贪秽,世宗频诏桃符为使慰喻之。桃符还,具称益宗既老耄,而诸子非理处物。世宗后欲代之,恐其背叛,拜桃符征虏将军、豫州刺史,与后军将军李世哲领众袭益宗。语在《益宗传》。桃符善恤蛮左,为民吏所怀。久之,征还。病卒,年五十一。赠后将军、洛州刺史。

子景均,殿中侍御史。

刘道斌,武邑灌津人,自云中山靖王胜之后也。幼而好学,有器干。及长,腰带十围,须髯甚美。举孝廉,入京,拜校书郎,转主书,颇为高祖所知。从征南阳。还,加积射将军、给事中。高祖谓黄门侍郎邢峦曰:"道斌是段之举,便异侪流矣。"世宗即位,迁谒者仆射。转步兵校尉、广武将军、领中书舍人。出为武邑太守。时冀州新经元愉逆乱之后,加以连年灾俭,道斌频为表请,蠲其租赋,百姓赖之。罢郡还,除右将军、太中大夫。又以本将军出为恒农太守,迁岐州刺史,所在有清治之称。正光四年,卒于州。赠平东将军、沧州刺史,改赠济州,谥曰康。

道斌在恒农,修立学馆,建孔子庙堂,图画形像。去郡之后,民故追思之,乃复画道斌形于孔子像之西,而拜谒焉。

子士长,武定中,砀郡太守。卒。

董绍,字兴远,新蔡鲷阳人也。少好学,颇有文义。起家四门博士,历殿中侍御史、国子助教、积射将军、兼中书舍人。辩于对问,为世宗所赏。

豫州城人白早生以城南叛,诏绍慰劳。至上蔡,为贼所袭,囚送江东,仍被锁禁。萧衍领军将军吕僧珍暂与绍言,便相器重。衍闻之,遣使劳绍云:“忠臣孝子,不可无人。今当听卿还国。”绍对曰:“老母在洛,无复方寸,既奉恩贷,实若更生。”衍又遣主书霍灵超谓绍曰:“今放卿还,令卿通两家之好,彼此息民,岂不善也。”对曰:“通好息民,乃两国之事。既蒙命及,辄当闻奏本朝。”衍赐绍衣物,引入见之,令其舍人周舍慰劳,并称:“战争多年,民物涂炭,是以不耻先言,与魏朝通好。比亦有书,都无报旨。卿宜备申此意,故遣传诏周灵秀送卿至国,迟有嘉问。”又令谓绍曰:“卿知所以得不死不?今者获卿,乃天意也。夫千人之聚,不散则乱。故须立君以治天下,不以天下养一人。凡在民上,胡不思此?若欲通好,今以宿、豫还彼,彼当以汉中见归。”先是,诏有司以所获衍将齐苟儿等十人欲以换绍,事在《司马悦传》。及结还,世宗愍之。永平中,除给事中,仍兼舍人。绍虽陈说和计,朝廷不许。

久之,加轻车将军,正舍人,又除步兵校尉。

肃宗初,绍上《御天马颂》,帝赏其辞,赐帛八十匹。又除龙骧将军、中散大夫,舍人如故。加冠军将军,出除右将军、洛州刺史。绍好行小惠,颇得民情。萧衍将军曹义宗、王玄真等寇荆州,据顺阳马圈,裴衍、王罴讨之。既复顺阳,进围马圈。城坚,裴、王粮少,绍上书言其必败。未几,裴衍等果失利,顺阳复为义宗所据。绍有气病,启求解州,诏不许。

萧宝夤反于长安也,绍上书求击之,云:“臣当出瞎巴三千,生唉蜀子。"肃宗谓黄门徐纥曰:"此巴真瞎也?"纥曰:"此是绍之壮辞,云巴人劲勇,见敌无所谓惧,非实瞎也。"帝大笑,敕绍速行。又加平西将军。以拒宝夤之功,赏新蔡县开国男,食邑二百户。

永安中,代还。于是除安西将军、梁州刺史、假抚军将军、兼尚书,为山南行台,颇有清称。前废帝以元孚代之。绍至长安,时尔朱天光为关右大行台,启绍为大行台从事、兼吏部尚书,又除征西将军、金紫光禄大夫。天光赴洛,留绍于后。天光败,贺拔岳复请绍为其开府谘议参军。永熙中,加车骑将军。岳后携绍于高平牧马,绍悲而赋诗曰:"走马山之阿,马渴饮黄河;宁谓胡关下,复闻楚客歌。"后为宇文黑獭所杀。

子敏,永安中,为太尉西阁祭酒。

冯元兴,字子盛,东魏郡肥乡人也。其世父僧集,官至东清河、西平原二郡太守,赠济州刺史。元兴少有操尚,随僧集在平原,因就中山张吾贵、赏山房虬学,通《礼》、《传》,颇有文才。年二十三,还乡教授,常数百人。领僚孝廉,对策高第,又举秀才。

时御史中尉王显有权宠,元兴奏记于显,召为检校御史。寻转殿中,除奉朝请,三使高丽。江阳王继为司徒,元兴为记室参军,遂为元叉所知。叉秉朝政,引元兴为尚书殿中郎,领中书舍人,仍御史。元兴居其腹心,预闻时事,卑身克己,人无恨焉。家素贫约,食客恒数十人,同其饥饱,曾无吝色,时人叹尚之。

及太保崔光临薨,荐元兴为侍读。尚书贾思伯为侍讲,授肃宗《杜氏春秋》于式乾殿,元兴常为摘句,儒者荣之。及叉欲解领军,以访元兴。元兴曰:"未知公意如何耳?"叉曰:"卿谓吾欲反也?"元兴不敢言,因劝之。叉既赐死,元兴亦被废。乃为《浮萍诗》以自喻曰:"有草生碧池,无根绿水上。脆弱恶风波,危微苦惊浪。"

丞相、高阳王雍召为兼属。未几,去任还乡。仆射元罗为东道大使,以元兴为本郡太守。寻征赴阙。以母忧还家,频值乡乱,数为监军,元兴多所赏罚,乡党颇以此憾焉。上党王天穆之讨邢杲,引为大将军从事中郎。元颢入洛，复为平北将军、光禄大夫，领中书舍人。庄帝还宫，天穆以为太宰谘议参军，加征虏将军。普泰初，安东将军、光禄大夫，领中书舍人。太昌初，卒于家，赠征东将军、齐州刺史。文集百余篇。

元兴世寒，因元乂之势，托其交道，相用为州主簿，论者以为非伦。

高祖时，有谯郡曹道，颇涉经史，有干用。举孝廉。太和中，东宫主书、门下录事。景明中，尚书都令史，领主书。后转中书舍人。行使，每称旨。出除东郡太守。卒，赠仪同三司。

又有北海曹升，亦以学识清立见知。历治书侍御史。永安中，黄门郎、散骑常侍。出帝世，国子祭酒。不营家产，至以馁卒于邺，时人伤叹之。

又齐郡曹昂，有学识，举秀才。永安中，太学博士、兼尚书郎。而常徒步上省，以示清贫。忽遇盗，大失绫缣，时人鄙其矫诈。

鹿悆，字永吉，济阴人。父生，在《良吏传》。悆好兵书、阴阳、释氏之学。太师、彭城王勰召为馆客。尝诣徐州，马疫，附船而至大梁。夜睡，从者上岸窃禾四束以饲其马。船行数里，悆觉，问得禾之处，从者以告。悆大忿，即停船上岸，至取禾处，以缣三丈置禾束下而返。

初为真定公元子直国中尉，恒劝以忠廉之节。尝赋五言诗曰："峄山万丈树，雕镂作琵琶。由此材高远，弦响蔼中华。"又曰："援琴起何调？《幽兰》与《白雪》。丝管韵未成，莫使弦响绝。"子直少有令问，悆欲其善终，故以讽焉。母忧去职。服阕，仍卒任。子直出镇梁州，悆随之州。州有兵粮和籴，和籴者靡不润屋，悆独不取，子直强之，终不从命。

庄帝为御史中尉，悆兼殿中侍御史，监临淮王彧军。时萧衍遣其豫章王综据徐州，综密信通彧，云欲归款。综时为萧衍爱子，众议咸谓不然。彧募人入报，验其虚实，悆遂请行，曰："若综有诚心，与之盟约；如其诈也，岂惜一人命也。"时徐州始陷，边方骚扰，综部将成景俊、胡龙牙并总强兵，内外严固。悆遂单马间出，径趣彭城。未至之间，为综军主程兵润所止，问其来状。悆答曰："兵交使在，自昔通言。我为临淮王所使，须有交易。"兵润遂先遣人白龙牙等。综既有诚心，闻悆被执，语景俊等曰："我每疑元略规欲叛城，将验其虚实，且遣左右为元略使入魏军中，唤彼一人，其使果至。可令人诈作略身，在一深室，诡为患状，呼使户外，令人传语。"

时略始被衍追还。综又遣腹心梁话迎悆，密语意状，令善酬答，引悆入城，诣龙牙所。时日已暮，龙牙列仗举火引悆曰："元中山甚欲相见，故令唤卿。"又曰："安丰、临淮将少弱卒，规复此城，容可得乎！"悆曰："彭城，魏之东鄙，势在必争，得否在天，非人所测。"龙牙曰："当如卿言。"复诣景俊住所，停悆在外门，久而未入。时夜已久，星月甚明。有综军主姜桃来与悆语曰："君年已长宿，又充今使，良有所达。元法僧魏之微子，拔城归梁，梁主待物有道。"乃举手上指："今岁星在斗。斗，吴之分野。君何为不归梁国，我令君富贵。"悆答曰："君徒知其一，未知其二。法僧者，莒仆之流，而梁纳之，无乃有愧于季孙也？今月建鹑首，斗牛受破，岁星木也，逆而克之。君吴国败丧不久，且衣锦夜游，有识不许。"言未及尽，引入见景俊。景俊曰："元中山虽曰相唤，不惧而来何也？"答曰："昔楚伐吴，吴遣蹶由劳师，今者此行，略同于彼。"又曰："游历多年，与卿先经相识。"仍叙由缘，景俊便记。引悆同坐，谓悆曰："卿不为刺客也？"答曰："今者为使，欲返命本朝，相刺之事，更卜后图。"为设饭食杂果，悆强饮多食，向敌数人，微自夸矜。诸人相谓曰："壮士哉！"乃引向元略所，一人引入户内，指床令坐。一人别在室中，出谓悆曰："中山有教，与君相闻。"悆遂起立。使人谓悆曰："君但坐。"悆曰："家国王子，岂有坐听教命。"使人曰："顿首君，我昔有以向南，且遣相唤，欲闻乡事。

晚来患动,不获相见。"惀曰:"且奉音旨,冒险只赴,不得瞻见,内怀反侧。"遂辞而退。

须臾天晓,综军主范勖、景俊、司马杨暲等竞问北朝士马多少。惀云:"秦陇既平,三方静晏。今有高车、白眼、羌、蜀五十万,齐王、陈留、崔延伯、李叔仁等分为三道,径趣江西;安乐王鉴、李神领冀、沮、齐、济、青、光羽林十万,直向琅邪南出。"诸人相谓曰:"讵非华辞也?""惀曰:"可验崇朝,何华之有!"日晏令还。景俊送惀上戏马台,北望城垒,曰:"何此城之固,良非彼军士所能图拟,卿可语二王,回师改计。"惀曰:"金墉汤池,冲甲弥巧,贵守以人,何论险害。"还军,于路与梁话誓盟。契约既固,未旬,综果降。

诏曰:"日者,法僧父子,顽固自天,长恶不已,窃城外叛,职此乱阶,遂使彭宋名藩,翻为贼有。虽宗臣名将,挥戈于泗滨;虎士雄卒,竦剑于汴渚。然高墉峻堞,非可易登;广浃深隍,实为难践。是用日昃望食,中宵愤惋者也。而衍都督、豫章王萧综体运知机,欲归有道,潜遣密信,送款于都督临淮王。于时事同夜光,能不按剑。殿中侍御史监军鹿惀,不惮虎口,视险若夷,便能占募,入验虚实。誓盟既固,所图遂果。返地复城,息我兵甲,亦是惀之力焉。若不酬以荣禄,何以劝厉将来,可封定陶县开国子,食邑三百户。"

除员外散骑常侍。俄出为青州彭城王劭府长兼司马。寻解长兼。广川人刘钧、东清河人房须反,劭遣惀监州军讨之,战于商山,颇有所捷。将统皆劭左右,擅增首级,妄请赏帛,惀面执不与,劭弗从。惀勃然作色曰:"竭志立言,为王为国,岂惀家事!"不辞而出,劭追而谢焉。窃勋者放言喧沓,欲加私害,惀闻而笑之,不以介意。

先是,萧衍遣将彭群、王辩率众七万围逼琅邪。自春及秋,官军不至,而两青士马,裁可万余,师次郯城,久而未进。劭乃遣惀,南青州刺史胡平遣长史刘仁之,并监勒诸将,径赴贼垒,大破之,斩群首,俘馘二千余级。肃宗嘉之,玺书劳问。永安中,入为左将军、给事黄门侍郎。又以前赏惀入徐之功未尽,增邑二百户,进爵为侯。虽任居通显,志在谦退,迎送亲宾,加于畴昔,而自无室宅,常假赁居止，布衣粝食，寒暑不变。庄帝嘉其清素，时复赐以钱帛。

及东徐城民吕文欣杀刺史元大宾，南引贼众，屯栅曲术，诏念使持节、散骑常侍、安东将军，为六州大使，与行台樊子鹄讨破之。文欣党重以购之，文欣同逆人韩端正斩文欣送首，魁帅同死者十二人。诏书褒慰。还，拜镇东将军、金紫光禄大夫。寻诏为使持节、兼尚书左仆射、东南道三徐行台。至东郡，值尔朱仲远陷西兖，向滑台，诏与都督贺拔胜等拒仲远。军败，还京。普泰中，加征东将军，转卫将军、右光禄大夫、兼度支尚书、河北五州和籴大使。

天平中，除梁州刺史。时荥阳民郑荣业等聚众反，围逼州城。念不能固守，遂以城降。荣业送念于关西。

张熠，字景世，自云南阳西鄂人，汉侍中衡是其十世祖。熠自奉朝请，为扬州车骑府录事参军。入除步兵校尉。

永宁寺塔大兴，经营务广，灵太后曾幸作所，凡有顾问，熠敷陈指画，无所遗阙，太后善之。久之，除冠军将军、中散大夫。

后为别将，随长孙稚西征，转平西将军、太中大夫，为关西都督。以功封长平县开国男，食邑二百户。永安初，除平西将军、岐州刺史、假安西将军，寻加抚军将军。矜恤贫弱，为民所爱。代还，值元颢入洛，仍令复州，熠遂私还。庄帝还宫，出除镇南将军、东荆州刺史。寻加散骑常侍、征蛮大都督，转荆州刺史。值尔朱兆入洛，不行。

普泰中，卫将军、金紫光禄大夫。天平初，迁邺草创，右仆射高隆之、吏部尚书元世俊奏曰："南京宫殿，毁撤送都，连筏竟河，首尾大至。自非贤明一人，专委受纳，则恐材木耗损，有阙经构。熠清贞素著，有称一时，臣等辄举为大将。"诏从之。熠勤于其事。寻转营构左都将。兴和初，卫大将军。宫殿成，以本将军除东徐州刺史。三年，卒于州，时年六十。赠骠骑大将军、司空公、兖州刺史，谥曰懿。

子孝直，武定末，司空骑兵参军。

　　史臣曰：成淹等身遭际会，俱得效其所能，以至于显达，苟曰非才，亦何可以致。

魏书卷八〇
列传第六八

朱瑞　叱列延庆　斛斯椿
贾显度　樊子鹄　贺拔胜
侯莫陈悦　侯渊

朱瑞，字元龙，代郡桑乾人。祖就，字祖成，卒于沛县令。父惠，字僧生，行太原太守，卒。永安中，瑞贵达，就赠平东将军、齐州刺史，惠赠使持节、冠军将军、恒州刺史。瑞长厚质直，敬爱人士。

孝昌末，尔朱荣引为其府户曹参军，又为大行台郎中，甚为荣所亲任。建义初，除黄门侍郎，仍中书舍人。荣恐朝廷事意有所不知，故居之门下，为腹心之寄。录前后勋，封阳邑县开国公，食邑一千户。未几，又除散骑常侍、安南将军，黄门如故。丁父忧，去官。诏起复任，除青州大中正。

及元颢内逼。瑞启劝北幸，乃从加驾于河阳，除侍中、征南将军、兼吏部尚书，改封北海郡开国公，增邑一千户。庄帝还洛，加卫将军、左光禄大夫，又改封乐陵郡开国公，仍侍中。瑞虽为尔朱荣所委，而善处朝廷之间，庄帝亦赏遇之，曾谓侍臣曰："为人臣当须忠实，至如朱元龙者，朕待之亦不异余人。"

瑞启乞三从之内并属沧州乐陵郡，诏许之，仍转沧州大中正。瑞始以青州乐陵有朱氏，意欲归之，故求为青州中正。又以沧州乐陵亦有朱氏，而心好河北，遂乞移属焉。寻加车骑将军。

尔朱荣死,瑞与世隆俱北走。既而以庄帝待之素厚,且见世隆并无雄才,终当败丧,于路乃还。帝大悦,执其其手曰:"社稷忠臣,当须如此。"尔朱天光拥众关右,帝欲招纳之,乃以瑞兼尚书左仆射为西道大行台以慰劳焉。既达长安,会尔朱兆入洛,复还京师。都督斛斯椿先与瑞有隙,数谮之于世隆。世隆性多忌,且以前日乖异,忿恨更甚。普泰元年七月,遂诛之,时年四十九。太昌初,赠使持节、骠骑大将军、开府仪同三司、青州刺史,谥曰恭穆。

子孟胤,袭封。齐受禅,例降。

瑞弟珍,字多宝。太尉、上党王天穆录事参军。卒。

珍弟腾,字神龙。建义初,为龙骧将军、大都督司马。又封泾阳县开国男,食邑二百户。累迁中军将军、光禄大夫。与瑞同遇害。太昌初,赠沧州刺史。

腾弟庆宾,卒于光禄大夫。

子清,武定末,齐王开府中兵参军。

叱列延庆,代西部人也,世为酋帅。曾祖输石,世祖末从驾至瓜步,赐爵临江伯。父亿弥,袭祖爵,高祖时越骑校尉。延庆少便弓马,有胆力。

正光末,除直后,隶大都督李崇北伐。后随尔朱入洛,仍从荣讨葛荣于相州。延庆,世隆姊婿也,荣亲遇之。葛荣既擒,除使持节、抚军将军、光禄大夫、假镇东将军、都督,西部第一领民酋长,封永宁县开国伯,食邑五百户。永安二年,以本将军除恒州刺史。普泰初,世隆得志,特见委重,迁散骑常侍、车骑将军、仪同三司,又进骠骑大将军、开府,余如故。寻除都督恒云燕朔四州诸军事、大都督、兼尚书左仆射、山东行台,北海郡开国公,邑五百户。

时幽州刺史刘灵助以庄帝幽崩,遂举兵唱义,诸州豪右咸相结附。灵助进屯于定州之安固,世隆白前废帝,以延庆与大都督侯渊于定州相会,以讨灵助。渊谓延庆曰:"灵助善于卜占,百姓信惑,所在响应，未易可图，若万一战有利钝，则大事去矣。未若还师西入，据关拒险，以待其变。"延庆曰："刘灵助，庸人也。天道深远，岂其所识。大兵一临，彼皆恃其妖术，坐看符厌，宁肯戮力致死，与吾争胜负哉？如吾计者，政欲出营城外，诡言西归，灵助闻之，必信而自宽，潜军往袭，可一往而擒。"渊从之。乃出顿城西，声云将还。简精骑一千夜发，诘朝造灵助垒，战于城北，遂破擒之。仍兼尚书左仆射，为恒、云、燕、朔四州行台

又除使持节、侍中、都督恒云燕朔定五州诸军事、定州刺史，余如故。

与尔朱兆等拒义旗于韩陵，战败，延庆与尔朱仲远走渡石济。仲远南窜，延庆北降齐献武王。王与之入洛，仍从王于并州。后赴洛，出帝以为中军大都督。延庆既尔朱亲昵，又党于权佞，出帝之西，齐献武王入洛，以罪诛之。

延庆兄子平，武定末，仪同三司、右卫将军、瘿陶县开国侯。

斛斯椿，字法寿，广牧富昌人也。父敦，肃宗时为左牧令。时河西贼起，牧民不安，椿乃将家投尔朱荣，荣以椿兼其都督府铠曹参军。从荣征伐有功，表授厉威将军。稍迁中散大夫，署外兵事。

椿性佞巧，甚行荣心，军之密谋，颇亦关预。及肃宗崩，椿从荣入洛。庄帝初，封阳曲县开国公，食邑千户。迁散骑常侍、平北将军司马，寻除尔朱荣大将军府司马。从平葛荣，以功除上党太守。及元颢入洛，椿随荣奉迎庄帝，遂从攻颢。颢败，迁安北将军、建州刺史，改封深泽县，转镇东将军、徐州刺史。又转征东将军、东徐州刺史。

及尔朱荣死，椿甚忧惧。时萧衍以汝南王悦为魏主，资其士马，次于境上。椿闻大喜，遂率所部弃州归悦，悦授椿使持节、侍中、大将军、领军将军、领左右、尚书左仆射、司空公，封灵丘郡开国公，邑万户，又为大行台前驱都督。会尔朱兆入洛，椿复率所部背悦归兆。

尔朱世隆之立前废帝也，椿参其谋，以定策功，拜侍中、骠骑大

将军、仪同三司、京畿北面大都督，改封城阳郡开国公，增邑五百户，并前一千五百户，寻加开府。时椿父敦先在秀容，忽有传敦死问，请减己阶以赠之，自襄城将军超赠车骑将军、恒州刺史。寻知其父犹在，诏复椿官，仍除其父为车骑将军、扬州刺史。世隆之厚椿也如此。

椿与尔朱度律、仲远等北拒齐献武王，次阳平。会尔朱兆与度律等相疑通远，语在《兆传》。椿后复与度律等同拒义旗，败于韩陵。椿谓都督贾显智等曰："若不先执尔朱，我等死无类矣。"遂与显智等夜于桑下盟约，倍道兼行。椿入北中城，收尔朱部曲尽杀之，令长孙稚、贾显智等率数百骑袭尔朱世隆、彦伯兄弟，斩于阊阖门外。椿入洛，悬世隆兄弟首于其门树。椿父出见，谓椿曰："汝与尔朱约为兄弟，今何忍悬其头于家门，宁不愧负天地乎！"椿乃传世隆等首，并囚度律、天光，送于齐献武王。出帝拜椿侍中、仪同开府。

初，献武王之入洛，顿于邙山，尔朱仲远帐下都督桥宁、张子期自滑台而至。献武王责宁等曰："汝事仲远，擅其荣利，盟契百重，许同生死。前仲远自徐为逆，汝为戎首，今仲远南走，汝复背之。于臣节则不忠，论事人则无信。犬马尚识恩养，汝今犬马之不如！"遂斩之。椿自以数为反覆，见宁等之死，意常不安。遂密构间，劝出帝置阁内都督部曲，又增武直人数，自直阁已下员别数百，皆选天下轻剽者以充之。又说帝数出游幸，号令部曲，别为行陈，椿自约勒，指麾其间。从此以后，军谋朝政，一决于椿。又劝帝征兵，诡称南讨，将以伐齐献武王，帝从之。遂陈兵城西，北接邙山，南至洛水，帝诘旦戎服与椿临阅焉。

献武王以椿乱政，欲诛之。椿谮说既行，因此遂相恐动。出帝勒兵河桥，令椿为前军，营于邙山北。寻遣椿率步骑数千镇虎牢。椿弟豫州刺史元寿与都督贾显智守滑台，献武王令相州刺史窦泰击破之。椿惧己不免，复启出帝，假说游声以劫胁。帝信之，遂入关，椿亦西走长安。椿狡猾多事，好乱乐祸，干时败国，朝野莫不仇疾之。元寿寻为部下所杀。

贾显度，中山无极人。父道监，沃野镇长史。显度形貌伟壮，有志气。初为别将，防守薄骨律镇。

正光末，北镇扰乱，为贼攻围。显度拒守多时，以贼势转炽，不可久立，乃率镇民浮河而下。既达秀容，为尔朱荣所留。寻表授直阁将军、左中郎将。建义初，除汲郡太守，假平东将军。随尔朱荣破葛荣，又除抚军将军、光禄大夫、都督，封石艾县开国公，邑一千户。从上党王天穆破邢杲。值元颢入洛，仍与天穆渡河赴行宫于河内。颢平，以本将军除广州刺史、假镇南将军，转南兖州刺史。尔朱荣之死也，显度情不自安，南奔萧衍，衍厚待之。

普泰初，还朝，授卫大将军、仪同三司、左光禄大夫，又行济州事。复随尔朱度律等北拒义旗，败于韩陵，与斛斯椿及弟显智等率众先据河桥，诛尔朱氏。出帝初，除尚书左仆射，寻加骠骑大将军、开府仪同三司、定州大中正。未几，以本官行徐州刺史、东道大行台。永熙三年五月，转雍州刺史、西道大行台。殁于关中。

弟智，字显智，少有胆决。孝昌中，告毛谥等逆，灵太后嘉之，除伏波将军、冗从仆射，领直斋。萧衍将夏侯夔攻郢州，以智为龙骧将军、别将讨之。至则夔退，智仍入城。及刺史元显达以城降于萧衍，智勒城人不欲叛者与显达交战，相率归阙。

后为都督，隶太宰、上党王天穆征邢杲，临陈流矢中胸，仍战不已。元颢入洛，仍随天穆渡河，朝庄帝于河内。与尔朱兆同先渡河破颢军，以勋除持节、征南将军、金紫光禄大夫，封义阳县开国伯，邑五百户。假卫将军，与行台樊子鹄讨吕文欣于东徐州，平之。加侍中、骠骑大将军，增邑三百户。寻行东中郎将，加散骑常侍。

及尔朱仲远为徐州刺史，智隶仲远，赴彭城。尔朱荣之死也，仲远举兵向洛，智不从之，遂拥部下出清水东，招勒州民，与相拒击。庄帝闻而善之，除右光禄大夫、武卫将军，进爵为侯，增邑二百户，通前一千，因镇徐州。普泰初，还洛。仲远忿其乖背，议欲杀之。智兄显度行为世隆所厚,世隆为解喻得全。

时赵修巡起逆荆州,萧衍遣兵接援,世隆欲令智以功自效,遣智讨之,除使持节、散骑常侍、车骑大将军、左光禄大夫、假骠骑大将军、荆州大都督,进爵为公。将发,会荆州斩送修巡首,不行。又从尔朱度律北拒义旗,合尔朱兆于阳平。兆与度律自相疑阻,退还。除骠骑大将军。后随度律等败于韩陵,智与兄显度、斛斯椿谋诛尔朱氏。椿、显度据守北中,令智等入京,擒世隆兄弟。

出帝初,除散骑常侍、本将军、开府仪同三司、沧州刺史。在州贪纵,甚为民害,出帝征还京师。寻加授侍中,以本将军除济州刺史。率众达东郡,仍停不进,于长寿津为相州刺史窦泰所破,还洛。天平初,赴晋阳。

智去就多端,后坐事死,时年四十五。

子罗侯,秘书郎。

樊子鹄,代郡平城人。其先荆州蛮酋,被迁于代。父兴,平城镇长史,归义侯。普泰中,子鹄贵显,乃赠征虏将军、荆州刺史。

子鹄值北镇扰乱,南至并州,尔朱荣引为都督府仓曹参军。孝昌三年冬,荣使子鹄诣京师。灵太后见之,问荣兵势,子鹄应对称旨,太后嘉之。除直斋,封南和县开国子,邑三百户,令还赴荣。荣以为行台郎中,行上党郡。及荣向洛,以为假节、假平南将军、都督河东正平军事、行唐州事。刺史崔元珍闭门拒守,子鹄攻克之。

建义初,拜平北将军、晋州刺史,封永安县开国伯,食邑千户,又兼尚书行台。治有威信,山胡率服。元颢入洛,薛修义及降蜀陈双炽等受颢处分,率众攻州城。子鹄出与战,大破之,又破修义等于土门。以功拜抚军将军。寻征授都官尚书、西荆州大中正。后兼右仆射,为行台,督贾智等讨吕文欣于东徐州,平之。还,除车骑将军、左光禄大夫,进封南阳郡开国公,增户六百,尚书如故,仍假骠骑大将军,率所部为都督。

时尔朱荣在晋阳,京师之事,子鹄颇预委寄,故在台阁,征官不解。后为除散骑常侍、本将军、殷州刺史。属岁旱俭,子鹄恐民流亡,乃勒有粟之家分贷贫者,并遣人牛易力,多种二麦,州内以此获安。及尔朱荣之死,世隆等遗书招子鹄,欲与同趣京师,子鹄不从。以母在晋阳,启求移镇河南。庄帝嘉之,除车骑大将军、豫州刺史、假骠骑大将军、都督二豫郢三州诸军事、兼尚书右仆射、二豫郢颍四州行台。子鹄到相州,又敕赉绢五百匹。行达汲郡,闻尔朱兆入洛,乃渡河见仲远,仲远遣镇汲郡。兆征子鹄赴洛,既见,责以乖异之意,夺其部众,将还晋阳。乃纥豆陵步藩起,以子鹄为都督,征发粮仗。元晔以为侍中、御史中尉、中军大都督,随晔向洛。普泰初,仍除旧任。

及赵修延叛于荆州,诏子鹄通三鸦道而还。遭母忧去职,前废帝闻其在洛无宅,凶费不周,赉绢四百匹、粟五百石,以本官起之。太昌初,兼尚书左仆射、东南道大行台,总大都督杜德等追讨尔朱仲远。仲远已奔萧衍,收其兵马甲仗。时萧衍遣元树入寇,陷据谯城。诏子鹄与德讨之。树屯兵梁国,欲来逆战,见子鹄军盛,夜退还谯。子鹄引兵追蹑,树又背城为陈。子鹄勒兵直趣城下,纵骑冲突,树众大败,奔入城门,城门隘塞,多自杀害。于是斩千余级,获马数百匹,大收铠仗,遂围城。加仪同三司。树勒兵出战,辄被摧衄,遂不敢出,自守而已。子鹄恐萧衍遣救,乃分兵击衍苞州、然州、宕州、大涧、蒙县等五城,并望风逃散。树既无外援,计无所出,子鹄又令人说之,树遂请率众归南,以地还国。子鹄等许之,共结盟约。及树众半出,子鹄中击,破之,擒树及衍谯州刺史朱文开,俘馘甚多。班师,出帝赉马匹。迁吏部尚书,转尚书右仆射。寻加骠骑大将军、开府,典选。

初,青州人耿翔聚众反,亡奔萧衍,衍资其兵,偷据胶州。除子鹄使持节、侍中、青胶大使,督济州刺史蔡隽讨之。师达青州,翔拔城奔走。在军遇病,诏遣医给药。仍除兖州刺史,余官如故,便道之州。子鹄先遣腹心缘历民间,采察得失。及入境,太山太守彭穆参候失仪,子鹄责让穆,并数其罪状,穆皆引伏。于是州内震悚。

及出帝入关,子鹄据城为逆。南青州刺史大野拔、徐州人刘粹各率众就子鹄。天平初,遣仪同三司娄昭等率众讨之。子鹄先使前胶州刺史严思达镇东平郡,昭攻陷之,仍引兵围子鹄。城久不拔,昭以水灌城。静帝欲招慰下之,遣散骑常侍陆琛、兼黄门郎张景征赍玺书劳子鹄,而大野拔因与相见,左右斩子鹄以降。

贺拔胜,字破胡,神武尖山人。祖玺逗,选充北防,家于武川。以窥觇蠕蠕,兼有战功,显祖赐爵龙城男,为本镇军主。父度拔,袭爵。正光末,沃野人破落汗拔陵聚众反,度拔与三子、乡中豪男援怀朔镇,杀贼王卫可环。度拔寻为贼所害,孝昌中,追赠安远将军、肆州刺史。

度拔之死也,胜与兄弟俱奔恒州刺史、广阳王渊。胜便弓马,有武干,渊厚待之,表为强弩将军,充帐内军主。恒州陷,归尔朱荣,转积射将军,为别将,又兼都督。及荣入洛,以预义之勋,封易阳县开国伯,邑四百户。除直阁将军,寻加通直散骑常侍、平南将军、光禄大夫,进号安南将军。寻除抚军将军,为大都督,出井陉,镇中山。元颢入洛,胜从东路率骑三百赴行宫于河梁。荣命胜与尔朱兆先渡,破擒颢息冠受及颢大都督陈思保。庄帝还宫,以功增邑六百户,复加通直散骑常侍、征北将军、金紫光禄大夫、武卫将军,改封真定县开国公。寻除卫将军,加散骑常侍。

尔朱荣之死也,胜与田怙等奔走荣第。于时宫殿之门未加严防,怙等议即攻门。胜止之曰:“天子既行大事,必当更有奇谋。吾等众旅不多,何可轻尔? 但得出城,更为他计。”怙乃止。及世隆夜走,胜遂不从,庄帝甚嘉之。仲远逼东郡,诏胜以本官假骠骑大将军,为东征都督,率众会郑先护以讨之。为先护所疑,置之营外,人马未得休息。俄而仲远兵至,胜与交战不利,乃降之。

普泰初,除右卫将军,进号车骑大将军、右光禄大夫、仪同三司。共尔朱仲远、度律北拒义旗,相与奔退。事在《尔朱兆传》。后俱败于韩陵,胜因降献武王。太昌初,拜领军将军,余官如故,又除侍中。出帝既纳斛斯椿等谗间之说，将谋齐献武王，以胜弟岳拥众关西，仍欲广为势援，除胜使持节、侍中、都督三荆二郢南襄南雍七州诸军事、骠骑大将军、开府仪同三司、荆州刺史。

胜将图襄阳，攻萧衍下迮戍，克之，擒其戍主尹道玩、戍副库峨。又使人诱动蛮王问道期，道期率种起义。衍雍州刺史萧续遣军击道期，为道期所败，汉南大骇。胜又遣军攻均口，擒衍将庄思延，又攻冯翊、安定、沔阳、酂阳城，并平之。续遣将柳仲礼于谷城拒守，胜攻之不克，乃班师。沔北荡为丘墟矣。衍书敕续云：“贺拔胜北间骁将，汝宜慎之，勿与争锋。”其见惮如此。进爵琅邪郡公。

出帝末，诏胜统众北赴京师。军次汝水，出帝入关。胜率所部欲从武关趣长安。行至析阳，闻齐献武王站潼关，擒毛鸿宾，胜惧，复走荆州，城人闭门不纳。时献武王已遣行台侯景、大都督高敖曹讨之，胜战败，为流矢所中，乃率左右五百余骑奔萧衍。明年，从间道投宝炬。胜好行小数，志大胆薄，周章南北，终无所成，致殁于贼中。

胜兄可泥，永熙中，太尉公，封燕郡王。

胜弟岳，字阿斗泥。初为太学生，长以弓马为事。与父兄赴援怀朔，贼王卫可环在城西二百余步，岳乘城射之，箭中环臂，贼众大骇。后归恒州，广阳王渊以为帐内军主，表为强弩将军。州陷，投尔朱荣，荣以为别将，进为都督。

永安初，除安北将军、光禄大夫、武卫将军，赐爵樊城乡男。坐事失官爵，二年，诏并复之。寻除使持节、假卫将军、西道都督，隶尔朱天光为左厢大都督，讨万俟丑奴。天光先知岳，喜得同行，每事论访。寻加卫将军、假车骑将军，余如故。岳届长安，荣遣兵续至。时万俟丑奴遣其大行台尉迟菩萨向武功，南渡渭水，攻围趣栅。天光遣岳率骑一千驰往赴救，菩萨攻栅已克，还向岐州。岳以轻骑八百北渡滑水擒贼，令杀掠其民，以挑菩萨。菩萨果率步骑二万余人至渭水北。岳以轻骑数十与菩萨隔水交言，岳称扬国威，菩萨自言强盛,往复数返。菩萨乃自骄,令省事传语。岳怒曰:"我与菩萨言,卿是何人,与我对语!"省事恃水,应答不逊。岳举弓射之,应弦而倒。时已逼暮,于此各还。

岳密于渭南傍水分置精骑,四十、五十以为一所,随地形便,骆驿置之。明日,自将百余骑,隔水与贼相见,并且东行。岳渐前进,先所置驿骑随岳而集。骑既渐增,贼不复测其多少。行二十里许,便至浅可济,岳便驰马东出,以示奔遁。贼谓岳走,乃弃步兵,南渡渭水,轻骑追岳。岳东行十余里,依横岗伏兵以待之。贼以路险不得前进,前后继至,半度岗东。岳乃回战,身先士卒,急击之,贼便退走。岳号令所部,贼下马者皆不听杀。贼顾见之,便悉投马。俄而虏获三千人,马亦无遗。遂渡渭北,降步兵万余,收其辎重。其有士民,普皆劳遣。丑奴寻弃岐州,北走安定。

其后,破侯伏侯元进,降侯机长贵,擒丑奴、萧宝夤、王庆云、万俟道洛,走宿勤明达,事在《尔朱天光传》。天光虽为元帅,而岳功效居多。加车骑将军,增邑二千户,进封樊城县开国伯。寻诏岳都督泾、北豳、二夏四州诸军事,本将军、泾州刺史,进爵为公,改封清水郡公。天光入洛,使岳行雍州事。元晔立,除骠骑大将军,增邑五百户,余如故。

普泰初,都督二岐东秦三州诸军事、仪同三司、岐州刺史,寻加侍中,给后部鼓吹,仍诏开府。俄兼尚书左仆射、陇右行台,仍停高平。后以陇中犹有土民不顺,岳助侯莫陈悦所在讨平。二年,加岳都督三雍、三秦、二岐、二华诸军事,雍州刺史,关西行台,余如故。及尔朱天光率众赴洛,将抗齐献武王,岳与侯莫陈悦下陇赴雍,以应义旗。

永熙初,仍开府、兼仆射、大行台、雍州刺史,增邑千户。二年,诏岳都督雍、华、北华、东雍、二岐、豳、四梁、二益、巴、二夏、蔚、宁、南益、泾二十州诸军事,大都督。岳自诣北境,安置边防,率部趣泾州平凉西界,布营数十里,使诸军士田殖泾州。身将壮勇,托以牧马,于原州北招万俟受洛干等,并远近州镇聚结者。灵州刺史曹泥身诣岳军请代,岳以前洛州刺史元季海为州。彼民不促,击破季海部下,独听季海。阙三年正月,岳召侯莫陈悦会于高平,将讨之,令悦前驱,北趣灵州。闻渴波隘中河水未解,将往趣之。

岳既总大众,据制关右,凭强骄恣,有不臣之心。齐献武王恶其专擅,令悦图之。悦素服威略,既承密旨,便潜为计。时岳遣悦先行,悦乃通夜东进,达明晦日,岳行军前与悦相见。悦诱岳入营,坐论兵事。悦诈云腹痛,起而徐行,悦女夫元洪景抽刀斩岳。后岳部下收岳尸葬于雍州北石安原。六月,赠大将军、太保、录尚书事,都督、刺史、开国并如故。

侯莫陈悦,代郡人也。父婆罗门,为驼牛都尉,故悦长于河西。好田猎,便骑射。会牧子逆乱,遂归尔荣,荣引为都督府长流参军,稍迁大都督。

庄帝初,除征西将军、金紫光禄大夫,封柏人县开国侯,邑五百户。尔朱天光之讨关西,荣以悦为天光右厢大都督,本官如故。西伐克获,皆与天光、驾拔岳略同劳效。以本将军除鄯州刺史,余如故。尔朱荣死后,亦随天光下陇。元晔立,除车骑大将军、渭州刺史,进爵为公,改封白水郡,增邑五百户。及天光向洛,使悦行华州事。普泰中,除骠骑大将军、仪同三司、秦州刺史。天光之东出,将抗义旗,悦与岳下陇以应齐献武王,至雍州,会尔朱覆败。

永熙初,加开府、都督陇右诸军事,仍秦州刺史。永熙三年正月,岳召悦共讨灵州。悦诱岳斩之,岳左右奔散,悦遣人安慰云:“我别禀意旨,止在一人,诸君勿怖。”众皆畏服,无敢拒违。悦心犹豫,不即抚纳,乃还入陇,止永洛城。岳之所部,聚于平凉,规还图悦,遣追夏州刺史宇文黑獭。黑獭至,遂总岳部众并家口入高平城,以自安固,乃勒众入陇征悦。悦闻之,弃城,南据山水之险,设陈候战。黑獭至,遥望见悦,欲待明日决斗。悦先召南秦州刺史李景和,其夜,景和遣人诣黑獭,密许翻降。至暮,景和乃勒其所部使上驴驼,云“仪同有教,欲还秦州,守以拒贼”,令军人严备。景和复统悦帐下云："仪同欲汝等何不装办？"众谓为实，以次相惊，人情惶惑，不可复止，皆散走而趣秦州。景和先驱至城，据门以慰辑之。

悦部众离散，猜畏傍人，不听左右近己，与其二弟并儿及谋杀岳者八九人弃军迸走。数日之中，盘回往来，不知所趣。左右劝向灵州，而悦不决，言下陇之后，恐有人所见。乃于山中令从者悉步，自乘一骡，欲向灵州。中路，追骑将及，望见之，遂缢死野中，弟、息、部下悉见擒杀。唯先谋杀岳者悦中兵参军豆卢光走至灵州，后奔晋阳。悦自杀岳后，神情恍惚，不复如常，恒言："我仅睡即梦见岳语我'兄欲何处去'，随我不相置。"因此弥不自安，而致败灭。

侯渊，神武尖山人也。机警有胆略。肃宗末年，六镇饥乱，渊随杜洛周南寇。后与妻兄念贤背洛周归尔朱荣。路中遇寇，身披苦褐，荣赐其衣帽，厚待之，以渊为中军副都督。常从征伐，屡有战功。孝庄即位，除领左右，封厌次县开国子，邑四百户。后从荣讨葛荣于滏口，战功尤多。荣启渊为骠骑将军、燕州刺史。

时葛荣别帅韩楼、郝长等有众数万，屯据蓟城。尔朱荣令渊与贺拔胜讨之。会元颢入洛，荣征胜南赴大军，留渊独镇中山。及庄帝还宫，荣令渊进讨韩楼，配卒甚少。或以为言，荣曰："侯渊临机设变，是其所长，若总大众，未必能用。今击此贼，故当不足定也。"止给骑七百。渊遂广张军声，多设供具，亲率数百骑，深入楼境，欲执行人以问虚实。去蓟百余里，值贼帅陈周马步万余，渊遂潜伏以乘其背，大破之，虏其卒五千余人。寻还其马仗，纵令入城。左右谏曰："既获贼众，何为复资遣之也？"渊曰："我兵既少，不可力战，事须为计以离隙之。"渊度其已至，遂率骑夜集，昧旦，叩其城门。韩楼果疑降卒为渊内应，遂遁走，追擒之。以勋进爵为侯，增邑八百户。寻诏渊以本将军为平州刺史、大都督，仍镇范阳。

及尔朱荣之死也，范阳太守卢文伟诱渊出猎，闭门拒之。渊率部曲屯于郡南，为荣举哀，勒兵南向。庄帝使东莱王贵平为大使，慰劳燕、蓟。渊乃诈降，贵平信之，遂执贵平自随。进至中山，行台仆射魏兰根邀击之，为渊所败。会元晔立，渊欲归之。常山太守甄楷屯据井陉，渊又击破之。晔乃授渊骠骑大将军、仪同三司、定州刺史、左军大都督、渔阳郡开国公，邑一千户。前废帝立，仍加开府，余如故。幽州刺史刘灵助举义兵，屯于安国城，渊与叱列延庆等破擒之。后随尔朱兆拒义旗于广阿，兆既败走，渊降齐献武王，后从王破尔朱于韩陵。永熙初，除齐州刺史，余如故。

出帝末，渊与兖州刺史樊子鹄、青州刺史东莱王贵平密信往来，以相连结，又遣间使通诚于献武王。及出帝入关，复怀顾望。汝阳王暹既除齐州刺史，次于城西，渊拥部据城，不时迎纳。民刘桃符等潜引暹入据西城，渊争门不克，率骑出奔，妻儿部曲为暹所虏。行达广里，会承制以渊行青州事。齐献武王又遗渊书曰："卿勿以部典轻少，难于东迈。齐人浇薄，唯利是从，齐州城民尚能迎汝阳王，青州之人岂不能开门待卿也！但当勉之。"渊乃复还，暹始归其部曲。而贵平自以斛斯椿党，亦不受代。

渊进袭高阳郡，克之，置部曲家累于城中，身率轻骑游掠于外。贵平使其长子率众攻高阳，南青州刺史茹怀朗遣兵助之。时青州城人馈粮者首尾相继。渊亲率骑夜趣青州，诈馈粮人曰："台军已至，杀戮都尽。我是世子下人，今已走还城，汝何为复去也？"人信其言，弃粮奔走。比晓，复谓行人曰："台军昨夜已至高阳，我是前锋，今始到此，颇知侯公竟在何处？"城人凶惧，遂执贵平出降。渊自惟反覆，虑不获安，遂斩贵平，传首京师，欲明不同于斛斯椿也。

及子鹄平，诏以封延之为青州刺史。渊既不获州任，情又恐惧，行达广川，遂劫光州库兵反。遣骑诣平原，执前胶州刺史贾璐。夜袭青州南郭，劫前廷尉卿崔光韶，以惑人情。攻掠郡县，其部下督帅叛拒之，渊率骑奔萧衍，途中亡散，行达南青州南境，为卖浆者斩之，传首京师，家口配没。

史臣曰：朱瑞以背本向义，责不见原。延庆党旧违顺，常刑所及。斛斯椿奸佞为心，谗慝自口，取譬苍蝇，交乱四国，投于豺虎，天实弃之。贾智、侯渊反覆取毙。破胡器小谋大，终于颠蹶。子鹄迷机寡算，竟以歼殄。岳负力无谋，制以一剑。悦果行虑浅，死不旋足。观其亡灭，自取之也。

**魏书卷八一
列传第六九**

綦俊　山伟　刘仁之
宇文忠之

綦俊，字擞显，河南洛阳人也，其先代人。祖辰，并州刺史。俊，庄帝时仕累迁为沧州刺史，甚为吏人畏悦。寻除太仆卿。

及尔朱世隆等诛，齐献武王赴洛，止于邙洛山。上召文武百司，下及士庶，令之曰："尔朱暴虐，矫弄天常，孤起义信都，罪人斯翦。今将翼戴亲贤，以昌魏历，谁主社稷，允惬天人？"申令频烦，莫有应者。俊乃避席曰："人主之体，必须度量深远，明哲仁恕。广陵王遇世艰难，不言淹载，以人谋察之，虽为尔朱扶戴，当今之圣主也。"献武王欣然是之。时黄门侍郎崔悛作色而前，谓俊曰："广陵王为主，不能绍宣魏纲，布德天下，为君如此，何圣之有！若言其圣，应待大王。"时高乾邕、魏兰根等固执悛言，遂立出帝。及出帝失德，齐献武王深思俊言，常以为恨。

寻除御史中尉，于路与仆射贾显度相逢，显度恃勋贵，排俊驺列倒，俊忿见于色，自入奏之。寻加散骑常侍、骠骑大将军、左光禄大夫、仪同三司。俊佞巧，能候当涂，斛斯椿、贺拔胜皆与友善。斛斯椿之构间也，出帝令俊奉诏晋阳，齐献武王集文武与俊申释，俊辞屈而退。性多诈。贺拔胜出镇荆州，过俊别，因辞俊母，俊故见败毡弊被，胜更遗之钱物。后兼吏部尚书，复为沧州刺史。征还，兼中尉，章武县伯。寻除殷州刺史，薨于州。赠司空公，谥曰文贞。

子洪实，字巨正。位尚书左右郎，魏郡邑中正。嗜酒好色，无行检。卒官。

山伟，字仲才，河南洛阳人也，其先代人。祖强，美容貌，身长八尺五寸，工骑射，弯弓五石。为奏事中散，从显祖猎方山，有两狐起于御前，诏强射之，百步内二狐俱获。位内行长。父稚之，营陵令。伟随父之县，遂师事县人王惠，涉猎文史。稚之位金明太守。

肃宗初，元匡为御史中尉，以伟兼侍御史。入台五日，便遇正会。伟司神武门，其妻从叔为羽林队主，挝直长于殿门，伟即劾奏。匡善之，俄然奏正。帖国子助教，迁员外郎、廷尉评。时天下无事，进仕路难，代迁之人，多不沾预。及六镇、陇西二方直起逆，领军元叉欲用代来寒人为传诏以慰悦之，而牧守子孙投状求者百余人。又欲杜之，因奏立勋附队，令各依资出身。自是北人悉被收叙。伟遂奏记，赞叉德美。叉素不识伟，访侍中安丰王延明、黄门郎元顺，顺等因是称荐之。又令仆射元钦引伟兼尚书二千石郎，后正名士郎。修起居注。仆射元顺领选，表荐为谏议大夫。

尔朱荣之害朝士，伟时守直，故免祸。及庄帝入官，仍除伟给事黄门侍郎。先是，伟与仪曹郎衰升、屯田郎李延孝、外兵郎李奂、三公郎王延业方驾而行，伟少居后。路逢一尼，望之叹曰："此辈缘业，同日而死。"谓伟曰："君方近天子，当作好官。"而升等四人，皆于河阴遇害，果如其言。俄领著作郎。

前废帝立，除安东将军、秘书监，仍著作。初，尔朱兆之入洛，官守奔散，国史典书高法显密埋史书，故不遗落。伟自以为功，诉求爵赏。伟挟附世隆，遂封东阿县伯，而法显止获男爵。伟寻进侍中。孝静初，除卫大将军、中书令、监起居。后以本官复领著作，卒官。赠骠骑大将军、开府仪同三司、都督、幽州刺史，谥曰文贞公。

国史自邓渊、崔琛、崔浩、高允、李彪、崔光以还，诸人相继撰录，綦俊及伟等诣说上党王天穆及尔朱世隆，以为国书正应代人修缉，不宜委之余人，是以俊、伟等更主大籍。守旧而已，初无述著。故自崔鸿死后，迄终伟身，二十许载，时事荡然，万不记一，后人执笔，无凭据，史之遗阙，伟之由也。外示沉厚，内实矫竞。与綦俊少甚相得，晚以名位之间，遂若水火。与宇文忠之之徒、代人为党，时贤畏恶之。而爱尚文史，老而弥笃。伟弟少亡，伟抚寡训孤，同居二十余载，恩义甚笃。不营产业，身亡之后，卖宅营葬，妻子不免飘泊，士友叹愍之。

长子昂袭爵。

刘仁之，字山静，河南洛阳人。其先代人，徙于洛。父尔头，在《外戚传》。仁之少有操尚，粗涉书史，真草书迹，颇号工便。御史中尉元昭引为御史。前废帝时，兼黄门侍郎，深为尔朱世隆所信用。出帝初，为著作郎，兼中书令，既非其才，在史未尝执笔。出除卫将军、西兖州刺史，在州有当时之誉。武定二年卒，赠卫大将军、吏部尚书、青州刺史，谥曰敬。

仁之外示长者，内怀矫诈。其对宾客，破床弊席，粗饭冷菜，衣服故败，乃过逼下。善侯当途，能为诡激。每于稠人广众之中，或挝一奸吏，或纵一孤贫，大言自眩，示己高明，矜物无知。浅识皆称其美，公能之誉，动过其实。性又酷虐，在恶阳曾营城雉，仁之统监作役，以小稽缓，遂杖前殷州刺史裴瑗、并州刺史王绰，齐献武王大加谴责。性好文字，吏书失礼，便加鞭挞，言韵微讹，亦见捶楚，吏民苦之。而爱好文史，敬重人流。与齐帅冯元兴交款，元兴死后积年，仁之营视其家，常出隆厚。时人以此尚之。

宇文忠之，河南洛阳人也。其先南单于之远属，世据东部，后入居代都。祖阿生，安南将军，巴西公。父侃，卒于治书侍御史。忠之猎涉文史，颇有笔札，释褐太学博士。天平初，除中书侍郎。裴伯茂与之同省，常侮忽之，以忠之色黑，呼为“《黑宇》”。后敕修国史。元象初，兼通直散骑常侍，副郑伯猷使萧衍。武定初，为安南将军、尚书右丞，仍修史。未几，以事除名。忠之好荣利，自为中书郎，六七年矣，遇尚书省选右丞，预选者皆射策，忠之入试焉。既获丞职，大为忻满，志气嚣然，有骄物之色，识者笑之。既失官爵，怏怏发病卒。子君山。

史臣曰：綦俊遭逢受职；山伟位行颇爽；仁之虽内怀矫诈，而交情自笃；忠之虽文史足用，而雅道蔑闻。谓全德者，其难矣哉！

魏书卷八二
列传第七〇

李琰之　祖莹　常景

　　李琰之,字景珍,小字默蠡,陇西狄道人,司空韵之族弟。早有盛名,时人号曰神童。从父司空冲雅所叹异,每曰:"兴吾宗者,其此儿乎?"恒资给所须,爱同己子。弱冠举秀才,不行。

　　曾游河内北山,便欲有隐遁意。会彭城王勰辟为行台参军,苦相敦引。寻为侍中李彪启兼著作郎,修撰国史。稍迁国子博士,领尚书仪曹郎中,转中书侍郎、司农少卿、黄门郎,修国史。迁国子祭酒,转秘书监、兼七兵尚书。迁太常卿。

　　孝庄初,太尉元天穆北讨葛荣,以琰之兼御史中尉,为北道军司。还,除征东将军,仍兼太常。出为卫将军、荆州刺史。顷之,兼尚书左仆射、三荆二郢大行台。寻加散骑常侍。琰之虽以儒素自业,而每语人言,"吾家世将种",自云犹有关西风气。及至州后,大好射猎,以示威武。尔朱兆入洛,南阳太守赵修延以琰之庄帝外戚,诬琰之规奔萧衍,袭州城,遂被囚执,修延仍自行州事。城内人斩修延,还推琰之厘州任。出帝初,征兼侍中、车骑大将军、左光禄大夫、仪同三司。永熙二年薨。赠侍中、骠骑大将军、司徒公、雍州刺史,谥曰文简。

　　琰之少机警,善谈经史,百家无所不览,朝廷疑事多所访质。每云:"崔博而不精,刘精而不博,我既精且博,学兼二子。"谓崔光、刘芳也。论者许其博,未许其精。当时物议,咸共宗之。又自夸文章,从姨兄常景笑而不许。每休闲之际，恒闭门读书，不交人事。尝谓人曰："吾所以好读书，不求身后之名，但异见异闻，心之所愿。是以孜孜搜讨，欲罢不能。岂为声名劳七尺也？此乃天性，非为力强。"前后再居史职，无所编缉。安丰王延明，博闻多识，每有疑滞，恒就琇之辩析，自以为不及也。

二子纲、惠，并从出帝入关。

祖莹，字元珍，范阳遒人也。曾祖敏，仕慕容垂为平原太守。太祖定中山，赐爵安固子，拜尚书左丞。卒，赠并州刺史。祖嶷，字元达。以从征平原功，进爵为侯，位冯翊太守，赠幽州刺史。父季真，多识前言往行，位中书侍郎，卒于安远将军、钜鹿太守。莹年八岁，能诵《诗书》，十二为中书学生。好学耽书，以昼继夜，父母恐其成疾，禁之不能止，常密于灰中藏火，驱逐僮仆，父母寝睡之后，燃火读书，以衣被蔽塞窗户，恐漏光明，为家人所觉。由是声誉甚盛，内外亲属呼为"圣小儿"。尤好属文，中书监高允每叹曰："此子才器，非诸生所及，终当远至。"

时中书博士张天龙讲《尚书》，选为都讲。生徒悉集，莹夜读书，劳倦不觉天晓。催讲既切，遂误持同房生赵郡李孝怡《曲礼》卷上座。博士严毅，不敢还取，乃置《礼》于前，诵《尚书》三篇，不遗一字。讲罢，孝怡异之，向博士说，举学尽惊。后高祖闻之，召入，令诵五经章句，并陈大义，帝嗟赏之。莹出后，高祖戏卢昶曰："昔流共工于幽州北裔之地，那得忽有此子？"昶对曰："当是才为世生。"以才名拜太学博士。征署司徒、彭城王勰法曹行参军。高祖顾谓勰曰："萧颐以王元长为子良法曹，今为汝用祖莹，岂非伦匹也。"敕令掌勰书记。莹与陈郡袁翻齐名秀出，时人为之语曰："京师楚楚，袁与祖；洛中翩翩，祖与袁。"

再迁尚书三公郎。尚书令王肃曾于省中咏《悲平城诗》，云："悲平城，驱马入云中。阴山常晦雪，荒松无罢风。"彭城王勰甚嗟其美，欲使肃便咏，乃失语云："王公吟咏情性，声律殊佳，可便为诵《悲平城诗》。"肃因戏飈云："何意《悲平城》为《悲彭城》也？"飈有惭色。莹在座，即云："所有《悲彭城》，王公自未见耳。"肃云："可为诵之。"莹应声云："悲彭城，楚歌四面起。尸积石梁亭，血流睢水裹。"肃其嗟赏之。飈亦大悦，退谓莹曰："即定是神口。今日若不得卿，几为吴子所屈。"

为冀州镇东府长史，以货贿事发，除名。后侍中崔光举为国子博士，仍领尚书左户部。李崇为都督北讨，引莹为长史。坐截没军资，除名。未几，为散骑侍郎。孝昌中，于广平王第掘得古玉印，敕召莹与黄门侍郎李琰之，令辨何世之物。莹云："此是于阗国王晋太康中所献。"乃以墨涂字观之，果如莹言，时人称为博物。累迁国子祭酒，领给事黄门侍郎，幽州大中正，监起居事，又监议事。元颢入洛，以莹为殿中尚书。

庄帝还宫，坐为颢作诏，罪状尔朱荣，免官。后除秘书监，中正如故。以参议律历，赐爵容城县子。坐事系于廷尉。前废帝迁车骑将军。初，庄帝末，尔朱兆入洛，军人焚烧乐署，钟石管弦，略无存者。敕莹与录尚书事长孙稚、侍中元孚典造金石雅乐，三载乃就，事在《乐志》。迁车骑大将军。及出帝登祚，莹以太常行礼，封文安县子。天平初，将迁邺，齐献武王因召莹议之。以功迁仪同三司，进爵为伯。薨，赠尚书左仆射、司徒公、冀州刺史。

莹以文学见重，常语人云："文章须自出机杼，成一家风骨，何能共人同生活也。"盖讥世人好偷窃他文，以为己用。而莹之笔札，亦无乏天才，但不能均调，玉石兼有，制裁之体，减于袁、常焉。性爽侠，有节气，士有穷厄，以命归之，必见存拯，时亦以此多之。其文集行于世。

子珽，字孝征，袭。

常景，字永昌，河内人也。父文通，天水太守。景少聪敏，初读《论语》、《毛诗》，一受便览。及长，有才思，雅好文章。廷尉公孙良举为律博士，高祖亲得其名，既而用之。后为门下录事、太常博士。

正始初，诏尚书、门下于金墉中书外省考论律令，敕景参议。世宗季舅护军将军高显卒，其兄右仆射肇私托景及尚书邢峦、并州刺史高聪、通直郎徐纥各作碑铭，并以呈御。世宗悉付侍中崔光简之，光以景所造为最，乃奏曰："常景名位乃处诸人之下，文出诸人之上。"遂以景文刊石。肇尚平阳公主，未几主薨，肇欲使公主家令居庐制服，付学官议正施行。尚书又访景，景以妇人无专国之理，家令不得有纯臣之义，乃执议曰："丧纪之本，实称物以立情；轻重所因，亦缘情以制礼。虽理关盛衰，事经今古，而制作之本，降杀之宜，其实一焉。是故臣之为君，所以资敬而崇重；为君母妻，所以从服而制义。然而诸侯大夫之为君者，谓其有地土，有吏属，无服文者，言其非世爵也。今王姬降适，虽加爵命，事非君邑，理异列土。何者？诸王开国，备立臣吏，生有趋奉之勤，死尽致丧之礼；而公主家令，唯有一人，其丞已下，命之属官，既无接事之仪，实阙为臣之礼。原夫公主之贵，所以立家令者，盖以主之内事脱须关外，理无自达，必也因人。然则家令唯通内外之职，及典主家之事耳，无关君臣之理，名义之分也。由是推之，家令不得为纯臣，公主不可为正君明矣。且女人之为君，男子之为臣，古礼所不载，先朝所未议。而四门博士裴道广、孙荣刘等以公主为之君，以家令为之臣，制服以斩，乖谬弥甚。又张虚景、吾难羁等，不推君臣之分，不寻致服之情，犹同其议，准母制齐，求之名实，理未为允。窃谓公主之爵，既非食菜之君；家令之官，又无纯臣之式。若附如母，则情义罔施；若准小君，则从服无据。案如经礼，事无成文，即□愚见，谓不应服。"朝廷从之。

　　景淹滞门下积岁，不至显官，以蜀司马相如、王褒、严君平、扬子云等四贤，皆有高才而无重位，乃托意以赞之。其赞司马相曰："长卿有艳才，直致不群性。郁若春烟举，皎如秋月映。游梁虽好仁，仕汉常称病。清贞非我事，穷达委天命。"其赞王子渊曰："王子挺秀质，逸气干青云。明珠既绝俗，白鹄信惊群。才世苟不合，遇否途自分。空枉碧鸡命，徒献金马文。"其赞严君平曰："严公体沉静，立志明霜雪。味道综微言，端耆演妙说。才屈罗仲口，位结李强舌。素尚迈金贞,清标陵玉彻。"其赞扬子云曰:"蜀江导清流,扬子挹余休。含光绝后彦,覃思邈前修。世轻久不赏,玄谈物无求。当途谢权宠,置酒独闲游。"

景在枢密十有余年,为侍中崔光、卢昶、游肇、元晖尤所知赏。累迁积射将军、给事中。延昌初,东宫建,兼太子屯骑校尉,录事皆如故。其年受敕撰门下诏羽,凡四十卷。尚书元苌出为安西将军、雍州刺史,请景为司马,以景阶次不及,除录事参军、襄威将军,带长安令。甚有惠政,民吏称之。

先是,太常刘芳与景等撰朝令,未及班行。别典仪注,多所草创。未成,芳卒,景纂成其事。及世宗崩,召景赴京,还修仪注。拜谒者仆射,加宁远将军。又以本官兼中书舍人。后授步兵校尉,仍舍人。又敕撰太和之后朝仪已施行者,凡五十余卷。时灵太后诏依汉世阴邓二后故事,亲奉庙祀,与帝交献。景乃据正,以定仪注,朝廷是之。

正光初,除龙骧将军、中散大夫,舍人如故。时肃宗以讲学之礼于国子寺,司徒崔光执经,敕景与董绍、张彻、冯元兴、王延业、郑伯猷等俱为录义。事毕,又行释奠之礼,并诏百官作释奠诗,时以景作为美。是年九月,蠕蠕主阿那环归阙,朝廷疑其位次。高阳王雍访景,景曰:"昔咸宁中,南单于来朝,晋世处之王公、特进之下。今日为班,宜在蕃王、仪同三司之间。"雍从之。朝廷典章,疑而不决,则时访景而行。

初,平齐之后,光禄大夫高聪徙于北京,中书监高允为之媒妻,给其资宅。聪后为允立碑,每云:"吾以此文报德,足矣。"豫州刺史常绰以未尽其美。景尚允才器,先为《遗德颂》司徒崔光闻而观之,寻味良久,乃云:"高光禄平日每矜其文,自许报允之德,今见常生此《颂》,高氏不得独擅其美也。"侍中崔光、安丰王延明受议定服章,敕景参修其事。寻进号冠军将军。

阿那环之还国也,境上迁延,仍陈窘乏。遣尚书左丞元孚奉诏振恤,阿那环执孚过柔玄,奔于漠北。遣尚书令李崇、御史中尉兼右仆射元纂追讨,不及。乃令景出塞,经瓮山,临瀚海,宣敕勒众而返。景经涉山水,怅然怀古,乃拟刘琨《扶风歌》十二首。进号征虏将军。

孝昌初,兼给事黄门侍郎。寻除左将军、太府少卿,仍舍人。固辞少卿不拜,改授散骑常侍,将军如故。徐州刺史元法僧叛入萧衍,衍遣其豫章王萧综入据彭城。时安丰王延明为大都督、大行台,率临淮王彧等众军讨之。既而萧综降附,徐州清复,遣景兼尚书,持节驰与行台、都督观机部分。景经洛汭,乃作铭焉。是时,尚书令萧宝夤、都督崔延伯、都督北海王颢、都督车骑将军无恒芝等并各出讨,诏景诣军宣旨劳问。还,以本将军授徐州刺史。

杜洛周反于燕州,仍以景兼尚书为行台,与幽州都督、平北将军元谭以御之。景表求勒幽州诸县悉入古城,山路有通贼之处,权发兵夫,随宜置戍,以为防遏。又以顷来差斗,不尽强壮,今之三长,皆是豪门多丁为之,今求权发为兵。肃宗皆从之。进号平北将军。别敕谭西至军都关,北从卢龙塞,据此二险,以杜贼出入之路。又诏景山中险路之处,悉令捍塞。景遣府录事参军裴智成发范阳三长之兵以守白嶋,都督元谭据庸下口。俄而安州石离、冗城、斛盐三戍兵反,结洛周,有众二万余落,自松岍赴贼。谭勒别将崔仲哲等截军都关以待之。仲哲战没,洛周又自外应之,腹背受敌,谭遂大败,诸军夜散。诏以景所部别将李琚为都督,代谭征下口,降景为后将军,解州任,仍诏景为幽安玄□四州行台。贼既南出,钞掠蓟城,景命统军梁仲礼率兵士邀击,破之,获贼将御夷镇军主孙念恒。都督李琚为贼所攻,蓟城之北军败而死。率属城人御之,贼不敢逼。洛周还据上谷。授景平北将军、光禄大夫,行台如故。洛周遣其都督王曹纥真、马叱斤等率众蓟南,以掠人谷,乃遇连雨,贼众疲劳。景与都督于荣、刺史王延年置兵粟国,邀其走路,大败之,斩曹纥真。洛周率众南趋范阳,景与延年及荣复破之。又遣别将重破之于州西虎眼泉,擒斩及溺死者甚众。后洛周南围范阳,城人翻降,执刺史延年及景送于洛周。洛周寻为葛荣所吞,景又入荣。荣破,景得还朝。

永安初,诏复本官,兼黄门侍郎,又摄著作,固辞不就。二年,除中军将军，正黄门。先是，参议《正光壬子历》，至是赐爵高阳子。元颢内逼，庄帝北巡，景与侍中、大司马、安丰王延明在禁中召诸亲宾，安慰京师。颢入洛，景仍居本位。庄帝还宫，解黄门。普泰初，除车骑将军、右光禄大夫、秘书监。以预诏命之勤，封濮阳县子。后以例追。永熙二年，监议事。

景自少及老，恒居事任。清俭自守，不营产业，至于衣食，取济而已。耽好经史，爱玩文词，若遇新异之书，殷勤求访，或复质买，不问价之贵贱，必以得为期。友人刁整每谓曰："卿清德自居，不事家业，虽俭约可尚，将何以自济也？吾恐挚太常方喂于柏谷耳。"遂与卫将军羊深矜其所乏，乃率刁双、司马彦邕、李谐、毕祖彦、毕义显等各出钱千文而为买马焉。

天平初，迁邺，景匹马从驾。是时诏下三日，户四十万狼狈就道，收百官马，尚书丞郎已下非陪从者尽乘驴。齐献武王以景清贫，特给车牛四乘，妻孥方得达邺。后除仪同三司，仍本将军。武定六年，以老疾去官。诏曰："几杖为礼，安车至养，敬齿尊贤，其来尚矣。景艺业该通，文史渊洽，历事三京，年弥五纪，朝章言归，禄俸无余，家徒壁立，宜从哀恤，以旌元老。可特给右光禄事力，终其身。"八年薨。

景善与人交，终始若一，其游处者，皆服其深远之度，未曾见其矜吝之心。好饮酒，澹于荣利，自得怀抱，不事权门。性和厚茫恭慎。每读书，见韦弦之事，深薄之危，乃图古昔可以鉴戒，指事为象，赞而述之曰：

《周雅》云："谓天盖高，不敢不局；谓地盖厚，不敢不蹐。"有朝隐大夫监戒斯文，乃惕焉而惧曰："夫道丧则性倾，利重则身轻。是故乘和体逊，式铭方册；防微慎独，载象丹青。信哉辞人之赋，文晦而理明。仰瞻高天，听卑视谛；俯测厚地，岳峻川淳。谁其戴之，不私不胃；谁其践之，不陷不坠。故善恶是征，物罔同异。论亢匪久，人咸敬忌。

嗟乎！唯地厚矣，尚亦兢兢。浩浩名位，孰识其亲。搏之弗得,聆之无闻。故有戒于显,而急乎微。好爵是冒,声奢是基。身陷于禄利,言溺于是非。或求欲而未厌,或知足而不辞。是故位高而势愈迫,正立而邪愈欺。安有位极而危不萃,邪荣而正不凋?故悔多于地厚,祸甚于天高。夫悔未结,谁肯曲躬?夫祸未加,谁肯累足?固机发而后思图,车覆而后改蹦。改之无及,故狡兔失穴;思之在后,故逆鳞易触。

君子则不然,体舒则怀卷,视溺则思济。原夫人之度,退于无阶之天;势位之危,深于不测之地。饵厚而躬不竞,爵降而心不系。守善于已成,惧愆于未败。虽盈而戒冲,通而虑滞。以知命为遐龄,以乐天为大惠;以戢智而从时,以怀愚而游世。曲躬焉,累足焉。苟行之昼已决矣,犹夜则思其计。诵之口亦明矣,故心必赏其契。故能不同不诱,而弭谤于群小;无毁无誉,而贻信于上帝。托身与金石俱坚,立名与天壤相弊。嚣竞无忧游独逝。夫如是,故绮阁金门,可安其宅;锦衣玉食,可颐其形。柳下三黜,不愠其色;子文三陟,不喜其情。

而惑者见居高可以持势,欲乘高以据荣。见直道可以修己,欲专道以邀声。夫去声,然后声可立,岂矜道之所宣?卢危,然后安可固,岂假道之所全?是以君子鉴恃道不可以流声,故去声而怀道;鉴专道不可以守势,故去势以崇道。何者?履道虽高,不得无亢;求声虽道,不得无悔。然则声奢繁则实俭凋;功业进则身迹退。如此,则精灵遂越,骄侈自亲。情与道绝,事与势邻。方欲役思以持势,乘势以求津。故利欲诱其情,祸难婴其身。利欲交,则幽明以之变;祸难构,则智术无所陈。若然者,虽縻爵帝局,焉得而宁之?虽结佩皇庭,焉得而荣之?故身道未究,而崇邪之径已形;成功未立,而修正之术已生。福禄交蹇于人事,屯难顿萃于进情。忠介剖心于白日,耿节沉骨于幽灵。因斯愚智之所机,倚伏之所系,全亡之所依,其在逊顺而已哉。呜呼,鉴之!呜呼,鉴之!

景所著述数百篇,见行于世,删正晋司空张华《博物志》及撰《儒林》、《列女传》各数十篇云。

长子昶,少学识,有文才。早卒。

昶弟彪之,永安中,司空行参军。

·

史臣曰:琰之好学博闻,郁为邦彦。祖莹干能艺用,实曰时良。常景以文义见宗,著美当代。览其遗稿,可称尚哉。

魏书卷八三上
列传第七一上

外戚上

贺讷　刘罗辰　姚黄眉　杜超
贺迷　闾毗　冯熙　李峻　李惠

夫右贤左戚，尚德尊功，有国者所以治天下也。殷肇王基，不藉莘氏为佐；周成大业，未闻姒姓为辅。及于汉世，外戚尤重，杀身倾族，相继于两京，乃至移其鼎玺，乱其邦国。魏文深以为诫，明帝尚封顽呆。晋之杨骏，寻至夷宗。居上不以至公任物，在下徒用私宠要荣。茧犊引大车，弱质任厚栋，所谓爱之所以害之矣。太祖初，贺讷有部众之业，翼成皇祚，其余或以劳勤，或缘恩泽，咸序其迹，举外亲之盛衰云尔。

贺讷，代人，太祖之元舅，献明后之兄也。其先世为君长，四方附国者数十部。祖纥，始有勋于国，尚平文女。父野干，尚昭成女辽西公主。昭成崩，诸部乖乱，献明后与太祖及卫、秦二王依讷。会苻坚假使刘库仁分摄国事，于是太祖还居独孤部。讷总摄东部为大人，迁居大宁，行其恩信，众多归之，侔于库仁。苻坚假讷鹰扬将军。
后刘显之谋逆，太祖闻之，轻骑北归讷。讷见太祖，惊喜拜曰："官家复国之后，当念老臣。"太祖笑答曰："诚如舅言，要不忘也。"讷中弟染干粗暴，忌太祖，常图为逆，每为皇姑辽西公主拥护，故染干不得肆其祸心。于是诸部大人请讷兄弟求举太祖为主。染干曰："在我国中，何得尔也！"讷曰："帝，大国之世孙，兴复先业，于我国中之福。常相持奖，立继统勋，汝尚异议，岂是臣节！"遂与诸人劝进，太祖登代王位于牛川。

及太祖讨吐突邻部，讷兄弟遂怀异图，率诸部救之。帝击之，大溃，讷西遁。卫辰遣子直力鞮征讷。讷告急请降，太祖简精骑二十万救之。遂徙讷部落及诸弟处之东界。讷又通于慕容垂，垂以讷为归善王。染干谋杀讷而代立，讷遂与染干相攻。垂遣子麟讨之，败染干于牛都，破讷于赤城。太祖遣师救讷，麟乃引退。讷从太祖平中原，拜安远将军。

其后离散诸部，分土定居，不听迁徙，其君长大人皆同编户。讷以元舅，甚见尊重，然无统领。以寿终于家。

讷弟卢，亦从平中原，以功赐爵辽西公。太祖遣卢会卫王仪伐邺，而卢自以太祖之季舅，不肯受仪节度。太祖遣使责之，卢遂忿恨。与仪司马丁建构成其嫌，弥加猜忌。会太祖敕仪去邺，卢亦引归，太祖以卢为广川太守。卢性雄豪，耻居冀州刺史王辅下，袭杀辅，奔慕容德。德以为并州刺史，广宁王。广固败，卢亦没。

讷从父弟悦。初，太祖之居贺兰部下，人情未甚附，唯悦举部随从。又密为太祖祈祷天神，请成大业，出于诚至。太祖嘉之，甚见宠待。后平中原，以功赐爵钜鹿侯，进爵北新公。卒。

子泥，袭爵，后降为肥如侯。太祖崩，京师草草，泥出举烽于安阳城北，贺兰部人皆往赴之。太宗即位，乃罢。诏泥与元浑等八人拾遗左右。与北新侯安同持节，并、定二州，劾奏并州刺史元六头等皆伏罪，州郡肃然。后从世祖征赫连昌，以功进爵为琅邪公，军国大议，每参预焉。又征蠕蠕，为别道将，坐逐贼不进，诈增虏，当斩，赎为庶人。久之，拜光禄勋，为外都大官，复本爵。卒于官。

子丑建，袭。

刘罗辰，代人，宣穆皇后之兄也。父眷，为北部大人，帅部落归国。罗辰有智谋,谓眷曰:"从兄显,忍人也,愿早图之。"眷不以为意。后库仁子显杀眷而代立,又谋逆。及太祖即位,讨显于马邑,追至弥泽,大破之。后奔慕容麟,麟徙之中山,罗辰率骑奔太祖。显恃部众之强,每谋为逆,罗辰辄先闻奏,以此特蒙宠念。寻拜南部大人。从平中原,以前后勋赐爵永安公,以军功除功除征东将军、定州刺史。卒,谥曰敬。

子殊晖,袭爵。位并州刺史。卒。

子求引,位武卫将军。卒,谥曰贞。

子尔头,位魏昌、瘿陶二县令,赠钜鹿太守。子仁之,自有传。

姚黄眉,姚兴之子,太宗昭哀皇后之弟也。姚泓灭,黄眉间来归,太宗厚礼待之,赐爵陇西公,尚阳翟公主,拜驸马都尉,赐隶户二百。世祖即位,迁内都大官,后拜太常卿。卒,赠雍州刺史、陇西王,谥曰献,陪葬金陵。黄眉宽和温厚,希言得失。世祖悼惜之,故赠有加礼。

杜超,字祖仁,魏郡邺人,密皇后之兄也。少有节操。泰常中,为相州别驾。奉使京师,时以法禁不得与后通问。始光中,世祖思念舅氏,以超为阳平公,尚南安长公主,拜驸马都尉,位大鸿胪卿。车驾数幸其第,赏赐巨万。神䴥三年,以超行征南大将军、太宰,进爵为王,镇邺,追加超父豹镇东大将军、阳平景王,母曰钜鹿惠君。真君五年,超为帐下所害。世祖临其丧,哀恸者久之。谥曰威王。

长子道生,赐爵城阳侯。后为秦州刺史,进爵河东公。

道生弟凤皇,袭超爵,加侍中、特进。世祖追思超不已,欲以凤皇为定州刺史,凤皇不愿违离阙庭,乃止。

凤皇弟道俊,赐爵发干侯,镇枋头,除兖州刺史。

超既薨,复授超从弟遗侍中、安南将军、开府、相州刺史。入为内都大官,进爵广平王。遗性忠厚,频历州郡,所在著称。薨,赠太傅,谥曰宣王。

长子元宝,位司空。元宝弟胤宝,司隶校尉。元宝又进爵京兆王。及归而父遗丧,明当入谢,元宝欲以表闻。高宗未知遗薨,怪其迟,召之。元宝将入,时人止之曰:"宜以家忧自辞。"元宝欲见其宠,不从,遂冒哀而入。未几,以谋反伏诛,亲从皆斩,唯元宝子世衡逃免。时朝议欲追削超爵位,中书令高允下表理之。

后兖州故吏汲宗等以道俊遗爱在人,前从坐受诛,委骸土壤,求得收葬。书奏,诏义而听之。赠散骑常侍、安南将军、南康公,谥曰昭。

世衡袭遗公爵。

贺迷,代人。从兄女世祖敬哀皇后,皇后生恭宗。初,后少孤,无父兄近亲,唯迷以从父故,蒙赐爵长乡子。卒,赠光禄大夫、五原公。

闾毗,代人。本蠕蠕人,世祖时自其国来降。毗即恭皇后之兄也。皇后生高宗。高宗太安二年,以毗为平北将军,赐爵河东公;弟纥为宁北将军,赐爵零陵公。其年,并加侍中,进爵为王。毗,征东将军、评尚书事;纥,征西将军、中都大官。自余子弟赐爵为王者二人,公五人,侯六人,子三人,同时受拜。所以隆崇舅氏,当世荣之。和平二年,追谥后祖父延定襄康公,父辰定襄懿王。毗薨,赠毗妻河东王妃。子惠袭。纥薨,赠司空。

子豆,后赐名庄。太和中,初立三长,以庄为定户籍大使,甚有时誉。十六年,例降爵,后为七兵尚书,卒。

纥弟染,位外都大官、冀州刺史、江夏公。卒。

先是,高宗以乳母常氏有保护功,既即位,尊为保太后,后尊为皇太后。兴安二年,太后兄英,字世华,自肥如令超为散骑常侍、镇军大将军,赐爵辽西公。弟喜,镇东大将军、祠曹尚书、带方公。三妹皆封县君,妹夫王睹为平州刺史、辽东公。追赠英祖、父,苻坚扶风太守亥为镇西将军、辽西兰公，勃海太守澄为侍中、征东大将军、太宰、辽西献王，英母许氏博陵郡君。遣兼太常卢度世持节改葬献王于辽西，树碑立庙，置守冢百家。

太安初，英为侍中、征东大将军、太宰，进爵为王。喜，左光禄大夫，改封燕郡。从兄泰，为安东将军、朝鲜侯。欣子伯夫，散骑常侍、选部尚书；次子员，金部尚书。喜子振，太子庶子。三年，英领太师、评尚书事、内都大官，伏、宝、泰等州刺史。五年，诏以太后母宋氏为辽西王太妃。和平元年，喜为洛州刺史。初，英事宋不能谨，而睹奉宋甚至。就食于和龙，无车牛，宋疲不进，睹负宋于笈。至是，宋于英等薄，不如睹之笃。谓太后曰："何不王睹而黜英？"太后曰："英为长兄，门户主也，家内小小不顺，何足追计。睹虽尽力，故是他姓，奈何在英上？本州、郡公，亦足报耳。"天安中，英为平州刺史，欣为幽州刺史，伯夫进爵范阳公。英黩货，徙炖煌。诸常自兴安及疑至是，皆以亲疏受爵赐田宅，时为隆盛。

后伯夫为洛州刺史，以赃污欺妄征斩于京师。承明元年，征英复官。薨，谥辽西平王。始，英之征也，梦日坠其所居黄山下水中，村人以车牛挽致不能出，英独抱载而归，闻者异之。后员与伯夫子禽可共为飞书，诬谤朝政。事发，有司执宪，刑及五族。高祖以昭太后故，罪止一门。欣年老，赦免归家，恕其孙一人扶养之，给奴婢田宅。其家僮入者百人，金锦布帛数万计，赐尚书以下，宿卫以上。其女婿及亲从在朝，皆免官归本乡。十一年，高祖、文明太后以昭太后故，悉出其家前后没入妇女，以喜子振试守正平郡。卒。

冯熙，字晋昌，长乐信都人，文明太后之兄也。祖文通，语在《海夷传》。世祖平辽海，熙父朗内徙，官至秦雍二州刺史、辽西郡公，坐事诛。文明太后临朝，追赠假黄钺、太宰、燕宣王，立庙长安。熙生于长安，为姚氏魏母所养。以叔父乐陵公邈因战入蠕蠕，魏母携熙逃避至氐羌中抚育。年十二，好弓马，有勇干，氐羌皆归附之。魏母见其如此，将还长安。始博士学问，从师受《孝经》、《论语》，好阴阳兵法。

及长，游华阴、河东二郡间。性泛爱，不拘小节，人无士庶，来则纳之。熙姑先入掖庭，为世祖左昭仪。妹为高宗文成帝后，即文明太后也。使人外访，知熙所在，征赴京师，拜冠军将军，赐爵肥如侯。尚恭宗女博陵长公主，拜驸马都尉。出为定州刺史，进爵昌黎王。显祖即位，为太傅，累拜内都大官。

高祖即位，文明太后临朝，王公贵人登进者众。高祖乃承旨皇太后，以熙为侍中、太师、中书监、领秘书事。熙以频履师傅，又中宫之宠，为群情所骇，心不自安，乞转外任。文明太后亦以为然。于是除车骑大将军、开府、都督、洛州刺史，侍中、太师如故。洛阳虽经破乱，而旧《三字石经》宛然犹在，至熙与常伯夫相继为州，废毁分用，大至颓落。

熙为政不能仁厚，而信佛法，自出家财，在诸州镇建佛图精舍，合七十二处，写一十六部一切经。延致名德沙门，日与讲论，精勤不倦，所费亦不赀。而在诸州营塔寺多在高山秀阜，伤杀人牛。有沙门劝止之，熙曰："成就后，人唯见佛图，焉知杀人牛也。"其北邙寺碑文，中书侍郎贾元寿之词。高祖频登北邙寺，亲读碑文，称为佳作。熙为州，因事取人子女为奴婢，有容色者幸之为妾。有子女数十人，号为贪纵。后求入朝，授内都大官，太师如故。熙事魏母孝谨，如事所生。魏母卒，乃散发徒跣，水浆不入口三日。诏不听服，熙表求依赵氏之孤。高祖以熙情难夺，听服齐衰期。后以例降，改封京兆郡公。

高祖纳其女为后，曰："《白虎通》云：王所不臣，数有三焉。妻之父母，抑言其一。此所谓供承宗庙，不欲夺私心。然吾季著于《春秋》，无臣证于往牒，既许通体之一，用开至尊之敬，比长秋配极，阴政既敷，未闻有司陈奏斯式，可诏太师辍臣从礼。"又勒集书造仪付外。高祖前后纳熙三女，二为后，一为左昭仪。由是冯氏宠贵益隆，赏赐累巨万。高祖每诏熙上书不臣，入朝不拜。熙上书如旧。

熙于后遇疾，绵寝四载。诏遣医问，道路相望，车驾亦数临幸焉。将迁洛,高祖亲与熙别,见其困笃,歔欷流涕。密敕宕昌公王遇曰:"太师万一,即可监护丧事。"十九年,薨于代。车驾在淮南,留台表闻,还至徐州乃举哀。为制缌服,诏有司豫辨凶仪,并开魏京之墓,令公主之枢俱向伊洛。凡所营送,皆公家为备。又敕代给彩帛前后六千匹,以供凶用。皇后诣代都赴哭,太子恂亦赴代哭吊。将葬,赠假黄钺、侍中、都督十州诸军事、大司马、太尉,冀州刺史,加黄屋左纛,备九锡,前后部羽葆鼓吹,皆依晋太宰、安平献王故事。有司奏谥,诏曰:"可以威强恢远曰'武',奉谥于公。"枢至洛七里涧,高祖服衰往迎,叩灵悲恸而拜焉。葬日,送临墓所,亲作志铭。主生二子,诞、修。

诞,字思政;修,字宝业,皆姿质妍丽。年才十余岁,文明太后俱引入禁中,申以教诫,然不能习读经史,故兄弟并无学术,徒整饰容仪,宽雅恭谨而已。诞与高祖同岁,幼侍书学,仍蒙亲待。尚帝妹乐安长公主,拜驸马都尉、侍中、征西大将军、南平王。修,侍中、镇北大将军、尚书、东平公。又除诞仪曹尚书,知殿中事。及罢庶姓王,诞为侍中、都督中外诸军事、中军将军、特进,改封长乐郡公。诞拜官,高祖立于庭,遥受其拜,既讫还室。修降为侯。

诞与修虽并长宫禁,而性趣乖别。诞性淳笃,修乃浮竞。诞亦未能诲督其过,然时言于太后。高祖严责之,至于楚棰。由是阴怀毒恨,遂结左右有憾于诞者,求药,欲因食害诞。事觉,高祖自诘之,具得情状。诞引过谢,乞全修命。高祖以诞父老,又重其意,不致于法,挞之百余,黜为平城百姓。修妻,司空穆亮女也,求离婚,请免官。高祖引管蔡事,皆不许。

高祖宠诞,每与诞同舆而载,同案而食,同席坐卧。彭城王勰、北海王详,虽直禁中,然亲近不及。十六年,以诞为司徒。高祖既深爱诞,除官日,亲为制三让表并启,将拜,又为其章谢。寻加车骑大将军、太子太师。十八年,高祖谓其无师傅奖导风,诞深自诲责。从驾南伐。

十九年,至钟离,诞遇疾不能侍从。高祖日省问,医药备加。时高祖锐意临江，乃命六军发钟南辕，与诞泣诀。左右皆入，无不掩涕。时诞已惂然，强坐，视高祖，悲而泪不能下，言梦太后来呼臣。高祖呜咽，执手而出，遂行。是日，去钟离五十里许。昏时，告诞薨问，高祖哀不自胜。时崔慧景、裴叔业军在中淮，去所次不过百里。高祖乃轻驾西还，从者数千人。夜至诞薨所，抚尸哀恸，若丧至戚，达旦声泪不绝。从者亦迭举音。明告萧鸾钟离戍主萧惠休。惠休遣其太守奉慰。诏求棺于城中。及敛送举，高祖以所服衣帻充襚，亲自临视，撤乐去膳。宣敕六军，止临江之驾。高祖亲北度，恸哭极哀。诏侍臣一人兼大鸿胪，送柩至京。礼物辒仪，徐州备造；陵兆葬事，下洛候设。丧至洛阳，车驾犹在钟离。诏留守赐赙物布帛五千匹、谷五千斛，以供葬事。赠假黄钺、使持节、大司马、领司徒、侍中、都督、太师、驸马、公如故。加以殊礼，备锡九命，依晋大司马、齐王攸故事。有司奏谥，诏曰："案谥法：善行仁德曰'元'，柔克有光曰'懿'。昔贞惠兼美，受三谥之荣；忠武双徽，锡两号之茂。式准前迹，宜契具瞻。既自少绸缪，知之惟朕。案行定名，谥曰元懿。"帝又亲为作碑文及挽歌，词皆穷美尽哀，事过其厚。车驾还京，诏曰："冯大司马已就坟茔，永潜幽室，宿草之哭，何能忘之。"遂亲临诞墓，停车而哭。使彭城王勰诏群官脱朱衣，服单衣介帻，陪哭司徒，贵者示以朋友，微者示如僚佐。公主贞厚有礼度，产二男，长子穆。

　穆，字孝和，袭熙爵。避皇子愉封，改扶风郡公。尚高祖女顺阳长公主，拜驸马都尉，历员外、通直散骑常侍。穆与叔辅兴不和。辅兴亡，赠相州刺史。祖载在庭，而穆方高车良马，恭受职命，言宴满堂，忻笑自若，为御史中尉东平王匡所劾。后位金紫光禄大夫，遇害河阴。赠司空、雍州刺史。

　子冏，字景昭，袭爵昌黎王。寻以庶姓罢王，仍袭扶风郡公。

　子峭，字子汉。齐受禅，例降。

　穆弟颢，袭父诞长乐郡公。

　修弟聿，字宝兴，废后同产兄也。位黄门郎、信都伯。后坐妹废，免为长乐百姓。世宗时卒河南尹。

聿同产弟凤,幼养于宫,文明太后特加爱念。数岁,赐爵至北平王,拜太子中庶子,出入禁闼,宠侔二兄。高祖亲政后,恩宠稍衰,降爵为侯。幽后立,乃复叙用。后死,亦冗散。卒,赠青州刺史。

崔光之兼黄门也,与聿俱直。光每谓之曰:"君家富贵太盛,终必衰败。"聿云:"我家何负四海,乃咒我也。"光云:"以古推之,不可不慎。"时熙为太保,诞司徒、太子太傅,修侍中、尚书,聿黄门。废后在位,礼爱未弛。是后岁余,修以罪弃,熙、诞丧亡,后废,聿退。时人以为盛必衰也。

李峻,字珍之,梁国蒙县人,元皇后兄也。父方叔,刘义隆济阴太守。高宗遣间使谕之,峻与五弟诞、嶷、雅、白、永等前后归京师。拜峻镇西将军、泾州刺史、顿丘公。雅、嶷、诞等皆封公位显。后进峻爵为王,征为太宰,薨。

李惠,中山人,思皇后之父也。父盖,少知名,历位殿中、都官二尚书,左将军,南郡公。初,世祖妹武威长公主,故凉王沮渠牧犍之妻。世祖平凉州,颇以公主通密计助之,故宠遇差隆。诏盖尚焉。盖妻乞氏,以是而出。是后,盖加侍中、驸马都尉,殿中、都官尚书,左仆射,卒官。赠征南大将军、定州刺史、中山王,谥曰庄。

惠弱冠袭父爵,妻襄城王韩颓女,生二女,长即后也。惠历位散骑常侍、侍中、征西大将军、秦益二州刺史,进爵为王,转雍州刺史、征南大将军,加长安镇大将。惠长于思察。雍州厅事,有燕争巢,斗已累日。惠令人掩护,试命纲纪断之,并辞曰:"此乃上智所测,非下愚所知。"惠乃使卒以弱竹弹两燕,既而一去一留。惠笑谓吏属曰:"此留者自计为巢功重,彼去者既经楚痛,理无留心。"群下伏其聪察。人有负盐负薪者,同释重担,息于树阴。二人将行,争一羊皮,各言藉背之物。惠遣争者出,顾谓州纲纪曰:"此羊皮可拷知主乎?"群下以为戏言,咸无答者。惠令人置羊皮席上,以杖击之,见少盐屑,曰:"得其实矣。"使争者视之,负薪者乃伏而就罪。凡所察究,多如此类。由是吏民莫敢欺犯。

后为开府仪同三司、青州刺史，王如故。历政有美绩。惠素为文明太后所忌，诬惠将南叛，诛之。惠二弟，初、乐，与惠诸子同戮。后妻梁氏亦死青州。尽没其家财。惠本无衅，故天下冤惜焉。

惠从弟凤，为定州刺史、安乐王长乐主簿。后长乐以罪赐死，时卜筮者河间邢瓒辞引凤，云"长乐不轨，凤为谋主"，伏诛。惟凤弟道念与凤子及兄弟之子皆逃免，后遇赦乃出。太和十二年，高祖将爵舅氏，诏访存者。而惠诸从以再罹孥戮，难于应命。唯道念敢先诣阙，乃申后妹及凤兄弟子女存者。于是赐凤子屯爵伯人侯，安祖浮阳侯，兴祖安喜侯，道念真定侯，从弟寄生高邑子，皆加将军。十五年，安祖昆弟四人，以外戚蒙见，诏谓曰："卿之先世，内外有犯，得罪于时。然官必用才，以亲非兴邦之选。外氏之宠，超于末叶。从今已后，自非奇才，不得复外戚谬班抽举。既无殊能，今且可还。"后例降爵，安祖等改侯为伯，并去军号。高祖奉冯氏过厚，于李氏过薄，舅家了无叙用。朝野人士所以窃议，太常高闾显言于禁中。及世宗宠隆外家，并居显位，乃惟高祖舅氏存已不沾恩泽。景明末，特诏兴祖为中山太守。正始初，诏追崇惠为使持节、骠骑将军、开府仪同三司、定州刺史、中山公。太常考行，上言，案谥法武而不遂曰"庄"，谥曰庄公。兴祖自中山迁燕州刺史。卒，以兄安祖子侃晞为后，袭。先封南郡王，后以庶姓罢王，改为博陵郡公。

侃晞为庄帝所亲幸。拜散骑常侍、尝食典御。帝之图尔朱荣，侃晞与鲁安等持刀于禁内杀荣。及庄帝蒙尘，侃晞奔萧衍。

魏收书《外戚传》上云。

魏书卷八三下
列传第七一下

外戚下

高肇　于劲　胡国珍　李延寔

高肇，字首文，文昭皇太后之兄也。自云本勃海蓨人，五世祖顾，晋永嘉中避乱入高丽。父扬，字法修。高祖初，与弟乘信及其乡人韩内、冀富等入国，拜厉威将军、河间子，乘信明威将军，俱待以客礼，赐奴婢、牛、马、彩帛。遂纳扬女，是为文昭皇后，生世宗。扬卒。景明初，世宗追思舅氏，征肇兄弟等。

录尚书事、北海王详等奏："扬宜赠左光禄大夫，赐爵勃海公，谥曰敬。其妻盖氏宜追封清河郡君。"诏可。又诏扬嫡孙猛袭勃海公爵，封肇平原郡公，肇弟显澄城郡公。三人同日受封。始世宗未与舅氏相接，将拜爵，乃赐衣帻，引见肇、显于华林都亭。皆甚惶惧，举动失仪。数日之间，富贵赫弈。是年，咸阳王禧诛，财物、珍宝、奴婢、田宅多入高氏。未几，肇为尚书左仆射、领吏部、冀州大中正，尚世宗姑高平公主，迁尚书令。

肇出自夷土，时望轻之。及在位居要，留心百揆，孜孜无倦，世咸谓之为能。世宗初，六辅专政，后以咸阳王禧无事构逆，由是遂委信肇。肇既无亲族，颇结朋党，附之者旬月超升，背之者陷以大罪。以北海王详位居其上，构杀之。又说世宗防卫诸王，殆同囚禁。时顺皇后暴崩，世议言肇为之。皇子昌薨，佥谓王显失于医疗，承肇意旨。及京兆王愉出为冀州刺史，畏肇恣擅，遂至不轨。肇又潜杀彭城王勰。由是朝野侧目，咸畏恶之。因此专权，与夺任己。又尝与清河王怿于云龙门外虎下，忽忿诤，大至纷纭。太尉、高阳王雍和止之。

高后既立，愈见宠信。肇既当衡轴，每事任己，本无学识，动违礼度，好改先朝旧制，出情妄作，减削封秩，抑黜勋人。由是怨声盈路矣。延昌初，迁司徒。虽贵登台鼎，犹以去要，怏怏形乎辞色。众咸嗤笑之。父兄封赠虽久，竟不改瘗。三年，乃诏令迁葬。肇不自临赴，唯遣其兄子猛改服诣代，迁葬于乡。时人以肇无识，哂而不责也。

其年，大举征蜀，以肇为大将军，都督诸军为之节度。与都督甄琛等二十余人俱面辞世宗于东堂，亲奉规略。是日，肇所乘骏马停于神虎门外，无故惊倒，转卧渠中，鞍具瓦解，众咸怪异。肇出，恶焉。四年，世宗崩，敕罢征军。肃宗与肇及征南将军元遥等书，称讳言，以告凶问。肇承变哀愕，非唯仰慕，亦私忧身祸，朝夕悲泣，至于羸悴。将至，宿瀍涧驿亭，家人夜迎省之，皆不相视。直至阙下，衰服号哭，升太极殿，奉丧尽哀。

太尉、高阳王先居西柏堂，专决庶事，与领军于忠密欲除之。潜备壮士直寝邢豹、伊瓮生等十余人于舍人省下。肇哭梓宫讫，于百官前引入西廊，清河王怿、任城王澄及诸王等皆窃言目之。肇入省，壮士扼而拉杀之。下诏暴其罪恶，又云刑书未及，便至自尽，自余亲党，悉无追问。削除职爵，葬以士礼。及昏，乃于厕门出其尸归家。初，肇西征，行至函谷，车轴中折。从者皆以为不获吉还也。灵太后临朝，令特赠营州刺史。永熙二年，出帝赠使持节、侍中、中外诸军事、太师、大丞相、太尉公、录尚书事、冀州刺史。

肇子植，自中书侍郎为济州刺史，率州军讨破元愉，别将有功。当蒙封赏，不受，云："家荷重恩，为国致效，是其常节，何足以应进陟之报。"恳恻发于至诚。历青、相、朔、恒四州刺史，卒。植频莅五州，皆清能著称，当时号为良刺史。赠安北将军、冀州刺史。

肇长兄琨，早卒。袭扬封勃海郡公，赠都督五州诸军事、镇东大将军、冀州刺史。诏其子猛嗣。

猛，字豹儿。尚长乐公主，即世宗同母妹也。拜驸马都尉，历位中书令。出为雍州刺史，有能名。入为殿中尚书。卒，赠司空、冀州刺史。出帝时，复赠太师、大丞相、录尚书事。公主无子。猛先在外有男，不敢令主知，临终方言之，年几三十矣。乃召为丧主，寻卒，无后。

琨弟偓，字仲游。太和十年卒。正始中，赠安东将军、都督、青州刺史，谥曰庄侯。景明四年，世宗纳其女为贵嫔。及于顺皇后崩，永平元年立为皇后。二年，八座奏封后母王氏为武邑郡君。

偓弟寿，早卒。寿弟即肇也。

肇弟显，侍中、高丽国大中正，早卒。

于劲，字钟葵，太尉拔之子。颇有武略。以功臣子，又以功绩，位沃野镇将，赐爵富昌子，拜征虏将军。世宗纳其女为后，封太原郡公。妻刘氏，为章武郡君。后拜征北将军、定州刺史。卒，赠司空，谥曰恭庄公。自栗磾至劲，累世贵盛，一皇后、四赠公、三领军、二尚书令、三开国公。劲虽以后父，但以顺后早崩，竟不居公辅。

子晖，字宣明，后母弟也。少有气干。袭爵，位汾州刺史。晖善事人，为尔朱荣所亲，以女妻其子长孺。历侍中、河南尹，后兼尚书仆射、东南道行台。与齐献武王讨平羊侃于兖州。元颢入洛，害之。

劲弟天恩，位内行长、辽西太守。卒，赠平东将军、燕州刺史。

天恩子仁生，位太中大夫。

仁生子安定，平原郡太守、高平郡都将。卒。

胡国珍，字世玉，安定临泾人也。祖略，姚兴渤海公姚逵平北府谘议参军。父渊，赫连屈丐给事黄门侍郎。世祖克统万，渊以降款之功，赐爵武始侯，后拜河州刺史。国珍少好学，雅尚清俭。太和十五年袭爵,例降为伯。女以选入掖庭,生肃宗,即灵太后也。肃宗践祚,以国珍为光禄大夫。

灵太后临朝,加侍中,封安定郡公,给甲第,赐帛布绵谷奴婢车马牛甚厚。追崇国珍妻皇甫氏为京兆郡君,置守冢十户。尚书令、任城王澄奏,安定公属尊望重,亲贤群瞩,宜出入禁中,参谘大务。诏可。乃令人决万几。寻进位中书监、仪同三司,侍中如故,赏赐累万,又赐绢岁八百匹,妻梁四百匹,男女姊妹兄弟各有差,皆极丰赡。国珍与太师、高阳王雍,太傅、清河王怿,太保、广平王怀,入居门下,同厘庶政。诏依汉车千秋、晋安平王故事,给步挽一乘,自掖门至宣光殿得以出入,并备几杖。后与侍中崔光俱授帝经,侍直禁中。国珍寻上表,陈刑政之宜。诏皆施行。

熙平初,加国珍使持节、都督、雍州刺史、骠骑大将军、开府。灵太后以国珍年老,不欲令其在外,且欲示以方面之荣,竟不行。迁司徒公,侍中如故,就宅拜之。灵太后、肃宗率百僚幸其第,宴会极欢。又追京兆郡君为秦太上君。太上君景明三年薨于洛阳,于此十六年矣。太后以太上君坟茔卑局,更增广,为起茔域门阙碑表。侍中崔光等奏:"案汉高祖母始谥曰昭灵夫人,后为昭灵后,薄太后母曰灵文夫人,皆置园邑三百家,长丞奉守。今秦太上君未有尊谥,陵寝孤立,即奏君名,宜上终称,兼设扫卫,以慰情典。请上尊谥曰孝穆,权置园邑三十户,立长丞奉守。"太后从之。封国珍继室梁氏为赵平郡君,元乂妻拜为女侍中,封新平郡君,又徙封冯翊君。国珍子祥妻长安县公主,即清河王怿女也。

国珍年虽笃老,而雅敬佛法,时事齐洁,自强礼拜。至于出入侍从,犹能跨马据鞍。神龟元年四月七日,步从所建佛像,发第至阊阖门四五里。八日,又立观像,晚乃肯坐。劳热增甚,因遂寝疾。灵太后亲侍药膳。十二日薨,年八十。给东园温明秘器、五时朝服各一具、衣一袭,赠布五千匹、钱一百万、蜡千斤。大鸿胪持节监护丧事。太后还宫,成服于九龙殿,遂居九龙寝室。肃宗小功服,举哀太极东堂。又诏自始薨至七七,皆为设千僧斋,令七人出家;百日设万人斋,二七人出家。

先是巫觋言将有凶,劝令为厌胜之法。国珍拒而不从,云吉凶有定分,唯修德以禳之。临死与太后诀云:"母子善治天下,以万人之心,勿视大臣面也。"殷勤至于再三。又及其子祥,云:"我唯有一子,死后勿如比来威抑之。"灵太后以其好戏,时加威训。国珍故以为言。

始,国珍欲就祖父西葬旧乡,后缘前世诸胡多在洛葬,有终洛之心。崔光尝对太后前问国珍:"公万年后,为在此安厝,为归长安?"国珍言:"当陪葬天子山陵。"及病危,太后请以后事,竟言还安定,语遂昏忽。太后问清河王怿与崔光等,议去留。怿等皆以病乱,请从先言。太后犹记崔光昔与国珍言,遂营墓于洛阳。太后虽外从众议,而深追临终之语,云:"我公之远慕二亲,亦吾之思父母也。"

追崇假黄钺、使以持节、侍中、相国、都督中外诸军事、太师、领太尉公、司州牧,号太上秦公,加九锡;葬以殊礼,给九旒銮辂,虎贲、班剑百人,前后部羽葆鼓吹,辒辌车,谥文宣公;赐物三千段、粟一千五百石。又诏赠国珍祖父兄、父兄,下逮从子,皆有封职。持节就安定监护丧事。灵太后迎太上君神柩还第,与国珍俱葬,赠襚一与国珍同。及国珍神主入庙,诏太常权给以轩悬之乐、六佾之舞。初国珍无男,养兄真子僧洗为后,后纳赵平君,生子祥。

祥,字元吉,袭封。故事:世袭例皆减邑,唯祥独得全封。赵平君薨,给东园秘器,肃宗服小功服,举哀于东堂。灵太后服斋衰期。葬于太上君墓左,不得附合。祥历位殿中尚书、中书监,改封东平郡公。薨,赠开府仪同三司、雍州刺史,谥曰孝景。

僧洗,字湛辉。封爰德县公,位中书监、侍中,改封濮阳郡公。僧洗自永安后废弃,不预朝政。天平四年薨,诏给东园秘器,赠太师、太尉公、录尚书事、雍州刺史,谥曰孝真。

长子宁,字惠归。袭国珍先爵,改为临泾伯,后进为公。历岐、泾二州刺史。卒,谥曰孝穆。女为清河王亶妃,生孝静皇帝。武定初,赠太师、太尉公、录尚书事,谥曰孝昭。

子虔,字僧敬。元叉之废灵太后,虔时为千牛备身,与备身张车渠等谋杀叉。事发,叉杀车渠等,虔坐远徙。灵太后反政,征为吏部郎中。太后好以家人礼与亲族宴戏,虔常致谏,由是后宴谴多不预焉。出为泾州刺史,封安阳县侯。兴和三年,以帝元舅超迁司空公。薨,赠太傅、太尉公、尚书仆射、徐州刺史,谥曰宣。葬日,百官会葬,乘舆送于郭外。子长粲。

李延寔,字禧。陇西人,尚书仆射冲之长子。性温良,少为太子舍人。世宗初,袭父爵清泉县侯。累迁左将军、光州刺史。庄帝即位,以元舅之尊,超授侍中、太保,封濮阳郡王。延实以太保犯祖讳,又以王爵非庶姓所宜,抗表固辞。徙封濮阳郡公,改授太傅。寻转司徒公,出为使持节、侍中、太傅、录尚书事、青州刺史。尔朱兆入洛,乘舆幽縶,以延实外戚,见害于州馆。出帝初,归葬洛阳。赠使持节、侍中、太师、太尉公、录尚书事、都督、雍州刺史,谥曰孝懿。

长子彧,字子文。尚庄帝姊丰亭公主。封东平郡公,位侍中、左光禄大夫、中书监、骠骑大将军、开府仪同三司、广州刺史。彧任侠交游,轻薄无行。尔朱荣之死也,武毅之士皆彧所进。孝静初,以罪弃市。

史臣曰:三五哲王,深防远虑。舅甥之国,罕执钧衡;母后之家,无闻倾败。爰及后世,颠覆继轨。盖由进不以礼,故其毙亦速。其间或不毙泯旧基,弗亏先构者,盖处之以道,远权之所致也。

魏书卷八四
列传第七二

儒　林

梁越　　卢湝　　张伟　　梁祚　　平恒
陈奇　　常爽　　刘献之　　张吾贵
刘兰　　孙惠蔚　　徐遵明　　董徵
刁冲　　卢景裕　　李同轨　　李业兴

　　自晋永嘉之后，运钟丧乱，宇内分崩，群凶肆祸，生民不见俎豆之容，黔首唯睹戎马之迹，礼乐文章，扫地将尽。而契之所感，斯道犹存。高才有德之流，自强蓬荜；鸿生硕儒之辈，抱器晦已。太祖初定中原，虽日不暇给，始建都邑，便以经术为先，立太学，置五经博士生员千有余人。天兴二年春，增国子太学生员至三千。岂不以天下可马上取之，不可以马上治之，为国之道，文武兼用，毓才成务，意在兹乎？圣达经猷，盖为远矣。四年春，命乐师入学习舞，释菜于先圣、先师。太宗世，改国子为中书学，立教授博士。世祖始光三年春，别起太学于城东，后征卢玄、高允等，而令州郡各举才学。于是人多砥尚，儒林转兴。

　　显祖天安初，诏立乡学，郡置博士二人，助教二人，学生六十人。后诏：大郡立博士二人，助教四人，学生一百人；次郡立博士二人，助教二人，学生八十人；中郡立博士一人，助教二人，学生六十

人；下郡立博士一人，助教一人，学生四十人。太和中，改中书学为
国子学，建明堂辟雍，尊三老五更，又开皇子之学。及迁都洛邑，诏
立国子太学、四门小学。

高祖钦明稽古，笃好坟典，坐舆据鞍，不忘讲道。刘芳、李彪诸
人以经书进，崔光、邢峦之徒以文史达，其余涉猎典章，关历词翰，
莫不縻以好爵，动贻赏眷。于是斯文郁然，比隆周、汉。世宗时，复
诏营国学，树小学于四门，大选儒生，以为小学博士，员四十人。虽
黉宇未立，而经术弥显。时天下承平，学业大盛。故燕、齐、赵、魏之
间，横经著录，不可胜数。大者千余人，小者犹数百。州举茂异，郡
贡孝廉，对扬王庭，每年逾众。神龟中，将立国学，诏以三品已上及
五品清官之子以充生选。未及简置，仍复停寝。正光二年，乃释奠
于国学，命祭酒崔光讲《孝经》，始置国子生四十六人。暨孝昌之后，
海内淆乱，四方校学所存无几。永熙中，复释奠于国学，又于显阳殿
诏祭酒刘廞讲《孝经》，黄门李郁说《礼记》，中书舍人卢景宣讲《大
戴礼·夏小正篇》，复置生七十二人。及迁都于邺，国子置生三十六
人。至于兴和、武定之世，寇难既平，儒业复光矣。

汉世郑玄并为众经注解，服虔、何休各有所说。玄《易》、《书》、
《诗》、《礼》、《论语》、《孝经》，虔《左氏春秋》，休《公羊传》，大行于河
北。王肃《易》亦间行焉。晋世杜预注《左氏》，预玄孙坦、坦弟骥于
刘义隆世并为青州刺史，传其家业，故齐地多习之。自梁越以下传
受讲说者甚众。今举其知名者，附列于后云。

梁越，字玄览，新兴人也。少而好学，博综经传，无何不通。性
纯和笃信，行无择善。国初，为《礼经》博士。太祖以其谨厚，举动可
则，拜上大夫，命授诸皇子经书。太宗即祚，以师傅之恩赐爵祝阿
侯。后出为雁门太守，获白雀以献，拜光禄大夫。卒。子弼，早卒。

弼子恭，袭，降为云中子。无子，爵除。

卢丑，昌黎徒河人，襄城王鲁元之族也。世祖之为监国，丑以笃

学博闻人授世祖经。后以师傅旧恩赐爵济阴公。除镇军将军,拜尚书,加散骑常侍。出为河内太守。延和二年冬卒。阙初,中山袭爵,太和中,以老疾自免。

子升头,袭爵,后例降。

张伟,字仲业,小史翠螭,太原中都人也。高祖敏,晋秘书监。伟学通诸经,讲授乡里,受业者常数百人。儒谨泛纳,勤于教训,虽有顽固不晓,问至数十,伟告喻殷勤,曾无愠色。常仪附经典,教以孝悌,门人感其仁化,事之如父。性恬平,不以夷险易操,清雅笃慎,非法不言。世祖时,与高允等俱被辟命,拜中书博士。转侍郎、大将军乐安王范从事中郎、冯翊太守。还,仍为中书侍郎,本国大中正。使酒泉,慰劳沮渠无讳。还,迁散骑侍郎。聘刘义隆,还,拜给事中、建威将军,赐爵成皋子。出为平东将军、营州刺史,进爵建安公。卒,赠征南将军、并州刺史,谥曰康。在州郡以仁德为先,不任刑罚,清身率下,宰守不敢为非。

子仲虑,太和初,假给事中、高丽副使,寻假散骑常侍、高丽使。后出为章武太守,加宁远将军。

仲虑弟仲继,学尚有父风,善《仓》、《雅》、《林》说。太和中,官至侍御长,坐事徙西裔,道死。

梁祚,北地泥阳人。父劭,皇始二年归国,拜吏部郎,出为济阳太守。至祚,居赵郡。祚笃志好学,历治诸经,尤善《公羊春秋》、郑氏《易》,常以教授。有儒者风,而无当世之才。与幽州别驾平恒有旧,又姊先适范阳李氏,遂携家人侨居于蓟。积十余年,虽羁旅贫窘而著述不倦。恒时相请屈,与论经史。辟秘书中散,稍迁秘书令。为李欣所排,摈退为中书博士。后出马统万镇司马,征为散令。撰并陈寿《三国志》,名曰《国统》。又作《代都赋》,颇行于世。清贫守素,不交势贵。年八十七,太和十二年卒。

子元吉,有父风。

少子重，历碎职，后为相州镇北府参军。

平恒，字继叔，燕国蓟人。祖视，父儒，并仕慕容为通宦。恒耽勤读诵，研综经籍，钩深致远，多所博闻。自周以降，暨于魏世，帝王传代之由，贵臣升降之绪，皆撰录品第，商略是非，号曰《略注》，合百余篇。好事者览之，咸以为善焉。安贫乐道，不以屡空改操。征为中书博士。久之，出为幽州别驾。廉贞寡欲，不营资产，衣食至常不足，妻子不免饥寒。后拜著作佐郎，迁秘书丞。时高允为监，河间邢祐、北平阳颍、河东裴定、广平程骏、金城赵元顺等为著作佐郎，虽才学互有短长，然俱为称职，并号长者。允每称博通经籍无过恒也。

恒即刘彧将军王玄谟舅子。恒三子，并不率父业，好酒自弃。恒常忿其世衰，植杖巡舍，侧岗而哭，不为营事婚宦，任意官娶，故仕聘浊碎，不得及其门流。恒妇弟邓宗庆及外生孙玄明等每以为言。恒曰："此辈会是衰顿，何烦劳我！"乃别构精庐，并置经籍于其中，一奴自给，妻子莫得而往，酒食亦不与同。时有珍美，呼时老东安公刁雍等共饮啖之，家人无得尝焉。太和十年，以恒为秘书令，而恒固请为郡，未授而卒，时年七十六。赠平东将军、幽州刺史、都昌侯，谥曰康。

子寿昌，太和初，秘书令史。稍迁荆州征虏府录事参军。

陈奇，字修奇，河北人也，自云晋凉州刺史骧之八世孙。祖刃，仕慕容垂。奇少孤，家贫，而奉母至孝。龆龀聪识，有凤成之美。性气刚亮，与俗不群。爱玩经典，博通坟籍，常非马融、郑玄解经失旨，志在著述《五经》。始注《孝经》、《论语》，颇传于世，为搢绅所称。与河间邢祐同召赴京。

时秘书监游雅素闻其名，始颇好之，引入秘省，欲授以史职。后与奇论典诰及《诗书》，雅赞扶马、郑。至于《易·讼卦》天与水违行，雅曰："自葱岭以西，水皆西流，推此而言，《易》之所及，自葱岭以东耳。"奇曰："《易》理绵广,包含宇宙。若如公言,自葱岭以西,岂东向望天哉?"奇执义非雅,每如此类,终不苟从。雅性护短,因以为嫌。尝众辱奇,或尔汝之,或指为小人。奇曰："公身为君子,奇身且小人耳。"雅曰："君言身且小人,君祖父是何人也?"奇曰："祖,燕东部侯厘。"雅质奇曰："侯厘何官也?"奇曰："三皇不传礼,官名岂同哉?故昔有云师、火正、鸟师之名。以斯而言,世革则官异,时易则礼变。公为皇魏东宫内侍长,侍长竟何职也?"由是雅深憾之。先是敕以奇付雅,令铨补秘书,雅既恶之,遂不复叙用焉。

　　奇冗散数年,高允与奇仇温古籍,嘉其远致,称奇通识,非凡学所窥。允微劝雅曰："君朝望具瞻,何为与野儒辨简牍章句?"雅谓允有私于奇,曰："君宁党小人也!"乃取奇所注《论语》、《孝经》焚于坑内。奇曰："公贵人,不乏樵薪,何乃燃奇《论语》?"雅愈怒,因告京师后生不听传授。而奇无降志,亦评雅之失。雅制昭皇太后碑文,论后名字之美,比谕前魏之甄后。奇刺发其非,遂闻于上。诏下司徒检对碑史事,乃郭后,雅有屈焉。

　　有人为谤书,多怨时之言,颇称奇不得志。雅乃讽在事云："此书言奇不遂,当是奇假人为之。如依律文,造谤书者皆及孥戮。"遂抵奇罪。时司徒、平原王陆丽知奇见枉,惜其才学,故得迁延经年,冀有宽宥。但执以狱成,竟致大戮,遂及其家。奇于《易》尤长,在狱尝自筮卦,未及成,乃揽破而叹曰："吾不度来年冬季!"及奇受害,如其所占。

　　奇初被召,夜梦星坠压脚,明而告人曰："星则好风,星则好雨,梦星压脚,必无善征。但时命峻切,不敢不赴耳。"奇妹适常氏,有子曰矫之,仕历郡守。神龟中,上书陈时政所宜,言颇忠至,清河王怿称美之。奇所注《论语》,矫之传掌,未能行于世,其义多异郑玄,往往与司徒崔浩同。

　　常爽,字仕明,河内温人,魏太常卿林六世孙也。祖珍,苻坚南安太守,因世乱遂居凉州。父坦,乞伏世镇远将军、大夏镇将、显美侯。爽少而聪敏，严正有志概，虽家人僮隶，未尝见其宽诞之容。笃志好学，博闻强识，明习纬候，《五经》百家多所研综。州郡礼命皆不就。

世祖西征凉土，爽与兄仕国归款军门，世祖嘉之。赐仕国爵五品，显美男；爽为六品，拜宣威将军。是时，戎车屡驾，征伐为事，贵游子弟未遑学术，爽置馆温水之右，教授门徒七百余人，京师学业，翕然复兴。爽立训甚有劝罚之科，弟子事之若严君焉。尚书左仆射元赞、平原太守司马真安、著作郎程灵虬，皆是爽教所就。崔浩、高允并称爽之严教，奖厉有方。允曰：“文翁柔胜，先生刚克，立教虽殊，成人一也。”其为通识叹服如此。

因教授之暇，述《六经略注》，以广制作，甚有条贯。其序曰：“《传》称：‘立天之道曰阴与阳，立地之道曰柔与刚，立人之道曰仁与义。’然则仁义者，人之性也；经典者，之文也，皆以陶铸神情，启悟耳目，未有不由学而能成其器，不由习而能利其业。是故季路勇士也，服道以成忠烈之概；宁越庸夫也，讲艺以全高尚之节。盖所由者习也，所因者本也，本立而道生，身文而德备焉。昔者先王之训天下也，莫不导以《诗》、《书》，教以《礼乐》，移其风俗，和其人民。故恭俭庄敬而不烦者，教深于《礼》也；广博易良而不奢者，教深于《乐》也；温柔敦厚而不愚者，教深于《诗》也；疏通知远而不诬者，教深于《书》也；洁静精微而不贼者，教深于《易》也；属辞比事而不乱者，教深于《春秋》夫《乐》以和神，《诗》以正言，《礼》以明体，《书》以广听，《春秋》以断事，五者盖五常之道相须而备，而《易》为之源。故曰：‘《易》也。不可见，则乾坤其几乎息矣。’由是言之，《六经》者，先王之遗烈，圣人之盛事也。安可不游心寓目，习性文身哉！顷因暇日，属意艺林，略撰所闻，讨论其本，名曰《六经略注》以训门徒焉。”其《略注》行于世。

爽不事王侯，独守闲静，讲肄经典二十余年，时人号为“儒林先生”。年六十三，卒于家。

子文通，历官至镇西司马、南天水太守、西翼校尉。文通子景，别有《传》。

刘献之，博陵饶阳人也。少而孤贫，雅好《诗》、《传》，曾受业于勃海程玄，后遂博观众籍。见名法之言，掩卷而笑曰："若使杨墨之流不为此书，千载谁知其小也！"曾谓其所亲曰："观屈原《离骚》之作，自是狂人，死其宜矣，何足惜也！吾常谓濯缨洗耳，有异人之迹；哺糟歠醨，有同物之志。而孔子曰：'我则异于是，无可无不可。'诚哉斯言，实获我心。"

时人有从献之学者，献之辄谓之曰："人之立身，虽百行殊途，准之四科，要以德行为首。君若能入孝出悌，忠信仁让，不待出户，天下自知。傥不能然，虽复下帷针股，躧跷从师，正可博闻多识，不过为土龙乞雨，眩惑将来，其于立身之道有何益乎？孔门之徒，初亦未悟，见旱鱼之叹，方归而养亲。嗟乎先达，何自觉之晚也！束修不易，受之亦难，敢布心腹，子其图之。"由是四方学者，莫不高其行义而希造其门。

献之善《春秋》、《毛诗》，每讲《左氏》，尽隐公八年便止，云义例已了，不复须解。由是弟子不能究竟其说。后本郡举孝廉，非其好也，逼遣之，乃应命，至京，称疾而还。高祖幸中山，诏征典内校书，献之喟然叹曰："吾不如庄、周散木远矣！一之谓甚，其可再乎。"固以疾辞。时中山张吾贵与献之齐名，海内皆曰"儒宗"。吾贵每一讲唱，门徒千数，其行业可称者寡。献之著录，数百而已，皆经通之士。于是有识者辨其优劣。魏承丧乱之后，《五经》大义虽有师说，而海内诸生多有疑滞，咸决于献之。六艺之文，虽不悉注，然所标宗旨，颇异旧义，撰《三礼大义》四卷，《三传略例》三卷，《注毛诗序义》一卷，今行于世，并《章句疏》三卷。注《涅盘经》未就而卒。有四子，放古、爱古、修古。

放古，幼有人才。为州从事，早亡。

爱古、参古，并传父《诗》而不能精通也。

张吾贵,字吴子,中山人。少聪惠口辩,身长八尺,容貌奇伟。年十八,本郡举为太学博士。吾贵先未多学,乃从丽诠受《礼》,牛天佑受《易》。诠、祐粗为开发,而吾贵览读一遍,便即别构户牖。世人竞归之。曾在夏学,聚徒千数而不讲《传》,生徒窃云张生之于《左氏》似不能说。吾贵闻之,谓其徒曰:"我今夏讲暂罢,后当说《传》,君等来日皆当持本。"生徒怪之而已。吾贵谓刘兰云:"君曾读《左氏》,为我一说。"兰遂为讲。三旬之中,吾贵兼读杜、服,隐括两家,异同悉举。诸生后集,便为讲之,义例无穷,皆多新异。兰乃伏听。学者以此益奇之。而以辩能饰非,好为诡说,由是业不久传,而气陵牧守,不屈王侯,竟不仕而终。

刘兰,武邑人。年三十余。始入小学,书《急就篇》。家人觉其聪敏,遂令从师,受《春秋》、《诗》、《礼》于中山王保安。家贫无以自资,且耕且学。三年之后,便白其兄:"兰欲讲书。"其兄笑而听之,为立黉舍,聚徒二百。兰读《左氏》,五日一遍,兼通《五经》。先是张吾贵以聪辨过人,其所解说,不本先儒之旨。唯兰推《经》、《传》之由,本注者之意,参以纬候及先儒旧事,甚为精悉。自后经义审博,皆由于兰。兰又明阴阳,博物多识,为儒者所宗。瀛州刺史裴植征兰讲书于州城南馆,植为学主,故生徒甚盛,海内称焉。又特为中山王英所重。英引在馆,令授其子熙、诱、略等。兰学徒前后数千,成业者众,而排毁《公羊》,又非董仲舒,由是见讥于世。永平中,为国子助教。延昌中,静坐读书,有人叩门,门人通焉,兰命引入。其人葛巾单衣,入与兰坐,谓兰曰:"君自是学士,何为每见毁辱,理义长短,竟知在谁,而过无礼见陵也。今欲相召,当与君正之。"言终而出。出后,兰告家人。少时而患卒。

孙惠蔚,字叔炳,武邑武遂人也,小字陀罗。自言六世祖道恭为晋长秋卿,自道恭至惠蔚世,以儒学相传。惠蔚年十三,粗通《诗》、《书》及《孝经》、《论语》。十八,师董道季讲《易》。十九,师程玄读

《礼经》及《春秋》三《传》。周流儒肆，有名于冀方。

太和初，郡举孝廉，对策于中书省。时中书监高闾宿闻惠蔚，称其英辩，因相谈，荐为中书博士。转皇宗博士。闾被敕理定雅乐，惠蔚参其事。及乐成，闾上疏请集朝贵于太乐，共研是非。秘书令李彪自以才辩，立难于其间，闾命惠蔚与彪抗论，彪不能屈。黄门侍郎张彝常与游处，每表疏论事，多参访焉。十七年，高祖南征，上议告类之礼。及太师冯熙薨，惠蔚监其丧礼，上书令熙未冠之子皆服成人之服。惠蔚与李彪以儒学相知，及彪位至尚书，惠蔚仍太庙令。高祖曾从容言曰："道固既登龙门，而孙蔚犹沉涓浍，朕常以为负矣。"虽久滞小官，深体通塞，无孜孜之望，儒者以是尚焉。二十二年，侍读东宫。

先是，七庙以平文为太祖，高祖议定祖宗，以道武为太祖。祖宗虽定，然昭穆未改。及高祖崩，祔神主于庙，时侍中崔光兼太常卿，以太祖既改，昭穆以次而易。兼御史中尉、黄门侍郎邢峦以为太祖虽改，昭穆仍不应易，乃立弹草欲按奏光。光谓惠蔚曰："此乃礼也，而执法欲见弹劾，思获助于硕学。"惠蔚曰："此深得礼变。"寻为书以与光，赞明其事。光以惠蔚书呈宰辅，乃召惠蔚与峦庭议得失，尚书令王肃又助峦，而峦理终屈，弹事遂寝。

世宗即位之后，仍在左右敷训经典，自冗从仆射迁秘书丞、武邑郡中正。惠蔚既入东观，见典籍未周，乃上疏曰：

臣闻圣皇之御世也，必幽赞人经，参天二地，宪章典故，述遵鸿猷。故《易》曰："观乎天文以察时变，观乎人文以化成天下。"然则《六经》、百氏，图书秘籍，乃承天之正术，治人之贞范。是以温柔疏远，《诗书》之教；恭俭易良，《礼乐》之道。爻象以精微为神，《春秋》以属辞为化。故大训炳于东序，艺文光于麟阁。斯实太平之枢宗，胜残之要道，有国之灵基，帝王之盛业。安上靖民，敦风美俗，其在兹乎？及秦弃学术，《礼经》泯绝。汉兴求访，典文载举，先王遗训，灿然复存。暨光武拨乱，日不暇给，而入洛之书二千余两。魏晋之世，尤重典坟，收亡集逸，九流咸备。观其鸠阅史篇，访购经论，纸竹所载，略尽无遗。臣学阙通儒，思不及远，徒循章句，片义无立。而慈造曲覃，厕班秘省，忝官承乏，唯书是司。而，观、阁旧典，先无定目，新故杂糅，首尾不全。有者累帙数十，无者旷年不写。或篇第褫落，始末沦残；或文坏字误，谬烂相属。篇目虽多，全定者少。臣今依前丞臣卢昶所撰《甲乙新录》，欲裨残补阙，损并有无，校练句读，以为定本，次第均写，永为常式。其省先无本者，广加推寻，搜求令足。然经记浩博，诸子纷纶，部帙既多，章篇纰缪，当非一二校书，岁月可了。今求令四门博士及在京儒生四十人，在秘书省专精校考，参定字义。如蒙听许，则典文允正，群书大集。

诏许之。

又兼黄门侍郎，迁中散大夫，仍兼黄门。久之，正黄门侍郎，代崔光为著作郎，才非文史，无所撰著，唯自披其传注数行而已。迁国子祭酒、秘书监，仍知史事。延昌二年，追赏侍讲之劳，封枣强县开国男，食邑二百户。肃宗初，出为平东将军、济州刺史。还京，除光禄大夫。魏安已来，儒生寒宦，惠蔚最为显达。先单名蔚，正始中，侍讲禁内，夜论佛经，有惬帝旨，诏使加"惠"号惠蔚法师焉。神龟元年卒于官，时年六十七。赐帛五百匹，赠大将军、瀛州刺史，谥曰戴。

子伯礼，袭封。伯礼善隶书。拜奉朝请、员外散骑侍郎、宁朔将军、步兵校尉、国子博士。卒，赠辅国将军、巴州刺史。

子产同，袭。少有才学。早亡，时人惜之。

徐遵明，字子判，华阴人也。身长八尺，幼孤好学。年十七，随乡人毛灵和等诣山东求学。至上党，乃师屯留王聪，受《毛诗》、《尚书》、《礼记》。一年，便辞聪诣燕赵，师事张吾贵。吾贵门徒甚盛，遵明伏膺数月，乃私谓其友人曰："张生名高而义无检格，凡所讲说，不惬吾心，请更从师。"遂与平原田猛略就范阳孙买德受业。一年，复欲去之。猛略谓遵明曰："君年少从师，每不终业，千里负帙，何去就之甚?如此用意,终恐无成。"遵明曰:"吾今始知真师所在。"猛略曰:"何在?"遵明乃指心曰:"正在于此。"乃诣平原唐迁,纳之,居于蚕舍。读《孝经》、《论语》、《毛诗》、《三礼》,不出门院,凡经六年,时弹筝吹笛以自娱慰。又知阳平馆陶赵世业家有《服氏春秋》,是晋世永嘉旧本,遵明乃往读之。

复经数载,因手撰《春秋义章》,为三十卷。是后教授,门徒盖寡,久之乃盛。遵明每临讲坐,必持经执疏,然后敷陈,其学徒至今浸以成俗。遵明讲学于外二十余年,海内莫不宗仰。颇好聚敛,有损儒者之风。

后广平王怀闻而征焉。至而寻退,不好京辇。孝昌末,南渡河,客于任城。以兖州有旧,因徙居焉。永安初,东道大使元罗表荐之,竟无礼辟。二年,元颢入洛,任城太守李湛将举义兵,遵明同其事。夜至民间,为乱兵所害,时年五十五。

永熙二年,遵明弟子通直散骑常侍李业兴表曰:"臣闻行道树德,非求利于当年;服义履仁,岂邀恩于没世。但天爵所存,果致式闾之礼;民望攸属,终有祠墓之荣。伏见故处士兖州徐遵明,生在衡泌,弗因世族之基;长于原野,匪乘雕镂之地。而托心渊旷,置情恬雅,处静无闷,居约不忧。故能垂帘自精,下帷独得,钻经纬之微言,研圣贤之妙旨。莫不入其门户,践其堂奥,信以称大儒于海内,擅明师于日下矣。是故眇眇四方,知音之类,延首慕德,跂踵依风。每精庐暂辟,杖策不远千里;束修受业,编录将逾万人。固已企盛烈于西河,拟高踪于北海。若慕奇好士,爱客尊贤,罢吏游梁,纷而成列。遵明以硕德重名,首蒙礼命,曳裾雅步,眷同置醴。黄门李郁具所知明,方申荐奏之恩,处心守壑之志,潜居乐道,遂往不归。故北海王入洛之初,率土风靡,遵明确然守志,忠洁不渝,遂与太守李湛将诛叛逆。时有邂逅,受毙凶险。至诚高节,埋没无闻,朝野人士,相与嗟悼。伏惟陛下远应龙序,俯执天衷,每端听而忘昃,常坐思而候晓。虽微功小善,片言一行,莫不衣裳加室,玉帛在门。况遵明冠盖一时,师表当世,溘焉冥没,旌纪寂寥。逝者长辞,无论荣价,文明叙

物,敦厉斯在。臣托迹诸生,亲承顾眄,惟伏膺之义,感在三之重,是
以越分陈愚,上喧幄座。特乞加以显谥,追以好爵,仰申朝廷尚德之
风,下示学徒稽古之利。若宸鉴昭回,曲垂矜采,则荒坟千载,式贲
生平。"卒无赠谥。

董徵,字文发,顿丘卫国人也。祖英,高平太守。父虬,郡功曹。
徵身长七尺二寸,好古学尚雅素。年十七,师清河监伯阳,受《论
语》、《毛诗》、《周易》,就河内高望崇受《周官》,后于博陵刘献之遍
受诸经。数年之中,大义精练,讲授生徒。

太和末,为四门小学博士。后世宗诏徵入琁华宫,令孙惠蔚问
以《六经》,仍诏徵教授京兆、清河、广平、汝南四王,后特除员外散
骑侍郎。清河王怿之为司空、司徒,引徵为长流参军。怿迁太尉,徵
为仓曹参军。出为沛郡太守,加扬烈将军。入为太尉司马,俄加辅
国将军。未几,以本将军除安州刺史。

徵因述职,路次过家,置酒高会,大享邑老,乃言曰:"腰龟返
国,昔人称荣;仗节还家,云胡不乐。"因诫二三子弟曰:"此之富贵,
匪自天降,乃勤学所致耳。"时人荣之。人为司农少卿、光禄大夫。徵
出州入卿,匪唯学业所致,亦由汝南王悦以其师资之义,为之启请
焉。永安初,加平东将军,寻以老解职。永熙二年卒。出帝以徵昔
授父业,故优赠散骑常侍、都督相殷沧三州诸军事、车骑大将军、仪
同三司、尚书左仆射、相州刺史,谥曰文烈。

子仲曜,武定末,仪同开府属。

刁冲,字文朗,勃海饶安人也,镇东将军雍之曾孙。十三而孤,
孝慕过人。其祖母司空高允女,聪明妇人也,哀其早孤,抚养尤笃。
冲免丧后,便志学他方,高氏泣涕留之,冲终不止。虽家世贵达,乃
从师于外,自同诸生。于时学制,诸生悉日直监厨,冲虽有仆隶,不
令代己,身自炊爨。每师受之际,发情精专,不舍昼夜,殆忘寒暑。学
通诸经,偏修郑说,阴阳、图纬、算数、天文、风气之书莫不关综,当

世服其精博。刺史郭祚闻其盛名，访以疑义，冲应机解辩，无不祛其久惑。

后太守范阳卢尚之、刺史河东裴植并征冲为功曹、主簿，非所好也，受署而已，不关事务。惟以讲学为心，四方学徒就其受业者岁有数百。冲虽儒生，而执心壮烈，不畏强御。延昌中，世宗舅司徒高肇擅恣威权，冲乃抗表，极言其事，辞旨恳直，文义忠愤。太傅、清河王怿览而叹息。

先是，冲曾祖雍作《行孝论》以诫子孙，称："古之葬者衣之以薪，不封不树，后世圣人易之棺椁。其有生则不能致养，死则厚葬过度。及于末世，至蘧除裹尸，倮而葬者。确而为论，并非折衷。既知二者之失，岂宜同之。当令所存者棺厚不过三寸，高不过三尺，弗用缯彩，敛以时服。辒车止用白布为幔，不加画饰，名为清素车。又去挽歌、方相，并盟器杂物。"及冲祖遵将卒，敕其子孙令奉雍遗旨。河南尹丞张普惠谓为太俭，贻书于冲叔整，议其进退。整令与通学议之，冲乃致书国学诸儒以论其事，学官竟不能答。

冲以嫡传祖爵东安侯。京兆王继为司空也，并以高选频辟记室参军。肃宗将亲释奠，于是国子助教韩神固与诸儒诣国子祭酒崔光、吏部尚书甄琛，举其才学，奏而征焉。及卒，国子博士高凉，及范阳卢道侃、卢景裕等复上状陈冲业行，议奏谥曰安宪先生，祭以太牢。

子钦，字志儒。早亡。

卢景裕，字仲儒，小字白头，范阳涿人也，章武伯同之兄子。少聪敏，专经为学。居拒马河，将一老婢作食，妻子不自随从。又避地大宁山，不营世事，居无所业，惟在注解。其叔父同职居显要，而景裕止于园舍，情均郊野，谦恭守道，贞素自得。由是世号居士。

前废帝初，除国子博士，参议正声，甚见亲遇，待以不臣之礼。永熙初，以例解。天平中，还乡里，与邢子才、魏季景、魏收、邢昕等同征赴邺。景裕寓托僧寺，讲听不已。未几，归本郡。河间邢摩纳与景裕从兄仲礼据乡作逆,逼其同反,以应元宝炬。齐献武王命都督贺拔仁计平之。闻景裕经明行著,驿马特征,既而舍之,使教诸子。在馆十日一归家,随以鼎食。

景裕风仪言行,雅见嗟赏。先是,景裕注《周易》、《尚书》、《孝经》、《论语》、《礼记》、《老子》,其《毛诗》、《春秋左氏》未讫。齐文襄王入相,于第开讲,招延时俊,令景裕解所注《易》。景裕理义精微,吐发闲雅。时有问难,或相诋诃,大声厉色,言至不逊,而景裕神彩俨然,风调如一,从容往复,无际可寻。由是士君子嗟美之。

元颢入洛,以为中书郎。普泰初,复除国子博士。进退其间,未曾有得失之色。性清静,淡于荣利,弊衣粗食,恬然自安,终日端严,如对宾客。兴和中,补齐王开府属,卒于晋阳,齐献武王悼惜之。

景裕虽不聚徒教授,所注《易》大行于世。又好释氏,通其大义。天竺胡沙门道悕每论诸经论,辄托景裕为之序。景裕之败也,系晋阳狱,至心诵经,枷锁自脱。是时又有人负罪当死,梦沙门教讲经,觉时如所梦,默诵千遍,临刑刀折,主者以闻,赦之。此经遂行于世,号曰《高王观世音》。

李同轨,赵郡高邑人,阳夏太守义深之弟。体貌魁岸,腰带十围,学综诸经,多所治诵,兼读释氏,又好医术,年二十二,举秀才,射策,除奉朝请,领国子助教。转著作郎,典仪注,修国史,迁国子博士,加征虏将军。

永熙二年,出帝幸平等寺,僧徒讲法,敕同轨论难,音韵闲朗,往复可观,出帝善之。三年春,释菜,诏延公卿学官于显阳殿,敕祭酒刘廞讲《孝经》,黄门李郁讲《礼记》,中书舍人卢景宣解《大戴礼·夏小正篇》。时广招儒学,引令预听。同轨经义素优,辩析兼美,而不得执经,深为慨恨。

天平中,转中书侍郎。兴和中,兼通直散骑常侍,使萧衍。衍深耽释学,遂集名僧于其爱敬、同泰二寺,讲《涅盘大品经》,引同轨预席。衍兼遣其朝臣并共观听。同轨论难久之,道俗咸以为善。卢景裕卒，齐献武王引同轨在馆教诸公子，甚加礼之。每旦入授，日暮始归。缁素请业者，同轨夜为说解，四时恒尔，不以为倦。

武定四年夏卒，年四十七。时人伤惜之，齐献武王亦殊嗟悼，赠襚甚厚。赠骠骑大将军、瀛州刺史，谥曰康。

李业兴，上党长子人也。祖虬，父玄纪，并以儒学举孝廉。玄纪卒于金乡令。业兴少耿介，志学精力，负帙从师，不惮勤苦，耽思章句，好览异说。晚乃师事徐遵明于赵魏之间。时有渔阳鲜于灵馥亦聚徒都授，而遵明声誉未高，著录尚寡。业兴乃诣灵馥黉舍，类受业者。灵馥乃谓曰："李生久逐羌博士，何所得也？"业兴默尔不言。及灵馥说《左传》，业兴问其大义数条，灵馥不能对。于是振衣而起曰："羌弟子正如此耳！"遂便径还。自此灵馥生徒倾学而就遵明。遵明学徒大盛，业兴之为也。后乃博涉百家，图纬、风角、天文、占候无不详练，尤长算历。

虽在贫贱，常自矜负，若礼待不足，纵于权贵，不为之屈。后为王遵业门客。举孝廉，为校书郎。以世行赵歐历，节气后辰下算，延昌中，业兴乃为《戊子元历》上之。于时屯骑校尉张洪、荡寇将军张龙祥等九家各献新历，世宗诏令共为一历。洪等后遂共推业兴为主，成《戊子历》，正光三年奏行之。事在《律历志》。累迁奉朝请。临淮王彧征蛮，引为骑兵参军。后广阳王渊北征，复为外兵参军。业兴以殷历甲寅，黄帝辛卯，徒有积元，术数亡缺，业兴又修之，各为一卷，传于世。建义初，敕典仪注，未几除著作佐郎。永安二年，以前造历之勋，赐爵长子伯。遭忧解任，寻起复本官。

元晔之窃号也，除通直散骑侍郎。普泰元年，沙汰侍官，业兴仍在通直，加宁朔将军。又除征虏将军、中散大夫，仍在通直。太昌初，转散骑侍郎，仍以典仪之勤，特赏一阶，除平东将军、光禄大夫，寻加安西将军。后以出帝登极之初，预行礼事，封屯留县开国子，食邑五百户。转中军将军、通直散骑常侍。永熙三年二月，出帝释奠，业兴与魏季景、温子升、窦瑗为摘句。后入为侍读。

迁邺之始，起部郎中辛术奏曰："今皇居徙御，百度创始，营构一兴，必宜中制。上则宪章前代，下则模写洛京。今邺都虽旧，基址毁灭，又图记参差，事宜审定。臣虽曰职司，学不稽古，国家大事非敢专之。通直散骑常侍李业兴硕学通儒，博闻多识，万门千户，所宜访询。今求就之披图案记，考定是非，参古杂今，折中为制，召画工并所须调度，具造新图，申奏取定。庶经始之日，执事无疑。"诏从之。天平二年，除镇南将军，寻为侍读。于时尚书右仆射、营构大将高隆之被诏缮治三署乐器、衣服及百戏之属，乃奏请业兴参其事。

四年，与兼散骑常侍李谐、兼吏部郎卢元明使萧衍。衍散骑常侍朱异明业兴曰："魏洛中委粟山是南郊邪？"业兴曰："委粟是圆丘，非南郊。"异曰："北间郊、丘异所，是用郑义。我此中用王义。"业兴曰："然，洛京郊、丘之处专用郑解。"异曰："若然，女子逆降傍亲，亦从郑以不？"业兴曰："此之一事，亦不专从。若卿此间用王义，除禫应用二十五月，何以王俭《丧礼》禫用二十七月也？"异遂不答。业兴曰："我昨见明堂四柱方屋，都无五九之室，当是裴頠所制。明堂上圆下方，裴唯除室耳。今此上不圆何也？"异曰："圆方之说，经典无文，何怪于方？"业兴曰："圆方之言，出处甚明，卿自不见。见卿录梁主《孝经义》亦云上圆下方，卿言岂非自相矛盾！"异曰："若然，圆方竟出何经？"业兴曰："出《孝经援神契》。"异曰："纬候之书，何用信也！"业兴曰："卿若不信，灵威仰叶光纪之类经典亦无出者，卿复信不？"异不答。

萧衍亲问业兴曰："闻卿善于经义，儒、玄之中何所通达？"业兴曰："少为书生，止读五典。至于深义，不辨通释。"衍问《诗周南》，王者之风，系之周公；《邵南》，仁贤之风，系之《邵公》。何名为系？"业兴对曰："郑注《仪礼》云：昔大王、王季居于岐阳，躬行《邵南》之教，以兴王业。及文王行今《周南》之教以命。作邑于酆，分其故地，属之二公，名为系。"衍又问："若是故地，应自统摄，何由分封二公？"业兴曰："文王为诸侯之时所化之本国，今既登九五之尊，不可复守诸侯之地，故分封二公。"衍又问："《乾卦》初称'潜龙'，二称'见龙’，至五‘飞龙’。初可名为虎。”问意小乖。业兴对：“学识肤浅，不足仰酬。”

衍又问：“《尚书》‘正月上日受终文祖’，此是何正？”业兴对：“此是夏正月。”衍言何以得知。业兴曰：“案《尚书中候·运行篇》云‘日月营始’，故知夏正。衍又问：“尧时以何月为正？”业兴对：“自尧以上，书典不载，实所不知。”衍又云：“‘寅宾出日’，即是正月。‘日中星鸟，以殷仲春’，即是二月。此出《尧典》，何得云尧时不知用何正也？”业兴对：“虽三正不同，言时节者皆据夏时正月。《周礼》，仲春二月，会男女之无夫家者。虽自周书，月亦夏时。尧之日月，亦当如此。但所见不深，无以辨析明问。”衍又曰：“《礼》，原壤之母死，孔子助其沐椁。原壤叩木而歌曰：‘久矣不托于音，狸首之班然，执女手之卷然。’孔子圣人，而与原壤为友？”业兴对：“孔子即自解，言亲者不失其为亲，故者不失其为故。”又问：“原壤何处人？”业兴对曰：“郑注云：原壤，孔子幼少之旧。故是鲁人。”衍又问：“孔子圣人，所存必可法。原壤不孝，有逆人伦，何以存故旧之小节，废不孝之大罪？”业兴对曰：“原壤所行，事自彰著。幼少之交，非是今始，既无大故，何容弃之？孔子深敦故旧之义，于理无失。”衍又问：“孔子圣人，何以书原壤之事，垂法万代？”业兴对曰：“此是后人所录，非孔子自制。犹合葬于防，如此之类，《礼记》之中，动有百数。”衍又问：“《易》曰太极，是有无？”业兴对：“所传太极是有，素不玄学，何敢辄酬。”

还，兼散骑常侍，加中军大将军。后罢议事省，诏右仆射高隆之及诸朝士，与业兴等在尚书省议定五礼。兴和初，又为《甲子元历》，以五百为章时见施用。复预议《麟趾新制》。武定元年，除国子祭酒，仍侍读。三年，出除太原太守。齐献武王每出征讨，时有顾访。五年，齐文襄王引为中外府谘议参军。后坐事禁止。业兴乃造《九宫行棋历》，以五百为章，四千四十为部，九百八十七为斗分，还以己未为元，始终相维，不复移转，与今历法术不同。至于气序交分，景度盈缩，不异也。七年，死于禁所，年六十六。

业兴爱好坟籍，鸠集不已，手自补治，躬加题帖，其家所有，垂将万卷。览读不息，多有异闻，诸儒服其渊博。性豪侠，重意气。人有急难，委之归命，便能容匿。与其好合，倾身无吝。若有相乖忤，便即疵毁，乃至声色，加以谤骂。性又躁隘，至于论难之际，高声攘振，无儒者之风。每语人云："但道我好，虽知妄言，故胜道恶。"务进忌前，不顾后患，时人以此恶之。至于学术精微，当时莫及。

子崇祖，武定中，太尉外兵参军。

崇祖弟遵祖，太昌中，业兴传其长子伯以授之。齐受禅，例降。

史臣曰：古语云：容体不足观，勇力不足恃，族姓不足道，先祖不足称，然而显闻四方，流声后裔者，其惟学乎？信哉斯言也。梁越之徒，笃志不倦，自求诸己，遂能闻道下风，称珍席上，或聚徒千百，或服冕乘轩，咸稽古之力也。

《高氏小史·儒林传》无刁冲、卢景裕、李同轨三人，史目录皆有之。此卷刁冲、卢景裕传全录《北史》，非魏收书。史臣论亦出《北史》。《北史》全用《随书·儒林传》论。

魏书卷八五
列传第七三

文　苑

袁跃　裴敬宪　卢观　封肃　邢臧
裴伯茂　邢昕　温子升

　　夫文之为用,其来日久。自昔圣达之作,贤哲之书,莫不统理成章,蕴气标致。其流广变,诸非一贯;文质推移,与时俱化。淳于出齐,有雕龙之目;灵均逐楚,著嘉祸之章。汉之西京,马、扬为首称;东都之下,班、张为雄伯。曹植信魏世之英,陆机则晋朝之秀,虽同时并列,分途争远。永嘉之后,天下分崩,夷狄交驰,文章殄灭。昭成、太祖之世,南收燕赵,纲罗俊刈。逮高祖驭天,锐情文学,盖以颉颃汉彻,掩踔曹丕,气韵高艳,才藻独构。衣冠仰止,咸慕新风。肃宗历位,文雅大盛,学者如牛毛,成者如麟角,孔子曰:"才难,不其然乎?"

　　袁跃,字景腾,陈郡人,尚书翻弟也。博学俊才,性不矫俗,笃于交友。翻每谓人曰:"跃可谓我家千里驹也。"释褐司空行参军,历位尚书都兵郎中,加员外散骑常侍。将立明堂,跃乃上议,当时称其博洽。蠕蠕主阿那环亡破来奔,朝廷矜之,送复其国。既而每使朝贡,辞旨颇不尽礼。跃为朝臣书与环,陈以祸福,言辞甚美。后迁车骑将军、太傅、清河王怿文学,雅为怿所爱赏。怿之文表多出于跃。卒,赠冠军将军、吏部郎中。所制文集行于世。无子，兄翻以子聿修继。

聿修，字叔德。七岁遭丧，居处礼若成人。九岁，州辟主簿。性深沉，有鉴识，清靖寡欲，与物无竞。姨夫尚书崔休深所知赏。年十八，领本州中正，兼尚书度支郎中。齐受禅，除太子庶子，以本官行博陵太守。

裴敬宪，字孝虔，河东闻喜人也。益州刺史宣第二子。少有志行，学博才清，抚训诸弟，专以读诵为业。澹于荣利，风气俊远，郡征功曹不就，诸府辟命，先进其弟，世人叹美之。司州牧、高阳王雍举秀才，射策高第，除太学博士。性和雅，未尝失色于人。工隶草，解音律，独擅于时。名声甚重，后进共宗慕之。中山王将之部，朝贤送于河梁，赋诗言别，皆以敬宪为最。其文不能赡逸，而有清丽之美。少有气病，年三十三卒，人物甚悼之。敬宪世有仁义于乡里。孝昌中，蜀贼陈双炽所过残暴，至敬宪宅，辄相约束，不得焚烧。为物所伏如此。永兴三年，赠中书侍郎，谥曰文。

卢观，字伯举，范阳涿人也。少好学，有俊才。举秀才，射策甲科，除太学博士、著作佐郎。与太常少卿李神俊、光禄大夫王诵等在尚书上省撰定朝仪，拜尚书仪曹郎中。孝昌元年卒。

封肃，字元邕，勃海人，尚书回之兄子也。早有文思，博涉经史，太傅崔光见而赏焉。位太学博士，修《起居注》，兼廷尉监。为《还园赋》，其辞甚美。正光中，京兆王西征，引为大行台郎中，委以书记。还，除尚书左中兵郎中，卒。肃性恭俭，不妄交游，唯与崔励、励从兄鸿尤相亲善。所制文章多亡失，存者十余卷。

邢臧，字子良，河间人，光禄少卿虬长孙也。幼孤，早立操尚，博学有藻思。年二十一，神龟中，举秀才，问策五条，考上第，为太学博士。正光中，议立明堂，臧为裴颀一室之义，事虽不行，当时称其理博。出为本州中从事,雅为乡情所附。永安初,征为金部郎中,以疾不赴,转除东牟太守。时天下多事,在职少能廉白,臧独清慎奉法,吏民爱之。陇西李延实,庄帝之舅,以太傅出除青州,启臧为属,领乐安内史,有惠政。后除濮阳太守,寻加安东将军。

臧和雅信厚,有长者之风,为时人所爱敬。为特进甄琛《行状》,世称其工。与裴敬宪、卢观兄弟并结交分,曾共读《回文集》,臧独先通之。撰古来文章,并叙作者氏族,号曰《文谱》,未就,病卒,时贤悼惜之。其文笔几百余篇。赠镇北将军、定州刺史,谥曰文。

子恕,涉学有识悟。

裴伯茂,河东人,司空中郎叔议第二子。少有风望,学涉群书,文藻富赡。释褐奉朝请。大将军、京兆王继西讨,引为铠曹参军。南讨绛蜀陈双炽,为行台长孙承业行台郎中。承业还京师,留伯茂仍知行台事。以平薛凤贤等,赏平阳伯。再迁散骑常侍,典起居注。太昌初,为中书侍郎。永熙中,出帝兄子广平王赞盛选宾僚,以伯茂为文学,后加中军大将军。

伯茂好饮酒,颇涉疏傲,久不徙官,曾为《豁情赋》,其序略曰:"余摄养舛和,服饵寡术,自春徂夏,三婴凑疾。虽桐君上药,有时致效;而草木下性,实萦衿抱。故复究览庄生,具体齐物,物我两忘,是非俱遣,斯人之达,吾所师焉。故作是赋,所以托名豁情,寄之风谣矣。"天平初迁邺,又为《迁都赋》,文多不载。

二年,因内宴,伯茂侮慢殿中尚书、章武王景哲,景哲遂申启,称:"伯茂弃其本列,与监同行;以梨击案,傍污冠服;禁庭之内,令人挈衣。"诏付所司,后竟无坐。伯茂先出后其伯仲规,与兄景融别居。景融贫窘,伯茂了无赈恤,殆同行路,世以此贬薄之。卒年三十九,知旧叹惜焉。

伯茂末年剧饮不已,乃至伤性,多有忿失。未亡前数日,忽云:"吾得密信,将被收掩。"乃与妇乘车西逃避。后因顾指壁中,言有官人追逐,其妻方知其病。卒后,殡于家园,友人常景、李浑、王元景、卢元明、魏季景、李骞等十许人，于墓傍置酒设祭，哀哭涕泣，一饮一酹曰："裴中书魂而有灵，知吾曹也。"乃各赋诗一篇。李骞以魏收亦与之友，寄以示收。收时在晋阳，乃同其作，论叙伯茂，其十字云："临风想玄度，对酒思公荣。"时人以伯茂性侮傲，谓收待颇得事实。赠散骑常付、卫将军、度支尚书、雍州刺史，重赠吏部尚书，谥曰文，伯茂曾撰《晋书》竟未能成。无子，兄景融以第二子孝才继。

邢昕，字子明，河间人，尚书峦弟伟之子。幼孤，见爱于祖母李氏。好学，早有才情。萧宝夤以车骑大将军开府讨关中，以子明为东阁祭酒，委以文翰。在军解褐荡寇将军，累迁太尉记室参军。吏部尚书李神俊奏昕修《起居注》。太昌初，除中书侍郎，加平东将军、光禄大夫。时言冒窃官级，为中尉所劾，免官，乃为《述躬赋》。未几，受诏与秘书监常景典仪注事。

出帝行释尊礼，昕与校书郎裴伯茂等俱为录义。永熙末，昕入为侍读，与温子升、魏收参掌文诏。迁邺，乃归河间。天平初，与侍中从叔子才、魏季景、魏收同征赴都。寻还乡里。既而复征。时萧衍使兼散骑常侍刘孝仪等来朝贡，诏昕兼正员郎迎于境上。司徒孙腾引为中郎。寻除通直常侍，加中军将军。既有才藻，兼长几案。

自孝昌之后，天下多务，世人竞以吏工取达，文学大衰。司州中从事宋游道以公断见知，时与昕嘲谑。昕谓之曰："世事同知文学外。"游道有惭色。兴和中，以本官副李象使于萧衍。昕好忤物，人谓之牛。是行也，谈者谓之牛象斗于江南。齐文襄王摄选，拟昕为司徒右长史，未奏，遇疾卒，士友悲之。赠车骑将军、都官尚书、冀州刺史，谥曰文。所著文章，自有集录。

温子升，字鹏举，自云太原人，晋大将军峤之后也。世居江左。祖恭之，刘义隆彭城王义康户曹，避难归国，家于济阴冤句，因为其郡县人焉。家世寒素。父晖，兖州左将军府长史，行济阴郡事。子升初受学于崔灵恩、刘兰，精勤，以夜继昼，昼夜不倦。长乃博览百家，文章清婉。为广阳王渊贱客，在马坊教诸奴子书。作《侯山祠堂碑文》，常景见而善之，故诣渊谢之。景曰："顷见温生。"渊怪问之，景曰："温生是大才士。"渊由是稍知之。

熙平初，中尉、东平王匡博召辞人，以充御史，同时射策者八百余人，子升与卢仲宣、孙搴等二十四人为高第。于时预选者争相引决，匡使子升当之，皆受屈而去。搴谓人曰："朝来靡旗乱辙者，皆子升逐北。"遂补御史，时年二十二。台中文笔皆子升为之。以忧去任，服阕，还为朝请。后李神俊行荆州事，引兼录事参军。被征赴省，神俊表留不遣。吏部郎中李奖退表不许，曰："昔伯瑜之不应留，王朗所以发叹，宜速遣赴，无踵彦云前失。"于是还。

正光末，广阳王渊为东北道行台，召为郎中，军国文翰皆出其手。于是才名转盛。黄门郎徐纥受四方表启。答之敏速，于渊独沉思曰："彼有温郎中，才藻可畏。"高车破走，珍实盈满，子升取绢四十匹。及渊为葛荣所害，子升亦见羁执。荣下者督和洛兴与子升旧识，以数十骑潜送子升，得达冀州。还京，李楷执其手曰："卿今得免，足使夷甫惭德。"自是无复宦情，闭门读书，厉精不已。

建义初，为南主客郎中，修《起居注》。曾一日不直，上党王天穆时录尚书事，将加捶挞，子升遂逃遁。天穆甚怒，奏人代之。庄帝曰："当世才子不过数人，岂容为此，便相放黜。"乃寝其奏。及天穆将讨邢杲，召子升同行，子升未敢应。天穆谓人曰："吾欲收其才用，岂怀前忿也。今复不来，便须南走越，北走胡耳！"子升不得已而见之。加伏波将军，为行台郎中，天穆深加赏之。

元颢入洛，天穆召子升问曰："即欲向京师，为随我北渡？"对曰："主上以虎牢失守，致此狼狈。元颢新入，人情未安，今往讨之，必有征无战。王若克复京师，奉迎大驾，桓、文之举也。舍此北渡，窃为大王惜之。"天穆善之而不能用。遣子升还洛，颢以为中书舍人。庄帝还宫，为颢任使者多被废黜，而子升复为舍人。天穆每谓子升曰："恨不用卿前计。"除正员郎，仍舍人。

及帝杀尔朱荣也，子升预谋，当时赦诏，子升词也。荣入内，遇子升，把诏书问是何文书，子升颜色不变，曰"敕"。荣不视之。尔朱兆入洛，子升惧祸逃匿。永熙中，为侍读兼舍人、镇南将军、金紫光禄大夫。迁散骑常侍、中军大将军，后领本州大中正。

萧衍使张皋写子升文笔，传于江外。衍称之曰："曹植、陆机复生于北土。恨我辞人，数穷百六。"阳夏太守傅标使吐谷浑，见其国主床头有书数卷，乃是子升文也。济阴王晖业尝云："江左文人，宋有颜延之、谢灵运，梁有沈约、任昉，我子升足以陵颜轹谢，舍任吐沈。"杨遵彦作《文德论》，以为古今辞人皆负才遗行，浇薄险忌，唯邢子才、王元景、温子升彬彬有德素。

齐文襄王引子升为大将军府谘议参军。子升前为中书郎，尝诣萧衍客馆受国书，自以不修容止，谓人曰："诗章易作，逋峭难为。"文襄馆客元仅曰："诸人当贺。"推子升合陈辞。子升久忸怩，乃推陆操焉。及元仅、刘思逸、荀济等作乱，文襄疑子升知其谋。方使之作献武王碑文，既成，乃饿诸晋阳狱，食弊襦而死，弃尸路隅，没其家口。太尉长史宋游道收葬之，又为集其文笔为三十五卷。

子升外恬静，与物无竞，言有准的，不妄毁誉，而内深险，事故之际，好预其间，所以终祸败。又撰《永安记》三卷。无子。

史臣曰：古之人所贵名不朽者，盖重言之尚存，又加之以才名，其为贵显，固其宜也。自余或位下人微，居常亦何能自达。及其灵蛇可握，天纲俱顿，并编缃素，咸贯儒林，虽其位可下，其身可杀，千载之后，贵贱一焉。非此道也，孰云能致？凡百士子，可不务乎！

魏书卷八六
列传第七四

孝　感

赵琰　长孙虑　乞伏保　孙益德
董洛生　杨引　阎元明　吴悉达
王续生　李显达　张升　仓跋
王崇　郭文恭

《经》云"孝，德之本"，'孝悌之至，通于神明"。此盖生人之大者。淳风既远，世情虽薄，孔门有以责衣锦，诗人所以思素冠。且生尽色养之天，终极哀思之地，若乃诚达泉鱼，感通鸟兽，事匪常伦，斯盖希矣。至如温床扇席，灌树负土，时或加人，咸为度俗，今书赵琰等以《孝感》为目焉。

赵琰，字叔起，天水人。父温为杨难当司马。初，苻氏乱。琰为乳母携奔寿春，年十四乃归。孝心色养，饪熟之节，必亲调之。皇兴中，京师俭，婢简粟籺之，琰遇见切责，敕留轻秕。尝送子应冀州娉室，从者于路偶得一羊，行三十里而琰知之，令送于本处。又过路傍，主人设羊羹，琰访知盗杀，卒辞不食。遣人买耜刃，得剩六耜，即令送还刃主。刃主高之，义而不受，琰命委之而去。初为兖州司马，转团城镇副将。还京，为淮南王他府长史。时禁制甚严，不听越关葬于旧兆。琰积三十余年,不得葬二亲。及蒸尝拜献,未曾不婴慕卒事。每于时节,不受子孙庆贺。年余耳顺,而孝思弥笃。慨岁月推移,迁窆无期,乃绝盐粟,断诸滋味,食麦而已。年八十卒。迁都洛阳,子应等乃还乡葬焉。

应弟煦,字宾有。好音律,仅善歌闻于世。位秦州刺史。

长孙虑,代人也。母因饮酒,其父真河叱之,误以杖击,便即致死。真为县囚执,处以重坐。虑列辞尚书云:"父母忿争,本无余恶。直以谬误,一朝横祸。今母丧未殡,父命旦夕。虑兄弟五人,并各幼稚。虑身居长,今年十五,有一女弟,始向四岁,更相鞠养,不能保全。父若就刑,交坠沟壑,乞以身代老父命,使婴弱得蒙存立。"尚书奏云:"虑于父为孝子,于弟为仁兄。寻究情状,特可矜感。"高祖诏特恕其父死罪,以从远流。

乞伏保,高车部人也。父居,显祖时为散骑常侍,领牧曹尚书,赐爵宁国侯。以忠谨慎密,常在左右,出内诏命。赐宫人河南宗氏,亡后,赐以宫人申氏,宋太子左率申坦兄女也。岁余,居卒,申抚养伏保。性严肃,捶骂切至,而伏保奉事孝谨。初无恨色。袭父侯爵,例降为伯。稍迁左中郎将。每请禄赐,在外公私尺丈所用,无不白知。出为鄯善镇将。申年余八十,伏保手制马舆,亲自扶接,申欣然随之。申亡,伏保解官,奉丧还洛。复为长,兼南中郎将,卒。

孙益德,乐安人也。其母为人所害,益德童幼为母复仇。还家,哭于殡以待县官。高祖、文明太后以其幼而孝决,又不逃罪,特免之。

董洛生,代人也。居父丧过礼,诏遣秘书中散温绍伯奉玺书慰之,令自抑割以全孝道。又诏其宗亲,使相喻奖,勿令有灭性之讥。

　　杨引,乡郡垣人也。三岁丧父,为叔所养。母年九十三卒,引年七十五,哀毁过礼。三年服毕,恨不识父,追服斩衰,食粥粗服,誓终身命。终十三年,哀慕不改,为郡县乡闾三百余人上状称美。有司奏宜旌赏,复其一门,树其纯孝。诏别敕集书标杨引至行,又可假以散员之名。

　　阎元明,河东安邑人也。少而至孝,行著乡闾。太和五年,除北随郡太守。元明以违离亲养,兴言悲慕,母亦慈念,泣泪丧明。元明悲号上诉,许归奉养。一见甚母,母目便开。刺史吕寿恩列状上闻,诏下州郡,表为孝门,复其租调兵役,令终母年。母亡,服终,心丧积载,每忌日悲恸傍邻。昆弟雍和,尊卑谐穆,安贫乐道,白首同归。

　　又猗氏县人令狐仕,兄弟四人,早丧父,泣慕十载,奉养其母,孝著乡邑。而力田积粟,博施不已。

　　又河东郡人杨风等七百五十人,列称乐户皇甫奴兄弟,虽沉屈兵伍而操尚弥高,奉养继亲甚著恭孝之称。

　　又东郡小黄县人董吐浑、兄养,事亲至孝,三世同居,闺门有礼。景明初,畿内大使王凝奏请标异,诏从之。

　　吴悉达,河东闻喜人也。弟兄三人,年并幼小,父母为人所杀,四时号慕,悲感乡邻。及长报仇,避地永安。昆弟同居四十余载,闺门和睦,让逸竞劳。虽于俭年糊饘不继,宾客经过,必倾所有。每守宰殡丧,私办车牛,送终葬所。邻人孤贫窘困者,莫不解衣辍粮以相赈恤。乡闾五百余人诣州称颂焉。刺史悉达兄弟行著乡里,板赠悉达父勃海太守。悉达后欲改葬,亡失坟墓,推寻弗获,号哭之声,昼夜不止,叫诉神祇。忽于悉达足下地陷,得父铭记。因迁葬曾祖已下三世九丧,倾尽资业,不假于人,哀感毁悴,有过初丧。有司奏闻,标闾复役,以彰孝义。

　　时有齐州人崔承宗,其父于宋世仕汉中,母丧,因殡彼。后青徐归国,遂为隔绝。承宗性至孝,万里投险,偷路负丧还京师。黄门侍郎孙惠蔚闻之曰:"吾于斯人见廉范之情矣。"于是吊赠尽礼,如旧相识。

王续生,荥阳京县人也。遭继母忧,居丧杖而后起。及终礼制,鬓发尽落。有司奏闻,世宗诏示旌门闾,甄其徭役。

李显达,颍川阳翟人也。父丧,水浆不入口七日,鬓发堕落,形体枯悴。六年庐于墓侧,哭不绝声,殆于灭性。州牧、高阳王雍以状奏,灵太后诏表其门闾。

张升,荥阳人。居父母丧,鬓发坠落,水浆不入口,吐血数升。诏表门闾。

仓跋,荥阳京县人也。丧母,水浆不入口五日,吐血数升,居忧毁瘠,见称州里。有司奏闻,出帝诏标门闾。

王崇,字乾邕,阳夏雍丘人也。兄弟并以孝称。身勤稼穑,以养二亲。仕梁州镇南府主簿。母亡,杖而后起,鬓发堕落。未及葬,权殡宅西。崇庐于殡所,昼夜哭泣,鸠鸽群至。有一小鸟,素质墨眸,形大如雀,栖于崇庐,朝夕不去。母丧始阕,复丁父忧,哀毁过礼。是年,阳夏风雹,所过之处,禽兽暴死,草木摧折。至崇田畔,风雹便止,禾麦十顷,竟无损落,及过崇地,风雹如初。咸称至行所感。崇虽除服,仍居墓侧。于其室前生草一根,茎叶甚茂,人莫能识。至冬中,复有鸟巢于崇屋,乳养三子,毛羽成长,驯而不惊。守令闻之,亲自临视。州以闻奏,标其门闾。

郭文恭,太原平遥人也。仕为太平县令。年逾七十,父母丧亡。文恭孝慕罔极,乃居祖父墓次,晨夕拜跪。跣足负土,培祖父二墓,寒暑竭力,积年不已,见者莫不哀叹。尚书闻奏,标其门闾。

史臣曰：塞天地而横四海者，唯孝而已矣。然则始敦孝敬之方，终极哀思之道，厥亦多绪，其心一焉。盖上智禀自然之质，中庸有企及之义，及其成名，其美一也。赵琰等或出公卿之绪，籍礼教以资；或出茅檐之下，非奖劝所得。乃有负土成坟，致毁灭性，虽乖先王之典制，亦观过而知仁矣。

　　魏收书《孝感传》亡，惟张升事出宗谏《史目》，与《北史》小异，《高氏小史》，不载升事迹。案《小史》孝感、节义、良吏、列女、阉官五传叙目并传，与正史及诸书目次叙前后不同，惟杨九龄《经史目录》与《小史》同。九龄撰录皆在殷仲藏、宗谏等后，是时正史已不完，往往取《小史》为据，故同之。

魏书卷八七
列传第七五

节　义

于什门　段进　石文德　汲固
王玄威　娄提　刘渴侯　朱长生
于提　马八龙　门文爱　晁清
刘侯仁　石祖兴　邵洪哲　王荣
胡小虎　孙道登　李几　张安祖
王间

大义重于至闻自日人,慕之者盖希,行之者实寡。至于轻生蹈节,临难如归,杀身成仁,死而无之悔,自非耿介苦心之人,郁快激气之士,亦何能一若斯?金列之传,名《节义》云。

于简,字什门,代人也。太宗时为谒者,使喻冯跋。及至和龙,住外舍不入,使人谓跋曰:“大魏皇帝有诏,须冯主出受,然后敢入。”跋使人牵逼令入,见跋不拜,跋令人按其项。什门曰:“冯主拜受诏,吾自以宾主致敬,何须苦见逼也!”与跋往复,声气厉然,初不挠屈。既而跋止什门。什门于群众之中,回身背跋,被裤后裆以辱之。既见拘留,随身衣裳败坏略尽,虮虱被体。跋遗以衣服,什门拒而不受。和龙人皆叹曰："虽古烈士，无以过也！"历二十四年，后冯文通上表称臣，乃送什门归。拜治书侍御史。世祖下诏曰："什门奉使和龙，值狂竖肆虐，勇志壮厉，不为屈节，虽昔苏武，何以加之。"赐羊千口、帛千匹，进为上大夫，策告宗庙，颁示天下，咸使闻也。

段进，不知何许人也。世祖初，为白道守将。蠕蠕大檀入塞，围之，力屈被执。进抗声大骂，遂为贼杀。世祖愍之，追赠安北将军，赐爵显美侯，谥曰庄。

石文德，河中蒲坂人也，有行义。真君初，县令黄宣在任丧亡，宣单贫无期亲，文德祖父苗以家财殡葬，持服三年，奉养宣妻二十余载。及亡，又衰绖敛衬，率礼无阙。自苗逮文德，刺史守令卒官者，制服送之。五世同居，闺门雍睦。
又梁州上言天水白石县人赵令安、孟兰强等，四世同居，行著州里。诏并标榜门闾。

汲固，东郡梁城人也。为兖州从事。刺史李式坐事被收，吏民皆送至河上。时式子宪生始满月，式大言于众曰："程婴、杵臼何如人也！"固曰："今古岂殊。"遂便潜还，不复回顾，径来入城，于式妇闺抱宪归藏之。及捕者收宪属，有一婢产男，母以婢儿授之。事寻泄，固乃携宪逃遁，遇赦始归。宪即为固长育至十余岁，恒呼固夫妇为郎婆。后高祐为兖州刺史，嘉固节义，以为主簿。

王玄威，恒农北陕人也。显祖崩，玄威立草卢于州城门外，衰裳蔬粥，哭踊无时。刺史苟颓以事表闻。诏令问状，玄威称："先帝统御万国，慈泽被于苍生，含气之类莫不仰赖，玄威不胜悲慕，中心知此，不知礼式。"诏问玄威欲有所诉，听为表列。玄威云："闻讳悲号，窃谓臣子同例，无所求谒。"及至百日，乃自竭家财，设四百人斋会，忌日，又设百僧供。至大除日，诏送白绸裤褶一具，与玄威释服，下州令表异焉。

娄提，代人也。显祖时，为内三郎。显祖暴崩，提谓人曰："圣主升遐，安用活为！"遂引佩刀自刺，几至于死。文明太后诏赐帛二百匹。

时有敕勒部人蛭拔寅兄地千，坐盗食官马，依制命死。拔寅自诬己杀，兄又云实非弟杀，兄弟争死，辞不能定。高祖诏原之。

刘渴侯，不知何许人也。禀性刚烈。太和中，为徐州后军，以力死战，众寡不敌，遂禽。瞋目大骂，终不降屈，为贼所杀。高祖赠立忠将军、平州刺史、上庸侯，赐绢千匹、谷千斛。

有严季者，亦为军校尉，与渴侯同殿，势穷被执，终不降屈，后得逃还。除立节将军，赐爵五等男。

朱长生及于提，并代人也。高祖时，以长生为员外散骑常侍，与提俱使高车。至其庭，高车主阿伏至罗责长生等拜，长生拒之曰："我天子使，安肯拜下土诸侯！"阿伏至罗乃不以礼待。长生以金银宝器奉之，至罗既受献，长生曰："为臣内附，宜尽臣礼，何得口云再拜而实不拜！"呼出帐，命众中拜。阿伏至罗惭其臣下，大怒曰："帐中何不教我拜，而辱我于大众！"夺长生等献物，囚之业丛石之中，兵胁之曰："汝能为我臣则活，如其不降，杀汝！"长生与于提瞋目厉声责之曰："岂有天子使人拜汝夷，我宁为魏鬼，不为汝臣！"至罗弥怒，绝其饮食。从行者三十人皆降，至罗乃给以肉酪，惟长生与提不从，乃各分徙之。积三岁，乃得还。高祖以长生等守节远同苏武，甚嘉之，拜长生河内太守，于提陇西太守，并赐爵五等男。从者皆为令长。

马八龙，武邑武强人也。轻财重义。友人武遂县尹灵哲在军丧亡，八龙闻即奔赴，负尸而归，以家财殡葬，为制缌服。抚其孤遗，恩如所生。州郡表列，诏表门闾。

门文爱，汲郡山阳人也。早孤，供养伯父母以孝谨闻。伯父亡，服未终，伯母又亡。文爱居丧，持服六年，哀毁骨立。乡人魏中贤等相与标其孝义。

晁清，辽东人也。祖晖，济州刺史、颍川公。清袭祖爵，例降为伯。为梁城戍将。萧衍攻围，粮尽城陷，清抗节不屈，为贼所杀。世宗褒美，赠乐陵太守，谥曰忠。

子荣宾，袭。

刘侯仁，豫州人也。城人白早生杀刺史司马悦，据城南叛。悦息朏，走投侯仁。贼虽重加购募，又严其捶挞，侯仁终无漏泄，朏遂免祸。事宁，有司奏其操行，请免府籍，叙一小县，诏可。

石祖兴，常山九门人也。太守田文彪、县令和真等丧亡，祖兴自出家绢二百余匹，营护丧事。州郡表列，高祖嘉之，赐爵二级，为上造。后拜宁陵令，卒。吏部尚书李韶奏其节义，请加赠谥，以奖来者，灵太后令如所奏。有司谥曰恭。

邵洪哲，上谷沮阳人也。县令范道荣先自朐城归款以除县令，道荣乡人徐孔明，妄经公府，讼道荣非勋，道荣坐除名。羁旅孤贫，不能自理。洪哲不胜义愤，遂代道荣诣京师，明申曲直。经历寒暑，不惮劬劳，道荣卒得复雪。又北镇反乱，道荣孤单，无所归附。洪哲兄伯川复率乡人来相迎接，送达幽州。道荣感其诚节，诉省申闻。诏下州郡，标其里闾。

王荣，阳平馆陶人也。为三城戍主、方城县子。萧衍攻围，力穷知不可全，乃先焚府库，后杀妻妾。及贼陷城，与戍副邓元兴等俱以不屈被害。肃宗下诏褒美忠节,进荣世爵为伯,赠齐州刺史;元兴开国子,赠洛州刺史。

胡小虎,河南河阴人也。少有武气。正光末,为统军于晋寿。孝昌中,萧衍将樊文炽等寇边,益州刺史邴虬遣长史和安固守小剑,文炽围之。虬命小虎与统军崔珍宝同往防拒。文炽掩袭小虎、珍宝,并擒之。文炽攻小剑未陷,乃将珍宝至城下,使谓和安曰:"南军强盛,北救不来,岂若归款,取其富贵。"和安命射之,乃退。复逼小虎与和安交言,小虎乃慷慨谓安曰:"我栅不防,为贼所虏。观其兵士,势不足言,努力坚守,魏行台传梁州遣将已至。"贼以刀殴击,言不得终,遂害之。三军无不叹其壮节,哀其死亡。贼寻奔败,擒其次将萧世澄、陈文绪等一十一人。行台魏子建壮其气概,启以世澄购其尸柩,乃获骸骨归葬。

孙道登,彭城吕县人也。永安初,为萧衍将韦休等所虏,面缚临刃,巡远村坞,令其招降乡曲。道登厉声唱呼:"但当努力,贼无所能。"贼遂屠戮之。

又荆州被围,行台宗灵恩遣使宗女等四人入城晓喻,为贼将所获,执女等巡城,令其改辞。女等大言:"天军垂至,坚守莫降。"贼忿,各刳其腹,然后斩首。二州表其节义,道登等并赐五品郡、五等子爵,听子弟承袭。遣使诣所在吊祭。

李几,博陵安平人也。七世共居同财,家有二十二房,一百九十八口,长幼济济,风礼著闻,至于作役,卑幼竞进。乡里嗟美,标其门闾。

张安祖,河阳人也。袭世爵山北侯。时有元承贵,曾为河阳令,家贫,且赴尚书求选,逢天寒甚,遂冻死路侧。一子年幼,停尸门巷,棺敛无托。安祖悲哭尽礼,买木为棺,手自营作,敛殡周给。朝野嘉叹。尚书闻奏，标其门闾。

　　王闿，北海密人也。数世同居，有百口。又太山刘业兴四世同居，鲁郡盖俊六世同居，并共财产，家门雍睦。乡里敬异。有司申奏，皆标门闾。

　　史臣曰：于什门等或临危不挠，视死如归；或赴险如夷，惟义所在。其大则光国隆家，其小则损己利物。故其盛烈所著，与河海而争流；峻节所标，共松柏而俱茂。并蹈履之所致，身殁名立，岂徒然哉。

　　魏收书《节义传》亡。

魏书卷八八
列传第七六

良 吏

张恂　鹿生　张应　宋世景　路邕
阎庆胤　明亮　杜纂　裴佗　窦瑗
羊敦　苏淑

　　罢侯置守,历年永久;统以方牧,仍世相循。所以宽猛为用,庇民调俗。但廉平常迹,声问难高;适时应务,招响必速。是故搏击为侯,起不旋踵;儒弱贻咎,录用无时。此则已然于前世矣。后之为吏,与世沉浮,季叔浇漓,奸巧多绪,所以蒲、密无为之化,难见其人。有魏初拓中州,兼并疆域,河南、关右,遗黎未纯,拥节分符,多出丰沛。政术治风,未能咸允,虽勋贻大戮,而贪虐未悛,亦由网漏吞舟,时持一目。高祖肃明网纪,赏罚必行,肇革旧轨,时多奉法。世宗优游而治,宽政遂往,太和之风,颇以陵替。肃宗驭运,天下淆然,其于移风革俗之美,浮虎还珠之政,九州百郡,无所闻焉。且书其为时所称者,以著良吏云尔。

　　张恂,字洪让,上谷沮阳人也。随兄衮归国,参代王军事。恂言于太祖曰:"金运失御,刘石纷纭,慕容窃号山东,苻姚盗器秦陇,遂使三灵乏响,九域旷君。大王树基玄朔,重明积圣,自北而南,化被燕赵。今中土遗民，望云冀润。宜因斯会，以建大业。"太祖深器异，厚加礼焉。

皇始初，拜中书侍郎，帏幄密谋，颇预参议。从将军奚牧略地晋川，拜镇远将军，赐爵平皋子。出为广平太守。恂招集离散，劝课农桑，民归之者千户。迁常山太守。恂开建学校，优显儒士。吏民歌咏之。于时丧乱之后，罕能克厉，惟恂当官清白，仁恕临下，百姓亲爱之。其治为当时第一。太祖闻而嘉欢。太宗即位，赐帛三百匹，徵拜太中大夫。神瑞三年卒，年六十九。恂性清俭，不营产业，身死之日，家无余财。太宗悼惜之，赠征虏将军、并州刺史、平皋侯，谥曰宣。

子纯，字道尚，袭爵。镇远将军、平皋子。坐事，爵除。

纯弟代，字定燕。陈留、北平二郡太守。卒，赠冠军将军、营州刺史，谥曰惠侯。代所历著清称，有父之遗风。

代子长年，中书博士。出为宁远将军、汝南太守。有郡民刘崇之兄弟分析，家贫惟有一牛，争之不决，讼于郡庭。长年见之，凄然曰："汝曹当以一牛，故致此竞，脱有二牛，各应得一，岂有讼理。"即以家牛一头赐之。于是郡境之中，各相诫约，咸敦敬让。太和初，卒于家。

子琛，字宝贵，少有孝行。历武骑常侍、羽林监、太子翊军校尉。卒。

子略，武定中，左光禄大夫。

鹿生，济阴乘氏人。父寿兴，沮渠牧犍库部郎。生再为济南太守，有治称。显祖嘉其能，特徵赴季秋马射，赐以骢马，加以青服，彰其廉洁。前后在任十年。时三齐始附，人怀苟且，蒲博终朝，颇废农业。生立制断之，闻者嗟善。后历徐州任城王澄、广陵侯元衍征东、安南二府长史，带淮阳太守、郯城镇将。年七十四，正始中卒。追赠龙骧将军、兖州刺史。

张应，不知何许人。延兴中，为鲁郡太守。应履行贞素，声绩著闻。妻子樵采以自供。高祖深嘉其能，迁京兆太守。所在清白，得吏民之忻心焉。

宋世景，广平人，河南尹翻之第三弟也。少自修立，事亲以孝闻。与弟道玙下帷诵读，博览群言，尤精经义。族兄弁甚重之。举秀才，对策上第，拜国子助教，迁彭城王勰开府法曹行参军。勰爱其才学，雅相器敬。高祖亦嘉之。迁司徒法曹行参军。

世景明刑理，著律令，裁决疑狱，剖判如流。转尚书祠部郎。彭城王勰每称之曰："宋世景精识，尚书仆射才也。"台中疑事，右仆射高肇常以委之。世景既才长从政，加之夙勤不怠，兼领数曹，深著称绩。频为左仆射源怀引为行台郎。巡察州镇十有余所，黜陟赏罚，莫不咸允。迁徙七镇，别置诸戍，明设亭候，以备北虏。怀大相委重，还而荐之于世宗曰："宋世景文武才略，当今寡俦；清平忠直，亦少其比。陛下若任之以机要，终不减李冲也。"世宗曰："朕亦闻之。"尚书令、广阳王嘉，右仆射高肇，吏部尚书、中山王英，共荐世景为国子博士，寻荐为尚书右丞。王显与宋弁有隙，毁之于世宗，故事寝不报。

寻加伏波将军，行荥阳太守。郑氏豪横，号为难治。济州刺史郑尚弟远庆先为苑陵令，多所受纳，百姓患之。世景下车，召而谓之曰："与卿亲，宜假借。吾未至之前，一不相问；今日之后，终不相舍。"而远庆行意自若。世景绳之以法，远庆惧，弃官亡走。于是僚属畏威，莫不改肃。终日坐于厅事，未尝寝息。县史、三正及诸细民，至即见之，无早晚之节。来者无不尽其情抱，皆假之恩颜，屏人密语。民间之事，巨细必知，发奸摘伏，有若神明。尝有一吏，休满还郡，食人鸡豚；又有一干，受人一帽，"又食二鸡。世景叱之曰："汝何敢食甲乙鸡豚，取丙丁之帽！吏干叩头伏罪。于是上下震悚，莫敢犯禁。坐弟道玙事除名。

世景友于之性，过绝于人，及道玙死，哭之哀切，酸感行路，形容毁悴,见者莫不欢愍。岁余,母丧,遂不胜哀而卒。世景尝撰《晋书》,竟未得就。

子季儒,遗腹生。弱冠,太守崔楷辟为功曹,起家太学博士、明威将军。曾至谯、宋之间,为文吊嵇康,甚有理致。后夜寝,室坏厌殒,年二十五,时人咸伤惜之。

路邕,阳平清渊人。世宗时,积功劳,除齐州东魏郡太守,有惠政。灵太后诏曰:"邕莅政清勤,善绥民俗。比经年俭,郡内饥馑,群庶嗷嗷,将就沟壑,而邕自出家粟,赈赐贫窭,民以获济。虽古之良守,何以尚兹。宜见沾锡,以垂奖劝。可赐龙厩马一区、衣一袭、被褥一具。班宣州镇,咸使闻知。"邕以善治民,稍迁至南青州刺史而卒。

阎庆胤,不知何许人。为东秦州敷城太守。在政五年,清勤厉俗。频年饥馑,庆胤岁常以家粟千石赈恤贫穷,民赖以济。其部民杨宝龙等一千余人,申讼美政。有司奏曰:"案庆胤自莅此郡,惠政有闻,又能自以己粟赡恤饥馑,乃有子爱百姓之义。如不少加优赉,无以厉彼贪残。又案齐州东魏郡太守路邕,在郡治能与之相埒,语其分赡又亦不殊,而圣旨优隆,赐以衣马,求情即理,谓合同赏。"灵太后卒无褒赏焉。

明亮,字文德,平原人。性方厚,有识干。自给事中,历员外常侍。

延昌中,世宗临朝堂,亲自黜陟,授亮勇武将军。亮进曰:"臣本官常侍,是第三清。今授臣勇武,其号至浊。且文武又殊,请更改授。"世宗曰:"今依劳行赏,不论清浊,卿何得乃复以清浊为辞!"亮曰:"圣明在上,清浊故分。臣既属圣明,是以敢启。"世宗曰:"九流之内,人咸君子,虽文武号殊,佐治一也。卿何得独欲乖众,妄相清浊。所请未可,但依前授。"亮曰:"今江左未宾,书轨宜一。方为陛下授命前驱,拓定吴会。官爵陛下之所轻,贱命微臣之所重,陛下方收所重,何惜所轻。"世宗笑曰:"卿欲为朕拓定江表,剪平萧衍,剪平拓定,非勇武莫可。今之所授,是副卿言。辞勇及武,自相矛盾。"亮曰:"臣欲仰禀圣规,运筹而定,何假勇武,方乃成功。"世宗曰:"谋勇二事,体本相须。若勇而无谋,则勇不独举;若谋而无勇,则谋不孤行。必须兼两,乃能制胜。何得云偏须运筹。而不复假勇乎?"亮曰:"请改授平远将军。"世宗曰:"运筹用武,然后远人始平,卿但用武平之,何患不得平远也。"亮乃陈谢而退。

后除阳平太守,清白爱民,甚有惠政,声绩之美,显著当时。朝廷嘉其风化。转汲郡太守,为治如前,誉宣远近。二郡民吏,迄今追思之。卒。孝昌初,赠左将军、南青州刺史。

初,亮之在阳平,属相州刺史、中山王熙起兵讨元叉。时并州刺史、城阳王徽亦遣使诣亮,密同熙谋。熙败,亮诡其使辞,由是徽竟获免。二年,诏追前效,重赠平东将军、济州刺史,拜其子希远奉朝请。

亮从弟远,仪同开府从事中郎。

杜纂,字荣孙,常山九门人也。少以清苦自立。时县令齐罗丧亡,无亲属收瘗,纂以私财殡葬。由是郡县标其门闾。后居父丧尽礼。郡兴孝廉,补豫州司士。稍除积弩将军,领众诣淮,迎降民杨箱等。修立楚镇,超纳山蛮李天保等五百户。

从征新野,除骑都尉。又从驾寿春,敕纂缘淮慰劳。豫州刺史田益宗率户归国,使纂诣广陵安慰初附,赈给田廪。从征新野,及南阳平,以功赐爵井陉男,赏帛五百匹。数日之中,散之知友。时人称之。又诣赭阳、武阴二郡,课种公田,随供军费。除南秦州武都太守。正始中,迁汉阳太守,并以清白为名。又随都督杨椿等诣南秦军前,招慰逆氐。还,除虎贲中郎将,领太仓令。遭母忧去职。久之,除伏波将军,复为太仓令。寻除宁远将军、阴陵戍主。延昌中,京师俭,敕纂监京仓赈给民廪。肃宗初,拜征虏将军、清河内史。

　　性俭约，尤爱贫老，至能问民疾苦，对之泣涕。劝督农桑，亲自检视，勤者赏以物帛，惰者加以罪谴。吊死问生，甚有恩纪。还，以本将军除东益州刺史。无御边威略，群氐反叛。以失民和徵还。迁太府少卿，除平阳太守、后将军、太中大夫。

　　正光末，清河人房通等三百人颂纂德政，乞重临郡。诏许之。孝昌中，为葛荣围逼，纂以郡降荣。荣令纂入信都慰喻，都督李瑾欲斩，刺史元孚德纂，还。出，又劝荣以水灌城，荣遂以纂为常山太守。至郡未几，荣灭。定州刺史薛县尚以纂老旧，令护博陵、巨鹿二郡，纂以疾辞。少时卒于家。

　　纂所历任，好行小惠，蔬食弊衣，多涉诬矫，而轻财洁己，终无受纳，为百姓所思，号为良守。永熙中，赠平北将军、殷州刺史。天平四年，重赠本将军、定州刺史。

　　裴佗，字元化，河东闻喜人。其先因晋乱，避地凉州。苻坚平河西，东归桑梓，因居解县焉。父景，惠州别驾。

　　佗容貌魁伟，隤然有器望。少治《春秋杜氏》、《毛诗》、《周易》，并举其宗致。

　　举秀才，以高第除中书博士，转司徒参军、司空记室、扬州任城王澄开府仓曹参军。入为尚书仓部郎中，行河东郡事。所在有称绩。还，拜尚书考功郎中、河东邑中正。世宗亲临朝堂，拜员外散骑常侍，中正如故。转司州治中，以风闻为御史所弹，寻会赦免。转征虏将军、中散大夫。为赵郡太守，为治有方，威惠甚著，猾吏奸民，莫不改肃。所得俸禄，分恤贫穷。转前将军、东荆州刺史。郡民恋仰，倾境饯送，至今追思之。

　　寻加平南将军。蛮酋田盘石、田敬宗等部落万余家，恃众阻险，不宾王命，前后牧守虽屡征讨，未能降款。佗至州，单使宣慰，示以祸福。敬宗等闻佗宿德，相率归附。于是阖境清晏，寇盗寝息，边民怀之，襁负而至者千余家。寻加抚军将军，又迁中军将军。在州数载，以疾乞还。永安二年卒。遗令不听请赠，不受赗襚。诸子皆遵行之。

佗性刚直，不好俗人交游，其投分者必当时名胜。清白任真，不事家产，宅不过三十步，又无田园。暑不张盖，寒不衣裘，其贞俭若此。六子。

让之，字士礼。武定末，中书侍郎。让之弟诹之，字士正，早有才学。司徒记室参军。天平末，入于关西。

窦瑗，字世珍，辽西辽阳人。自言本扶风平陵人，汉大将军窦武之曾孙崇为辽西太守，子孙遂家焉。曾祖堪，慕容氏渔阳太守。祖表，冯文通成周太守，入国。父㘽，举秀才，早卒。普泰初，瑗启以身阶级为父请赠，诏赠征虏将军、平州刺史。

瑗年十七，便荷帙从师。游学十载，始为御史。转奉朝请、兼太常博士，拜大将军、太原王尔朱荣官，因是为荣所知，遂表留瑗为北道大行台左丞。以军功赐爵阳洛男，除员外散骑常侍。瑗以拜荣官，赏新昌男。因从荣东讨葛荣，事平，封容城县开国伯，食邑五百户。后除征虏将军、通直散骑常侍，仍左丞。瑗乞以容城伯让兄叔珍，诏听以新昌男转授之，叔珍由是位至太山太守。

尔朱世隆等立长广王晔为主，南赴洛阳。至东郭外，世隆等遣瑗奏废之。瑗执鞭独入禁内，奏曰："天人之望，皆在广陵，愿行尧舜之事。"晔遂禅焉。由是除征南将军、金紫光禄大夫。敷奏侃然，前废帝甚重之。

出帝时，为廷尉卿。及释奠开讲，瑗与散骑常侍温子升、给事黄门侍郎魏季景、通直散骑常侍李业兴，并为摘句。天平中，除镇东将军、金紫光禄大夫。寻除广宗太守，治有清白之称。广宗民情凶戾，前后累政，咸见告讼。惟瑗一人，终始全洁。转中山太守，加征东将军。声誉甚美，为吏民所怀。及齐献武王班书州郡，诫约牧守令长，称瑗政绩，以为劝厉焉。后授使持节、本将军、平州刺史。在州政如治郡。

又为齐献武王丞相府右长史。瑗无军府断割之才，不甚称职。

又行晋州事。既还京师，上表曰：

臣在平州之日，蒙班《麟趾新制》，即依朝命宣示，所部士庶忻仰有若三章。臣闻法象巍巍，乃大舜之事；政道郁郁，亦隆周之轨。故元首股肱，可否相济；声教之闻，于此为证。伏惟陛下应图临宇，握纪承天，克构洪基，会昌宝历，式张琴瑟，且调宫羽，去甚删泰，革弊迁浇，俾高祖之德不坠于地。画一既歌，万国欢跃。

臣伏读至三公曹第六十六条，母杀其父，子不得告，告者死。再三返覆之，未得其门。何者？案律，子孙告父母、祖父母者死。又汉宣云："子匿父母，孙匿大父母，皆勿论。盖谓父母、祖父母，小者攘羊，甚者杀害之类，恩须相隐，律抑不言。法理如是，足见其直。未必指母杀父，止子不言也。若父杀母，乃是夫杀妻，母卑于父，此子不告是也。而母杀父，不听子告，臣诚下愚，辄以为惑。

昔楚康王欲杀令尹子南，其子弃疾为王御士而上告焉。对曰："泄命重刑，臣不为也。"王遂杀子南。其徒曰："行乎？"吾与杀吾父，行将焉入！"曰："臣乎？"曰："杀父事仇，吾不忍。"乃缢而死。注云：弃疾自谓不告父为与杀，谓王为仇，皆非礼，《春秋》讥焉。斯盖门外之治，以义断恩，知君杀父而子不告，是也。母之于父，同在门内，恩无可掩，义无断割。知母将杀，理应告父；如其已杀，宜听告官。今母杀父而子不告，便是知母而不知父。识比野人，义近禽兽。且母之于父，作合移天，既杀己之天，复杀子之天，二天顿毁，岂容顿默！此母之罪，义在不赦。下手之日，母恩即离，仍以母道不告，鄙臣所以致惑。

今圣化淳洽，穆如韶夏，食椹怀音，枭镜犹变，况承风禀教，识善知恶之民哉。脱下愚不移，事在言外，如或有之，可临时议罪，何用豫制斯条，用为训诫。诚恐千载之下，谈者喧哗，以明明大朝，有尊母卑父之论。以臣管见，实所不取。如在淳风厚俗，必欲行之。且君、父一也。父者子之天，被杀事重，宜附"父谋反大逆子得告"之条。父一而已，至情可见。窃惟圣主有作，明贤赞成，光国宁民，厥用为大，非下走顽蔽所能上测。但受恩深重，辄献瞽言，傥蒙收察，乞付评议。

诏付尚书，三公郎封君义立判云："身体发肤，受之父母，生我劳悴，续莫大焉。子于父母，同气异息，终天靡报，在情一也。今忽欲论其尊卑，辨其优劣，推心未忍，访古无据母。杀其父，子复告母，母由告死，便是子杀。天下未有无母之国，不知此子将欲何之！案《春秋》，庄公元年，不称即位，文姜出故。服虔注云：'文姜通兄齐襄，与杀公而不反。父杀母出，隐痛深讳。期而中练，思慕少杀，念至于母。故《经》书：三月夫人逊于齐。'既有念母深讳之文，明无仇疾告列之理。且圣人设法，所以防淫禁暴，极言善恶，使知而避之。若临事议刑，则陷罪多矣。恶之甚者，杀父害君，著之律令，百王罔革。此制何嫌，独求削去？既于法无违，于事非害，宣布有年，谓不宜改。"

瑗复难云：

寻局判云："子于父母，同气异息，终天靡报，在情一也。今欲论其尊卑，辨其优劣，推心未忍，访古无据。"瑗以为《易》曰："天尊地卑，乾坤定矣。"又曰："乾天也，故称父；坤地也，故称母。"又曰："乾为天，为父；坤为地，为母。《礼丧服经》曰："为父斩衰三年，为母齐衰期。尊卑优劣，显在典章，何言访古无据？"

局判云："母杀其父，子复告母，母由告死，便是子杀。天下未有无母之国，不知此子将欲何之！"瑗案典律，未闻母杀其父，而子有隐母之义。既不告母，便是与杀父，天子岂有无父之国，此子独得有所之乎！

局判又云："案《春秋》，庄公元年，不称即位，文姜出故。服虔注云：'文姜通于兄齐襄，与杀公而不反。父杀母出，隐痛深讳，期而中练，思慕少杀，念至于母。故《经》书：三月夫人逊乎齐。'既有念母深讳之文，明无仇疾告列之理。"瑗寻注义，隐痛深讳者，以父为齐所杀，而母与之。隐痛父死，深讳母出，故不称即位。非为讳母与杀也。是以下文以义绝，其罪不为与杀明矣。《公羊传》曰："君杀，子不言即位。隐之也。"期而中练，父忧少衰，始念于母，略书"夫人逊乎齐"。是内讳出奔，犹为罪文。《传》曰："不称姜氏，绝不为亲，礼也。"注云："夫人有与杀桓之罪，绝不为亲得尊父之义。善庄公思大义，绝有罪，故曰礼也。"以大义绝有罪，得礼之衷，明有仇疾告列之理。但《春秋》桓、庄之际，齐为大国，通于文姜、鲁公谪之。文姜以告齐襄，使公子彭生杀之。鲁既弱小而惧于齐。是时，天子衰微，又无贤霸，故不敢仇之，又不敢告列，惟得告于齐曰："无所归咎，恶于诸侯，请以公子彭生除之。"齐人杀公子彭生。案郎此断，虽有援引，即以情推理，尚未遣惑。

事遂停寝。

除大宗正卿，寻加卫将军。宗室以其寒士，相与轻之。瑗案法推治，无所顾避，甚见仇疾。官虽通显，贫窘如初，清尚之操，为时所重。领本州大中正，以本官兼廷尉卿，卒官。赠本将军、太仆卿、济州刺史，谥曰明。

羊敦，字元礼，太出巨平人，梁州刺史祉弟子也。性尚闲素，学涉书史。以父灵引死王事，除给事中。出为本州别驾。公平正直，见有非法，敦终不判署。后为尚书左侍郎、徐州抚军长史。永安中，转廷尉司直，不拜。拜洛阳令。后为镇南将军、金紫光禄大夫，迁太府少卿，转卫将军、广平太守。治有能名，奸吏踞蹐，秋毫无犯。雅性清俭，属岁饥馑，家饭未至，使人外寻陂泽，采藕根而食之。遇有疾苦，家人解衣质米以供之。然其为治，亦尚威严。朝廷以其清白，赐谷一千斛、绢一百匹。兴和初卒，年五十二。吏民奔哭，莫不悲恸。赠都督徐兖二州诸军事、卫大将军、吏部尚书、兖州刺史，谥曰贞。

武定初，齐献武王以敦及中山太守苏淑在官奉法，清约自居，宜见追褒，以厉天下，乃上言请加旌录。诏曰："昔五袴兴谣，两歧致咏，皆由仁覃千里，化洽一邦。故广平太守羊敦、故中山太守苏淑，并器业和隐，干用贞济，善政闻国，清誉在民。方藉良才，遂登高秩，先后凋亡,朝野伤悼。追旌清德,盖惟旧章,可各赏帛一百匹、谷五百斛,班下郡国,咸使闻知。"

子隐,武定末,开府行参军。

苏淑,字仲和,武邑人也。立性敦谨,颇涉经传。兄寿兴,坐事为阉官。寿兴后为河间太守,赐爵晋阳男。及寿兴将卒,遂冒养淑为子。

淑,熙平中袭其爵,除司空士曹参军。寻转太学博士、厉威将军、员外散骑侍郎。转奉车都尉,领殿中侍御史。因使于冀州,会高乾邕执刺史元嶷据城起义,淑赞成其事。乾邕以淑行武邑郡。未几,尔朱汝归疑率兵将至,淑于郡逃还京师。后除左将军、太中大夫、行河阴令。出除乐陵内史。淑在郡绥抚,甚有民誉。始逾二周,谢病乞解,有诏听之,民吏老幼诉乞淑者甚众。后历荥阳太守,亦有能名。加中军将军、司徒从事中郎。兴和二年,拜中山太守。三年,卒于郡。

淑清心爱下,所历三郡,皆为吏民所思,当时称为良二千石。武定初,赠卫大将军、都官尚书、瀛州刺史,谥曰懿。齐献武王追美清操,与羊敦同见优赏。

子子且,袭。武定中,齐献武王庙丞。

史臣曰。阙

魏书卷八九
列传第七七

传酷吏

于洛侯　　胡泥　　李洪之　　高遵
张赦提　　羊祉　　崔暹　　郦道元
谷楷

　　淳风既丧,奸黠萌生;法令滋章,刑禁多设。为吏罕仁恕之诚,当官以威猛为济。魏氏以戎马定王业,武功平海内,治任刑罚,肃厉为本,猛酷之伦,所以列之今史。

　　于洛侯,代人也。以劳旧为秦州刺史,而贪酷安忍。州人富炽夺民吕胜胫缠一具,洛侯辄鞭富炽一百,截其右腕。百姓王陇客刺杀民王羌奴、王愈二人,依律罪死而已,洛侯生拔陇客舌,刺其本,并刺胸腹二十余疮。陇客不堪苦痛,随刀战动。乃立四柱磔其手足,命将绝,始斩其首,支解四体,分悬道路。见之者无不伤楚,阖州惊震,人怀怨愤。百姓王元寿等一时反叛。有司纠劾。高祖诏使者于州刑人处宣告兵民,然后斩洛侯以谢百姓。

　　胡泥,代人也。历官至司卫监,赐爵永城侯。泥率勒禁中,不惮豪贵。殿中尚书叔孙侯头应内直,而阙于一时,泥以法绳之。侯头恃宠，遂与口诤。高祖闻而嘉焉，赐泥衣服一袭。出为幽州刺史，假范阳公。以北平阳尼硕学，遂表荐之。迁平东将军、定州刺史。以暴虐，刑罚酷滥，受纳货贿，徵还戮之。将就法也，高祖临太华殿引见，遣侍臣宣诏责之，遂就家赐自尽。

李洪之，本名文通，恒农人。少为沙门，晚乃还俗。真君中，为狄道护军，赐爵安阳男。会永昌王仁随世祖南征，得元后姊妹二人。洪之以宗人潜相饷遗，结为兄弟，遂便如亲。颇得元后在南兄弟名字，乃改名洪之。及仁坐事诛，元后入宫，得幸于高宗，生显祖。元后临崩，昭太后问其亲，因言洪之为兄。与相诀经日，具条列南方诸兄珍之等，手以付洪之。遂号为显祖亲舅。太安中，珍之等兄弟至都，与洪之相见，叙元后平生故事，计长幼为昆季。

以外戚为河内太守，进爵任城侯，威仪一同刺史。河内北连上党，南接武牢，地险人悍，数为劫害，长吏不能禁。洪之至郡，严设科防，募斩贼者便加重赏，劝农务本，盗贼止息。诛锄奸党，过为酷虐。后为怀州刺史，封汲郡公，徵拜内都大官。河西羌胡领部落反叛，显祖亲征，命洪之与侍中、东郡王陆定总统诸军。舆驾至并州，诏洪之为河西都将讨山胡。皆保险拒战。洪之筑垒于石楼南白鸡原以对之。诸将悉欲进攻，洪之乃开以大信，听其复业，胡人遂降。显祖嘉之，迁拜尚书外都大官。

后为使持节、安南将军、秦益二州刺史。至治，设禁奸之制，有带刃行者，罪与劫同，轻重品格，各有条章。于是大飨州中豪杰长老，示之法制。乃夜密遣骑，分部覆诸要路，有犯禁者，辄捉送州，宣告斩决。其中枉见杀害者百数。赤葩渴郎羌深居山谷，虽相羁縻，王人罕到。洪之芟山为道，广十余步，示以军行之势，乃兴军临其境，山人惊骇。洪之将数十骑至其里间，抚其妻子，问所疾苦，因资遣之。众羌喜悦，求编课调，所入十倍于常。洪之善御戎夷，颇有威惠，而刻害之声闻于朝野。

初，洪之微时，妻张氏助洪之经营资产，自贫至贵，多所补益，有男女几十人。洪之后得刘氏，刘芳从妹。洪之钦重，而疏薄张氏，为两宅别居，偏厚刘室。由是二妻妒竞，互相讼诅，两宅母子，往来如仇。及莅西州，以刘自随。

洪之素非廉清，每多受纳。时高祖始建禄制，法禁严峻，司察所闻，无不穷纠。遂锁洪之赴京。高祖临大华，庭集群官，有司奏洪之受赃狼藉，又以酷暴。高祖亲临数之，以其大臣，听在家自裁。洪之志性慷慨，多所堪忍，疹疾灸疗，艾炷围将二寸，首足十余处，一时俱下，而言笑自若，接宾不辍。及临自尽，沐浴换衣。防卒扶持，将出却入，遍绕家庭，如是再三，泣欢良久，乃卧而引药。

始，洪之托为元后兄，公私自同外戚。至此罪后，高祖乃稍对百官辨其诬假，而诸李犹善相视，恩纪如亲。洪之始见元后，计年为兄。及珍之等至，洪之以元后素定长幼，其呼拜坐，皆如家人。暮年，数延携之宴饮，醉酣之后，携之时或言及本末，洪之则起而加敬，笑语自若。富贵赫弈，当舅戚之家，遂弃宗专附珍之等。后颇存振本属，而犹不显然。刘氏四子，长子神自有传。

高遵，字世礼，勃海蓨人。父济，沧水太守。遵贱出，兄矫等常欺侮之。及父亡，不令在丧位。遵遂驰赴平城，归从祖兄中书令允。允乃为遵父举哀，以遵为丧主，京邑无不吊集，朝贵咸识之。徐归奔赴。免丧，允为营宦路，得补乐浪王侍郎。遵感成益之恩，事允如诸父。涉历文史，颇有笔札，进中书侍郎。诣长安，刊《燕宣王庙碑》，进爵安昌子。

及新制衣冠，高祖恭荐宗庙，遵形貌庄洁，音气雄畅，常兼太祝令，跪赞礼事，为俯仰之节，粗合仪矩。由是高祖识待之。后与游明根、高闾、李冲入议律令，亲对御坐，时有陈奏。以积年之劳，赐粟帛牛马。出为立忠将军、齐州刺史。建节历本州，宗乡改观，而矫等弥妒毁之。

遵性不廉清。在中书时，每假归山东，必借备骡马，将从百余。屯逼民家求丝缣，不满意则诟骂不去，强相徵求。旬月之间，缣布千数。邦邑苦之。遵既临州，本意未弭，迁召僚吏，多所取纳。又其妻明氏家在齐州，母弟舅甥共相凭属，争求货利，严暴非理，杀害甚多。贪酷之响，帝颇闻之。及车驾幸邺，遵自州来朝，会有赦宥。遵临还州，请辞帝于行宫，引见诮让之。遵自陈无负，帝厉声曰："若无迁都赦，必无高遵矣！又卿非惟贪婪，又虐于刑法，谓何如济阴王，犹不免于法。卿何人，而为此行！自今宜自谨约。"还州，仍不悛革。

齐州人孟僧振至洛讼遵。诏廷尉少卿刘述穷鞫，皆如所诉。先是，沙门道登过遵，遵以道登荷宠于高祖，多奉以货，深托仗之。道登屡因言次申启救遵，帝不省纳，遂诏述赐遵死。时遵子元荣诣洛讼冤，犹恃道登，不时还赴。道登知事决，方乃遣之。遵恨其妻，不与诀，别处沐浴，引椒而死。

元荣，学尚有文才，长于几案。位兼尚书右丞，为西道行台，至高平镇，遇城翻被害。

遵弟次文，虽无位官，而赀产巨万。遵每责其财，又结憾于遵，吉凶不相往反。时论责之。

张赦提，中山安喜人也。性雄武，有规画。初为虎贲中郎。时京畿盗魁自称豹子、虎子，并善弓马，遂领逃连及诸畜牧者，各为部帅，于灵丘、雁门间聚为劫害。至乃斩人首，射其口，刺人脐，引肠绕树而共射之，以为戏笑。其为暴酷如此。军骑掩揜，久弗能获，行者患焉。赦提设防遏追穷之计，宰司善之，以赦提为逐贼军将。乃求骁勇追之，未几而获虎子、豹子及其党与。尽送京师，斩于阙下，自是清静。

其灵丘罗思祖宗门豪溢，家处隘险，多止亡命，与之为劫。显祖怒之，挐戮其家。而思祖家党，相率寇盗。赦提应募求捕逐，乃以赦提为游徼军将，前后禽获，杀之略尽。因而滥有屠害，尤为忍酷。既资前称，又藉此功，除冠军将军、幽州刺史，假安喜侯。

赦提克己厉约，遂有清称。后颇纵妻段氏，多有受纳，令僧尼因事通请，贪虐流闻。中散李真香出使幽州，采访牧守政绩。真香验案其罪,赦提惧死欲逃。其妻姑为太尉、东阳王丕妻,恃丕亲贵,自许诣丕申诉求助,谓赦提曰:“当为诉理,幸得申雪,愿且宽忧,不为异计。”赦提以此差自解慰。段乃陈列真香昔尝因假而过幽州,知赦提有好牛,从索不果。今台使心协前事,故威逼部下,拷楚过极,横以无辜,证成诬罪。执事恐有不尽,使驾部令赵秦州重往究讯。事伏如前,处赦提大辟。高祖诏赐死于第。将就尽,召妻而责之曰:“贪浊秽吾者,卿也,又安吾而不得免祸,九泉之下当为仇仇矣。”

又有华山太守赵霸,酷暴非理。大使崔光奏霸云:“不遵宪度,威虐任情,至乃手击吏人,僚属奔走。不可以君人字下,纳之轨物,辄禁止在州。”诏免所居官。

羊祉,字灵祐,太山巨平人,晋太仆卿琇之六世孙也。父规之,宋任城令。世祖南讨,至邹山,规之与鲁郡太守崔邪利及其属县徐通、爱猛之等俱降,赐爵巨平子,拜雁门太守。祉性刚愎,好刑名,为司空令辅国长史,袭爵巨平子。侵盗公资,私营居宅,有司案之抵死,高祖特恕远徙。后还。

景明初,为将作都将,加左军将军。四年,持节为梁州军司,讨叛氐。正始二年,王师伐蜀,以祉假节、龙骧将军、益州刺史,出剑阁而还。又以本将军为秦梁二州刺史,加征虏将军。天性酷忍,又不清洁。坐掠人为奴婢,为御史中尉王显所弹,免。高肇南征,祉复被起为光禄大夫、假平南将军,持节领步骑三万先驱趣涪。未至,世宗崩,班师。夜中引军,山有二径,军人迷而失路。祉便斩队副杨明达,枭首路侧。为中尉元昭所劾,会赦免。后加平北将军,未拜而卒。赠安东将军、兖州刺史。

太常少卿元端、博士刘台龙议谥曰:“祉志存埋轮,不避强御。及赞戎律,熊武斯裁,仗节抚藩,边夷识德,化沾殊类,禩负怀仁。谨依谥法,布德行刚曰‘景’,宜谥为景。”侍中侯刚、给事黄门侍郎元纂等驳曰:“臣闻惟名与器,弗可妄假,定谥准行,必当其迹。案祉志性急酷,所在过威,布德罕闻,暴声屡发。而礼官虚述,谥之为‘景’,

非直失于一人，实毁朝则。请还付外准行，更量虚实。"灵太后令曰：
"依驳更议。"元端、台龙上言："窃惟谥者行之迹，状者迹之称。然尚
书铨衡是司，厘品庶物，若状与迹乖，应抑而不受，录其实状，然后
下寺，依谥法准状科上。岂有舍其行迹，外有所求，去状去称，将何
所准？检祉以母老辞藩，乃降手诏云：'卿绥抚有年，声实兼著，安边
宁境，实称朝望。'及其殁也，又加显赠，言祉诚著累朝，效彰内外，
作牧岷区，字萌之绩骤闻。诏册褒美，无替伦望。然君子使人器之
义，无求备德。有数德优劣不同，刚而能克，亦为德焉。谨依谥法，
布德行刚曰'景'，谓前议为允。"司徒右长史张烈、主簿李玚刺称：
"案祉历宦累朝，当官之称。委捍西南，边隅靖遏。准行易名，奖诚
攸在。窃谓无亏体例。"尚书李韶又述奏以府寺为允，灵太后可其
奏。

祉自当官，不惮强御，朝廷以为刚断，时有检覆，每令出使。好
慕名利，颇为深文，所经之处，人号天狗下。及出将临州，并无恩润，
兵民患其严虐焉。

崔暹，字元钦，本云清河东武城人也。世家于荥阳、颍川之间。
性猛酷，少仁恕，奸猾好利，能事势家。初以秀才累迁南兖州刺史，
盗用官瓦，赃污狼藉，为御史中尉李平所纠，免官。

后行豫州事，寻即真。坐遣子析户，分隶三县，广占田宅，藏匿
官奴，障吝陂苇，侵盗公私，为御史中尉王显所弹，免官。后累迁平
北将军、瀛州刺史。贪暴安忍，民庶患之。尝出猎州北，单骑至于民
村。井有汲水妇人，暹令饮马，因问曰："崔瀛州何如？"妇人不知其
暹也，答曰："百姓何罪，得如此癫儿刺史！"暹默然而去。以不称职
被解还京。

武川镇反，诏暹为都督，隶大都督李崇讨之。违崇节度，为贼所
败，单骑潜还。禁于廷尉。以女妓园田货元乂，获免。建义初，遇害
于河阴。赠司徒公、冀州刺史，追封武津县公。

子瓒，字绍珍。位兼尚书左丞，卒。瓒妻，庄帝妹也，后封襄城

长公主，故特赠瓒冀州刺史。

子茂，字祖昂，袭祖爵。

郦道元，字善长，范阳人也。青州刺史范之子。太和中，为尚书主客郎。御史中尉李彪以道元秉法清勤，引为治书侍御史。累迁辅国将军、东荆州刺史。威猛为治，蛮民诣阙讼其刻峻，坐免官。久之，行河南尹，寻即真。肃宗以沃野、怀朔、薄骨律、武川、抚冥、柔玄、怀荒、御夷诸镇并改为州，其郡县咸名令准古城邑。诏道元持节兼黄门侍郎，与都督李崇筹宜置立，裁减去留，储兵积粟，以为边备。未几，除安南将军、御史中尉。

道元素有严猛之称。司州牧、汝南王悦嬖近左右丘念，常与卧起。及选州官，多由于念。念匿于悦第，时还其家，道元收念付狱。悦启灵太后请全之，敕赦之。道元遂尽其命，因以劾悦。是时，雍州刺史萧宝夤反状稍露，悦等讽朝廷遣为关右大使，遂为宝夤所害，死于阴盘驿亭。

道元好学，历览奇书。撰注《水经》四十卷、《本志》十三篇，又为《七聘》及诸文，皆行于世。然兄弟不能笃穆，又多嫌忌，时论薄之。

谷楷，昌黎人，濮阳公浑曾孙。稍迁奉车都尉。时沙门法庆反于冀州，虽大军讨破，而妖帅尚未枭除。诏楷诣冀州追捕，皆擒获之。楷眇一目而性甚严忍，前后奉使皆以酷暴为名。时人号曰“瞎虎”。寻为城门校尉，卒。

史臣曰：士之立名，其途不一，或以循良进，或以严酷显。故宽猛相资，德刑互设，然不严而化，君子所先。于洛侯等为恶不同，同归于酷。肆其毒螫，多行残忍。贱人肌肤，同诸木石；轻人性命，甚于刍狗。长恶不悛，鲜有不及。故或身婴罪戮，或忧患值陨。异途皆毙，各其宜焉。凡百君子，以为有天道矣。